张庆善　孙伟科　主编

李希凡纪念文集　上册

文化艺术出版社
Culture and Art Publishing House

图书在版编目（CIP）数据

李希凡纪念文集：上下册 / 张庆善，孙伟科主编.
-- 北京：文化艺术出版社，2019.12
ISBN 978-7-5039-6858-7

Ⅰ.①李… Ⅱ.①张… ②孙… Ⅲ.①李希凡—纪念文集
Ⅳ.①K825.6-53

中国版本图书馆CIP数据核字(2019)第274950号

李希凡纪念文集（上、下册）

主　　编　张庆善　孙伟科
执行主编　李　虹　李　蓝　李　芹
责任编辑　叶茹飞　郭丽嫒
责任校对　陈秀芹
书籍设计　姚雪嫒
出版发行　文化艺术出版社
地　　址　北京市东城区东四八条52号　（100700）
网　　址　www.caaph.com
电子邮箱　s@caaph.com
电　　话　（010）84057666（总编室）　　84057667（办公室）
　　　　　　　　　　84057696—84057699（发行部）
传　　真　（010）84057660（总编室）　　84057670（办公室）
　　　　　　　　　　84057690（发行部）
经　　销　新华书店
印　　刷　国英印务有限公司
版　　次　2021年12月第1版
印　　次　2021年12月第1次印刷
开　　本　787毫米×1092毫米　1/16
印　　张　42
字　　数　680千字
书　　号　ISBN 978-7-5039-6858-7
定　　价　128.00元　（全二册）

李希凡先生（1927—2018）

青春岁月

李希凡与女友徐潮、二姐李慎仪
于青岛合影（1953年3月）

李希凡（右下）山东大学同学临别留影（1953年）

山东大学中国语文系师生合影（1953年8月8日）第四排右九为李希凡、第四排左一为女友徐潮

李希凡一家与母亲、哥嫂、二姐、侄子、侄女

李希凡一家与大姐李敬仪、赵纪彬夫妇一家（1961年）

美满家庭

李希凡父亲李炳文（左）与施味匏，李炳文曾任北洋大学校长英文秘书

李希凡夫妇与二姐李慎仪夫妇在颐和园（20世纪70年代）

李希凡一家与大姐、侄子、侄女（20世纪70年代）

春节家宴（2006年）

与夫人徐潮（1955年）

与夫人徐潮
（20世纪70年代）

与夫人徐潮
（20世纪80年代）

与夫人徐潮
（20世纪90年代）

与夫人徐潮（1994年）

与夫人徐潮（2008年）

七十岁生日与夫人徐潮（1997年）

八十大寿与外孙女们（2007年）

八十大寿长寿面（2007年）

八十大寿与家人（2007年）

八十大寿与家人（2007年）

庆祝米寿（2014年）　　　　　　米寿与红学友人（2014年）

庆祝九十一岁生日与家人朋友（2017年）

九十一岁大寿星（2017年）　　九十一岁大寿与外孙女　　　九十一岁生日蛋糕
　　　　　　　　　　　　　　（2017年）

与三位女婿打牌（2017年元旦）

除夕夜与家人（2017年）

与外孙女于北京
（2018年夏）

父亲节与女儿李蓝和外孙女
（2018年夏）

红楼情怀

全国政协第二届第一次会议上初见
毛泽东主席（1954年在怀仁堂）

在毛主席《关于〈红楼梦〉研究问题的信》的复印件上签名留念（2018年夏）

李希凡与俞平伯（中）、蓝翎
（右）（1979年）

李希凡（右）与俞平伯（中）、蓝翎
（左）（1979年）

李希凡（右二）与俞平伯（右
三）、贺敬之（左三）、蓝翎（左
二）（1979年）

李希凡（左四）与红学家周雷（左一）、胡文彬（左二）、蓝翎（左三）、刘梦溪（左五）、蔡义江（左六）在恭王府藤萝苑（1979年）

《红楼梦学刊》编委会成立，后排左起第五为李希凡（1979年5月21日）

冯其庸（右四）、李希凡（右五）主持《红楼梦学刊》编辑会议（20世纪90年代）

李希凡（左）参加辽阳曹雪芹纪念　李希凡（左二）在北京大观园参加"新世纪大观园红学论坛"（2001年）
馆曹雪芹塑像揭幕式（1996年）

李希凡（二排左七）在北京植物园参加曹雪芹纪念馆建馆20周年纪念日（2004年4月20日）

"李希凡与当代红学"学术座谈会（2016年12月8日）

"李希凡与当代红学"学术座谈会与会学者合影（2016年12月8日）

中央电视台《艺术人生》栏目举办87版电视连续剧《红楼梦》开播30周年再聚首活动（2017年）

李希凡（左一）与冯其庸（左二）、胡文彬（左三）、张庆善（右一）（2017年夏）

《红楼梦大辞典》编辑会议前排左起：胡文彬、李希凡、吕启祥、黄安年；后排左起：张云、张庆善、孙伟科、陈熙中、李晶（2018年7月）

李希凡在书桌前（2016年）

李希凡在书桌前（2017年）

李希凡的书桌（2018年10月）

艺术人生

李希凡（右二）的北欧之旅
（1955年）

李希凡（右一）与日本著名作
家水上勉、我国著名外交家王
炳南（1976年3月）

中国文化代表团在日本仙台
鲁迅纪念碑前
（前排左起第四为著名画家
关山月、李希凡、王炳南和
仙台市长）（1976年3月）

李希凡（左二）率中国艺术研究院代表团访问德国（1988年）

李希凡（左二）率中国艺术研究院代表团访问印度，在泰戈尔国际大学与印度友人在一起（1990年）

李希凡夫妇（右二、右三）在日本与"狂言派"宗家和泉元弥氏合影（1996年）

李希凡（右六）在定位法舞谱应用国际研讨会上（1988年3月24日）

陪同李瑞环（左三）、贺敬之
（左二）视察中国艺术研究院
（1989年12月6日）

在中国艺术研究院恭王府花园办公室门口（1992年）

在中国艺术研究院恭王府办公室（1992年）

李希凡（右二）在中国艺术
研究院中国古琴名琴名曲国
际鉴赏会上（1994年）

李希凡在中国古琴名琴名曲
国际鉴赏会上（1994年）

李希凡（左二）在戏曲研讨
会上（20世纪80年代）

李希凡（右二）在中国艺术研究院舞蹈研究所工作纪事学术研讨会上（20世纪90年代）

李希凡在中国艺术研究院"《大敦煌》研讨会"
上发言（20世纪90年代）

李希凡（前排左三）在中国艺术研究院优秀科研成果颁奖会上（1994年）

李希凡（前排右三）参与庆祝马克思主义文艺理论研究所建所暨《文艺理论与批评》创刊20周年（2006年）

李希凡在中国艺术研究院参加拔河比赛

李希凡与北京师范大学出版社社长常汝吉签订《中华艺术通史》出版合同书
（1996年10月31日）

李希凡（前排左二）在《中华艺术通史》学术研讨会上（1996年）

李希凡（右一）在中国艺术研究院"文艺论坛"学术报告会上（1998年）

李希凡（右一）在中国艺术研究院"文艺论坛"学术报告会上（1998年）

《中华艺术通史》样章样节研讨会（1998年冬）

庆祝《中华艺术通史》出版（2007年冬）

中国作家协会授予60年文学创
作荣誉奖（2008年）

中国作家协会授予60年文学创作荣誉奖颁奖
（2008年）

中国艺术研究院首批终身研究员聘任仪式上李希凡发表感言（2010年11月26日）

中国艺术研究院首批终身研究员聘任仪式（2010年11月26日）

李希凡先生从事学术研究60周年暨《李希凡文集》出版座谈会合影（2014年6月21日）

李希凡先生从事学术研究60周年暨《李希凡文集》出版座谈会上与老同学魏同贤（右）、袁世硕（左）（2014年6月21日）

李希凡先生从事学术研究60周年暨《李希凡文集》出版座谈会（2014年6月21日）

李希凡与冯其庸

李希凡与吕启祥（2016年）

李希凡（右一）与贺敬之（左一）、薛若琳

李希凡（左一）与卜键、孔凡成（右一）

李希凡（左三）与人民日报社老友英韬、袁鹰、姜德明、徐刚

李希凡（前排居中）与《中华艺术通史》同人陈迎宪、崔宪、林秀娣、陶红

李希凡夫妇与北京同学会的校友合影（二排右一徐潮，右三 李希凡夫妇与李建国（右一）
李希凡，三排右三李建国，三排右四项怀诚）

李希凡夫妇与北京同学会的校友合影（后排右三李建国，后排右四项怀诚）

李希凡（右）与著名社会学家费孝通（2000年）

李希凡（左）与著名社会学家费孝通、著名文艺理论家王朝闻
（右）（2000年）

李希凡（右）与原文化部部长、著名作家王蒙

李希凡（右）与著名艺术
教育家、版画家彦涵

李希凡（左）与著名作家魏巍

李希凡（右）与著名电影表演
艺术家于洋

李希凡（右一）与著名画家黄胄、杨越（左一）

李希凡（左）与原文化部常务副部长高占祥（2018年夏）

李希凡（中）与张庆善（右）在"谭凤嬛《红楼梦》画展"上（2016年）

沉痛悼念

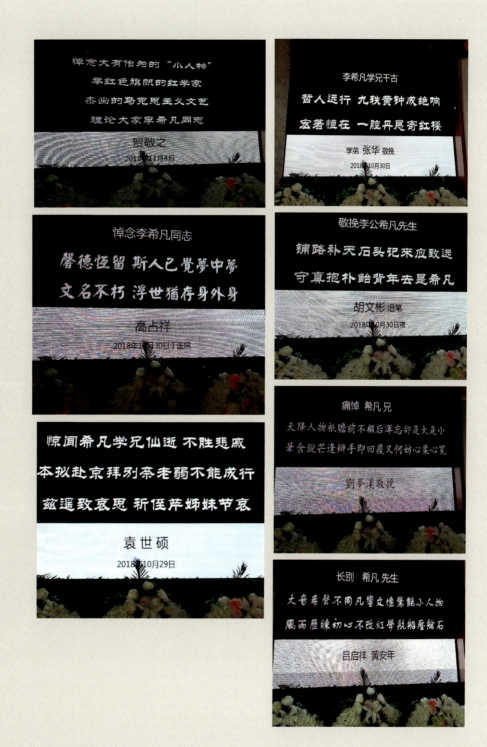

真理的追求
——李希凡同志追思会

2018年12月13日于中国艺术研究院

左起：祝东力、吕品田、王蒙

左起：吕启祥、张庆善、刘梦溪

左起：林秀娣、李心峰、郑恩波

左起：郑恩波、胡文彬、吕启祥

左起：卜喜逢、孙伟科、林秀娣

左起：卜键、祝东力、吕品田

左起：王蒙、翟泰丰、王文章

左起：吕品田、王蒙、翟泰丰

左起：翟泰丰、王文章、周汉萍

左起：王文章、周汉萍、丁亚平

左起：宋宝珍、邱华栋、卜键

左起：邱华栋、卜键

"小人物"的千古高风
——李希凡同志追思会

参加者有胡澄（北京市东城区地方志办公室主任）、董学文（北京大学中文系教授）、郑恩波（中国艺术研究院当代文学研究室原主任）、曾镇南（《文学评论》杂志原副主编）、刘润为（中国红色文化研究会会长）

李准（右一），李慧可（右上一）

右起：丁振海（《人民日报》海外版原总编辑），涂武生（《文艺理论与批评》杂志原主编），陈飞龙（中国艺术研究院马克思主义文艺理论研究所原所长）

2018年11月23日于中国红色文化研究会

藏书捐赠

李希凡女儿李芹（左四）、李蓝（左三）将李希凡先生藏书捐赠予通州图书馆，馆长杨兰英（左一）接受了赠书（2019年1月8日）

通州图书馆李希凡先生作品专柜

李希凡先生馆藏证书

媒体报道

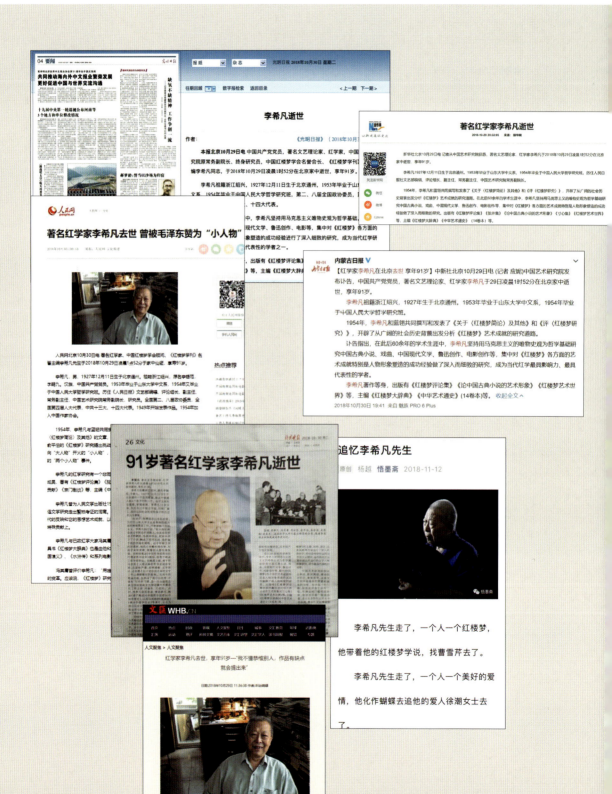

文娱 A13

齐鲁晚报 2018年10月30日 星期二

马瑞芳追忆红学大家李希凡：

红学界痛失"压舱石"

本报记者 倪自放

从"小人物"到红学界"压舱石"

文学研究不仅限于《红楼梦》

B02文化

济南时报

《文史哲》首篇学生论文出自李希凡之手

惜凡

天堂从此多了"红楼梦中人"

（记者徐敏）

六十余年专注于红学研究

随笔周刊 A14-A15

2018.11.13 星期二

齐鲁晚报

宽厚幽默大师兄李希凡

写峻茗

>> 毛泽东赞赏过的"小人物"

>> "我希望你搞'教授文学'"

沉痛哀悼李希凡先生

中国共产党党员，著名文艺理论家、红学家，中国艺术研究院原常务副院长、终身研究员，中国红楼梦学会名誉会长、《红楼梦学刊》名誉主编李希凡同志，于2018年10月29日凌晨1时52分在北京家中逝世，享年92岁。

李希凡祖籍浙江绍兴，1927年12月11日生于北京通州。1953年毕业于山东大学中文系，1954年毕业于中国人民大学哲学研究班。历任人民日报社文艺部编辑、评论组长、副主任、常务副主任，中国艺术研究院常务副院长。全国政协第二、八届委员，第四届全国人大代表，中共十三大、十四大代表。

1954年，李希凡和蓝翎共同撰写和发表了《关于〈红楼梦简论〉及其他》和《评〈红楼梦研究〉》，开辟了从广阔的社会历史背景出发分析《红楼梦》艺术成就的研究道路。在此后60余年的学术生涯中，李希凡坚持以马克思主义的唯物史观为哲学基础研究中国古典小说、戏曲、中国现代文学、鲁迅创作、电影创作等，集中对《红楼梦》各方面的艺术成就特别是人物形象塑造的成功经验做了深入而细致的研究，成为当代红学最具影响力、最具代表性的学者。

李希凡同志在文艺批评中坚持马克思主义的文艺观点，秉持科学严谨的治学态度，有傲骨没傲气，为党和人民的文艺事业奉献了毕生精力。

李希凡同志一生致力于学，著作等身，出版有《红楼梦评论集》《弦外集》《论"人"和"现实"》《管见集》《论中国古典小说的艺术形象》《寸心集》《题材·思想·艺术》《〈呐喊〉〈彷徨〉的思想与艺术》《红楼梦艺术世界》《李希凡文学评论选》《文艺漫笔》《文艺漫笔续编》《燕泥集》《说 "情" ——红楼艺境探微》《毛泽东文艺思想的贡献》《冬草》《艺文絮语》《沉沙集》《传神文笔足千秋——〈红楼梦〉人物论》，主编《红楼梦大辞典》、《中华艺术通史》(14卷本) 等。2014年东方出版中心为李希凡出版《李希凡文集》七卷本。

他历经风雨而不改初衷，以坚定的信念、求真的精神、高远的视野、严谨的治学态度和百折不挠的精神，成为一代令人敬仰的文学批评大家和成就卓著的学者。

李希凡同志的离去，是中国文化界和学术界的重大损失，更是红学界的重大损失。李希凡同志千古！

中国艺术研究院李希凡同志治丧小组

2018年10月29日

目 录

下册

唁　电

深切悼念李希凡先生

2018年10月29日凌晨1时52分，一代文艺理论家、红学家李希凡先生在北京家中逝世，享年92岁。

李希凡先生1927年12月11日生于北京通州，祖籍绍兴，中国艺术研究院终身研究员，中国红楼梦学会名誉会长、《红楼梦学刊》名誉主编。历任人民日报社文艺部编辑、评论组长、副主任、常务副主任，中国艺术研究院常务副院长。曾当选全国政协第二、八届政协委员，第四届全国人大代表，中共十三大、十四大代表，是享誉国内外的文艺理论家、红学家。

1954年，李希凡先生与蓝翎先生共同撰写和发表了《关于〈红楼梦简论〉及其他》和《评〈红楼梦研究〉》，开辟了研究《红楼梦》的新时代。在此后60余年的学术生涯中，李希凡先生不忘初心，始终不渝坚持运用马克思主义唯物史观和马克思主义文艺典型论研究中国古典小说、戏曲、中国现代文学、鲁迅等，尤其对《红楼梦》艺术成就特别是人物形象塑造的成功经验做了深入系统的研究。毫无疑问，李希凡先生是当代最具影响力、最具代表性的红学大家之一，在新中国红学发展中占有极其重要的地位。

在红学新时期，李希凡先生与冯其庸先生一起为中国红楼梦学会的建立、《红楼梦学刊》的创刊发挥了重要的作用。他们共同主持了《红楼梦》新校注本的工作，共同主编了《红楼梦大辞典》，还曾长时间担任《红楼梦学刊》主编、名誉主编。他和冯其庸先生一样，是新时期红学发展最主要的推动者。

李希凡先生一生勤于笔耕，致力于学，出版了《红楼梦评论集》《弦外集》《论"人"和"现实"》《管见集》《论中国古典小说的艺术形象》《寸心集》《题材·思想·艺术》《〈呐喊〉〈彷徨〉的思想与艺术》《红楼梦艺术世界》《李希凡文学评论选》《文艺漫笔》《文艺漫笔续编》《燕泥集》《说"情"——红楼艺境探微》《毛泽东文艺思想的贡献》《冬草》《艺文絮语》《沉沙集》《传神文笔足千秋——〈红楼梦〉人物论》，主编《红楼梦大辞典》《中华艺术通史》(14卷本)等著作。2014年东方出版中心为李希凡先生出版七卷本《李希凡文集》。

李希凡先生历经风雨而不改初衷，以坚定的信念、求真的精神、高远的视野、严谨的治学态度和百折不挠的精神，成为令人敬仰的文艺理论大家和成就卓著的学者。

李希凡先生不仅以其丰富的学术成就确立了他在文学艺术领域和红学史上的地位，更是一位令人敬重的仁厚长者，先生宽以待人、严以律己，为人忠厚、胸襟坦荡，为人为文为友，享有盛誉。

李希凡先生的离去，是中国文学艺术界和学术界的重大损失，更是红学界的重大损失！

李希凡先生千古！

——中国艺术研究院红楼梦研究所、中国红楼梦学会、《红楼梦学刊》编委会

2018年10月29日

山东大学唁电

李希凡先生治丧委员会及家属：

惊悉著名学者、《红楼梦》研究专家李希凡先生仙逝，我们万分悲痛，专函致唁，并慰哀衷。李希凡先生是20世纪50年代毛泽东主席首肯的山东大学两个"红学小人物"之一，在中国古典文学尤其是《红楼梦》研究领域造诣精深，成就卓著，贡献巨大，影响深远。李先生一生淡泊名利，品德高尚，学问渊博，实为后人楷模，其精神遗志将长留我们心中！

李希凡先生是山东大学文学院杰出校友，一直关心支持文学院发展建设。我们谨向李先生的逝世表示沉痛哀悼，向其亲属表示亲切慰问，望节哀顺变。我们将缅怀李先生的卓越业绩及高尚品格，继承李先生的遗志，为中国文学研究事业的发展繁荣而克尽全力。

李希凡先生千古！

——山东大学文学院全体师生

2018年10月29日

沉痛悼念李希凡先生

李希凡先生去世，是我们最不愿意接受的。我们《中华艺术通史》总编委会向我们课

题的引领人，我们的导师，我们心中的楷模李希凡先生表示最最沉痛的哀悼！您身体力行，一贯倡导严谨治学，坚守实事求是，要求我们以科学精神研究中华艺术通史。在您的带领下，历经十年，我们完成了《中华艺术通史》的编著和出版，历时四年我们完成了《中华艺术通史简编》，又先后出版了《中华艺术导论》大陆版和台湾版。2014年《中华艺术通史》又出了英文国际版。您是我们《中华艺术通史》课题研究的精神支柱、学术灵魂。您的去世对中华艺术史继续研究是无法弥补的重大损失。

因为您的引领，《中华艺术通史》开创了中国大型艺术史研究的先河，填补了艺术科学研究的空白，《中华艺术通史》集百年艺术研究成果之大成，向世界展示了中国相关领域研究的最高成果。《中华艺术通史》在对中华艺术精神的把握上，在处理史与论，中与外，雅与俗，汉民族艺术与少数民族艺术，艺术与政治、经济、文化的关系上，在总结各艺术门类形成和发展的规律上均进行了大量创新研究并作出了科学的结论，达到了极高的学术品位。

因为您的引领，《中华艺术通史》纳中华多民族艺术源流之百川，将中华民族的艺术成果以整体的形式展示给世界。注重"中华"二字，即注重中华各民族在艺术史上的共同贡献，弥补了以往撰写的历史、文学史以及艺术史中忽视反映少数民族文学艺术成就这一缺憾。

《中华艺术通史》规模恢宏，上起原始社会，下迄辛亥革命（1911年），历时空数千年，汇数千年遗存典藏之宝库，不但完整涵盖了中国艺术发展的历史，而且收录了中国相关领域研究的最新成果。

《中华艺术通史》至今已获多个奖项。主要有：2008年国家新闻出版总署"首届中国出版政府奖"；2008年中国出版工作者协会"第二届中华优秀出版物图书奖"；2009年入选"经典中国国际出版工程"。

李希凡先生，您高尚的人品，始终如一的坚持真理的精神，笔耕不辍的勤奋治学作风，永远是我们学习的榜样，我们永远怀念您！

——《中华艺术通史》总编委会

2018年10月30日

李希凡先生治丧委员会：

惊悉著名红学家、文艺评论家李希凡先生不幸辞世，《文史哲》编辑部全体同人深感悲痛，为失去这样一位山东大学的杰出校友、我刊的栋梁作者、文学艺术界成就卓越的评论家而不胜痛惜。谨向你们，并通过你们，向李希凡先生的家人致以最深切的哀悼和最诚挚的慰问。

李希凡先生与《文史哲》有着甚深的渊源关系和真挚的情谊，其重要学术论文大多发表于鄙刊，是立足于《文史哲》这片园地成长起来的学术大家。早在1951年11月，创刊仅四个月的《文史哲》就在第4期刊发了李先生的文章《典型人物的创造》，这是鄙刊最早发表的一篇在校学生论文，也是李先生公开发表的第一篇学术论文。《文史哲》杂志善于"扶植小人物"的传统由此发端。1954年9月1日，李先生与蓝翎先生在《文史哲》第9期发表的《关于〈红楼梦简论〉及其他》，受到当时党和国家最高领导人的关注，从而在全国引发了一场《红楼梦》研究以及关于古典学术研究方法论的大讨论、大争鸣，其影响持久而深远。李希凡先生情系《文史哲》，始终关心鄙刊的发展。2011年5月，《文史哲》编辑部举办创刊60年刊庆，李先生不顾年迈体弱，欣然莅会，为《文史哲》鼓与呼。李先生晚年，围绕对《文史哲》历史的回顾，发表了许多宝贵见解，为厘清我刊历史、梳理中国学术与政治的互动等问题提供了诸多有益的启示。

李希凡先生的逝世，是中国学术界、文化艺术界的巨大损失，更是《文史哲》杂志的巨大损失。李希凡先生思想敏锐，富于创新，著述宏富，嘉惠学林，驰誉中外。

哲人已逝，德音日彰。李先生的高风懿行，将永远激励后人；先生的丰功伟绩，将永垂青史！

李希凡先生永垂不朽！

——《文史哲》编辑部

2018年10月29日

沉痛悼念李希凡先生

当代著名红学家、理论家和文艺评论家李希凡先生，于2018年10月29日凌晨在北京家中去世，享年92岁。北京曹雪芹学会、北京曹雪芹文化发展基金会、《曹雪芹研究》编辑部全体同人对先生的辞世谨致沉痛哀悼。

李希凡，原名李锡范，字畴九，祖籍浙江绍兴。1927年12月11日生于北京通州，1953年毕业于山东大学中文系，1954年毕业于中国人民大学哲学研究班。历任《人民日报》文艺部编辑、评论组长、副主任、常务副主任，中国艺术研究院常务副院长、研究员等职。

先生治学60余年，于中国古典文学、现实主义文学、戏剧、影视等多个领域建树超卓、著作等身，著有《红楼梦评论集》《弦外集》《论"人"和"现实"》《管见集》《论中国古典小说的艺术形象》《寸心集》《题材·思想·艺术》《〈呐喊〉〈彷徨〉的思想与艺术》《红楼梦艺术世界》《李希凡文学评论选》《文艺漫笔》《文艺漫笔续编》《燕泥集》《说"情"——红楼艺境探微》《毛泽东文艺思想的贡献》《冬草》《艺文絮语》《沉沙集》《传神文笔足千秋——〈红楼梦〉人物论》，主编《红楼梦大辞典》《中华艺术通史》等。

先生一直非常关注并支持学会各项工作。2018年5月16日，先生在家中接受了学会的专访，畅谈曹学领域相关问题，肯定曹学研究的当代价值和意义；10月16日应邀参加了学会组织的"重阳菊花雅集"，与学界老友欢度重阳，共叙友情。而今遽归道山，岂不令人痛哉！

哲人其萎，风范永存。

李希凡先生千古！

——《曹雪芹研究》编辑部

沉痛悼念李希凡同志

李希凡同志是我国著名的文艺理论家、文艺评论家、红学研究大家。在他60多年的学术生涯中，他始终秉持唯物主义历史观，坚持马克思主义美学观、文艺观。他所坚持的马克思主义指导理论研究、文艺评论和学术工作为当代和后人树立了最具时代性的中国学术典范。

李希凡同志在中国古典文学研究、现当代文艺评论、红学研究、鲁迅研究、毛泽东文艺思想研究以及戏曲、电影等诸多领域都有显著的理论建树，取得了当代中国最具代表性的学术成果，为党和人民的社会主义文艺事业作出了重大贡献。

李希凡同志生前一直关心和支持中国延安文艺学会的工作，他还多次阐释毛泽东《在延安文艺座谈会上的讲话》，为继承和弘扬延安文艺作出了重要的和不可磨灭的理论贡献。

李希凡同志的离去，是中国社会主义文艺事业的重大损失，更是中国延安文艺学会的重大损失。中国延安文艺学会对于失去了李希凡这样一位亲密的同志和领导深感惋惜和悲痛。谨此，沉痛哀悼李希凡同志。李希凡同志千古！

——中国延安文艺学会

2018年10月29日

中国艺术研究院李希凡同志治丧小组：

惊悉李希凡同志逝世，不胜悲痛。谨向李希凡同志致以沉痛哀悼，并向其亲属表示亲切慰问。

李希凡同志是当代红学研究领域最具影响力、最有代表性的学者之一，著述丰富，成就卓著。他的逝世是中国学术界的一大损失，是中国红学界的一大损失。我们为失去了这样一位优秀的学者而深感痛惜！

李希凡同志永垂不朽！

——武汉大学文学院

唐富龄　陈文新

2018 年 11 月 1 日

李希凡先生治丧委员会：

惊闻文学耆宿李希凡先生驾鹤仙游，江苏省社会科学院文学研究所、《明清小说研究》编辑部全体同人不胜哀悼，谨向李希凡先生的亲属致以最深切的慰问！李希凡先生的辞世，是我国人文学界的一大损失，使众多后辈学者如失引路明灯，本所和《明清小说研究》编辑部也为失去一位文学前辈而深感哀伤。

李希凡先生是中国文学研究大家，一生治学育人，成就卓著。对中国古代文学、鲁迅研究和艺术史研究等领域多有奠基之功。作为一代宗师，李先生对学问孜孜以求，严谨不懈。先生更以非凡识见熔古代文学与现代文学、文学与艺术史于一炉，嘉惠后学，启迪来者，为学界所钦敬。先生交游广阔，谦逊待人，品行高端，风采为本所几代学人所景仰。

先生高风，泽被学林。一代贤哲，永志于世。李希凡先生千古！

——江苏省社会科学院文学研究所

《明清小说研究》编辑部

2018 年 11 月 1 日

北京中国红楼梦学会并转李希凡先生家属：

惊悉中国红楼梦学会名誉会长李希凡先生于今日在京逝世，天津市红楼梦研究会谨致沉痛的哀悼。

李希凡先生在红学界、学术界有着广泛的影响，深受学人敬仰。他孜孜不倦，笔耕不辍，对《红楼梦》及中国文化的研究成果是一笔宝贵精神财富。他的不幸逝世，是我国红学界和文化界的重大损失，我们感到万分悲痛和惋惜，望家属节哀。

李希凡先生千古！

——天津市红楼梦研究会

2018年10月29日

中国艺术研究院李希凡先生治丧小组、中国红楼梦学会并转李希凡先生亲属：

惊闻著名文艺理论家、红学家，中国艺术研究院原常务副院长、终身研究员，中国红楼梦学会名誉会长、《红楼梦学刊》名誉主编李希凡先生谢世噩耗，不胜哀悼！

李希凡先生毕生坚定不移地用马克思主义的基本观点和方法，致力于学术研究，在红学、鲁迅研究、文艺理论、中国现代文学、中国艺术史、电影文学等领域取得丰硕成果，为党和人民文艺事业的繁荣与发展作出了重大贡献。生前李希凡先生对贵州红学事业十分关心，用各种形式积极支持贵州红学研究，我们铭刻在心。

李希凡先生虽然辞世，但音容虽邈，风范长存，他的英名将永载史册。

肃函奉唁，并寄哀思。

——贵州省红楼梦研究学会

2018年10月30日

深切怀念李希凡先生

2018年10月29日，一代红学大师李希凡先生永远离开了我们……

李希凡先生，原名李锡范，字畴九。中国共产党党员，祖籍浙江绍兴，1927年12月11日生于北京通州。1953年毕业于山东大学中文系，1954年又毕业于中国人民大学哲学研究班。历任《人民日报》文艺部编辑、评论组长、副主任、常务副主任，中国艺术研究院常务副院长，终身研究员。全国政协第二、八届委员，第四届全国人大代表，中共十三大、十四大代表。1949年开始发表作品。1954年加入中国作家协会。

1954年，李希凡先生和蓝翎先生共同撰写和发表了《关于〈红楼梦简论〉及其他》和《评〈红楼梦研究〉》，毛泽东主席读到文章后，对这两个文学青年的学术观点给予扶持和赞赏，随后展开了一系列学术批评，由此开辟了以广阔的社会历史背景和文本艺术分析为主的当代红学发展道路。李希凡先生与蓝翎先生的《关于〈红楼梦简论〉及其他》标志着红学研究从旧红学，走进了一个新的天地、新的方法、新的理论。

在60余年《红楼梦》研究的学术生涯中，李希凡先生坚持用马克思主义历史观研究《红楼梦》，提出的一系列基本观念对红学的发展产生了长远而广泛的影响，对《红楼梦》的艺术世界和人物形象做了深入而细致的研究，成为当代红学最具影响力、最具代表性的学术成就之一。

在60余年的学术研究生涯中，李希凡先生坚持马克思主义的文艺观点，坚持独立的学术立场，坚持敢说真话的文艺批评，坚持科学严谨的治学态度，坚持有傲骨没傲气的做人原则，坚持为党和人民的文艺事业倾心服务的奉献精神。一生致力于学，历经风雨而不改初衷，他以渊博的知识、宽阔的胸怀、远大的视野、严谨的治学和百折不挠的精神，树立起一座不朽的丰碑。这种坚持、这种高尚的学术品格是令人敬佩的，也是值得我们学习和继承的。

李希凡先生的离去，是中国学术界的重大损失，更是红学界的重大损失。李希凡先生，我们永远怀念您！

——红迷驿站、《红楼梦研究》编委会

2018年12月1日

挽联 · 挽诗

悼念

大有作为的"小人物"

举红色旗帜的红学家

杰出的马克思主义文艺理论大家李希凡同志

——贺敬之

2018年11月4日

沉痛悼念李希凡同志去世，

他的为人为友为文，永志不忘。

——王蒙

2018年10月29日

乍悉李希凡兄逝世，我心十分沉痛。希凡兄与我同乡，共饮大运河的水长大。我步入仕途，他走进文学殿堂，几十年来互相敬慕，互为文友。数月前，大运河文化研究会成立之时，我与希凡兄见面，相谈甚欢，共同探讨了大运河文化的形成与特点。那时希凡兄见解精妙，思路开阔，令我受益匪浅。谁知短短数月却阴阳永隔，怎能不令人悲痛！然修短由天，后人会记住希凡兄在传统文学领域所做出的贡献。惟望家人节哀，也请治丧委员会办好希凡兄后事，以告慰在天之灵。

敬送挽联一副：

馨德恒留　斯人已觉梦中梦

文名不朽　浮世犹存身外身

——高占祥

2018年10月31日于医院

惊闻希凡学兄仙逝　不胜悲戚

本拟赴京拜别奈老弱不能成行

兹遥致哀思　祈佺芹姊妹节哀

——袁世硕

2018年10月29日

当仁不让　领修中华艺术十四长卷

舍我其谁　甘认毛派红学独家劲文

——曲润海

长别希凡先生

今晨六时半，电话铃响，是李希凡先生女儿李芹打来的，告"我爸于凌晨1时52分走了"，泣不成声。我们闻讯惊心，前天还通过电话，音犹在耳，竟成绝响。一时间思绪纷然，草成一联，不计工拙，以寄哀思：

大音希声　不同凡响　文坛惊艳小人物

风雨历练　初心不改　红学航船压舱石

希凡先生一路走好

李芹、李蓝节哀！

——吕启祥

敬挽李公希凡先生

铺路补天　石头记来应致远

守真抱朴　鲐背年去是希凡

——胡文彬泪笔

2018年10月30日夜

天降人物　只瞻前不顾后　浑忘却是大是小
笔含锐芒　逢辩者即答复　又何妨心柔心宽

——刘梦溪敬挽

挽李希凡先生

小人物敢说红楼　闻名本意外
大专家拒评海瑞　避祸自坦然

——刘尚慈挽联

小人物成大伟业红学压舱石
大学生变大师兄母校功德碑

——马瑞芳

2018年10月29日

红楼一文两个小人物引九州云霓变幻
白发半生千年艺术史成万载书卷风流

——田青挽联

希贤希圣属意红楼终成大专家
凡人凡事历经风雨还是小人物
李希凡先生千古

——王能宪敬挽

惊悉希凡先生逝世，万分难过。
希凡先生一生治学和为人之道是后学们的榜样、楷模。先生一路走好！

——朱宪民

2018年10月29日

李希凡学兄千古

哲人远行　九秩黄钟成绝响

宏著恒在　一腔丹恳寄红楼

——学弟张华敬挽

2018年10月30日

痛悼老院长李希凡先生（挽联五条）

其一

红学鲁论　文评艺史　学界痛失泰斗

文品官德　人格操行　文坛仰瞻前贤

其二

一部通史　蜚声海内外

九秩人生　誉满全神州

其三

小人物　大格局　搅动红学苑囿

九秩翁　等身著　引领艺学江湖

其四

希圣希哲　毕生治学无涯

凡人凡事　终老不悔初心

其五

希世学者　著述等身载青史

凡间师长　春风化雨育英才

——李心峰痛悼

敬悼李希凡先生

等身宏文曾警世，

如松风骨口皆碑；

一生奋笔诚典范，

两袖清风真学人。

——邢煦寰敬挽

一文惊世辟红学新视界

七卷沥胆辩文艺大是非

——邓福星敬挽

卜算子借悼李希凡先师

年初闻李老仙逝，杨花柳絮，满目凄然，只借《红楼梦》中吟咏柳絮词以致哀悼，只是身边无白香词谱，只能胡咏。

春意侬尽知，

何堪添新愁！

愿将此身缀九州，

乘风漫天游。

虽无春花艳，

也盼逞风流。

狂风暴雨摧不死，

总在春里头。

——大隐抄旧作于京华无禅堂

陈绶祥

惊闻希凡先生因病突然辞世，不胜哀痛！原想久违之后，明天幸能见面听教，殊不知咫尺之距，竟已天人远隔，无从补救挽留！回想20世纪90年代起，有十余年之久，能跟随先生编撰国家重大项目《中华艺术通史》，朝夕相处，耳提面命，收获多多终生难忘！当时随先生在社会主义学院统稿及同赴敦煌莫高窟考察，言谈欢笑，宛如昨天今晨。现你所呕心沥血引领操持的合著长编俱在，仍将持续泽惠后人，然主编、首领、恩师，却斯人已逝，哲人其萎，悲夫！

希凡先生及其思想学术业绩必将载入史册，垂范千古，并历久而弥新！我辈幸得附随骥尾，当深以为荣焉！

祈望各位节哀顺变，多多保重！

——秦序张爱兰率儿孙敬上

惊闻红坛巨擘李希凡先生今晨仙逝，不胜悲痛，草作悼诗七律二首，以寄哀思。

其一

晨起忽传公已去，满心悲痛泪腮盈。

红坛又失擎天柱，绛帐难聆析梦声。

心地慈祥和蔼貌，胸襟正直善良名。

堪登当代圣贤榜，聊寄晚生一片情。

其二

萧瑟秋风夜月明，忽传噩耗梦魂惊。

抛书静忆音容貌，停键旋闻謦劾声。

浊世不沾尘半缕，赤心难改袖双清。

青年堪谓"小人物"，红史已存巨擘名。

天津百花文艺出版社编审　任少东

2018年10月29日

黑龙江楹联家痛悼红学家李希凡先生挽联

天界组沙龙　魄魂自觅蓝翎去

红坛折椽笔　戚友同生向秀悲

——丁广惠　黑龙江哈尔滨

深解红书　睿识已入黄泉界

细嚼情字　高智犹铭碧玉碑

——李锡昌　黑龙江巴彦

名震文坛　人荐英才评宝玉

魂归阆苑　天邀椽笔解红楼

——尚桂凤　黑龙江七台河

情字了得　人间莫忘先生骨

红学深远　史册应留巨匠名

——任作信　黑龙江尚志

名声震往年　小人物立志研红学

才德留今日　老校友为范励书生

——孙福奎　黑龙江双鸭山

慧眼还明　规律批评争对半

红楼能释　新兴议论待添余

——赵志君　黑龙江巴彦

尘世无仙，谁堪辛苦游仙境；

红楼有梦，尔可轻松踏梦程。

——贺楠　黑龙江巴彦

噩耗惊闻　金星陨落　红坛洒泪春失彩

凡翁悲忆　巨作遗研　梦界流芳色续辉

——宋捍东　黑龙江哈尔滨

一世追求　驾鹤成仙天上去

九旬梦想　乘风化雨世间留

——刘奎礼　黑龙江兰西

红楼寄梦黄泉恨

一代尊师百世铭

——赵式立　黑龙江兰西

让艺术传承　文风严谨垂青史

推红学发展　德望崇高励世人

——王海顺　黑龙江巴彦

志系红楼　红楼遗梦天堂梦

魂升仙境　仙境称星文曲星

——王立君　黑龙江延寿

归矣何悲　一卷红楼诠释透

来兮无憾　满腔碧血注通灵

——李雪莹　黑龙江哈尔滨

倾情宝玉文星去

筑梦红楼经典留

——李彦民　黑龙江哈尔滨

五色笔端来　曾掀起新红学巨浪

一家言逝去　已拨开旧考证谜团

——宋庆甫　黑龙江伊春

挽红楼专家李希凡

叹君别　怎解红楼晓雾

迎客至　再掀银汉新潮

——张凤武　黑龙江大庆

挽红学家李希凡先生

恭送先生　天堂缱绻红楼梦

提携后进　阆苑氤氲绿蚁情

——郁犁　黑龙江延寿

评论文中除老调

红学路上辟新篇

——赵英妮　黑龙江尚志

挽红学大家李希凡先生

一举成名　小人物大观园筑梦

十分魄力　旧论评新挑战增辉

——井春生　黑龙江哈尔滨

大观园诠释红楼梦

小人物直抒翰墨情

——王金　黑龙江哈尔滨

有憾在奇书　缱绻劳人　九旬情注红楼梦

怜公乘鹤驾　唏嘘是我　一赋谁题白玉京

——咸丰收　重庆

梦牵红楼　学奉马列　万卷著述留身后

思超考据　注破索隐　百年心血铸辉煌

——网友江东云挽

研读红楼　文坛有巨匠

缅怀先生　学海失希凡

——河南省邓州市红学会敬挽

井子先撰联　时玉飞书

真理的追求

——李希凡同志追思会综述

王 慧

李希凡先生，祖籍浙江绍兴，著名文艺理论家，红学家，中国艺术研究院原常务副院长、终身研究员，中国红楼梦学会名誉会长，《红楼梦学刊》名誉主编。1927年12月11日生于北京通州，1953年8月毕业于山东大学中文系，1954年12月毕业于中国人民大学哲学研究班。1955年1月调入《人民日报》文艺部，历任人民日报社文艺部编辑、评论组长、副主任、常务副主任等。1986年至1996年任中国艺术研究院常务副院长。2018年10月29日在北京家中安详离世。2018年12月13日，由中国艺术研究院组织的"真理的追求——李希凡同志追思会"，在院第五会议室举行。

追思会由中国艺术研究院常务副院长吕品田主持，前来参加的专家学者有：文化部原部长王蒙，中宣部原副部长翟泰丰，文化部原副部长、中国艺术研究院原院长王文章，文化和旅游部艺术司副司长周汉萍，中国艺术研究院原党委书记、中国红楼梦学会会长张庆善，中国艺术研究院副院长祝东力，中国作家协会鲁迅文学院常务副院长邱华栋，国家清史办原主任、国家清史编纂委员会原常务副主任卜键，中国艺术研究院马文所原所长涂途，中国艺术研究院文化所原所长刘梦溪，中国艺术研究院研究员、中国红楼梦学会学术委员会主任胡文彬，中国艺术研究院研究员、中国红楼梦学会学术委员会委员吕启祥，中国艺术研究院研究生院原党委书记、副院长李心峰，中国艺术研究院影视研究所所长丁亚平，中国艺术研究院话剧研究所所长宋宝珍，中国艺术研究院马文所副所长鲁太光，中国艺术研究院文化所副所长喻静，中国艺术研究院马文所研究员李荣启，中国红楼梦学会学术委员会委员丁维忠，中国艺术研究院科研处原处长林秀娣，中国艺术研究院原当代文艺研究室主任郑恩波，《人民日报》高级编辑蒋元明，中国艺术研究院红楼梦研究所副所长孙伟科，《中华英才》副总编辑范丽庆，中国艺术研究院《红楼梦学刊》编审张云，北京东方彦辰文化艺术有限公司总经理马丽，中华服饰文化研究会会长张雪扬；参加追思会的还有中国艺术研究院红楼梦研究所的何卫国、李虹、卜喜逢、胡晴、王慧以及红楼梦研究所的硕士、博士研究生等。李希凡先生的女儿李芹以及外孙女李慧可也参加了追思会。

吕品田先生首先代表中国艺术研究院对各位领导和嘉宾的到来表示诚挚的感谢，并提议大家起立，为李希凡先生默哀一分钟，表达深深的缅怀。

吕先生讲述了李希凡先生在管理岗位与学术成就上的巨大成绩。他说，李希凡先生坚持办院宗旨，采取多种措施，促进了中国艺术研究院在新时期开局时期的重大发展。同时，李希凡先生也取得了杰出的学术成就，出版有《红楼梦评论集》《论中国古典小说的艺术形象》《题材·思想·艺术》《〈呐喊〉〈彷徨〉的思想与艺术》《传神文笔足千秋——〈红楼梦〉人物论》《红楼梦艺术世界》《李希凡文学评论选》《毛泽东文艺思想的贡献》等二十多部著作，并于2014年由东方出版中心出版了《李希凡文集》（七卷），还与冯其庸先生共同主编了《红楼梦大辞典》等。

吕先生特别提出了在年逾古稀之时，李希凡同志促成并担任了艺术科学类国家"九五"规划重大课题《中华艺术通史》总主编，带领国内三十余位各艺术门类的专家学者历时十年完成了这项填补我国艺术科学研究空白的编纂，这部十四卷的艺术史2006年面世后荣获多项国家级大奖。他说，李希凡先生历经风雨，而不忘初心，以坚定的信念、求真的精神、高远的视野、严谨的治学态度和百折不挠的精神，成为令人敬仰的一代文学批评大家和成就卓著的学者。

追思会上，中国艺术研究院祝东力副院长代表韩子勇院长致辞，表达了对老领导的缅怀与悼念之情，深情地回忆了李先生的学术之路。自20世纪50年代起，李希凡先生便从广阔的社会历史背景出发，分析研究《红楼梦》等古典小说。在此后近七十年的学术生涯中，他坚持以马克思主义的唯物史观研究中国古典小说和戏曲、中国现代文学和鲁迅作品以及电影创作等。尤其是对《红楼梦》的艺术成就做了博大精深的研究，成为当代红学最具影响力、最具代表性的学者之一。

祝先生特别指出李希凡先生文艺批评的鲜明特色，那就是坚持马克思主义的文艺观点，在文艺的多个领域展开研究，历经几十年风风雨雨而从不动摇，这样一种理论自觉和理论自信，正是党对文艺工作者的要求，也与习近平总书记《在哲学社会科学工作座谈会上的讲话》精神相吻合。李希凡先生作为文艺领域坚持马克思主义的一面旗帜，获得了广泛赞誉，他的学术成就及其重要意义必将随着时间推移在越来越广泛的领域得到彰显。他还指出，李希凡先生有着光明磊落、不计荣辱的胸怀和淡泊名利的人生境界，他既有共产党人的坚定政治立场、彻底的唯物主义的批判精神，又有着深厚的文史修养和极为广泛的研究和著述。通观《李希凡文集》，可以看到他留下的辛勤耕耘的足迹。他主编的多卷本《中华艺术通史》是迄今为止资料最翔实、内容最丰富的中国艺术史著作。他的文艺评论既有思想内容的深入分析，又有艺术形式上的独到见解，能使二者水乳交融，浑然天成。祝先生还表示，得知先生去世的消息后，中国艺术研究院第一时间和家属进行了联系和沟通，表达了深切的慰问；还将以实际行动来纪念李希凡先生，将他追求真理的精神、严谨治学的方法，向更广范围进行宣传和推广，也希望大家可以认真梳理更多细节，以更多的方式怀念李希凡先生。

王蒙先生回忆起李希凡先生几次给他留下深刻印象的事情，深情地表达了对李希凡先生的怀念、惜别与尊敬。一次是李先生的自我介绍。那是在山东大学原址中国海洋大学的一次活动中，王蒙先生主持会议，李希凡先生回忆他在山东大学的种种经历。"他上台自我介绍说我是李希凡，中国共产党党员。"虽然没有什么新鲜的信息，但李希凡先生对成为一名党员的严肃认真的态度令人肃然起敬。王蒙先生还提到李希凡先生性情坦率，有责任感，完全不计较个人得失。他写过不少批评性的文艺评论，比如对被赞扬的新编历史京剧《曹操与杨修》明确地提出不同的看法，李先生没有私心，也没有圈子观念，也不是为了迎合什么，他就是很坦率地提出自己的看法。王先生说，尽管与李希凡先生没有任何个人的交往，但二人有着互相赠书的情谊，而且很感谢李希凡先生在一些比较特殊的场合中都对他采取了实事求是、认真负责的态度。"李希凡先生是一个好人，是一个好学者，是一个好党员，真正是一个讲政治、讲党性的书生。"

翟泰丰先生则表示尽管与李希凡先生来往不多，但他特别欣赏李先生坦诚的性格，认为他是一个非常实在的人。李先生一生追求真理，该批评的批评，该赞扬的赞扬，从来不追风，对待学术问题严肃认真，不计较个人得失荣辱，令人敬佩。翟先生对李先生的学术成就高度赞扬，他曾就李先生的文集写过《精道文心 渊博论说——读〈李希凡文集〉有感》发表在《光明日报》上，认为李希凡先生在学术研究过程中，始终坚持辩证唯物主义、历史唯物主义的观点研究中国古典文学史，以文学与学术研究相统一的辩证研究方法，挖掘中国古典小说典型环境、典型人物、典型形象的文化价值和精神力量，弘扬中华民族五千年的优秀文化传统。李希凡先生敢于追求真理、坚持真理的精神值得我们认真学习并发扬光大。

在王文章先生看来，李希凡先生不仅仅是老领导，还是自己的学长、老师。李希凡先生坚定的学术理念、刻苦的学术追求给他留下了深刻的印象。他说，李希凡先生初到中国艺术研究院的时候，国家正处在一个经济体制转型的时期，研究院也处在发展转型的艰难时期，但李希凡先生非常坚定地领导中国艺术研究院坚持学术追求，这也是立院之本。在李先生个人的学术生涯中，他同样坚持自己的学术追求，比如他主持的《中华艺术通史》，他和冯先生共同主编的《红楼梦大辞典》，这些都是新时期中国艺术研究院学术建设的重大成果，都是对国家艺术学发展的贡献。我们任何时候做研究，都需要这种学术理想和这种刻苦的精神。李希凡先生的不计荣辱、澄怀淡然，也令王文章先生印象深刻。尽管一生起起伏伏，但李先生内心的那种对学术理想的追求是非常强韧的。他也提到了李先生对《曹操与杨修》发表的批评意见，是发自自己真诚的认知与信念，有益于我们从不同的角度理解这部产生了重大影响的京剧。这是一位真诚的学者认真的学术坚持。王先生还对李希凡先生的红学研究进行了高度赞扬，李希凡先生开拓了自成一家的红学研究的道路。今天，我们的学术研究仍然需要解放思想，转变观念，坚持自己创新性的意见，学习他的精神，学习他的为人，这样才能不断地对我们艺术学的研究有所贡献。

周汉萍副司长受部领导的委托，也表达了对李希凡先生的缅怀之情。她认为，李希凡先生有几点精神特别值得我们晚辈学习：一是在治学上坚持马列主义、唯物史观的精神，这也与加强文艺评论是要把马列主义的文艺理论与中国实践相结合的方法一致。二是李希凡先生沉心静气，学术无止境，秉着艺术良知治学的精神，值得大家学习。尤其在这个浮躁的现实社会里，我们的青年学者一定要有这种不怕坐冷板凳的精神，要淡泊名利，才有可能取得成就。三是我们不仅要怀念李先生的治学精神，还要大力宣传、弘扬《红楼梦》，弘扬中华优秀传统文化。

与李希凡先生相识四十年的张庆善先生饱含深情地回顾了多年的老领导，也是十分敬仰的师长的学术之路与巨大成就。他认为，李希凡先生是被毛主席表扬的"小人物"，也毫无疑问是红学界的大人物，是影响一个时代的大学者，在红学史上有着重要地位。恰如冯其庸先生所说，新中国红学是李希凡、蓝翎开创的，他们关于《红楼梦》的研究标志着红学研究从旧红学走出来，走进了一个新的天地、新的方法、新的理论，也因此找到了新的研究前途，这是红学史不可回避的事实。张先生还就李希凡先生的主要红学观点做了论述：作为自觉运用马克思主义文艺理论研究《红楼梦》的第一人，在六十余年《红楼梦》研究的学术生涯中，李希凡先生始终不渝地坚持运用马克思主义的历史观和文艺观研究《红楼梦》，坚持着他自己的基本观点。他坚持认为《红楼梦》是一部伟大的批判现实主义的杰作，是清朝封建贵族阶级也是整个封建贵族阶级制度必然灭亡的宣判书，而绝不仅仅是一部爱情小说。他坚持认为"色空"不是《红楼梦》的基本观念，《红楼梦》

不是"自然主义"的作品，不是曹雪芹的自传。他坚持认为《红楼梦》具有"新生的资产阶级萌芽"，《红楼梦》中的主人公贾宝玉、林黛玉不仅仅具有叛逆性，更具有人性的觉醒，这些基本观点对红学的当代发展产生了长远而广泛的影响。尤其是李先生的《红楼梦艺术世界》《传神文笔足千秋——〈红楼梦〉人物论》，用现实主义美学理论对《红楼梦》的艺术世界和人物形象做了深入而系统的研究，展现了李希凡先生最新的学术成就。张先生认为，中国艺术研究院是新时期红学的重镇，不仅因为有冯其庸、李希凡等人，也因为新时期红学一系列奠基性的研究成果都离不开中国艺术研究院。比如一直以来发行量最大的、影响最大的由人民文学出版社出版的《红楼梦》校注本，比如《红楼梦大辞典》《脂砚斋重评石头记汇校》《红楼梦研究稀见资料汇编》，以及《红楼梦学刊》的创刊、中国红楼梦学会的成立等。张先生还提到了李希凡先生令人感受颇多的两部著作。一部是《李希凡自述——往事回眸》，一部是李先生与大女儿李萌一起完成的《传神文笔足千秋——〈红楼梦〉人物论》（修订版）。前者是张先生在担任中国艺术研究院副院长的时候曾提出的建议，尽管当时并没有被李先生接受。"自述中充满了坦诚、真挚和自省。你从自述中会感到他为人的正直、真诚、坦荡、宽厚、善良，他是一个充满了真情的大写的人。"后者是李希凡先生在90岁高龄的时候，与女儿李萌共同完成的巨著。此书的修订出版，李萌功不可没，但斯人已去，只留下悲伤的老父四年后才知道女儿离世的消息。张先生说，这既是李老最后一部学术著作，也是对他一生研究《红楼梦》的总结，这部专著的出版无论对李希凡先生，还是对新时期红学，都是非常重要的收获。

张先生说李希凡先生晚年最关心的两件事：一是修订《红楼梦大辞典》；二是修订《红楼梦》新校本。"在他逝世的前十几天还两次给我打电话，说起这两件事，要我负起责任。"他认为，李希凡、蓝翎的《红楼梦》研究开创了一个时代，他们毫无疑问是"新中国红学第一人"。而几十年来，李希凡先生不忘初心、不改初衷，始终不渝坚持马克思主义唯物史观、坚持马克思主义文艺典型论，这种坚持，这种高尚的学术品德是令人敬佩的，更值得我们永远学习。

邱华栋先生说他在上大学的时候，就读过李希凡先生的《论中国古典小说的艺术形象》等，并从文学创作以及个人角度谈起了李希凡先生的人生经验与所取得的成就之间的关系。他认为，李先生少年时代生活艰难的磨砺是其人生中特别重要的阶段，因为童年经验对一个人的人生影响巨大。李希凡先生从13岁一直到1949年之后进入华东大学（后来的山东大学）之前这一段时间，可以说经历了很多的磨砺，但艰难的成长过程中仍不忘阅读各种各样的古代典籍，我们对他的这一时期应该做更细致的研究。而后来李先生在山东大学读书期间，认真努力，奋发图强，为今后奠定了坚实的基础。第三个阶段则是李希凡先生中年时期的苦苦求索与老年时的壮心不已。李希凡先生1986年到中国艺术研究院担任常务副院长，已经是59岁了，但他在繁重的管理工作之余还做了大量的研究工作，如《红楼梦大辞典》《中华艺术通史》等。"我觉得李希凡先生为我们做了特别好的表率，他在文艺理论、红学研究、文学写作各个方面都取得那么大的成就，为人谦和、善良、幽默，这些品性都值得我们好好学习。"邱先生表示，我们一方面要深切地缅怀李希凡先生，另一方面要把李希凡先生开创的红学事业、文艺理论研究的事业、文学事业和文化事业，更加发扬光大。

卜键先生则从自己与李希凡先生的日常交往中深情回顾了李老，并提到了自己在《中国文化报》上发表的纪念文章《清寂中的持守——我所了解的晚年的李希凡先生》。他认为，清寂是李希凡先生晚年的生活状态，尽管没那么热闹，但持守是他个人意志、个人学养的一种坚持。卜先生认为，李希凡先生是一个非常认真、磊落的人，有什么说什么，他对现实很关注，而且坚持自己的观点。但他很宽容，即使是对观点不一致的人，也能理解他们不同的学术思考。"我想希凡先生他其实还是幸福的，李芹当时告诉说他最后是躺在床上，说我困了，拉着李芹的手然后就没有呼吸了。很少有人会这样幸福地离开人间，我觉得也是一种美好的结局。"

刘梦溪先生说："王国维说过，一时代有一时代之文学。同样，人物也是一个时代有一个时代的人物。能称得上人物的，常常留下时代的记忆。希凡的不同之处，在于二十几岁就烙印上了人物的标记，不管是大是小，他都作为一个时代的人物进入人们的记忆。人物是时代所成就，也受时代的限制。并不是所有人物都值得怀念。如果一个人物不幸中断了生命的旅程，很多人都表示怀念，那他一定有超越时代的品质被人们记住。我和希凡有54年的交谊，以我对他的了解，我想他是一个值得怀念的人。特别是我个人，我青年时期的努力问学，中年之后的学术追寻与建构，我创办中国文化研究所和创办《中国文化》杂志，希凡是有力的支持者，他是我想忘也忘不了的人物。有时他入我梦中，第二天打电话给他，告知梦中情景，我说真是挥之不去啊！所以然者，主要在于他是一个善良的人，一个肯助人的人，一个好人。""李泽厚也是我多年的朋友，他的学术立场与希凡不一定相同，但他在美国看到我写的《忆希凡》，打电话表示赞许，说希凡人很好，诚恳谦和。"

刘先生谈到，评价人物，有三点最要紧：首先是分正邪，其次是辨是非，最后是定功过。分正邪是第一位的，因为好人也会犯错误，不好的人也会做出正确的事。好与不好、正与邪的分野，在于善与不善，在于廓然大公还是私心私见。也就是孔子说的"君子坦荡荡，小人长戚戚"。君子无非公也，小人无非私也。是非易辨，正邪难分。至于给人物定功过，生前固然难于定论，死后也不见得定得明白，而是需要历史和时间的检验。学术是公器，可以有宗主，但不能有宗派。《易经》的"同人"卦，警示人们不可"同人于宗"，"同人于宗"的结果必然"吝"，即狭隘而不能容纳异己之见，这是学问的大忌。真正的大学者，在德范方面常常可圈可点。没有风骨，没有气节，没有一种志不可夺的精神力量，无法写出能够传之久远的有价值的学术成果。刘先生说："希凡为人诚恳，心地宽厚，帮助过很多人，从不嫉妒人。他的这些品质是可以超越时代的。作为一个时代的人物，希凡是值得我们怀念的一个人物，尤其是值得我个人怀念的人物，我不会忘记他。他耳朵软，心也软，我无法不念他的好。"

涂途先生从三个方面追忆了李希凡先生。他说，李希凡先生虽是一位"小人物"，却有着巨大的意义。他代表一种新生力量，有着蓬勃的朝气，他是不断向前的，有闯劲、有创造精神。同样他也关怀、支持年轻人，一贯鼓励他们奋发向上。涂先生还提到了李先生在中国艺术研究院任职期间对马文所的支持，"他坚持马文所要办下去，有的人提出要把马文所撤销合并，他几次顶住，认为马文所和《文艺理论与批评》都应该坚持下去，是文化部建立的一个很重点的所"。涂先生说，李希凡先生给了他很多帮助，不仅有工作上的支持，还给他的文集写了总序。尤其序中所说的"作者的无怨无悔是因他坚持以马克思主义立场观点方法从事美学与文艺理论的研究，虽不时髦，却是对真理的追求"，这恰好符合今天追思会的主题。

吕启祥先生则认为李希凡先生是一位真正的仁厚长者。她是20世纪60年代就知道了李希凡先生，但真正认识是在七八十年代，接触比较多则是在李先生退休之后的晚年时期。吕先生认为，李希凡先生的仁厚主要表现在两方面，一方面是他对于艺术研究的那种眷眷之情，这是一种怀念，包含着欣慰和感激。1986年，李希凡先生由《人民日报》来到中国艺术研究院，对于他来说是一个很大的角色转换。在吕先生看来，李先生在中国艺术研究院任职期间有两个关键词，一是前海学派，一是艺术通史。从前者来说，他尊敬前辈，爱惜人才，虽然他本人没有大量时间搞研究，但是他在背后做了很多默默的支持和策划工作。另外一个关键词是艺术通史，在退休之际领了这么一个项目，确实是吃苦受累做了这么一件有风险和挑战的事情。如果没有坚韧的意志，没有认真学习的精神，没有他的凝聚力，这个项目也不可能完成。另一方面就是李先生对红学事业的拳拳之心，这是一种挚爱，包含着关怀和期望。吕先生认为，在新时期的红学里，李希凡先生很少用红学家的身份出面，也从来不用"小人物"来炫耀。她重申了曾经在"李希凡与当代红学座谈会"上的看法，1954年不是什么个人的侥幸一夜成名，更不是刻意地迎合，李希凡有学术准备和理论准备，而且有足够的学术担当和勇气，因此历史选择了李希凡，而且历史检验了李希凡。吕先生提到20世纪60年代时李先生曾拒绝江青找他写批判文章，这是极不容易的，令人钦佩。吕先生指出李希凡先生是新时期红学航船的"压舱石"。首先，李希凡促成了红学界的大团结。红学是体量很大、渊源很深、路径纷繁，而且参与者众多、牵动很广的一门学问。从红楼梦研究所的成立、《红楼梦学刊》的创刊到中国红学会的成立，都离不开李希凡先生的全力支持与配合。其次，作为"小人物"，李希凡自己不提起、不矜持。对于社会上的诸多议论与质疑，他的基本态度是"坚守史实，任由评说"，显示出"压舱石"的定力。吕先生说："对于一个历史事件，评说可以见仁见智，然而历史事实只有一个。在维护历史真实这一基本点上，希凡从不含糊、旗帜鲜明，显示政治的定力和学术上的独立精神，从不随风摇摆，随人俯仰。"再次，作为红学界的"压舱石"，李希凡维护正常的红学生态，抵制各种歪风邪气。他对新时期很多戏说、揭秘持不同意见，坚持曹雪芹的著作权。吕先生认为，李希凡先生是一个很磊落的人，从不隐瞒自己的观点，即使是与一些名家的争论，如果有不同意见也会直言，非常令人敬佩。而且，作为中国艺术研究院曾经的掌门人、艺术通史的学术带头人、新时期红学的"压舱石"，李希凡先生除了那些摆在桌面上的著述以外，更有其背后的默默付出和鼎力支持，他仁厚的风范和磊落的胸怀是留给我们的宝贵精神遗产。

李心峰先生则从李希凡先生对新时期中国艺术学建设的非凡贡献方面表达了自己的缅怀之情。他说，李希凡先生从1986年到1996年整整十年间担任的是唯一的国家级科研机构，即中国艺术研究院的掌门人，这也正是新时期艺术学比较早的时期，一些史论方面所诞生的经典之作以及培养的一批人才都与他有直接的关系。第二，李希凡先生也是新时期艺术学学科建设方面的组织者、领导者，甚至可以说是一个设计者。我们国家的艺术科学的规划、评审、组织、领导，他花费了巨大的心血。而且如果没有李先生牵头来做《中华艺术通史》，到现在可能也还没有人敢承担这样一个课题，还是做不出来。今天艺术学已经成为一个门类学科，而且这里面有一个艺术学理论一级学科，其主要学科方向就是艺术理论、艺术史、艺术批评，从这点看李希凡先生提出并主持这个课题，具有相当的前瞻性，为我们的艺术史研究留下了宝贵的财富。我们应该好好总结他的研究方法、研究理念，包括整个研究过程。

丁亚平先生表示，李希凡先生是一位坚持求索、学无止境的大家，具有可贵的学者素养和学术精神。他是无所不能的大家，涉猎广博，红学、当代文学、文艺理论、马列文论，等等，有很多写作、批评、研究的成果。"记得他晚年时不止一次和我谈他对国产电影的看法，他晚年眼睛不太好，他说有时候还看电影听电影，也评论国产电影，我觉得很有意思。评论里贯穿了他直率的批评精神与褒贬，某种意义上也包含体现着他自己对真理追求的精神。"丁先生还提到李希凡先生作为出色的学术机构的领导者、组织者，作为中国艺术研究院的常务副院长，他懂得科研是重中之重，不流于形式。在他的领导下，可以说形成了很好的新的传统，特别是注重科研，注重史论、学科建设，注重集体项目。他在尊老的同时，也为青年人提供平台，为青年人的成长鼓掌。他是一个宽厚、有真情、有包容心的好人，是一个有道德的人，更是一个本色的大学者。

郑恩波先生则饱含激情地提到了李希凡先生对自己的知遇之恩。他说，从1956年自己初中毕业时就立志要做刘绍棠式的创作者，或者是李希凡式的文学评论家。尽管大学学了外文，但对李希凡先生念念不忘，尤其是对中国文学史非常感兴趣，经常在图书馆看李希凡先生对中国古典小说艺术形象的分析，特别注重他在各家报纸上发表的一些有争论的小说讨论。郑先生说，从人民日报社到中国艺术研究院，李希凡先生不仅有对我工作上的支持，也有生活上的关心。我们的许多活动他都参加并做书面发言；他在百忙之中给我的小书作序，并给予了很高的评价。他还把孩子从美国寄回来的治疗糖尿病的药品送给我。同时，李希凡先生也爱帮助提拔年轻人，与时俱进，重视他们的看法与想法。"我感觉李希凡先生是一个非常和蔼可亲、多情仗义的汉子。"

《人民日报》的蒋元明先生回忆了自己当年和李希凡先生在同一间办公室相处了大约十年，提到了自己写的悼念文章《我所知道的李希凡》，引起了不少人的关注。"尽管希凡离开报社很长时间了，但好多人记得他。他宽厚、和善，帮助了好多人，他是一个好人。"

李荣启先生则认真总结了李希凡先生的两个治学特点：一是坚持马克思主义的批判精神，具有求真思辨的学术勇气；二是坦然面对人生的磨难，执着不懈地进行理论探索。林秀娣先生详细论述了《中华艺术通史》立项，完成过程中的种种艰难，李希凡先生为之付出了巨大的心血，对中国艺术科学的基础研究做出了重要贡献。

李希凡先生的外孙女李慧可代表家属发言，她"代表全家感谢各位学术界前辈、姥爷的同僚、故交、旧知齐聚一堂，在此聊聊姥爷年轻的过往，寥寄哀思"。李慧可从"桌子"的独特角度将大家带入满含真挚深情的回忆。随着她对姥姥、姥爷、爸爸、妈妈、自己的桌子的描述，我们似乎都看见了李希凡先生的那张大桌子，"偌大的写字台被他齐齐摞上了四五叠书，平时写作的那一方寸天地也仅仅能铺下他的稿纸、笔筒、烟灰缸和正在看的一两本书，而且也只能撂着放。搬到了罗马嘉园以后，新家的写字台各设了三层搁架，供他放书，不知是不是站起身取书不方便，他依然是严严实实地给我们砌起了书墙，还给我们立下规矩，写字台是私人领地，不得侵犯，任何人都不得给他收拾桌子"。生活中的点点滴滴总是留给人们印象最为深刻的感动。那与家人围坐吃烤鸭、打麻将的李老，与外孙女畅谈文学与人生的姥爷，似乎令人愈加怀念。

吕品田先生最后做了总结发言。他说，大家都满含情意对李希凡先生的学术成就、人格魅力以及时代意义等畅所欲言。李老是满怀理想的，也是一位充满责任担当的人。他坦诚认真，光明磊落，为人谦和、仁厚，正像王蒙部长说的他是一个好人，一个好学者，一个好党员。希凡先生不仅取得了巨大的学术成就，而且具有时代意义。他用历史唯物史观开创了中国红学研究的新境界，是红学这艘航船的"压舱石"；希凡先生也在艺术评论、艺术学科建设方面做出了非凡的贡献。而他的追求真理，坚持原则，不计荣辱，不忘初心，具有强烈的关注现实的意识，以及旗帜鲜明地对不良现象的批评精神，都是推动我们这个时代进步所需要的。

李希凡先生是一位会被这个时代记住的人物，也是值得我们怀念的人物。今天我们在这里追思缅怀希凡先生，也衷心祝愿希凡先生的在天之灵能够长眠、安息。

本文原载于《红楼梦学刊》2019年第1辑

作者系中国艺术研究院副研究员

山东大学文学院召开纪念李希凡先生学术研讨会

编者按：11月1日上午，为悼念李希凡先生，我院组织相关领域的专家召开研讨会。我院教师王平、邹宗良、李桂奎、樊庆彦等参加研讨会，就李希凡先生的勤奋治学、红学研究、原则坚守等方面进行深入交流，并深情回忆了与李希凡先生交往的点滴故事。以下是研讨会内容实录。

王　平：我想从两个方面深切缅怀李希凡先生：一方面李希凡先生是一位值得我们尊敬的学者、校友、系友；另一方面，他又是一位带有鲜明时代烙印的学者。

先谈第一点，为什么说李希凡先生是一位令人尊敬的学者？我认为有三个方面的理由。

首先，李希凡先生是一位正直的学者，这与他的人品相一致。1947年到1949年，经过李希凡先生的姐夫赵纪彬的推荐，李希凡先生在青岛山东大学中文系旁听，1949年又从华东大学干部培训班转入山大中文系。因为之前做过旁听生，他的基础较其他同学要好一些，所以在大学二年级时便写了一篇论文《典型人物的创造》，时任中文系主任的著名学者吕荧先生认为写得不错，推荐给了华岗校长，华岗校长又推荐给了《文史哲》，成了《文史哲》发表的第一篇大学生文章。在大学期间便能发表质量比较高的文章，说明了李希凡先生对学术研究的热爱。当然这与他当时听了很多著名学者的课有关，比如杨向奎先生的"通史"、王仲荦先生的"魏晋南北朝史"、萧涤非先生的"魏晋南北朝乐府诗史"、冯陆两先生的"古代文学史"，等等。同时李希凡先生还注重理论的学习，自学了很多马列主义的经典论著。

在发表《红楼梦》的有关文章之前，李希凡先生还发表了很多关于古代小说人物的文章，比如《略谈〈水浒〉评价问题——评〈宋江考〉》。这篇文章是批评著名历史学家张政烺先生《宋江考》一文的，李希凡先生认为小说人物形象和历史上记载的人物是有出入的，不能用考证历史人物的方法来评论小说中的人物形象，不能用历史上的宋江衡量小说《水浒传》中的宋江。可见李希凡先生并不因为某种观点出自权威人物便趋之若鹜，而是根据自己学习的理论，结合自己的理解来立论，提出自己不同的见解。后来针对俞平伯先生的《红楼梦辨》发表不同意见，是一种一以贯之的做法，而并非迎合某种潮流；更不是随波逐流、人云亦云。再如关于《三国演义》中曹操形象的评论，并没有因为毛主席要给曹操"翻案"，便放弃自己的观点，因为李希凡先生坚持认为历史人物与小说人物不能等而同之。"文革"前、"文革"期间，江青几次找李希凡先生，让他写评论新编历史剧《海瑞罢官》的文章，李希凡先生认为自己没有发现该剧存在什么问题，所以没有答应，因此李希凡先生曾一度受到冷落甚至冲击。这种种情况说明，李希凡先生是一位正直的学者。

其次，李希凡先生是一位非常勤奋的学者。从读大学期间，一直到耄耋之年，90岁高龄依然笔耕不辍，辛勤耕耘。他的著作很多，如《红楼梦评论集》（与蓝翎合著）、《论中国古典小说的艺术形象》、《〈呐喊〉〈彷徨〉的思想艺术》、《李希凡文学评论选》、《弦外集》、《论"人"和"现实"》、《管见集》、《寸心集》、《题材·思想·艺术》、《文艺漫笔》、《文艺漫笔续编》、《燕泥集》、《毛泽东文艺思想的贡献》、《艺文絮语》、《沉沙集》等十余种专著。参与主编了《红楼梦大辞典》《中华艺术通史》，可以说是著作等身。李希凡先生曾担任《人民日报》文艺部常务副主任、中国艺术研究院常务副院长等，无论是担任繁重的领导工作，还是退休之后，李希凡先生始终没有停止学术研究工作，一生勤勤恳恳，把心血花在学术研究领域。并未因为偶然的机缘，便试图成为政治风云人物，而是始终走在学术研究这条路上。

再次，李希凡先生研究的视野十分开阔，不仅对几部古典小说有独到的研究，而且对现当代文学尤其是对鲁迅先生也做出了独到的研究。他对古典小说人物形象的分析，对古典小说艺术特征的论述，直到今天仍有极高的理论价值。李希凡先生年轻时便奠定了文艺理论基础，既有翔实的文献资料，又有理论的把握，这两个方面李希凡先生融合得很好，结合得非常成功，值得我们认真学习。

再谈第二点，李希凡先生又是一位带有鲜明时代烙印的学者，他的学术研究带有鲜明的时代特征。

新中国成立之初，许多学者尝试运用马克思主义的理论，或者借鉴苏联的文艺理论进行学术研究。具体表现为典型论、阶级论、人民性等的运用。我认为李希凡先生和其他学者一样，都受到了这方面的深刻影响。所以他在一系列关于《红楼梦》的文章中，坚持认为《红楼梦》不是简单的宝黛爱情，或者说是色空观念，而是封建社会内部的叛逆者与封建礼教的卫道者之间的斗争，是封建社会内部阶级斗争的表现；宝黛代表年轻的叛逆者形象，贾政、贾母等则是封建卫道者的代表。这种观点在当时给人以耳目一新之感。李希凡先生受到时代思潮的影响，使他提出了这样一种学术观点，无可厚非。今天看来，这种观点当然可以商榷，因为现在的研究更加多元化，注意从不同层面上来认识分析《红楼梦》这部小说。特别是对宝黛形象的分析，有的是从文化角度，特别是满族文化的角度，从宗教文化角度，从庄禅思想对他们的影响等做出分析，但不能因此而全盘否定李希凡先生的观点。

我认为，王国维先生早期的《红楼梦》评论观点，也借鉴了西方叔本华、尼采的观点，提出色空观念，有其道理。对古典小说名著应该全面、多层次去理解把握，不应该简单化。李希凡先生的观点代表了那个时代的特点和一种思潮。李希凡先生的可贵之处是，他不是左右摇摆、左右逢源，而是始终坚持并完善自己的观点，当然也带有鲜明的时代烙印。

对撰写批评俞平伯《红楼梦研究》文章这件事，绝不是李希凡迎合政治潮流，而是当时的最高领导人觉得这是一个很好的题目，可以就此展开对学术界唯心论的批评。认为这是一个很好的契机，但并不是说李希凡是秉承了某些人的意志才写的这篇文章。这个是非一定要辨别清楚。

至于撰写批评俞平伯《红楼梦》研究文章的过程，李希凡先生说得很清楚，当时与同学蓝翎偶然看到了俞平伯先生关于《红楼梦》的评论文章，想到自己所学的理论，认为可以撰文发表自己的观点。文章写好之后，给很多报刊投稿，包括当时很有名的《文艺报》，都未被采用，于是交给了母校山东大学的校报《文史哲》。现在来看，学术研究就是学术研究，如果扩大到政治范围，显然不太合适。总之，李希凡先生是受到时代思想影响的一位学者，但并非迎合某种政治潮流，这是需要认真区分的。这是特定的时代环境所造成的，这一点一定要有一个正确的认识。

当年中国艺术研究院还在恭王府的时候，我便去红楼梦研究所拜访过李希凡先生。几年后，中国艺术研究院搬到了惠新北里一号，我又专门到他办公室拜访。李希凡先生始终保持和蔼可亲的笑容。因为我是袁世硕先生的学生，所以李希凡先生把我当自己学生一样对待。当我说了自己正在研究的课题后，李希凡先生马上从书架上拿了两三本书送给我，让我参考。所以李希凡先生确实是一位值得我们尊敬的校友，我们为有一位如此杰出的校友感到非常自豪和骄傲。

邹宗良：我想谈一谈李希凡先生以及杨建中（笔名蓝翎）先生，这两位前辈、校友、师长对《红楼梦》研究所做的贡献。

看了几篇网上的文章，主要是李希凡先生逝世以后写到的李先生的情况、对李先生的介绍。这些介绍都没涉及李先生的《红楼梦》研究，原因当然是《红楼梦》研究的情况比较复杂。

已故的冯其庸先生曾说过，李希凡在《红楼梦》研究中是做出了贡献的。

我认为今后有正确认识、客观评价李希凡先生、蓝翎先生和他们的《红楼梦》评论的必要。

我们回顾一下红学史，最早出现的是评点派，包括脂砚斋等人，也包括后来的一些评点者，像王希廉、大某山民（姚燮）、二知道人（蔡家琬）、张新之等人。评点派是以评点的形式，零零散散地对《红楼梦》做一些评论。然后是旧红学派，其中的代表人物，比如蔡元培于1917年出版的《石头记索隐》，说《红楼梦》是一部政治小说，作者的用意在于哀悼明朝的灭亡，指摘清朝的过失。蔡元培解释说，《红楼梦》中的"红"字隐指的是"朱"字，因为朱和红是同一种颜色。朱是什么意思？就是明朝，就是汉族。因为明朝是朱姓皇帝建立的汉族政权，等等。索隐派的研究，几乎没有任何科学性可言。后来胡适批评旧红学，批评索隐派，考证一些有关《红楼梦》的史实，作者创作的事实，作者的家庭情况，等等，包括顾颉刚、俞平伯，还有后来的周汝昌等，都属于新红学派。

新红学派的崛起廓清了旧红学派的索隐形成的迷雾，使红学研究回到了现实的轨道上来，回到一个正常发展的学术研究的轨道上来。但是新红学的研究者，他们基本上只做史实的考证，不做思想艺术方面的研究，所以在很长的一个时期，《红楼梦》的全面研究并没有展开。俞平伯先生的《红楼梦》研究是从20世纪20年代开始的，最初写了《红楼梦辨》，后来到了50年代，他又把自己的观点重新修订改写，写成了《红楼梦研究》一书。1953年，俞先生应《人民中国》杂志约稿写了《红楼梦简论》，此文又发表于《新建设》1954年3月号。在这篇文章里，俞先生说到《红楼梦》思想的地方，就是书中的"色""空"观念。这也是李希凡、蓝翎先生的论文和他重点商榷的内容。

我们需要正视的一个事实是，在李希凡、蓝翎就俞平伯的《红楼梦简论》提出商榷的时候，人们对《红楼梦》的认识普遍地没有今天这么全面、这么深刻。在这种情况下，两位先生写文章与俞平伯先生商榷是有道理的。尽管他们有些话说得有点过火，但他们对《红楼梦》思想的认识要比俞平伯先生深刻得多。什么是《红楼梦》的主题？《红楼梦》思想的深刻性表现在什么地方？以前没有人讨论过这样一些问题。所以我觉得，他们在这样的情况下与俞平伯先生进行商榷，呼吁研究者关注《红楼梦》的思想、艺术、人物和现实主义精神，是有充分理由的。

就收录到《红楼梦评论集》里的文章来看，李希凡、蓝翎两位先生对《红楼梦》的思想性、艺术性、人物、结构，等等，做了较为全面的评论。可以这样说，今天人们对《红楼梦》有了比较全面、深刻的认识，特别是对《红楼梦》的思想、艺术、人物等方面的深入研究，与李、蓝两位先生对红学的参与是分不开的。早在20世纪20年代，鲁迅先生在《中国小说的历史的变迁》中就谈到这样的认识："自有《红楼梦》出来以后，传统的思想和写法都打破了。"鲁迅认为《红楼梦》的思想性、艺术性远远超过其他的古典小说。但是在李希凡先生、蓝翎先生写与俞平伯先生商榷的文章之前，人们对《红楼梦》思想性、艺术性的认识还是十分肤浅的，远远没有达到后来的高度。正是在他们的参与、推动之下，红学的研究得以全面的开展。当然还有其他外力的推动，当时的领导人毛泽东看了他们的文章后，以此为契机发动了一场批判胡适唯心论的运动。

对《红楼梦》展开全面研究、全面评论，是从1954年的评"红"运动开始的。尽管以运动的形式讨论学术问题，这样的方式、方法很值得商榷，但从某种意义上说，它确实深化了人们对《红楼梦》这部古典小说名著的认识。

李先生给我的印象是一个学者型的谦谦长者。从20世纪50年代以来，他一直在研究《红楼梦》。直到晚年，他仍然孜孜不倦，与他的女儿合写了一个《红楼梦》人物评论的集子，把《红楼梦》的很多人物评论得很到位，一直在为红学的研究增砖添瓦。

对于李希凡、蓝翎先生的《红楼梦》研究，我想以后的红学史会记载他们的贡献，会对他们的成就和作用做出客观、公正的评价的。

李桂奎：前面两位老师从宏观上谈得比较全面，我想从李希凡先生对我写人研究的影响谈两点。

李希凡先生的学术起步于《红楼梦》研究，我们能看到李希凡先生所经历的时代潮流，主要是以反映论为主导的文学研究，即典型环境中的典型人物。从李希凡先生的学术研究生涯来看，他比较擅长的一个领域就是小说人物。在写人问题这方面，我认为他确实是走了这样一条道路的，他的社会阶级分析是带有那个时代烙印的。到后来，他在研究方面的一个关键词叫"艺境探微"，从社会分析到艺境探微，也是从外部研究到内部研究。当然他也没有停留在内外之分，他主要是入乎其内，出乎其外，是内外结合的。

我们过去一段时间强调内部研究，一段时间又强调外部研究，都是有一定偏颇的，都是存在局限的。

李先生从社会分析到艺境探微，不仅坚持了社会意义，还赋予了他自己独特的审美价值，更重要的是他能够走到人物内心深处，从小说的细节中把各种人物的精神风采，体会得比较细致入微。

在《论中国古典小说的艺术形象》中，李希凡先生不仅强调社会分析，还重视文献和文本研究，即作品本身的研究。他认为烦琐的考证对小说人物的研究是存在问题的，强调小说研究必须立足于作品本身研究。比如分析林黛玉时提到："一生以泪洗面的林黛玉，在生命和理想的绝望的边缘，却反常地浮现了笑容。听到了那逼死她的贾母的无用的安慰，是'微微一笑'；听了由衷同情她的紫鹃的善意的谎言，也是'微微一笑'，林黛玉是以笑来结束她哭的一生。这笑意味着她对痛苦生活的猛醒，恰如其分地反映了她的彻底绝望和视死如归的复杂感情。"这段体现出这种反常性的哭笑的分析描写包含了李希凡先生丰富的艺术经验。作为作者，这是对人物独到的把握，作为读者、评论者，李希凡先生有独到的体会。

在《论中国古典小说的艺术形象》中，一开始就谈到直接描写、间接描写。对于这些概念，虽然我们现在司空见惯，但李希凡先生在当时就已经有了比较好的把握。

总之，我们一方面要看到他身上的时代烙印，确实是讲了人物的阶级性、人物的叛逆性，同时也表现出对小说的批判意义，批判性，这是当年那个时代的印记。但后来我们也可以看到他和女儿合作写人物的时候，完全是带着自己独特的审美来观察这样一部作品，"传神文笔足千秋，不是情人不泪流"，强调了《红楼梦》的民族性，并表示人物是传神的。他对《红楼梦》的阶级分析可能有点过时了，但是他对《红楼梦》的整体把握，意境的归纳，传神文笔，永远是不过时的。

樊庆彦：李希凡先生是当代马克思主义理论家，文艺评论家，著名红学家，咱们山大的杰出校友，他的去世是学术界的一大损失，我们应该深切缅怀他，我准备谈四点感受。

第一点，李先生是一个非常勤奋刻苦的人，他的家境比较贫寒，兄弟姊妹又多，迫于生活的压力，他很小就辍学打工，但在打工时也不忘学习，坚持阅读经史子集，打下了扎实的国学底子。此外，他的姐夫赵纪彬是山大的哲学系教授，是马克思主义理论专家。李先生曾经给赵先生做助手，在马克思理论方面深受沾溉，对他日后的研究道路颇有影响。一开始李先生是在山大旁听，后参军入伍并成为山大的本科生。他非常勤奋刻苦，努力把自己的学术观点呈现出来，在华岗校长的支持下，他在大学时期写的文章便在《文史哲》上发表了，山大中文系的学术大师对他的帮助提携，山大文史见长的学术传统和氛围对他也是有影响的。而且受时代的学术氛围影响，苏联的学术思潮也让他树立起要成为"中国杜勃罗留波夫"的远大目标。这些从他的著作中便能看得出来。

第二点，他是一个学识渊博、视野开阔的人。李先生著作宏富，曾先后著有《红楼梦评论集》《弦外集》《论"人"和"现实"》《管见集》《论中国古典小说的艺术形象》《寸心集》《题材·思想·艺术》《〈呐喊〉〈彷徨〉的思想与艺术》《红楼梦艺术世界》《李希凡文学评论选》《文艺漫笔》《文艺漫笔续编》《燕泥集》《说"情"——红楼艺境探微》《毛泽东文艺思想的贡献》《冬草》《艺文絮语》《沉沙集》，主编了《红楼梦大辞典》《中华艺术通史》等。其中既有对《红楼梦》的解读，也包括其他古典名著的阐释，并有现代文学的评论，尤其是对于鲁迅先生的一些见解，还有艺术评论方面的观点与创作。除此之外，他还写了许多序跋和散文随笔，后来还写了个人自叙传，从古代到当代，从宏观到微观，从文学到艺术，为中国古典文学、现代文学、中国戏曲的学理研究和文化学人的文艺思潮著述立言，倾尽毕生心血，学术视野广博，功绩卓著。

第三点，李先生是一个坚持学术真知，敢于挑战权威的人。他在上大学的时候就崇拜鲁迅，欣赏李贽，钦佩杨向奎、吕荧等人，继承了前辈学人的文品和风骨，初生牛犊不怕虎。出于一种论证与求真精神，他敢于展露思想锋芒，敢于向学术权威发起文学批评和挑战。如他在山大上学的时候就敢于向著名教授张政烺就宋江问题提出商榷。1954年，他和蓝翎先生写了两篇和俞平伯先生进行商榷的《红楼梦》文章，投给了《文史哲》。《文史哲》一贯坚持学术研讨"百家争鸣"的方针，鼓励和扶持青年人独立思考，向学术权威挑战，从不徇私情，而驳俞文章正契合了这样的办刊宗旨。当然，李希凡做梦也没有想到，自己和蓝翎共同用马克思主义唯物史观撰写的《红楼梦》评论文章竟然惊动了毛主席，正好契合毛泽东的文艺理论观和当时的思想教育需要，进而成为掀起20世纪50年代一场大规模思想政治运动的"导火索"，他也成为闻名遐迩的红学"小人物"。由此可见，他能够不畏学术权威，敢于发表自己的真知灼见。

第四点，他是一个非常有情怀的人。我们可以看他的自叙传，了解他的心灵史；也可以看他的散文随笔集，感受他的心路历程和动人情怀。而且他作为山大杰出校友，非常关注山大文学院发展建设。举个例子，2006年下半年，当时山大文学院举办了"中国小说古今通识国际学术研讨会"，涵盖了古代文学、现当代文学、汉语言文字学三大专业，参会学者有一百四五十人，规模很大。那时我还在山大读博，作为学生跟着王平老师负责会务，正好接待李先生，通过接触感到李先生待人很和蔼可亲，丝毫没有领导的架子。而且他对山大发展也建言献策，并一直担任《文史哲》的编委。

虽然与李希凡先生接触不多，但是我们能从他的话语和文字中感受到他的人格魅力，而且他的学术贡献和社会声誉都是值得我们关注和重视的。

本文原载于山东大学文学院网站：https://www.lit.sdu.edu.cn/info/1017/11222.htm

"小人物"的千古高风

——李希凡追思会纪要

胡　澄

11月23日，中国红色文化研究会、中国政治学会科学发展与政治和谐专业委员会在京举办李希凡同志追思会。

来自首都文化界的18名学者出席会议。中国文联原副主席李准、《人民日报》海外版原总编辑丁振海、国务院参事室参事忽培元、《文艺理论与批评》杂志原主编涂武生、中国艺术研究院马文所原所长陈飞龙、北京大学中文系教授董学文、《文学评论》杂志原副主编曾镇南、北京市东城区地方志办公室主任胡澄、中国艺术研究院当代文学研究室原主任郑恩波做重点发言。山西省社会科学院原副院长艾斐提交了书面发言。李希凡同志的女婿李景超、外孙女李慧可代表亲属出席会议。会议由中国红色文化研究会会长刘润为主持。

与会同志认为，李希凡同志是著名的马克思主义文艺理论家、文艺批评家、红学家。忠诚于马克思主义是其人生的最大亮点。他自青年时代接受马克思主义以后，历经七十多年的风风雨雨，始终坚持用马克思主义的观点和方法分析问题、观察世界，而从来没有任何的犹豫、彷徨和动摇。这是一位学者在大彻大悟之后形成的理论自觉和自信，是一位人民文艺工作者最可宝贵的性格。习近平总书记《在哲学社会科学工作座谈会上的讲话》中指出："我国哲学社会科学坚持以马克思主义为指导，是近代以来我国发展历程赋予的规定性和必然性。在我国，不坚持以马克思主义为指导，哲学社会科学就会失去灵魂、迷失方向，最终也不能发挥应有作用。"李希凡同志的批评、研究实践，充分证明了总书记这一论断的科学性。可以无愧地说，李希凡同志就是在文艺领域坚持马克思主义的一面旗帜。他的学术成就的重要意义，必将随着时间的推移，在越来越广阔的天地里凸显。

与会同志强调，评价一个历史人物有很多标准，但最主要的是要看在他涉足的领域中有多少新的创造，正如列宁所说："判断历史的功绩，不是根据历史活动家有没有提供现代所要求的东西，而是根据他们比他们的前辈提供了新的东西。"（列宁《评经济浪漫主义》）。李希凡同志在红学研究中的最大贡献，就是冲破胡适唯心主义对这个领域的禁锢，开创了历史唯物主义批评的一代新风。批判胡适的唯心主义，绝非简单的学术之争，而是中国共产党及其领导下的人民革命在意识形态领域的继续，是人民立国的必然要求，是在意识形态领域确立马克思主义领导权和主导地位的重要举措。正是在这个意义上，毛泽东称赞他和蓝翎批评俞平伯的文章是"这是三十多年以来向所谓《红楼梦》研究权威作家的错误观点的第一次认真的开火"（《毛泽东选集》第五卷，人民出版社1977年版，第134—135页）。从此以后，马克思主义在思想文化领域开始占主导地位，而用马克思主义的观点和方法研究问题则在一代青年中蔚然成风。"做一个李希凡式的文艺批评家"，成了当年许多文艺青年的热烈追求。

与会同志指出，李希凡同志绝非只会政治批判的"棍子"，而是一位真正懂艺术的批评家。他既有共产党人的坚定政治立场、彻底的唯物主义的批判精神，又有广博深厚的文史修养，对于中国古典文学、现当代文学、外国文学，中国历史、中国艺术史，都有广泛的涉猎和深入的研究。他所主编的十四卷《中华艺术通史》，是迄今为止资料最为翔实、脉络最为清晰、把握最为精到的艺术史著作。他的文艺评论，既有思想内容的深入分析，又有艺术上的独到见解，而且把思想分析和艺术分析统一到水乳交融、浑然天成的境地。他的语言深文隐秀，余味曲包，厚实、委婉而流畅，极富艺术的感染力。读他的文艺评论，既能得到思想上的启迪，又能得到美的享受。什么叫中华美学精神，什么叫中国化的马克思主义文艺批评，从李希凡那里我们都可以得到明确的回答。

与会同志谈到，在李希凡同志身上没有丝毫的庸人作风和市侩习气。六十多年潮起潮落，他有过不少"显达"的机会，比如在"文革"期间可以追随"四人帮"，在新时期可以反戈一击，但是他从不随波逐流，从不阿谀奉承，从不曲道媚时，从不诡行邀名，从不卖身投靠，而是老老实实做人、踏踏实实做事，抱定初心、恪守本分，而"九死其犹未悔"！李希凡同志用他的一生实践了毛泽东对共产党人提出的精神标准，做"一个高尚的人，一个纯粹的人，一个有道德的人，一个脱离了低级趣味的人，一个有益于人民的人"。

与会同志表示，我们缅怀李希凡同志，追思李希凡同志的高尚品格和杰出贡献，就是要像他那样，不改实现共产主义的初心，坚持马克思主义的立场、观点不动摇；就是要像他那样，敢于向错误思潮亮剑，继续与文艺领域的种种错误倾向做毫不妥协的斗争；就是要像他那样，把以人民为中心的文艺导向贯彻到底，遵循习近平同志《在文艺工作座谈会上的讲话》精神，推动社会主义文艺的大发展大繁荣；就是要像他那样，活到老，学习到老，改造到老，做一个有品格、有文化的人民文艺工作者。

本文原载于"红色文化网"2018年12月4日

作者系北京市东城区地方志办公室主任

平生德义人间诵　身后何劳更立碑

——深切悼念李希凡先生

张庆善

李希凡先生逝世已一个多月了，我还是无法接受这残酷的事实。在他离去前的十多天，我们俩还通电话，说《红楼梦大辞典》修订事、说《红楼梦》新校本修订事，他还问我10月16日去不去西山参加北京曹雪芹学会举办的重阳节雅集，老先生兴致很高，要我一定去。在他离去前的三天，即10月25日早上，他还给我打电话，说早晨起来检查血糖低，不能去参加《田青文集》的出版发布会了，他感到很遗憾。李老和田青先生是老朋友，他们共同参与了《中华艺术通史》的编撰，李老是总主编，田青先生是分卷主编。在《田青文集》的附卷《田青印象》中，就收有李老给田青的书写的序。李老听说《田青文集》出版，非常高兴，表示一定去。可到了10月25日早上起来感觉不舒服，血糖低等，我对他说那就不要勉强了。他非常遗憾，要我一定转告田青先生，不仅他本人表示祝贺，还特别强调一定要转达《中华艺术通史》总编委会的衷心祝贺。在这一次的通话中，虽然李老说血糖低，但他的说话声音还是那么清楚有力。第二天在接待韩国红楼梦研究会代表团的朋友们时，我还对吕启祥先生说，李老血糖有点低，但感觉问题不大，电话里说话声音很有底气。后来听说当天他就去医院做了检查，也没有发现什么问题。李老虽然年事已高，大家一直感觉他的身体没有大问题，他的心态好、生活有规律、家人又照顾得好，所以大家对他的健康和长寿是很乐观的，真是没想到他这么突然离开了我们。

李老去世以后，"李希凡"这个名字引起媒体的关注，但在接受媒体的采访和与年轻朋友的交流中，似乎感到他们并不真正了解李希凡先生，并不真正认识李希凡先生在学术界、文学艺术界的地位和成就。许多人只知道他是毛主席表扬的"小人物"，如今是学术界的大学者、大人物，除此之外，所知不多。甚至还有人总是把"大批判""庸俗社会学"等与李希凡先生联系起来。当你问他，你认识李希凡先生吗？你读过他几本书、几篇文章？他们往往是一脸茫然，竟然根本就没有读过李希凡先生的著述。

　　在李希凡先生逝世以后，我深切地感到要向人们说说李希凡，要让人们知道李希凡，要让人们知道李希凡是多么了不起，要让人们知道李希凡在中国文化艺术和学术发展的进程中占据多么重要的地位，更要让人们知道李希凡是仁慈宽厚的好人。

　　凡是熟悉李希凡先生的人无不对他的为人极为敬佩，都会说"李希凡是好人！"作为一位有很高知名度的大学者，李希凡先生一点架子都没有，对人非常友善，始终保持着淳朴的品格，他宽以待人、严以律己，我们曾长期在他身边工作的人，无不受到他人格魅力的影响，无不受到他的关爱，直到他的晚年、直到他人生最后的路程中，他还是关注着红学的发展、关注着朋友的进步、关注着《红楼梦大辞典》的修订……王蒙先生得知李希凡先生去世的消息，第一时间给中国艺术研究院发来唁函："沉痛悼念李希凡同志去世，他的为人为友为文，永志不忘。"这是真正认识李希凡先生，这是对李希凡先生的定评。李希凡先生为人为友为文都是值得敬佩的。

　　我认识李希凡先生四十年了，他是我多年的老领导，也是我十分敬仰的师长。认识李希凡先生，当然是缘于《红楼梦》。记得第一次见到李希凡先生，是1978年，几月份记不清楚了。那是在虎坊桥北京工人俱乐部看电影越剧《红楼梦》，这是"文化大革命"结束以后第一次解禁放映，是轰动一时的大事。那时弄一张这样的电影票很难，因为我的老师林冠夫、应必诚等正在做《红楼梦》新校本的校注工作，他们比较容易搞到票，也使我有机会弄到电影票，最重要的是这一次看电影见到了李希凡先生。那时我们都是以一种崇拜的眼光看着他，不想李先生竟是那么平易近人，一点架子也没有。我清楚地记得当时在剧场里一位崇拜者（一位女士）见到李先生，希望李先生给签个名，可她既没有带笔也没有带本，签哪儿呢？不想这位崇拜者伸出手，李先生一看就笑了，就在这位女士的手上签了名。多年后我和李先生开玩笑，又提起这件事，李先生大乐，却故意说我怎么想不起来有这样的事。自那次见到李希凡先生后第二年我就从文化部办公厅秘书处调到了中国艺术研究院红楼梦研究所工作，还有幸参加了中国红楼梦学会筹备的具体工作，使我有了更多的机会见李希凡先生了。再后来他到了中国艺术研究院担任常务副院长主持工作，那时的常务副院长就是实际上的一把手，院长都是文化部部长兼任的，这样他就成了我的领导，见面就更多了，也就更熟悉了。

　　记得多年前，一位朋友问我："你在中国艺术研究院工作，认识李希凡吗？"我说当然认识。他又问："那你怎样评价李希凡在《红楼梦》研究中的地位？"我回答说："今天，人们尽可以对李希凡先生的红学观点提出这样那样的批评，但都不能否定李希凡先生在《红楼梦》研究上的贡献，都无法抹杀他在《红楼梦》研究上的影响与历史地位。在红学史上，李希凡就是一个时代。"

2013年新年刚过不久，我收到了李希凡先生赠送的新作《李希凡自述——往事回眸》，我几乎是一口气读完这部"盼望已久"的书。说"盼望已久"，绝不是奉承李先生的话，而是发自内心。因为几年前，在我担任中国艺术研究院副院长的时候，曾有几年分管文化艺术出版社工作。一次，我对李希凡先生说，能否写一部自传交给文化艺术出版社出版，记得当时李希凡先生断然回答："我是不会写自传的，功过是非让历史去评价。"我表示不同意，我说："你不是一个普通的人物，你是在历史的进程中产生过很大影响的人物。你有责任把你自己经历的事情说清楚，这是对历史负责，也是对你自己负责。你不写自传，别人也会说三道四，与其别人这样说那样说，不如你自己说一说。"当时李先生并没有接受我的建议。2010年或2011年某一个时候，李希凡先生让人带给我一封信，信里说："庆善，送一瓶野葡萄酒，换一点稿纸如何？"这当然是李希凡先生的幽默，这时我才确切地知道李希凡先生正在写自传。由于老先生不会用电脑打字，还是用稿纸一字一字地写，而且是喜欢竖着写，他特别喜欢当年的那种五百字的大稿纸。李希凡先生小小的玩笑，可让我作了难，我真是费了九牛二虎之力，在院行政处朋友们的帮助下，总算是找到一点稿纸送给了李希凡先生。所以，我对李希凡先生的自传是盼望已久，确实是发自内心的、是"事出有因"的。说到这瓶野葡萄酒，李先生还郑重其事地对我说："我这酒可不是受贿得来的，是我给朋友的书写序，人家要付稿费，我是坚决不要的。人家为了感谢我，就送了一瓶野葡萄酒。我的葡萄酒可是用序言换来的。"大家都知道，李先生一辈子待人宽厚，是少有的仁慈长者。同时又是对自己要求极为严格，他从不收礼。比如这两年我们修订《红楼梦大辞典》，开完会大家吃一顿饭，都是李先生掏钱。作为学生，我们哪能要老师请客呀，他总是说我工资比你们高。他甚至要拿出5万元钱交给我，供修订《红楼梦大辞典》使用，我当然不能接受他的钱，但李老对修订《红楼梦大辞典》的期待以及他的宽厚仁慈都让我们深深感动。李先生严以律己、宽以待人，是出了名的好人，这是认识李希凡先生的人一致的看法。需要指出的是，多少人看过了《李希凡自述——往事回眸》，都有这样的感受，自述中充满了坦诚、真挚和自省。你从自述中会感到他为人的正直、真诚、坦荡、宽厚、善良，他是一个充满了真情的大写的人。

写李希凡先生，绕不过1954年那场运动，绕不过如何评价李希凡的学术成就和历史地位。2016年12月8日中国艺术研究院、中国红楼梦学会举办了"李希凡与当代红学学术座谈会"。在开会之前，我向冯其庸先生汇报了要开"李希凡与当代红学学术座谈会"的事情，冯老非常高兴。他与李希凡先生有几十年友情，两位老朋友几十年为红学事业并肩奋斗，曾共同主持了《红楼梦》新校注本的工作，共同主编了《红楼梦大辞典》，还曾长时间共同担任《红楼梦学刊》的主编，他们为新时期红学的发展作出了卓越的贡献。按照以往，冯老一定会为这个座谈会作诗题字的，但当时冯老年纪太大了，再过两个月就94岁了，身体状况也不太好，写字已经有些困难了。冯老虽然没有为这次座谈会作诗题字，但他对座谈会非常关心，冯老对我说："开这个会非常必要，新中国红学是李希凡、蓝翎开创的。"

确如冯其庸先生所说，新中国红学是李希凡、蓝翎开创的。冯其庸先生曾指出："李希凡与蓝翎的《关于〈红楼梦简论〉及其他》标志着红学研究从旧红学走出来，走进了一个新的天地、新的方法、新的理论。也因此找到了新的研究前途。这是红学史不可回避的事实。"的确是这样，李希凡先生研究《红楼梦》始于1954年，他始终坚持运用马克思主义文学典型论评论《红楼梦》中的人物，他说："直到今天，我仍然认为，用脱离社会、脱离时代的人性善恶、生命意志，是不能对《红楼梦》中如此众多的典型性格的个性形象，进行准确而透彻的分析的。""我历来认为，曹雪芹对中国文学史的伟大贡献，就在于他笔下的'真的人物'，都是典型环境中的个性鲜明的典型形象。""我还认为《红楼梦》中人物的个性化的艺术创造，堪称世界小说之最。"王蒙先生曾为2013年举办的"纪念伟大作家曹雪芹逝世250周年大会暨学术研讨会"题词："中国小说第一人。"李希凡先生对王蒙先生的题词极为赞赏，他多次对我说："曹雪芹就是中国小说第一人，王蒙说得好。"

不管今天人们对1954年那场批判胡适、俞平伯红学观点的运动如何评价，李希凡和蓝翎先生的《红楼梦》研究文章开辟了红学发展新里程的历史贡献则是不争的事实，是不容否认的。作为自觉地努力地、运用马克思主义文艺理论研究《红楼梦》的第一人，在60余年《红楼梦》研究的学术生涯中，李希凡先生始终不渝坚持运用马克思主义的唯物史观和文艺观研究《红楼梦》，始终不渝坚持着自己的一系列基本观点，他坚持认为《红楼梦》是一部伟大的批判现实主义的杰作，是清朝封建贵族阶级也是整个封建贵族阶级制度必然灭亡的宣判书，而绝不仅仅是一部爱情小说。他坚持认为"色空"不是《红楼梦》的基本观念，《红楼梦》不是"自然主义"的作品，不是曹雪芹的自传。他坚持认为《红楼梦》具有"新生的资本主义萌芽"，《红楼梦》中的主人公贾宝玉、林黛玉不仅具有叛逆性，更有着人性的觉醒。这些基本观点，对红学的当代发展产生了长远而广泛的影响。

作为1954年那场运动的当事人，如何评价那场运动，李希凡先生一直坚持自己的看法，他反对全盘否定的观点，也不否认那场运动存在的问题。他曾说："对这场运动作历史的结论，是党中央有关部门的事。1980年在济南红楼梦学术研讨会上谈到1954年问题时，我曾引林则徐赠邓廷桢的两句诗'白头到此同休戚，青史凭谁定是非'。我说：'我没有林则徐这样悲观，我要改他这两句诗的两个字，叫作"青史终能定是非"，我相信这是真理。'"多少年来，"青史终能定是非"这句诗常常挂在他的嘴边。他完全赞成中共党史出版社出版的《中国共产党的七十年》中对这场批判运动的评断："1954年，毛泽东从支持两位青年关于《红楼梦》研究问题的批评文章开始，又领导发动了一场对胡适派资产阶级唯心主义的广泛批判。胡适是五四运动以后思想文化领域资产阶级代表人物中影响最大的一位。这次批判提出的问题，不仅是如何评价和研究《红楼梦》这部中国古典文学名著，而且是要从哲学、文学、史学、社会政治思想各个方面，对五四运动以后最有影响的一派资产阶级学术思想，进行一番清理和批评。党发动这两次批判（作者注：另一次指批判《武训传》），提出的问题是重大的，进行这样的工作是必要的。结合实际的事例，开展批评和讨论，来学习如何掌握和运用马克思主义，是知识分子自我教育和自我改造的一种方法。这两次批判，对学习和宣传历史唯物主义和辩证唯物主义起了好的作用，有其积极的方面。但是，思想问题和学术问题是属于精神世界的很复杂的问题，采取批判运动的办法来解决，容易流于简单和片面，学术上的不同意见难以展开争论。这两次批判已经有把学术文化问题当作政治斗争并加以尖锐化的倾向，因而有其消极的方面。"[1]李希凡先生认为这样从正反两个方面来总结这场批判运动，才是有说服力的。

李希凡先生并不否认胡适新红学的历史性贡献，认为："胡适批评索隐派红学切中要害，但新红学完全不把《红楼梦》看成一部真实、深刻反映现实生活的伟大文学作品，而一口咬定，曹雪芹写的是自己的家事——是'感叹自己身世的'，是'为十二钗作本传的'，是'写闺友闺情的'。他们对曹雪芹和《红楼梦》的考证，虽作出了一定贡献，却大大曲解了《红楼梦》的历史内涵、时代意义和文学价值。1954年对新红学的批评虽有过火之处，却引领红学研究走上了回归文学之路。"[2]他还指出："'五四'以前的旧红学，以'索隐派'最盛行，他们的所谓'阐证本事'，无非是从历史事实寻找小说中人和事的'关合'之处，加以附会；至蔡元培先生的《石头记索隐》，则完全把小说的内容变成康熙朝政事的隐托，借以抒发他自己的反满思想；胡适虽斥旧红学为'牵强附会的《红楼梦》谜学'，但他标榜的'新红学'，又把小说《红楼梦》完全看成作者曹雪芹的'自叙传'，断定'贾政即曹頫'，'贾宝玉即是曹雪芹'；到了俞平伯先生的《红楼梦研究》中，则做了更细致的发挥，把小说看成是作者'感叹身世'和'情场忏悔'的'自传'，是一部'怨而不怒'的书，甚至认为，小说的'基本观念'是表现'色空'等等。这些看法我至今仍然认为是不正确的……因为把小说所描写的内容看成是隐托的家事也好，真实的家事也好，都抹杀了艺术的典型概括、典型塑造，贬低了《红楼梦》这部小说的伟大社会意义……马克思主义创始人反复阐述的唯物史观的这些基本观点，应该成为我们研究文学现象的科学理论依据。"他认为："从红学本身的发展来看，可以说，从1954年有了一个运用马克思主义观点来研究《红楼梦》的新的开端……1954年提出的主要观点基本上已被大家接受了……拓宽了《红楼梦》研究的视野，推动了红学在新的历史阶段中的发展。"[3]

关于《红楼梦》的性质，李希凡先生并不否定《红楼梦》中关于爱情的描写，他甚至用十分热烈的语言赞美宝黛爱情，他说："《红楼梦》究竟是一本什么性质的小说……《红楼梦》当然是无可否认地摹写了爱情，而且是用最优美的文字，最炽热的感情，最浓郁的诗意，描摹了贾宝玉和林黛玉的叛逆性的爱情。《红楼梦》所展现的爱情境界，是中国文学史上其他作品中还没有出现过的，也可以说它透露了新的青春的信息……但是，用'爱情小说'这样的名目能概括《红楼梦》的创作意旨吗？《红楼梦》的爱情描写，能囊括它所反映的广阔的社会生活的风貌吗？《红楼梦》的思想价值与社会意义，难道仅仅因为它写了贾宝玉与林黛玉的爱情悲剧吗？毛泽东同志曾称誉《红楼梦》是一部政治历史小说，虽然引起当今一些红学家的非议，我却以为，这也不妨作为一家之言……我总觉得，毛泽东同志给《红楼梦》以政治历史小说的称谓，要比那爱情小说的冠冕更切合它的实际。"[4]

李希凡先生在90岁高龄的时候与大女儿李萌合著的《传神文笔足千秋——〈红楼梦〉人物论》，由中国出版集团东方出版中心出版，洋洋洒洒50余万字，堪称巨著。全书分四组，三十三篇文章和一篇很有分量的"修订版后记"。全书"论"了《红楼梦》中几十个人物，有贾宝玉、林黛玉、薛宝钗这样的主要人物，也有晴雯、香菱、平儿等次要人物，还有《大观园丫头群掠影》《十二小优伶的悲剧命运与龄官、芳官、藕官的悲剧性格》以及《漫话茗烟和兴儿的个性化的创造》等等，真可谓琳琅满目、蔚为大观。李老在给我的信中说："送上《人物论》修订版，标题依旧，有半数以上却是重写，李萌有大功……出版社愿出修订版，以纪念作者之一的离去。痛哉，女儿离去四年，我才知道她早已不在人世。"看到这封信，我的眼泪止不住地流。2012年10月7日李希凡先生的老伴徐潮老师去世，三个月后，大女儿李萌去世。记得2013年2月1日，丁亚平夫妇请李老吃饭，田青、卜键和我参加，吃饭时李老说大萌病了，情况不太好，其实当时李萌已经去世了，我们都瞒着李老，怕他经受不住这样的打击。他的老伴徐潮老师去世不久，大女儿李萌也去了，这是怎样的人生磨难，我们为李老担心，毕竟他那时快90岁了，所以要瞒着他。今天想起当时的情景，我的心里难过极了。看着这样的信，看着这样厚重的学术著作，一位90岁的老人，有如此执着的学术精神，令人敬佩。我怀着崇敬的心情认真拜读了这部凝聚着李老父女心血的巨著，深深为李老的学术坚守、学术奋进的不屈精神所感动。这既是李希凡先生最后的一部学术著作，也是对他一生研究《红楼梦》的总结，这部专著的出版无论是对李希凡先生，还是对新时期红学，都是非常重要的收获。

贾宝玉无疑是《红楼梦》中最主要的人物，是中国文学史上前所未有的新的人物形象，凝聚着作者曹雪芹全部心血，因此如何认识贾宝玉也成了认识《红楼梦》的关键。李希凡先生在《"行为偏僻性乖张"——贾宝玉论》中，明确指出："贾宝玉是小说中最重要的'主体'人物，是作者许多重要思想理念的主要承载者，是小说中最具时代意义的文学典型。"正因为贾宝玉这个形象在《红楼梦》中具有如此重要的地位，而形象的复杂性使得人们对贾宝玉的认识众说纷纭，莫衷一是。而李希凡先生对贾宝玉的认识和评价无疑具有代表性，他认为："贾宝玉是曹雪芹所创造的在'天崩地解'的封建社会末世出现的、富有鲜明时代特征的贵族青年叛逆者的形象，而绝不是时代的'怪胎'，也绝不可能是作者曹雪芹。他具有初步民主主义精神，他关心尊重、真诚地爱戴周围的人们，不论身份的高低贵贱，没有贵族纨绔子弟的玩世不恭、蛮横霸道的恶习，尤其是他懂得尊重女性。在他的心目中妇女不是被压迫、被玩弄的对象，而是世界上最纯洁的人，这在'男尊女卑'的封建传统观念中自然是离经叛道了。"他认为："'行为偏僻性乖张'的贾宝玉，一生都在用自己的行动向封建贵族的宗法观念和礼教规范勇敢地挑战，最后用他自己的人生悲剧为我们吹响了向往自由、追求爱情和人性觉醒的反封建的号角。"这些见解都是很深刻的，体现出当今《红楼梦》人物论的最高水平。

读《"天尽头，何处有香丘"——林黛玉论》，我们时时被作者优美的语言、深切的情感所感染。贾宝玉、林黛玉毫无疑问是曹雪芹最为钟情的人物，如果说贾宝玉的形象给我们带来的更多的是人生体验的感受和人生感悟，那么林黛玉的形象则更多的是情感心弦的拨动。"当远离世间的纷扰，我们可以平心静气地捧读《红楼梦》之时，小说中的'精灵'——美丽的女主人公林黛玉，便仿佛踏着缤纷落英，吟着她的《葬花词》寻寻觅觅地向我们走来。那充满诗情画意、竹影婆娑的潇湘馆也随之呈现，我们耳畔也似依稀听到了那孤傲、敏感、纯真的少女在暗夜中低低的饮泣和哀怨的叹息……永远的林黛玉就如此真切地站在面前，引领我们走入她的世界。"李希凡先生对林黛玉的钟情溢于言表。他认为曹雪芹对林黛玉典型性格的创造，达到了形神兼备极其完美的结合。的确，如同李希凡先生所描绘的那样，这个以眼泪、诗词和灵巧雕塑而成的"精灵"——一个美丽、真挚、为爱情理想而生而死的典型形象，必将永生在中国和世界文学艺术史的宏伟殿堂里，也必将在无数热爱《红楼梦》的千秋万代的读者的心中走向永恒……

　　在《红楼梦》人物论中，如何评价薛宝钗，是一个难题。一是薛宝钗形象的复杂性超过所有《红楼梦》人物；二是在薛宝钗的认识上自《红楼梦》产生以来，就有着很大的争议。李希凡先生认为林黛玉、薛宝钗是《红楼梦》中两个最为成功的艺术典型，认为薛宝钗是一个复杂性格的封建淑女的典型，丝毫不逊色于林黛玉，"薛林双绝"凝聚着作者精湛的审美理想的概括，但他不同意"钗黛合一"的观点，认为二人性格、情志迥异，各具不同的人生底蕴和精神内涵，反映着各不相同的社会人生意义和美学价值。他还进一步指出，曹雪芹笔下的薛宝钗，绝非一个概念化的、工于心计的"冷美人"，她的冷是冷在内心深处的伦理观念和生活哲学上，这是很深刻的见解。

　　读李希凡先生的《传神文笔足千秋——〈红楼梦〉人物论》，如饮美酒，时而感到痛快淋漓，时而感到美妙无比。他论《红楼梦》绝不是从"概念出发"，而是从活脱脱的形象和细节出发，他为了论好一个人物，在每篇文章中都对所论的人物建立一个档案，论得细腻深刻，又观点鲜明。他十分注意人物的性格特征和层次发展及其复杂丰富的心理世界。《传神文笔足千秋——〈红楼梦〉人物论》，体现了李希凡先生最新的研究成果，展现了新时期红学《红楼梦》人物研究的高度和深度。这实际上也是李希凡先生对《红楼梦》解读的心血结晶。他说："我们深知，《红楼梦》的感人肺腑，魅力无限，在每个读者心中都装有一部令自己感动的《红楼梦》。《红楼梦》的博大精深，早已凝聚为中华民族的'文化情结'，深深植根于你我的心灵之中……这本《〈红楼梦〉人物论》，虽然只是写出了我们的所见所闻，所思所想，写出了我们的感动和爱憎，但终极目的还是试图解读这部伟大杰作的真、善、美。"

　　李希凡先生有着深厚的学术功底和理论修养，他不仅对马克思主义文学典型论深有研究，对俄罗斯"别车杜"的文艺思想也非常熟悉，尤其对鲁迅的文艺思想认识很深刻，因此他对马克思主义文艺理论运用自如，时有创意，多有新见。今天李希凡先生论《红楼梦》人物，既有不改初衷的学术坚守，又有新的发展和丰富。他的学术见解更显厚重、全面、细腻、深刻，确实开拓了《红楼梦》人物研究的新境界。在当今的学术界，像他这样论述《红楼梦》人物之多、之细、之深，是很少见的。

　　李希凡先生晚年最关心的两件事：一是修订《红楼梦大辞典》，二是修订《红楼梦》新校本。在他逝世的前十几天还两次给我打电话说起这两件事，要我负起责任。他说吕启祥先生、胡文彬先生年龄都大了，他们会帮助你，但具体工作还得你来做。我说《红楼梦大辞典》的修订，我一定努力完成。至于《红楼梦》新校本的修订，我怕是干不动了，但我会记住你的嘱托，与孙伟科、与红楼梦研究所的同志好好研究修订事宜，在吕启祥、胡文彬两位先生的指导下，争取完成你的心愿。没想到半个月以后，李老竟仙逝西去，每每想起就格外难过，心里非常沉重。

几十年来李希凡先生不忘初心，不改初衷，始终不渝坚持马克思主义唯物史观，坚持马克思主义文艺典型论，这种坚持、这种高尚的学术品格是令人敬佩的，也是值得我们学习的。毫无疑问，李希凡先生是新中国成立以来最负盛名的红学大家之一，是开创一代风气的学术巨擘，李希凡先生的红学观点影响了一个时代，至今仍有着不可忽略的影响和地位。我们可以说，李希凡、蓝翎的《红楼梦》研究开创了一个时代，他们毫无疑问是新中国红学第一人。

今天是李希凡先生92岁生日，谨以此文深切缅怀敬爱的李希凡先生。

2018年12月11日于北京惠新北里

原载于《红楼梦学刊》2019年第1辑

作者系中国艺术研究院研究员、中国红楼梦学会会长

注释：

[1] 中共中央党史研究室著，胡绳主编：《中国共产党的七十年》，中共党史出版社1991年版，第312—313页。

[2] 李希凡：《相知五十年——〈师友笔下的冯其庸〉代序》，《李希凡文集》（第六卷），东方出版中心2014年版，第105页。

[3] 李希凡：《红楼梦艺术世界》，文化艺术出版社1997年版，第394—395页。

[4] 李希凡：《序曾扬华的〈红楼梦新探〉》，《李希凡文集》（第六卷），东方出版中心2014年版，第114—115页。

仁厚长者李希凡

吕启祥

希凡先生是在我们没有任何精神准备的情况下遽然离去的。前天还在电话里听到他的声音，今忽杳然。一种巨大的空白和失落袭来，生前种种，宛在眼前。这里只能就我的直感，追忆片段，难窥全豹。

希凡从《人民日报》调入中国艺术研究院在1986年，那时他已59岁，进入人生的中老年。也就是说，他的后半生是在研究院度过、在这里离退的。我认识他虽早在20世纪60年代，但较为熟悉还是在他来院之后，真正接触较多是近十几年的事，在这期间，每年有少则三两次多则十来次的见面，电话则不曾间断。在他晚年相对寂寞的岁月中，我是一个能够倾听、易于沟通的晚辈友人，在我心目中，希凡的形象也较前更为亲和真切，他是一位仁厚长者。

他的仁厚，以我观之，主要体现在两个方面：

一是对艺术研究的眷眷之情，是一种怀念，包含着欣慰和感激。

一是对红学事业的拳拳之心，是一种挚爱，包含着关切和期望。

先说第一方面。他曾多次说过，"不后悔来艺术研究院"，虽则调令甫出，告状不少，阻力不小，但他决心已下，且得到时任文化部部长王蒙的支持。来院后，他在任内做了实事，并未虚度。

说实在的，李希凡从《人民日报》到中国艺术研究院，很大程度上是角色的转换。从一线新闻单位到研究单位，性质不同；从直面现实发言写文章到沉淀积累静心搞研究，特别是从自己上阵到领导众人，位置不同。希凡从来未做亦不擅行政工作，尤其不擅理财开发，曾因当法人代表而被债主包围，十分狼狈。但他懂得研究院的主业是搞研究出成果。他尊重前辈，爱惜人才，在政治风波中竭力保护了一批人，使研究院不伤元气，我曾在过往为文中提及。这里只想说，希凡在回首这一段经历时有两个关键词"前海学派"和"艺术通史",令我印象深刻。

所谓"前海学派"并非实体,我理解是对基础研究、对各学科奠基工程的重视,是对群策群力朴实学风的肯定。近年他还充分评价我所参与的红学基础工作为"前海红学"。希凡在职期间,规划和支持了此类项目,自身虽无暇写作,但研究院早期各种成果的背后有他的辛劳,为此付出他是心甘情愿的。

另一个不断提到的关键词是"艺术通史",即《中华艺术通史》(下称《通史》),这是他退休之际所领的一个项目。在国家艺术科学规划会上他提出了两个项目,"艺术概论"和"艺术通史",前者被北京大学领走,后者无人问津。他掂量再三,终于鼓足勇气认领了下来。

此举还真有点"犯傻"。退休了,本可放松下来,写自己的东西,驾轻就熟,照样著书立说;而他却选择了吃苦受累去挑担子,进入那并不熟悉充满挑战和风险的领域。当年院内外不乏质疑甚至轻蔑之声,他要承受多方面的压力。外部的经济压力,没有钱,钱不够;更吃重的是人才压力、知识积累和理论提升的压力。对他个人而言,须重新学习、拓荒开疆。他给我打的电话很多是有关《通史》的,比方说坦陈自身知识结构的局限而"恶补",比方说感念北京师范大学出版社的投入,比方说如何请专家讲课,比方说经历13次编委会每次讲话都自己写稿,更多的是提到编写人员特别是分卷主编,钦佩他们的学识、感谢他们的坚守。他怀念已故的、牵记健在的,总说稿酬很少,并无名利。每有《通史》消息,如评论、获奖、译成外文版等,他都会很快告知,欣慰喜悦之情,溢于言表。

十分可贵的是他的凝聚力。希凡不仅是学者,更是学术带头人。长时段集结一批优秀学者共同完成一项学术工程,谈何容易,没有坚韧意志和学术民主是做不到的。几年前,《李希凡文集》出版座谈会上有一位《通史》骨干,也是我北师大校友,说,原先以为李希凡锋芒尖锐,存有戒心,多年相处,"他真是一位忠厚长者"!诚哉斯言。

我曾说,希凡为官一任,为中国艺术研究院留下了一张学术名片。当然,他很清醒,不足未善多有,但无论如何,填补空白的首倡之功不可没。他有理由欣慰。不讨巧,不避难,唯醇正仁厚者方能为之。

以下再说他对红学事业的拳拳之心。

人们看到,来院之后的几十年间,李希凡大大淡化了他"红学家"的角色。客观上职责所在任务压身,他没有时间专事红学写作和活动,主观上他从不以红学家自诩,更不以"小人物"光环炫人。但他热爱《红楼梦》,心系红学,竭尽全力支持和推动以冯其庸为代表的红学同道,开辟了红学新时期。

顺便说一下，李希凡和冯其庸二位，个性不同、学养不同，冯较多艺术气质，李更具理性风范；坚强的事业心和报国的大情怀使他们友谊深固，互相支撑、互为补充。新时期的红学活动，冯其庸在前台，李希凡似只在幕后。

然而李希凡是不可或缺的。当历史进入2016年，也就是希凡90岁的时候，才有了"李希凡与当代红学"的学术座谈会，这是第一次，如今也是最后一次了。在这个会上我郑重提出：历史选择了李希凡，历史检验了李希凡，他是新时期红学航船的"压舱石"。

红学是显学，体量巨大，影响广泛，众声嘈杂，牵动多方。这艘航船唯有行稳，才能致远。"压舱石"对稳定船体、把握航向，关系至大。兹举大端：

首先，促成了红学界的大团结。1980年开了首届全国红学研讨会，成立了中国红楼梦学会，之前创办了《红楼梦学刊》和红楼梦研究所，在红学历史上都属于首次。须知红学界的大团结来之不易，红学渊源深长、路径繁复，老中青、东西南北、高等学校和研究单位、资深和新锐、考据和评论……各路神仙、各有诉求。其间李希凡和蓝翎是承上启下的关键人物，他们顺应潮流、不负时代、协调各方、瞻顾大局，做了许多有益的工作，实现了红学空前的大团结。中国红楼梦学会的第一任会长是吴组缃，第二任是冯其庸，李希凡始终是副会长。

与此同时，他协助和支持冯其庸为新时期红学搭建了一个起点很高的平台。时当改革开放之初，学术开始复苏，红学犹如一枝报春花，她的绽放得到了格外的关注和多方的浇灌，只要列举当年参加红学会议和活动的人物就可见盛况。不必说原本就是治红学和文史的俞平伯、顾颉刚、吴世昌、吴恩裕、周汝昌和本院的王朝闻、郭汉城等，更有文化教育界的重量级人物沈雁冰、王昆仑、叶圣陶（沈老为题刊名，叶老为看校本，王昆老宁可在人大常委会请假也要来开红学的会）。特别是文艺界的资深领导人周扬、林默涵、贺敬之和本院的苏一平都给予热情支持以至亲自与会。至于为刊物题词、赋诗、赐稿的就更多了，有吴组缃、启功、夏承焘、端木蕻良、霍松林、丰子恺、聂绀弩、陈从周、姚雪垠、舒芜等，从大学教授到著名作家，济济莘莘。当然，还有一大批与李希凡、冯其庸年辈相仿的学人：蓝翎、蒋和森、陈毓罴、魏绍昌、魏同贤、蔡义江、吴新雷……名家之多、层级之高，均属空前。应当说，此乃拜时代所赐、拜改革开放的风气所赐，今天想来不禁神往。李希凡促成和亲历了这一盛况，深刻地意识到红学的兴旺和延续乃是一种历史的责任。

其次，作为"小人物"，希凡自己不提起、不矜持（他的七卷本《李希凡文集》连1954年的文章也没有收入）。然而社会上多议论、多质疑，真所谓树欲静而风不止。对此，李希凡的基本态度是"坚守史实，任由评说"，显示出"压舱石"的定力。

在红学界以至学术界，可以说很少有人像李希凡那样，受到如此之多的误解、曲解、猜测、质疑以至污蔑谩骂，甚至海外的谣言，十分离奇，居然也有人为之传播。笔者闭塞所知甚少，只是听他说起那些海外奇谈匪夷所思，不胜其烦，只能不予理睬。然而，面对国内许多对此抱有兴趣的学人和传媒，不论是想重新评价或探索研究，都不能置之不理，于是就有了几十年来不断的访谈。希凡出于历史当事人的责任，以极大的耐心接受了一次又一次的采访，向采访者提供史实，回答各种问题。希凡本人只写过有限的回忆文章，而对外界以至身边的各种看法和著述，从不干预。

对于一个历史事件，评说可以见仁见智，然而历史事实只有一个。在维护历史真实这一基本点上，希凡从不含糊、旗帜鲜明，显示出政治的定力和学术上的独立精神，从不随风摇摆，随人俯仰。

远的不说，只说两件近事。一件是2011年我在海外探亲，偶尔从网络上看到一篇"揭秘"1954年的长文，回来后询及希凡，其时他老伴病危、心力交瘁，然因事关重大，必须澄清，他在极其困难的情况下，自己口述，由大女儿李萌笔录，予以全面回应。事实俱在，本无秘可揭，他以当事人的责任维护历史现场，斩钉截铁地说："谁都休想让我把'有'说成'无'！"

另一件时间更近，已到2016年，外地的一位红学研究者张胜利正撰写一本关于王佩璋女士（俞平伯先生助手）的专著，有一个重要史实要向李希凡先生求证，即所谓1954年由王佩璋之文引发了李希凡、蓝翎与俞平伯先生的商榷（即"第一枪"）是否属实，此说的来源是《红学：1954》，流传甚广。李希凡虽早闻有此著，但与其文艺观、世界观歧异，不想与相差三四十岁的青年争论，亦料想不到此说影响如此之广。如今有研究者来认真求证，希凡先生以十分鲜明的态度郑重地做了书面答复。老实说，希凡要求书面作答大出我的意料，我自愧缺乏他那永不褪色的革命激情和坚韧意志。他在答复中严正陈明：以事实论，当年他根本不认识王佩璋，从未谋面，亦未读过她的文章。以逻辑论，一场触发意识形态领域斗争的大讨论竟由俞先生门下的一篇版本文章引起？无此可能。以情论理，说李、蓝本无学术勇气，是从王文那里借了胆，这未免太看轻了当年"小人物"的气概了。在这一字一句答复的最后，他不禁感慨万端地说："我虽已几近九旬，却还是为60多年前的战斗豪情（一生只有这一次）被漫画化，感到屈辱，不得不出面一辩。"这是李希凡生前的最后一文，十分沉痛。

由此，可以感受到李希凡的刚正之气和坦荡之心，见出其经历风雨摧折而始终屹立的坚韧品性。

复次，"压舱石"的作用，还在于维护正常的红学生态、抵制各种歪风邪气。

作为一个经历风雨的长者，李希凡有足够的度量容纳不同的学术意见，爱护青年，平等待人；但他绝非无原则的好好先生，不是庸俗的和事佬。

比如，他对一切戏说、揭秘、解构及新老索隐说"不"，那火爆一时的"秦学"他是不赞成的。他认为《红楼梦》不需揭秘，并非皇权争夺和宫廷内幕的演绎。无论是接受采访还是发言为文，他都重申《红楼梦》作为一部文学作品的审美品性和不朽价值。

又比如，他对小说作者的种种新说也不以为然，始终维护曹雪芹的著作权。在曹雪芹逝世250周年之际，还发文见于报端（《中国文化报》2013年6月26日），并参加各种纪念活动。他在文中列举了大量内证、外证后指出，曹雪芹是《红楼梦》，即八十回《石头记》的真正的作者"无可置疑"。"至于非给《红楼梦》另外找出一个作者，不管那些遐想出来的论证说得多么天花乱坠，都不如曹雪芹亲友们的这些文字确证更有力，更有信任度。"

再比如，也是更为切近之例，当2015年初，邪风起于萧墙，是他以高度的敏感识破了所谓"致主编信"（兼致我）的用心，第一时间电话告知了我，"你对辞典质量的善意被诬为'破坏'，信里充斥着攻击，你要通过组织据理申诉，维护学者的尊严"。他建议申诉并与其庸共同为我作证。在此后的几年间，尤其是在另一主编冯其庸病危和逝世后，李希凡萦绕于心念念不忘的是《红楼梦大辞典》的重新修订，不遗余力地推动、促进。他曾提出自己出资几万元作为启动之用，不断提出要请客慰劳大家编写工作的辛劳。其庸逝后重发他的《相知五十年》，他特别提出，倡扬冯氏的研红之路，"不只是寄托自己的哀思，而且有益于纠正当前红学的乱象"。最近几个月他一再说要写一封信递上去，为辞典、为刊物、为红学，孰料信未成而人已去……对红学事业可谓鞠躬尽瘁，至死不忘。

希凡仁厚，不是无底线的忍让，而是有刚正之气为依凭的大仁。他喜论辩，是为真理而辩，光明磊落，可以说他一生没有什么私敌，"仁者无敌"。我从这位仁厚长者那里感受到的是正气和温暖。

希凡仁厚，不是无是非的苟且，而是具有远见卓识的定力。他不像某些知识分子那样怨天尤人，满腹牢骚。当我时常因社会的负面现象而丧气时，电话那头会传来他的声音："你放心，这个世道自有担当的人。"每有令人振奋的国内外大事发生，他会立即打个电话过来，直抒观感。

希凡仁厚，爱才举才，更能洞见人的深层品性，察知正邪、真假、偏私。他帮助和提携过许多人，得失长短，心明如镜。他从不强加于人、强人所难，比如他受老贺（敬之）所托为其友写序欲委我，我不应终于作罢。他看似大大咧咧，其实善解人意，举最近之例，他给《大辞典》修订负责人专致一信，陈明修订目的在学术，特别提出"启祥同志就不要担任什么名义了，她还是编委"。这真是说到我心里去了。从20世纪80年代辞所长至今，并未汲汲名利，希凡知我心迹。

回顾这段时期，他虽离退居家，却关心世界大势、国家前途尤其是文艺现状。我常惊叹八九十岁视力有限的老人还能看几十集的电视连续剧，从《北平无战事》到《传奇大掌柜》都是他推荐给我的。他能记住许多剧情的桥段，叫出许多演员的名字。有一次（2017年10月21日）电话打了个把钟头，详细复述故事情节，点评表演得失，竟然是地方台节目。他常说，还是有肯吃苦的导演，会表演的新人，有生活气息的作品。然而当文化部文联偶尔请他开会或征询时，他会对当下文艺界的歪风乱象痛加指斥、直言不讳。我感叹老李是个天生的文艺批评家，他对文艺事业如同对红学事业一样，关切牵记，期盼风清气止，达到真正的创作和批评的繁荣。

最后我想说，作为曾经是中国艺术研究院掌门人的李希凡、作为《中华艺术通史》学术带头人的李希凡、作为新时期红学"压舱石"的李希凡，当然，还有作为文艺批评家的李希凡，单是那多卷文集显性著作是不足以概括其贡献的，他在背后的默默付出和倾力支持、他的仁厚风范和磊落胸怀，是留给我们的可贵精神遗产。

生活就是这样，当你失去了什么就会加倍地珍惜。希凡先生离去带来的失落在此，今天追思的意义也在于此。

本文收束之际将发之前，距希凡离世已近一月，回想10月29日晨接她女儿李芹电话如惊雷震心，茫无所措、思绪纷然，曾草一联，今稍修葺，以寄哀思：

大音希 声不同凡响 文坛惊艳小人物
风雨历练初心不改 红学痛失压舱石

2018年11月15日完稿

本文原载于《红楼梦学刊》2019年第1辑

作者系中国艺术研究院研究员

博大精深　评古讲今

—— 痛悼诚恳可敬的李希凡

翟泰丰

李希凡的学术创新精神，值得我们永远学习，而《李希凡文集》是他生前以七卷四百余万字的功夫，留给我们的可贵的中国文化发展史料，是他重要的学术研究成果，可谓博大精深，评古讲今，体察万物，卷舒风云。

李希凡的《中国古典小说论丛》是一部立意于中华民族五千年博大精深思想文化史，精彩地、深刻地展示中国古典文学的大论著，它论证了中国古典小说的历史价值、文化价值、文学价值、时代价值，是一部生动的、有血有肉的、有灵魂的、有神气的论述中华文化血脉、中国人精神脊梁的中国古典文学教科书。读《李希凡文集》，特别是读他的《中国古典小说论丛》卷，我有三点感受：

第一，他是一个坚定的马克思主义者，在学术研究过程中，他始终坚持辩证唯物主义、历史唯物主义的哲学观。

在红学研究领域，他与蓝翎共同开创了以历史唯物主义观点批判唯心主义观点的红学研究的新阶段，使红学研究跨过"五四"前旧红学研究、"五四"后新红学研究的两个历史时期，开创了一个崭新的历史阶段。

在涉及《三国演义》"尊刘抑曹"这个主题性立意问题时，李希凡同样运用历史唯物主义的观点，参与了20世纪50年代曾经发生的为"曹操翻案"的一场大争论。曹操究竟是《三国志》作者陈寿所颂扬的"非常之人，超世之杰"，还是罗贯中《三国演义》所贬斥的"治世之能臣，乱世之奸雄"？当年甚至有人提出"只有打倒了《三国演义》才能给历史人物的曹操翻案，杀出一条血路来"。1959年4月，李希凡同志在这场争论中，运用历史唯物主义的观点，以认真、严谨、科学的学术态度，查阅研究了大量史料，陈寿《三国志》、胡应麟《少室山房笔丛》、章学诚《丙辰札记》、黄摩西《小说小话》，从历史资料的依据中，全面着眼评价曹操历史上的功过是非。同时，又读了魏晋南北朝期间的《世说新语》，唐代李商隐的《骄儿诗》、杜牧的《赤壁》，宋人孟元老的《东京梦华录》。《东坡志林》中有两句名句，"闻刘玄德败，颦蹙有出涕者，闻曹操败，即喜唱快"，态度鲜明地表示了尊刘抑曹之情。经过多方面材料核正，依史证全面评价曹操，又依史证与文学艺术创作规律，他坚持称《三国演义》是一部杰出的历史小说。因为它鲜明、形象、生动、深刻地揭露了在汉末农民黄巾起义军进攻面前，封建统治阶级内部赤裸裸争权夺利的狰狞面貌，在中外文学史上少见如此曲折壮观、纷繁错综地把后汉、三国中一切人、一切情节、一切事件、一切人物关系（包括兄弟间、婚姻间、朋友间、家庭间）都盘根错节地贯穿其中，卷入了一场政治利益集团之间的惨烈之战争，或走进人物间政治争夺血淋淋的旋涡之中。这样，在作品里，何为"正统"之争，就自然作出了本质性的回答，对如何历史唯物主义地、科学地评价历史人物，提出了鲜明的论点，同时也就为"尊刘抑曹"的历史由来，作出了具有说服力的回答。

第二，他善于运用历史唯物主义的观点研究中国古典文学史，以文学与学术研究相统一的辩证研究方法，挖掘中国古典小说典型环境、典型人物、典型形象的文化价值和精神力量，弘扬中华民族五千年的优秀文化传统。

在《三国演义》里刘备、曹操、孙权，以及诸葛亮、关羽、张飞等诸多人物，都是活生生的、感人的历史人物形象。我当然很喜欢他们，更尊崇多谋多智的诸葛亮。但从人物性格与品格、人格上我最喜欢读的还是关羽。希凡同志在第一卷中，有一章专论关羽的形象 ——《三国演义里的关羽的形象》（《李希凡文集》第401页）。李希凡指出："在《三国演义》里，真正能从'正面典型'的意义上，和曹操的形象造成对立情势并受到人们（有人民也有统治者）尊崇的，应该说是关羽的形象。"曹操挟天子以令诸侯，"宁教我负天下人，休教天下人负我"，甚至发生了其父至交吕伯奢一家被他残杀之悲惨事例，与关羽大义凛然华容道释曹操，两者相对照，何者英雄，何者奸雄，岂非一目了然。在此希凡还特别引证了《圣叹外书》的作者把《三国演义》里关羽的形象称为"三绝"之一，并称关羽"是自古以来名将中第一人"。当然正如希凡所云："关羽的形象是一个文学典型，而并非历史人物传记。"而这个文学典型的意义和价值，在于早已被人们奉为心灵中的历史英雄，奉为义贯千古之至尊。

希凡在我印象中没写过小说，更没写过长篇，但他对文学创作的立意、构思，处理情节、人物、故事之技巧，叙事、描写之巧妙，却颇为熟悉，论述精当而精准。他还常把小说人物关系和戏曲人物的亮相、坐场白、自报家门相联系，且论得十分贴切。在他这里关羽的出场就十分震撼，"温酒斩华雄"，何等的险中见英豪。当初根本不被袁术放在眼里的一名马弓手，却不一时"鸾铃响处，马到军中"，云长提华雄之头，掷于地上，一个威震众将的英雄形象，顿时屹立于军帐前。

在《水浒传》里，希凡也强调了梁山好汉，被逼上梁山"八方共域，异姓一家……相貌言语，南北东西虽各别，心情肝胆，忠诚信义并无差"。从关羽到梁山好汉，再到杨家将的一系列英雄形象，希凡在学术论证中让我们看到了中华优秀文化史上英雄典型形象的品格、品德、人格。这正是当今社会上倡导诸子文化可借鉴的、古典文学作品所讴歌的活生生的艺术形象，站起来的诸子文化人物精神是中华优秀文化软实力的重要内容。20世纪八九十年代，我几赴日本，考察新闻出版，发现我们的四大经典名著在他们那里备受尊崇，以精装版本多次出版，并以动画、影视等多媒体传播，在社会上特别是在青少年中，广为流传、称道，许多日本朋友引证三国人物，可谓精熟于口，信手拈来。

第三，运用历史唯物主义观点在文学作品典型人物、典型形象研究中，探求历史真实与艺术真实的辩证统一，现实主义与浪漫主义的辩证统一是李希凡研究中国古典小说又一重要课题，并获得显著成果。

李希凡同志在这部大作中运用马克思主义哲学观点，以科学严谨的学术作风对两者关系做了明确、深刻、生动的论证。希凡同志学术研究的科学精神、科学态度、严谨作风在他的作品中无处不见，因而他的学术论说具有极强的说服力。

在他的论著中我们可以认识到，历史的真实是历史学家凭借文物、史证、史料等真实的资料根据，科学论证，准确论史，那是历史学家的任务。而文学家的文学创作则以史实做依据、做背景，进行艺术创作，塑造历史典型环境、典型人物、典型形象。同时，在创作方法上，还要善于把现实主义融于浪漫主义，浪漫主义充实于现实主义，即"神思之谓也，文之思也，其神远矣……吟咏之间，吐纳珠玉之声"。要"神与物游"，在创作中才能吐纳珠玉。

李希凡七部文集，论及了《红楼梦》封建大家族奢靡衰败的情景，以及贾宝玉对封建传统仕途的反抗精神；论及了《水浒传》各路英雄被逼上梁山的壮观情景；论及了《西游记》孙悟空敢于战胜邪恶之勇，敢于大闹天宫的反抗之搏；论及了《聊斋志异》中，借妖魔、怪异揭露封建统治阶级大小官僚的腐朽丑陋。内容丰硕，论证严谨，是当代中国古典文学研究中的珍品大作，同时也是当今建设社会主义核心价值观难得的古典文学理论体系的完美论证，弘扬了中华优秀文化的高尚形象。故此建议文化界、教育界与相关媒体，组织一次更为广泛的社会性的讨论，社会各界都要重视并大力提倡和重读中国古典名著，从中汲取、继承中华民族优秀文化精神，让中华民族的文化血液成为永驻民族精神之精髓，之力臂，之脊梁。

附：[翟泰丰致马瑞芳的信]

"清丽"的瑞芳：

读了你"清丽"手笔的回忆希凡的文章，甚为感动，你与希凡的友谊真诚、相亲、互敬、互助，谈笑间幽默之情跃然纸上，似乎希凡未走，大家亲和如故。

我和希凡长期在京，却鲜有"清丽"文章来往，更少有幽默舌逗，故人近情远，偶见少语。2014年我们集会研讨希凡大作文集出版，可谓一次盛会矣，贺敬之、冯其庸等一大批在京的红学家、作家、诗人以及有关的学者，均前来致贺，会前大家也仅有一般寒暄。会上的话多，会外的话少。那天会上，发言可称热烈，贺敬之语言简短，质量颇高，论点鲜明，支持希凡的马克思唯物史观。冯其庸也对李希凡作了高度评价。我的发言，不敢与大家们相提并论，但《光明日报》"国学版"发文后，希凡出我预料的高兴，当即致信与我："……你对我的评价太高了。我写的书，多是个人学习体会，仅为提倡读古典作品，弘扬中国的文化传统，研究中国文化史提供一些线索……"从他简短的文字中，我又一次深深感到他谦虚谨慎做人的品格。

对于希凡，知道他甚早，认识他甚晚。在学术问题上，"大领袖"夸奖"小人物"，全国震撼了，我与大家也就一起知道了他，面面相识，却是在90年代一次研究文化人才培养的会上。此外涉他的传闻，我倒常听说，"文革"期间，我们晋察冀三纵队的一位战友，奉命在人民日报社"支左"，他是负责人，在重组报社新班子会议上提名，涉及李希凡，被陈伯达严厉斥责，整个班子名单被撤销。李希凡在我的心目中，是一位美学的研究者，是一位颇有创新精神的学者，在红学领域他勇敢地高举历史唯物主义的旗帜，独树一帜，创建新论，实在难能可贵。此外我敬重他，还因为他诚恳慈厚的为人。只要有机会相见，总似久别的老朋友，格外亲切。

十月廿九日突然传来噩耗，晚间睡倒，清晨未醒人去，我十月三十日晨当即赴家拜见希凡，然而只能拜灵堂了！敬听女儿的介绍，得知他在离别前曾念叨夫人，睡梦中驾鹤西归，面目宁静而坦然。

希凡一生坦诚做人，创造性做学术，为我们做出了榜样。

最后，再敬致"清丽"的瑞芳，祝贺你新版《马式红楼梦》出版，钦佩你建立了大众红学派，你这套上下两部七十九回的红楼，超越于一百二十回传统版本，因为你诸多的眉批、注释，可将《脂砚斋重评石头记》、近当代《刘国龙抄本红楼》以及现代诸多版本之基本内容熔为一炉，跟着你的论释读者从书中走出来，走进了贾府，红楼研究化作了专家与民众共同的历史任务，历史文化伴随着亿万民众开创历史的未来。

祝贺新的学术成就新的奉献。

翟泰丰

2018 年 11 月 18 日

本文原载于《文艺报》2018 年 12 月 12 日

作者系中共中央宣传部原副部长、中国作协副主席

回忆李希凡先生

徐　刚

缘起姜德明

回想起来，我从未认真地叫过李希凡一声先生，当年报社文艺部与我交好的袁鹰、姜德明、蓝翎、英韬等亦然。其实他们都是我的长辈、我的先生，他们引领了我人生之路上最关键的十年，没有他们焉有今日之我？

这几位先生中，我最早认识的是姜德明。1974 年初从北京大学毕业后，我在崇明县写通讯报道，是年夏日因送稿件到上海，住解放日报招待所。某日从编辑部改稿回招待所，门口电话铃声大作，我拿起话筒，对方说："拜托你叫《人民日报》的姜德明听电话，他可能住楼上，你要大声一点叫，谢谢！"于是大叫"《人民日报》姜德明电话"！扯着嗓门三声之后楼上有了回应"来了，谢谢"。我回到我住的通铺大房间，读随身携带的一本鲁迅《野草》的单行本，突然姜德明走到门口问："刚才是哪位叫的电话？"我站了起来，姜德明握手道谢，在我的通铺上坐下，谈起了鲁迅，我说我正在写长诗《鲁迅》，姜先生当即邀我方便时去北京，说李希凡也在文艺部，除了"红学"他对鲁迅也颇有研究，不妨请益。

初识李希凡

少不更事的我啊，竟然一直记着姜德明先生的邀约，除去长诗事要找李希凡，其中还有一个重要原因是我的女友、今之太太在北京。1984 年秋深，西山红叶红了，某日，我突然出现在王府井的报社门口，传达室通报后姜德明下楼，带我去报社招待所住下，并告诉我已约好李希凡，明天去八道湾。

初识李希凡的第一印象是，好大的个儿！又高又胖走路摇摇晃晃。姜德明介绍后握手致意，好大的手啊，软绵绵的。老姜已经告诉了我，文艺部对领导、长者的称呼是"老"字当头，或者直呼其名，我便一声"希凡"好，算是打过了招呼。到得八道湾胡同11号——当时已经是大杂院了——李希凡如数家珍地告诉我，鲁迅、周作人及其母亲和朱太太的住房，"唉"的一声感叹后却是目光凝重的沉默，仿佛时间带走了一切。时间能带走一切吗？ 20世纪20年代八道湾的故事、周氏三兄弟的脚印只是被岁月的尘埃掩盖了，非光阴能带走也！后院东侧三间客房里，曾住过多位外国友人，姜德明和李希凡饶有兴致地说起了俄国盲人作家爱罗先珂。我在鲁迅的作品中知道其人，却不知其他。爱罗先珂应邀到北大讲学，校长蔡元培对如何安置这位失明且又不懂汉语的客人颇是动了一番脑筋，最后决定与鲁迅、周作人商量，能否借居八道湾？蔡元培所以有此议，他与周氏兄弟因为新文化运动而有交情，此其一也；周作人精通英语，此其二也。爱罗先珂就成了八道湾的客人，并与鲁迅有非同一般的交情。

我们在八道湾的院子里边走边聊，严格地说是李希凡和姜德明在对话，我只有听的份儿，收获了知识和学问。

"这是那个小池塘所在地吧？"

"爱罗先珂的《小鸡的悲剧》和鲁迅的《鸭的喜剧》，或可说都诞生于这池塘。"

"周作人与爱罗先珂也相处很好，他在1923年写《爱罗先珂君》，读了后才知道他客居八道湾的时候，鲁迅与周作人都是以爱罗君称呼他的"，姜德明又说，"《知堂随想录》里收了这篇文章"。

"对爱罗先珂的挚爱兄弟俩是一样的，周作人在那篇文章里写到，爱罗君是世界主义者，他对于久别的故乡却怀着十分迫切的恋慕，这虽然一见似乎是矛盾，却很能使我们感到深厚的人间味。"

姜德明补充说，周作人还写到爱罗君的乡愁总是很强，总想去一亲他的久别的"俄罗斯母亲"。

李希凡显然是熟读《爱罗先珂君》的，他说他一直为其中的几句话感动："有各处的友人来问我，爱罗君现在什么地方，我实在不能回答，在芬兰呢，在苏俄呢，在西伯利亚呢？有谁知道？我们只能凭空地祝他平安罢。"比起周作人，李希凡更崇敬、更关注的是鲁迅。我一直记得在八道湾、在第一次见到李希凡时比较周氏兄弟的一句话："要说才华，鲁迅有，周作人也有。要论民族危难时的风骨，鲁迅有，周作人没有！"姜德明还说了一个小掌故，"周氏兄弟这一专用词是刘半农发明的，流传至今"。

李希凡告诉我，鲁迅翻译了《爱罗先珂童话集》和剧本《彩色的云》，鲁迅对自幼失明的爱罗君充满了热爱和同情，在《坟》的《杂忆》中有此一说，大意是：在爱罗先珂未被日本驱逐之前，鲁迅并不知道他，直到被驱逐才读他的作品，并翻译他的文字。鲁迅有一段话是这样说的："其实，我当时的意思，不过要传播被虐待者的苦痛的呼声，和激发国人对于强权者的愤怒而已，并不是从什么'艺术之宫'里伸出手来，拔了海外的奇花瑶草，来移植在华国的艺苑。"希凡还顺便告诉我："你可以查鲁迅原著的。"

两株丁香

找不见两株丁香了。

丁香的出名是很早以前的事了，至少在南唐中主有佳句流传："青鸟不传云外信，丁香空结雨中愁"，读来有点寒意。鲁迅先生在八道湾写作《阿Q正传》的书房前，原先是有两株丁香的，在旧照片里可以看到，不算高大挺拔，但枝叶繁茂地伸展，喻示着当年八道湾三兄弟同住一个院落、供养老母亲的景象。我一直以为鲁迅喜欢枣树，我对北京四合院里的植物所知有限，大约还有柿树，因为我家太太在北新桥老家的大杂院里有棵柿子树，十月以后一树秋色红柿摇曳。后来读梁实秋的散文，他在北平的四合院里也种丁香，白菡萏香，紫丁香肥，鲁迅门前的丁香是不是紫的，却无从考证了。春暖花开时香气洋溢，招蜂引蝶，鲁迅看到会莞尔一笑吗？

丁香结蕾，蜂蝶绕飞，这是很有诗意了。鲁迅却"要画出这样沉默的国民的魂灵来"，在八道湾写《阿Q正传》。李希凡和姜德明先生都是研究鲁迅的专家，几乎是不约而同考起我来了："徐刚你觉得阿Q是怎样的一个人？"事后想想也觉平常：你写鲁迅的长诗，能不知阿Q吗？"是个贫困的、受压迫的、有点愚昧而又想改变现状的农民流浪者。"说完，我又补充道："未庄能使我想起儿时崇明岛乡下的村子，似有未庄的流风余韵，农人吵架时也会用阿Q的精神胜利法，用词几乎类同，比如'老子当年如何如何'等。我在想鲁迅笔下的未庄、未庄的阿Q，大约就是那个年代中国和中国人的缩影。"姜德明点头一笑，李希凡说"有点意思"，我诚惶诚恐地感动了。

在八道湾，关于《阿Q正传》的自由谈是以李希凡引用的鲁迅的一段话作结的：鲁迅在《阿Q正传的成因》中写道："据我的意思，中国倘不革命，阿Q便不做（革命党），既然革命就会做的，我的阿Q的运命，也只能如此，人格也恐怕并不是两个。民国元年已经过去，无可追踪了，但此后倘再有改革，我相信还会有阿Q似的革命党出现。"这番话是对当时有人认为阿Q之倾向革命是"两重人格说"的批评。

少不更事的我，还想求教而不敢贸然出口的话题是：鲁迅的改变国民精神之论，是否包括阿 Q 精神？倘是，中国的民族精神中是否也包括了阿 Q 精神？阿 Q 精神是否因着鲁迅的笔伐今已消失？为什么社会上仍在流传这一句话，在中国没有点阿 Q 精神是很难活下去的？不知不觉，八道湾的行程结束了。

关于《野草》

李希凡在八道湾曾问过我："听说你在读大学之前就已通读《鲁迅全集》了，你最喜欢的是鲁迅的哪类作品？"《野草》。"李希凡一笑："我们改日再聊。"

改日就是三天后，在这等待的三天中，我翻看自己携带的鲁迅著作的单行本——那时我还没有《鲁迅全集》，上大学前读的是从崇明团县委借的，在大学里读的是期刊阅览室所藏。顺便，我把李希凡在八道湾所引用的鲁迅作品中的话一一查对，几乎无一差错。这使我惊讶，惊讶于李希凡的记忆力。在报社招待所，我说了我的这一感受，李希凡说："其实我没有过目不忘的天赋，人世间有没有这样的天才，也可怀疑。因为爱鲁迅，爱他的作品，有些章节只有反复读才能读出味儿来，于是便记住了。""反复读才能读出味儿来"，这句话影响了我以后的读书、写作生涯几十年，其出乎意料的结果屡试不爽。

我们开始聊《野草》。

李希凡要我先说读《野草》的体会，这是我和希凡的第二次见面，却少了很多在八道湾时的拘束，希凡的神态言语没有那种所谓的大家气概，他更像是个邻居大哥，又高又胖而已。于是我便当着他的面说开了："《野草》的写作是诗性的写作，只从语言特色看，此种诗性贯穿鲁迅创作的全部，包括杂文。投枪、匕首和诗，才是一个真实的鲁迅。""有点意思"，李希凡说，"总的来说《野草》是一个伟大寻求者的心声，用的是散文诗的形式，有着诗的浓郁和隐喻，写告别、写求乞、写过客，等等，都是一些动情而沉重的题目，如《影的告别》——那是读后叹、难忘而又心酸的告别——人的影子向着人的告别！其实是鲁迅向一个旧时代的告别。""初读不解，再读心碎，无人之影与无影之人，仿佛有尼采的笔法。个人的文化修养与民族的文明昌盛，都离不开文化的交流与碰撞。"李希凡对我的说法不置可否，他只是强调《影的告别》的影子，是鲁迅的影子，是中国的影子，其写作的时代背景是从 1924 年 5 月北平女师大风潮，到 1926 年'三一八惨案'之间，《新青年》及不少进步报刊被查禁，是《彷徨》，是有《野草》，是有这样的语言：我愿意这样，朋友——我独自远行，不但没有你，并且再没有别的影在黑暗里。只有我被黑暗沉没，那世界全属于我自己。"

李希凡一发而不可收："我对不少文学青年说过，读鲁迅要用心去读，最好是通读，哪怕读懂一点点鲁迅的思想，鲁迅的境界，有境界必有高格必有名言出。《野草》中有多少名言警句，虽千秋万代也不会稍有逊色的啊！"

"地火在地下运行，奔突，熔岩一旦喷出，将烧尽一切野草，以及乔木，于是并且无可朽腐。但我坦然、欣然。我将大笑，我将歌唱。"

"我梦见自己在做梦。"

"真的猛士敢于直面惨淡的人生，敢于正视淋漓的鲜血，这是怎样的哀痛者和幸福者？"

"《腊叶》是为爱我者的想要保存我而作的。"

"有我所不乐意的在天堂里，我不愿去，有我所不乐意的在地狱里，我不愿去，有我所不乐意的在你们将来的黄金世界里，我不愿去。然而，你就是我所不乐意的。"

"我的确时时解剖别人，然而更多的是更无情面地解剖我自己。"

"魂灵被风沙打击得粗暴，因为这是人的魂灵，我爱这样的魂灵，我愿意在无形无色的鲜血淋漓的粗暴上接吻。漂渺的名园中，奇花盛开着，红颜的静女正在超然无事地逍遥，鹤唳一声，白云郁然而起……这自然使人神往的罢，然而我总记得我活在人间。"

"熔化的珊瑚""流动的火""遇着说不出的冷，火便结了冰了""火的冰，人们没奈何他""却有红影无数，纠结如珊瑚网"。

"我自爱我的野草，但我憎恶这以野草作装饰的地面。"

沉醉在有姿无姿、有花无花的野草的想象中，似乎能看到鲁迅的词语从地火，以及根蔓中，携大地的芬芳并关于秋天的期待，而涌出……我们甚至可以想到鲁迅先生内心里，对中国的未来总有"流动的火"一般的激情，尽管后来成冰，但难道就不能期待冰成火的时刻吗？但在这之前，鲁迅说："然而我总记得我活在人间。"

一个下午过去了，李希凡说："走！去东安市场找吃的去。"

老饭桌

几个老师、朋友，从不吵架也没有背后的闲言碎语，有的只是对一个版面的不同设想，对一篇作品的看法不尽相同。于我，是好几个，甚至可以说是文艺部一帮师父关心我带着我的日子，其乐如何！可是，这样的日子渐渐结束了，所以说渐渐，一段10年的时间，不长也不短，人生有几个10年？因此它的结束并非突然之间的，只是当事人不明白而已，不管因为什么原因，师徒、朋友总是要星散的，而这星散往往又是新的开始，星散之后友情再续的，那就更显亲切和珍贵了。

我和李希凡先后都离开了文艺部，我去《中国作家》编报告文学，李希凡由时任文化部部长王蒙调去做中国艺术研究院副院长。因为做报告文学编辑，我不能不更多关注社会民生，大兴安岭的一场森林大火促使我走进深山老林，写了《伐木者，醒来》。1988年1月《新观察》发表后，一天早晨我刚进办公室，电话铃声响了，我拿起话筒便是熟悉的大嗓门："我是希凡，写得好！另外你查一下鲁迅给周建人写的一篇序，专门写到沙漠化和树木与水的问题，有林木伐尽，水泽湮枯，将来的一滴水将和血液同价，等等精妙之论。努力，小徐刚！"还没容我回一句话，电话便挂了，这不是李希凡的习惯，他要去开会了。

后来，不知道又发生了多少阳光下和风雨中的新鲜的、不新鲜的事情。退休的，远游的，经历了又一次离散后，当我和袁鹰、姜德明、英韬、李希凡等一众师友再聚时，都老了，希凡感慨说："小徐刚也老了。"老了，稍得空闲了，便有了老饭桌的故事。开始是我邀约几位先生一起吃饭，正好说话聊天，大约是2001年秋日，在一家云南菜馆，依文艺部旧例，袁鹰坐头位并负责点菜，还要了两瓶啤酒，又吃又喝又聊甚是高兴。后来几位先生提出：轮流做东，不定期，一年三四次，私款吃喝，我又称之为"老饭桌"——相对于我女儿小学时的"小饭桌"而言。其间的第一个变化是聚会处离报社越来越近了，李希凡和我住在一东一西最远，朝阳区文化馆附近的小菜馆环境幽雅，去得最多。第二个变化是袁鹰先生和李希凡先生的太太提出"抗议"："为什么只有男人吃喝？太太们就不能参加？"后来几次的老饭桌便热闹了许多。2012年春天某日的聚会，在报社旁边一条小横街上的一家饭馆里，李希凡与太太徐潮是最后到的，徐潮从出租车上下来时似有不便，我赶过去扶她下车，原来是腰腿不好的老毛病，想不到几个月不见，已经行走不便了，但仍然穿着讲究，肩披纱巾，略施粉黛，"徐潮爱美又总是最美的"——我太太说。席间，徐潮谈笑如常，胃口也不错，她时常抱怨保姆难找，找来一个又不会炒菜，手把手教会她做菜，她又走了，如此等等。

毕席散，我和太太把徐潮扶上车，再和希凡握别，车启动了，徐潮挥手，渐行渐远矣！

结　语

过了夏天，准备下一次老饭桌的聚会时，徐潮病了住院了，给希凡打电话商量怎么去看她，才知道不是腰腿的问题，希凡语气沉重地说："别去了，在重症监护室，什么都不知道了。"

秋天到来的时候，徐潮走了。

没有多久，他身患重病的大女儿、《传神文笔足千秋 ——〈红楼梦〉人物论》的合作者李萌也走了。二女儿与三女儿轮流陪伴李希凡，度过了平静又充满关爱的晚年。李希凡一直在工作，一直在读书，他用的是三女儿从美国带来的最高倍数的放大镜，直到几近失明。他的那间不大的书房里还放着几盒中华烟，七八年前我俩都还抽烟时，我去看他，他会笑眯眯地说："怎么样，来一支？"于是便到他书房喷云吐雾一番。希凡从不怨天尤人，他80岁时笑着说："我从没想过要活80岁。"我们对坐时偶尔也会提起当年游八道湾、说《野草》的往事，感叹道："40年就这样过去了！"去年10月初我去看他，小二在家，他坐在茶几边的椅子上，不时咳痰，我说："要不要陪你去医院？"希凡告诉我："刚去查过没事儿。"又问我："还读《野草》吗？"不待我回答，他说："鲁迅的深刻不是一时的，而是永恒的。"他用纸巾咳了一口痰，说到了《坟》及《写在〈坟〉后面》的几句话，他让我喝茶，稍作思量后说："以前是读着惊心，现在是想着惊心 —— 鲁迅是怎样写出这样的话来的呢？"

我只很确切地知道一个终点，就是：坟。

我正忐忑不安于沉思中的希凡太累，希凡怎么会突然想起鲁迅的这句话时，正好又有来客，我告辞，握别，希凡的手总是又肥又暖，他要起身，我不让，他右手轻轻地挥动："走吧，小徐刚，走自己的路。"分别不足一月，10月29日凌晨，小二打来电话哭着说"爸爸走了！"

希凡走得从容安详。

希凡是在家里，躺在舒适的床上，睡觉时走的，他去远游了。

希凡走的时候做梦了吗？他一定梦见了爱妻徐潮……

别了，希凡！别了，先生！

2019年秋于北京一苇斋

作者系诗人、作家

我所知道的李希凡

蒋元明

深秋的北京，红叶染红了西山。

八宝山，一代红学家静静地躺在大厅里，周围摆满了花圈。

室外飘着细雨，人们从四面八方络绎不绝地赶来。

回想当初，1975年，我从南开大学毕业来到《人民日报》，不久分到文艺部。部里的负责人把我引到一间办公室，说你就和希凡一间屋吧。希凡站起来和我握手，表示欢迎。嚯，他那大块头，高我一大截！

希凡的桌子靠窗，我的桌子近门。只是我的椅子又高又大，还是皮的。估计原本是配给大块头希凡的，他嫌笨重弃之不用。

他每天很有规律，早上一来，先是去倒掉茶杯里的残水，然后沏上茶，再把桌上的东西简单扒拉一下，接着点上一支烟，翻翻当天的报纸，就开始写作了。他的桌子上堆积如山，书、报和稿件"砌"成三面墙，靠座椅一面留块小地方用于写作。他烟瘾很大，边抽边写，好像不冒烟文思就断了似的，一个大鼓肚的罐子装满烟头，每次把烟头往罐子上一摁就完事。我几次想替他倒掉，但转念一想，兴许他是要展现战绩也未可知。

他好像总有写不完的东西。有一次他不在，我踱到他桌子跟前。哈，不看不知道，一看就想笑，他的字可称"少儿体"，小小的，软绵绵的，与他高大的身材完全不相匹配！不过，一笔一画，不潦草，好认。倘若"字如其人"的话，那就只能从性格上去找了：希凡人厚道，性格也温和，从未见他急赤白脸的。

作为大名人，年轻时他与蓝翎因写评《红楼梦》文章受到毛主席的赞扬而一举成名，两个"小人物"也因此调到《人民日报》。后来"反右"，蓝翎被戴帽调离报社，"文革"却成了希凡的转折点。据说当年江青找他，说《海瑞罢官》有问题，文艺界一些大人物有问题，他装糊涂，不接茬儿。后来是上海姚文元写了批判文章，而且一炮打响。李希凡这下麻烦可大了，批他的大字报贴出来了，不但"小人物"的光环从此荡然无存，还随时有可能被打入"十八层地狱"，提心吊胆形容那时的他是一点也不过分。终于有一个文艺界的活动，江青问了一句："李希凡来了没有？"可以想象，"旗手"一句话，如同赦令，他感激之情无以言表。

"四人帮"粉碎了。大批判之后是清理工作。文艺部要开会"帮助"李希凡，人人都要表态。可做人不能违心乱说。等到会议进入下半场我才发言。我说："我是新来的，报社的情况我不了解，李希凡同志的情况我也不熟悉。不过还记得三年前，我在南开大学中文系读书的时候，系主任李何林先生专门请李希凡给我们讲了一课，受到同学们的欢迎。我感觉他有学问，厚重多文……"这个"厚重多文"完全是我杜撰的。毛主席引用过刘邦评价功臣周勃"重厚少文"的话，我改了一下，而且还把李何林先生抬出来，李先生是当年周总理点名的第四届人大代表，随后就进京当了鲁迅博物馆馆长，响当当的，目的就是要挺一下李希凡。希凡可能受到触动，他在最后表态时，专门提到"刚才元明同志提到南开之行……"南开之行说明李希凡没干什么坏事，还做过有益的工作。好在部里的同志也没太为难他，这让我很欣慰。

希凡是搞文艺评论的。副刊恢复杂文栏目，我被分配编杂文，搬到另一间屋去了。除当杂文编辑外，我也抽空写点杂文随笔之类。当出版第一本杂文集时，我请李何林先生写了序；后想参加中国作协，又请希凡当介绍人，他欣然答应，并和蓝翎一起在申请表上签名，写下推荐意见。1985年，那时年轻的中国作协会员是不多的。李何林是我的先生，李希凡是我的"一日之师"，我没齿难忘！

不久，当了几年部领导的李希凡调到中国艺术研究院当常务副院长去了，听说是王蒙要去的。以后常听人说，他在那里干得不错，没有架子，还带研究生、博士生。四年前，老主任田钟洛（袁鹰）九十诞辰，希凡由外孙女陪着来参加聚会。我见他还那样高大，只是寸头白了。他有糖尿病，四十多年前就有的，那时他兜里总装着花生米，饿了就吃几粒，尽量控制饮食。这两年春节我也打电话给他拜年，并说要去府上拜访，听他声音还是底气很足的。不想这次出门在芜湖西河古镇，从手机上看到他去世的消息，叹息不已。

希凡学富五车，著作等身。他不但研究红学，还研究鲁迅，研究其他文学，出版了几十部著作，主编了《红楼梦大辞典》《中华艺术通史》等。我收到过他多部赠书。

遗憾的是，晚年两个"小人物"因旧事失和，打起笔墨官司。起初，希凡写信给报社领导，希望组织出面，规劝、制止对方的行为，得到的答复是：笔墨官司，来而不往，非礼也。意思是，你们打去吧。在一次支委会上，我见过希凡那封言辞恳切的信。

灵堂上挂着希凡的遗像，神态安然，胸前展开一把折扇，好像在说书，话说《红楼梦》……

希凡吾师，一路走好，来世再见！

2018年11月5日

作者系《人民日报》高级编辑、文艺部原副主任

忆希凡

刘梦溪

李希凡逝世，在我实在是太突然了。一周前还打电话给他，声音、语调、思维，无一不正常。视力虽大减，只是不能看书而已，电视仍能模糊看得。外出轮椅代步，在家里走动尚无大碍。听力、心力、声气，都是好的，电话中分明感受到他生命元气的充盈。他1927年出生，今年九十有一，健旺如此，我说真是难得。没想到10月29日清晨，却传来他去世的消息，我感到一阵伤痛，登时满眼泪流。

打电话到希凡家里，希凡的外孙女接的，开始以为是蓝蓝，后来知道是大萌的女儿。她说蓝蓝在飞回北京的航班上，小芹在，正在和研究院的领导谈话。希凡有三个女儿，大女儿李萌，在科学院大气物理所工作，前些年去世了。二女儿李芹，在山东工作。三女儿李蓝，在美国一所州立大学的饭店管理和旅游学院教书，已经是教授了。三个女儿中，大萌和我最熟，李芹、李蓝也不陌生，连接电话的大萌的女儿，听说是刘梦溪，也说知道的，家里人常说起你。第二天李蓝回来，我们通了电话，知道是感冒引起肺炎，未及时送医院诊治，遂成无法挽回之憾。是希凡不让送医院："感冒算什么病，不用去。"不料当天午夜，他打了个呼儿，竟没有醒过来。

希凡作为文化人，似乎得天独厚，一生没遭遇什么大的波折，临终也"终"得不知不觉的安然。这应了我时常说及的一句话——我说他是"福将"。但他的发妻徐潮好多年前罹不治之症去世，不久大女儿李萌也去世，二女儿、三女儿不经常在身边，他应该不无孤独感。但他并不寂寞，周围的很多朋友都与他保持联系。《人民日报》的几位老同事，田钟洛（作家袁鹰）、姜德明等，一直和他不离不弃。红学界的一些友人，也对他多有照拂。此盖由于希凡人缘好，即使在不太顺利的时候人们也念他的好。1976年四人帮被粉碎，他一度处境艰难，有关方面要查清他和四逆有无牵连。说到这里，无法不暂时回到1975年和1976年的历史现场。

现在的中国艺术研究院红楼梦研究所的前身，是1975年成立的《红楼梦》版本校勘注释小组。诗人袁水拍担任组长，李希凡、冯其庸实主其事。校订和注释科研事项，冯先生主持；小组的全面工作希凡负责。聘请老辈红学家周汝昌、吴世昌、吴恩裕和老作家叶圣陶充当顾问。冯其庸先生是我大学的老师，希凡是我的旧友，小组甫一筹划，他们两位就决定将我从山西调过来，参与其事。而1975年恰值邓小平复出，几个领域大刀阔斧地整顿，经常给人们带来欢欣鼓舞的好消息。希凡在《人民日报》工作，资讯灵通，很多消息都是他亲口所讲。对小平的态度，他和大家一样，也是称赏不已。但不久有"反击右倾翻案风"运动的兴起，他忧心忡忡。1976年1月8日，周总理去世，群情愤激，对"四人帮"的倒行逆施开始了全国性的声讨。于是有"四五运动"发生，这是平生难得一见的人民群众直接创造历史的伟大壮举。但随即则是"四人帮"的大规模的迫害，追查天安门运动的参与者，追查都有谁散布了关于他们的所谓的"谣言"。

这样一来，本来尚称平静的《红楼梦》版本校勘注释小组，也不能成为避风港了。一天，组里开会，好像是要批判一下周雷的言论。一位发言者没说几句，周雷兄便睡着了。因为他夜里是不睡觉的，白天开这种会自然引不起他的兴趣。又过些许天，希凡叫我去一下他的办公室。坐定之后，他说："你的揭发材料来了。"原来我的一位从事人文研究的老熟人受到压力，举报我言论中有蔑视"则天武后"的意涵。希凡说，反正口头言论，无从对证，就当没有此事就是了，对我采取了保护的态度。但接下来的一个举报就比较麻烦，举报者云，我天天去天安门，并以社会良知自许。事实昭昭，无人不晓，这下希凡也无法出来为我一辩了。周边的眼神儿开始出现异样的变化，浓重的阴霾向我袭来。

正在这时，唐山大地震发生，北京亦受影响，人们为避震不得不住在户外。自然灾害延缓了"阶级斗争"的过程。我和希凡商量，可否离开校订组回家一段时间。他说也好，回去避一避。于是我便以案情未了之身回到太原家中，时在1976年9月。不料仅一个月过后，"四逆"即被剪灭。我又回到校订组，一路上反复吟诵杜诗："剑外忽传收蓟北，初闻涕泪满衣裳。却看妻子愁何在，漫卷诗书喜欲狂。白日放歌须纵酒，青春作伴好还乡。即从巴峡穿巫峡，便下襄阳向洛阳。"本人重新获得了清白之身。而且由于对"四逆"的鲜明态度，1977年春节过后，我就被调到以肃清"四人帮"在文化领域的影响为主要任务的文化部写作组去了。但始终未中断和希凡的联系，经常通电话，或者到他家里畅叙。他当时下放了一段时间，研究鲁迅的《〈呐喊〉〈彷徨〉的思想与艺术》一书即成于此时，其中的两篇文稿还曾给我看过。文化部写作组无人不知我与希凡的渊源，每当我为他辩护，说希凡人好，闻者不乏颇不以为然者，说你还这样看？可是我对希凡，不这样看，又能怎样看呢。

我和希凡相识于1964年，至今已过去54个年头了。当时是我的《探春新论》在《光明日报》分上下两篇刊出之后，他和冯其庸先生都在颐和园云松巢写作组，冯先生一次带我去拜望了他。身着圆领大汗衫，下穿已经褪色的灰黑长短裤，坐在写字桌前不停地摇扇子。具体说了什么话，已不复记得，无非给予鼓励之类，给我留下的是平易近人的好印象。后来在1968年春季的某日，他竟来我所在的大学看我了。危乱之际，见面格外亲切，我们一起吃的中饭，多少年之后他还向我提及此事。而就在那一年的秋天，我外放到山西，在太原钢铁厂当了一名钳工，人各一方，见面的机会少了。但每次来京，都会到他齐家园的家里做客。吃饭就一起吃饭，晚了就留我住在他的小书房，睡在一张行军床上。第二天起来，徐潮大姐的早餐已经准备好。我最喜欢徐潮包的饺子，特别是扁豆馅的，味美得让人流连。和他几个女儿熟悉，就是在这个时候。1974年春天，希凡约我为《人民日报》副刊写一篇论《红楼梦》文，开具专函特邀我进京，住在王府井南口东盛胡同的人民日报招待所，见面又多了起来。文章写了一稿，我和希凡都不甚满意。不久，文化部成立《红楼梦》校注小组的事已开始酝酿，写文章的事遂无果而终。

我在《红楼梦》版本校勘注释小组和1977年到文化部写作组，都属于借调。当时文化部新组，部长是老资格的外交官黄镇，常务副部长是公安部原副部长兼秘书长刘复之。不久下放首钢的诗人贺敬之，也起复为文化部副部长。希凡和敬之是《人民日报》的老同事，交谊甚笃。于是他给自己的旧交写了一封热情的推荐信，希望把我正式调到文化部来。尽管当时处在拨乱反正的紧要时刻，部里忙着清理"四逆"在文艺界的余毒，人事工作基本冻结，贺敬之副部长在接到希凡的信之后，还是商之黄镇部长，把我正式调到了北京，并且分配给我一套两室一厅的住房。这无论在当时还是在今天，都是万难的事情。作为当事的受益人，终其一生我也难以忘怀。此事对我日后专心向学，起到了安居乐业的作用。如今抚今追昔，能不念哉，能不念哉！1978年《红楼梦学刊》的创办，我与胡文彬、周雷二兄，也是既与冯其庸先生商量，也与希凡商量。《红楼梦学刊》的创刊词是我写的，也都送请希凡和冯先生看过。就个人之间情感的牵连而言，我想当时我与希凡应该是最靠近的。他下笔为文，不肯藏锋，常常芒锐逼人，与人交则不失忠厚。

文化部写作组后来改制为文化部政策研究室，不久又与地处恭王府的文学艺术研究机构合并，成立中国艺术研究院，政研室成为艺术研究院的一个部门，叫理论政策研究室。由于此研究室有几位写匠，文艺界领导随后又决定将其划归中国文联。我在这个机构工作的时间可是不短，所写的关于文艺思想、文学思潮和当代文学研究的文字，也以此一时间段为最多，直到80年代中期以后开始转向学术史和文化史的研究。没想到这时又与希凡有了新的相遇。1986年底，他正式离开《人民日报》，被文化部任命为中国艺术研究院的常务副院长。当时文化部部长是作家王蒙，兼中国艺术研究院的院长。我和王蒙相识于1979年第四次文代会主旨文件起草期间，由于他的大块文章发一篇我读一篇，对文学思想的见解亦不无针芥之合，故常有往来。这样的院长和常务副院长的组合，他们自然希望我加盟其间，对当时的文化热有所回应，筹划建立中国文化研究所和创办《中国文化》杂志。

我是1988年6月离开中国文联，调入中国艺术研究院的。由于成立独立的研究所需要一系列审批手续，为及早启动计划，院里决定先成立院直属的中国文化研究室。7月12日，成立中国文化研究室的文件下达，任命我为研究室主任。《中国文化》杂志很快也经文化部和出版署核准，批给正式期刊号，每年出版春季号和秋季号两期，我担任主编。聘请张舜徽、饶宗颐、季羡林、金克木、周有光、李学勤、冯其庸、王元化、王蒙、龚育之、李泽厚、李希凡、金耀基等为学术顾问。五年之后，经文化部批准，正式成立了以研究和传播中华文化为旨趣的中国文化研究所。中国文化研究所的建立和《中国文化》杂志的创办，希凡是全力的支持者。 2008年11月30日，我们为了纪念中国文化研究所和《中国文化》杂志创刊20周年，邀集京城学界师友举行"戊子岁尾雅集"，希凡有一个发言，他说："梦溪也经历过一些困难，他自己今天没说，特别是有一段，甚至有外边的干预。《中国文化》有很多港澳台和国外的一些学者在这里发表文章，很容易引起注意。这当然是过去的事，现在看来，《中国文化》还是《中国文化》，的确是中国文化，跟时下的那些东西没有一点联系。它的品格，经过20年的考验，摆在这里了。"又说："我不是《中国文化》的忠实读者，但是，我是忠实的支持者。我在位的时候，梦溪提出的想法，除去我不能做到的，我一概都满足了他。"他讲的真实不虚。学术研究的成果和深度，取决于个人的天赋和努力；学术事业的成就，则需要识者的友情支援。希凡和王蒙，都是我当时致力于文化事业建构的"友缘人"。

20世纪90年代以后，我和希凡的联系多少有些疏离。主要是我在思想文化史和学术史领域走得更远了，个案围绕王国维、陈寅恪、钱锺书和马一浮，他没有直接的学术兴趣，我却沉迷其中，乐不知返。研究领域的重合或分途，也是朋友之间密或疏的一个因素。但我为《中国现代学术经典》丛书写的总序，1997年以四个整版的篇幅发表在《中华读书报》，他还是通读了全文。我说太长，字又小，何必花时间。他说《中华艺术通史》也得写总序，需要看看。有意思的是，他虽是《中国文化》创刊伊始的学术顾问，我却始终没向他约过稿，他也从不以此为意。他知道我追寻的学术理念和他的文路各异其趣。20世纪90年代之后，我不再参加红学的任何会议，也是我与希凡见面减少的一个原因。但他对我个人以及中国文化研究所的呵护与照拂，可不止一端。

中国文化研究室初成立之时，地点在恭王府后楼，只有一间办公室，实在不敷所用。后来他经过协调，把新源里音乐研究所一栋小楼二层的整个西半部，划归我们使用，对外我们标称为新源里西一楼B座，中国文化研究所和《中国文化》杂志有了固定的办公场所，为嗣后的发展铺设了条件。所里有不小的一个学术厅，90年代许多重要的学术研讨会和学术演讲会，包括中印文学国际学术研讨会，何炳棣、林毓生、李欧梵、杜维明、沟口雄三等国内外大家精彩的学术演讲，都曾在这里举行。而且搬出恭王府，远离繁杂的单位中心，使我们感受到自得其乐的安宁和清净。如今中国文化研究所和《中国文化》杂志已经到了而立之岁，想起30年的发展过程，对希凡所给予的诸多帮助，不由得心存感激。

朋友相交，主要是缘和遇。陶渊明赞叹的"淡美初交"，我们的确如此。陶氏引以为憾的"利交岁寒"，我们未发生过。但我和希凡前后54年的交谊，中间又有不短的时间同处一院，中间不是没遇到过误解、分歧乃至心理情绪的不愉快，但雨过天晴，照样如初。让我愤然的事也发生过，甚至一次我摔了电话机，认为他写了不该写的文章。但第二天他给我写来一信，说"你不要生气了"。这样的朋友，你该怎样呢？无法不念他的好。他心地宽厚，能助人就助人，却从不嫉妒人。谁从他那里拿走了什么书，他总是忘得干干净净。但对故旧友好，他不忘旧。那么对"小人物"出典的不敢或忘，亦心性之本然，人情之常然，抑何怪哉，抑何怪哉。他耳朵软，心也软，不会用智。他对包括《红楼梦》在内的中国古典小说的研究，当以自成一家之言说留给后世钟情此道者。我最喜欢的他的著作，是《论古典小说的艺术形象》。他为纪念曹雪芹逝世二百周年撰写的《悲剧与挽歌》，思理畅达，文采斐然。但许多与人论争或纯是批评他人思想的文字，将会为承学之士所遗忘。

冯其庸先生去世，我更加惦念希凡了。电话也就多起来，即使身处台岛，也会不时打个电话给他。每次都发现他很好，心里不禁为之安慰。谁想这次他真的走了。蓝蓝希望我写副挽联，我想了想，写成一副："天降人物，只瞻前不顾后，浑忘却是大是小；笔含锐芒，逢辩者即答复，又何妨心柔心宽。"

2018年11月25日写讫于京城之东塾

本文原载于《中华读书报》2018年11月28日

作者系中国艺术研究院研究员

新中国红学第一人

——追忆李希凡老师

孙 逊

2018年10月16日晚，一位学生发来了朋友圈里转发的照片，照片中李希凡老师坐在轮椅上，虽然岁月的年轮留下了明显的印痕，但安详的笑容依然是那么灿烂。他边上坐着刘世德老师，也是一脸的淡定和从容。这是在京部分学界老友于北京植物园内的曹雪芹学会共度重阳佳节。一起赴会的吕启祥老师的爱人黄安年老师10月17日一早就在自己的博客上发布了《92岁李希凡先生与在京学界老友共度重阳节》的博文。看了照片和博文，真心为希凡老师和其他老先生的健康而由衷高兴。

谁料两个星期不到，10月29日清晨就收到了黄安年老师发来的微信：接李希凡女儿李芹电话，李希凡先生于今天凌晨1点52分左右在家中去世。真所谓天妒才人！不久前，我们刚刚痛失了红学大家冯其庸先生，而今又有一位重量级人物离我们而去，短短一年多时间，红学界连折了两员帅才级人物，上苍何以不佑我红学如此也！

一

两年前，我们沉痛追思冯其庸先生，当时张庆善先生称"冯其庸是新时期红学第一人，他对新时期红学发展作出的贡献无人能比"。他这里所说的"新时期"，无疑是指改革开放的这40年。今天，我们纪念李希凡老师，是否可以说，希凡老师是"新中国红学第一人"，他对新中国红学发展作出的贡献也是无人能比。

试想：新中国成立伊始，百废待兴，思想文化领域同样面临着革故鼎新的艰巨使命。在这样一个重要历史时刻，希凡老师作为两个"小人物"之一，全然凭借自己的学术敏感，以及所学到的马克思主义原理，在没有任何政治背景的情况下，以初生牛犊不怕虎的勇气，向长期存在于《红楼梦》研究中的资产阶级唯心论进行了第一次认真的开火，并迅即得到最高领袖的首肯和支持，进而引发了一场全国范围的声势浩大的思想文化领域的批判运动。虽然学术理论问题的争论采用这样一种政治运动的方式进行在今天广受诟病，虽然希凡老师本人对于当年所写的批评文章也有所反思，但这场风暴的骤然而起还是有其历史的必然，其在新中国发展进程中的地位和作用更不可一笔抹杀：从大的方面讲，它反映了新中国成立后，执政的共产党人尝试以马克思主义理论为指导，全面开展和推进思想文化领域革故鼎新工作的开始，其影响之深远，远远超出了《红楼梦》研究的范围。

希凡老师在收入《李希凡文集》第六卷的《遥远的记忆——毛主席和我二三事》一文中曾透露了最高领袖对两位"小人物"文章的三条批语：一是在《评〈红楼梦研究〉》的第二节，对贾氏衰败的原因的分析，毛主席在文章旁做了细密的圈点，并加了一条批语说："这个问题值得研究。"二是在文章同一节里，在谈到官僚地主阶级覆灭的原因时，认为抄家"是个别的、偶然的原因，并不是官僚地主阶级覆灭的根本原因"，对此毛主席在旁边做了疑问的标记后指出："这一点讲得有缺点。"三是在文章的第二节，在批评俞平伯先生认为文学批评没有什么客观标准时，批示说："这就是胡适哲学的相对主义即实用主义。"由此可见，最高领袖当年确是从意识形态的高度关注《红楼梦》研究中所存在的问题，而并不仅仅是就事论事。又，同文写到当年政协春节团拜时，他正好和聂荣臻元帅同桌，聂帅看到他名字后立即用力地握着他的手说："文武两条战线，现在仗已打完了，要看你们文化战线的了。"这里，聂帅的话无疑也反映了当时领导层对这场运动的普遍看法。可见，这一场关于《红楼梦》研究的争论，其初衷确是新中国成立后，在思想文化战线发动的一场革故鼎新的运动。虽然最高领袖对两个"小人物"的文章还有不尽满意之处，所谓"这一点讲得有缺点"，但这可贵的第一次认真开火，无疑将载入新中国史册。

而从红学研究史来说，这场争论继新、旧红学之后，开辟了尝试运用马克思主义立场观点研究《红楼梦》的新阶段。虽然在这个过程中受到过庸俗社会学的干扰，也有着简单化、教条化的倾向，但它提供了我们阅读和理解《红楼梦》的多个新维度，揭橥了以前被新、旧红学所遮蔽了的诸多新视角，使红学研究达到了一个前所未有的新高度。即便在红学研究呈多元化趋势的今天，运用马克思主义立场观点研究《红楼梦》依然是最重要的"一家之言"，而这最重要的"一家之言"，正是以两位"小人物"的文章为开端的。所以正是从这个意义上，我们说希凡老师是"新中国红学第一人"。这里所说的"第一人"包含了两层含义：一是从时间上说，他俩是新中国成立后尝试运用马克思主义立场观点研究《红楼梦》的第一人；二是从空间上说，他俩是影响最大的一个。也正是因为这一点，希凡老师成为我和我们这一代人心目中的偶像。

二

我近距离接触李希凡老师是在1975年初借调至北京参加《红楼梦》校勘注释小组以后。在我原来的想象中，他应该是那种书生意气、挥斥方遒、器宇轩昂、活力四射的人。但第一次见到他，却是一个典型的北方大汉形象：大高个儿，身材健硕，推了个平头，显得敦厚而朴实；言语不多，性格沉稳而内向；眉宇间慈厚的笑容，透出他内心的仁厚。与他的外貌相得益彰，他每天都骑一辆旧自行车——我们戏称为"老坦克"——上下班，冬天套件老棉袄，夏天穿条短裤衩，早出晚归，风雨无阻。因为他的平易近人，一下子就拉近了我们之间的距离，组里晚一辈的人都习惯称他为"希凡老师"，而其他同辈人或比他年龄大的人则称他为"希凡同志"。我本人也从对他的仰视变为平视，把他看作自己的兄长和老师。

工作伊始，我们——尤其是我——对如何开展校勘心中并不是很有数。希凡老师和冯先生是小组的主心骨，他俩学有专攻，配合得特别默契：冯先生精于版本校勘，具体负责确定底本和参校本，以及撰写有关校勘凡例；希凡老师擅长理论分析，对早期脂本和程本的高下优劣洞若观火，一语中的。记得校勘甫一开始，希凡老师就率先对程本第一回没有厘清原作意思，将石头和神瑛侍者混为一人进行了揭举：本来，在早期脂本中，石头是石头，神瑛侍者是神瑛侍者，前者为女娲炼石补天时丢弃在青埂峰下的一块顽石，后者为赤霞宫里的一位侍者，他日以甘露灌溉西方灵河岸上三生石畔的一株绛珠仙草，使其修成为一个女体。后石头灵性已通，想去红尘中走一遭，被一僧一道大展幻术，缩成一块扇坠大小可佩可拿的晶莹美玉；神瑛侍者也因凡心偶炽，意欲下凡历劫，而受其甘露之恩的绛珠仙草也欲下世为人，但把一生的眼泪还他。于是神瑛侍者下凡投胎为贾宝玉，绛珠仙草下世成为林黛玉，石头则成为贾宝玉出生时嘴里所衔的通灵宝玉。这里，石头——通灵宝玉构成的是"通灵神话"，而神瑛侍者——贾宝玉和绛珠仙草——林黛玉构成的是"木石前盟"，这是两个同样浪漫、实却有着不同内涵的古老神话。但到了程本里边，石头即为神瑛侍者，所谓"只因当年这个石头，娲皇未用，自己却也落得逍遥自在，各处去游玩。一日来到警幻仙子处，那仙子知他有些来历，因留他在赤霞宫中，名他为赤霞宫神瑛侍者"云云（程甲本和程乙本文字稍有不同，此处依据程乙本），这就把石头和神瑛侍者混成了一人，而且莫名其妙地删去了神瑛侍者"凡心偶炽"、意欲下凡历劫一段文字，使得绛珠仙草"还泪"之说没有了由头。记得希凡老师当时笑着对程本没有厘清原著意图就肆意妄改的做派表示了讥笑与不屑，从而极大地增加了我们对校勘质量的信心。

类似的例子可以举出很多。如上所述，希凡老师擅长思想艺术分析，所以他眼光非常厉害，对程本削弱原作批判锋芒之处特别敏感。如第二回写贾雨村被罢官以后，听说林如海欲聘一西宾，"便相托友力谋了进来"，程本却改为两个旧友知道后，"遂将雨村荐进衙门去"，一"谋"一"荐"，弱化了贾雨村钻营的性格；第四回回目原作"葫芦僧乱判葫芦案"，程本改为"葫芦僧判断葫芦案"，磨平了原著的批判精神；同回内写薛蟠打死人命，"自谓花上几个臭钱，没有不了的"，程本却删去这个"臭"字，抹平了原著的愤激之情；第八回形容宝钗原是"罕言寡语，人谓藏愚"，这里"藏愚"为谦词，程本却改为"罕言寡语，人谓装愚"，与原作表现宝钗的巧伪性格风马牛不相及；第十三回写薛蟠店中有一副樯木棺板，是原义忠亲王老千岁的，因他"坏了事"，一直封在店内；贾珍为秦可卿丧事执意要寻副好板，可巧薛蟠来吊问，便说起这副樯木板"也没有人出价敢买，你若要，就抬来使罢"，这里"没有人出价敢买"是对"坏了事"的老亲王的含蓄表达，程本却改为"也没有人买得起，你若要，就抬来看看"，遮蔽了这副樯木棺板所蕴含的政治忌讳；诸如此类，希凡老师可谓目光如炬，每次讨论，他总是引导大家一起，及时发现并指出程本的谬误之处，显示了一个文艺评论家敏锐的艺术判断力。

三

希凡老师是以《红楼梦》研究闻名于世的，在小组工作期间，接触最多的也是《红楼梦》版本校勘方面的问题，但他的兴趣并不局限于《红楼梦》，而是包含了中国古典小说研究和鲁迅研究。他于1961年出版的《论中国古典小说的艺术形象》一书，是我大学时代就开始关注的一本著作。这本书特别受到青年文学爱好者和研究者的青睐，出版后希凡老师不时收到青年读者的来信，于是1962年又修订再版，前后印了六次之多。我也不例外，买来后一直放在案头，不时翻阅。我于1981年出版了第一本著作《红楼梦脂评初探》以后，便在继续关注《红楼梦》研究的同时，将视野拓展至其他古典小说领域，先后对《三国演义》《水浒传》《西游记》《金瓶梅》"三言""二拍"《儒林外史》《歧路灯》《聊斋志异》等古典小说进行了不同角度的探讨，并结集为《明清小说论稿》出版。这一研究轨迹，不能不说在潜意识里受到了希凡老师《论中国古典小说的艺术形象》的影响。

除了中国古典小说，希凡老师对鲁迅给予了极大的关注。据《李希凡文集》第三卷《论鲁迅的"五种创作"》"写在书后面"所说，他于20世纪50年代末就开始有研究鲁迅的愿望，只是因为一直忙于报纸编辑部工作，始终处于"运动"和"赶任务"的旋涡之中，无法静下心来思考和写作。1976年发生的地震，使他研究鲁迅的念头重又萌发，而1978年的重新靠边去干校劳动，则使他研究鲁迅的写作计划最终得以完成。

我1975年借调到北京《红楼梦》校勘注释小组工作，1976年便因家庭困难返回上海。在这以后，我和希凡老师的通信前后有数年之久，信件达十数封之多。这些来往信件自然都会谈到《红楼梦》和校勘小组的工作，但有关鲁迅的写作计划占去了相当的篇幅。他于1979年9月20日的来信中说起："去年还住了半年的干校，成果之一，就是你目前看到的陆续在刊物上发的这些文章，那是干校劳动产品的一种……这次是很自在的，半天劳动，半天学习，或者也可以说下半天包括晚上都是自己的时间……于是，久已想写的《呐喊》《彷徨》的思想与艺术，涌上心头。这也可以说是逃避'运动'的妙着吧！在干校，是两个人一间房子。和我一起的是一位保卫干部，他很照顾我：一个是他很会生火，把一间房子从白天到黑夜，都搞得温暖如春，不管外面怎样北风怒吼，屋里总是很暖。一个是他把一张特大的桌子都让给了我，使得我有充裕的地盘摆书阵。那是怎样安静的夜晚呵！现在一想起，还不免有金圣叹的岂可得乎的感慨！"

此后，他又于另两封信中先后谈道："关于红学，我也并非完全有意回避，一是无新见解，也未进一步研究；二是想集中时间搞搞鲁迅，这也是多年来的愿望。所谓专著也者，无非是一本论文集，对《呐喊》《彷徨》诸篇谈点一得之见，并非全面研究，何况写文章的地方是在干校，所以写了近一年，也改了半年多。""我目前仍在继续鲁迅作品的写作，别无计划。红学、古典小说，都不想写。人年纪大了，记忆力非常差，近年来一直在看鲁迅作品方面的材料，有些想法，如不写出来，很快就会忘掉。我想在五年内写三本关于鲁迅的书，当然是涉及各方面的。"

一直到1980年底，他还在一封信里说起："现在出书时间似甚长，我的《〈呐喊〉〈彷徨〉的思想与艺术》，清样已排出，初校已看过，但出书恐怕还得到明年六七月间。"惦念着鲁迅研究著作出版的拳拳之忱，让人感动不已。

这些信件，真实记录了希凡老师当时的心路历程，记录了他出入红学、古典小说研究和鲁迅研究诸个领域的内心纠结。这些信件和《李希凡文集》第三卷"写在书后面"对看，反映了他在最负盛名的红学研究之外，在鲁迅研究领域的计划及其所取得的累累硕果。

四

如上所述，希凡老师作为"新中国红学第一人"，不仅在红学领域取得了开拓性的、作为一个时代标识的重要成果，而且在古典小说研究、鲁迅研究和当代文艺评论等方面也都有突出的表现。希凡老师作为一位涉足多个领域的学者，始终坚守学术的本位，不仅在以上领域留下了探索的足迹，而且在波谲云诡的政治风浪中，得以全身而退。

希凡老师在《红楼梦》研究领域可贵的第一次认真的开火，是在毫无政治背景的情况下，自觉地尝试运用马克思主义立场观点，独立进行学术研究的成果，后来演变成一场政治运动，并非他的主观愿望和始料所及。他因此赢得巨大的名声后，也没有在后来风云变幻的政治舞台上长袖善舞，被裹挟或主动卷入政治旋涡中心，而是坚守一个学者的本色，在对最高领袖终身怀着感恩之心的同时，洁身自好，从事自己所钟爱的学术研究事业。

去年四五月间，原来同在校注小组一起工作的吕启祥老师和爱人黄安年老师来上海师范大学开会。启祥老师特意打电话找到我，我们一起谈了好久，谈当年小组的工作，谈已经逝去和渐渐老去的小组同人，大家不免嘘唏不已。临告别时，启祥老师让我有空多给希凡老师打打电话，并留下了他家里的电话号码。她说希凡老师现在其实挺寂寞的，她每次打去电话，都要聊上好长时间，多陪他聊聊吧。惭愧的是，这之后我只打去过一次电话，是他在美国的女儿小蓝接的，电话很快转到希凡老师手里，他一听说是"上海小孙"，立即呵呵大笑，那亲切而浑厚的声音听上去还是那么熟悉而清晰，不由得一股暖流涌上心田。不料没过多久，就传来了希凡老师去世的噩耗。

今天，希凡老师已经离我们而去，但他作为"新中国红学第一人"，必将永远载入红学史册！

原载于《红楼梦学刊》2019年第2辑

作者系上海师范大学人文学院教授

宽厚幽默大师兄李希凡

马瑞芳

2010年北京电视台编导打电话，邀我参加新版《红楼梦》电视剧全国首映式。我回答：已给你台做数集《红楼梦》节目，跟李少红导演做过对话节目，首映就不去了。编导说：难道跟李希凡、冯其庸、张庆善做谈话节目也谢绝？我一听，跟李希凡大师兄同台，求之不得，哪敢不去？何况还有冯先生！两位先生德高望重，多年对我提携有加。庆善是中国红学会现任会长，对我亦多有帮助。

北京电视台安排李希凡偕"林黛玉"、我跟"贾宝玉"走红毯。接着拍谈话节目专家出场，84岁高龄李希凡刚迈出台口就摔了一跤，脸上青了一块，敷冰袋后上场侃侃而谈。新版《红楼梦》电视剧虽受观众诟病，但在冯、李二位红学泰斗眼中，因忠于原著，可施以援手。

我叫李希凡"大师兄"，其实我读中学时他是我的心中偶像。1960年我考大学，三哥苦口婆心劝阻我考中文系，认为没前途。但我自幼喜欢文学，立志考山东大学中文系，因为那里有冯（沅君）陆（侃如）高（亨）萧（涤非），还出了毛主席命名的"小人物"。李希凡、蓝翎的《红楼梦》研究开创了用唯物史观研究古代文学的先河。

我希望你搞"教授文学"

1980年首届蒲松龄研讨会，我第一次见李希凡、蓝翎。我参会带去一篇散文，拟题《万花筒中看老九》，请他们指教。李希凡在饭桌上坦率谈话："你写成仿吾校长对学生严格要求，有什么必要涉及他和鲁迅先生不和的事？成老新中国成立后对外宾说鲁迅搞宗派主义，这样说不对，你替成老辩护，会引起争论。写散文何必对没深入研究的事乱发议论？这样做是问题弄不清，稿子在报刊通不过。你文笔很好，但字句过于尖刻，不要在无济于事的句子上惹人不满。"

我刚起步写散文，如何把握文章分寸没准星，听了这番话，茅塞顿开。

他又说："你写冯（沅君）先生似乎小气，实际她必要时很大方。我给你补充个细节：解放前夕，我姐夫上了国民党黑名单，组织上送他去解放区。我正在旁听冯先生的课，姐夫走了，我和姐姐生活困难。冯先生和陆先生送来20块大洋说：帮点儿小小的忙。那可绝对不是小忙！还有，童书业老师这段，你写他不修边幅，我不大喜欢。蓝翎也看了，跟我一样看法。"

李希凡的姐夫是著名历史学家赵纪彬。李希凡20岁前一边帮他查资料、抄文章，一边旁听陆侃如、冯沅君等老师的课。1954年李希凡、蓝翎批评俞平伯的《关于〈红楼梦简论〉及其他》在北京报刊碰壁，投稿《文史哲》，经华岗、杨向奎、陆侃如、冯沅君等编委讨论后发表。不久，这篇文章引起毛主席重视。

我写篇四千字散文，给当代大批评家劈头盖脸找出这么多毛病，有点儿脸上挂不住，犹疑地问："您觉得我还可以写点儿什么吗？"

"可以。你文思敏捷，可以继续写。但要注意：一是不要用杂文手法写散文，要尽量用形象东西反映事物，不要急于把你的看法塞给读者；二是你文笔虽好，切记不可以文害意；还有，文章题目得改。你写知识分子奉献精神的严肃主题，题目不要这样开玩笑。"他接着说起我提供给大会的论文："你的词还不少，但以后要尽量写得朴实，当然朴实并非不要艺术性。"

李希凡回到北京，马上把我的《鬼狐史与青云路》发表在《人民日报》刊物《战地》（次年更名《大地》）上，亲自加编者按。经过他横挑鼻子竖挑眼的散文，修改后以《名士风采录》为题，隔一期发出。童书业教授那段，我坚持保留，得到容忍。我1981年发表的《名士风采录》，至今有报刊转载，还有人抄上某一段，换上自己名字拿去发表。

李希凡寄样刊时附信："我希望你搞'教授文学'，因为生活就在你脚下。"

李希凡虽提携后学，但对文章要求严格。我寄他又一"教授散文"，受到毫不客气的批评："此篇似不佳，大学长只好退稿，不佳处在于太零散，虽然散文可写几个镜头，但也还要写出主要东西。写人几笔给人留下较深印象。此篇闲笔太多。好在人就在你身边，观察观察，重写！"不久，我写留学生的散文得李希凡青目，认为我写校园文学在学生写老师之外多个新领域：老师写特殊学生。接着，袁鹰主编的散文丛刊来约稿。冯牧主编的刊物发我写吴富恒校长的报告文学。

人生路很长，关键处只几步。李希凡在我三十几岁初涉校园文学，写什么、如何写满头雾水的关键时刻，高明点拨，有力提携。我至今牢记他信中两句话：

"一个作家最怕让别人对自己的作品只说好不说坏。"

"大师兄一辈子没得过文学奖，还不是照样拿笔。"

后来李希凡两次参加我作品研讨会：1999年"新儒林长篇系列第三部《感受四季》研讨会"；2013年"《红楼梦风情谭》《金瓶梅风情谭》出版座谈会"。《李希凡文集》收进两篇分别评我散文和小说的文章。

1993年我的长篇小说《蓝眼睛黑眼睛》问世，虽受读者欢迎，得到吴富恒、陈荒煤、赵俪生三位八十高龄不同领域权威首肯，学校里却有人"对号入座"。李希凡写文章有理有力做"典型论"普及，说："像鲁迅说的：作家的艺术概括，即使不用某一个整个，但一肢一节总不免和某一个相似。人的生活和心灵也还有规律性的现象，一部大书写了那么纷繁复杂的生活，必然要有所概括，这应当得到谅解，而不要以为是对自己的触犯。"大学长发话，飞短流长很快销声匿迹。

有傲骨而无傲气，平等善意对待晚辈后学，严要求，真爱护，指点迷津，助力起跑。李希凡有这样的大胸怀大气度，缘于他自己有大学问、真学问、高境界。

"而已而已"的小红学家

我称李希凡"大师兄"，红学界好多非校友，包括他的部下，背后也称他"大师兄"，当面则喊"老李"、叫"希凡"，极少有人称"李院长"（中国艺术研究院常务副院长）。多有趣？年龄够大、官职不低，却鲜有人拿他当"官"！视为天生有义务呵护弟妹的兄长。而李希凡不计回报，管这管那，好像欠着大家。

渐渐熟悉后，我发现早已是大人物的"小人物"胸无城府、幽默风趣。

他发表我的《鬼狐史与青云路》前有封信说："你的大作已发排，我看可以了，只是有句外国话看不懂：'以至译成十几种语言的三十几种语言在全世界不胫而走'，请加以诠释。"这岂不是大学问家嘲笑文字不严谨的小作者？

刚开始与李希凡通信，我尊称"大学长"，他称"瑞芳同志"。突然有一天，他来信称"瑞芳大学长"，我大吃一惊！信中说："其所以改称'学长'者，概因逐渐感到，戴上这顶大帽，其实弊多利少，甚吃亏也。"又说："大学长的稀世之作在敝报也是备受吹捧的。"毕业早十几年倒过来称"学长"，把晚辈习作叫"稀世之作"，纯粹拿穷人开涮！我当即回信抗议，结果换来个"瑞芳大师兄"称呼且说："我因为觉得当大师兄、大学长之类，很不快意，不免加之别人以为乐，阁下既然气得要骂，我目的已达，当不悔改。"

下一封信更令人啼笑皆非："瑞芳大学长：忽然发现这名字真俗气，属于贾雨村贬荣国府不脱俗套之列，殃及令尊大名医，哪怕给女儿起个药名也好，偏是瑞啊芳的，人哪有那么多光和香？"

我回信反唇相讥："本人名字当然俗气，老爹怎么不给取个'巴豆霜''王不留行'？大师兄名字多超凡脱俗？只是千万不要让您的合作者蓝翎师兄念，他用山东普通话一喊，'希凡'成'稀饭'，'稀饭'者，山东人谓之黏粥也。"

大师兄时时诲人不倦，就在挖苦我名字的同一信里，又批评我某文章"庄谐处理总是不当，在要紧处来几句'诙谐'，使人如芒在背，近似贫嘴，要知这也并非东坡家法，如属大学长管理范围，一定动以刀斧"。

"大学长"帽子又自动回到他头上，不久，真对我的文章动以刀斧。

上海开红学会，我钻研几个月写篇论贾母，在去淀山湖大观园参观路上，周汝昌先生向画家刘旦宅介绍：这是山东大学马老师，她的《古今中外一祖母》，我好几年没见这么好的文章了。小讲师忽受大专家赞赏，找不着北的我在饭桌上向师兄们吹起来："本人文章受周先生表扬。"马国权师兄先泼冷水："别得意忘形！你受周先生赞扬，因为你跟他观点相同，你如果肯定后四十回，他会说从没见过这么糟的文章！"李希凡干脆嗤之以鼻："什么'古今中外一祖母'？一点儿阶级观点没有！要知道，贾母是封建社会的宝塔尖！"我一听，两位师兄言之有理，尤其"宝塔尖"论，多好的观点？马上加到我的论文里！

会后《红楼梦学刊》编辑杜景华想发我的文章，编委会讨论意见报到主编李希凡那儿，他写信说："你的大作'一祖母'，学刊编委有些意见，觉得颂多批少，我们总是阶级论者，请酌改。"文章发表时题为《一个丰满的老妇人形象》，我"吃了泰山不谢土"大加讽刺："大主编给换个多没趣的题目！《红楼梦》的影都没啦，加到英国19世纪小说人物或英国女王头上都成！"

也是那次会上，李希凡跟几个人聊天，说起我，"她的散文漂亮，蒲松龄传记也写得优美，红学论文嘛……"我的耳朵竖起来，想从大红学家嘴里听到"有新意"至少"也不错"，没想到他说，"清丽而已"！

我应声说："你呢？连清丽也不清丽，只有'而已'！"

李希凡哈哈大笑。国权师兄教训："小马不许犯上作乱！"

我"犯上作乱"是跟人学的，有位早我几届的师姐这样问候："大师兄也来参加红学会？你懂《红楼梦》吗？"得到回答："略知一二，忝陪末座。"

不久我见到中国红学会首任会长吴组缃教授，跟他复述李希凡和我的对话，吴先生笑了，说："李希凡的文字确实没你的清丽。但他为人非常好。"

再见到李希凡，我把吴先生的前一句话告诉他，故意吞掉后一句。

"吴先生说得对，我的文字没你的清丽。"李希凡说。

我愣在那里。大师兄宽容过头、憨厚太甚！

上海教育出版社搞中学生文库，请李希凡做《红楼梦选粹》，收到赠书，我几乎笑晕，题款：

> 敬赠给"清丽而已"的女红学家瑞芳大学长
> 只剩下"而已而已"的小红学家李希凡
>
> 1987年2月23日

什么叫"颠倒乾坤混淆黑白"？这就是。30年前，1956年全国政协会，毛主席见到李希凡，对胡耀邦说："我认识他，他和贾宝玉很熟嘛。"那年，我念初中二年级。我这个"红学家"跟"小人物"比，宛如熠火对皎日。

李希凡给中学生写的这本书把我上小学的女儿迷住。每天写完作业就说："妈妈，快给我那本《红楼梦'粉碎'》！"

20世纪80年代中期，好几个学弟收到李希凡感叹"将要呜呼"的信："瘦了许多，全家恐慌，恐老头儿尚未充分利用，一旦撒手西去，未免憾然。"师弟师妹纷纷写信或当面打"招呼"：你千万不能"走"，我们也都还没充分利用大师兄呢！

年近花甲查出糖尿病后，李希凡三十几年活得好好的，全靠大师姐徐潮精心照顾。他们郎才女貌，神仙伴侣，是山大中文系一段佳话。"一生只爱她一个"，李希凡说得出做得到。当年大师兄"浪漫恋爱"，后来把仨娇女笑得肚子疼。

徐潮聪慧纯真、容貌秀美，在全班同学中年龄最小，李希凡只不过是她若干仰慕者之一，既没成名又不懂死缠狠追献殷勤，上天垂爱，因李希凡要参军，求得张美人照，题："珍惜她吧！徐潮。"因视力不合格，李希凡参军未成，另一位获准参军的仰慕者对李希凡说："一直喜欢徐潮，现在走了，没法跟你争，要她张照片都要不来！"李希凡义字当先，照片慷慨转送，说："学校这段生活你就忘掉吧！"没想到那哥们儿马上拿照片给徐潮看。徐潮气得脸煞白，含泪怒冲冲立逼李希凡要回照片。李希凡觍着脸要回照片送女神检查。徐潮想抢回来，却被他抽手跑掉。此后一个多月徐潮对"傻大个"不理不睬。李希凡嗟叹："垮啦！"因此得一外号曰"垮兄"。

徐潮大师姐称我"小马"，给我写过几封信，她研究中国服饰颇有建树。

1981年李希凡到山大开校庆会，因没带烟，托人找，顺便聊起"惧内"逸事："我可不像某某，我在家大吼一声，她们（妻女）都得给我匍匐在地！"刚吹一句，又嘱咐："烟卷找三盒就成了，回家就不让抽了！"学弟们哄然大笑：在家想抽烟何不"大吼一声"？大师兄在家最受照顾也最谦和，服从领导听指挥，是好夫君、好爸爸、好阿爷。对夫人，不敢惹；对女儿，惹不起。我发现，在外叱咤风云、风光无限的男子汉大丈夫，在家中多半如此。在外边翻不出筋斗的角色，在家中才勇做"八步大王"。

2012年大师姐徐潮病逝，我送副挽联，大师兄的孩子们认为"得体"，被挂在告别厅两侧：

> 将门淑女治服饰弘扬国粹
> 儒家俊秀相夫婿成就事业

最后两字我写"伟业"，大师兄改为"事业"。什么时候啦，还如此谦虚谨慎！

红学泰斗　山大骄傲

1982年首届全国少数民族文学创作发奖大会，周扬同志对我说："你们山东大学中文系，很好的系！有冯沅君、陆侃如那样的老师，培养出李希凡那样的人才。"

此前一年山大在济南搞80年校庆。此前数年，曾是"山东大学一分三，济南、曲阜和泰安"。老校长派人进京找李希凡，向中央奔走呼号，学校迁回泉城，百废待兴。参加校庆的李希凡成为母校亮丽风景，年轻学子围绕着要签字，求合影，挨挨挤挤，热闹非凡。

2001年，李希凡再参加校庆，大学铁打的营盘流水的兵，校长是毛主席命名"小人物"九年后出生的数学家展涛，李希凡受学子追捧却像20年前校庆"风景依旧"，我说："校长像粉丝陪吃饭，大师兄得给研究生开'小灶'！"

我家客厅挤下十几名学子，跟我家"家长"研究当代文学的，跟我研究古代文学的，研究生手捧笔记本认真记录，听大红学家、文艺批评大家授课。不管研究明清文学还是研究当代文艺思潮，对莘莘学子来说，都是"极其难忘的一课"。

多少年来，李希凡给母校办事，成常态；给校友帮忙，是应该；帮了忙再自掏腰包请吃饭，成常事，因为"我工资比你们高"。

20世纪80年代末，牟世金老师找我，希望介绍入中国作协。我说：学生岂敢介绍老师？恰好张光年（光未然）同志来济，经我商请，答应推荐。入中国作协需要两位会员推荐，我又给李希凡写信，很快得复："牟师弟虽久闻其名，读过其文，却并不相识……已签意见转送光年同志。"

不仅支持母校校友，还千方百计帮助学界朋友，是李希凡在红学界、学术界得"仁厚长者"之称的原因。北京的红学家给他庆九十大寿，李希凡成"固定风景"。朋友们排着队，分别跟他合影。不管什么学术观点，什么来头，高也好，低也罢，亲也好，疏也罢，多少人受李希凡无私帮助？组织推荐文章，组织推荐书稿，写序写评……今年重阳节红学界朋友又照此办理。李希凡发现有位该到未到，就打电话问候："村长今天怎么没到？你文笔好，对曹雪芹资料熟，多写写。"曹雪芹纪念馆馆长李明新，被冯其庸、李希凡谐称"黄叶村村长"。

红学是显学，权威们却经常观点不同，有时甚至水火不容。有次接见外宾，W先生一见Z先生进门，拔脚就走，"早知他来，我就不来"！Z先生自认受不平待遇，拿拐杖猛捣书房地板，楼下是名分在其上的F先生书房……红学界简直比《红楼梦》本身还热闹！而不管什么观点的老先生，领导红楼梦研究所的"李院长"都真诚尊重，排忧纾难。

10月29日凌晨，李希凡对女儿说起妻子，叹息："走了六年啦！"说罢，安然入睡，几分钟后，呼吸骤停，飘然而去，跟爱妻天上再续仙缘。

哲人其萎，栋梁其摧；钧天广乐，戛然而止。

李希凡长逝，在红学、文艺批评领域留下的空白，无人可填补。

方方面面铺天盖地的追思，写出真情，道尽人生。

两位前任文化部部长这样写：

贺敬之："悼念大有作为的'小人物'、举红色旗帜的红学家、杰出的马克思主义文艺理论大家李希凡同志。"

王蒙："沉痛悼念李希凡同志去世，他的为人为友为文，永志不忘。"

在我心目中，不管活着，还是离去，李希凡都是才学如山、胸怀似海、谈笑风生、宽厚祥和、可敬可爱的大师兄！

本文原载于《齐鲁晚报》2018年11月13日
作者系山东大学中文系教授

长者风范　学者恒心
——李希凡先生与《中华艺术通史》

林秀娣

李希凡先生是毛泽东主席眼里的"小人物"，是众所周知的红学研究大家、文艺评论家。从1986年主持中国艺术研究院工作后，他就致力于中国艺术学科的建设，将中国艺术研究院各艺术学科的史论基础研究引领到艺术科学的综合比较研究。特别是他主持完成的国家重大课题《中华艺术通史》（以下简称《通史》），开创中国大型艺术史研究的先河，填补了艺术科学研究的空白，集百年艺术研究成果之大成，纳中华多民族艺术源流之百川，将中华民族的艺术成果以整体的形式展示给世界。李希凡先生对中国艺术科学的基础研究所做的贡献是巨大的，如同他带领团队完成的《通史》一样，将永载史册，泽惠后人。

立项前后

《通史》立项于1996年，其实，这个课题在1994年就已经由李希凡先生提出。李希凡先生之所以提出这个课题是因为在"八五"计划期间，他作为全国艺术科学规划领导小组常务副组长提出了"中国艺术学"的课题，后来由北京大学彭吉象教授承担并完成。对于当年正担任中国艺术研究院常务副院长的李希凡先生来说，他总觉得这样综合性的课题应该由中国艺术研究院的专家集体攻关完成。所以在"九五"计划前两年，他就率先提出"中华艺术通史"课题，并在1994年6月份组织了全院相关专家论证会，专门讨论"中华艺术通史"研究的问题。当年的中国艺术研究院刚刚完成各主要艺术学科一史一论的基础学科研究，虽然戏曲、音乐、美术、舞蹈、曲艺等各门类专家学者人才济济，但是涉足艺术科学综合性研究的人才并不多。会上，专家们发言踊跃，也很兴奋，但是说起谁来作为课题负责人，大家都觉得这个担子非同小可，谁有这个权威统领各学科专家？当场就有专家在会上说：李院长，这个课题除非您亲自担当负责人。

会后，李希凡先生并无意亲自承担这个课题，他当时正忙于全院的政务，甚至很理解地说："《通史》这个课题工作量太大，现任的各所所长也不适合承担这个课题。"在这里，一定要提起中国艺术研究院的顾森老师，他当时是美术所的研究员，刚刚从美国访学归来，意识到开展综合研究的重要性，为此他还主持成立了比较艺术研究中心，这和李希凡先生提出的中华艺术通史研究是一拍即合的。1995年底申报全国"九五"规划课题时，顾森老师主动承担了课题申报材料的准备和总联络工作，但是课题的主要负责人究竟由谁来承担却迟迟定不下来。当时课题已经初步决定以历史朝代划分，各分卷主编也已经有了人选。大家觉得《通史》这么一个由院内外专家共同组织研究的项目，非李希凡先生亲自作为课题负责人莫属，这个历史的责任就是这样推到了李希凡先生的肩上。

全国"九五"规划课题的审批应该是在1996年中期。这个时候《通史》已经在院里紧锣密鼓准备开来，顾森老师也主动承担了人员和经费的筹备工作。经费上最先联络的是中国青年出版社，是谁联络的已无从考证。印象中李希凡先生的第一本书就是中国青年出版社出版的，他们之间的交往源远流长。中国青年出版社已经表示愿意资助100万元作为课题研究经费，还专门派人来与李希凡先生进行了洽谈。但是，我们院很多专家的母校是北京师范大学，应该是吴文科老师很敏锐地把这个信息传递给了北京师范大学出版社，那个时候他还是一个青年学者，当然现在他已经是曲艺研究所的所长了。当时北京师范大学出版社的常务副社长是常汝吉同志。他当时亲自带队来院拜访李希凡先生，充满诚意地表示：李先生承担这个课题，我们社愿意资助200万元。在当年来说，200万元真的不是个小数。到这个时候，课题的前期准备——一个研究队伍、一笔课题经费已经基本落实。大战在即，师出有名很重要，就等待全国"九五"课题的审批通过了。

《通史》立项为全国艺术科学"九五"规划重大课题，还有一段不为人知的插曲。全国艺术科学"九五"规划重点课题向全国发布的时间应该是1996年底，但是《通史》得到立项的通知是1998年初。这里要有个说明，前面不是提到李希凡先生是全国艺术规划领导小组常务副组长吗？那是因为1995年以前，文化部委托中国艺术研究院代管全国艺术科学规划领导小组，其办公室也设在中国艺术研究院。"九五"规划以后，文化部为了加强全国艺术科学研究管理，成立了教科司，艺术科学规划领导小组由文化部直接领导。当年，全国艺术科学"九五"规划重点课题评审完成发布课题名单时却没有《通史》，院科研办向文化部艺术规划办咨询，回答是：不是没有通过审批，是还没有安排好。后来才知道，当时全国艺术科学一个五年规划的全部课题资助经费也就只有200万元左右，而

《通史》还没有正式立项就拿到了200万元的资助，这是不是让艺术规划办在核定资助金额时有点为难？所以这就是《通史》一开始接不到立项通知，后来又立项为全国艺术科学"九五"规划自筹经费重大课题的原因。

十年磨一剑

《通史》与北京师范大学出版社签订的合同是四年交稿、两年完成出版。但是撰稿方和出版方谁都没有想到，700万字，3000幅图，14卷本，仅撰稿方就涉及撰稿、审稿专家近50人，做前人没有做过的事太难了。从1996年开题，到2006年出版，整整十年。

现在看来，《通史》最值得庆幸的是，李希凡先生1996年底在《通史》刚刚立项时从中国艺术研究院常务副院长岗位上退下来了。当年他还不到69岁，对一个资深专家来说，那正是大好年华。李先生把他一生的人品学养、知识积淀，全部投入到《通史》的研究和组织中。1996年8月至1997年初不到半年时间，《通史》课题组就一共召开了四次编委会，在1996年8月第一次编委会上，李希凡先生就作了《高标准要求把这部综合的艺术通史写好》的主题发言。1996年11月第三次编委会围绕三个议题进行讨论：一、中华艺术精神及总体把握；二、中华艺术发展大势和基本规律；三、《通史》的整体把握以及上下贯通整一。1997年1月第四次编委会就正式讨论确定了《通史》十四卷章、节、目、点。如果说第一次、第三次编委会只是"务虚会"，那第四次编委会却是实实在在确定《通史》撰写总原则的会，对每一个参与《通史》的撰稿人如何把握中华艺术的共性和个性达成共识的最重要的会议。这种带着前瞻性的大型课题组织设计，是李希凡先生充分地听取了方方面面的意见，经过深思熟虑后决定的，实践证明这种开题的方式是成功的。

《通史》全书有一个总序，每一卷有一个导言。总序由李希凡先生亲自撰稿。李先生大概在1998年4月就拿出了近5万字的"总序"初稿，与当时《通史》的常务副总主编苏国荣老师的明代卷"导言"一并提交给《通史》的总编委会讨论。李希凡先生近5万字的"总序"，从《通史》的研究对象与立论基础、中国传统思想与传统艺术、中华艺术精神及其特有的观念体系、民族艺术的融合与中外艺术的交流四个专题，全面论述了中华艺术的总体特征。李希凡先生积一生的学养，厚积薄发。事实证明，"总序"的确对《通史》研究的全面开展起到了提纲挈领、纲举目张的作用。

毛泽东在1938年就指出："政治路线确定之后，干部就是决定的因素。"《通史》也是如此，在《通史》开题之初，李希凡先生在布局人选时真是费了一番周折。《通史》分卷主编是14位，还有全书的副总主编近20位专家都需要李希凡先生考虑。前面提到的顾森老师是秦汉美术史专家，鉴于他在《通史》立项之初所做的工作以及他的资历和研究功底，已经担任了《通史》副总主编并兼任秦汉卷主编。可惜，他提出的由刚成立的比较艺术研究中心来承担《通史》日常管理的想法，在当时没有得到其他专家的理解，致使他退出了《通史》课题组，这是《通史》第一次遭受人才损失的挫折。前面已经提到过的苏国荣老师因此担当起《通史》常务副总主编重任。李希凡先生之所以选定苏老师，是因为苏老师曾经担任戏曲研究所所长，刚刚办理退休，更是看中他学问刻苦，作风踏实，为人谦和。苏国荣老师也确实没有辜负李希凡先生的厚望，在以后的《通史》研究和组织工作中身体力行，他不仅最先拿出导言和样章，还率先完成先行卷明代上卷的初稿。对于推举谁来担当夏商周卷主编的这个问题，李希凡先生也是颇动了一番心思。夏商周年代跨度长，涉及的古文献最多，于是他想到了李心峰。当年心峰刚三十多岁，却是研究院最年轻的正研究员，他是专攻艺术学的。李希凡先生说，就他了，他年纪轻，有精力多读些诸子百家，对将来他更深入研究艺术学也有作用。心峰果然不负众望，夏商周卷完成得很顺利。

在对待陈绶祥和田青这两位大才子时，充分体现了李希凡先生的爱才惜才，提携后学。陈绶祥和田青都是魏晋南北朝卷的不二人选，而且陈绶祥当时完成的《中国美术史·魏晋卷》已经出版。如果陈绶祥承担《通史》魏晋卷肯定是轻车熟路，但是李希凡先生又不想舍去田青，怎么办？这步棋还真不好走。鉴于陈绶祥曾经担任《中国美术史》和《中国民间美术全集》的副总主编，可以说他是个全才。在这个时候李希凡先生真的是凭着自己在学者面前的威望做通了陈绶祥的工作，请他去承担清代下卷主编，留住田青担任了魏晋南北朝卷主编。这也就是李希凡先生，换第二个人这样的工作是做不下去的。

柳暗花明

《通史》从立项到出版面世整整十年，可以说困难重重。且不说撰稿的辛苦、统稿的艰难、后期经费的捉襟见肘，仅人员的更迭都是李希凡先生始料不及的。大约1999年4月份，苏国荣老师完成了先行卷明代上卷的初稿，大家发现他瘦了不少，脖子上长了许多黑痣，他说正在做激光去痣治疗，倒是胃经常不舒服，谁能想到这是死神正在向他一步步地逼近。到了6月份剖腹探查，癌细胞已经转移，刚进入21世纪的第三天苏国荣老师就去世了。宋代下卷主编刘晓路一边在日本做访问学者一边完成《通史》，大概是2001年3月初，他中途从日本回国来编辑部，说过几天就要回日本了，会根据总主编审稿的意见完成修改，谈笑风生，是那么年轻帅气。谁都不曾想到一个小时后就传来刘晓路在马路上腹部疼得不能自制，被人送到医院，甚至连医生都说：至于吗，一个大小伙子！下午就得到他已是肝癌晚期的噩耗，不到三个月他就永远离开了《通史》。他刚刚48岁，出师未捷身先死，多么年轻的生命！李希凡先生一连痛失两位爱将，真的打击很大。

《通史》洋洋洒洒700余万字，出自三十多位撰稿人的手。虽然先后召开十一次编委会，反复强调集体课题的统一性很重要，但各卷交稿后，还是没有想到是那么各自为政，天马行空。李希凡先生说，这是集体课题，做不到完全统一，也得差不多吧！于是他和三位执行副总主编孟繁树、陈绥祥、秦序一起对所有稿子进行统改，2001和2002那两年，他们几乎有一半的时间是在北京东边的社会主义学院招待所度过的。有一天陈绥祥说："我怎么看着每个人脸上都是字，恨不得在你们脸上涂圈圈划杠杠。"可见当时统稿的辛劳。其实，最让李希凡先生棘手的是临阵换将。能担任《通史》分卷主编的个个都是顶尖的专家，他们完成的稿子别说撤换，就是改动，对当事人也是驳面子。但是为了《通史》这个集体项目，李希凡先生只有这么做了。《通史》十四卷九篇导言，撤换了四篇，涉及四个主编，事情好大。李希凡先生说：工作我来做，责任我来承担。说实在的，被撤换的导言还真不能简单地用写得好或不好来评价，真的不是，只是文章个性太突出。集体项目好比合唱队，讲究共性，独唱演员水平高但不一定能唱好合唱。事后，李希凡先生很感谢这些专家对他的支持和理解。被撤换的专家也就是在当时有点挂不住，后来也释怀了。

因为《通史》统稿任务重，相对原计划交稿的时间延长了两年，看起来可观的200万课题经费也捉襟见肘。李希凡先生从来不会利用自己的名望和人脉为自己谋一丁点利益，甚至在主持中国艺术研究院工作时，身边的人也都知道李院长是不会轻易利用自己的社会地位和名望的。但是他为了《通史》破了两次例。第一次，当《通史》后期经费吃紧时，他在与时任财政部部长也是他的学友项怀诚聚会时提起了这个困难，《通史》编辑部写了一个专题报告申请50万补助经费而被特批就是这么来的。事后，和李希凡先生熟悉的人善意地跟他开玩笑，大意是跟一个国家财政部部长好不容易开一次口，才要区区50万，哪怕多要点给院里也是个人情！李先生在说起这件事时，笑着对自己身边的人说：你们也不知道提醒我一点。另一次是《通史》出版以后，参加中国出版政府奖的评奖，北京师范大学出版社打来电话告知，有个别评审专家提出夏商周卷中的"司母戊"方鼎年代和铭文的问题而影响了评奖结果。李希凡先生为此亲自给时任国家新闻出版总署署长柳斌杰写信，说明《通史》所涉及的文物考证是统一根据文物出版社1984年版的《新中国的考古发现和研究》的权威发布。至于近几年在有些发表的论文中提出的考证疑义目前尚没有定论，还不足以作为一部史书引用的依据。最后新闻出版总署采纳了李希凡先生的意见。

《通史》没有辜负李希凡先生带领的团队，出版后至今已获多个奖项。主要有2008年国家新闻出版总署"首届中国出版政府奖"；2008年中国出版工作者协会"第二届中华优秀出版物奖（图书类）"；2009年入选"经典中国国际出版工程"。其间，还出版了《中华艺术通史简编》，共四卷本，200万字；出版了《中华艺术导论》（大陆和台湾两版）。2015年《通史》出版了国际英文版；现在北师大出版社正在与德国方合作出版《通史》德文版。

李希凡先生和我

李希凡先生是1986年调中国艺术研究院任常务副院长，我是1987年初到院科研办公室工作。作为院领导，李先生主管科研，我因为编辑《科研动态》与李先生有所接触，但仅限于刊物稿件偶尔需要他审阅。后来我主持科研办的工作，任务就是协助主管院长做好全院的科研规划、课题管理等，与李希凡先生也就熟悉起来。但对李先生真正了解是在他退休我兼任《通史》编辑部主任以后。科研办十年，《通史》研究出版十年，接后的《中华艺术通史简编》《中华艺术导论》《通史》、国际英文版，又是十年，整整三十二年。李希凡先生去世后，他的女儿在微信里说："林阿姨：谢谢您这些天的陪伴。老爸有您这样的部下一定很欣慰。以后我不会一年回两次北京了，但如回来一定约您一起吃饭。祝一切好。"我回信说："应该是我要感谢你爸爸，是李先生给予我最大的信任，让我放手工作，才成就了我今天内心的自信；是李先生让我参加《中华艺术通史》，才让我一生没有虚过，才有我现在正高职称待遇。李先生是我生命中的贵人，他给予我的何止是一个'部下'，是导师般的情谊，父辈般的呵护。对李芹和你，在我心里从来就如兄弟姐妹，任何时候只要你们需要，我都会陪伴左右。这些天我始终不能相信李先生真的离我们而去了，我的精神支柱好像没啦，再也没有人可以请教，再有事情也没地方可以汇报。我很难过，很难过！"

李希凡先生在我心中是一座丰碑，他的人品学识永远让我难望项背，但是他的宽厚仁爱却让我们身边的人受益匪浅。还记得那年他和孟繁树、陈绶祥、秦序还有我在一起统稿，有一天饭桌上，绶祥开玩笑地问李先生："李院长，我们这几个人你最喜欢谁？"绶祥本意是想让李先生说最喜欢他。李希凡先生却笑着答："你们个个我都喜欢。"我想，他是喜欢繁树学者的风度翩翩，严谨的学术思维；喜欢绶祥的才华横溢，出口成章；喜欢秦序的博才。是的，李希凡先生爱我们《通史》的每一个人，就在今年他还不下三次地对我说他要请大家聚一聚，《通史》人的名字几乎个个点一遍。我好悔，都怪我拖拉，总是等这个等那个，让李先生没有遂愿。李先生总是以爱心待人，要知道在以爱心待人的人身边，你会感到温暖感到自信；相反，在以挑剔眼光看人的人身边，那感觉是完全不一样的。其实，我做《通史》的十年，既是我人生的高潮，也是低谷。我从科研办调到图书馆主持工作，服务的对象从专家变为图书馆员，我那性格急躁、说话简单、与人相处缺少智慧的短板暴露无遗，可以说那几年碰壁无数，焦头烂额。是李先生言传身教不断地点拨我，让我顺利地度过了那段日子。早年和李希凡先生在《人民日报》共事过的蒋元明先生评价"希凡学富五车，著作等身""希凡人厚道，性格也温和"。我想我们这些凡夫俗子还有什么可以抱怨，所以现在我回忆起当年与我共事的同人，什么都理解了。

李希凡先生就像一座山，他这座山不是压我们周围人的，他是让我们靠的。他的离去是我们最不能接受的。秦序在惊闻李先生去世后，他的信是这样写的："林处并转希凡院长家人：惊闻希凡先生因病突然辞世，不胜哀痛！原想久违之后，明天幸能见面听教，殊不知，咫尺之距，竟已天人远隔，无从补救挽留！回想上世纪90年代起，有十余年之久，能跟随先生编撰国家重大项目《通史》，朝夕相处，耳提面命，收获多多终生难忘！当时随先生在社会主义学院统稿及同赴敦煌莫高窟考察，言谈欢笑，宛如昨天今晨。现你所呕心沥血引领操持的合著长编俱在，仍将持续泽惠后人，然主编、首领、恩师，却斯人已逝，哲人其萎，悲夫！希凡先生及其思想学术业绩，必将载入史册，垂范千古，并历久而弥新！我辈幸得附随骥尾，当深以为荣焉！祈望各位节哀顺变，多多保重！秦序张爱兰率儿孙敬上。"只可惜李先生最喜欢的陈绶祥，出口成章，任何场合都可以信手拈来写题跋的书画文全才，因为病重只能托护工发来一个简短的悼词，已经不能为他最爱戴的师长奉上一副挽联。孟繁树我们都尊称他为"孟兄"，因为他年长我们几岁，名气大，学问高，我在电话里告诉他李先生的事，他哽咽地说："李先生对我们的提携信任永远不会忘，永远！永远！"

李希凡先生，您一生不愿意麻烦叨扰任何人。这次您永远地离开我们，也是选择在大家都在睡梦中的深夜凌晨，您悄无声息永远地走了！您让我们措手不及，一点思想准备都没有。好吧，只要您愿意这么走，那您就一路走好！

李希凡先生，您的人品、精神，您的思想、著作，与日月同辉！

作者系中国艺术研究院研究馆员

永远的楷模："小人物"李希凡

——痛悼我的良师益友希凡同志

郑恩波

惊悉著名红学家、文艺评论家李希凡同志逝世的消息，心里万分悲痛，他为人为文的楷模形象，立刻呈现在我的眼前。

由于工作需要，1969年9月我奉命从中国科学院哲学社会科学部（即今中国社会科学院）外国文学研究所调到《人民日报》国际部，主管对阿尔巴尼亚宣传工作，前后差不多有十个年头。但因为我自幼就酷爱文学，所以在报社期间，自己虽然是国际部的人，整个心思却大多留在了文艺部，对该部贺敬之、袁鹰、李希凡、方成等一些名人的命运特别关心。对该部的许多朋友，无论在当时，还是离开报社已经二十多年的今天，我都一直与他们保持着友好的联系与友谊。

1970年盛夏，报社第一次整党正日日夜夜紧张地进行。共产党员们为了争取首批恢复中断了四年之久的组织生活，第二次获得政治生命，全都"刺刀见红"地拼搏、"冲杀"在"火线"上。一天中午，我下楼去食堂吃饭，刚走到第一层，还未转过收发室，只见一个黑脸大汉推门走进楼来。如果不去仔细端详他那闪露出才气与灵气的眼神，只看他那黑黑的脸膛儿和半寸长的头发、半截袖汗衫外酱红色有力的胳膊和有些发皱的人造棉短裤下面那粗实健壮的双腿，你一定会把这个五大三粗的男子当成饱经风霜的庄稼人。

"好家伙！变得这么黑这么壮！怎么样？第一批有希望吗？"同我一起下楼的国际部的一位同志，赶忙走上前去，久久地握住这个庄稼汉模样的人的手不放，深深地望着他问道。

这位黑脸大汉嘿嘿一笑，只遗憾地摇了摇头，从嘴里迸出两个字："不行……"

走出大楼，在去食堂的路上，国际部的这位朋友小声告诉我："能对上号吗？他就是'小人物'李希凡，现在还在'五七'干校……"

"噢，他就是李希凡！"我心里为之一震。每个热爱文学的青年心里都有自己崇拜的偶像，我打读初中时开始就把青年作家刘绍棠和青年文艺评论家李希凡视为楷模，暗暗下定决心：将来要么从事文学创作，当个辽南小刘绍棠；要么从事文艺评论工作，走李希凡的文学之路。

新中国成立初期，在国内外思想政治战线尖锐复杂的斗争环境里，当马克思主义在思想文化阵地上尚未占领优势，特别是在学术研究与高等学校的文史哲等学科中唯心主义依旧十分活跃的时候，李希凡以初生牛犊不怕虎的勇气，同胡适派资产阶级唯心主义学术思想展开了具有划时代意义的论战，开《红楼梦》研究中由长期纠缠于烦琐的考证与索隐转向对其深刻的社会内容、伟大的时代意义、高度的思想艺术成就进行广泛而深入的研讨的先河，成为《红楼梦》研究崭新的无产阶级学派的领军者。

我不仅囫囵吞枣读过他与蓝翎合著的《关于〈红楼梦简论〉及其他》，而且在北大学习中国文学史时，还把他的专著《论中国古典小说的艺术形象》作为参考书，从头至尾研读过。那本书材料翔实，文采斐然；理性思维和形象思维并重，处处闪耀着战斗的光辉。坦白地说，它对我文艺观的形成、审美情趣的培养曾起过非同小可的作用。在五六十年代的文艺批评战线上，李希凡同志对青年们的影响是无与伦比的。因此，当1967年初的"红色风暴"将我们从亚得里亚海岸卷回北京，听到李希凡也成了"修正主义分子"，早已靠边站的消息的时候，我思想深处怎么也想不通。"难道这场史无前例的革命就是打倒、整垮一切名人的革命？！连李希凡这样由毛主席亲手扶植起来、为党的无产阶级文艺事业全心全意工作的权威人物，都成为什么'黑干将''黑苗子''反动学术权威'，天下还会有好人吗？"看到大街上红卫兵们散发的那些大字报转抄转印材料，我心里十分不平。后来，还从消息灵通人士那里得知，39岁的李希凡竟然变成了《人民日报》的"苦力"，整天与"牛鬼蛇神"推卸印报纸的巨型筒纸，似乎他犯下的"罪行"比"四大家族"之首的吴冷西还要严重，这就更不可思议了。

在阿尔巴尼亚留学时，我是30多名留学生的头儿。由于自己所处的地位，"文化大革命"一开始我就同它格格不入。无数个自己热爱、崇拜的作家被批斗、关进"牛棚"，更加深了我对它的抵触情绪，对被打倒的人的命运格外关注。我从一些颇知内情的同志那里得知，李希凡之所以受到"高规格"的惩罚，主要是因为他没听江青的话，没写批判《海瑞罢官》的文章。任何人的认识能力都不能不受到自己生活的时代和客观环境的限制。实事求是地说，"文化大革命"开始时，有谁能识破江青的真面目？像我们这样的青年人，当时是把她看作代表毛主席的高级首长的，对她心中是没产生过任何怀疑的。因此，尽管非常同情李希凡同志，但一想到他不听江青的话，心里便对他有些疙疙瘩瘩的了。

可是，没过多久，大街上的大字报和传单又传出消息，说江青在人民大会堂小礼堂接见了“小人物”李希凡和作曲家王莘，中央乐团指挥李德伦，北京电影学院名导演谢铁骊，著名电影摄影家钱江、李文化，以及著名京剧名角谭元寿、马长礼等人，对他们讲了一些有利于重新站起来的话。在那个“史无前例”的特殊时期，“中央文革”特别是江青接见谁，就意味着谁是“革命派”，是站在毛主席革命路线一边的好干部。这样，李希凡作为新中国成立后在党和毛主席的培养与抚育下成长起来的最有权威的青年文艺理论家的形象，便又在我的心中重新耸立起来。按着我的想象，他一定是人民日报社里“无产阶级革命派”的领导者，如果不是，起码也应该是文艺部的负责人。然而，客观的事实恰恰与我的想象相反，1969年我调到报社时，他什么负责人也不是，只是一个普普通通的编辑。报社办起“五七”干校，他倒是成了骨干。北京市房山县、河南叶县、京郊小汤山三处干校，都留下了李希凡深深的脚印和劳累的汗水。当时他的妻子也被迫离开了北京，一家全靠15岁的大女儿领着小妹妹支撑着。多亏厚道善良的何黄彪同志（报社的一位青年编辑）多加照看，若不然，真不知年幼的姊妹俩该如何渡过难关……

李希凡同志已经作为受保护的特殊人物被人们所瞩目，可他为什么不能像普通的报社人员一样地工作？这是一种怎样的保护？这些是我调到报社后，对许多现象不理解，在心里画起的一系列问号中最大的一个。现在，从国际部这位朋友同他简短的对话中又得知，他连首批恢复党员组织生活的资格都没有，那他受到保护的内容究竟是什么？我想，政治上再迟钝的人对这一怪现象也不能不产生一些思考。

谢天谢地，李希凡同志后来总算又恢复了组织生活，不过那是在绝大多数党员第一批恢复组织生活很久很久以后。报社军宣队和领导为了捞取落实干部政策的资本，下令将希凡同志从干校调回报社，并且还把他的名字放在报社宣传工作小组成员名单后面，在全社的一次大会上宣布过。不管怎么说，这总是一件能使希凡同志和关心他命运的人开心的事。然而，未过多久，我又从几个渠道听到消息：李希凡作为报社宣传工作小组的成员却没有看大样的资格。这又是为什么？有谁能说得清楚！我向文艺部的几位朋友试探地询问过，可他们不是一耸肩膀，就是轻轻地摇头，哀叹地一笑了之。后来我经过反复思考和细心观察，终于悟出了其中的奥妙。

整个“文化大革命”期间，控制《人民日报》的铁腕人物当中，除了江青，还有一个姚文元。此人手很长，报社的大事小情几乎都必须由他点头才算数。甚至每条消息、每篇文章安排的位置、字体大小，他都要过问。“文化大革命”前，文艺界有“南姚北李”的说法。不过在许多人的心目中，李希凡的学问、地位和文章的分量远远领先于姚文元，对此姚文元是十分忌妒的。"文化大革命"开始后，姚文元虽然一步登天，成了比老帅、政治局委员还重要的人物，但对当年比他重要，此时却处于挨整地位的李希凡的忌恨之心反倒更厉害了。明眼的人都看得清清楚楚，只要姚文元在政坛存在一天，李希凡就休想有翻身的日子，即使他离开了《人民日报》也无济于事，不管他走到哪里，姚文元的"特殊关照"都会跟踪而至。这一点可以从姚文元多次阴腔阳调的讲话中得到印证。然而，心地纯正善良、言行端庄无邪、书生气十足的李希凡同志，想不到坏人的心有多险恶，当时对自己的这一前后不是、左右为难的特殊处境似乎并不很清醒。

1972年到1973年那两年，我也在"批清"运动中被无辜地停了职，成了全报社的"名人"。当时报社里有以吴冷西为代表的"四大家族"和以红山鹰（我的笔名）为首的"四小家族"的说法。靠边站的我，心情十分郁闷。每天早晨起床特早，在王府井大街（那时候，人民日报社在王府井大街277号，1979年夏天才搬到金台西路2号）和报社周围的大小胡同里兜圈儿消磨时间，观察、琢磨见到的一切，对报社许多人每天上下班的时间和精神状态，有比一般人更多更细致的了解。我注意到，希凡同志每天上班都很早。常常是他到报社时正门还锁着，只好从旁门进办公大楼，总共五层的一座大楼里没有几个上班的。他的情绪相当好，看不出他有任何进过"牛棚"、当过"劳力"的遗留神色。见人蛮热情，不要说见了编辑部的人，就是碰上了收发室的老赵、小王，甚至老远望到推着垃圾车打扫卫生的张大爷，也要微笑致意或亲切地侃谈几句，毫无名人的架子。下午下班的时间也很晚，经常是最后走出大楼的几个人中的一个。这时候，食堂都要关门了，他便连跑带颠地跑进去，买上几个馒头带回家去。我想，大概是为了节省时间多读点书吧。他那个黑书包总是装得鼓鼓囊囊的，根据我的观察和个人的体验，搞学问的"老九"都是这个样子。当时报社里许多人是不干事情的，把大好的光阴都耗费在搞派性、拉山头方面去了。报社里流传的这样一首打油诗对我们了解当时报社的状况颇有帮助：九点上班三点跑，一杯茶就大参考。整天不写一个字，山南海北瞎胡聊。正经事儿全不干，搞起派性劲头高。当面微笑紧握手，背后拆台又踢脚。对比之下，希凡同志在狂风暴雨中依然能把精力用在治学上的刻苦精神，是何等的可贵！有什么更可靠的证据可以说明希凡同志这时期风吹不摇沙打不迷的品格？"文革"一结束他就能拿出几部书稿出版这件事，是最好的证明。

1973年夏天，有两件事成为全报社议论的中心。一是著名记者金凤同志被不明不白地错关了五年之后又被放了出来；二是两个"小人物"李希凡和蓝翎又合作修订《红楼梦评论集》，准备再版。这后一件事情的重要性，对摘帽"右派"蓝翎比对李希凡大得多。

众所周知，"右派"在"文化大革命"期间是排在"五类分子"之列的。蓝翎是当年的"名右"，这会儿不仅不是无产阶级专政的对象，而且还能进京改书出书，享受"无产阶级革命派"都享受不到的权利，此事实在是非同小可，对报社里一些有过1957年遭遇的人鼓舞很大。不过，对这件事人们也有不同的看法。有人提出疑问：蓝翎进京修订书稿是谁定的？没有人回答。于是，不少心地善良的人又为李希凡担心起来：当年反右时，人家就说你李希凡和"右派分子"蓝翎划不清界限，差点吃了瓜落儿；"文化大革命"中批判你，又有人说你是"漏网右派"。你为啥还不吸取教训，硬要和蓝翎搅和在一起？前不久看了希凡同志的文章《岂好辩哉？予不得已也》，我才恍然大悟，原来1973年蓝翎进京修订《红楼梦评论集》不是"上面"的精神，而是李希凡的精神，因为他始终坚持"两个人的书，两个人修订，我不能剥夺蓝翎的权利"。从希凡同志的这篇文章中我们还了解到，修订《红楼梦评论集》时，他已经知道"文化大革命"初期是谁写了揭发李希凡是1957年"漏网右派"的材料，但他却将此事置之度外，仍然坚持并建议人民文学出版社请蓝翎同志来京参加修订《红楼梦评论集》的工作。这种坦荡的胸怀，大度的风格，实在令人钦佩，绝不是谁都能具备的，至少我就不具备。

1976年秋天"四人帮"被粉碎以后，关心希凡同志命运的人，一切思维正常的人，都以为因不听江青的话而挨批的李希凡，这一回总可以彻底翻身了。思想单纯、完全是学者型的文艺理论家李希凡，脸上也露出了舒心的笑容。然而，事情并不像好心人想得那么简单。一天早晨，一份企图置希凡同志以死地而后快的大字报，占据了大字报园地的头版头条位置（即办公大楼二层楼梯的两侧）。那张大字报公布了希凡同志在"四人帮"垮台之前写给江青的几封信，由此得出结论，说希凡同志是"江青黑线上的人"。

这是怎样的形而上学！又是多么地荒唐可笑！前面说过，整个"文化大革命"期间，"四人帮"特别是江青和姚文元对报社的控制是很严的，报社各部的领导人整天都在惴惴不安中苦熬日月，许多事情都必须向江青、姚文元请示报告。一个部门的领导给他们写封信，请示某件事情，在当时的人民日报社是司空见惯的。我认真地看过那份大字报，希凡同志写给江青的那几封信完全是上下级正常的工作关系，毫无个人目的可谈，更无害人的内容。可是，当时报社某些领导人缺乏冷静的头脑，没有对大字报的内容进行全面的、历史的、实事求是的科学分析，便又把李希凡给"揪了出来"。一夜之间，一个"不听江青话"的李希凡，骤然又变成了"江青黑线上的人"。"这可如何是好，同样一个人，今天可以这样指责他，明天又可以那样辱骂他，李希凡永远没有对的时候，任何时候做检查挨批斗都少不了他。对希凡同志到哪一天才能有个公正的说法？"公正的群众提出了这样一个问题。可是，当时报社里有几个不算大但也不能说小的政客（后来听说原来他们与希凡同志是同派的人），非要把希凡同志推到"四人帮"的营垒里不可。由于这些人的推波助澜，1978年初，在"四人帮"垮台一年半以后，在绝大多数"五七"干校都已停办的春寒料峭的日子里，李希凡又被打发到京郊小汤山《人民日报》"五七"干校。

这又是何等的荒诞，令人气愤！但是，对党忠诚、胸怀宽广的李希凡并没有在恶势力面前屈服。他不仅再次经受了艰苦劳动的考验，而且在寒风扑打的荒冷小屋里日战夜拼，写出了《〈呐喊〉〈彷徨〉的思想与艺术》和《一个伟大寻求者的心声》两部研究鲁迅的专著。这两部专著不仅体现了他一贯具有的为无产阶级文艺事业而奋斗的革命精神，而且也显示了一个真正学者谨严踏实的学风，很值得我这个从事文学研究的晚生后辈好好学习。

对希凡同志这种不公正的待遇何时才能改变呢？文艺部的同志们关心他，文艺界的朋友们在惦念着他。在党的"实事求是"的思想政治路线不断深入人心的形势下，报社领导不得不对李希凡再做点文章了。他们让希凡同志结束了第二次干校生活，但仍然还要他在报社中层干部会上再做一次检查。看样子，这出窝囊戏还要演下去。然而，一个人总会有由软弱变得坚强的一天。在领导眼睛里本来有些软的李希凡，想不到竟凛然地声明道："无论大会、中会、小会，我都不再做检查，随便你们处理。"正直公道的人都为希凡同志的严正立场拍手叫好，因为正义和真理在他一边。这时候，我已经离开了报社，但仍然对希凡同志和另外几位报社的朋友予以密切的关注，因为他们的遭遇不仅仅是个人的政治命运问题，更是关系到党的"实事求是"的优秀传统能否得到卫护的大事情。我从心里佩服希凡同志对报社领导发表如此声明的勇气，因为这个声明显示了一个共产党员应有的原则性和傲骨。出于一种特殊的敬佩之情，从此以后，我更加关注、跟踪希凡同志在报社和文艺界的动向。

在粉碎"四人帮"以后的最初几年里，有人以解放思想、突破理论禁区为幌子，放肆地攻击毛泽东文艺思想，胡说什么"文艺上的最大'禁区'是《在延安文艺座谈会上的讲话》""三十年来，我们吃亏在坚持上，坚持延安文艺座谈会，最后坚持住今天，结果丢了明天"。面对这股反对毛泽东文艺思想的思潮，希凡同志不顾新潮人士扣在他头上的"极左"大帽子，稳健、坚定、灵活地驰骋在不平静的文坛上，同各种错误的主张和资产阶级自由化思潮进行了长期坚韧的战斗，保持了自青年时代开始就具有的那种可贵的锐气和锋芒。新时期以来，尽管领导工作和社会活动（1986年调离《人民日报》前曾任文艺部常务副主任，后任中国艺术研究院常务副院长。自1954年以来，他还多次担任全国政协委员和全国人大代表）缠得他终日手忙脚乱，可他依然有板有眼地进行着文艺研究工作。在迄今为止出版的20多种著作（约500万字）中，新时期出版的共有《说"情"——红楼艺境探微》《〈呐喊〉〈彷徨〉的思想与艺术》《一个伟大寻求者的心声》《文艺漫笔》《文艺漫笔续编》《毛泽东文艺思想的贡献》《红楼梦艺术世界》《沉沙集》《艺文絮语》《传神文笔足千秋——〈红楼梦〉人物论》（与女儿李萌合著）及散文集《燕泥集》《冬草》等12种。另外还主编了《红楼梦大辞典》和中华文化集粹丛书《艺苑篇》《中华艺术通史》。这丰硕的研究成果，是希凡同志辛勤劳动的结晶，也是显示他比"儿童团时代"更有才华与智慧的明镜，在当今的中国文坛上具有广泛而深远的影响。这一部部学术水平甚高的专著，同那些即兴而作的一般性的杂文散篇相比，就如同运动场上的铅球与乒乓球的重量那样不成比例。对此广大读者心里有数，蚍蜉是撼不动那高高的松柏的，哪怕它再怎么样油腔滑调地耍小聪明、抬高自己、贬低别人，也是没有用途的。

近年来，因为工作的关系，我同希凡同志的交往逐渐密切起来，对他的人品、气质、性格和心灵，有了越来越深厚的了解和体会。我觉得希凡同志是一个诚实、宽厚、豁达、平易、透明的人。想当年，"文革风暴"来临的前夜，江青找他谈话，要他从"三自一包"的政治高度批判吴晗的《海瑞罢官》。如果他政治上有野心的话，完全可以利用这一千载难逢的机遇，从此一步登天，踏入政界。但是他没有这样做，原因是无论如何也上不了那个纲。在有的人看来，李希凡太愚，太书呆子气，而我们从这件事上倒是清楚地看到了他的诚实和正直，看到了一个真正学者的品格和良心。

在学术上，从几十年前与蓝翎同志合写的《关于〈红楼梦简论〉及其他》到近年来出版的十多本书（如《毛泽东文艺思想的贡献》《红楼梦艺术世界》等），始终唱的是一个调，将自己的真面目实实在在地、毫不掩饰地展露在读者面前。比起那些怀里揣着两种牌，"右"吃香的时候出"右"的牌，"左"吃香的时候出"左"的牌的"文艺理论家"，希凡同志的人格便显得分外高洁。正因为如此，他才赢得了文艺界同行和广大读者的爱戴与敬仰。

其次，我还发现希凡同志是一个尊重历史和他人劳动的正派人。比如说，1954年他与蓝翎同志同时踏上文坛，得到毛主席他老人家的特别重视与关怀。对这一光荣的历史，希凡同志是非常珍惜的，多年来，每当讲话或写文章提起它时，他总是把蓝翎同志的名字与自己的名字并提。这样，蓝翎同志尽管被错误地划成"右派"，搁笔二十余年，但他作为两个"小人物"之一的美好形象和作出的历史性贡献，在人们的心中还依然存在。至少在笔者的心中就是如此。这里，我们不再赘述1973年修改书时他主动建议人民文学出版社邀请蓝翎同志来京再次合作的佳话，只看看我主编的那部6斤4两重的《中国当代艺术名人大辞典》中"李希凡"这个条目，也足以令人叹服。希凡同志为本辞典提供的条目中有这样的一段文字："古典小说研究方面的代表作有：与蓝翎合著的《红楼梦评论集》（27万字），1957年、1963年由作家出版社出版，1973年人民文学出版社三版……"这部辞典是用105克铜版纸彩色印刷的，相当豪华精美，被行家评为同类辞书之最，颇具权威性（请允许本人自吹自擂一次吧）。

还有一件事也是非常耐人寻味的。1993年4月，在由中国文联、中国作协、中国艺术研究院、文化部艺术委员会等单位联合召开的"林默涵同志从事文艺活动60年研讨会"上，希凡同志做了长篇讲话。与会者都被希凡同志鲜明而正确的观点、准确而精当的措辞征服了。可是，人们万万没有想到，讲话快结束时他突然讲了这么一段："我这篇发言稿是由中国艺术研究院研究员、延安文艺研究专家艾克恩同志起草的，在默涵同志身边工作过的几位同志以及一些老同志也提出了一些修改的意见。今天，我代表我们这些曾经受过默涵同志言传身教的后辈人宣读这篇发言稿。"为纪念某位文化名人或重要节日，由几位或一位这方面的专家起草一份发言稿，然后上报领导指定一名身份合适的负责人到大会上宣读，这是许多部门常常有的很正常的事情，宣读发言稿的负责人根本没有必要另外加以说明。可是，希凡同志却做了这样的说明，原因是他很尊重别人的劳动，从不愿意拿别人的成果为自己贴金。作为中华艺术研究的最权威机关中国艺术研究院的常务副院长，能如此民主、平等待人，尊重他所领导的同志及其劳动的成果，实属难能可贵。

敢于正视并以实际行动改正自己的错误，这对一个名人来说并不是一件容易的事情。希凡同志常常反省自己的过失，这种勇于剖析自己、批评自己的精神，非常令人感动。讲到这方面的感受，我不能不把这件事情告诉给读者朋友：

1991年我出版拙著《大运河之子刘绍棠》时，曾登门拜访过希凡同志，请他为此书写篇序言。当时我心里很不平静，我想，我们彼此虽然有着良好的关系，但毕竟没有深交；再说他又是一位蜚声海内外的大名人，而我却是一个俗中又俗的平民百姓，我太攀高枝儿了吧？提出请求之后，我的心里鼓点敲得更乱更响了。然而，事情与我预料的截然相反，希凡同志不仅面带笑容满口答应了我的恳求，而且及时地将序言写了出来。这是一篇写得十分认真并且有史料价值的美文。全文六千字，共三节，在第三节里，希凡同志以满腹真诚、悔悟的感情，回顾了自己在1957年反右时对刘绍棠和王蒙同志错误的批判，读来催人泪下。为了让读者能够真切地感受到一颗纯洁坦诚之心的跳荡，现在我不妨将那段文字原原本本地抄录如下："我相信，在他（指笔者）请我写这篇序言时，并不知道，绍棠也没有告诉他，1957年，把绍棠那篇《我对当前文艺问题的一些浅见》作为所谓'右派'文艺观来进行批判的，也有我一份！""近一年多来，我和绍棠也有几次在文艺界的集会上碰面，每当我看到他拖着病残之身，仍然慷慨激昂地捍卫社会主义文艺方向，反击资产阶级自由化的文艺观时，我就深感内疚。一个多么好的同志，为什么当时会把他那样一些出自好心的一般性的意见看作'右派'文艺观呢？其实，我当时的那种'左'的、教条主义的文艺思想，不只表现在对绍棠这篇文章上，首先是表现在和他的文章有关的王蒙的《组织部新来的青年人》的批评上。只不过，那时还没有反右问题，而且我的文章一发表，就受到了毛泽东主席的批评。毛主席在1957年4月20日《致袁水拍》的信最后有这样一段话：'李希凡宜于回到学校边教书，边研究。一到报社他就脱离群众了，平心说理的态度就不足了。请你和他商量一下。'（《毛泽东书信选集》第524页）据我当时听到的，毛主席的口头批评要比这严厉得多。他曾说，李希凡到了《人民日报》，当了婆家，写文章就让人看不下去了。这些都指的是我的那篇批评《组织部新来的青年人》的文章。""事情已经过去三十几年了，但是，既然我已经同意写这篇序，我就不能不对这段历史经历做个交代，立此存照。"请看！希凡同志不仅对当年自己"左"的、某种教条主义的文艺思想做了诚恳的自我批评，而且还将毛主席对他的批评毫不掩饰地公布于众。这种无私无畏的君子气概和敢于向错误狠狠开刀的进取精神，是值得我们认真学习的楷模。当然，还应当指出希凡同志是表里一致的一面派，是一个非常真实的人。他对自己的错误认识了，才采取这样严肃的态度；当他还没有认识的时候，那是从不假装诚恳，违心接受批评的。至于对个别坏人、小人的中伤诽谤，那是绝不屈服而要一斗到底的。这一点进一步丰富了他的性格，使他的面容变得更加鲜活生动。

人在一生中，顺水行舟的时候很少，大部分时间都是逆水行舟。在尚未实现天下大同，真与假、善与恶、美与丑进行激烈较量的当今世界上，想潇洒轻松、自由自在地活着，那只能是一种脱离现实的幻想。一个活着专为了他人活得更美好的人，正是在与假、恶、丑的较量中，找到了人生最大的自由和快乐。不论恶人、小人如何的嘲笑、谩骂和陷害，只要你把整个身心献给党和人民，为真善美而抗争，那么，不管道路是如何的曲折与坎坷，到头来，你总会是一个光荣的胜利者。我觉得光明磊落、心正品端的"小人物"李希凡，不愧是这样的一个人！

我终生为人为文的楷模——"小人物"李希凡同志永远活在我的心里。

本文原载于《作家通讯》2018年第12期

作者系中国艺术研究院研究员

哀悼后的深思与追念

——纪念李希凡先生

邢煦寰

李希凡先生溘然长逝！悲痛哀悼之余，近日来，我一直沉浸在一种深深的思念追忆之中……我想，应该怎样更加深刻地认识和估量这位著名的红学家和文艺评论家的历史地位和他所创造的精神产品的意义和价值呢？窃以为：李希凡先生不仅是运用马克思主义观点和方法研究《红楼梦》、掀开当代科学的红学研究新篇章的第一人，而且是当代真正的科学的红学研究奠基人（或之一），是当代中国马克思主义文艺评论与研究的杰出代表。

在群星闪烁、新潮起浮的中国当代文坛、艺苑、学界和网络中，随着革命、建设、改革、开放的历史脚步，曾先后涌现出不少文艺理论家、评论家、红学家……他们各有所专、自有论著、自成格局，大都也自认为是以马克思主义观点为指导的。然而，随着时间的推移，仔细观察研究一番，其中能真正始终坚守马克思主义观点和方法且能在新的高度上不断取得新的研究和理论成果的，却屈指可数。倒是一个时期以来，有的研究西方后现代理论十分出彩，有的学习西方现代派文艺颇有成绩，有的学佛讲道很有心得，有的"新解"国学经典引起轰动……而运用马克思主义观点和方法进行文艺评论的却未见其多，甚至出现过在理论研讨的现场马克思主义的观点和评论缺位、失语的情况。也正是在这样一种历史关节点上，我们惊赞地发现，年过古稀的李希凡先生，正气定神闲、步履劲健地步入了自己生命中一个运用马克思主义观点和方法进行研究和评论的新的高峰期，创造出了许多令人赞佩的、具有创新、突破意义的科研成果，显示了当代马克思主义文艺评论与研究的崭新实绩和生命活力。

例证之一：红学新著《传神之笔足千秋——〈红楼梦〉人物论》

这是李希凡先生在认真反思、全面总结百年红学发展的正反两方面历史经验（包括他自己的经验）的基础上、集自身五十多年红学研究的功力和精粹，经过三年多呕心沥血的超常写作、精心完成的五十多万字红学巨著。如果说五十多年前他与蓝翎先生合著的《关于〈红楼梦简论〉及其他》等文章，是他们最早运用马克思主义的观点研究《红楼梦》、揭开了真正科学的红学研究的新篇章，自然还不免存在一些简单、粗糙和不够成熟之处；那么这部红学巨著则堪称是希凡先生作为一位完全成熟的马克思主义理论家精熟运用马克思主义观点和方法研究《红楼梦》的经典之作；是一部无论从广度、深度抑或详赡程度、精湛程度都达到极高水平的红学人物论专著；是一部既填补百年红学不足又为当代红学研究大厦建构主体工程做出突出贡献的恢宏力作。

简括言之，其主要成就有三点：（1）运用美学观点和历史观点相统一的方法，把对人物的深刻社会历史分析与艺术形象的美学意义的阐释有机地结合起来。书中对人物的社会历史分析总是有机地交融着对人物的美学艺术分析，而不是脱离作品人物塑造美学规律的单纯社会历史学介绍；同时，书中对人物的美学分析也总是与对人物的社会历史分析相统一，而不是脱离社会历史规律的纯审美、纯艺术的炫耀；二者的有机交融构成了贯穿全书的基本特色。（2）以马克思主义的"典型环境中的典型性格"理论为中心，又有机交融了鲁迅先生的"真的人物"论和中外古今其他人物论的合理因素，把对人物形象典型意义的揭示与人物性格丰富性、生动性的阐述高度结合起来，最大限度地全面而深刻阐明了《红楼梦》人物典型创造的无与伦比的巨大思想价值、艺术价值和美学价值。（3）运用艺术分析和文化阐释相统一的方法，把对人物典型艺术审美价值的评价与性格文化人文内涵的解读辩证地结合起来，建构了一个"文献、文本、文化相互融通和创新"的新的红学研究模式和主题。这样，就建构了一个多视角、多层次、多方法、多途径展开的《红楼梦》人物研究的科学理论体系，成就了这样一部恢宏深广而又详赡邃密的《红楼梦》人物研究力作。如果说曹雪芹在《红楼梦》中给我们建构了一座中国封建社会末世、资本主义生产关系萌芽时期各种人物、典型人物的宏伟瑰丽的艺术画廊，那么，李希凡先生在他的《〈红楼梦〉人物论》里，则为这座人物画廊提供了一部相当科学、深刻而又充满激情的几乎臻于全息的美学之谱。

以上见解我曾撰写过两篇评论文章，分别在《人民日报》（2006年8月3日，题名《红学再出新成果》）和《中国文化报》（2006年8月26日，题目《一部详赡邃密的红楼梦人物研究力作》）上发表过。今天又在此重复提出，目的就在于需要特别强调李希凡先生的这部红学巨著对于建设和发展真正科学的红学研究与马克思主义文艺评论、研究的重要示范意义和理论价值。

例证之二：鲁迅研究的重要成果

正像在中国古典文学高峰——《红楼梦》研究中作出了自己的突出贡献，写出了以《〈红楼梦〉人物论》为压卷之作的一系列红学名著，成为用马克思主义观点研究《红楼梦》的杰出代表一样；李希凡先生在中国现代文学高峰——鲁迅创作研究中也作出了自己突出的贡献，写出了以《论鲁迅的"五种创作"》为中心的近六十万字，三四十篇论文的"鲁学"研究成果，成为当代用马克思主义观点研究鲁迅创作的主流学派的重要代表。这些论著几乎涵盖了鲁迅先生的小说、散文、散文诗、杂文和论文等全部著作，全面而科学地论证了鲁迅先生作为伟大的文学家、思想家和革命家的光辉业绩和崇高地位。应该说，这些论著是能够引领人们接近并进入"鲁迅著作那博大精深的总体精神氛围"的。

虽然进入新时期以来，希凡先生因忙于其他工作和研究任务，关于鲁研诉诸文字的论著较少了，而"鲁迅研究直面挑战不断取得新进展"（张梦阳），出现了许多新的研究著作和研究方法，取得不少值得称道的研究成果，都在不同程度上或对鲁研空白是一种补充，或是一种延伸，或是一种发展；即使是一种挑战或颠覆，也对主流的鲁迅研究是一种激励和促进，但都不能掩盖或降低希凡先生鲁迅创作研究的重要思想价值和学术价值。起码有以下三个方面，至今仍是鲁迅创作研究最重要的学术成果和理论成果。

（1）希凡先生把鲁迅及其创作放到或还原到中华民族在近现代艰苦奋斗的真实历史过程中，来观察、分析、阐释和评价其价值、意义和地位，这是马克思主义美学观点和历史观点高度统一方法在鲁迅研究中的具体运用和成果的重要方面。这既"不是用道法的、政治的，或'人'的尺度来衡量"鲁迅及其作品，也不是如有些人孤立地、单一地或抽象地用某种流行或时尚的观点和方法简单地套说和演义鲁迅及其作品；而是用历史唯物主义的观点和方法，把鲁迅及其创作放到或还原到我国近现代革命史、文化思想史具体真实的历史过程中，通过鲁迅的战斗、生活和创作实践，通过他的那种"最敏锐的感觉、最痛切的体验和认识，对他的经验和教训进行了多方面的深刻的总结"，特别是通过他的全部作品，全面、科学地论证鲁迅作为伟大的文学家、思想家和革命家的光辉业绩和崇高地位。

（2）对鲁迅及其创作的社会历史价值、思想文化价值的深刻揭示，与美学观照、美学分析的高度交融——这是希凡先生鲁迅研究的又一突出贡献。读希凡先生的鲁学论著，绝少那种脱离了作品的抽象议论和玄虚空误，或脱离了作品思想内容的"艺术探索"和"艺术追寻"；而总是把对鲁迅创作的社会历史价值、思想文化价值的阐释、揭示与对作品思想内容审美特点的美学分析、把握、高度统一起来。可以说希凡先生是"从美学观点和历史观点,以非常高的,即最高的标准来衡量"鲁迅先生及其创作的,做到了或者说在很大程度上做到了美学观点和历史观点的有机统一,堪称此中典范和翘楚,是鲁迅研究的重要成果。

(3)对于作为我们"民族魂""民族精神的脊柱"的鲁迅精神的深广挖掘、阐发和发扬。在希凡先生的鲁研论著中,鲁迅伟大的爱国主义精神,鲁迅的反对帝国主义、封建主义的精神和实践,鲁迅的启蒙主义思想,鲁迅的爱国忧民的伟大情怀,鲁迅的艰苦奋斗、"立人""立国"、振兴中华的思想和实践,鲁迅的"横眉冷对千夫指,俯首甘为孺子牛"精神,鲁迅的"中间物精神""野草精神""肩闸精神",鲁迅的生命不息、战斗不止的精神,鲁迅的面对强敌、搏战不止的精神、硬骨头、自由精神、独立人格,鲁迅的民族反思精神、严于自我解剖精神,鲁迅的大爱情怀、悲天悯人情怀,等等,都得到了深刻、广博、全面、独到的揭示、阐发和论证。应该说在怎样引导青年一代正确认识和学习鲁迅、树立科学的核心的价值观上,有其不可替代的作用。特别是鲁迅研究,乃至鲁迅本人都一度遇到挑战、质疑甚至颠覆——连中小学语文课本中是否应该选入鲁迅作品、选入多少、选入哪些,都产生歧义和争论的时候,希凡先生的鲁研论著显然仍是可以引导人们接近和进入鲁迅著作那伟大精神世界的最正确最科学的指引和途径。其重要的思想价值和学术理论价值是毋庸置疑的。

例证之三:鸿篇巨制《中华艺术通史》

这是李希凡先生首先提出、任总主编、带领中国艺术研究院及全国数十位专家刻苦攻关、历经十年精心完成的一部艺术巨著,是中国艺术研究院1996年申报获准并正式启动的全国艺术科学"九五"规划唯一重大课题,2006年出版共14卷、总计700余万字、3000余幅图片,是包括美术、音乐、戏曲、舞蹈、曲艺、建筑等艺术门类的综合性的鸿篇巨史。从其综合性、规模、撰写和出版质量看,均是首创,是一部填补空白、具有开创意义的巨著。这部巨著最突出的贡献在于:以历史唯物主义的观点和方法为指导,创造性地把马克思主义美学观点与历史观点相统一的方法,与中国传统美学观点、艺术观念的精粹融为一体,形成了极富特色、颇有深度地统领和渗透全书的艺术史哲学理论基础,系统、全面而深广地论述和阐释了远古以来随着社会生活与政治经济文化发展,中华艺术生成演变的全过程;宏观微观相结合地揭示和阐释了中华艺术所体现的中华民族特有的审美意识、美学精神、艺术精神和艺术的风骨与神韵。"为薪火相传、代代守护我们中华文明和光辉灿烂的民族文化艺术传统""推动中华文明创造性转化、创新性发展，激活其生命力"，作出了培土、奠基、开疆、创构性质的突出贡献。其总体意义和价值，也可以说是我们中国人用中国理论——即有中国特色的马克思主义理论和方法，书写和开掘自己近五千年创造积累的艺术宝藏、艺术财富、美学结晶、美学成果的大工程、大实践、大收获。其统帅、主将和执旗人即李希凡先生。只要稍加浏览即不难感到：全书各代各卷，既自有重点、自成高格，又有机链接、辩证统一；出现在我们面前的是一幅还原历史的气势磅礴、气象万千的万里江山宏图，绝非是一种简单拼接、随意堆积的机械拼图。既充分表现出全体参撰人员的集体智慧和才力，又集中表现出总主编李希凡先生既总领群伦、整体把握，又拿捏精微、深入邃密的作为马克思主义文艺理论大家的卓越艺术修养和功力。老实说，我是从中学习了不少东西的。深感荣幸和感恩的是，我被希凡先生选定担任了全书编委和《中华艺术通史·隋唐卷（下）》（包括书法、绘画、壁画、建筑、雕塑、工艺美术和书画理论等）主编，除亲自撰写书法艺术部分外，还负责全卷的审稿、修改、加工和定稿工作。全卷54万字，另请美术史论专家陈绶祥、李一、齐开义等先生与我共同撰稿。撰写过程堪称是一次艰苦卓绝的学习、攀登、探索的学术之旅，用时数年。作为原来是美学、文艺学研究员，现在要撰写艺术的我，也正是在这一专业的重新链接和转换的过程中，深深地认识和体会到，艺术史论的创研过程应该也必须有一个像文艺创作一样的"寻根"过程，这一过程的重要途径，即通过中华艺术史的深广探索，真正深入科学地体验、认识和把握中华艺术生成发展、丰富繁荣的独特艺术规律、美学规律和独特艺术精神、美学精神，以及独特神韵、特色与风格，用以成为我们广纳深收中外古今一切艺术和美学精神、发展繁荣中华当代新艺术和新美学的根本和母体。我也正是把这次参加《中华艺术通史》的撰著过程，看作自己进行美学、文艺学研究的一次极其难得、极其重要、规模也最大的"美学寻根"活动，是对美学和文艺学研究极好的一次深入和丰富的机遇。因此，我全身心地投入了这一过程并较好地完成了所承担的任务。我感谢这一机遇！感谢给了我这一机遇的李希凡先生！

　　三年前，中国出版集团东方出版中心正式出版了七卷本的《李希凡文集》，并在中国艺术研究院召开了全国性的"李希凡从事学术研究60周年暨《李希凡文集》座谈会。"与会专家学者学员有数百人之多，讨论发言者都对李希凡先生的评论文章和研究给予了高度评价。"文集"虽非"全集"，却也比较全面地记录和反映了希凡先生六十多年坚持不渝的卓越学术成就。除前文所举三宗例证外，文集中既有对中华古代文艺——从古代神话、原始艺术到先秦诸子散文、《诗经》《楚辞》、汉赋、《晋书》、唐诗、宋词、元曲、明清传奇，特别是以"四大名著"为代表的明清小说的深入精彩的述评；又有对现当代以鲁迅为代表的现当代作家，尤其是对《红旗谱》《林海雪原》《青春之歌》《红岩》《京味小说八家》等当代名作的中肯评论和解读；既有对现当代文艺发展中一些重大或重要问题如："五四"文学革命的伟大历史意义，中国革命文艺发展的历史道路，当代文艺发展中继承传统、时代主题、爱国主义传统和英雄人物的塑造等问题的深入探索和阐发；又有对现当代戏剧、电影、绘画、电视、舞蹈、音乐乃至摄影创作问题的一些真知灼见……要言之，从先生青年先锋、首开"第一枪"，经中年坚守、奋战于马克思主义文艺阵地，到老当益壮、登攀中华艺术史高峰的奋进历程，都比较全面、具体地反映到文集之中了。堪称是一部现实版的中国当代马克思主义的理论评论史，集中而全面地显示并确证了李希凡先生作为一位杰出的马克思主义文艺理论家、评论家和史论家的突出业绩和杰出贡献。李希凡先生是当之无愧的中国当代马克思主义文艺评论和研究的杰出代表和领军人。

我今生有幸，得与先生相识，多承先生教诲。我深深地记得：是先生为了研究工作的需要，推荐并将我调入中国艺术研究院聘任为研究员的；是先生为支持编纂一部全国还未曾有过的《马克思主义文艺学大辞典》，向主编陆梅林先生推荐我做其助手，并担任全书常务副主编的；是先生为了提高研究生教学的理论水平，调我任院研究生院副主任，"从事教学并兼职美学课的教授"的；还是先生为创撰中国第一部《中华艺术通史》任命我为全书编委、"隋唐卷（下）"主编，并延聘已届退休之年的我一直坚持十年完成任务的；先生还在百忙中抽出时间为拙作《艺术掌握论》撰写序言且鼓励有加，而且在《人民日报》（1997年8月14日）发表题为《一部具有特色的艺术美学专著》的评论文章，肯定这是"一部运用马克思美学观和文艺观指导下兼采众长，并自有开拓、自有突破的一部创新的艺术美学著作"，之后那本书还获得了全国首届社会科学优秀成果奖。另外，先生还给拙作《走向行动的美学》写过一篇评论文章《一种新美学发展观的执着探索 —— 读邢煦寰〈走向行动的美学〉想到的》，发表在《中国文化报》（2002年2月23日），也给予热诚的褒奖和很高的评价……这些，对先生来说也许是"奖掖后学""培养新人"的平常事，但对我个人却是感恩在心、永远难忘的恩惠！

今天，先生已去，音容宛在，精神长存，宏绩永传。他永远活在人们的心里，他永远活在我心中！

2019年3月

作者系中国艺术研究院研究员

学兄李希凡的师生情同学情

张 杰

李希凡的感情世界是异常丰富的。不必说，他对妻子徐潮的纯洁真挚的爱情，对三个女儿与三个外孙女浓浓的亲情；也不必说，他与几位发小和他在年轻当工人时，与几位工友建立起来的真挚朴素的友情，单就他在大学期间与老师同学建立起来的师生情与同学情，就使我永远难以忘怀和敬佩。

1949年夏季，18岁的我与希凡一起考入设在济南，由中共中央华东局领导的培养革命干部的学校——华东大学社会科学院四部十五班学习。为期十个月的学习结束后，我们被分配到文学系继续学习。后来华大于1951年春迁往青岛与山东大学合并，我们又同班学习，有一段时间我们还同居一室，直到1953年毕业分配才各奔东西，可以说我们同窗四年，相知甚多。

我先谈谈希凡的师生情。

我们在华大学习时生活条件相当艰苦，全校师生都实行供给制，吃小米饭，穿粗布黄军装。全校各级领导大多是抗战前30年代参加革命的老干部，都有相当高的文化素养。他们不仅担任校长、处长等职，同时又亲自给学员上课。例如我们的部主任董一博同志就是一位知识分子出身的老干部，他深入群众，作风民主，原则性很强，在同学中有很高的威信。他给我们讲"中共党史"课，教学效果也很好。后来他调到北京工作，改革开放后在全国政协文史委负责文史资料工作，后来又领导全国地方志建设工作。希凡在给我的信中说："董主任在政协编文史资料，精神抖擞，焕发青春，只是他爱人何扬同志，患食道癌，正动手术，最近心情不佳。"（1979年8月5日信）。希凡从在华大四部学习时就与董主任保持较密切的关系，董主任也注意培养这个积极上进的学生，此后他们一直保持着联系，直到董主任晚年因病住院，希凡都经常去看望他。

华大迁往青岛与山大合并以后，文史两系名师云集，呈一时之盛。例如华岗校长以及陆侃如、冯沅君、萧涤非、高亨、吕荧、高兰、杨向奎、赵俪生、童书业等著名教授都给我们上过课。他们学养深厚，教学认真，很愿意与学生沟通互动。希凡是"文艺学"课代表，与任课老师吕荧先生保持着很密切的联系。希凡当时学习勤奋，对老师十分尊敬，课外读书很多，对老师布置的作业他都认真完成。例如，吕荧先生让每个学生写一篇阅读作品的读后感，希凡就写了《典型人物的塑造》，吕先生看了认为有新意，推荐给山大《文史哲》杂志发表。《文史哲》是山大给学者们开辟的阵地，希凡这个"读后感"是该刊发表的第一篇学生论文。

吕荧先生是著名的文艺理论家、美学家和翻译家，是在新中国成立前后思想比较进步的教授，是山大中文系主任。他给我们班讲"文艺学"课，教学也很认真。但是在1951年冬天，《文艺报》上发表了山大中文系青年干事张祺的文章，批评吕先生的"文艺学"教学教条主义，脱离实际。为此，华校长想让吕先生做个自我批评，此事就结束了。但吕先生却执意不肯，最后竟不辞而别。吕先生离开山大到北京后没有正式工作，他的老朋友冯雪峰任人民文学出版社社长，聘请吕先生为特约翻译员，每月酬金200元，并给他安排了住处。1957年冯雪峰被错划为"右派"并撤销了社长职务，吕先生每月酬金减到100元，连他住的房子也被收回。为此希凡给中共中央宣传部负责人林默涵同志去信反映情况，林默涵同志批示后，吕先生的工资和房子的事才得到解决。

"文化大革命"中，吕先生冤死在劳改农场里。粉碎"四人帮"以后，希凡为吕先生编辑出版了《文艺与美学论集》，并怀着深情为文集写了编后记《回忆与哀思》。他说："如果这本文集，能使今天的读者较清晰地了解吕先生一生文艺论著的概貌，吸取有益的营养，编者微小的愿望也就得到满足了。"

晚年的希凡还为仙逝的山大老师如华岗校长，以及赵纪彬、杨向奎、葛懋春等教授都写了纪念文章。希凡说："几十年来，无论对母校，对老师，对校友，有难处或需要我尽力的，无论是熟悉的还是不熟悉的，能做的我都尽力去做的。"（《李希凡文集》第七卷《往事回眸》第544页）

我再谈谈希凡的同学情。

我和希凡从华大到山大，同年级的同学近百人，毕业后分配到全国各地。他每次出差总要抽出时间到当地工作的同学家中看望，青年时代是如此，后来成了名人甚至过了花甲之年也是如此。

每当有同学经济上碰到困难，尽管他自己并不富裕，他也会解囊相助。有的同学处在不利地位或落实政策碰到阻力时，他也一定会伸出援助之手。

在大学读书时，希凡是我们的大学长，为人厚道，政治上比较成熟。希凡对我们这些小学弟们也十分关心、爱护和帮助，直到耄耋之年还是如此。有位老同学现在是名牌大学的教授，博士生导师，比希凡小四岁。前些年他到北京，希凡邀几位同学聚餐，当他听说这位同学与妻子分别和两个孩子住在一起，长期分居两地，就建议他夫妻要住在一起互相照顾，后来他还打电话督促，他还让我也和这位同学谈谈。

希凡的姐夫赵纪彬先生是位著名的哲学家和教授，曾任山东大学文学院院长。新中国成立前希凡曾帮助他抄写资料和稿件，使希凡能较早地接触了马克思主义。参加革命后，他进步很快，很早就参加了新民主主义青年团（即后来的共青团），不久他又介绍我参加了青年团。

朝鲜战争爆发以后，组织上安排我与希凡到济南剧院、电影院、街头，用土制喇叭发表演讲，进行时事宣传。到青岛以后，我们又参加了中文系的朗诵队。我们曾到广播电台朗诵魏巍的《谁是最可爱的人》，希凡担任领诵，我担任齐诵。在这些活动中，我得到他的不少指导与帮助。

大学毕业以后，我们天各一方，风云多变，信息时断时续，但我们却一直保持着联系。"文化大革命"中他历经磨难，几经风险，被批斗，关"牛棚"，强迫劳动，我很挂念他，尽管我当时的日子也不好过。他也始终没有忘记我这个小学弟，"文化大革命"结束以后，希凡让他的女儿李萌和李蓝来看我，我喜出望外，留下她们在我家住了几天。

几十年来，希凡每有新著出版，一定会签名寄给我。我对他每有所求，他也从不回绝。例如，我请他到我当时负责的山东省泰安师范专科学校中文系讲学，他立即答应。泰安市政府要举办"泰山文化国际研讨会"，当时我正主编《泰山研究论丛》与《泰山文化丛书》，组委会让我推荐几位文化名人到会指导，我提出邀请吴富恒校长和乔幼梅、庞朴、李希凡、徐北文等老同学。他们也都准时到会。他后来给我的信中也谈到那次泰安的文化盛会，"你把吴校长和诸多老同学聚集在一起，那真是令人难忘的一次师生欢聚"（2013年4月20日信）。

从本世纪开始每年冬季我和老伴都到北京大儿子家住几个月，我每次到京，他一定召集在北京居住的几位老同学欢聚一两次。每次聚会我们都是欢声笑语，浸沉在学生时代的热烈气氛中。有一次希凡多病的爱人徐潮膝关节发炎，她右手拄着手杖，左手由希凡搀扶着来参加聚会，想和同学们见个面，我见此情形又感动又难过，这一幕深深刻在我的记忆里。

希凡的晚年是不幸的，他的爱妻徐潮于2012年10月7日患胃癌不幸辞世。当时我正在青岛开会，他打电话将这个不幸的消息告诉我，并说"我帮你给她送个花圈吧"！我说：

"你要节哀，面对现实，保重身体啊！"后来他在给我的信中说："徐潮终于走了。这是无可奈何的事！在她因病住院这一年多的时间，承蒙你多次来家来电询问病情，鼓励我面对现实，老同学的深情厚谊，使我十分感动。可毕竟是60年的夫妻了，虽然知道这是一生的必然归宿，作为未亡人，总是会有一段生离死别之痛！"（2013年4月20日信）

希凡的妻子去世之后三个月，2013年1月8日，他的长女李萌又患乳腺癌去世，他又经历了丧女之痛。对这个不幸的事，两个女儿李芹和李蓝怕他悲伤太重，仅告诉他大姐有病住院，很晚才将这个不幸的消息告诉他。在短短两年的时间里，希凡失掉了身边的两个亲人，他心中的悲痛可想而知。然而，坚强的希凡还拖着年迈多病的身体完成了数百万字的《李希凡文集》的编撰修订出版工作，并带领国内30多位各艺术门类的专家学者完成了数百万字的《中华艺术通史》及后续出版项目。

文化部与中国艺术研究院于2014年6月在北京为希凡举办了"李希凡先生从事学术研究60周年暨《李希凡文集》出版座谈会"，我也应邀到会，并发了言。我说："希凡年轻时曾接近权力的中心，但却没有政治野心，他对自己从来没有溢美之词，却对曾经写文章伤害过人的，至今仍抱有深深的歉意。"

希凡的晚年不仅忍受了巨大的悲痛，而且摔伤后行动困难，还有糖尿病、心脏病等多种病痛，为此，我经常和他通电话，借以排解他的痛苦与郁闷。2018年10月15日我接到希凡的电话，问我什么时间去北京，希望我到京以后尽快到他家谈谈，我告诉他不久就到京并会很快去看他。

10月29日我突然接到老同学山东大学教授吕慧娟大姐的电话，说希凡走了！吕大姐建议与老同学新华社的赵淮青三个人送个花圈，由淮青代表我们三个人去参加希凡的告别仪式。听到这个消息，我陷入深深的悲哀之中。

我很纳闷，一代学人、我们的老学长到底是什么病竟匆匆地离开了我们？不久我得知他是患感冒引起肺部感染去世的。

现在已是深夜，我浸沉在往事的回忆中，也陷入深深的悲哀中！

2019年8月26日于泰安灯下

作者系山东省泰山学院教授

缅怀李希凡学兄

张　华

2018年10月，李希凡学兄遽逝。当时是他的次女李芹随侍在侧，她就曾来过电话希望我为她父亲写篇纪念文章，后来他三女李蓝从国外回来，又打电话谈过此事。我虽然已届耄耋之年，已有数年未曾握笔，但我对他两个女儿说：这篇文章是一定要写的，写不好也要写。因为我们是相识近七十年的老同学和朋友，在校时相处甚密，后来也没失去联系，去年5月还在京见了两次面。

我和李希凡是老同学。1949年7月和8月，希凡和我先后进入山东济南的华东大学。这是一个培养革命干部的短期训练班式的学校。1950年初夏，这个学校改为新型正规化大学，设立中文、历史、外语等系。原来学生中大部分奔赴工作岗位，少数年龄较轻、文化程度较高的留下继续学习。李希凡和我都留下成了文学系一年级学生，并且编在一个小组里。李希凡被选为正组长（学习组长）；他未来的妻子徐潮被选为副组长（生活组长）。这是我们认识的开始。

1950年深秋，中央人民政府政务院决定：华东大学由济南迁往青岛，与原在青岛的山东大学合并，组成新的山东大学。于是我们由济南来到青岛。1951年3月15日，新山大成立，我们成了中文系一年级下学期的学生。我们原应在1954年夏季毕业，但1953年是新中国第一个五年计划第一年，急需大批人才，政务院决定华北华东高校文理科三年级学生提前一年毕业。于是我们与四年级学生同时毕业。李希凡到中国人民大学当研究生，我到北京大学当研究生，相距不远。徐潮不久也到北京工作。

山大三年，李希凡在班上是个令人瞩目的人物。他的经历与大多数同学不同。由于日寇入侵和家道中落，他没受过完整的中学教育。外语和数理化没好好学过，这是他的不足。但他在社会上闯荡，也获得许多在书本上得不到的知识。例如他曾在话剧舞台上为演员充任提词工作，就使他早就对曹禺剧作有深入的了解。他的大姐夫赵纪彬是著名的马克思主义史学家，是侯外庐主编的《中国思想通史》多卷本的主要作者之一。他曾为姐夫长时间抄稿，这对他知识的积累和视野的开阔都起了很大的作用。同学们都觉得他知识广，懂的东西多。对我们感到陌生的学术问题都能发表点意见，谈一些自己的看法。

50年代初流行的文学观念今天看来不无狭隘。比如认为学文学的应着重看苏联文学作品和延安文艺座谈会后的解放区文学作品，那时新华书店（兼有出版社功能）出版了一套《中国人民文艺丛书》，应是主要的阅读对象。李希凡虽不反对这种看法，自己却大量阅读古典作品和欧美文学作品。在山大学习期间，他完成了两篇论文，一是《典型人物的创造》，是以沙俄作家冈察洛夫所塑造的奥勃洛摩夫为例，谈作家如何塑造艺术典型。这篇文章自始至终是在恩师吕荧的指导下完成的。另外一篇是《略谈〈水浒〉评价问题——读张政烺先生的〈宋江考〉》，此篇1954年在京重改，后收入《李希凡文集》第一卷。一个大学本科生在校期间能写就两篇论文并得以发表，是非常难得的。

李希凡在山东大学的一项爱好是诗歌朗诵。那是一个激情澎湃的岁月，诗歌和朗诵非常流行。在山大还有一个很好的条件，就是我们的老师高兰先生是抗日战争年代著名的诗人和朗诵家，又是当年朗诵诗运动的提倡者，曾对学生的诗朗诵给予鼓励和指导。我们同学中间也有人如任思绍和陶阳，都能写出很不错而又适宜朗诵的诗。朗诵有独诵和合诵，我们经常在学校集会中朗诵，很受欢迎。有一次毕业典礼上，李希凡诗歌独诵，代表在校同学欢送学兄学姐，效果很好，有些毕业生竟激动得流泪。我们也数次去青岛人民广播电台朗诵，配合抗美援朝运动做宣传。1951年夏，青年团山东省委在青岛举办了一次海滨夏令营活动，李希凡和我被派去指导朗诵。我那时年龄还小，重要工作都是李希凡来做。

李希凡和徐潮恋爱成功也是他在山大校园三年中的一件大事。在旧社会，李家已经破落，而徐潮家境宽裕且有点地位，两人青少年生活环境大不相同，能相识相知以至结为终身伴侣，并不容易。这里希凡坚忍不拔、不达目的绝不休止的毅力起了决定作用。希凡恋爱屡受挫折，苦闷难耐时就找我们谈谈以解郁结。他们恋爱中最严重的危机，是在1951年。事情是这样：徐潮送他一张照片作为定情物。班上一位同学范彪，也在爱徐而为徐所拒。1951年，有一次参加军事干部学校运动，范彪入选参了军，离开山大时想要一张徐的照片作为纪念，徐不给。马大哈的希凡竟把自己拥有的照片转送给范。徐大怒，扬言与李断绝关系。

山东大学有一座女生楼（后来又在山旁盖了一院平房供女生住，叫三八村），在大众礼堂和图书馆之间，每到星期六晚饭后，有幸得到女同学垂青的男生们，换了衣服剃掉胡须，急匆匆地来到女生楼，把久已等候在房间里的爱侣接出来，到海滨或汇泉公园，互诉衷曲。这天李希凡照例兴冲冲地来到女生楼敲开徐潮房门，徐一看是李，猛地把门关上，来来往往的情侣们都看这个大个儿吃了闭门羹。但李希凡坚毅地站在房门口，那时谁也没有手表，总有很长时间了吧！细心的徐潮又打开房门看看希凡还在不在，一见希凡还站在门前，双泪齐下，一把把希凡拉入房中，说了声"你这个冤家！"——这是后来希凡作为恋爱经验告诉我们这些比他年轻的男生的。

李希凡徐潮到北京后，很快结了婚，不久有了大女儿李萌，这时希凡还在人大学习，日子过得艰难，人大是从解放区迁京的学校，制度很严。星期六下午六点前是学习时间，没有课也要在课堂自学，星期日下午八点又是晚自习时间，必须到课堂自习。一个星期只有26小时的假。从人大出来等公共汽车到西直门，再转车进城到家，总在八九点。星期天回校更难。当时北京高校集中在城外西北部，回程人更挤，三四点钟排队的大学生绕了几个弯。一次李希凡回校，到西直门已六点，排队等车八点赶不到学校，他就插队，后面的人叫：人大的那个大个儿不要加塞儿（当时大学生每个人身上都戴校徽，北京人把插队叫加塞）。希凡诉苦：家中不满周岁婴儿，上周晚自习迟到已受过批评，不得已而为之，批评他的人原谅了他，让他加了一回塞儿。

1955年秋，我被分配到西安西北大学工作，两年后被错划为右派，为了不连累他人，我与所有同学和朋友断绝了来往。20世纪70年代初，学校一位负责人找到了我，说李希凡来到了西安，现住在西安市文化局招待所，叫我去找他，请他来做个报告。以我当时的情况是非常不愿意见老同学的，但不好违领导之命，只好骑自行车到招待所去。

西安市文化局招待所在西安西大街北侧，鼓楼的东南，招待所的后面有个很小的院落，希凡就住在那里，是一间宽大的平房。现在招待所早已拆掉改建了广场。一进去发现有两位客人在那里。希凡还认识我，向两位客人介绍，这是他山东大学的老同学。又向我说：两位是作家杜鹏程和王汶石。杜王二人不久就告别。于是我就向希凡说明来意。希凡见我很拘束，说我的事他略有所闻，接着说开了家常，谈起50年代去欧洲参加世界青年与学生和平友谊联欢节的事。那时去欧洲先到莫斯科，坐火车要六天六夜，同行的人在这么长时间里都成了朋友。50年代前期他是一颗冉冉升起的明星，同行的女文工团员有的对他有意思，而他不为所动，我觉得他还把我当老同学看，才说出这些隐秘。他说："徐潮爱我时我是个普通大学生，那是真爱，爱我本人，而以后的人对我倾心，是看上我的名位。"

至于到西北大学作报告的事，因当时还在"文化大革命"后期，他没有答应。不过后来他还是来到西北大学，看望了单演义教授，在他家晚餐并留有一张照片。

改革开放后，由于希凡和我都搞点鲁迅研究，常在一些全国性的学术讨论会上见面。不久他当上了有一定级别的官，但对老同学不改常态，他有个照相机，出游时总要给我照几张相，并且洗好了寄给我。1981年鲁迅百年纪念会后，他还在家中设宴招待，徐潮亲自下厨。那天赴宴的有徐文斗、张惠萱，蓝翎刚从朝鲜访问回来，也参加了。

新世纪以来，我与希凡见过两次面。一次是2014年，中国艺术研究院为他出版了文集，开了个纪念会。此时徐潮已逝，长女李萌也逝去还瞒着他。这次见着他，觉得他一下衰老很多，步履艰难，这次有袁世硕、田师善、魏同贤、张杰和我五个老同学赴会，非常难得。为了让我们方便聊天，吃饭时为老同学专设一桌，叫同学席，但我们这些老头子都不大说话，袁、田二位更是一言不发，你问他一句，他回答两三个字。

至于2018年与希凡在京见面，我80年代的学生、这次与我一起进京的刘炜评有专文记载，不赘。我这篇文章讲的是些鸡零狗碎，但这些零碎的细节构成了生活，构成了历史。

2019年9月4日

作者系西北大学教授

知人善任　长者风范

——追忆李希凡先生

孟繁树

　　秋雨连绵，天空晦暗，压抑的氛围更加重了我心中的悲痛和思念。我开车前往八宝山参加李希凡先生的追悼会，一路上，跟随李院长编纂《中华艺术通史》（以下简称《通史》）的情景不断涌现在我的眼前。虽然前后长达十几年的时间，然而我却乐此不疲，十分珍惜和留恋，因为它是我一生中最欢快也最有成就的一段生命历程。我在李院长的谆谆教诲下，既学会了编书做学问，也领会了许多做人的道理。此后我一直跟李院长保持着深厚的友谊，即使出国在外我也要跟他通话问候，本打算这次回国后去看望他，没想到就在约定见面的前几天传来了他去世的噩耗……

　　早在大学时代我就知道了"小人物"的大名，并接受了他解读《红楼梦》的主要学术观点，心中自然充满崇敬。但真正和希凡先生结缘是在他从《人民日报》文艺部副主任的位置上调到中国艺术研究院担任常务副院长并主持工作之后。在很长时间里对这位新任掌门人的了解并不多，只是在偶尔的接触中感觉到他很平易近人没有官气，倒是更像一位平和的学者。几年后，李希凡先生突然聘请我担任他主编的《中华艺术通史》"清代卷"主编，而且还任命我为全书的三位副主编之一。

　　《通史》是国家重点科研项目，全书十四卷七百多万字，涵盖戏曲、美术、音乐、曲艺、舞蹈、建筑等几乎所有艺术门类，上起原始艺术的发端，结止于有清一代中华艺术之集大成，堪称工程浩大卷秩繁多的一部巨制，当然以个人之力是无法完成的，所以这一任务就历史地落在了中国艺术研究院的肩上。从这一国家重点科研工程的立项，到由中国艺术研究院来承担这一历史任务，李希凡先生都发挥了关键性的作用。这其中可以看出他的远见卓识和魄力，当然也在很大程度上依仗了他的学术成就和在学术界的地位。换句话说，如果不是希凡先生义无反顾地举起这面大旗，不仅这座学术工程的大厦很难能够在我院破土动工，而且也很难吸引和召集起一大批青年才俊心甘情愿地集结在他的麾下，并且在长达十几年的时间里毫无怨言地投身于这一鸿篇巨制漫漫无期的撰写和修改过程之中。

《通史》被学术界公认为是一部具有开拓性和填补学术空白的巨制，因为此前艺术研究领域只有一些单学科的艺术史问世，这表明对中国艺术史的全方位的系统研究尚未提到日程上来。希凡先生出于对源远流长而又灿烂辉煌的中国艺术的热爱，和作为一位有影响的理论家和学者的责任感，义无反顾地扛起了这面大旗，也因为他对自己领导多年的中国艺术研究院的整体研究队伍的实力有充分的信心。不过即使这样还是遇到了许多意想不到的困难，面对这些困难和挑战，他付出了退休后晚年的全部精力。

因为没有前人的研究成果可供借鉴，希凡先生必须带领他的团队从创建中国艺术史的独特体例开始，来全盘规划这部大书的架构，其中包括图文并茂的图片与文字的比例，十四卷本的设置，直至每卷的章节目的题目，都需要经过反复多次讨论和争论，最后才能落到实锤。只有这样才能既保证这部大书风格的统一，又全面体现中国艺术史的美学精髓和文化风采。

李希凡先生作为总主编遇到的另一个难题，就是如何调动十几位分卷主编和几十位撰稿人的积极性，并把他们融为一个整体。参加这部大书编撰的众多学者都是在各自领域占有一席之地的精英，其中还有外聘的分卷主编和撰稿人，由于个性的差异和表达意见方式的不同，特别是一些学者过于自信不愿接受别人的意见，所以经常在讨论过程中出现面红耳赤的争论，甚至不欢而散的尴尬局面也时有发生。这种时候最能考验希凡先生的定力和化解矛盾的高超艺术，在我的记忆里，希凡先生无论在什么情况下都没有发过火，也没有批评过什么人，很多人都说他们主要是冲着希凡先生的人品和威望来参加《通史》的，的确，如果不是希凡先生的凝聚力，很难吸引住几十位学者聚集在他的身边，其中十几位分卷主编甚至花费十几年的心血一心扑在这个集体项目上。

李希凡先生的长者风范不仅体现在他的领导艺术方面，还体现在他时时关心和体贴每一位合作者的仁爱上。他既能平等待人又能循循善诱，充分调动和激发每个人的积极性，在学术观点上又绝不搞唯我独尊，即使是总主编的意见也可以讨论和修改；而对于每一位分卷主编以至撰稿人的学术观点和学术成果则给予充分的尊重和肯定，只要你说得有道理，哪怕只是一家言，只要不违背《通史》作为信史的原则，就尽量予以采纳。正是这种海纳百川的气度，使这部《通史》不但全面地继承了前人的研究成果，而且吸收了大量编撰者新的有创建性的学术观点，从而使这部《通史》站在了学术领域的尖端。在这方面我有深刻的体会。我所负责的"清代卷（上）"，其中清代戏曲部分都是由我亲自撰写的。由于我的博士学位论文题为《中国板式变化体戏曲源流研究》，为此我对中国四大声腔体系之中的板腔体进行了深入的考察和研究，从而提出板式变化体戏曲的鼻祖是最初流行于陕西一带的梆子腔，而梆子腔的音乐结构则是在陕西民间说唱艺术之一的"说书"的曲调基础上演变而来，至于梆子腔的七字句的上下句的词格结构，则是渊源于民间说唱的弹词和宝卷。后来我的博士学位论文虽然作为专著出版，但是我对板式变化体戏曲形成的独到观点，却只能作为一家之言而存在。在撰写《通史》"清代卷"的时候，我曾经反复思考要不要将自己的一家之言写进去，经过认真思考后，我认为我的学术成果是经受得住历史的检验的。李希凡先生给予我充分的信任，他的认可是对我的巨大鼓舞和肯定。这样的例子还有很多，几乎每位分卷主编和主要撰稿人的学术成果都在这部《通史》中得到了体现，这既体现了希凡先生的学术民主思想，也体现了他对中国艺术精神的深刻理解和感悟。

苏国荣先生是《通史》的常务副主编，他在前期协助总主编做了很多工作，可惜在他率先拿出"明代卷（上）"初稿后就不幸离世了，这对整个《通史》的编撰工作当然是个很大的损失，他的常务副主编的工作只能由另外三位副主编来分担。但在《通史》出版时的署名问题上，希凡先生没有忘记苏先生的贡献，在征得其他副主编的意见后，仍然署上苏先生的常务副主编的大名。由此可以看出希凡先生的宽厚仁爱之心，他是从不会亏待每一位合作者的，他也因此博得每一位合作者发自内心的尊重和拥戴。

苏国荣先生故去后，李希凡先生将后来的审稿和改稿工作的重任交给陈绶祥、秦序和我三人来完成，而编辑部的工作主要由林秀娣来担任，所以从中期到后期的将近十年的时间里，我们一直在希凡先生的身边工作，包括统稿和定稿，以及同出版社协商出书的有关事宜。这样一来跟希凡先生的接触也就更加频繁，当然关系也更加密切，直至成为可信赖的朋友。我们三人的分工是，除了各自担任分卷主编之外，绶祥负责整部《通史》的绘画、书法、建筑和园林艺术部分，秦序负责音乐和舞蹈部分，我负责戏曲、曲艺部分。一部《通史》上下三四千年，每一个艺术门类都是一部大书，我们三人各把一摊，不但要审查多位副主编和撰稿人的稿子，还要统稿和改稿，特别是修改别人的稿子，不但要统一风格，还要对稿子的内容、行文和用词的规范逐一进行修改，其工程之繁重和工作之烦琐与枯燥，令人头昏眼花苦不堪言。

李希凡先生很理解我们的苦衷，他想了很多办法解决我们的困难，其中一个很奏效的办法就是几次将我们集中到民盟的社会主义学院进行改稿，这样既可以集中精力不受干扰又可以解决吃住问题，每次集中改稿就是一两个月的时间，希凡先生总是率先示范，跟我们吃住在一起，这样大家就可以随时进行沟通和交流。那里的住宿条件十分简陋，房间小得仅能容一床一桌，伙食也很简单，希凡先生这时已年逾古稀，还是多年的糖尿病患者，却同我们甘苦与共，每当吃饭时大家总是有说有笑，无所顾忌地交流各种渠道的新闻信息，欢声笑语伴随始终。在编书期间，希凡先生处处为大家着想，徐潮老师就像老大姐一般关心照顾我们，使我们倍感亲切。所以尽管很劳累，而且将十几年的心血都搭了进去，可是我始终认为这段时间是我人生旅途中最快意的岁月，我不仅通过这部大书的编撰成就了自己最为看重的学术成果，也收获了希凡先生和几位合作者的友谊，这其中的快乐和价值是我终生难忘的。

李希凡先生是位坚定的马克思主义者，他对党的忠诚是发自内心深处的，他的信念是不可动摇的。但他同时又是位与时俱进和善于吸收新鲜事物的文艺理论家和有深厚造诣的学者，所以他在学术观点上既能跟上时代的潮流，又能尊重标新立异的独创精神，也能包容不同的观点，这成为他能知人善任的前提和基础，他的宽厚性格和善良的本性更是博得了我们的信赖和尊敬。我每次出国期间都很想念希凡先生，除了打越洋电话问候，回国都要登门拜访看望希凡先生；先生也多次通过林秀娣将我们召集在一起吃饭叙旧，席间大家口无遮拦地谈天说地，其乐融融，通过编书结成的友谊堪称地久天长。

李希凡先生是在他退休后正式主持《通史》的领导工作的，在长达20多年的时间里，他不仅一直心系《通史》，而且将自己的全部心血都奉献给了这部鸿篇巨制，其中包括《通史》出版后的一些后续成果，如《中华艺术通史简编》和几种《通史》外文版的面世，都花费了他的很多精力。可以说《通史》既是希凡先生晚年的学术力作，也是他一生学术成果的集大成，换句话说在《通史》之前，李希凡先生主要是以著名文艺理论家和著名红学家的大名享誉于世的，而《通史》不但使他跻身于学问大家的行列，也完成了他从文艺理论家到博古通今的大学问家的转身和升华。

因为我有幸一直陪同希凡先生参加《通史》的工作，所以对他为这部巨作付出的心血和发挥的无可替代的作用有深刻的了解。可以这样说，希凡先生不但是这部《通史》的唯一和直接的领导者和组织者，还是学术上的高屋建瓴的引领者，更是这部《通史》的学术思想和学术成果的灵魂。他在学术领域里的贡献主要体现在两个方面，一是他在多年研究中国文艺理论和古典小说的学术积淀之上，又通过《通史》的编撰过程，站在文化和美学的高度，深入地考察、思考和研究了中国艺术的发展演变脉络，以及各个时代的特点和取得的成就，这就使他总是能够站在学术的高度上统领和引导各分卷以及主要撰稿人的写作，如果没有这样一位具有理论高度的大学问家的指导和引领，不要说这部大书的编撰必定会陷入群龙无首的混乱状态，即使是学术观点和风格也必定会杂乱无章。而现在摆在读者面前的这部《通史》则以通达和统一、既吸收了最新的学术观点又涵盖了早有定论的学术成果而受到一致好评。

李希凡先生另一个学术上的巨大贡献，就是他为这部《通史》写的几万字的"总序"。这篇"总序"既是对《通史》高度的美学概括，同时又是学术界对中国艺术史综合研究的最新成果和力作，具有很高的学术价值。李希凡先生在"总序"中说，《中华艺术通史》"既是中华多民族艺术的历史创造，也是在社会文化形态中多彩多姿极富民族特征的艺术结晶。中华艺术有自己的审美理想与表现形态，也有不同地域与诸多民族各个历史阶段上的不同侧重"。他还说："《中华艺术通史》的编撰是论述自远古以来随着社会生活与政治经济文化的发展，中华艺术生成演变的全过程，它是一部囊括中国传统主要艺术门类的综合的大型艺术通史。"可以说这既是作为总主编为这部《通史》定下的基调，也是希凡先生对中国艺术精神的总体把握。

在这篇"总序"中，李希凡先生详细地论述了《通史》的研究对象与编撰宗旨，也精辟地论述了"中国传统思想与传统艺术"的关系，并且对"中华艺术精神及其特有的观念体系"进行了深入的研究，集中在四个方面概括了中华艺术的美学特征：其一，"天道""人道""天人合一"；其二，"情与气偕""气韵生动"；其三，"境皆独得，意自天成"；其四，"外师造化，中得心源"。对这四大美学特征独到而精彩的论述，体现了李希凡先生对中国艺术通史的深刻理解，而且还上升到哲学和美学的高度做出了独到而精辟的概括。

本文原载于《传记文学》2018年第12期

作者系中国艺术研究院研究员

"十年辛苦不寻常"

——忆希凡先生对艺术科学的非凡贡献

李心峰

一、两行留言催人泪

希凡老院长离我们"远去"已近一年。在此期间，无数次提起笔来想写一篇追念他的文字，但每次开始写的时候，都会有万千思绪涌上心头，千言万语汇入笔端，却又一时不知该从哪里谈起，只好一次次将写作的计划延后。最近，在一个万籁俱寂的深夜，我将希凡老院长生前一次次亲笔签上自己的名字赠送给我的他的各种著作一一找出来，翻看他在扉页上的留言与签名，一时间，老院长的音容笑貌又一次无比清晰地浮现在我的眼前。特别是当我看到他于 2006 年 8 月 10 日赠送给我的《传神文笔足千秋 ——〈红楼梦〉人物论》一书扉页上他的自上而下、由右到左的亲笔签名和留言，我一下子两眼湿润起来。这本书像他的其他赠书一样，留下了这样的签名。

这一次的签名与他以往历次的赠书和签名一样，每个字都写得十分工整，非常认真。一笔一画，几无连笔。真难以想象，签名的人是一位中国当代文坛的风云人物、我国唯一国家级艺术研究机构中国艺术研究院曾经的掌门人；在红楼梦研究、中国古典小说、鲁迅研究以及文艺理论、现当代文学批评、艺术学与艺术批评乃至散文创作等众多领域均取得非凡成就的学术大家！如果用"日理万机"来形容恐怕一点都不为过的真正的"大忙人"！这样一位声名赫然的学术大家和大忙人，在给我这样一个晚生后辈签名赠书时，竟

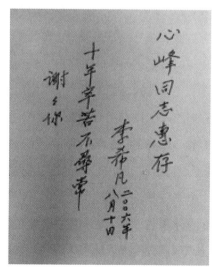

心峰同志惠存　李希凡
2006年8月10日

是如此严肃以待、一丝不苟。这说明了什么呢？只能说明他绝无一丝一毫名人大家或领导干部的派头与架子，无论对什么人都待人以诚、尊重他人的高贵品格。

而当我看到在上述这一行签名的左边，老院长又特地以十分工整的笔迹写下了如下两行留言时，我再也忍不住泪如雨下：

　　十年辛苦不寻常
　　谢谢你

"都云作者痴，谁解其中味？"这短短两行留言、十个汉字，浓缩和凝结了太多的东西。如果不是置身其中，的确无法理解个中况味。我就从老院长这两行留言，开始我的追思之旅吧。

二、十年辛苦磨一剑

我一看到老院长这句"十年辛苦不寻常"的留言写于"2006年8月10日"，便对其中的含义心领神会——老院长的这句话是实有所指的。原来，大约自1996年开始到2006年，整整十年，老院长带领数十位国内艺术史论领域领军或者前沿的实力派学者，完成了一项足以载入中国艺术史学乃至整个中国艺术科学之史册的浩大工程——十四卷本《中华艺术通史》！你只要看看那些或者担任整个工程的副总主编，或者担任某个分卷的主编，或者担任某一分卷、某一艺术类别的主笔的一众学者们熠熠生辉的豪华阵容——邓福星、苏国荣、薄松年、孟繁树、陈绶祥、单国强、刘俊骧、谭志湘、邢煦寰、田青、廖奔、王璐、秦序、孙华、刘晓路、李一、路应坤、吴文科、董占军……这些学者大都是各艺术史论领域的名宿大腕、"占山为王"各据一方的诸侯，中青年学者中的才俊翘楚，他们平日里个个指点江山、激扬文字、自信心爆棚，只要谈起各自领域的学术问题，他们信过谁、服过谁？这样一批有个性、有见解、有实力、有思想的艺术史论学者，有谁能够把他们拢到一起，汇成一个学术团队，构成一个学术整体，拧成一股绳，攥起一个拳，心往一处想，劲往一处使，为了一个共同的学术目标，完成一项超级复杂、艰难、宏大的学术课题，而且是一项从未有人做过的课题——完成一部运用崭新的艺术史的观念与方法，从艺术世界的整体着眼，以系统的、整体的、宏观的、一般的、比较的、跨界的视野与思维，力图把中国古代各个艺术门类全部囊括其中，又要将它们打通，从中华艺术的原始发生直到民国之前丰厚悠久的艺术历史加以贯通的全新意义上的"通史"？这样一项几乎不可能完成的工程，由李希凡老院长任总主编、总策划、总舵手、总统帅，历经十个春秋寒暑，3650个日日夜夜，终于把它给完成了！回想整整十年全部"通史"完整的编撰、出版过程，以希凡先生为统领的这样一个学术团队，究竟召开过多少次务虚会、务实会、编委会、主编会、审稿会、改稿会？作为总主编，希凡先生与各位副总主编、分卷主编、编委乃至作者、出版方、出资方……谈过多少次话？经他审读以及亲自修改的书稿有多少遍、多少页、多少字？真的是无以计数！真可谓十年辛苦磨一剑，回首当年泪满襟！

后来，人们在谈起这项惊世之学术工程时，往往会说，在当时，除了希凡先生来挑这个大梁能够把最初的蓝图变为现实外，恐怕再也找不出第二个人堪当此任！当这样一项浩大工程终于在2006年问世（是年出版了该课题的主体部分前十三卷，最后一卷"索引卷"于翌年面世），回首往事，怎能不浩叹一声："十年辛苦不寻常！！！"

《中华艺术通史》（以下简称"《通史》"）尽管体现了论从史出、以论统史、史论结合、汇通贯通的学术品格，整个课题具有比之其他艺术史著更为鲜明的理论性，但这个课题本质上仍是一项有关中国艺术之历史演进过程的"艺术史"。因此，这项课题，对于我而言恐怕只能是需仰视才见，老老实实做一个旁观者、观摩者、注目者、学习者。因为正像大家都知道的，我的学术背景是文艺学（文学学），到中国艺术研究院工作以后，主要研究方向为一般艺术学、艺术基础理论，更具体地说，是有关"艺术学的学科反思与学科建设"特别是有关"元艺术学"的探讨。而且在我的知识储备中是以西学为主，中国艺术史、文化史、学术史、思想史，至少在1997年以前，是相当薄弱的环节。因此，在《通史》课题启动之初，我从来也没有想过自己有一天会加入这一研究团队之中。人说术业有专攻，隔行如隔山，我怎么会贸然跑到一个自己完全陌生的学术领域去研究中国古代艺术史呢？在当时，我甚至可以说是想都不敢想。可是，到了1996年末《通史》要正式启动之际，课题编辑部发现"夏商周卷"（三代卷）的分卷主编还未找到合适的人选。经顾森研究员等人的极力推荐，希凡老院长找我谈话，希望我能够承担起这一卷的分卷主编的任务。当时，我对作为自己的学术前辈和老领导的老院长能够如此器重和信任自己而深受感动、深为感谢，与此同时，对自己还算有自知之明，知道自己的短处之所在，对于承担这个任务不免流露出畏难情绪，不敢接手这样一项对我而言几乎是不可能完成的艰巨无比的重任。然而，老院长对我并没有轻言放弃，仍反复做我的工作，不断给我打气与鞭策。老院长对我说："心峰，你还年轻，有较好的理论功底和思维能力，一定能够胜任这一工作。如果感到自己传统国学、古代文化与艺术的知识还比较欠缺，正好可以在主持这一卷的过程中多补补课，这样对于你完善自己的知识结构也有帮助。作为一位中国的学者，要想做一点大学问，怎么能够不熟悉本国本民族的传统思想学术、文化艺术呢？你一定要积极主动地去补上这一课！假如你在完成这个课题的过程中，真的能够补上传统文化艺术、古代思想学术这一课，就不只有利于当下这项课题的完成，对于你今后几十年的学术研究，都有百利而无一害！何不大胆拼一回呢？"听了老院长这样设身处地、语重心长的话，我觉得不能再辜负老院长的信任与重托，没有理由不接受这样一项虽然艰巨异常却十分有意义、有价值的任务，只好"赶鸭子上架"，一咬牙一跺脚，把这项任务接受下来。

接手该课题后，我开始"恶补"有关先秦三代时期的文化与艺术的历史，包括玉石文化、青铜文化、乐舞艺术、各种工艺的历史，尤其是春秋战国时代（这正是所谓中国的"轴心时代"）以孔孟老庄墨子等为代表的诸子著作与儒家典籍（所谓"四书五经"），为主持"夏商周卷"做必要的知识准备。特别值得庆幸与欣慰的是，希凡总主编和编辑部为我所负责的"夏商周卷"安排了两位真正的大专家作为撰稿人——一位是我院音乐所研究员、音乐史学家，也是我们这部《通史》的副总主编秦序先生，由他承担这一卷乐舞艺术部分全部四章的写作任务；另一位是北大历史系考古专业的博导、著名青铜艺术学者孙华教授（时任系副主任），承担该卷造型艺术部分全部五章的写作任务。我自己则承担该卷"一头一尾"两章的写作任务，即第一章"导论　夏商周艺术概说"和最后一章（第十一章）"诸子百家的艺术理论"。由于有这两位大专家极负责任、极富效率、极其专业、极其出色的工作，我们这一分卷的撰写工作相当顺利。我则能够在他们二位有关各艺术部门的历史叙述的基础上，运用我以往所掌握的艺术理论，尤其是马克思的艺术生产理论，将这些理论与三代艺术历史的实际紧密结合，将三代艺术的史实上升到理论，努力实现理论与实际、逻辑与历史的高度统一，从而实现了对于中国三代艺术意义的认识上的飞跃，即认识到三代以"礼乐艺术"为基本内涵的艺术，在中国艺术史上确立了崭新的艺术历史类型，即"精神性实用目的艺术"类型。它恰恰处于原始时期"物质性实用目的艺术"以及魏晋时期"审美性非实用目的艺术"两级之间的中间环节。这一艺术历史类型的确立，不仅在中国艺术史上具有重要意义，在整个人类艺术史上也具有重要的一般性意义。据此，我将中国艺术类型的演进与西方艺术类型的演进加以比较，彻底否定了西方艺术发展具有人类普遍意义而中国艺术仅只是个例的"西方中心主义"成见。这使我有关中国三代艺术的思考，与对整个中国艺术发展的历史甚至整个人类艺术发展的历史的思考贯通起来，形成了自己有关人类艺术史的基本叙述框架。在获得上述这些思考成果后，我将这些思考或曰发现，在我执笔完成的这一卷的"导论"之中予以体现，与此同时，我还将上述思考作为课题的前期成果，形成一篇一万余字的学术论文《中国三代艺术的意义》，在《文艺研究》杂志2001年第4期发表。结果，此文不仅被人大复印资料"文艺理论卷"全文转载，而且被中国社科院《中国社会科学文摘》摘要转载。后来，该文还在我院优秀科研成果奖评奖中荣获论文一等奖。此外，通过对先秦文化艺术、思想学术的"补课"，在一定程度上弥补了自己在这方面的重大缺漏，而且使我开辟出一片崭新的学术天地，让我常常能够就中国三代历史、古代学术思想史、文化史发表自己的一得之见，撰写并发表一些学术随笔和学术论文，如《老子天下第一？》《"周易"的读法》《想起公元前二十一世纪》《夏启的再评价》《中国传统艺术的"大通"精神及其当代意义》《试论儒家艺术理论的普遍意义与永恒价值》等。现在回想起来，希凡老院长在二十多年前把"三代卷"分卷主编的重任交给我，对我的帮助真是太大太大，不仅勉励、鞭策、督促我完成了一项国家社科基金艺术学重大项目的子课题，而且帮助我及时弥补了自己知识结构中不应有的重大欠缺。后面这一点，可以说让我终身受用。每每想到以上这些，我就会追问自己：老院长对自己的扶持、帮助究竟有多大？如果一定要用一句话来描述，我只能说：希凡老院长对我有知遇之恩，而且恩重如山！今天，回首"十年辛苦不寻常"，对于我而言，更应该对老院长深深鞠个躬，道一声：

"老院长，谢谢您！"

可是，您却在赠送给我的书的扉页上，工工整整地留下了"十年辛苦不寻常""谢谢你"这样的留言，怎不让我感慨、感动、感铭不已！

在这里，我想说的是，希凡先生总主编的《中华艺术通史》，不仅为当代艺术史学、艺术科学留下了一块学术丰碑，而且，它还像一所艺术史与艺术科学的大学校，带出了一批之后能够独当一面的艺术史论中青年学术骨干。就此而言，希凡先生为《通史》所做的一切，已远远超出了一部《通史》本身。

三、另一个"十年辛苦不寻常"

实际上，就新时期的艺术科学而言，希凡老院长还有另一个"十年辛苦不寻常"！这就是他自1986年来到中国艺术研究院这样一个我国唯一的国家级艺术科研机构，担任常务副院长（实际上的一把手），同时担任全国艺术科学规划领导小组常务副组长，直到他于1996年从领导岗位上退下来为止，这期间的整整十年，他自然而然地成为我国唯一国家级艺术科研机构的掌门人和新时期一个特定阶段全国艺术科学研究领域卓越的领头羊、规划师。

20世纪的八九十年代，中国艺术研究院是我国艺术科学研究领域名副其实的学术中心、科研重镇与学术引领机构，建立起门类齐全的艺术研究所室，创办了一系列艺术研究顶级期刊，拥有各艺术门类及一般艺术理论领域一大批顶级学者，创造着我国艺术科学领域众多一流的乃至经典的学术成果，代表了当时我国艺术科学的最高水准。希凡先生来到艺研院，可以说实现了他个人人生的重大转型，由过去以文学史、文学批评和文艺理论研究为主业，转向以艺术世界系统整体以及各具体艺术门类为研究对象。他是一位学者型的院首长、管理者，是全院艺术科研的规划师、组织者、指导者、领导者。他在任的十年，可说是艺研院艺术科学研究的"经典十年"。艺研院许多能够传之久远、堪称经典的艺术科研成果，均诞生于这经典十年。这与希凡先生这位掌门人出色的科研引领、规划、管理等工作是分不开的。

希凡先生不仅要做好中国艺术研究院艺术科学研究的学术掌门人，作为全国艺术科学规划领导小组常务副组长，他还要为全国艺术科学的调研、规划、管理、领导等工作尽职尽责、操心出力。在我的印象中，正是在他担任全国艺术科学规划领导小组常务副组长期间，全国艺术科学的规划、课题指南的制定与发布、课题的申报、评审、立项、管理等体制、机制得以不断健全、合理，开始逐步走上制度化、规范化、体系化、科学化的轨道，为我国艺术科学的健康发展、提速发展提供了有力的保障。

我在这里想举两个实例来说明这一点。

第一个实例是，在希凡先生的关心之下，大约从20世纪90年代之初开始，全国艺术科学的课题申报与立项机制中，开始出现一批有关艺术基础理论、一般艺术学的项目。这在全国艺术科学"单列学科"机制产生之初是无法顾及、不可想象的。但是，随着艺术科学的不断深入发展，过去那种仅顾及具体艺术门类的史论研究而不顾及艺术基础理论、一般艺术学研究的状况是无法长期持续下去的，也是不尽合理的，不利于艺术科学整体与协调的发展。于是，到了大约1992年、1993年前后，在全国艺术科学年度立项的课题中，涌现了一批艺术基础理论、一般艺术学的研究课题。如邢煦寰的年度课题《艺术掌握论》，丁亚平的青年课题《艺术文化学》，由我牵头申报、立项的青年课题《艺术类型学》等。这些艺术基础理论、一般艺术学课题的设立，使全国艺术科学的"单列学科"机制在学科构成、学科结构上更趋合理，具有重要学科建构意义。

　　第二个实例是，希凡先生十分重视对我国艺术科学的整体建构和未来发展具有全局意义的重大课题的规划、引领、指导工作。自进入90年代，希凡先生便在每年的全国艺术科学课题指南中，提出两个在他看来十分重要、务必要做的艺术科学重大课题。一个是"中国艺术学"；一个是"中华艺术通史"。这两项课题的规划、设计，都是立足于艺术世界的整体，试图打破各个艺术门类之间由现代人所人为设立的界限，尤其是依据西方的艺术分类模式所设立的界限，将中国各个艺术门类予以打通、贯通，从艺术一般、艺术世界的整体着眼，完成一般艺术学意义上的"一史""一论"。他还希望，这样两个需要集体攻关才能完成的大型课题，最好都能够由中国艺术研究院的专家学者牵头，依托中国艺术研究院在艺术科学方面所具有的优势与实力，以中国艺术研究院的学者为主体来申报、立项，予以完成。结果，"中国艺术学"的重大课题由北京大学彭吉象教授组织一个学术团队进行申报，获得立项。希凡院长对于该课题未能由艺研院的学者组织团队申报下来而略感遗憾，但他对彭吉象学术团队申报成功、获得立项还是甚感欣慰，给予了全力支持。由彭吉象教授领衔的学术团队，也不负众望，经过数年的集体攻关，完成了一部高水准的《中国艺术学》成果，并于1997年底由高等教育出版社出版。此后该成果还多次再版重印，并获得多种高等级奖项。另一个课题"中华艺术通史"，连续几年列入全国艺术科学规划课题的申报指南，却一直无人问津，无人敢于申报。直到1996年希凡老院长从领导岗位上退了下来，在中国艺术研究院多位专家学者的竭力"劝进"下，以对我国艺术科学事业的高度使命感、责任感，以"从心所欲，不逾矩"的70之龄亲自挂帅，组织以中国艺术研究院的专家学者为主体的学术团队，开始了"中华艺术通史"重大课题的设计、申报。课题于1996年获得立项之后，希凡老院长虽然已经年届古稀，却像一位年富力强的中青年学者一样，浑身充满了热情与干劲，带领着前面曾经提到的堪称豪华的学者团队，开始了长达十年的学术探讨的"马拉松"长跑。这便是我在本文第二节叙述的"十年辛苦磨一剑"的由来。

　　众所周知，李希凡先生是中华人民共和国七十年历史上文化艺术领域无法绕过的硕学大家。他作为大名鼎鼎的红学家、古典文学与现当代文学研究学者、文艺理论家、批评家，所取得的辉煌业绩已为人们所熟知，也得到了应有的关注与总结。实际上，今天从艺术科学学科构建、学科发展的角度来看，希凡先生还扮演了另外一个十分重要的角色，即作为一位业绩卓著的艺术学家，他在这个领域所做出的非凡贡献，尚未得到充分的关注、总结、阐释。我今天撰写此文，就是想对作为艺术学家的李希凡先生的学术贡献做一个初步的总结、回顾与阐发，以志纪念。

希凡先生的学术生涯，如果从他1954年开始发表有关《红楼梦》的研究成果算起，到他于2018年10月29日在北京安详辞世，大约有65年的时间。在我看来，希凡先生这65年的为学、治学历程，完全可以以1986年为分界线，划分为前后两个阶段：第一个阶段，是以红学研究、古典文学研究及当代文艺批评、文艺理论研究为主要内容的时期；第二个阶段，则是以艺术科学研究为主要内容的时期。其中，又可以大致分为三个时段：第一和第二两个时段，就是上文所重点叙述的两个"十年辛苦不寻常"；第三个时段，从2006年《中华艺术通史》主体部分13卷正式出版，到他2018年10月底仙逝的12年时间，希凡老院长身为八秩老人，却从不服老，依然工作不止，躬耕不辍。在他所做的工作中，一项核心的工作，仍然是《中华艺术通史》的后续衍生工作，如第14卷"索引卷"的出版，六卷本《中华艺术通史简编》的组织出版，上下两册《中华艺术导论》的组织出版，以及该书简编本繁体字版在港台地区的出版，其各种外文版（英语、德语、西班牙语、日语、韩语）的翻译及在海外的出版，等等。这些工作耗费了希凡老院长晚年太多的时间、精力，却也是十分有意义的事情。该课题最初共14卷、700余万字、3000多幅图片的规模，作为该成果的"母本"，业已载入新世纪、新时期、新中国艺术科学研究、人文社会科学研究的史册。由该"母本"衍生而来的"简编""导论"，则将这项艺术科学重大成果推向更广大的市场与读者群，尤其是它适应了艺术学于2011年升格为学科门类以来，对于高水平、权威性的一般艺术史教材、参考教材的强烈而迫切的需求，为当下乃至未来的高等艺术教育、艺术史教学做出了宝贵的贡献。

四、心香数瓣思故人

希凡先生的一生，一如他的名字，亦"凡"亦"希"，非"希"非"凡"，"凡"中见"希"，"希"中有"凡"，"希""凡"合体，对立统一。在日常生活与工作中，他平凡、平易、平心，是一位有着所有正常人的感情与感知的家庭中的好丈夫、好父亲、好外公，单位里的好领导、好导师、好同事……他坦荡、执着、诚恳、宽厚，对朋友、对同事、对晚辈以诚相待，大度包容，倾心相交，倾力相助；对恶意的中伤则疾恶如仇，奋力争辩。他有时也身不由己与世沉浮，但他做人有自己的原则、个性与必要时不顾安危的抉择。他又是一位稀世的人杰，仅见的学术"范式革命"的代表，难得一见的一个时代的象征符号，集红学、文学史、文艺评论与艺术学非凡成就于一身的不世出的大学者。我们深为能够在他的统领之下做一些艺术科学的建设工作而荣幸。

新时期以来，思想解放，观念多元，希凡先生20世纪50年代作为毛泽东主席所称赏的"小人物"对旧红学的挑战，一度曾受到不少的非议，他在红学、古典文学、文艺批评等方面的成就与业绩，也曾受到不够公正的忽略或很不充分的评价。我作为一位专事研究艺术基础理论与元艺术学的中青年学人，尽管对于红学、古典文学没有深入、专门的研究，对于当代文艺理论与批评也涉足不多，对于这些领域本无置喙的权利。但是，作为一位一直信奉马克思主义唯物史观的艺术学者，我一直认为，希凡先生在20世纪50年代，作为新中国成立之初成长起来的"小人物"，运用唯物史观对旧红学宣战，实际上代表着我国自近代以来人文社会科学的又一次"范式革命"（美国科学哲学家库恩语）。这一次的"范式革命"，尽管在某些具体的表达方式、话语方式等方面不可避免地会受到特定历史阶段的历史局限，容或存在某些在事过境迁、回首省思之时觉得尚可商榷之处，但它所代表的总的方向、崭新的"范式"，是经得起历史检验的。他作为这种新范式的卓越代表的历史地位与功绩，理应得到应有的研究与评价。而且，在他的以社会学方法为主基调的红学、古代文学、当代文艺评论著述中，是同时贯穿着美学的、艺术的分析与阐发的。总而言之，希凡先生是深谙文学与艺术个中三昧、尊重艺术规律的红学家、文学史家、文艺评论家，一位真正的文学与艺术的行家里手。对此，我们只要好好读读他于20世纪60年代初出版的《论中国古典小说的艺术形象》和进入新时期以后出版的《红楼梦艺术世界》《传神文笔足千秋——〈红楼梦〉人物论》等著作，便一定会认同这样一个基本判断。

鉴于学界对希凡先生历史地位与学术贡献研究的不足、评价的不到位，尤其是希凡先生对新时期我国艺术科学建设方面的非凡业绩的认识、评价不足，我最近十多年总是借助各种机缘，想一些办法，做一些推动、促进对希凡先生历史地位、学术业绩之切实研究的实事。在此，我想对与此相关的二三件事略做回顾，以作为追念希凡先生的数瓣心香。

第一件事。2013年，我的在读博士生李若飞同学在我的建议下，确定了《国家社会科学基金艺术学项目30年发展进程研究》这一博士学位论文题目。为了做好这个题目，我建议若飞同学对新时期几位在艺术学学科发展过程中起到某种关键性作用的人物做一点学术访谈。其中，我第一个想到的就是希凡先生。于是，经过我的牵线搭桥，当时已届86岁高龄却仍在为我国的艺术科学事业勤奋著书立说的希凡先生，愉快地接受了若飞这位在读博士研究生的访谈。若飞在访谈结束后，很快把访谈的录音整理成文字。为慎重起见，他将整理好的文字稿送给希凡先生审阅、把关。希凡先生看到整理出来的文字稿非常高兴，又以其一以贯之的认真负责的精神，对这份由访谈录音整理而成的文字稿做了细致的修改和补充，以至在有些页面上，密密麻麻地写满了希凡先生补充、修改的字迹。当我看到这份经过希凡先生亲自修改补充的访谈稿后，我立刻意识到它珍贵的史料价值——这是第一篇有关希凡先生对于当代中国艺术学学科建设所做贡献的学术访谈，且又经过了希凡先生的亲自审阅与补充修改。我决定把这篇学术访谈推荐给一家有分量、有影响的杂志发表。于是，我想到了艺术类为数不多的中文核心与 C 刊《艺术百家》双月刊。我随即在电子邮箱中给该刊的执行主编楚小庆同志写了如下这封推荐信：

> 小庆主编：
>
> 后天即是元旦，祝新年愉快！今年下半年，我征得李希凡先生同意，让我的博士生李若飞对希凡先生就全国艺术科学规划的一些重要问题进行学术访谈。若飞根据访谈的录音加以整理后，又寄希凡先生审读，希凡先生在此录音整理稿上认真补充、修改，最终形成这样一篇访谈稿。我觉得这篇访谈对全国艺术科学规划评审制度形成之初的不少几乎要被历史淹没的第一手资料有所记录、整理，是一篇十分珍贵的有关艺术科学的访谈稿，现推荐给贵刊，望能尽快刊出。由希凡先生手写修改的稿子的复印件，我让若飞用快件寄给你们，以供校订、参考。不多赘述，顺祝冬祺！
>
> 李心峰

此时，正是2014年新年元旦前夕的2013年12月30日。《艺术百家》杂志收到这篇题为《国家社会科学基金艺术学项目辉煌发展30年——李希凡先生访谈录》的访谈稿，以最快的速度刊载于该刊2014年的第1期。之后，若飞在写作其博士学位论文时，也对希凡先生在新时期我国艺术学学科规划、学科建设、学术研究的组织指导方面的重要贡献有所论及。他的这篇博士学位论文，经过若干补充改写，已于2016年初在中国文联出版社出版，书名改为《艺术学：从单列学科到门类学科——国家社会科学基金艺术学项目30年发展历程》。在该书问世时，也把他对希凡先生所做的这篇访谈录作为"附录"收入了书中。

第二件事。2013年6月，我由于工作的需要，由原来中国艺术研究院中国非物质文化遗产保护中心常务副主任岗位，调任中国艺术研究院研究生院党委书记、副院长，除了党委工作外，还分管研究生的教学工作。上任以后，我从艺术学整体结构对于一般艺术史尤其是对中国艺术史的要求考虑，更从学生们合理知识结构的需求考虑，认为应该为刚入学的硕士博士生们开一门艺术通史课，尤其是中国艺术通史的课，让同学们在入学第一年的一个比较集中的时间段内，能够概要而系统地学习一下中国艺术史。这对于他们之后进入更专门的领域学习乃至学位论文的选题与写作，都大有裨益。总之，艺术学各学科的硕士博士生们应该打牢艺术史尤其是中国艺术史的知识基础。可是，开这门课，用什么作为教材最为理想？找谁来上这门课最为合适？我马上想到了希凡老院长总主编的《中华艺术通史》。我们中国艺术研究院作为我国唯一国家级艺术科研机构，如果从其前身中国戏曲研究院算起，已有近七十年的历史，涌现了一大批各门类艺术史论及美学、一般艺术理论名家大家，产生了相当一批代表着我们这个时代艺术科学最高成就的艺术科研成果，像王朝闻主编《美学概论》《中国美术史》，张庚、郭汉城主编《中国戏曲通史》《中国戏曲通论》，杨荫浏《中国古代音乐史稿》，等等。李希凡总主编的《中华艺术通史》就是这样一部诞生于新世纪第一个十年的代表性成果。可以说，在中国，就艺术科学而言，没有哪个高校或科研机构拥有这样深厚的学术传统、这样壮观的学术团队、这样群星灿烂的名师大家、如此厚重的第一流的艺术科研成果！这是中国艺术研究院独一无二的学术优势与珍贵无价的学术资源！那么，在中国艺术研究院办艺术教育，办研究生院，培养艺术科学高层次人才，应该依靠什么？在我看来，就应该尽最大的可能，发挥我们的上述优势，充分利用好我们所独有的学术资源，努力将我们所拥有的学术资源转化为导师们在课堂上讲课的教学资源、教育资源。那么，要开中国艺术通史课，李希凡总主编的《中华艺术通史》不正是最好的学术资源吗？当然，给研究生上课，把相关成果资源引入课堂或推荐为教材、参考教材，还要考虑学生们的接受程度以及学术资源的深浅程度与体量大小。总共14卷、700多万字的《中华艺术通史》如果直接引入课堂或作为教材、参考教材推荐给学生，确实并不合适。不过，14卷本《中华艺术通史》面世后，课题组在希凡先生统领之下，又分别将这一大部头艺术通史压缩为六卷本《中华艺术通史简编》（下文简称为"《简编》"）和上下两册的《中华艺术导论》（下文简称为"《导论》"）。我认为，字数仅有四五十万字上下两册的《中华艺术导论》，将希凡先生的"导言"和各分卷的"导论"汇集起来，既有"导言"对中华艺术总体精神、特点、历史脉络、辉煌成就等的精炼概括，也有各分卷"导论"对各时期艺术的社会文化历史语境的阐释、对各时期艺术发展线索、艺术成就及其历史地位的总体概括，非常适于引入课堂、推荐给学生们用作教材。而六卷本大约二三百万字的《中华艺术通史简编》，则比较适合于推荐给同学们作为参考教材或必读书目。我将这一设想与时任研究生院院长吕品田同志协商，得到他的全力支持。接下来便是这门课的具体实施问题。具体地说，如果开设这门课程，请谁来讲课比较合适呢？不用说，由各个分卷"导论"的执笔者（他们大多也是各分卷的主编）来讲，是再合适不过的了。经我与各分卷主编沟通，他们只要身体和时间允许，都愉快地接受了每人一讲（一个历史时期）的授课任务。于是，从2014年开始，研究生院新增了一门"中国艺术史导论"的课程，担任讲课任务的是由邓福星、孟繁树、邢煦寰、田青、廖奔、秦序、李一这样一批学术大家所构成的超豪华的学者阵容。我作为三代卷分卷主编，也忝列其中，讲授"夏商周三代艺术导论"。可是，包括上述《通史》《简编》和《导论》在内的几项《中华艺术通史》系列成果，无论是14卷还是6卷或上下两册，都有一个统领全书的灵魂与总纲的东西，这就是希凡先生呕心沥血、思索经年写出的数万字的"导言"。因此，要开这门课，最理想的安排是请希凡院长亲自出山，为同学们讲这门课的第一讲。可是，在我们首度开设这门课程的2014年，希凡老院长已届86岁高龄。尽管当时老院长身体依然健朗，精神仍然矍铄，但毕竟岁月不饶人，一位年近九旬的老人，请他来给同学们上这"第一课"是否合适？这个课一讲就是半天，三个多小时，老院长的身体能否吃得消？更何况，老院长还有许许多多的工作需要他勉力去做。要不要请他"出山"？恰好，在我来到研究生院以后，我们在研究生院开设了两个高端学术讲座，一个叫作"与大师面对面"，专请各艺术领域的大师级作家、艺术家，跟学生讲他们的"艺术与人生"；另一个叫"名师讲坛"，主要请国内外人文社会科学领域那些顶尖级的学术大家名师，给同学们讲授人文社科各领域最新最前沿的思想学术。是否可以把"中国艺术史导论"的第一课与高端学术讲座"名家讲坛"结合起来，请希凡老院长给大家做一次讲座，让同学们领略一下希凡老院长的学术风采呢？我把这一想法向当时的院领导做了请示得到首肯，接下来，就是向希凡老院长请示，看他是否方便来给同学们讲座。在给他打电话的时候，我心里不免有些忐忑，担心他来不了。出乎我的意料的是，老院长听说我们计划将《通史》这一学术资源引进课堂、开设"中国艺术史导论"这门课程，十分欣慰和支持，并且十分高兴地答应了让他来做讲座的请求。他说他已多年不出去做讲座了，但请他给本院的同学们做讲座，他是很开心的。那天的讲座，偌大的教室座无虚席，坐满了听讲的同学。老院长不徐不疾，娓娓道来，给同学们讲中国艺术的基本精神、基本观念，介绍"中华艺术通史"重大课题的由来、设想、构成、编写过程与意义，等等。讲座非常成功，同学们也都为我们院有希凡先生这样的学术大家的存在、为自己能够亲眼亲耳看到听到希凡先生这样的学术大家的精彩讲座、感悟中华艺术的独特精神与辉煌成就而深感幸运。

第三件事。从十多年前开始，我陆续招收文艺学硕士生和艺术学理论博士生。我在带硕博研究生的过程中，比较注重引导学生对本院的学术传统尤其是美学、艺术学及文艺理论的一些大家名家，标志性、代表性的学术人物进行研究。像胡风、陈涌、王朝闻、陆梅林、程代熙，等等，都是我推荐给同学们予以重点关注、探究的对象。鉴于希凡老院长的学术贡献及对于我院以及我国艺术科学所起到的重要作用，他更成为我向同学们推荐的研究对象。比如，我2014年招进来两位文艺学专业硕士学位研究生。她们二位在选择硕士论文的题目时，都接受了我的建议，选择以我院文艺理论大家名家为研究对象。其中一位同学桑媛，经过反复斟酌、思考，最后确定了以《李希凡现当代文艺批评研究》为题，撰写硕士学位论文（另一位同学王园园硕士学位论文题目是《陆梅林艺术意识形态论研究》）。作为一位从校门到校门的"90后"硕士生，要想把握住李希凡先生有关现当代文艺批评之成就、特色、地位、贡献这样一个相当复杂的研究对象有相当的难度，但该同学经过数易其稿，认真写作和反复修改，最终完成的论文得到了答辩委员会的肯定。她本人通过学位论文的写作，不只了解了希凡先生的学术成就与人格风范，自己在学业上也取得了显著的进步，毕业后找到了比较理想的工作。去年11月，由我院马文所组织的美学艺术学青年论坛讨论"中国艺术研究院的学术传统"，桑媛同学受邀参加讨论，就李希凡先生艺术批评与理论、红学及主持《中华艺术通史》等多方面的成就做了专题发言，引起与会专家们的共鸣。

五、五幅挽联寄哀思

希凡老院长于2018年10月29日凌晨驾鹤西去。他走得既匆促，又安详。他的驾鹤西行，让我们倍觉突然。记得此前没几天，我还接到我院原科研办主任、《中华艺术通史》编委、编辑部主任、"索引卷"主编林秀娣的电话通知，说11月初，《通史》的几位编委要到希凡老院长家附近找一家饭店聚餐，一是集体看望一下老院长，二是要碰头协商《通史》的外文翻译或缩写、再版等事宜。谁料我们还未及集体去探望他，老院长已匆匆别我们而去，留给我们的是无尽的怅惘与哀痛。在老院长刚刚去世的那几天里，我一直沉浸在无以言表的哀痛与追怀之中，断断续续拟出了五幅挽联，聊以寄托对老院长的怀念与敬仰。这五幅挽联曾刊于《红楼梦学刊》悼念希凡先生的专辑之中。现抄录于兹，以志追思。

其一

希世学者　著述等身载青史

凡间师长　春风化雨育英才

其二

希圣希哲　毕生治学无涯

凡人凡事　终老不悔初心

其三

小人物，大格局，搅动红学苑圃

九秩翁，等身著，引领艺学江湖

其四

红学鲁论，文评艺史，学界痛失泰斗

文品官德，人格操行，文坛仰瞻前贤

其五

一部通史，蜚声海内外

九秩人生，誉满全神州

己亥中秋，于深圳南山瞻云居

本文原载于《传记文学》2019年第12期

作者系中国艺术研究院研究员

即之也温也暖

——回忆敬爱的《中华艺术通史》主编李希凡先生

秦 序

一、当代传说故事中的传奇人物

时光飞逝，转眼我们敬爱敬重的李希凡先生已经离开我们一年了。

能够近距离地结识希凡先生，并且在他直接率领下从事《中华艺术通史》这一重大文化艺术科研项目的编撰工作，前后十余年之久，是我一生中非常难得的缘分，极其宝贵的经历。

我算是一个跨代之人：1948年春，中华人民共和国成立之前出生于苏州。随后，即被父母带到边疆小城昆明，在这里悄然长大。说悄然，一是父母均处社会基层，且都远离他们的故乡四川璧山和贵州贵阳，所以，我是在相对孤立的小家庭环境中成长的非常普通的小男孩。二是小时我家曾租住在云南著名白族文人赵藩家的旧居院内，赵宅高门深院，大门常闭，似乎与世隔绝，也使我小时少有小伙伴一块儿嬉戏。所以，打小我就懵懂茫然，没心没肺，是一个坐井但不知观天、自寻其乐的小孩。

1956年，我就近进入双塔小学（校园中有一对古塔）读书，才开始与社会多了些接触。

当时的我，当然不会知道两年前的1954年，竟有山东大学李希凡和蓝翎两个青年学生，敢冒天下之大不韪，对蜚声海内外的前辈红学研究大家俞平伯的观点和方法提出尖锐批评。尤具戏剧性的是，"两个小人物"的文章屡受学界轻视压制之时，竟然得到国家领袖毛主席的青睐。

直到我进入初中后，父母买来《红楼梦》一书（主要为供读高中的姐姐阅读），才听说前些年曾有这么一场"高文化"的复杂论争。两位虎虎有生气的青年学子，一下子扬名全国，成为广大青年学子向慕学习的光辉榜样（有人敬佩到改名以景从的程度）。但对身居僻远之地且十分幼稚的我而言，他们仍是远在天边云霞之中的传说式人物，他们的故事是一段今世传奇。

1964年初中毕业后，我未能升学，进入工厂幸运地成为车床学徒工。不久，长达十年的"文革"开始。因我在初中时有一次偶然机遇，得到非常年轻而又非常热情的学校音乐老师指导，开始学习演奏小提琴，所以"文革"运动到来时，居然略能演奏，成为我参加各种级别的"文艺宣传队"、后又能调入省歌舞团担任乐队演奏员的必要技能。于是，我也从一名普通工人，变身成为表演《红色娘子军》等"样板戏"剧团的文艺工作者。

"文革"结束，改革开放大幕拉开，我又非常偶然地得到几位"高人""贵人"难得的指引，开始由洋返中，从专心学习了解西方音乐和演奏小提琴，转而关注、学习中国音乐史。又巧遇研究生扩招，没有读过高中、大学的我，竟然得以同等学力幸运考入中国艺术研究院研究生部，来到北京，师从著名中国音乐史家李纯一攻读中国古代音乐史。1985年初，硕士研究生毕业，我又幸运地留在中国艺术研究院音乐研究所工作。

大概在20世纪90年代，文化部调李希凡先生到中国艺术研究院工作，担任常务副院长。不过，当时艺术研究院本部和绝大多数研究所集中在北京西城后海边的恭王府内，而音乐研究所孤悬于外，在东直门外的新源里。作为一名不坐班的普通研究人员，加上我分配住在北京东部的红庙北里宿舍，因此，与院部和各部处机关往来并不多。因而，虽与希凡院长这位"传奇人物"的上班地点地理距离近多了，又同属一个大单位，但毕竟缘分未到，彼此人生轨迹并无更多的重叠交叉。他是院领导，我们仍只是远远地仰视希凡院长，他仍是一位传说般遥远的大人物。

二、希凡先生的及时召唤，指引我转回正确的前行航向

1992年，小平同志发布重要的"南方谈话"，全国掀起改革开放的新高潮。从南到北，从东往西，一时多少人纷纷"下海"，多少公司开办起来！就连几十人规模的音乐研究所，包括穷怕了的研究人员，竟然也"忽如一夜春风来"，一下子便涌现出若干个文化、商贸公司来。几位研究人员和研究生师兄也成立了一家"乐发文化公司"，还成功举办了声势浩大的"中国体育运动队队歌征集大赛"，在企业支持下，为代表国家出征各种国际国内重大比赛的国家体委各运动队创作运动队歌，以加油鼓劲。我也曾大胆提出一个设想：通过举办一个北京路标路牌的设计大赛，为古老的首都北京改造陈旧的路牌路标，设计出大气漂亮的路标路牌，给涌向北京的无数行人指引方向。我们设想，这一项目可以不用北京市政府出一分钱，仅依靠企业广告、赞助便能成事。

当时艺术研究院其他各所也毫不落后，纷纷开办公司，提出各种缤纷耀目的建议和设想计划。各所兴办的公司有关开发计划、点子，报到院里，包括我们所提出的有关路牌设计的想法（当时还请美术界朋友做出若干路牌的设计方案），居然引起几位院领导重视，觉得似乎可行，表示鼓励和支持。

席卷全社会的经济热浪呼啸奔涌，各行各业各显神通，尽赴商海，努力开发。东南西北一片热气升腾，沸沸扬扬，使得学术研究空间越发逼仄，难觅一片僻静之地。但现实也很快便惊醒了盲目"下海"的人们：投身改革开放大潮，开发、经商，需要种种相关知识和技能，更需要资金、人脉等等必要条件支持。商海成功毕竟不是只凭热情、人人可为之易事，更不是人人都能成马到功成的一条坦途大道。

就在"全民经商"、人们头脑发热的时刻，作为院长的李希凡先生却非常清醒。他登高而召，提出应该坚守艺术研究的本职工作，而且希望能够动员、整合全院各研究所以及社会各方面的艺术史研究力量，来编撰一部规模宏大的《中华艺术通史》！

因我当时还担任音乐研究所中国音乐史研究室主任，经所长乔建中指派和推荐，让我参与《中华艺术通史》（以下简称《通史》）的研究撰写，以发挥音乐研究所在中国古代音乐史研究方面的传统和所长。于是，我个人不仅有缘与传奇传说中的希凡院长结识、接近，而且开始了在希凡先生直接领导、指导之下，共同合作完成该项目的这段长达十年之久的难得历程。

黑格尔曾说，生命必须以有价值的目标为目标才会有意义。今天回头看，正是有机会参与研究编撰《通史》，让我及时从盲目投身经济开发的歧路回到自己人生前进的正轨。希凡院长的召唤，有力地促进我和其他一些研究人员迅速醒悟反思：自己的历史使命，究竟何在？自己追求的到底是什么？自己所长是什么？如何才能够扬长避短，发挥自己的所学和能力，实现人生的更大价值？在未来岁月中，如何才能看清楚更远更深，也更有价值的追求的目标？

能够与希凡先生接近，并在他的直接引领下，开始自己学术研究的新阶段。对我而言，这段缘分至关重要，是我一生中具有非常重要的意义、影响非常深远的大幸事。

三、希凡先生对《中华艺术通史》的重大贡献

在希凡先生领导和大力推动下，通过多方面紧锣密鼓的筹划、准备工作，《中华艺术通史》正式作为国家重大艺术科研项目，申报并获批准立项。这是当时国家艺术科研计划

中非常少有的最高级别的课题。据说当时另一国家级艺术科研的"重大课题"，就是多达数万人参与、耗时数十年之久的"中国民族民间文艺十大集成志书"工作。《通史》的意义和学术研究的分量，由此略见一斑。

李希凡先生身体力行，参加并领导这一项目直至完成，可以说是他晚年最重要的工作之一，不仅是他作为艺术研究院领导的重要人物的贡献，也是他一生思想、文化和学术研究的集大成的闪亮结晶。

希凡先生除了领导项目整体架构设计，组建和完善研究团队，努力加强和提升所有编撰者思想、认识的协调统一外，还直接领导科研处林秀娣处长等组成办公室班子，处理日常行政事务包括经费的安排支出等大小事务。不仅如此，希凡先生还以《通史》作为自己思考研究的课题，对整个项目的对象、理论基础、中国传统思想与传统艺术的关系、中华艺术精神及其特有的观念体系、中华各民族艺术的融合、中外艺术文化的交流等等相关基本问题，以及对中华艺术发展史的宏观认识等重大关系，进行了全面、深入的思考和探索。尽管他屡屡申明他不是研究中华艺术史的专家，担任《通史》总主编对他而言是作为中国艺术研究院常务副院长的一项"职务行为"，但他实际为《通史》的编撰投入了巨大的个人热情，《通史》早已成为他念念不忘的、多年反复思考和不停探索的"个人"研究课题。《通史》的全部工作以及如何更深更广地认识中华艺术的发展历程，有如一块凝聚他晚年全部心血、情怀和创造思维的"通灵宝玉"！

在希凡先生为全书撰写的"总序"中，我们可以看到他的相关思考的深广和研究探索成果的丰厚，并做出了非常系统、清晰、简练的概括表述。

例如，希凡先生指出，在我国现代的艺术观念和惯常用语里，艺术"应是各艺术门类综合的整体的概括，并不属于某一门类艺术专有的概念"。这与西方学者的艺术研究中，通常更重视艺术的物化形态特征，"更多情况下，只属于专指造型艺术的词汇，如《剑桥艺术史》实为'剑桥美术史'"不同。因此，他认为，我们的《通史》应力图从中华民族艺术发展的特点出发，对历代各领风骚的诸艺术门类，"做综合性的探讨和研究"。希凡先生还强调，《通史》虽采取断代分卷的形式，却绝不是这一时期各艺术门类的重复和拼装，而是"还历史以本来面目，立足于社会总貌和艺术发展的总体把握，重视整体的、宏观的研究，着眼于概括和总结每个时代艺术共同的和持久的发展规律，将共生于同一社会环境或文化氛围内的各门类艺术的成就科学地反映出来"。这是他所设想的《通史》研究编撰所追求的高标准，需要努力实现的宏大目标。

关于中华艺术的总体特点，希凡先生也做出许多重要揭示。例如，他在"总序"中指出："中华传统艺术，对艺术审美意义的整体思维的探索，在世界艺术史上是独具特色的。因而，探索、概括、总结中华历代艺术体验世界、认识世界和表现世界的多样的创造，揭示中华传统艺术在历史的不断发展中形成的审美价值、表现形态，也包括从总体的脉络上把握各门类艺术的创造，通过综合比较的分析研究，以发掘它们发展中的时代的共同规律与个性特征。"

今天手执《中华艺术通史》回看，希凡先生所希望和指明《通史》所要实现和达到的高度，包括《通史》的阐述，不应是艺术现象的简单罗列，不应是各门类艺术的重复和机械拼装，更不该是艺术家和艺术品的历史编目。希凡先生对《通史》如何通过辩证的比较研究方法，实现"点面结合、重点突出代表每个时代的艺术门类"，如何通过杰出的艺术家和艺术品的分析研究，"指出它们对中华艺术以至世界艺术做出的独特贡献"等方面的设想和要求，很值得我们进一步认真思考和继续努力实现。

"总序"还指出中华文化"不同于其他古老文化的特点是，虽跌宕起伏，汪洋恣肆，却又是一直连绵不断，始终向前发展"，而中华传统艺术"则是这灿烂古老文化取得的最高成就的一大标志"。同时，他也指出中华民族在几千年历史中长期形成的特有审美艺术形态，其多样化、多层次的发展，"也给世界艺术宝库留下了辉煌于当代的丰富遗存"，值得我们联系实际遗存深入探讨。

"总序"既体现了他对中华艺术史发展历程的深刻认识，是他对中华艺术具体、个别的各门类艺术发展的考察，也是中华艺术核心特征和总体特点的高度概括，是对中华艺术史整体的总结和提炼。

"总序"是希凡先生对多达十四卷的《通史》各卷一一展现的中华艺术发展历程，以及其深层规律的高度概括总结。这是希凡先生多次提出初稿、修改稿，在多次编辑会议上非常认真听取大家意见，并充分吸收各卷研究成果的基础上，反复修改、认真推敲而最后完成的。希凡先生的撰写态度非常认真、非常努力，为每一位参与编撰者做出了表率和示范。

希凡先生依据对中国文学的深厚了解，认真分析研究了中华艺术的发展历程与深层的内在规律，给读者了解全书做了清晰的导引。"总序"是他学习研究中华艺术发展史的重要心得，我认为，"总序"也是希凡先生晚年对中华艺术通史进行深入研究探索的非常重要的学术贡献之一。

四、即之也温也暖

能够参加这一重大项目并结识希凡先生，以后又有了较多的接触交往，感到真实的希凡先生，与我先前的那种朦胧的传奇式想象，既有吻合之处，也有许多地方让我大感意外。

希凡先生是中国艺术研究院的实际领导（中国艺术研究院院长当时是文化部部长王蒙兼任，希凡先生是常务副院长），拥有高级干部身份。同时，他又是全国甚至世界知名的"红学"大专家，是从青年时起便享誉思想、文化界数十年的文化大名人。因而，来自古书所说"瘟疫之乡，不毛之地"的僻远小地方的我，想象中的前辈希凡先生博学多识，才思过人，不仅高大、坚定，而且锋芒显露，一定具有不怒亦威的"架势"，不容置疑的自信乃至自傲满满……

我还一直以为希凡先生是山东人，因他出名时是山东大学的学生，由此自然产生联想，想象他身材应该高大魁梧，看人当然是"居高临下"势态。

真实的希凡院长，身材的确高大魁梧，但他老家其实是北京通州。他也的确博学多识，思想深邃。但其他各方面则与我原有的传奇想象大相径庭！

首先，希凡先生是一个非常温和儒雅的，非常平易近人的学者型领导。他就像一位普通、谦和、平实的邻里长辈，不仅没有那种颐指气使、不容置疑、不许推托的指挥官架子，反而每逢发表各种看法时，会觉得他非常低调、非常客观、非常谨慎谦虚，完全是一种面向别人的礼貌呈现，是诚心希望别人批评指正的、一种真正与人平等商量的态度。

每次开会，包括全体编辑的会议和规模较小的其他会议，希凡先生主持或做中心发言，常常事先起好讲稿，而且他的讲稿不都是简单提纲，不是要点一二三四，而是认认真真准备了的，是字斟句酌细心写出的，使人感到他非常用心，非常谨慎客气。

希凡先生的文章也好，讲话也好，口吻也都是探讨式的、建议式的，语调也是平和的，让你感到是与朋友的对话，没有丝毫居高临下的优越感，更不是命令式诏书般，强迫别人必须接受。所以和他接触，立刻产生即之也温也暖的感觉，十分亲切十分自然。

我认为，希凡先生每次认真准备讲稿，既是不断加强自己思绪和逻辑条理的一种训练，更是出自对听讲者的礼貌和尊重，而且已经成为他下意识的习惯。所以，希凡先生的发言能与听话者迅速建立起地位的平等和接近，对此，我深受启发和教谕。后来我也努力学习、模仿希凡先生的这一做法，并要求我所带硕士、博士研究生每次发言、提问之前，也先理清自己思路，完善说话逻辑，最好也写出发言稿或提纲，力求表达清楚明白，言之有物。

也许有人认为，希凡先生长期在《人民日报》等重要机构工作，那是极其重要的宣传部门，他的文章也常供高级领导人审读，影响深广，不能不严谨细致，不能不认真负责，这当然是一种重要的外在环境条件。但时间一长，你会感到这是希凡先生真心、真性、真情和真诚的自然流露，是"文章千古事，得失寸心知"精神长期涵养的结果。

先生有坚定的政治思想和精神信仰，既是一种理性的认知，也有着非常深厚的感情因素。比如，他对当初慧眼识人，将他作为思想文化战线上重要青年才俊加以擢拔、培养的领袖毛主席，始终充满崇敬感激之情，不允许他人随便否定和贬低。毛泽东在他的心目中，始终具有不可动摇的崇高地位，为此，他终身坚持和捍卫。他也不讳言，自己确有发自内心的感恩之心。希凡先生的坚定执着，令人钦佩！希凡先生绝不是那种政治上的风派人物或投机分子，更不是那种当今学界批评谴责的"精致的利己主义者"。在大的原则性问题上，在基本的政治底线上，无论会上会下，他始终表里如一，包括他的廉洁奉公。他是一位真正模范地坚持原则的敞亮人物。

而在学术研究方面，在《通史》的具体编撰等方面，希凡先生则非常宽容，非常民主，非常宽厚。

《通史》上下涵盖八九千年，涉及各门类艺术形式，兼容众多艺术体裁。参与《通史》编撰的学者，除我院不同研究所的众多学者外，还有院外如故宫博物院、中央美术学院等等院校和研究机构的著名学者，有四五十人先后参与。项目申报之初，必须倚重各研究所力量，进入研究编辑团队的有不少是各所领导或老同志。随着研究编撰的深入，也发生种种问题和变化，甚至会影响进程。希凡先生在处理和调整人事任免方面非常慎重，非常周到细致，经多方面考虑斟酌之后再与大家反复商量，尽量让人心平气和，来去愉快。《通史》长达十余年撰写过程中，无论人员来去或职务改变，包括大胆提拔年青学者，因为希凡先生总是出以公心，所以，总体而言比较合情合理且少震动，保证了全书顺利完成。

他的主编风格非常民主、非常平等，给各卷主编和各位撰稿者非常大的自由空间。《通史》全书虽有统一体例，也力求指导思想达成共识，但各卷仍有很多出入，各种问题频频发生，很难一致。希凡先生从不个人主观决断，反复与大家商量，甚至尊重其他人保留看法，以至一些《通史》参与者，对此也略有批评，我个人也曾妄言，以为希凡主编过于民主、过于宽松，应该加强集中。

希凡先生其实非常希望全书文稿有比较一致的标准，比较完整的体例，甚至能有尽量靠拢的文风。因此，希凡先生决定在原有副主编外，还设立分别来自戏曲、美术和音乐研究领域的三位执行副主编，协助进行全书的统稿改稿。为此，他不顾自己身体年迈且有病，也不顾住宿条件舒适与否，身先士卒，与我们几位执行副主编一道，前后数月之久，集中在北京社会主义学院等地认真地改稿、统稿。

《通史》全书十四卷，在北京师范大学出版社的大力合作和支持下，已于2006年顺利出版，在社会上也颇获好评。当然，书中不可避免存在不少瑕疵和问题，我们作为编撰者则"如鱼得水，冷暖自知"。书中有很多章节是多少次反反复复商量修改的结果，部分章节甚至推倒重来，且不止一稿两稿。

今天回看，《通史》这一重大项目，参与者众多，水平自然参差不齐；各学科研究的发展也有先有后，积累不尽相同。加上全书从立项、开笔到交稿，前后历时十余年之久，极其艰难。希凡先生主持这一项重大科研，也只能从历史实际出发，从现实条件出发。如果要求过于急切、过于严厉，恐怕更难完成。

五、大胆提拔和培养中青年学人

希凡先生热情鼓励和大胆提拔中青年学者，给我们留下了深刻印象。

《通史》作为大型项目，参与人员众多，可谓老中青结合，院内院外皆有。为此，编辑部除总主编外，还设有全书编委会和副主编。如前所述，因实际工作需要，后又设立了三位中年学者担任执行副总主编。下面各分卷，各有主编、副主编等，也起用了大量的中青年学者担负重任。

笔者本来是以普通的音乐史研究员身份参与《通史》这一国家重大课题。在希凡先生的安排下，我担任了"隋唐卷上"即表演艺术部分的分卷主编，此外，还负责为"原始卷""夏商周卷""秦汉卷"的音乐部分撰稿。

"隋唐卷上"的撰稿者有王克芬、刘骏骧等舞蹈研究的专家，让比他们年轻的我担任主编，就是希凡先生的大胆提拔。后来，希凡先生又特别鼓励重用，将孟繁树、陈绶祥和我提升为整个项目的执行副总主编。这样，我除负责原有各卷音乐部分的撰稿和担任"隋唐卷上"的主编外，还要参与全书其他各卷，甚至其他门类艺术的统稿改稿。这既给我增加了非常大的压力和负担，同时，也给我提供了更多更广的学习、了解中华艺术史的机会。对我而言，能在希凡先生的直接领导下耳提面命工作，自然获益良多。

希凡先生不光与各卷主编和作者平等商量、斟酌，也自己动手认真改稿、统稿，同时，对我们几位执行副主编的改稿统稿，先生也认真检阅，并写出审读意见。我记得希凡先生审读我所修改的部分稿件后，写条子热情地鼓励，说不光将原来的文稿改得更精练，意思也有扩展深化。大家都知道，希凡先生是著名的文学研究大家，年轻时在名校山东大学从名师学习中文，以才学出众受到最高领袖欣赏，一举成为全国知名的《红楼梦》研究专家。后又长期在《人民日报》担任文艺部编辑和负责人，早就是国家级笔杆子。能得大笔如椽的希凡先生的肯定和鼓励，对我这样一个学历低浅，仅靠不成体系的自学勉强应付工作的后辈，无疑是极大的激励和鞭策，他的话也成为我努力追求以求达到的前进目标。

为更好撰写《通史》，希凡先生还联系了敦煌研究院院长樊锦诗女士，不顾自己年高有病，亲自带领陈绥祥和我等四五个人前往中华艺术的圣地——敦煌莫高窟实地考察。我们在敦煌莫高窟住了一个礼拜，托希凡院长这位"传奇"（樊锦诗院长语）人物之福，敦煌研究院为我们开放所有洞窟。只要我们想看的，都可以打开进去看，条件只是请希凡院长做一讲座，我们作陪也发发言。老话说，"纸面得来终觉浅"，敦煌之行，让我们目睹大量中华艺术的辉煌图像和雕塑实物，让我们深切感受到中华传统文化和艺术的博大精深。同时，也让我们亲见几代敦煌研究者们如何在沙漠进逼生活困难的艰苦环境中，为保护和弘扬优秀传统艺术，"献了自身献儿孙"的伟大敬业精神！敦煌研究院的石窟艺术保护者和研究者们是我们学习的榜样，也为我们更好地编撰《通史》，提供了巨大的精神力量。

六、平等宽厚待人

希凡先生对人，无论上级下级都非常尊重，平等待人。比如，他每次称呼别人包括提到我或叫我，常常后缀"同志"，使你感到他对别人、对你的充分尊重。也许今天的青年人已不太习惯"同志"这种"老派"风格的称呼，但希凡先生用此来称呼你时，你很容易感到这是他发自内心的一种习惯，具有非常自然的亲切感。我们几位副主编在平易近人的希凡先生面前，自然敢大胆发表自己的意见，也常受到先生的鼓励。有一点点价值之处，先生必择善而从；若有不对之处或胡说之言，先生也通过平等的商量指出。

总体而言，无论工作还是生活中，希凡先生都是非常稳重敦厚的，他虽不多开玩笑，但也不排斥我们说笑，非常宽容地对待平时乱说乱讲。例如，希凡先生素有糖尿病，喜欢但不敢吃油条，另一执行副主编、美术研究所副所长陈绥祥，每逢早餐就故意用油条开玩笑，屡屡逗引先生"破戒""出轨"。没想到，后来陈先生一次外出参加会议，竟突发急病送入医院。一检查，他也是糖尿病患者，而且什么"＋"号之类居然比希凡先生还高出许多！从这一笑话故事也可略见先生如何平易近人，与我们相处如何自然随意，毫无隔阂。

希凡先生待人接物的谦和宽厚态度也给我们很大启示，尤感温暖。希凡先生有工作配车，当我们有困难或需要时，不仅带我们同乘，甚至专门派来接送。先生和我们大家相处亲密如朋友，他对我们的关怀，甚至推及家人子女。我们曾多次到过希凡先生家中（原住北京永安里贵友商场后面的《人民日报》宿舍区，后又搬到东郊青年路口附近），希凡先生也来过我们几位编委家中，看望大家，谈天谈工作，非常融洽。甚至连我大儿子的结婚仪式，希凡先生也欣然出席，送上衷心祝福！可以说，与希凡先生一道工作的十年是我们非常愉快、非常平等地交往的十年，也是思想、学业大幅度提升的十年。

七、为悠久辉煌的中华艺术写史，带头不计报酬

《通史》全书多达14卷，700多万字，是一本回顾追溯中华艺术辉煌悠久发展历程的大著，是在全面概括总结前人研究成果的基础上，凝聚希凡先生和众多学人十余年编撰心血的巨作，是一部全面揭示中华传统艺术发展轨迹的开创性大作。

本书作为第一部规模宏大的中华艺术通史著述，成绩不小，当然问题也不会少，我们的研究和撰写以分门别类为主，各门类艺术的相互关系和共同发展规律，也有待进一步深化和拓展。但《通史》的编撰必将受到后人的重视，成为一座中华艺术史的不可忽视的丰碑。它的学术价值和历史意义，随着国家对传统文化的推重和宣传，必将越来越产生积极的社会影响。

李希凡先生带领我们投身于这一项重大的非常有文化、历史和艺术价值的项目，为社会做出了应有的贡献，也让我们的学术生命更加充实，给我们带来可喜的回报。希凡先生身体力行而开创的《通史》编撰精神和修史心得，我相信一定会成为后人继续研究的坚实起点，所能提供的宝贵借鉴，也成为后人继续前行的照路明灯。

回想十余年的编撰历史，希凡先生带头体现了崇高的艰苦奋斗精神，一种为弘扬优秀文化传统而不计付出的献身精神。当年《通史》先后被列为国家"九五""十五"规划重大艺术科研课题，但国家立项下拨的资金只有区区十万元人民币（今天一个普通国家项目都有二三十万的经费）。如果不是一开始就得到富有远见的北京师范大学出版社的关注和支持，主动投入两百万元启动资金，整个项目不可能顺利启动和完成。这样一个国家重大课

题，先后有全国四五十位专家参与，耗时长达十余年，除数次召开必要的全体编委会，以及多次集中撰稿或改稿会（包括到北京郊区和山东威海等地）的必要花销外，每个人最后所获的经济报酬，若按十年分摊，可以说少到可忽略不计。但一生清廉的希凡先生以身作则，从不考虑个人报酬和收入，也从不多占多用多拿，为全体参与者树立了好的榜样。

后来，听说希凡先生有机会向财政部部长直接递送报告，要求补充一点经费。但希凡先生节俭成习，只敢开口要求补充50万元。我们曾当面向希凡先生开玩笑说，当时送给财政部部长亲批的报告，如果写上500万元也不为多啊！事实上，如果我们课题的经费，真能稍充裕一点，《通史》的发布会也许会规模更大，社会影响也许更广。我们还可以购置一些《通史》，直接赠送给某些边、穷地区的学校及图书馆，以方便当地广大青少年学习、了解中国优秀的传统艺术，提高文化自觉和文化自信。这样既可以为中华文化的全面复兴焕发发挥更大的影响力，《通史》的社会作用也可以有更大的发挥。

如果有经费支持的话，已出版十几年的《通史》，当然还可以进一步修改完善，可以不断集中最新最好的各门类艺术研究新成果，再出增订本或改进版。同时，还可以出版其他系列配套成果和继续研究成果，以扩大悠久辉煌的中华传统艺术在全国和全世界的深远影响，更好配合当前迅猛开展的文化遗产和非物质文化遗产的保护传承工作。

八、沿希凡先生创辟的道路继续前行，研究并弘扬中华艺术辉煌传统

在先生逝世周年之际，我们更加想念带领我们共同完成《通史》这一巨大工程的希凡先生，我们敬爱的老院长！

在您亲切领导下，与您共同研究编撰《中华艺术通史》的愉快经历，共同创造和积累撰稿、改稿、统稿的宝贵经验和丰厚的心得收获，将是推动我们今后继续前进的巨大精神力量和思想学术财富。

您在《通史》"总序"中，曾指出中华艺术的发展"上下古今，四面八方，承前启后，相互融合，不仅紧密联系，而且有不断发展中的富有独创的民族艺术特征的新的综合美的创造"。

您还指出："中华艺术的史的发展，虽以汉族艺术为主干，却是中华境内多民族的群体所创造，即使是有悠久历史传统的汉民族艺术，也不可能那么'纯粹'，同样是不断从周边民族，也包括世界各民族艺术中吸取了丰富的营养。"

您还放眼瞩目21世纪，说明在新的世纪中，"中华艺术自会有更新的创造和发展，也

同样会有同世界各民族优秀艺术的深入交流和融合，但中华艺术发展的生机却又绝不会是抛弃自己的优秀传统，因为这传统至今仍以其灿烂的遗产，活色生香地渗透在现实的艺术史实践之中。所以，不能真切地把握传统，也就不可能有瞩目未来的、能自立于世界市场之林的革新和创造"。

您后来特别强调，这就是您在《中华艺术通史》"总序"所要阐明的主要题旨。

敬爱的希凡主编，我们一定沿着你所开创的中华艺术史研究道路继续往前行，一定不辜负你殷切的告诫和衷心的嘱托，为研究中华灿烂的传统艺术和弘扬中华优秀文化艺术传统，像您一样奉献全部心血和努力！

2019年11月18日完成于北京天通苑寓

作者系中国艺术研究院研究员

忆李希凡先生

邓福星

李希凡的大名还在我读中学时就知道了，见到他本人却是在1986年的秋天。他从人民日报社文艺部调到中国艺术研究院任常务副院长，是中国艺术研究院第二届领导班子的"班长"，主持院里的全面工作。我也是从那一年开始担任美术研究所副所长，所以有较多的机会同希凡先生接触。

回想起来，那些年也都是工作上的接触，印象深的有两次。一次是大约90年代初的一天，我被叫到他的办公室单独谈话。起因是我曾安排一位艺术观点比较激进的同事在研究生部（现研究生院）授课，这位同事几年前曾经主编过一份报纸，因出现了一些问题而被文化部查封了。希凡院长谈话的大意是：所里让这位同事去给研究生讲课，他的某些观点有可能在同学中间产生不好的影响，而且还会被认为所里、院里赞成、支持他的观点，进而误认为我们对部里的态度也有异议。其实，我个人的观点与同事的观点也不尽一致，当初主要考虑的是处理好同事关系，别的没有多想。希凡院长讲话虽然平静，其实是批评。那时，我已经主持美术研究所的工作，深感自己处理事情缺乏政治头脑。

另一次是在1996年或1997年秋天。王朝闻先生总主编的12卷本《中国美术史》书稿交山东齐鲁书社后，由于该社领导班子变更，加之经费困难，使这一国家项目——编写了十多年的多卷本著作迟迟不能付印。朝闻先生和编辑部的同人为此焦急而一筹莫展。人们在为一件事情焦虑的时候往往会想出各种各样的解决办法。编辑部有人提出，希凡院长的母校是山东大学，会不会有校友在济南担任同出版社有关系的领导，可利用私交促一促公事。我竟贸然地抱着"试试看"的想法去找希凡院长。听我说明来意后，希凡院长没有作声，想了想才说："倒是有一位山大同学在省委宣传部，也多年不联系了，求人家能起作用吗？"我一听就兴奋了，忙说："太好了，您写封信，我跑一趟，没准儿说句话或者给解决点经费什么的，有希望！"话是这么说，但这个想法近乎"有病乱投医"的盲目性，希凡院长不是看不到，他沉吟了片刻，叹了口气说："既是求人家，凭一封信怎么行？我们还是去一趟吧。"就这样，几天之后我俩就乘火车去了济南。既然是求人家，希凡院长只得屈尊，在那位副部长老同学陪同下，诚心诚意地向出版社领导讲述这个项目如何重要，以及出版的紧迫性等，而避谈合同的规定，本应是"敦促"，完全成了"求助"。当天晚上，照例要宴请出版社有关领导以表达恳求之意，害得这位从不参加饭局的糖尿病病号不得不摆样子坐在那里，我心里着实不忍。（记得那晚请客还是被请者埋单的）后来我常常想起这件事，觉得有些愧对希凡院长，不过转念又想，其时他作为艺术研究院主要领导，对完成这一项目的迫急心情并不亚于我们这些当事者，在当时的情境下也是为推动项目进展而行的竭力而无奈之举。

2005年，我退休后搬到燕郊的颐园居住。驱车进城走朝阳北路，经过希凡在罗马嘉园的居所，有时就进去坐一会儿。这时，希凡先生已退休多年，我们的接触不再有工作性质，渐渐地结成了忘年之交。每次交谈或偶尔一起用餐，都不再有原来上下级关系的拘束，而感到轻松、亲和，话题也海阔天空、无避无讳，相互走近了。

2006年秋，我准备出一本包含研究文章《梅谭》的咏梅书画集，请希凡先生作序。开始，他说以前很少写书画评论怕说不到点儿上，在我的坚持下他没再推托就答应下来。也许他考虑到我当时的处境，在遭遇了一场劫难之后一些流言还未消除，很需要了解我的人说说真相，讲几句公道话。仅过了一周，一篇近5000字的序言就写好了，标题是《梅花欢喜漫天雪》。我没有想到的是，在这篇序言里，希凡先生花了不少笔墨"介绍"我本人。其中写道："据我的观察，除去他赴美国做了一年的访问学者，那些年他忙活的，一直是美术史项目和所里的工作，自己很少有时间写书或创作。不过，他作为学科带头人，对美术学科的建设是很有见识的，他创意并主持过不少美术专业的重要学术活动。在我的印象里，无论是对美术史还是研究所的工作，福星都是执着而敬业的。"并为我道不平："据我的接触，邓福星对工作总是热情投入，兢兢业业，但人非完人，他的年轻气盛也难免带来一些负面影响，不过，我想人与人在工作中出现摩擦和不和谐，总不至于产生必欲置之死地而后快的深仇大恨吧！而邓福星在'文革'已经过去多年之后，还是遭遇了那样一场无妄之灾 。""我很担心这个打击，是心高气傲的邓福星难以承受的。"没有经历过磨难的人也许不能体会到，这些看似客观的陈述当时给予我心灵的莫大抚慰和支撑。

希凡的夫人徐潮老师在职的时候，创办了一个"中华服饰研究会"，我被挂名为艺术顾问，顾问中还有邢煦寰、卜键、朱宪民、李之檀等先生。直到退休以后，为研究会的事情，徐潮老师有时仍把大家召集到一起碰头商量。徐老师热情、开朗，虽已届耄耋之年，对工作认真负责的态度未减。商量工作时大家都不带压力，而且难得一聚，所以每次碰头都很开心。记得有一次为商量办服饰展览的事，徐潮老师邀大家到家里去。我们中多数曾是希凡先生下属，相互熟悉，讲起当年的往事旧闻，喜笑颜开，彼此倍感亲切，希凡夫妇更是格外高兴。那种气氛和感觉可能只在退休后的老同事相聚时才有。中华服饰研究会收藏的156件中华历代服饰彩塑，是徐潮老师精心策划并聘请天津"泥人张"创制的。因为储放的库房拆迁，藏品一时无处存放。正好我的一个亲戚家有空房，我便帮助把这批彩塑藏品暂时寄存起来。有一次，我和老伴淑忠带了自家院里种的蔬菜去看望希凡和徐潮二老，两位老人特别高兴，徐潮老师特地让保姆为我们包了茶叶馅饺子，饭后又坐了很久，相谈甚欢。回家路上，我们一直议论这老两口那么和谐默契，相亲相爱，堪为我们学习的榜样。

日子一天天地过去，人也越来越老。起初去希凡先生家常有些"实质内容"，比如，有人托希凡先生让我写书画评论，或者联系辅导考研之类的事，后来，便仅仅是看望，见见面，聊聊天。我们在一起交谈最多的是编写《中华艺术通史》和编写《中国美术史》的事情，说起编写过程中遇到的一些麻烦而后又如何解决问题等细节，或者聊聊撰写人的一些近况。谈到"红学"，希凡很称道王朝闻所主张的"艺术研究方法"。我们经常谈论王朝闻先生。他不止一次地说起在《人民日报》文艺部做编辑时，常向朝闻先生约稿，而稿件的清样改来改去，使印厂工人头疼。他说："约写的《喜闻乐见》那篇文章，从发稿到付印，朝闻同志修改了八次，每次都是'大花脸'。我这个当编辑的硬着头皮，给印厂工人赔笑脸，敬烟，倒水，央求师傅及时修改。"在说笑中，流露出对朝闻先生严谨治学态度的钦佩。通常，希凡很少谈及在艺术研究院工作期间的往事，少有的一次是从我创办《美术观察》的话题引发了他的感慨。他动情地说："那几年赶上社会大变革，所谓'以文养文'，就是要有本事搞钱。我长期编报和写作，既没有行政管理经验，更没有搞钱的能耐。"我回想起确有那么一段时间，艺术研究院常来些人讨债、"静坐"，乱哄哄的，那阵子只见希凡院长一脸愁容。是啊，面前这位身材魁梧的老人毕竟是一个书生，不禁记起那句"秀才遇见兵"的俗语来，觉得"心有通焉"。后来我在他送我的那本《往事回眸》里读到那段令他厌烦而又无奈的回忆，他同我提及此事时，可能正写到这里，于是才有感而发的。

徐潮老师的离世，对他的打击是可以想象的。再去看他时，感觉一下子老了许多。幸有二女李芹的悉心陪护照顾，希凡先生算是度过了这一关。希凡先生的视力越来越差，后来就不能读书、写作了。好在最后所写的自传《往事回眸》已经交稿。书出版后，我很快读到。写他在艺术研究院工作的十年只占书中第九章中的一节，要知道，全书有四十二节之多，仅用一节的篇幅叙述十年的往事，可谓简括。我想当面问一问他略写这一段经历的缘故，是因为曾经不大顺心而不愿多去回想，还是因为写到后来为视力、精力所限？几次想问却没有开口。

中华服饰研究会改由他人主持后，我也未再去"顾问"，一直没有听到研究会的什么声息。那批历代服饰彩塑在我亲戚那里已存放了将近十年。希凡先生决定将其捐献给中国艺术研究院中国工艺美术馆。我让亲戚帮助把20大箱彩塑转交之后，希凡先生对我说："你的亲戚帮了这么大忙，总该谢谢人家呀！"我说："谢倒是不用谢，他知道您是名人，想求您一幅书法墨宝呢。"希凡笑着说："我也不是书法家，从来不给人家题字。这次就例外，如果人家愿意要，那就献丑吧。"没过几天就写好了，用楷书工整地书写了鲁迅自题小像那首诗。电话中还问了我亲戚的名字，写上"赠赵文明同志"。赵文明收到后自然是非常高兴。多年以后，听希凡小女李蓝说，把彩塑赠送给中国艺术研究院工艺美术馆是妈妈的遗愿，父亲曾多次念叨这件事，直到送去才了结这桩心事。李蓝的话使我理解到，希凡为帮助存放服饰彩塑的赵文明书写鲁迅诗，所以那么认真、工整，其中一定包含着对于相濡以沫而先走了的徐潮老师所怀思念之情和默默的告慰。

希凡从1996年9月离职，继续主编《中华艺术通史》，到2006年夏出版，又过了十年。他把这段时光称作"老有所为"。尽管其间也没少操心，但大都是学术方面的事，是他的兴趣所在，所以，他在晚年对于编书时的一些情景还念念不忘，并同该书的几位主要编撰人一直保持着联系。2015年秋天，曾经负责《通史》编辑部工作的林秀娣女士听取部分编撰人建议，又跟其他几位沟通，大家一致同意，定好在当年年底希凡先生88岁生日那天，聚在一起给老院长"祝寿"。参加人有孟繁树、陈绶祥、秦序、邢煦寰、李心峰、林秀娣、付京华等，基本上是《通史》的副总主编和编委们。我没有编撰《通史》的"衔头"，却也出过一些力，加上一直同希凡先生走得近，也忝列其中。这次聚会自然令希凡先生喜出望外。曾经在一起为编书奋斗十余年的同人，如今都已两鬓斑白，进入或将近古稀之年，欢聚一堂，有说不完的话。从来不参加饭局的"寿星"这次端坐在酒桌的正位，虽然不怎么动筷，但看着满桌人一边吃一边说笑，热热闹闹，开心得不行。

从此以后便形成了一个惯例，每年在希凡生日那天，这群"老编撰人"便聚在一起，祝贺老主编"生日快乐"。热心又细心的秀娣、京华两位女士也像当年在编辑部工作那样，与各位老编撰人沟通，向老主编"汇报"，预订酒店等，跑前跑后地忙活，她俩辛苦却也高兴。

2018年10月29日凌晨，出乎人意料，希凡先生竟猝然走了。据说几天前他在医院的体检结果并没发现异常，就在前一天下午，感觉呼吸有些困难，家人要送他住院，他执意不去。到了晚上，病情骤然加重，竟不能治。后来听秀娣说，年初去看望他时，他提出希望这些老编撰人能抽暇聚一聚，他想请大家吃顿饭。秀娣曾经几次联系，却总是阴差阳错，有在外地还有出国的，一直凑不齐。后来还是定在年底"惯例"聚会的日子。秀娣说及此事我俩都深感懊悔。莫不是希凡先生自己已有什么预感吗？那天下午他执意不去住院，莫非预料到临终的抢救而不愿累及家人和失去终老的尊严吗？

11月4日上午，李希凡先生追悼会在北京八宝山殡仪馆举行。参加追悼会的人早早赶来，排成几行站在殡仪馆前默默地等候，队伍还在不断延伸。阴沉沉的天气增加了肃穆、沉重的气氛。就在追悼仪式开始的瞬间，忽然下雨了！淅淅沥沥的雨声像是抽泣的声音，合着低回的哀乐，伴着人们缓缓的脚步急促地响起。此刻，仿佛希凡先生就要远走了，他正在向亲人和友人告别。此刻，上天为之感动，也垂泪为他送行。

2019年10月，写于李希凡逝世一周年之际

作者系中国艺术研究院研究员

坚如磐石　霭如春风

——永远怀念李希凡同志

吕启祥

希凡生前，研究院的人惯称李院长，外人或学界常称李先生，在我，则两者都叫不出来也从未如此称呼，称李希凡同志又太正式，于是见面或通话就叫老李，偶尔也直呼其名。这并非同他很熟，只缘积习难改。究其实我并未在一个小单位同他共过事，倒是他跌宕起伏的一生所历种种我并不陌生，加之晚年无所顾忌地任意而谈，使我加深了对他的了解。

希凡逝后，曾有所追思，言犹未尽，这里想就以下几个方面继续追说。

一、超乎"左右"的责任担当

人们往往习惯用"左"的标签或"右"的帽子衡人论事，这样的划分失之简单、流于表面，会遮蔽和掩盖真相。

李希凡终其一生，无论是早年的"第一枪"也好，晚年"大通史"也罢，有一个贯穿其间的东西，那就是不计个人得失的冲刺，就是勇于担当。这种担当，无所谓"左""右"，是那个历史时期所需要的；这个担当，无关名利，倒是要冒风险的。

记得几年前（2014年）在"李希凡与当代红学"的座谈会上，曾经分析过李、蓝当年写文章的历史背景，他们是有学术准备和理论准备的，历史总是青睐有准备的人。更为可贵的是他们的学术勇气来自对文学事业的高度责任感，是对马克思主义的历史唯物主义理论的坚强信心。这样的雄心和胆气不是随便什么人都能够具备的，是一种历史担当。

希凡同志多次讲过，要重评四部古典小说的想法早就结存于心，起点就是要正确解释它们的社会历史意义和思想艺术价值。从学生时代第一篇得到山东大学老校长华岗、《文史哲》主编杨向奎、中文系主任吕荧赞赏的《典型人物的创造》（这是《文史哲》第一次发表学生文章）开始，就向名人挑战了，批评的还是日本著名马克思主义批评家升曙梦的观点。而在1954年与蓝翎合作批评俞平伯两篇文章的同时，还发表了李希凡个人的三篇关于《水浒》的文章，即1954年4月号《文史哲》发表的《关于〈水浒〉评价问题》、《文艺学习》第5期的《谈豹子头林冲》、上海《文艺月报》第12期的《〈水浒〉的作者和〈水浒〉的长篇结构》。第一篇是同北京大学著名历史学家张政烺先生商榷《水浒》评价问题的；第二篇是同《水浒》研究专家讨论《水浒》人物创造有没有写出水浒英雄性格发展的，第三篇是同素来敬仰的茅盾同志讨论作家在短篇故事基础上再创作和《水浒》有无长篇结构的内涵主题的。

可见，1954年的《关于〈红楼梦简论〉及其他》不是第一篇，也不是唯一一篇，商榷的学术前辈也非只俞平伯先生一位。写这些文章是出于同一动机，李希凡在回忆中曾多次十分确切地讲道："真正激起我们'批评'豪情的是，毛主席新中国成立前的对历史唯心主义历史观的那几篇名作，是我在上学时期就立下的重评四部古典小说的'雄心'。所谓重评，就是要用马克思主义毛泽东思想正确评价它们所取得的思想艺术成就，这就不能不触及前辈人的研究，而且我的研究，就是从同前辈人的研究有不同看法开始的。"（见《关于〈红学：1954〉一个"推测"的辩证 —— 兼答张胜利同志》，《红楼梦学刊》2017年第1辑）要说初衷或曰"初心"，这里讲得再清楚不过。

李、蓝二人是文艺青年，是普通人，不是官二代、红二代，没有任何背景或特别渠道，他们压根儿没有预料到后来的种种，比如说他们的文章被转载以至全国报刊铺天盖地的响应，比如说文化学术界的一系列会议上领导和名流的郑重其事的发言，当然，更不知道毛泽东主席本人的信件和高层的震动。今天，研究中国现代思想史、文化史、文学史、中共党史的学者，尽可以对这一事件的全过程包括它正面和负面的影响作全面深入的评论和研究；但只就李、蓝个人而言，后续的发展和影响是他们始料不及、不能左右也难以负责的。当我们回顾希凡同志一生的时候，应当实事求是地评价他当初的雄心、胆略和作为，这是一种极其可贵的历史担当。"小人物"的一举成名不是运气、不是侥幸，更非迎合，而是历史潮流和个人机遇的契合。它有偶然性，更有必然性，个人品质中敢闯敢冲的担当精神正是内在的必然因素。

笔者个人在年龄辈分和所处位置等方面都是够不着1954年那个历史事件的，尽管如此，还是能感受到某些时代历史的氛围。记得20世纪50年代初，我在新解放的广州（广州于1949年10月14日解放，已在新中国成立之后），那是一个新旧交替的大时代，在百废待兴的开国气象之中有立国未稳的忧患，敌机轰炸、特务潜伏。我虽就读于教会学校，同样为抗美援朝保家卫国的热潮所激荡。作为中学生，我参加过老师辈思想改造的一些会议，了解他们欢迎新中国的真诚情感，也接触到他们积习旧弊形成的疑虑和迷茫。即便幼稚，也感觉到思想文化界的除旧布新是必然的。近时，有一位中年学者为考古学前辈名家作传，问我这位前辈在50年代所说欢迎新中国的话是真的吗？我回答说当然是真的。心中也感慨时移世易，今人要返回那个历史情景已不容易了。同样的道理，俞平伯先生作为一位旧社会过来知识分子，爱国敬业，拥护中国共产党，但在学术思想上依旧沿袭历史唯心主义的老路，完全可以理解，政治态度和学术思想是不同层面的问题，也不仅是俞先生个人的问题。我那时当然不认识俞平伯先生，他的著作也未见过，但从我父师辈的状况可联类推想。至于李希凡，也不认识，但从年龄经历上更为切近，他一定是青年人钦佩服膺的对象。

要说历史的担当，对李希凡而言并非"一生只有一次"（直接受毛主席表扬只一次），"一举成名"之后，人生的路还很长，这里不说他在人民日报社期间作为文艺评论家的劳绩，只想强调他的后半生对中国艺术研究院事业的奉献。这方面人们关注不够，评价很不充分。他自己说是闯入了艺术殿堂，实际上是一头扎了进去，不仅实现了专业上的转型和升华，而且提出了许多具有战略性前瞻性的意见，为我国艺术科学的建设奠基铺路，影响深远，《中华艺术通史》的编纂就是集中表现。

这是一部巨制，全书十四卷七百多万字，图文并茂，具有开拓性和集成性。面对种种困难和风险，李希凡义无反顾地举起了这面大旗，见出他的远见卓识和魄力。他丝毫不因年事日高而放弃担当、放松一个理论家和学者的历史责任，而是同团队一起投入了漫长艰辛的规划、撰写、修改的全过程。说是"十年辛苦"，实际上，从动工前的立项、论证、筹措经费到完稿出版、简编、翻译等，前后不下二十年，李希凡将他的晚年精力几乎全部倾注于此了。这里，要特别引述《中华艺术通史》副主编之一，十年间一直协助主编工作的孟繁树先生的回忆，他说自己深切感受到李希凡先生的无可替代的作用。李希凡是这部通史的唯一直接的领导者和组织者，也是这部通史学术上思想上的引领者，是史著的学术灵魂。他说："《中华艺术通史》既是李希凡先生晚年的学术力作，也是他一生学术成果的集大成。换句话说，在通史之前，李希凡先生主要是以著名文艺理论家和红学家享誉于世的，而《中华艺术通史》不仅使他跻身于学问大家的行列，也完成了他从文艺理论家到博通古今的大学问家的转身和升华。"

孟繁树作为《通史》的学术骨干之一，风雨同舟，苦乐备尝，他的见证和言说值得我们认真体味。那些至今轻忽李希凡的学识或只顾讥嘲"小人物"的"高明"人士不觉得自已浅薄吗?

李希凡的担当精神是一以贯之的,不计得失,超乎"左右"。一生历经风雨,即有错失,亦勇于改正,如日月之蚀,光明磊落。他终生信奉鲁迅,敢当闯将。埋头苦干是遵行鲁迅教导,遇到挫折、心情苦闷时也从鲁迅作品中寻找精神出路。鲁迅从来不相信口头革命派和空头文学家,以为倘不顾实际不尚实干,则"革命"之后就是"革革命","左翼"是很容易变成右翼的。可见"左""右"的标签不足以衡定人的价值,表里如一、心口如一的李希凡,区别于那些借革命以营私的族类,他是一个真正的共产党人、革命文艺家。

二、仁厚长者的原则立场

远观李希凡,锋芒锐利;走近李希凡,温厚可亲;久而久之,会发现他有一种磐石般的定力。他的信仰和意志,从未动摇,老而弥坚。

平日里,希凡的仁厚是我们周边师友的一贯印象。在中国艺术研究院追思会上,我发言的题目就是"仁厚长者李希凡"。上文提到的孟繁树先生的追忆文中,专门叙及李希凡善于调动人才的积极性,具有化解矛盾的高超艺术。大通史团队人才济济、个性鲜明,争论难免,但"在我的记忆里,他无论在什么情况下都没有发过火,也没有批评过什么人"。作为领导的晚年如此,几十年前包括"文革"岁月也是如此。《人民日报》老同事蒋元明先生1975年初到报社,所接触的也是"希凡人厚道,性格也温和,从未见他急赤白脸的"。同一文中,蒋元明叙及"文革"之初江青找过李希凡谈《海瑞罢官》的问题,"他装糊涂,不接茬儿",后来希凡说当时并非识破江青,只是与吴晗同志有不同意见,但上不了那个纲。"厚重多文"(蒋元明语)的李希凡是有底线的。这一点极其难能可贵,我在以前所写诸文中曾着重叙及。

希凡离世,家中悬挂着一副对联:"希世音容宛在,凡间父爱如山。"立即勾引起了我的回想,希凡对儿孙的成长、学业、就读、工作无不关切备至、甘为效力。在电话里,他曾絮絮叨叨地给我讲过许多家里的往事今情,慨叹如今已经没有什么可以诉说这些琐事的老友了。他是慈父,是儿孙可亲的"阿爷",慈爱之中,包含着理性和殷望。

李希凡常处风口浪尖,人或谓他好辩,很大程度是逼出来、练出来的,即使离开报社转入学界亦不能免。读他90年代所写那些绝地反击、滔滔雄辩的长文有一股刚正之气。我深佩李希凡是一个经得起风雨、受得起委屈、辨得明是非的人,他内心强大,底气充足。这股刚正之气在晚年李希凡身上同样鲜明。

他常提醒我要提高对虚假宣传和各色谣言的识别力和警惕性，这是我从晚年李希凡那里得到的宝贵教益。面对信息泛滥媒体多元的舆论环境，常常是鱼龙混杂、真假难辨。文化艺术领域的吹拍之风盛行，曾有某人被捧为楚辞大师、国学大师，在多家媒体包括电视台亮相，上主席台，主流报纸整版特写，为之画像，等等。其实此人早在"文革"前就经周总理过问处理，其卑行劣迹文教界不乏知晓者，希凡自然清楚，他说如今那些青年女记者哪里知道，又缺乏职业操守，不调查了解就吹捧。又如戏剧界某演员去世，溢美之词离谱，希凡直言比乃父差远了。文艺评论的只说好话比比皆是。其实希凡并不保守更不闭塞，他远比我关心现状了解创作，他叫得出许多演员的名字，记得住许多细节，不时向我推荐他看好的即时开播的电视剧；但总体而言，他对创作尤其评论是很失望的，他说那些有才能的作家总写过去、写旧时代，敢于讲真话、揭时弊的评论少之又少。领导人对文艺界真是"苦口婆心"。希凡自身只要有机会，不论在文联或作协，都会毫无保留地直陈己见。

对于谣传，希凡的敏感和提醒令人起敬。不必说那些围绕着1954年的海外奇谈，作为当事人自然易于识破，许多所谓揭秘红墙的耸人听闻传说，水分很大或纯属虚构，希凡会以他的亲所闻见或常理逻辑判别其伪造，揭穿其用心。他丰富的人生经历和政治上的成熟在这方面表现得至为明显。不只如此，希凡对国内外大势的关切，在纷纭复杂的世态中保持政治定力，永远给人以信心和鼓舞，也就是今天所说的"正能量"。

希凡的刚正之气，在他接近生命终点的高扬，给人留下了不可磨灭的记忆。在此要重提他的最后一信，有些细节值得补说。

先说以书面形式回复而不以口头，这是希凡自己提出的，说明他很看重、很郑重。此举出乎我的意想，也超乎提问者的预期。

提问者张胜利，是河南新乡的红学研究者，自2010年起就关注王佩璋，收集资料，研读文章，做得踏实细致。我因文彬兄之介认识张女士，很赞成她的这项研究。到了2014年11月间，胜利在电话中就询及1954年李、蓝是否受了王佩璋的影响激发而写了同俞平伯商榷的文章，此点对王佩璋生平至关重要，虽然张胜利并不相信，但白纸黑字，广泛流传，最可靠的是向当事人求证。为此，她希望和希凡先生直接通话，因希凡高龄息交，她并无奢望。

2016年10月6日，受胜利之托，我在电话中向希凡正式求证史实，他态度鲜明、斩钉截铁地否定了那种臆测，说这是一个重大原则问题，史实清楚，不容曲解；他要书面答复，张胜利作为研究者可以来信提问。这是提问者预想不到的，也出乎我的意料，似乎受到某种震动。我在当晚的日记里记下了这种感受，如此高龄却无丝毫暮气，葆有一种永不褪色的革命激情，"小人物不是随便什么人就能当的"。

由此也加深了我对李希凡的了解。平日里，他乐观豁达，永不气馁，即便是遇到劫难也会坦然面对、从容处之。犹记2012年他老伴病危期间，对1954年史实质疑揭秘大块文章连篇而至，10月7日老伴病故，10月11日诘问之文再度升温。此时希凡真可谓内外交困、心力交瘁，但他并不气馁、不放弃，靠女儿帮助给予回应。随后能助他为文的大女儿又紧随其母病故，丧妻失女接踵而至。失女之厄，一直瞒着他，直到我2014年写《谛听历史当事人的声音 —— 我所认识的李希凡》一文时，李家姐妹还要求我删去文中透露李萌的讯息。最终还是瞒不住的，2016年7月17日的一次电话中，老李专就李萌生前逝后种种加以追怀，后悔没有及早发现和成全她的文学才能，痛惜之情难以遏制。

我深感李希凡是一个经历过风雨、经得起挫折的人。任何艰难困厄、曲解猜忌以至谣诼诽谤都不能击倒他，有一种发自内心的坚定信仰和凛然正气支撑着他，在晚近赠我的一本书扉页上用他特有的"少儿体"一笔不苟地写着："青春无悔，坚信主义真。"他的"答张胜利信"写就后我曾试问如果发不出去呢，他脱口而出立即回道："他敢！"真有一股凛然之气。我还从未见过希凡这样地动过真气，他似乎有一种压抑已久的话语和心绪欲一吐为快。

希凡晚年老而弥坚的风骨，不禁使我想起鲁迅对论敌"不宽恕"的铮铮遗言。相比之下，周边广为流传的"心灵鸡汤"无底线的恕道是多么矫情和俗气。

三、深挚绵长的红楼情结

李希凡一生大部分的时间和精力并非专注红学，前半期致力于几部古典小说的研究和鲁迅研究，写了大量文艺评论，后半期主持艺术研究，倾注全力攻下《中华艺术通史》这一大型学术工程。盘点成果的《李希凡文集》七卷并未收入1954年历史性"红学"文章，晚年所编学术文库本也只是文艺评论的选集。

然而这一切并未掩盖红学家的光芒，恰恰说明了他学术成果的丰富和文化人生的多彩。"红学"局限不了他，他也不能忘情于红学。

事实上希凡的学术生涯始于红学、终于红学，我在另文中也郑重提出李希凡是新时期红学航船的压舱石，虽居幕后而不可或缺。

李希凡促成了红学大团结，人皆可见的那些大事兹不再赘，这里只想强调希凡要的是大团结，他不立门派，不收弟子，不搞圈子。曾经有人问起，李希凡为什么不招收研究生？怎么不收几个亲传弟子？有没有帮忙看稿打字的助手？（晚年他的视力极差，他的文集和回忆录中的错讹，如有助手为看完全可以避免。）

追溯起来，原因可能有多种，但可以肯定的是李希凡主观方面从不汲汲于此，不热衷于收弟子、立门户，他从不干预研究生院的业务。本来，李希凡是中国艺术研究院的常务副院长，任期不短，研究生院此时有大的发展，作为副院长本身是学者，招研究生顺理成章，谁也不会说什么，但李院长没有，他尊重前辈，谦恭自抑，承诺不干预研究生院工作，更不会利用职权取得哪怕是并非过分的权利。在这点上冯其庸副院长亦与之同步同守。在红学界或古典小说领域，冯、李的学生或徒孙辈都在招生了，硕士博士，一茬一茬；他们则没有。此点，近年希凡也同我谈起过，他说《人民日报》在招新闻学博士了，导师是他的后任又后任。无论新闻学或红学，他都有足够的资历和学识带学生、传下代，但没有，他不张罗、不在意这些。

他在意的是红学界的大团结。团结不光是聚在一起照个相，在桌面上碰个杯，而是以诚相见，和而不同。李希凡自1954年对学术领域特别是红学领域里历史唯心主义的批评始终不渝，今天有人想调和、打圆场，他是不认同的。但他很早就注意到俞平伯对自传说的反观和审视，觉得很有深度，比胡适之高明多了。老一辈学术上这些变化是很可喜的。当年他曾同吴恩裕先生一起去西山诸地考察，深佩吴先生的辛勤踏勘，而对种种遗迹遗物，则持审慎态度。比如《废艺斋集稿》，李希凡愿望其有，也认为作家应有此等才艺，但并无证据，不能坐实。李希凡秉持的就是一种平实的实事求是的态度。对于新时期以来红学园地里多姿多彩、多元多维的研究，李希凡以开放的态度、博大的胸怀乐见其盛，对年轻人更爱护有加，毫无架子。

最能体现李希凡对红学深情厚谊的是他的封笔之作《传神文笔足千秋 ——〈红楼梦〉人物论》，这里主要不是指该书2006年的初版，而是指2017年的修订版。固然是因为此书凝集了他已故长女生命最后几年的精诚心血，成为永久纪念；就李希凡本人而言，则是他经历了艺术研究的长途跋涉、艰难苦厄，几如凤凰涅槃般地重生再造，终于又回到了《红楼梦》家园的一个句号。他自己说，学术生命终止于《中华艺术通史》，不就《红楼梦》发声，总像是亏欠了曹雪芹。这是夙愿，也是宿命。修订本面世后，社会上特别是青年是很欢迎的，从销售数量就可以明显看出。但是也有一种声音，说老套的、陈旧的典型论又"卷土重来"了。如果不是存有偏见，那就是对李希凡很不了解，对《红楼梦》也难说了解。《红楼梦》是一部经得起终生阅读的作品，不同人生经历、不同学识背景、不同社会职业、不同年龄阶段的人群，都可以从中得到启示和滋养。八十多岁的李希凡较之二十多岁的李希凡，从作品得到的体悟将是何等丰富，其分析阐发难道不值得我们珍惜、学习吗？

这里，我想引用著名学者田本相先生对李老的评价，他特别称道李希凡的学术精神。他认为，文艺评论家、红学家不足以概括，李希凡是优秀的学者，探索真理、追求真理，他具有独立的学术立场，耿直的学术人格，坚韧的学术操守。田本相引前贤诤言观照，"学者不可无宗主，而必不可有门户"（章学诚），不立门户前已叙及，所谓"宗主"关乎学术根基、学术理想、治学精神。马克思主义和鲁迅著述是"宗主"，历史和美学的结合是基本的方法。那些以社会批评派的标签来定义李希凡并不确切。无论个人为文还是领衔著述他均有独到之处和大家风范。本相先生笃学知人，所论至洽。我还十分赞同中国艺术研究院中年骨干李心峰、丁亚平诸君的见解，他们极其精到地指出李希凡曾提出许多对艺术科学具有战略性前瞻性的设想规划，并身体力行，尤其佩服希凡先生的虚心好学，向行家学，向青年学，几乎无所不学。他们多是希凡先生在任期间成长起来的研究院的中流砥柱，在他们眼里，李老是学识丰富、卓有远见的学术领导人和学问大家。

值得庆幸的是作为学者学问家的李希凡回到红学家园并没有故作高深，更不会标新立异，而是以他一贯平实朴素的学风做起了老话题"人物论"。他诚实地把自己的心得写进书里，诚恳地同青年朋友对话。这本书对学界的意义不止于其内容本身，还在于著书者的学风、学术态度和学术精神。踏实做事、老实做人是李希凡恪守的准则。他退下来之后，我常听到的一句话是不要干扰现领导的工作。他曾为领导，对现状未始没有建言，但他是组织性很强的人，现领导如何行事、如何用人，不宜干预。当然，在适宜的场合他会直言。到了生命的最后，出于忧患和责任他想到写一封信给领导，但不是用老院长的名义，而是以《红楼梦学刊》名誉主编和《红楼梦大辞典》主编的名义，他不越位不邀名，守本分，甘淡泊，心中埋藏着永不熄灭的理想和信念的火种。

李希凡这部封笔之作的意义更在于遥遥地呼应了六十多年前"小人物"的初衷，用马克思主义的历史唯物主义和辩证法来评价中国古典小说，显现它应有的社会历史价值和审美价值，阐发中华的美学精髓和文化风采。李希凡一生的诸多成就都掩盖不了"小人物"的光芒，是其延展和深化。李希凡这个名字，时代不会忘记，历史不会忘记。

此刻，想起了作家王蒙追思时所说的一句话，大意是："多么盼望今天再出现一个李希凡！"这是在呼唤有担当敢直言的人，呼唤有独立见解能说出新鲜话语的人。

此言深深触动了我，新时代的李希凡在哪里呢？

写于2019己亥农历春节，修订于清明前

作者系中国艺术研究院研究员

怀念李希凡同志

曾扬华

转眼之间，李希凡同志离开我们已快一年了，时间过得真快。

记得去年的10月29日，上午打开手机，有一条吕启祥同志的来信：接小芹电话，希凡于今晨1点52分过世。见字后感到十分震惊、错愕，一时反应不过来。随后也有其他渠道在传递此消息。午前我从外面回来，老伴告知小芹来了电话，简单说了一下情况，她很忙。直至晚饭前，我才联系上了小芹。她正在忙乱中，电话不停，所以也不敢太打扰她。

我之所以对希凡的过世感到十分惊讶，是因为在此之前他一直身体状况较好，未闻有什么特别的疾患。而且在一个多星期前我还和他通过一次电话，他当时声音清亮，精神很好，还特别说到他前两天参加过一次重阳聚会，但那地方没有电梯，尤其是没有座厕，使他很不好受，还带玩笑地说：以后再也不去开那些会了！没想到此话竟好像成了一句谶语，令人感慨叹息。

我还在读高中时，许多人就知道李希凡的名字了。上了大学的中文系，知道甚至向慕他的人就更多。我真正认识他并与之同事是在二十年之后被借调到北京《红楼梦》校注小组的时候，他是小组的组长。

由于他为人随和，没有什么架子，所以大家当面和背后都自然地称他希凡，这种称呼便一直延续在以后的交往中，当然，也有人在背后会玩笑地戏称之为"小人物"。不过这时的"小人物"已今非昔比，因为他身份比较特殊，享有盛名，事情也特别多，小组的其他人都是全身心投入校注工作，他作为组长却经常会有其他工作牵扯，如他的原单位人民日报社也常有事找他，他还不时要参加一些不能推托的会议，校注期间他还曾率领中国文化代表团出国访问。所以除了整天大家围坐在一起校书之外，其他的活动实在是不多的。

不过却有一次难得的意外。在校注完《红楼梦》前五回时，小组决定把它印发给全国有关的文化单位、高校以及个人，征求他们的意见，同时分成南北两个小组去当面聆听意见，希凡率领的北上小组成员有刘梦溪、胡文彬和我四人，历经济南、青岛、烟台、大连、沈阳、长春等地，每地都开了一两个座谈会，大家都能畅所欲言，听到许多好的意见。谁知在长春的活动结束，正准备赴哈尔滨时，希凡接到电话，有要事要他即回北京。最后就剩下我们三个人继续去哈尔滨了。

一路上，所经各地的有关部门往往还会安排一次参观、访问或游览的活动，在山东时，最令人难忘的是省文化局安排我们去了一趟蓬莱县对岸的长岛，来到一个叫月亮湾的地方，那里的海滩铺满了一些小石头，或圆，或扁圆，或椭圆，一个个光滑圆润，色彩斑斓，这里没有人迹，只有海天一色，就我们四人弯腰站在海水中，每人都捡了一篮子的小石头，虽然腰有点酸累，精神却异常兴奋，正如希凡说的：真是少有的偷得浮生半日闲。这说明他平时是难得有这半日的"偷闲"机会的。这也是在校书之外和他接触较多的一段日子。

和希凡进一步的接触和了解还是在"校注组"之后，有了几十年交往时间的积累，便逐渐形成了一些较深的印象，这些印象恐怕也是与他长期交往的朋友会共有的。这里准备从三个方面概括地做一些叙说，也是作为对师长和朋友的一种回忆和思念。

第一，熟悉李希凡同志的人都知道他一辈子信仰马列主义、毛泽东思想，坚持运用马列主义的历史唯物主义去对待和分析问题，这一点从他的著作中也可明显地看得出来。一个人终其一生能坚持一种信仰，本已经是难能可贵的事了，尤其是在他所经历的风云变幻思潮频涌的年代，就更不容易了。

而且希凡的情况还有它特别之处，因为在一个时期以来，西方思潮泛滥，什么邪说异端皆可占一席之地，并美其名曰多元化，但偏偏只有马克思主义颇受冷落，一时间难觅得多少声息，不易见到它的一"元"之地。谁要有所声响，往往会受到歧视，遭人白眼。就是在这样一个背景下，希凡却一贯地坚持马列主义，他旗帜鲜明，罔顾物议。在当时的情形下确实很不容易。因为要做到这一点，他不但要对马列主义有坚定的信仰，还要有顽强的毅力来面对种种的挑战。所以他受到各种质疑、诘难、指责，等等，就一点也不足为奇了。更有甚者，还有人歪曲、编造事实，对他进行人身攻击，达到不择手段的地步。自然，这些还都是一些看得见的存在，至于一些无形的、不明所以的压力和攻击，就只有希凡本人才能感受得到了。

面对一般人难以承受的这一切，希凡却能坦然面对，沉着应接，既不失措，更不妥协。揣摩其原因，一是对信仰的坚定和有信心，二是对自己有充分的自信。这两点是一种宝贵的精神力量，也是留给后世的宝贵财富。

第二，希凡的学术活动涉及面很广，但其重点和中心自然是"红学"，这方面的成就当然是突出的，这里仅说其中的一点。

"红学"被称为显学，它在当今既有广博深厚的一面，也有芜杂混乱的一面。比如先是有一段时间"探佚"之说盛行，一些文章，不需根据，任意发挥，甚至认为不先"探佚"，对前八十回的研究就没有意义，有人还提出要建立"探佚学"。我对此深表怀疑，并在电话中和希凡谈起过，希凡很同意我的看法，并指出探佚不是不可以，但它"只能根据小说已提供的形象和情节（也包括"脂批"中所提供的遗稿中的事件、情节和人物的线索），做些合理的（有限的而非遐想的）想象和推断，终不能用探索想象中的形象来取代对小说中艺术形象的研究"。可以说这是对探佚工作提出的原则要求。后来，希凡又把上面的意思写在为我的《红楼梦新探》所作的"序"里了，可见他是很重视这个问题的。

后来又有人考证出《红楼梦》中秦可卿形象的所谓原型，连小说和历史都区分不清，从而大搞所谓"红楼揭秘"的游戏，进而又搞出一门所谓"秦学"，本自以为很标新、出奇，其实只是一场缺乏起码常识的闹剧，因而遭到"红学"界的一片批评之声。对于此事，希凡除了多次表示过自己的严正态度之外，还在2006年中国国际《红楼梦》学术研讨会闭幕式上的讲话中把这种揭秘斥为"离题万里的胡说八道"，是一个"乱弹琴的索隐揭秘"。他还把这些作为追根溯源到胡适"新红学"派的"自叙传"，因为他们就是把贾府等同于曹家，而受到许多人追捧的胡适却是一个"从小至老，都没有读懂《红楼梦》"的人。真是说得十分痛快又十分精准。

希凡之所以对那些胡说八道、乱弹琴的东西显得非常抗拒和反感，是因为他心中一直有一个很清晰的理念，"红学"研究的重点或者说核心必须是《红楼梦》文本，其他都是为这个重点或核心服务的。否则就会失去它的意义甚至走上歧途。道理其实很简单，能名扬四海并成为中华民族瑰宝的乃是《红楼梦》作品本身，而非其他。一个研究者不把注意力放在这方面而去搞其他，这不是本末倒置，主次不分吗？至于有人还要去搞什么索隐、揭秘之类，就更是和"红学"沾不上边了。

所以希凡在第四届全国中青年学者《红楼梦》学术研讨会开幕式致辞时，在不足500字的讲话中，一开头就特别提道："我比较关注的是曹雪芹以及文本方面的研究。"自然，研究曹雪芹也是为了更好地研究《红楼梦》。

平时在和希凡的通话中，他也不止一次提到过这个问题，并对红学界的现状多有批评，希望有更多人回到"红学"的正轨上来。2006年7月15日，他在给我的一封信中说："2006年被称为'红楼梦'年，其实不过是沉渣泛起，也是多年来'红学'不在正轨的必然结果。"又说："我希望朋友们都在'文本'方面说点什么，因为《红楼梦》终究是伟大的文学杰作。"许多类似的话我相信他也一定和其他老朋友说到过。

希凡不仅是以各种方式反复批评"红学"中那些脱离正轨的邪门歪道，强调要着重对《红楼梦》文本的研究，而且身体力行，一以贯之地实践他的这种主张。纵观他的全部"红学"著作就完全可以证明这一点。他在晚年体衰、眼力严重受损的困难情形下，还和大女儿李萌一起完成、修订了《传神文笔足千秋——〈红楼梦〉人物论》这部重要的"红学"著作，有力地展示了他的"红学"研究水平。

所以，李希凡同志对"红学"的贡献是巨大的，一方面他的文本研究结出了丰硕成果。另一方面，他不是只顾埋头写自己的著作，而是同时紧密关注"红学"的发展路向，尽力要把它引向一条科学发展的正确轨道，为此，他作出了巨大的努力，但不是许多人都能意识到这一点。他对二者的综合在当代红学中是无人能与之并比的。

第三，希凡曾说自己算得上是一个幸运的人。对一个文人、学者、一辈子靠笔杆子为生计的人来说，能有他这样的业绩和声望，也的确是少有的、够幸运的了。但了解得更深入一点，也许就会觉得他又有许多同行所没经受过的"不幸"。

由于1954年的那场思想批评运动，是由李希凡和蓝翎的一篇批评俞平伯研究《红楼梦》的文章所引发的，尽管后来对这一事件的来龙去脉及因果是非都是清楚的，可这事却给李希凡带来差不多是终身的麻烦，直至他90高龄之前，而且视力极差的情况下，还不得不用口述的方式来澄清和驳斥一些有关此事件的谬说。而在此前的六十多年间还不知多少次通过其他方式来回答有关事件的纠缠。他在其他领域所写的文章也同样在不同程度上经受过这样的遭遇。

如果这些纠缠只是不同观点的辩驳，那自然是好事，但希凡遇到的却有许多是超乎学术争议之外的歪曲原意，捏造事实，造谣污蔑，以至不择手段进行人身攻击，学界存在这种情况是十分罕见的。偏偏希凡却遇上了。

究其原因，也可能有许多，举其要者，窃以为主要有两方面，一方面是他以初生之犊那股富有战斗力的精气神，敢于挑战传统学术领域的成见以及它们的代表人物，这不仅表现在批评了俞平伯的《红楼梦》研究，也表现在对历史剧的讨论和现代剧的争论方面他也敢于发声，因而得罪了一批颇有声望并兼有能量的人物，造成了颇为不利的影响，他们若合在一起，只需少有訾议，散发开来，其作用可想而知。另一方面，是他对马列主义的坚定信仰并自觉地把马克思主义的历史唯物主义和文艺观广泛而有力地运用到写作中来，成为他作品中的灵魂。信奉马列主义和毛泽东思想的自然不只是他一人，但能做到像他这样的恐怕就不多了。很长一段时间，特别是西方的各种奇思怪想涌入中国以后，它们为了站住脚跟并图谋发展，必然会排斥异己以扫除障碍。马列主义和毛泽东思想必然就成为它们的仇视对象和攻击目标，而李希凡这样一个生动而又具体的个体，他毫无遮掩地屹立在他们面前，于是便成为它们不遗余力、不择手段加以攻击的对象，就毫不奇怪了。说李希凡又是一个"不幸"之人，也就成为历史的必然。

所以，李希凡的一生是在他的战线里用马克思主义做武器与其他邪说异端进行战斗并取得丰硕成果的一生。他给后世留下了一笔丰硕的精神财富。

这样的经历使他经常受到对手的有意抹黑，也使一些不知情者产生误解。这都会使他的形象可能受到某种负面的影响。而对希凡有所接触和了解的人，往往却会有完全相反的感受。

我和希凡相识较晚，1954年他一举成名之时，我还是一个高中生。真正认识他是在二十年后的《红楼梦》校注组，也只同事了一年多的时间。

希凡是校注组的组长，他早已名声在外，研究成果突出，但他却为人谦和，对大家很关心，组内的同志来自四面八方，他能和大家团结一致，使工作进展顺利。在校注时，大家各抒己见，经常会为一个字、一个标点争得面红耳赤，他从不以特殊身份强推自己的看法，而是能虚心地听取大家的意见，使工作得以顺利进展。他对组内的同志非常关心，谁有什么困难他都尽力帮助解决。他知道我不大习惯吃馒头，便常常用饭堂里按比例发的米饭票换我的馒头票，虽是小事，亦见他对人的关心。有一次我们系的老主任吴宏聪教授来北京，一天晚上八点多来看我，他忽然提出能不能见见李希凡同志，我说当然可以，便去看看希凡在干什么，谁知到他房门口听见里面正有女同志在大声说话，我便不好进去打扰，只好告诉了吴教授，他也连忙说不要打扰，又没要紧事，以后还有机会。两三天后，希凡知道了此事，怪我为什么不早告诉他，并提出要主动去看看吴教授，因为他年长一些，可惜吴已回广州了。以上说的都是细小之事，却可见希凡为人之一斑。

离开校注组之后，我和希凡仍常有联系。虽然见面的机会大大少了，但常有电话、书信来往，更能够深切地感受到他身有正气，不畏邪恶，淡泊名利，顾全大局；他胸怀耿直，待人坦诚；他关心别人，珍惜友谊而不求回报。1986年我出版第一本书《红楼梦新探》，之前请他作序，他慨然应允，并很快写好寄来，还在信中说："序言寄上，请代我推敲一下。如甚不妥，可寄回我再修改。"（1984年2月6日信）足见他为人态度的谦诚。

校注组分散在各地的成员除了开各种会，见面的机会就比较少了，因此每次见面，大家都很高兴。每逢在北京开会，希凡往往会邀我到他家里一叙，去到必飨以美味。有一次，上午开完会，我因第二天有课，便先买好了这天傍晚返广州的火车票，希凡却硬是把我拉到他家里，徐潮提前弄好了晚餐，餐后，由大萌用自行车推着我的行李一同到了火车站的入口处。那时的交通可是很不方便的哦。

虽然见面的机会日益见少，但希凡却常把朋友放在心里，有一次他让小蓝带来一盒北京生产的"红楼点心"，令人惊喜；又有一回他来广州开会，还特意给我带来一小袋东北产的大米，说是此米不同一般。大概他还记得我爱吃米饭不吃馒头的习惯吧。

在平日的通话中，他不时会冒出一句"有机会来北京转转，大家叙叙，可以住在我家里"。但年纪越大，越难找到这种机会。2014年6月初的一个下午，希凡来电话，他那天显得特别高兴，告诉我说：中国艺术研究院要在月中为他新出版的《李希凡文集》召开一个座谈会，他有几个外地来京可以免除交通食宿费的名额，希望我能参加，这确是一个十分难得的机遇，偏偏我当时身体状况颇差，最终未能成行，至今深感遗憾和歉疚。

此后也就真的难得有见面的机会了。他视力很差，失去了阅读的能力，他经常只能在楼下活动活动。他说记忆力也大不如前，但最后那两年，他偏偏还记得让小芹给我寄过两三次吃的，而且还要说明这是什么特产或新产品，别的地方买不到，目的是要说明他此举的合理性，更是为了让我接受得心安理得一些。但我心里却一直很过意不去，因为我从来没寄过什么吃的给他，却屡受馈赠，于是在大概是他辞世的前一个春节，我也给他寄去了一盒广东的普通年货，没有任何可以称道之处，只是表示一点意思而已。谁知过了几天就接到小芹的两次电话，不依不饶地要我答应以后再也不要给她爸寄东西了，理由是我年纪这么大了，还要去超市采购，还要送到邮局去托寄，多辛苦麻烦，而她寄东西只要按按键钮便行了。真是说得理直气壮啊。她还"警告"说："以后你要再寄了，便不寄苹果给你吃了。"真是叫人哭笑不得。但也深切体会到，这么一件事他们还如此细心，考虑周详，确是令人感动。讵料我这第一次给希凡寄东西，竟也成了最后一次。这也是造化的刻意安排吗？

每次和希凡通电话，在结束之前，他往往会感叹一句："老友就剩这么几个了，大家好好保重啊！"此话言犹在耳，希凡却已遽然离去，追思种种，宁不神伤！

2019年10月9日

作者系中山大学中文系教授

永怀希凡先生

段启明

戊戌九月初八（2018年10月16日），希凡先生应邀出席了我们北京曹雪芹学会举办的重阳雅集。先生虽然行动有些不便，但在女儿李芹的陪伴照料下，依然愉快地参与了五个多小时的座谈、聚餐等一系列活动。席间，我老伴毛老师看到李芹对老爸的精心照顾，对李先生说："女儿这样孝心，您真有福气！"先生愉快地回答说："我有三个女儿……"而我此次见到先生，除了几句问候，几乎没有交谈——在我的潜意识里，以为这样的聚会、交谈的机会，日后还有很多、很多……然而，然而谁能想到，此次见面竟是永诀！仅仅十三天之后，先生永远离开了我们……

将近四十年前，在成都的一次关于《三国演义》的学术研讨会上，我第一次见到身材魁梧的李希凡先生。先生在会上、会下都说了些什么，今已没有印象了，只记得几位年轻的与会者在会下开玩笑说，千万别和李希凡同志住同室，他的鼾声太大了……但是，"李希凡"作为两个"小人物"之一的名字，我在20世纪50年代读中学时，就已经很熟悉了。在学校的阅报栏前、图书馆里，都读过先生的关于《红楼梦》的文章。但那时仅仅是感到很有兴趣，而并不理解当时年仅二十几岁的"小人物"的文章在学术史特别是红学史上所具有的开一代新风的价值与意义。

后来，到大学读中文系了，在学习过程中我发现，无论是研读文学史或文艺理论，自己都可以从李希凡先生的著作中得到教益。特别是在研读《红楼梦》专题的时候，感触尤甚。前人的红学著作已经"汗牛充栋"，而一旦阅读了李先生之文，则确有别开生面之感。在20世纪五六十年代的背景下，绝大多数的知识分子，是愿意并努力学习马克思主义基本原理的，但面对很多具体问题的时候，如何运用马克思主义基本原理进行研究和阐释，应该说还并不成熟。因此，可以说，李希凡先生当时体现着马克思主义唯物史观的红学研究，正是运用马克思主义基本原理解决具体问题的一种示范。在李先生笔下，《红楼梦》既不是一部供人"猜谜索隐"的闲书，也不是仅仅描写谈情说爱的言情小说，而是一部伟大的批判现实主义文学杰作。正是在这样的前提之下，先生对这部作品的艺术成就、审美价值做了广泛深入的探讨和精微的阐释。这一切，无疑给《红楼梦》的读者，特别是青年读者显示了一条正确阅读与研究《红楼梦》的道路。我作为一个《红楼梦》爱好者，读李先生之文、之书，确实受益殊深，激发了我对红楼艺术略做探讨的热情。

我们称赞、敬佩李希凡先生对红学的贡献，无疑是理所当然的。但这绝不是李先生的"全部"。李先生运用马克思主义基本原理，对一系列文艺理论问题和种种复杂的文学现象都提出了自己的看法。他的关于古代小说、戏剧和鲁迅的研究成果，都给我留下了极深刻的印象，为我多年的教学与科研提供了很大的帮助。

1980年中国《红楼梦》学会成立以来，开展了无数次相关的学术活动。我与李先生也有了多次会面的机会。朋友们一向赞扬李先生为人宽厚、心地善良，对朋友、后学时时给予热情的帮助。但先生绝非"一团和气"之辈，我亲眼见过他怒斥某些无视历史事实、信口雌黄的论者，在原则问题上，先生绝不"宽厚"。我觉得，在学术研究方面，李先生有两大特点：一是尊重历史，即把很多复杂的过程置于真实的历史背景之下予以阐释；二是坚持自己认真思考、研究过的确认为正确的观点。特别是第二点，是很令人敬佩的。先生直至晚年，依然毫不隐晦自己是"毛派红学"。在学术界，观点的多元是正常的，但"风派"的无聊却当另论。而李先生无论面对怎样的风风雨雨的客观形势，都坚持着自己的观点，坚持马列主义，坚持唯物史观，这的确是难能可贵的学术品格，充分体现了我们今天所倡导的"理论自信"！我想，我们今天在悼念李先生的时候，最有意义的就是学习先生的这种品格。

李先生走了，这是无可挽回的事情。记得在几次与先生闲谈的时候，他都说过："你与（胡）文彬是属兔的，我也是属兔的，大一轮……"是的，无论从学识、成就和年龄上来说，先生都是我的师辈，我将永远记着这位老师的一切，他的音容笑貌……

2018年10月30日

本文原载于《中国艺术报》2018年11月5日

作者系首都师范大学文学院教授

走近李希凡

陈熙中

第一次知道李希凡先生的名字当然是在1954年。那年我从初中升入高中，从报刊上看到有关《红楼梦》的讨论。当时我只是一个课外喜欢读点文艺作品的中学生，对这场讨论的意义不可能有什么深入的理解，不过从此记住了李希凡、蓝翎和俞平伯三人的名字。

1957年我考入北京大学中文系，在五年大学学习期间，除了看李希凡、蓝翎二位的《红楼梦评论集》外，还读了希凡先生的《论中国古典小说的艺术形象》。这本书给我的印象很深，其中有些文章如《性格、情节、结构和人物的出场——谈古典小说中几个人物出场的艺术处理》《〈三国演义〉和为曹操翻案》等，在报刊上发表时就读了。从这本书中可以看出，希凡先生对中国古典小说的研究有几个鲜明的特点：一是坚持把小说当作文学艺术作品来研究，指出艺术真实不同于历史真实，不能用历史考证替代文学批评；二是紧紧抓住小说创作的核心问题——人物形象的塑造进行深入研究（如对曹操、关羽、诸葛亮、宋江、孙悟空等形象的研究），细致地阐述了情节、结构和细节描写等在人物性格塑造中的作用；三是通过具体的分析论证，对中国古典小说在创造人物的艺术表现方法上的民族传统和特色进行了富有启发性的深入探讨。希凡先生在古典小说研究领域取得的突出成就，既显示出他有很深的马克思主义文艺思想和美学思想的理论修养，也显示出他对中国古典小说下过一番切实的钻研功夫。

在2016年12月中国艺术研究院和中国红楼梦学会举办的"李希凡与当代红学"学术座谈会上，段启明先生说："1954年，我还是个初中学生，只是一个《红楼梦》的年轻读者，而后能够对《红楼梦》做一些研究，可以说完完全全是按照李希凡先生的道路走过来的……李希凡先生一系列的文章给我的印象非常深刻，除了作为一个在红学史上具有重大贡献的学者外，在其他古典文学研究当中，在中国文学理论和中国艺术美学的研究当中，他的地位都是不可低估的。"段先生与我是同一代人，他的话说出了我们这一代大部分人的共同的历史记忆。

我大学毕业后长期教写作课和留学生汉语，对《红楼梦》等古典小说的研究起步比段先生晚。直到"文革"结束后的20世纪70年代末，通过张锦池、胡文彬等友人的介绍，才逐渐与一些红学研究者（他们当时大都在冯其庸、李希凡先生的领导下校注《红楼梦》）熟悉起来。大概是1980年，文彬兄说起希凡先生的夫人徐潮老师需要留学生用的汉语教材，我便托他带去我参与编写的几本书。不久，希凡先生就送我一本《论中国古典小说的艺术形象》，并附一短笺："陈熙中同志：屡蒙赠书，十分感谢。二十年前旧作一本，最近重印，寄上一本，留作纪念。教安 李希凡 十一月十八日"。这时，我与希凡先生还没有个人之间的交往。他送我的书，正是我喜欢读的；而他这种待人的礼貌，更令我由衷感佩。

此后将近二十年间，我与希凡先生仍旧只是在一些红学研讨会上见面，会下还是没有什么交往。没有想到，希凡先生却是记得我的。1998年北京大学庆祝建校一百周年时，希凡先生应约写了一篇《往事琐忆》（收入《中国作家谈北大 —— 我观北大》），谈他与北大的接触和交往，文中所记他去北大找吴组缃、杨晦、何其芳、朱光潜诸先生约稿的情景，写得很有情趣。在这篇文章最后的第五小节，希凡先生写了这样一段话："从50年代到现在，我不仅与北大老一代前辈学者有过接触，也和同辈人和小于我的中年学者有过交往与合作，如已去深圳大学的胡经之，现在仍在执教的陈寓中，曾和我一起参加《红楼梦》校订注释工作的沈天佑，特别是现代文学史家严家炎同志，即使是挨整的岁月，每年春节也总有一次晤谈的美好回忆。至于组缃先生的高足，在古典小说研究中卓有成就的朱彤、张锦池、周中明等，都给我工作上很多支持。"虽然把我的名字写错了，但从这段话中，我深深感到希凡先生是一位极重情谊的人。

因为我当时觉得与希凡先生还不太熟悉，所以不好意思问他"陈寓中"是否是"陈熙中"之误。直到十四年之后，即2012年12月，我们去无锡参加冯其庸学术馆开馆庆典，我才向他提起这件事。当时几个朋友和希凡先生的小女儿李蓝也在座。因事隔多年，我把"陈寓中"误记成"陈愚中"了。我说："您是否把我的名字写成陈愚中了？"我还强调是"愚笨"的"愚"。希凡先生听后，连说："不可能！不可能！"不过他表示回去后要查查。几个月后，在北京曹雪芹学会举行的一次红学活动上，他一见我就郑重其事地说："我查了，是写错了，但不是愚中，是寓中。"2014年，七卷本《李希凡文集》出版，承希凡先生赐赠一套。《往事琐忆》一文改题《活的北大》，收入文集第六卷，其中把我的名字改正了。

2013年1月，希凡先生送我一本《李希凡自述——往事回眸》，使我对他的一生经历有了全面的了解。2017年，希凡先生和他大女儿李萌合著的《传神文笔足千秋——〈红楼梦〉人物论》修订本出版后，他即寄赠一本，并附一短信："熙中兄：奉上《红楼梦人物论》修订版。本书2006年出版后，2008年至2012年曾重写和修订（为文集出版），可惜，文集版错字太多，最近，东方出版中心愿出版修订本以弥补缺憾。特奉上一本，留作纪念。夏安 李希凡 六月廿日。"希凡先生晚年视力很差，看书看报都要用放大镜，很费劲，所以看到这位九十老人写得一笔不苟的亲笔信，我心里十分感动。

据吕启祥先生说，《传神文笔足千秋——〈红楼梦〉人物论》是希凡先生的封笔之作，但希凡先生对红学事业的关心丝毫没有减少。2015年，冯其庸先生和李希凡先生主编的《红楼梦大辞典》再次修订工作正式启动，我也应邀参加。冯、李二位先生对此事非常重视和关心。冯先生去世后，希凡先生抓得更紧了。2018年7月12日他还做东邀请部分修订人员聚餐，由张庆善兄汇报大辞典修订工作的进展情况和下一步的安排。席间希凡先生一再表示，希望大家努力，尽早完成大辞典的修订工作，说这是冯先生的遗愿，也是他自己的心愿。与会者也都表示，一定要抓紧把修订工作做好，不辜负希凡先生的殷切期望和谆谆嘱托。令人万分遗憾的是，数月之后，希凡先生就突然离开我们了。我想，我们对冯、李二老最好的纪念之一，就是尽快高质量地完成《红楼梦大辞典》的修订工作。

2019年1月15日

本文原载于《红楼梦学刊》2019年第2辑

作者系北京大学中文系教授

清寂中的持守

——我所了解的晚年的李希凡先生

卜　键

　　10月29日，由于参加国家艺术基金评审，依规定关闭手机，后来又忘记打开，我在当天夜深时分才得知希凡先生去世的噩耗。多位朋友在微信中告知这一消息，也有先生二女儿李芹的未接电话，急忙致电问询，李芹说父亲走得很安详，只称自己有些困，握着她的手闭上眼睛，然后就停止了呼吸。这是一个孝心浓重的女儿，居住外地，常丢下自己的家来京照料爸爸，说着说着就开始抽泣。

　　次日又是一整天的评审，晚上才与妻子悦苓赶往他家中吊唁，李芹与先生的大女婿都在，得知三女儿小蓝明天即由美国飞回。家中的灵堂设在书房里，墙上悬挂着先生生前最喜爱的照片，出自摄影大家朱宪民兄之手，脸上满是慈和的笑，拍摄时我好像就在现场，记得他手指间还夹着一支引燃的香烟。那时的希凡先生爱抽烟，也爱开怀大笑，夫人徐潮老师将家务操持得井井有条，待人真诚热情，一些好友偶然会去他在人民日报社宿舍的家中"打秋风"。

　　先生早年即大名满天下，余生也晚，认识时已在1987年岁杪。冯其庸先生时任中国艺术研究院副院长兼红楼梦所所长，费了很大心力将我调入。那时的中国艺术研究院还在恭王府，而红学所偏处西隅的一个小跨院，上班必要经过葆光堂侧院长办公室外的长廊。希凡先生为常务副院长主政，常穿着大裤衩、挺着肚子站在门外，一缕烟在手，满脸的受用；我是能躲即躲，不得已时便侧身低头急过。皆因自己生性偏拗，不愿趋奉攀附，又听了不少"小人物"云云，微有芥蒂在心。而希凡先生看在眼里，自也不会待见，曾表示"这个卜键从来不给我说话"，却未曾有任何打压。经历过一轮大小风波之后，自己渐知人性之正邪并不以所谓的左中右划分，对希凡先生的仁厚坦诚心生敬意；希凡先生也渐渐知晓我的性情和用功，与其庸师力荐去文化艺术出版社主持工作。而两位先生对我始终信任不疑，在困难时坚定地给予支持。十年二十年匆匆过去了，追忆当年情景，在自己似乎颇有些冒傻气，而两先生的关爱护持，则是心底一掬恒久的温煦。

我们处在一个变革的时代，而提出"不忘初心"，是说一个人的信念、操守不可以轻易弃掷。初心者，王阳明所言良知，李卓吾所谓童心也。李贽晚岁客居麻城龙湖，感慨晚明世俗之虚伪势利，曾说过一段话："夫童心者，绝假纯真，最初一念之本心也。若失却童心，便失却真心；失却真心，便失却真人。"希凡先生的令人敬重，正在于其是一个始终秉持初心的真人，不隐瞒观点，不追风逐浪，面对争议非议也决不退缩，在职主政繁花着锦时如此，离休后车马稀少时亦复如此。作为毛泽东主席发现的学术界"小人物"，他衔恩感念终生，几乎在老人家的每一个忌日，都率全家人到纪念堂祭悼；而对于当年所写批评胡适俞平伯的论文，他有所反思，但也坚持文章的基本观点，不加修饰。

希凡先生眼中从来不揉沙子，而文笔锋锐，如鲁迅先生所称匕首与投枪。记得另一位"小人物"蓝翎先生写了一篇忆旧文章，他以为对事实经过有所扭曲，连我等晚辈都劝之不必在意，可他不听，撰长文反驳和澄清，一篇不行再来一篇。也正是读了两个"小人物"的不同追述，我们对当年那场学术论战有了更清晰的认知，对希凡先生的为人为学有了更多尊敬，否则还真成了一笔糊涂账。本人涉猎不广，这些年来唯见他被动辩驳，尚未见其主动去批评别人。往事必然如烟。听说过他在《红楼梦》三版后记中批了何其芳，与社科院文学所结下梁子，而另一个传说则是："文革"初起时上面指名要他写批判《海瑞罢官》的文章，被他婉拒，"旗手"很生气，说什么我们在北京找不到人，只好到上海找到姚文元，还有一句很不好听的话。相熟后我曾向他求证，其是他生命中的一个痛点，不太愿意详说，但还是告以确有其事，那句话大意是"给脸不要脸"。在那个时代，真不知道有几人能够这样做？其后在报社革命派组织的批斗中，希凡先生也曾沉痛检讨，但，毕竟，他曾经婉拒，没有去写那篇文章，不是吗？

选择性遗忘是人类心灵史上的痼疾，而单单记住他人的过错并指责，不知反省和反躬自问，则显得丑陋且阻碍社会进步。记得一次听吴组缃先生谈天，讲到北大有些人对赵齐平参加过"梁效"写作班子抓住不放，而自我标榜清白，历经劫波的吴先生说了句"那是人家看不上你"。组缃先生复以朱自清在阖家饥饿时不接受美国救济的洋面，说人与狗的区别是饿了也可以不吃，说现实中是有着伟大人格的，但很少，由是也格外值得尊敬。那次见面过去三十三年了，组缃先生早已作古，但他的这些话我一直记得。

希凡先生治学领域甚宽，举凡哲学、文艺理论、艺术批评，都有著作，既是随笔杂文的高手，也曾主持多卷本《中华艺术通史》的编纂，但主要兴趣与学术成就在于红学。其庸先生与他是红学研究的两枚定海神针，而二老的一生情谊也令人艳羡：领衔完成人文版的《红楼梦》校注本，为读者提供了一个公认的优秀版本；合作编纂《红楼梦大辞典》，获得国家辞书二等奖；还组织了一系列的国内外学术会议，促进了中外文化交流，带动影响了一批批青年学者。学术界做成点事情不易，会有不同心态和角度的评价者，但对我来说，那是一个美好的难忘的"红学时代"。而作为私谊，早年的他们互设家宴（应是因饭馆较贵吧），其庸师曾赞徐潮老师的水饺馅饼，希凡先生则说冯先生做冰糖肘子一绝；后来同在艺研院，一个常务副院长一个副院长，工作之余定期家庭餐聚；再后来一起离开领导岗位，仍以各种机会不时聚会；直到大家都走不动了，便在电话中煲粥长聊。其庸先生在学术上颇为"任性"，如热衷于对西域的学术考察，在职期间多次赴新疆，一走就是二三十天，主持工作的希凡先生总是给予支持。

晚年的希凡先生进入学术研究的收获季节，注重于分析鉴赏《红楼梦》的人物形象，尤其是红楼女儿的形象。此类文章又是一种色泽，优美细腻，娓娓道来，而真情挹注，爱怜与痛惜流溢字里行间。窃以为这才是与《红楼梦》相匹配的文字，才是红学研究最应着力之处，而"槛外人"认为他只会大马长枪，阅读至此不免有几分惊诧。

《红楼梦十二曲》中有一支【虚花悟】，"将那三春看破，桃红柳绿待如何？把这韶华打灭，觅那清淡天和"，染写的应是一种人生晚景。"看破"与"打灭"殊为不易，而冷暖炎凉则是每一个老人的必修课。以今年计，希凡先生已离休二十余年了，主管院政时围绕身边的一些人早已是又抱琵琶上别船，生命中的亲人好友也纷纷辞世，孤寂与殇痛不时袭来。他曾有一个美满幸福的家：贤淑明敏的妻子徐潮老师，三个聪慧上进的女儿。而就在几年前，一生挚爱他照抚他的妻子因病去世，大女儿李萌几乎在同时病逝，家中常常只有他孤零零一人，虽然老二李芹常回京照顾，远在北美的李蓝也不断回来看望，但还是有一种难以排解的清寂。尤其最后的几年，他的视力急剧减退，无法看书写作，但仍积极参加红学和艺术学的活动；也通过访谈和口述史的方式发出声音，回顾一生对学术的认知，发表一贯坚持的观点，恪尽一个马克思主义理论批评家的责任。记得两年前中国作家协会九代会召开，先生坐轮椅出席，每一次讨论都认真发言，说到动情处慷慨激昂，韩子勇兄、丁亚平兄与我都在会上，留下了深刻印象。

就在不久前，希凡先生还有电话来，说是想请亚平、商容夫妇和我们一起吃个饭，并说仍选在上次那家烤鸭店。我心中惭愧，赶紧说"好啊好啊，我请客"，他坚持说自己请，说自己现在离休金很高，呵呵笑着，在听筒里大声说"我有钱"。皆因本人冗务牵缠，先去青岛的中国海洋大学讲课，接着随王蒙先生去欧洲，一天天拖了下来。记得向先生告假时，他笑说那就再等等，还问我海大校园景色，说也是自己的母校。孰知一个月不到，正打算这次评审后赴约之际，先生竟然撒手尘寰，留给我永远的遗憾。

希凡先生，请接受一个晚辈的歉意，还有深沉的怀念。

本文原载于《中国文化报》2018 年 12 月 11 日

作者系国家清史编纂委员会原常务副主任

李希凡先生二三事

丁亚平

一

2018年5月的一天，李希凡先生为一个博士考生的事，忽然给我打来电话。这位女考生是一家报社的记者，已经是正高了，考了中国艺术研究院三次，报过我名下的电影博士生，没考上；今年，报考了我院电视方向的另一位博士生指导教师，复试因为总分差了两分没被通知参加。考了几年没有上成，压力很大。希凡先生说因为这个记者采访过自己，几次打来电话希望他帮助问问，看看有机会没。一向有自己原则的他犹豫再三，还是感到必须做点什么，就给我打了这个电话，询问为什么她上不了。说你是影视系主任，看看是不是没有什么办法了。我介绍了相关情况和规定，表示她的事恐怕不可能了。孟子说：恻隐之心，人皆有之。多少人没有恻隐之心，没有怜悯心，没有同情心，但希凡先生有。他和一般人其实是一样的，而且宽厚、善良，待人以诚，是一个好人。

在新的时代，作为曾经风华正茂、叱咤风云的著名文艺评论家，毛泽东主席表扬过的"小人物"，李希凡不骄傲自大，将外在的东西视作衡量自己价值、地位的象征，他也没有屈辱和不安，进入新时期，内心全无恐惧，相反他特别感恩时代的安宁。有人也许会认为应该有悔罪心。50年代，小人物对文化泰斗文化昆仑为什么没有怜悯和同情心啊？多年以后，他为什么不能像一些从"文革"走出来的人一样有反思的悔罪心？可是，让他悔什么罪呢？书生意气？耿直人格？批评俞平伯这样的文化大人物？当年，《文史哲》发表李希凡、蓝翎的《关于〈红楼梦简论〉及其他》，不也仅仅是重视不同意见的讨论，而且经过了杂志编委杨向奎、陆侃如、冯沅君等著名学者的评审，不论资排辈，意在努力注意培养青年吗？《人民日报》当年发表袁水拍写的那篇《质问〈文艺报〉编者》的文章，其中包括意识形态和政治上的出发点姑且不论，但作者批评那种"对名人、老人"，不管他写的是什么样的东西，"一概加以点头，并认为，应毋庸置疑"，"对无名的人、青年"，编者加以冷淡，"要求全面，将其尽量贬低"，这种批评所指，应该本身确乎是不好的风气，它存在于当时北京的文艺界。年轻人关于商榷《红楼梦》不同看法的文章，反映了某个时代的狂飙，某种观念激起的理想，可以视为一种学术的坚守、学风的坚持，属于不断自勉、不甘于对他人的作品"只说好不说坏"而葆有批评锐气的年轻者所为。

时代的发展可能成为对经典作家的一种辩护，但是，当年有着批评惯性思维和激情挑战意识的年轻的李希凡、蓝翎感觉俞平伯红学研究存在缺陷和问题，写了批评的文章，引起红学界文艺界的震疑，就是做了残忍的事情，就是残害文化大家，就不是将研究和写作作为自己思想深处的价值坐标系吗？

李希凡写过多篇红学论著，见解独到，相比较早期用革命的"阶级"话语来分析作品，晚年的论著更开启新路，比之前的更立体更"人性"，"把一切异己的不同观点内化为自己思考的出发点"（詹丹：《马克思主义红学的审美维度——从李希凡先生有关〈红楼梦〉的晚近论著谈起》，《红楼梦学刊》2014年第5辑），体现了一种更高的学术价值、社会价值。晚年的他和大女儿李萌完成的那部《传神文笔足千秋——〈红楼梦〉人物论》的著作，不少观点更深刻更清晰。而且，出于对红学的执着和敬畏，对学术无止境的追求，他将这部已出版的人物论专著进行了过半的重写，在当下这个浮躁粗粝的时代尤为难能可贵。重写和修订时，李萌已经去世。怕他经受不住打击，家人隐瞒了这个残酷的事实，他是在女儿去世四年后才得知的。在《传神文笔足千秋——〈红楼梦〉人物论》这部著作修订版的后记中，他写自己苟活在世，大女儿却早已离世，想到这样的事十分感伤。这样的话，让我看了格外感动，他的老伴徐潮老师也早于他们的大女儿三个月离世，深夜的他想到先他而去的妻子女儿，内心会是什么样的伤痛的感觉呢？

二

希凡先生主持中国艺术研究院工作的那些年，非常重视艺术的基础研究，激发大家内在的创新、创造的活力。那时的艺术研究院又老又穷，全院研究经费据说仅有40万元，李希凡先生来到院里主持工作，现在看来是真心不容易，他比较牛的地方是举重若轻紧抓科研，畅通院属各个机构、各个层次的人的科研工作发展通道，可视为一种重新的出发。他的风格和担当体现在关心年轻人，关注科研自身的建设，关注艺术科研的主体化在场，激发大家的工作积极性、主动性、创造性，发挥集体作用的氛围。有学术、科研，就有了人才，有了自信、坚持和豪气。那时我院研究生部培养的研究生志留各所，热爱、安心科研工作。学术强则院强。一切都不是名义上存在，而是既反映在包括科研办不厌其烦地项目组织论证、财务处"记账"式自主报账等一系列的做法上，又体现于院里学人们的思想自觉和内里骨血中。他坚持科研为先、学术平等的做法让我们新来的年轻人曾倍感激励，院长的支持让我们心悦诚服，甚至有时很震动。

李希凡先生在具体的工作上重视管理者的服务意识，充分信任和发挥学术带头人的作用，同时格外强调科研人员的团结合作。他非常支持集体项目，为此不遗余力地去积极组织，让研究队伍的组织重点落在依靠集体上；认为通过这样的组织，既完成艺术科研任务，又完成人才培养和训练。他坚持的这些做法让当时院里科研的实际成果如人所期待的那样格外突出，在国内学界的实际地位令人满意。身处这种环境中，一众年轻人如我者受益最大。集体项目让我们对于科研路线、计划编制，以及研究方法、思路形成等，都能够十分熟练、顺手，而这些都是每个青年科研人员必须学会的基本功。参加了集体项目，一方面是学习、体会、认同，从中获益；另一方面也会产生新认识、新思维，形成脱单、单飞的意愿，研究队伍建设由依靠集体到个体化实现了融合与转化。努力去做实际的事情和贡献，莫过于全身心的投入，悠长的岁月中，每一个人都会在不同时期产生为更有意义的事业去努力的想法，当觉得这种努力会影响研究院的未来、自己的命运的时候，这个强度就会加强。

多年以后，李希凡作为总主编主持了《中华艺术通史》的编写工作。这个项目是他在全国艺术科学规划会议上提出来的，他觉得作为中国艺术研究院应当完成这样的项目。他挑重担，自筹百万之巨的科研经费，带领以中国艺术研究院专家学者为主的团队历经十年，艰辛备尝，终于完成了这个使命，开创出新纪元，填补了中国艺术研究领域里的一个重要空白。大量精力的投入和有效组织带来了高产出和广泛影响，受《中华艺术通史》这个想法的激励，当年年轻的我也提出了艺术学界从无人著写的《艺术文化学》的立项项目申请，并最终完成了这部三十余万字的艺术理论著作。李希凡首创艺术通史，奠中华艺术通史事业之基石，成就斐然。就我个人论，无斯人，学界或无《艺术文化学》，有之，亦可能会推迟十年。10月29日李希凡去世的当日清晨，闻讯而来和我与商容同乘一部电梯赶到希凡先生家的韩子勇院长，在先生家里慰问家属之后，站起身在客厅简朴的书橱摆放的《中华艺术通史》面前注目良久。我在一旁对韩院长介绍了李希凡先生任职艺术研究院后期推动并组织这一工程的工作和意义。还谈到了几年前出版的七卷本《李希凡文集》。

"我们必须抱有学术坚持的信仰",韩院长说,"先生的事业我们要继续下去,先生的文集可以编续编,把没有收录的收进去。"

"李院长组织大家如此治艺术史,做出实际行动,发挥学者积极性,也为后学做出了表率。"我钦佩地说道。是啊,那时院里的学人专注于自己的研究方向和领域,所获得的待遇其实一般,但是,有良好的工作机会、激励机制与氛围,有学术竞争的平等性与向心力,形成诚实可依赖的人才队伍,真不难从中发现和捕捉到作为老大的一把手的影响、十足魅力和巨大意义。

我是 1987 年由北京广播学院电视系毕业后分配来院工作的,那时李希凡到中国艺术研究院担任常务副院长主持工作还不到一年。到了艺术研究院工作,我感觉李希凡是院长,更是显赫得很的著名文艺理论家,距离自己甚远,不会发生什么关联。但是,记得有一回给他办公室送个材料,感觉个子高高的他很富文气,一点都没有架子,相比之下,李希凡先生这样的领导和大学者算非常宽厚、实在的,和他最初的交流没有感到多少压力。这让我有些意外。而且,两年多以后的我,做梦也想不到自己的第一本学术专著《一个批评家的心路历程》,竟是由上海文艺出版社编辑林爱莲力荐,安排到该社有李希凡所著《〈呐喊〉〈彷徨〉的思想与艺术》《一个伟大寻求者的心声》两本书列入其中的同一个书系《中国现代文学研究丛书》中出版。除了希凡先生,这一书系还先后出版过我尊敬崇仰的钱谷融、王瑶、叶子铭、林非、范伯群等著名前辈学者的学术专著。这让我受宠若惊。收入该丛书中的李希凡的这两本专著出版于1981年和1982年,都是研究鲁迅的,是他之前研究的积累,也是他在新时期笔耕不辍的一个侧影。他的著作和《中国现代文学研究丛书》,是80年代文学和其他人文学科大举拓展时代的产物,是改革开放以来第一个十年思想解放的一个象征。李希凡先生在任常务副院长的这九年里,我表现极尽努力,逐步体会到了秉持敬业精神的要义,凭一己之力出了几本书,不断发表文章,得了几次奖,1992年、1996年先后破格评上了副高和正高职称,迄至现在,我已经出版了自己独撰和编著的五十多种著作,这样的可称之为神奇之旅的文字生涯的启初阶段,李希凡等学人的引领对我起了关键作用。那时没有后来的各种光环人才的评选,但年轻的我,出生在困难时期,学习在拨乱时期,工作在改革时期,受到李希凡这样的大家间接的肯定和鼓励,踏实、专注于阅读写作,不怕吃苦,勇于承担科研任务,一度感觉前面道路宽广,路边鲜花绽放,对任何事情都抱有热情,在对人世对学术和科研事业有了更深入认识的同时,对美好世界和未来充满了无限想象和期待。

三

1995年的一个秋日，我十分敬重的、喜欢的、才华横溢的卜键兄忽然热情向我表示，让我和他相携到出版社搭班子一块儿工作，虽然这出乎自己的规划与预期，且当时身有未完成的电影博士学业，但觉得这也是一个学习机会，自己既惊讶又感到荣幸。在院长办公会上，经李希凡提名，我跟卜键兄等人到文化艺术出版社工作一事确定了下来，去出版社担任副总编辑一职。只是一个普通的青年科研人员的我，被这样破格提拔为正处级，很意外，又仿佛觉得很有趣。到出版社工作的几年里非常忙碌，管的事情越来越多，压力也逐步大了起来。有时候主持工作的卜键需要出差以至出国，就让我主持出版社工作。卜键对我格外信任。可是作为院长的希凡先生却格外不放心，怕时年三十多岁的我太年轻，出版社的事管不了。一次，在原恭王府前院夹角走道处，碰到平易近人、拎着鼓鼓的包的希凡先生下班回家，顺便向他汇报了些许出版社的近况。

希凡先生深感忧虑。他担心卜键不在社里，老出差让我临时主持出版社是一个可怕的错误。"你这么年轻能管得了吗？会不会很吃力？"他非常不放心地说。

"卜键和您为我提供的一切我都很感激。他不在社里的时间不长，我绝不会在哪个地方出了问题。"我说。我希望严格要求而又满怀爱护的他注意到我说这话时朝他投去的轻松一瞥。

希凡先生点了点头："你们通过工作比先前更有经验。注意休息，我想出版社的工作是没有尽头的。"

多年以后，想到他对我和卜键等人的有力提携，他予我等后辈生动真切的平等善意和关爱情景宛在眼前，令我心里无限温暖。那时的他见到我时，除了工作之外，更多的是鼓励我工作之余坚持写作，不要放下笔；还主动问起，在写什么，在考虑什么问题，有文章多写。正是在卜键的支持和希凡先生的热情鼓励下，出版社工作虽任务繁重，但我每年还写些长篇理论研究文章，而且，从中学到了能踏踏实实做事与做人的道理。

2012年，希凡先生托人捎来他的新作《李希凡自述——往事回眸》一书。书中写到了我，这让我有些感动，而且，更重要的是，我感觉这本自传不脱离现实，和他的人生经历、学术精神与写作相联系，写得这样实在，真的可以读出历史和生活的丰富况味。

四

2018年10月28日夜11时许，夜凉如水。

希凡先生坐在自己家中客厅的沙发上。家里陪伴他的至亲怕他有些什么不适家里解决不了便提议去医院，他看着他们在打量自己。"我没事。"他大声说道。

上床前，他自己独立洗漱，他很高兴自己能做点什么。他收拾干净才上床休息。入睡后不久，他就十分安详地走了。他走的时候，没有遭罪，展示了对生死抱持着的一种更为合理的方式和态度。

人生无常，接获希凡先生突然离世的噩耗，我悲恸不已。我和商容听李芹讲述她父亲临行前的情景，想到我们俩在希凡先生90岁的生日之际还专门请他到北京他喜欢的餐馆吃饭聊天，感受到温暖，又在心里多了些许平静。不在人间已远行的希凡先生，您为尘世做的任何付出、贡献，给人们提供的任何帮助都会受到感激，请安息吧，我们再祝您一路走好！

本文原载于《传记文学》2018年第12期

作者系中国艺术研究院研究员

李希凡的马克思主义学术思想和批评观

陈飞龙

　　李希凡同志是我国著名的文艺理论家、文艺批评家、红学研究大家。在我看来，李老还是一位坚定的马克思主义信奉者、是一位杰出的马克思主义文艺批评家。他在21岁时就开始学习马克思主义。他说早在1947年他就开始接触马克思主义，李老的姐夫赵纪彬是一位马克思主义哲学家，曾经给了他一本《简明哲学字典》。他从中知道了一些理论、概念、范畴、意识形态、哲学思潮，熟悉了马克思、恩格斯、列宁、斯大林、普列汉诺夫、布哈林、托洛茨基的名字，对马克思主义的学术也逐渐有了些理论认识。当时李老到山大图书馆借阅了一些马克思主义经济学的普及读本，及王亚楠等学者分析中国经济的文集，开始了解了马克思主义基本原理和基本概念范畴。1949年春，李老在青岛读了《资本论》《剩余价值学说史》，以及两本《马克思恩格斯选集》，《资本论》中的"商品生产"那一章他读了三遍。在青岛的两年多时间里，李老确实读了不少马恩列斯的原著，并确信马克思恩格斯们论述的真理性。青岛解放后军管会文教部的王者哲同志知道他读了不少马克思主义的书，就主动写信介绍他到华东大学（革命干部学校）去学习，在那里，李老进一步接受了革命教育。他后来回忆说："现在回想起来，不管我这一生写的五百万字又有多么浅薄，又有多少'误读'和缺失，我却始终坚信，只有马克思主义，才能始终引导人类走向光明前途。"凭着青年时期的马克思主义学养，李老后来的学术思想和文艺评论都充满着浓浓的马克思主义情怀。

　　李老始终秉持唯物主义历史观，坚持马克思主义美学观、文艺观指导学术研究和文艺评论，为当代和后人树立了最具时代性的中国学术典范。在学术思想上，李老多次坦言："我是一个马克思主义者。""我从不掩饰自己的观点，一个马克思主义信徒……"

　　李老在中国古典文学研究、现当代文艺评论、红楼梦研究、鲁迅研究、毛泽东文艺思想研究以及戏曲、电影等诸多领域都有显著的理论建树，取得了当代中国最具代表性的学术成果，为社会主义文艺事业作出了重要贡献。李老多次直率地说，"我是马克思主义典型论的信奉者""我是一个阶级论者""我承认我是'毛派红学'的鼓吹者""我是革命文艺的热情的歌者"。

学习了李老的马克思主义学术思想和批评观，我确实感到李老是一位真诚的马克思主义信奉者、一位杰出的马克思主义文学批评家。李老把马克思主义一以贯之地运用到他的学术研究中，并始终如一地把马克思主义美学、文艺观作为他文艺批评的根本方法。这是十分值得我们学习、让我们十分尊敬的。

本文原载于"红色文化网"2018年12月5日

作者系中国艺术研究院研究员

秋风萧瑟　红楼哀思

——深切缅怀李希凡先生

梅新林

2018年10月29日，著名红学家李希凡先生在北京家中逝世，享年92岁。由此不禁联想到，2012年5月31日周汝昌先生在北京逝世，享年95岁；2017年1月22日冯其庸先生在北京逝世，享年93岁。短短六年间，红学界的三位元老相继离世，由此带给红学界的巨大损失，的确是无法承受之重！

一

最初见到李希凡先生，是在1996年1月31日至2月3日由哈尔滨师范大学主办的"乙亥年海峡两岸红学研讨会"上。参加这次盛会的大陆、台湾以及特邀的海外学者共70余人，著名作家王蒙先生，时任中国红楼梦学会会长冯其庸先生、副会长李希凡先生，台湾学者康来新女士，美国威斯康辛大学周策纵先生等出席了大会并做了精彩的学术演讲。承蒙东道主张锦池先生的抬爱，使我不仅得以首次参加这种高层次的红学研讨会，而且被安排在大会发言，因而有机会展示我的新著《红楼梦哲学精神》的主要观点。本次会议期间，从初次见到李希凡先生那种朴实无华、和蔼可亲的长者形象，到亲耳聆听他平实而不乏新见的大会演讲，难免和他曾是显赫一时的风云人物的固有期待产生强烈的反差。

哈尔滨海峡两岸红学研讨会之后，中国红楼梦学会又积极筹划并相继于1997年8月与1998年10月召开了"'97北京国际红楼梦学术研讨会""首届全国中青年红楼梦学术研讨会"。此后，时任中国红楼梦学会秘书长张庆善先生和我开始筹备在浙江师范大学召开"'99全国中青年红楼梦学术研讨会"，并经多方协商最终确定了"面向21世纪：文献·文本·文化研究的融通与创新"的大会主题。1999年11月7日，60多位来自全国各地的中青年《红楼梦》学者欢聚在文化名城金华，举行20世纪最后一次红学盛会，冯其庸先生、李希凡先生以及来自香港的著名红学家梅节先生等诸多红学界前辈、专家莅临大会，为中青年学者助力。张庆善先生和我共同主持了开幕式，首先由冯其庸先生代表中国红楼梦学会致辞，重点阐述了这次在浙江师范大学召开的全国中青年红学盛会的意义，认为在世纪之交，培养红学新人已是刻不容缓，这关系到红学研究在下个世纪的继承与发展问题。因此，中国红楼梦学会应该有战略眼光，通过多种形式推出红学新人，发现人才，把我们的红学事业推向21世纪。接着李希凡先生发表了热情洋溢的讲话，明确提出他很赞成这次会议提出的主题，认为这是中青年学者提出的21世纪红学研究努力的方向。文献、文本、文化，只有在融通中才不至于偏废而有创新。会前，李希凡先生还专门撰写了一个发言稿，历数了百年红学研究中的得失，希望中青年学者在21世纪的"融通"中有所突破，有所创新。两位红学界老前辈的热忱鼓励和殷切期望，使中青年研究者深受鼓舞，倍感振奋。根据本次会议所确立的中心主题，我在"文献·文本·文化研究的融通与创新——世纪之交红学研究的转型与前瞻"的大会发言中，做了如下阐释：21世纪的曙光即将在东方地平线上升起，在20世纪成为显学而又历经风风雨雨的红学如何迈向21世纪？这是一个为当今红学界所普遍关注的热点话题，也是一个面向21世纪的前瞻性论题。因此，《红楼梦》文献、文本、文化研究的融通与创新这一论题的确立与研讨，既反映了当代学术研究从分到合的必然趋势，也反映了红学研究世纪转型的内在要求。《红楼梦》文献、文本、文化研究的融通与创新，目的在于通过回归文本研究寻求与文献、文化研究三者的有机融合，真正消除曹学与红学的分野，打破外学与内学的樊篱，从而拓展红学研究的新路径，建构红学研究的新格局。就融通与创新的关系而言，创新是融通的目标，也是宗旨；而融通则是创新的前提，也是途径。具体地说，《红楼梦》文献、文本、文化研究三者之间的融通方法，就是以文献研究为基础，以文本研究为轴心，以文化研究为旨归。为此，红学界同人应该站到如何主动适应和推动21世纪红学研究转型，努力构建21世纪红学研究新格局的战略高度，密切合作，共同致力于这方面课题的研究。

　　浙江师范大学地处浙中金华，距杭州萧山机场160多公里，这就意味着冯其庸先生、李希凡先生从北京飞到萧山机场后，在当时没有高速公路的情况下，还需费时3个多小时才能抵达会场，作为大会东道主的我实在有点担心前辈们的旅途劳顿。然而当两位先生抵达宾馆之际，精神矍铄，谈笑风生，原来的担心也就随之而去。乘此难得的机会，我又诚挚邀请两位先生为浙江师范大学师生做学术讲座。浙江师大学子向有好学之风，欣悉中国红楼梦学会两位会长亲临讲坛，自是座无虚席，盛况空前。当时我想，两位学界前辈能长途跋涉、不辞辛苦抵金与会，这本身即是对中青年红楼梦学术研讨会的鼎力支持，而在繁忙的会议之余又为师生举行学术讲座，则无疑是对会议举办单位的学术眷顾，所以在欣慰之余更多的是感动。

本次会议结束之后，李希凡先生又将先前的大会发言稿修改为《有感于"文献·文本·文化"的命题——由'99全国中青年红楼梦学术研讨会引起的联想》一文，刊载于《红楼梦学刊》2000年第1辑。该文"前记"云：

> 11月7日，应'99全国中青年红楼梦学术研讨会的邀请，抵杭州后，与冯其庸、蔡义江、杜春耕诸同志同车赶赴金华，一路谈论的问题自然离不开"红学"研究的现状，不免有些感慨。夜抵金华山度假村，由于来自污浊空气的北京，又为这深山湖畔的清新氛围所陶醉，一时难以入睡，忆及白昼所议，就信笔写下了一些看法，不料次日即被杜春耕同志拿去印发，既已公开，索性把它整理充实一下，讲得周全一些，发表出来，也算是一家之见。

李希凡先生指出，本次学术研讨会《通知》上的主题是"面向21世纪：红楼梦研究文献、文本、文化的融通和创新"，包孕很丰富。这是一种整合研究的想法，是要在红学"门槛"上有所突破。而《红楼梦》在它流传二百多年来之所以引起如此广泛的"研究"兴趣，当然首先是"文本"，即作为小说的《红楼梦》的深入人心的思想艺术魅力。又说：我很赞成把"文献"和"文本"融通起来进行研究，以求得面向21世纪，红学发展有所创新，但希望这种研究能有益于解开《红楼梦》思想艺术魅力之谜，而不是拘囿于"自传说"的事实考证或猜谜之中；至于文献、文本与文化的融通和创新，那在"红学"研究中，该是更深层的内蕴和境界了。毫无疑问，《红楼梦》是中华历史文化立体结晶的精品。它和《三国》《水浒》既不同类型，又不同题材，它更富于文化的内蕴。《红楼梦》确有深广的历史文化蕴含有待于深入开掘和再认识。在此，李希凡先生不仅对本次会议主题——"面向21世纪：文献·文本·文化研究的融通与创新"予以充分肯定，而且对中青年红学研究者寄予厚望。

二

世纪之交，不同学科学术史的总结与反思风生水起，蔚为壮观。我在所主持的教育部人文社科项目"20世纪红学历程与学术思潮研究"中，尝试建构20世纪初期的考据学红学主潮、20世纪中期的社会学红学主潮、20世纪后期的"三文"融通与转型的叙述构架，其中20世纪中期的社会学红学主潮的兴起，则是由李希凡先生正式奠定的。

《红楼梦》的社会学研究可谓由来已久，问世于20世纪40年代李辰冬的《红楼梦研究》（1942）、张天翼的《贾宝玉的出家》（1945）、王昆仑的《红楼梦人物论》（1948）等著作都已率先开启了《红楼梦》社会学研究之先河，但至20世纪中叶才进而衍变为学术主潮，其中的关键节点是1954年李希凡、蓝翎合作撰写的《关于〈红楼梦简论〉及其他》《评〈红楼梦研究〉》二文对于俞平伯《红楼梦简论》以及《红楼梦研究》主要观点的批评。先是在1954年3月，俞平伯先生在《新建设》上发表了《红楼梦简论》一文，李希凡、蓝翎两人阅后，对俞平伯先生文中观点颇为不满，于是合作撰写了《关于〈红楼梦简论〉及其他》一文。两人先是将此文寄给《文艺报》，但未被理睬，然后只好转寄给他们的母校山东大学《文史哲》杂志，遂于1954年第9期刊出。该文开宗明义提出："《红楼梦》是我国近二百年来流行甚广而且影响很大的现实主义文学的杰作。"然后批评"《红楼梦》一向是最被人曲解的作品。近二百年，红学家们不知浪费了多少笔墨，不仅他们自己虚掷了时间，而且也把这部现实主义杰作推入到五里云雾中"。作者主要运用马克思主义文艺观与现实主义理论和方法展开立论与驳论，立论方面：认为"要正确地评价《红楼梦》的现实意义，不能单纯地从书中所表现出的作者世界观的落后因素以及他对某些问题的态度来做片面的论断，而应该从作者所表现的艺术形象的整体及其反映现实的真实性的程度来探讨这一问题。""因此，也只有从现实主义创作的角度上来探讨古典作品的倾向性才能得出正确的结论"。驳论方面，则是重点批评"俞平伯未能从这种角度探讨《红楼梦》鲜明的反封建的倾向，而迷惑于作品的个别章节和作者对某些问题的态度，所以只能得出模棱两可的结论"，首先是《红楼梦简论》中关于作者"拥护赞美的意思原很少，暴露批判又觉不够""可见作者的态度，相当地客观，也很公平"的观点，然后涉及"怨而不怒"风格说、"悲金悼玉"说、"色空"观念说，以及《红楼梦》脱胎于《金瓶梅》《西厢记》等的传统性问题的观点。文章最后先是肯定了俞平伯在《红楼梦》研究方面的成绩，尤其是他"对于旧红学家和近些年来把《红楼梦》完全看成作者家事的新考证学派进行了批评"，这"都有一定的价值"，但重点在于批评俞平伯用形式主义的考证方法代替了文艺批评原则的严重错误，认为其红学研究"基本上仍旧没有脱离旧红学家们的窠臼，并且与新考证学派在某种程度上保持着密切的联系"，尤其是他的《红楼梦简论》一文，"继承和发展了旧红学家们形式主义的考证方法，把考证方法运用到艺术形象的分析上来了"。这可以视为李希凡、蓝翎两人为代表的社会学红学对新红学考据学主潮的划界与清理。

《评〈红楼梦研究〉》虽然再次肯定了俞平伯先生在考证范围内所做的"辨伪"与"存真"的工作，认为他的"这些属于考证范畴的成绩，都是俞平伯先生三十年来最可珍贵的劳动成果，对于《红楼梦》的读者是有很大帮助的"，但其重点是转向批评《红楼梦研究》的错误观点和研究方法。首先，批评了俞平伯的"自传说"，认为他"处处将书中人物与作者的身世混为一谈，二而一的互相引证，其结果就产生了一些原则性的错误"；其次，批评了俞平伯关于《红楼梦》是"写生"和具有"怨而不怒的风格"的论述；再次，批评了《红楼梦研究》中存在的烦琐考证的缺陷；最后，归结《红楼梦研究》存在错误的根本原因是"俞平伯先生对于《红楼梦》所持的自然主义的主观主义见解"，因而"否认《红楼梦》是一部伟大的现实主义杰作，否认《红楼梦》所反映的是典型的社会的人的悲剧"，是"把《红楼梦》歪曲成为一部自然主义的写生的作品"。

然而出乎李希凡、蓝翎的意料，这两篇文章发表后迅速惊动了国家最高领导。1954年10月16日，毛泽东主席专门写了《关于〈红楼梦〉研究问题的信》致中央政治局的同志和其他有关同志，认为"这是三十多年以来向所谓《红楼梦》研究权威作家的错误观点的第一次认真的开火"，提出"这个反对在古典文学领域毒害青年三十余年的胡适派资产阶级唯心论的斗争，也许可以开展起来了。事情是两个'小人物'做起来的，而'大人物'往往不注意，并往往加以拦阻，他们同资产阶级作家在唯心论方面讲统一战线，甘心作资产阶级的俘虏，这同影片《清宫秘史》和《武训传》放映时候的情形几乎是相同的"。信中最后写道："俞平伯这一类资产阶级知识分子，当然是应当对他们采取团结态度的，但应当批判他们的毒害青年的错误思想，不应当对他们投降。"（《毛泽东选集》第五卷，人民出版社1977年版，第134—135页），这封信实际上就成了1954年批判《红楼梦》研究、批判学术文化领域里资产阶级思想的动员令和指导文件。于是，全国范围的批判唯心论运动大张旗鼓地开展起来。1954年10月以后，从中央到地方，举行了关于《红楼梦》问题的各种座谈会、讨论会，报刊上发表了许多批判《红楼梦》研究中错误思想的文章。数月之间，《红楼梦》问题的批判和讨论，成了全国学术文化界的一桩大事，这在《红楼梦》研究史上是十分罕见的现象。

时至今日，对于1954年由批俞论争演变为批俞运动的历史还原尚且不易，而对于这一基于学术而又超越学术事件的历史评价更是纷争不断。有鉴于此，我认为应该分为社会学批评、政治学批评以及政治批判三个层面加以综合审视与辨析。李、蓝《关于〈红楼梦简论〉及其他》《评〈红楼梦研究〉》二文主要运用马克思主义文艺观与现实主义理论和方法展开立论与驳论，认为《红楼梦》是我国近二百年来流行甚广而且影响很大的现实主义文学的杰作"，然后以此为准绳，对俞平伯《红楼梦简论》以及《红楼梦研究》中主要观点展开严厉批评，究其主流而论，应该属于社会学批评。与此同时，《关于〈红楼梦简论〉及其他》也引用了《在延安文艺座谈会上的讲话》："文艺批评有两个标准，一个是政治标准，一个是艺术标准。""任何阶级社会中的任何阶级，总是以政治标准放在第一位，以艺术标准放在第二位的"，认为俞平伯离开了现实主义的批评原则，离开了明确的阶级观点，从抽象的艺术观点出发，对他所谓的《红楼梦》"怨而不怒"的风格大肆赞扬，实质上是力图贬低《红楼梦》反封建的现实意义。这又从社会学批评进而走向政治学批评，因而也可以归结为"社会—政治学"批评，但不管是社会学批评，还是政治学批评，或者是"社会—政治学"批评，只要规范在学术批评领域之内，都有其不可否认的学术价值，同时也契合《红楼梦》博大精深的思想内涵。然后当由先前的批俞论争演变为全国性的批俞运动，则已从学术批评走向政治批判，严格地说已不属于学术争鸣范畴。

　　要之，李希凡、蓝翎《关于〈红楼梦简论〉及其他》《评〈红楼梦研究〉》二文的学术史意义即在于由此正式开启和奠定了20世纪中叶的社会学红学主潮，尽管这两篇文章存在着这样那样的不足，一些观点和提法值得商榷。比如认为贾宝玉是"新人的萌芽""反封建的英雄"，但文中所批评的俞平伯先生的一些观点则已经历史证明与考验依然是可取的。由此进而通观李希凡先生的系列论文以及《红楼梦评论集》（1973）、《曹雪芹和他的〈红楼梦〉》（1973）、《说"情"——红楼艺境探微》（1989）、《红楼梦艺术世界》（1997）、《传神文笔足千秋——〈红楼梦〉人物论》（2006）等著作，然后置于20世纪红学主潮演变的历史进程中加以重新审视，应该也不难得出上述结论。兹引录2018年11月4日中国红楼梦学会会长张庆善先生接受《法制晚报》记者访谈时所做的如下评价：

　　　　就红学史而言，李希凡就是一个时代，别人是比不了的。你今天可以对1954年的那场红学运动有这样那样的分析和评价，你也可以对李希凡的一些红学观点提出这样那样的看法。但是你都不能否认一个事实，当年李希凡和他同学蓝翎写的第一篇文章以及后来进行的《红楼梦》研究所取得的成就，开创了一个红学新时代。

　　　　从这个意义上来说，李希凡是新中国红学第一人。他的主要贡献就在于，他一辈子都在坚持用马克思主义唯物史观和马克思主义的文艺典型论来研究《红楼梦》，特别是对书中人物性格的分析，取得了很大的成就，而且影响深远。

三

20世纪70年代、80年代之交，红学研究逐步走出社会学主潮的一统天下，而趋于多元交融与转型。自此之后，李希凡先生致力于红学的恢复与发展，他与冯其庸先生共同主编了中国第一本《红楼梦大辞典》，创立了中国红楼梦学会和《红楼梦学刊》，并高度重视对红学新生力量的培养与扶持，为新时期红学发展作出了重要贡献。而在学术研究上，则依然笔耕不辍，并对早年的学术领域与观点于坚守中多有拓展和修正。

先重点就学术论著而论，这从收录于《李希凡文集》（2013）中的系列论文不难得到印证，主要见之于《"神话"和"现实"》（1982）、《"冷月葬花魂"——论林黛玉的诗词与性格》（1982）、《"良宵花解语，静日玉生香"——从一回书里看两种"真情"境界》（1982）、《"真""假"观念与"梦""幻"世界》（1983）、《虚实隐显之间——漫话"大观园"的艺术创造》（1984）、《"极摹人情世态之歧"——市人小说"世情书"与〈红楼梦〉》（1985）、《艺术境界中的"生活境界"——论〈红楼梦〉中场面描写的特色》（1985）、《说"情"——浅析贾宝玉的"情不情"与明清启蒙思潮》（1986）、《"勘破三春景不长"——元、迎、探、惜与〈红楼梦〉的悲剧结构》（1987）、《大观园中的丫头们》（1988）、《"熟悉的陌生人"与独特的"这一个"——金陵十二钗续论》（1996）等，这些论文后来分别汇集于《说"情"——〈红楼梦〉意境探微》（1989）与《红楼梦艺术世界》（1997）两部论文集中，先后由人民日报出版社与文化艺术出版社出版。在此，作者淡化了先前的阶级论，充实了原来的典型论，而侧重于《红楼梦》的文本研究、意境研究、结构研究、形象研究。

至2006年，李希凡先生与女儿合作完成的学术专著《传神文笔足千秋——〈红楼梦〉人物论》由文化艺术出版社出版。此书收入作者深度剖析《红楼梦》人物的论文33篇，将《红楼梦》的人物群像划分为四个组：第一组称之为"背景人物"，包括贾母、贾政、贾府爷儿们、王夫人、邢夫人、薛姨妈、赵姨娘；第二组为小说与大观园的主人公贾宝玉与金陵十二钗；第三组为荣国府的大丫头和丫头群体中的佼佼者，也包括梨香院的"小戏子们"；第四组有点补遗与拾零的意味，如尤氏姐妹、刘姥姥、薛蟠、管家婆娘，以至于两个小厮和焦大，但同样也是曹雪芹笔下的富有深刻社会内涵、具有典型意义的人物形象。书中对《红楼梦》中复杂而众多的个性形象，尤其是对贾母、贾政、王夫人、薛姨妈、贾宝玉、林黛玉、薛宝钗、妙玉、晴雯、紫鹃等60余人所做的深入透彻的分析，在《红楼梦》群体形象研究方面取得了新的进展与突破，其中也包括对原先简单化甚至僵化观点的修正，最为典型的莫过于薛宝钗。随着年龄知识阅历的增长以及红学研究的深入，李希凡先生认为他年轻时对于薛宝钗的评价过于简单化，未能全面准确把握《红楼梦》人物塑造的深刻内涵与意义，于是在该书所论薛宝钗中，通过反思、探索与修正而赋予了更为丰富深邃的新内涵，认为薛宝钗与贾宝玉、林黛玉一样，都是曹雪芹在《红楼梦》中着力刻画的中心人物，都是具有时代意义的宝黛钗婚恋悲剧的主角。在这一不朽的艺术典型的生命里，同样积淀着作家厚重的人生感悟，寄寓着他深广的审美理想追求。而"就艺术形象而言，无论是从曹雪芹的创作意图，还是就小说中薛宝钗血肉丰满的典型性格而言，都没有任何理由说薛宝钗写得'稀糟'。恰恰相反，薛宝钗和林黛玉一样，都是曹雪芹所塑造的不朽的艺术典型，是一个有着复杂性格的封建淑女的典型，丝毫不逊色于林黛玉，'薛林双绝'凝聚着作者精湛的审美理想的概括"。但是另一方面，他依然不认同俞平伯的"钗黛合一"论，认为："'薛林双绝'却绝非'钗黛合一'，钗黛两人性格、情志迥异，若'双峰对峙，两水分流'，各具不同的人生底蕴和精神内涵。她们个性鲜明，音容笑貌和神态各异，即使她们的美丽和智慧，也有着不同的风格和神韵，岂能'合一'？"此外，他在《红楼梦的杰出贡献》（2013）一文也谈了相似的观点，但更有明确的自我反思："尽管过去'左黛右钗'之说（包括我的最早的文章）过分在思想观念上从消极面贬低了宝钗的形象与性格，而忽视了她也是曹雪芹成功塑造的另一种典型。"彼此呈现为两种不同的美质，不同的悲剧。

与上述论著相契合，李希凡先生的学术回顾与访谈也同样可以为其坚守中的拓展和修正提供重要佐证，其中聚焦于红学研究领域的主要有以下五个层面。

（一）关于1954年红学论争的反思

《李希凡文集》第一卷《中国古典小说论丛》附录访谈、第七卷"往事回眸"多处论及这一问题。概括地说，一是反思理论武器的偏颇与不足："由于我喜欢直来直去的论争，所以在年轻气盛的时候也犯过幼稚病和粗暴的错误。我信奉马克思主义，也试图运用马克思主义去分析文艺作品和创作现象，在这个过程中有得有失。我自认为是一个马克思主义者，其实有时候是一些教条主义观点在作怪。"（孙伟科《文艺批评的世纪风云——文艺批评家李希凡访谈》）当时"只是试图运用马克思主义分析一下这部伟大杰作，即使是要表达自己的新观点，也是半生不熟的"（《往事回眸》）。二是反思运动式批评的不良后果："的确，学术问题的研讨，采取群众运动的形式，效果决不会好。"（《往事回眸》）《红楼梦》研究问题的批判尽管很快就转向对胡适思想的全面清理，广泛动员了学术界知识分子的参与，也有不少文章确实采用了'细致的说理的方法'，但也毕竟由于是一种运动的方式，不免有把学术思想问题简单化的倾向，包括我们后来写的文章，也提高了调门，对俞平伯先生不够尊重。这些都是无益于学术争论的。"（《关于建国初期两场文化问题大讨论的是与非——答〈文艺理论与批评〉记者问》）三是对于批俞运动的总体评价："尽管这场批判运动带来了一定的消极面，却也开启了马克思主义红学研究的新起点。"（《往事回眸》）"如果没有 1954 年的'评俞批胡'运动，《红楼梦》深广的思想艺术价值是不会得到重视的，'红学'也不能有今天这样的繁荣和发展，持续地具有'显学'地位。"（孙伟科《文艺批评的世纪风云——文艺批评家李希凡访谈》）

（二）关于新时期红学新著的总结

李希凡先生在一次访谈中指出："关于《红楼梦》，我自己写了三本书：《说情》《红楼梦艺术世界》《〈红楼梦〉人物论》，特别是最后一本，可说是集中了我对《红楼梦》多层次的解读……也有某些观点的完善和修正，但它仍是所谓'社会评论派'——地道的'毛派红学'。"（李荣启《博观而约取 厚积而薄发——李希凡先生访谈录》）然而与早年相比，李先生不但对于《红楼梦》"现实主义杰作"定位以及现实主义内涵都有了崭新的认识，而且更倾力于《红楼梦》艺术世界的发掘及其民族精神的阐释："要讲《红楼梦》的创作艺术，自然不能是我们 50 年代那样强调的只是'现实主义'作品，像曹雪芹这样的艺术天才，只用一种创作方法的范畴，是难以概括他的多彩多姿的艺术创造的。中国文艺传统，重表现、重写意、重神韵，这一切艺术手段，《红楼梦》中应有尽有，可以说，他们都给曹雪芹笔下的典型人物的创造加了分，使它们更加形象丰满，个性鲜明。只不过这种加分，却离不开'如实描写''并无讳饰'的典型环境中典型性格的。所以，我们写这本人物论，重点仍在于对'真的人物'的分析和解读。""如上所说，我是把《红楼梦》中的人物分四组进行分析解读的，而且分析每个人物，都给它立个档案。简单地说，这是因为曹雪芹的艺术创造，就是很有层次的。他是在小说情节中不断地深入他们的个性特征，深入他们的内心世界，而使之形象丰满。我还以为，《红楼梦》中人物的个性化的艺术创造，堪称世界小说之最。曹雪芹在小说中写了几百个人物，写活了几十个具有典型意义的艺术形象，令人叹为观止的是，人物只要一出现，他（她）们的言语、行为，就极富鲜活的个性特征，只能属于她或他，绝不会和另一个混同。"（《往事回眸》）"所以，即使我们也借用现实主义来称颂《红楼梦》的创作艺术，它也不同于西方艺术的剖析与摹写实体的忠实，而是渗透着寓意、传神、象征的民族传统艺术的特征。《红楼梦》的博大精深，被誉为中华文化的'精神家园'。"（李荣启《博观而约取 厚积而薄发——李希凡先生访谈录》)同样值得重点关注的是，李先生又再次主动谈到了对薛宝钗形象及其意义的重新认识与修正："关于对薛宝钗的评价，因为'钗黛合一'说，再加上主观因素，同情林黛玉的遭遇，就片面地否定了薛宝钗形象、性格的典型意义。其实，薛宝钗也是曹雪芹塑造得非常成功的血肉丰满、性格复杂的文学典型。在此次《人物论》中，我纠正了片面的看法，对她形象性格的多面复杂性及其典型意义，进行了细致的研究和分析。只不过'钗黛合一论'所谓的曹雪芹心目中所爱的两个人的合一，既不符合艺术创作的规律，也不符合《红楼梦》两位主人公的个性化典型性格的真实，而曹雪芹的杰出的艺术才能，以及《红楼梦》创作艺术的最大成就之一，恰恰在于《红楼梦》中人'如过江之鲫'的个性鲜明的艺术创造。"（李荣启《博观而约取 厚积而薄发——李希凡先生访谈录》)由此可见，李先生所说的"纠正了片面的看法"，并非仅仅是简单的修正，而是在修正中有坚守，是修正与坚守的并重与兼融。

（三）关于对所谓"秦学"的"揭秘热"的批评

李希凡先生在一次访谈时回答"自从刘心武在'百家讲坛'上开讲《红楼梦》之后，红学就在民间掀起了一股前所未有的热潮，您认为应该怎样看待刘心武的'秦学'和'揭秘'"时强调指出："如果这热潮是跟着什么'秦学''揭秘'热起来的，恕我直言，那绝不是'红学研究'，不管它'大众化'到什么程度，都只能是鲁迅所批评的'流言家看见宫闱秘事'的低级趣味，也不可能在阅读《红楼梦》中，对作品的丰富、深邃的意蕴和魅力，以及曹雪芹稀世的文学天才，有真实的认识和感受。"因为这"不过是重复老索隐加上自传说的老路"。（李荣启《博观而约取 厚积而薄发——李希凡先生访谈录》)李先生曾一再警示这一"揭秘热"的严重危害：一是《红楼梦》的正经研究老是被岔开，一岔开就引起整个社会的讨论；二是毫无根据地引申和所谓"揭秘"，就会把读者引向歧途（《〈红楼梦〉"揭秘热"让我感到悲哀——答〈大众日报〉记者问》)；三是《红楼梦》简直不再是文学杰作，而成了"索隐大全"，那就完全否定了《红楼梦》作为一部伟大的文学杰作的深广的社会意义和光辉的时代精神。可见这些所谓揭秘，颇有绑架红学的意味，实际上是红学发展中的透支。只是很多人还没有看到这种透支的危害，这种危害不仅是学术上的，更是对民族优秀精神文化遗产的。（孙伟科《文艺批评的世纪风云——文艺批评家李希凡访谈》)鉴于此，李先生旗帜鲜明地提出，所谓"秦学"的"'揭秘'让我感到很悲哀"。而当他在回答记者"在红学研究中，您感到最不满意的是什么？"的问题时，更是直言"在《红楼梦》的研究里面，目前最不满意的就是'红外'的索隐抉微太多，而不太重视研究文本的创作。我看重的是小说的本体,感动人的是《红楼梦》本身啊!"(《〈红楼梦〉"揭秘热"让我感到悲哀——答〈大众日报〉记者问》)这实际上也是在强调回归文本研究本身的重要性。

（四）关于对《红楼梦》影视传播的评价

李希凡先生在一次访谈回答"古典名著的重拍"的问题时,首先对1987版《红楼梦》电视剧做出了较高评价,谈到他最初不抱希望,认为《红楼梦》是任谁也编不好、演不好的,结果有几个"孩子"塑造的艺术形象却真在荧屏上立住了。尽管电视剧布景很简陋,难见荣宁二府的奢侈和豪华,演员们的演技也并不怎么齐整,但她（他）们却是年轻的一群,朝气勃发。有一位大导演跟我说:1987版只留下一个邓婕的凤姐,可在当时,刘晓庆却发誓要超过邓婕。的确,1987版大观园"群艳"中,邓婕的凤姐从气质上就压倒了刘晓庆。同时,我还觉得,就是那脸天真憨气的贾宝玉的形象,现今似也不易找到。陈晓旭的林黛玉虽小气了点,文采风流不足,但形神却都有点黛玉的"韵味"。当这位"林妹妹"的演员不幸早夭时,不也曾引起广大观众的唏嘘哀叹么!1987版已成为初创的"经典"。然后又论及此后所拍的《红楼梦》电影,导演谢铁骊曾经这样回答过记者的提问:"艺术家是永远不怕撞车的,因为艺术家永远是独创的,十个艺术家拍片,就会有十种《红楼梦》的诞生,而没有一部是多余的。"这当然是大艺术家的自信心。电影《红楼梦》也确有不少独创的艺术处理。只可惜,那时正是电视机普及的时代,电影院已无法和它竞争!至于新版《红楼梦》电视剧,开始也有一些瓜葛,曾应邀参加了第一次顾问会,并被聘为顾问,后来因胡玫导演被换下,也就更没有"顾"没有"问"了。所以新版《红楼梦》究竟有什么创新,不得而知。还是那句老话,只希望它是《红楼梦》,而不是别的什么"梦"!最后,由以上三部影视作品归结于如下意见:"无论科技、传媒发展到何等的高度,红学研究还是红学研究,《红楼梦》永远是我们宝贵的遗产,不管专业研究和非专业研究,都应当尊重这位伟大作家,正确理解他的伟大的杰作,不要歪曲它,不要搞低俗化,我相信真正爱好《红楼梦》的'大众',都是祖国优秀遗产的继承者和发扬者。"（李荣启《博观而约取 厚积而薄发——李希凡先生访谈录》）

（五）关于对新世纪红学研究的期望

饶有意味的是,在2010年中国艺术研究院研究员李荣启采访李希凡先生之时,重新提到:"在步入新世纪后,一些红学研究者提出了'文献、文本、文化相融通'的红学研究的主张和模式,对此您是怎么看的?"李先生先是对此做了纠正:实际上是20世纪末,即1999年在浙江金华举行的"全国中青年《红楼梦》学术研讨会"提出的研讨命题，然后再次表明自己的鲜明态度："很赞成这次会议提出的主题，认为这是中青年提出的21世纪红学研究努力的方向。文献、文本、文化，只有在融通中才不至于偏废而有创新。我写了一个发言稿，历数了百年红学研究中的得失，希望中青年在21世纪的'融通'中有所突破，有所创新。"（李荣启《博观而约取　厚积而薄发——李希凡先生访谈录》）此与上述所引《有感于"文献·文本·文化"的命题——由'99全国中青年红楼梦学术研讨会引起的联想》一文可以彼此相参照，而该文之所以作为"新世纪寄语"刊载于新世纪首辑《红楼梦学刊》，更具超越"'99全国中青年红楼梦学术研讨会"而臻于世纪学术定位与展望的多重意义，充分体现了一种执着理念而又与时俱进的可贵精神。

斯人已逝，红学长存。对于先辈最好的缅怀与纪念，就是在新的学术基点上努力汲取历史经验，传扬优秀传统，谱写崭新篇章！

2018年12月24日

本文原载于《红楼梦学刊》2019年第2辑

作者系浙江省人大教科文卫委员会主任，浙江工业大学原党委书记、人文学院教授

怀念李希凡老师

孙伟科

10月29日凌晨，李希凡老师溘然长逝。他的突然离世，让人有些措手不及、出乎意料。因为前一个星期，我们还在筹划着下一周与李老的见面，想放松聚聊一次，也向李老汇报计划中的《红楼梦大辞典》修订的进展工作。我们印象中的李老，精神矍铄，虽是九十多岁高龄，依然脑力健旺、思维清晰，时时刻刻系念着红学事业，《红楼梦大辞典》的修订是他一直关心的事。

他逝世的不幸消息让人心情悲伤，我时而难以自抑，眼眶润湿，不免落泪。以往接触、交往、座谈、聆听教诲的情景历历在目，恍然如昨，令人挥之不去。他总是将他最新的著作签上名"赐"我一份，他总是以谈学为主兼及生活安排，他总是问学界最近有什么新发展，他总是问我们还应该做什么科研大项目，以推动学术事业的提升，等等。如今，再也听不到他的声音了，再也不能获得他的鞭策与鼓励了。

2013年上半年，我曾经到家采访过李希凡老师。问的话题事关1954年他红学批评的起步之作，话题有些老，但他依然耐心地回忆并讲述了当时客观的历史契机和真实的批评意图。这些话题虽然老早就是历史的聚焦之点，但是却不断有新内容。比如有些怀疑者总是以窃斧之疑看待这次重大历史事件，认为暗地里必然有未曾揭秘的幕后交易，不能当作一场文学批评来看。他们认为李希凡没有将全部历史事实描述出来，其中隐藏着关键环节。初出茅庐的学生，由于一场向名人发起的不妥协的学术批评而受到毛泽东主席支持，因此一夜成名天下知。有的人不相信一个刚刚大学毕业的学生能写出引起重大历史思想冲突的文章，刻意求深地认为还有其他玄机。其实，了解李希凡此时的知识结构和人生追求的话，就不难看到历史偶然中的必然。他此前对马克思主义哲学已经有了相当深入的学习，做了大量的笔记，一直尝试着将其作为方法论来展开思想辩论，加上自小对古典名著的喜欢，以及在山东大学读书时对文艺理论课的执迷，使得他成为脱颖而出的时代宠儿。那个天翻地覆、改天换地的时代，有许多话题要变，有许多思想要变，有许多思潮要变，有许多文化、学术人物要变，甚至包括文体文风，包括提问方式、写作习惯等。创新中有继承，而这次创新更多地表现为对旧有学术范式、话语主题、文风的反叛。历史的当事人，后来都意识到了这场以思想批判为名的思想变革是一种历史的必然，所以在后来的历史聚会中，俞平伯和李希凡的见面，心中毫无芥蒂和障碍，不是相逢一笑泯恩仇问题，而是从来就没有个人恩仇。他们都没有将此看作是意气之争、宗派之争，分歧就是已经表明的立场与态度，没有皮里春秋的虚虚实实，因此也不需要转化成为个人之间的恩恩怨怨。谈到这段历史，李老显得坦然而自信，他说"我没有什么需要隐瞒的，也不需要虚构什么，至于有些人说我虚构了向《文艺报》问询可否发表批评俞平伯文章的细节，实在是不懂当时我作为一个年轻人十分活跃的积极性和进取心"。说到这，李老再次对山东大学的《文史哲》表示深深的敬意，对当时的主编和编委表示感谢。他们不仅发表了他的第一篇文章，而且还是第一次将在校学生的学习报告发表出来，也是创了该杂志的一个新纪录。李老回忆说：我的第一篇文章《典型人物的创造》，本是一篇学习笔记，是文艺学吕荧老师布置的作业，是被吕荧老师推荐到《文史哲》上发表了，这也是《文史哲》第一次发表学生的文章，自然是一件新鲜事。说起来，后来引起毛泽东主席关注的那篇《关于〈红楼梦简论〉及其他》并不是李希凡充满锐气的第一篇文章。

我曾经为1954年那次红学论争写过文章，不是为李老辩诬，因为李老不需要辩诬，那段历史也不需要辩诬。他一直光明磊落，一直是作为一个文学批评者，是以一个普通文艺批评者的身份来进行着心目中崇高的文学事业，没有政治投机的任何算计、任何得失计较。李希凡老师一以贯之地坚持着自己的批评方法，对于20世纪历次参加的批评活动，依然保持着自己角度的理解和个性的锋芒，在对以往重大历史事件的回忆中也有严格的自我批评。他认为回顾20世纪我国文学批评的历史风云，不要过多地去揣测背后的所谓"个人恩怨"和不可告人的"历史秘密"，特别是对人物做评价时，有些人刻意去拨弄是非，夸大宗派情绪，从细节上去捕风捉影，没有大历史的观念，导致了严重的历史失实和扭曲。其实，真正值得关注的是，不同观点之间理论立场的差异与对立，以及对历史、现实的不同态度等。

2015年，我的《〈红楼梦〉与诗性智慧》将要出版，我找李老为我写序，李老欣然应允。我知道这是对我最大的鼓励，也是我莫大的荣幸。但他不是一位随便给人顺水人情的人，而是郑重其事地谈起我的写作，李老说我的论文是"评多论少"，撰文、论争、批评的目的是立论，最终应该形成自己的全新系统见解和理论观点。1954年李老已经蜚声文坛，是很多文学爱好者的人生榜样，现在叫偶像，而1954年后11年才出生的我，居然能够得到李希凡老师的墨宝，心中自是难以抑制的兴奋激动。除此之外，当时已经八十多岁的李老在认真地阅读过我这位小他38岁的学生的幼稚论文之后，提出这样中肯、恳切的批评和高标准的要求，令我感动，又感觉冒昧和汗颜。

要探索李老的精神世界，不理解毛泽东主席在李希凡心目中的崇高地位，是无法理解李希凡的。他受到了历史伟人的人格感召，借助于对中国近代史、革命史的细致研读，深悟民族的复兴诉求与人民的愿望和追求，自觉地将个人的奋斗与伟大的历史进程相融合，这使得毛泽东和这个"小人物"发生了许多间接但密切的关系。毛泽东主席几次关于文学以及涉及李希凡的谈话，既是鼓励也是教诲，几个回合之后，也是深深地反思之后，他默然领受了领袖对他的要求，立志终生做一个捍卫无产阶级文学立场的文艺战士。以主人翁的姿态，以对艺术负责态度，展开以求真求美为目的的无私无畏的批评。李老回顾自己亲身经历的历史，尽管风云变幻，有时也有唐突和冒失，但人生无悔，并对自己在敢于介入斗争中不断成长走向成熟而自豪。他常常挂在口头上的一句话是：没有论争就没有学术进步。说起当前的红学研究，李老认为：近几十年无论作品思想艺术的深入探讨，作家身世和版本研究的发掘和考证，都取得了很大的成就，但也同样有回潮和灾害，如某些强势媒体和背后商业利润所驱使的"揭秘"文化流行，使红学这一显学成为大俗学。近些年来，各种不负责任的观点，各种没有根据胡编乱猜的观点，借助于炒作需要，制造了一个又一个所谓的文化热点，这实际上是红学发展中的透支。针对这些乱象，有几位红学家进行了负责任的批评，但却被说成是"围殴""群殴"某人。这是很多人还没有看到这种透支的危害，这种危害不仅是学术上的，更是对民族优秀精神文化遗产的。

李老生前，红学界的老朋友每到年底或第二年年初都会聚会一次，话题是《红楼梦》，气氛总是欢快和愉悦。聚餐结束，李老总是让家人抢着付账，他说和大家聚聚我很高兴，再说我的退休金比你们都高呀！李老在我们眼中是如雷贯耳的历史人物，既是毛主席所说的"小人物"，又是心底无私、襟怀宽广的大人物，但他把自己当成是我们红学会中普通一员。2010年中国红楼梦学会换届选举，李老坚辞学会名誉会长，是因为当时会场全体代表的掌声挽留，他才无奈地领命荣受。当然，在和李老交往中，绝不是只有轻松的聚会，还有嘱托。由于工作的原因，我印象中，总是在周五，或者两周一次，甚至一周一次，李老总是给我打电话询问红楼梦研究所的科研进展情况。我不能忘记，李老总是说，红楼梦研究所是做事情的研究单位，要做大事情，以前完成《红楼梦》新校本和《红楼梦大辞典》，是两项大工程，今后还要做有重大影响、重大意义的科研项目。即使是当前，也要加紧对《红楼梦大辞典》《红楼梦》新校本的重新修订工作。要满足时代需要，要修正错误、精益求精，要与时俱进，要将更多学者的真知灼见吸收进来，使之与文学经典的地位相称。李老的话，我都真切记得，每一次都是他老人家主动打来，这更让我感到言之谆谆、意之殷殷的托付之重。

李老八宝山遗体告别的日子，11月4日，是阴雨霏霏的天气，天幕低垂，大地凝重，近千人参加了悼念仪式。告别大厅肃穆庄严，鲜花丛中，李老安详地躺着，身上覆盖着中国共产党党旗，他的面色一如生前一样洁净明亮，犹如安然睡去。

李希凡先生千古！

本文原载于《文艺报》2018年11月12日

作者系中国艺术研究院研究员

深切缅怀母校恩师、红学前辈李希凡先生

赵建忠

2018年10月29日一大早打开手机，首先看到的就是导师吕启祥的一条微信，告知我李希凡先生已于当日凌晨1时52分在其北京家中去世。尽管李先生是以91岁高龄辞世，但听到这个噩耗，我还是觉得有些突然，因为李先生辞世前的十多天，还来到植物园内的北京曹雪芹学会，与在京红学界朋友们共度重阳节。据说那天他的精神状态还不错，竟然与大家畅叙足足五个小时之久。但随后我收到中国红学会秘书处的讣告以及报纸和各网站发布的消息，才不得不接受这个事实。

一

李希凡先生作为1954年被毛泽东主席肯定过的两个"小人物"之一，全国文化界无人不知。但吾生也晚，真正知道"李希凡"这个名字还是在20世纪70年代末。父亲当时在北京海关负责文化把关工作，他告诉我，在"文革"特殊的年代里，港澳台及海外红学家寄往大陆的没什么政治问题的纯学术著作，经过审查还是可以放行的。父亲经常打电话请李希凡等先生来海关取走通过审查的红学著作，有时还亲自送到门上，一来二去与这些红学家们就比较熟悉了。但在我，虽然由于父亲的经常提及使我知道了"李希凡"这个名字，并略知他当年作为一名"小人物"敢于向红学权威俞平伯"挑战"而受到毛泽东主席高度重视外，其他与他相关的一切，于我却很茫然。毕竟我那时只是个中学生，"李希凡"这个名字在当代文学批评史上的意义，我认识尚不深入。直到1989年考取了中国艺术研究院研究生后，我才见到了鼎鼎大名的李先生。印象中他很高壮，人也和蔼可亲，与他说话可以无拘无束。记得第一次见面是刚入学不久，我们新研究生旁听《红楼梦学刊》创刊十周年纪念座谈会，在那次座谈会上见到不少当代著名红学家，除了本院内的冯

其庸、胡文彬、林冠夫、邓庆佑、杜景华等先生外，还有来自中国社科院的陈毓罴、蒋和森、邓绍基、刘世德先生以及民革中央的蔡义江先生等，听他们的发言，使我们新入学的红学研究生受益颇深。散会后我向李希凡先生致意，他用幽默的"毛式"语言对我说"要好好学习，天天向上"，我是工作多年后26岁那年"挈妇将雏"才开始读研究生，虽然当时已不算太年轻了，但从父辈角度讲，他显然是把我当孩子看的。

我读研究生期间，李希凡先生作为中国艺术研究院常务副院长主持该院的日常工作。平时他工作很忙，因此我一般也很少去打扰他。但有一次，财政部当时的王丙乾部长提出要研究《红楼梦》中的"治家理财"问题，财政部下属的财政科学研究所找到当时文化部下属的红楼梦研究所要求协作，于是便成立了"《红楼梦》治家理财问题研究课题组"，本人忝列其中，也算是一次学术锻炼。经过课题组的集思广益，文章很快拿出，但因时效性，需要在规定时间内刊出，于是我与课题组成员们找李希凡先生帮助，他是《红楼梦学刊》的主编之一，知道来意后就联系了《红楼梦学刊》当时的副主编杜景华老师，安排尽快发稿，这就是后来发表在1990年第3辑上的那篇集体署名的文章《俭则兴　奢则败》。

二

三年的研究生学习很快就结束了，毕业后我回到了自己的家乡天津师范大学执教。逢年过节到北京我也常去看望他，见面时会有意外收获，适逢其著作出版，我能得到签名赠书。有一次，我将自己的红学著作恭敬呈送，并向身为母校恩师的他汇报自己的工作，希凡先生关切地问询我职称情况，当他知道我已顺利晋升教授时非常兴奋，以后还常向红学界师友提起我的进步。有次我去办公室看望希凡先生，正好遇到时任红楼梦研究所所长的卜键老师，他告诉我"希凡先生很关心你，听说你职称解决得这样快他很高兴"。我特别难以忘记的是，1998年秋，天津师范大学承办首届全国中青年红楼梦学术研讨会，由于开幕式在上午，我们进京接他的车比较早，以致他连早餐都没顾上吃。那次他莅会讲话，充分肯定当代中青年红学会议的意义，希望红学新人早日脱颖而出。老一辈红学家的拳拳之心，溢于言表。首届全国中青年红楼梦学术研讨会后不久，中国红楼梦学会决定吸收一批卓有成就的中青年学人如梅新林、沈治钧、陈维昭、俞晓红等进入理事会，以补充新鲜血液。也许由于自己出版过《红楼梦续书研究》专著，且对首届全国中青年红楼梦学术研讨会做过些具体工作，也忝列新理事名单中。但听说那次讨论我的理事资格时出现点曲折，原因是我在辐射面颇广的《文艺报》上发过一篇红学文章，其中的观点大家有不同意见。李希凡先生就主动做了说服工作，认为对中青年学人还是要多从正面鼓励，尽量包容缺点。结果那次增补新理事工作进行得比较顺利，而事后希凡先生从未在我面前提及此事。

施恩于人，却从不张扬，正是古人所推崇的"不衒荐以市恩"境界。根据我二十多年来的亲身体会，以希凡先生为代表的母校恩师们普遍都具有这样的情怀，侠义助人却从不鸣善以收誉。

当然，希凡先生对我生活、工作的无微不至的关心乃至包容我一些个性气质方面的缺点，并不意味着对我学术方面某些糊涂或错误观点不指出。记得2005年河南郑州举行的"百年红学的回顾与反思"全国中青年红楼梦学者研讨会上，有感于红学研究中"庸俗社会学"的一度泛滥，我在发言中对与此相联系的"社会历史批评派红学"也提出异议，认为这一派由于过分看重文学作品的时代背景并视其为反映社会的"一面镜子"，并不能穷尽《红楼梦》的全部，其诠释维度有限。尤其是社会历史批评派红学不顾及《红楼梦》整体性和复杂性，机械套用"现实主义"典型理论来解读《红楼梦》，出现了理论与作品的"油水分离"现象。发展到"评红热"出现的20世纪六七十年代，红学的专学意义也必然减弱，《红楼梦》研究通俗化的同时也伴随着庸俗化，很多红学文章沦为庸俗社会学的产物。社会历史批评派红学对胡适新红学考证派的取代虽功不可没，但同时以"烦琐"全盘否定文献价值，放弃了探寻文学作品的阐释与文献间的联系，也势必造成这一派理论在发展中后力不支。本来作为正常的学术探讨无可厚非，也契合那次会议"百年红学的回顾与反思"议题。但进而我又想当然提出"社会历史批评派红学"与苏联"拉普"理论可能有渊源联系，这种提法显然不够实事求是并且在理论上也是错误的。希凡先生当时很生气，对我提出了严肃批评。孙伟科兄在《文艺报》上发表关于希凡先生的文章《文艺批评的世纪风云——文艺批评家李希凡访谈》，采访中还提及此事。后来郑铁生同志在《曹雪芹研究》上发表的希凡先生采访文章，不点我名也披露了此事，可见多年后希凡先生对此事仍记忆犹新。尽管如此，希凡先生主要针对的只是我的错误观点，仍一如既往地关心我的成长并以各种方式奖掖扶持。前几年天津市红楼梦研究会成立，我们去看望他征询意见，他热情鼓励并提出很多建设性意见。他与女儿李萌合著的专著《传神文笔足千秋——〈红楼梦〉人物论》也签名赠送给我留念。2016年12月8日，中国艺术研究院与中国红楼梦学会联合举办"李希凡与当代红学"学术座谈会，我以母校早年毕业的研究生身份受邀与会发言，会后希凡先生热情地招呼我，关切地问询我生活、工作近况。希凡先生1927年出生，我1963年出生，生肖都属兔，我们中间整整隔了36年，虽有母校师生名分，但他应算我老师的老师，隔辈的先生。中国红楼梦学会2017年深圳全国会员代表大会换届前夕，张庆善会长向他征求关于吸收我进入学会新领导班子的意见，他欣然同意并客观指出我的优缺点，这令身为晚辈的我深受感动。

三

1954年，李希凡、蓝翎两位青年学人共同撰写和发表了《关于〈红楼梦简论〉及其他》和《评〈红楼梦研究〉》，开辟了从广阔的社会历史背景出发分析《红楼梦》艺术成就的研究道路。此后的学术生涯中，李希凡先生坚持用马克思主义的唯物史观为哲学基础研究中国古典小说、戏曲、中国现代文学、鲁迅创作、电影创作等，集中对《红楼梦》各方面的艺术成就特别是人物形象塑造的成功经验做了深入而细致的研究，他著作等身，出版有《红楼梦评论集》《弦外集》《论"人"和"现实"》《管见集》《论中国古典小说的艺术形象》《寸心集》《题材·思想·艺术》《〈呐喊〉〈彷徨〉的思想与艺术》《红楼梦艺术世界》《李希凡文学评论选》《文艺漫笔》《燕泥集》《"说情"——红楼艺境探微》《毛泽东文艺思想的贡献》《冬草》《艺文絮语》《沉沙集》《传神文笔足千秋——〈红楼梦〉人物论》，主编《中华艺术通史》（十四卷本），还与冯其庸先生共同主编了《红楼梦大辞典》。2014年东方出版中心出版《李希凡文集》七卷本。李希凡先生历经风雨而不改初衷，以坚定的信念、求真的精神、高远的视野、严谨的治学和百折不挠的精神，成为一代令人敬仰的文学批评大家和成就卓著的学者。

长期以来，人们误以为用马克思主义文艺观去研究《红楼梦》等优秀作品，一定是在新中国成立的1949年之后，其实这是种误解。随着五四新文化运动而涌入的包括马克思主义在内的各种文艺思潮，其某些话语早已被当时的学术界尝试运用，只是尚未普及而已。直到1954年9月，山东大学的《文史哲》刊物发表了李希凡、蓝翎与红学权威俞平伯商榷的《关于〈红楼梦简论〉及其他》一文，引起毛泽东高度重视并发表了《关于〈红楼梦〉研究问题的信》，以马克思主义文艺观为指导思想的红学社会历史批评范式才备受瞩目，从而在相当层次和范围内展开了《红楼梦》研究方法大讨论，由此揭开了红学史上新的一页，标志着《红楼梦》研究由近现代以来占统治地位的考证范式转型进入了当代史的新阶段。不管1954年那场"红学大讨论"有多少偏颇或不足，但着重对文本阐释的研究路向是值得充分肯定的，即使放在今天，红学界有识之士还不断发出"回归文本"的呼唤，这应该看作1954年确立的红学范式遥远的回响。

无论后人对1954年那场红学运动做何评价，不可否认的是，由两个"小人物"引发的那场运动无疑是红学史上的重大事件，而这个事件对以后的《红楼梦》研究及古典文学格局乃至整个社会科学领域都产生了深远影响。以社会历史批评派红学取得正统地位为标志，1954年也就成为《红楼梦》研究史的分水岭。今天，拂去历史的烟云重新审视那场红学大讨论，回顾、反思当代红学的历程并对其走向进行前瞻式展望，无疑有着重要的理论价值和现实意义。

需要指出的是，有的研究者不是从当年两个"小人物"文章的总体意义出发去评论这一文化事件，而是热衷于挖掘些碎片化的"史料"去进行所谓的"揭秘"，试图"还原"1954年红学事件的"来龙去脉"，既无聊也歪曲了历史真相。两个"小人物"成为那个时代的弄潮儿，绝非偶然飞溅的一朵浪花，不是流星划过或昙花一现的时代大潮中的匆匆过客，经过半个多世纪风云变幻的历史检验，《关于〈红楼梦简论〉及其他》一文中很多有价值的学术思想至今仍然没有过时，从某种意义上也可以说，此文是检验当代红学的逻辑起点和探讨新世纪红学走向的历史前提。

改革开放以来，红学在全球化文化语境下形成了活力四射的新局面，文献研究空前繁荣，文本研究出现多元格局，进入了当代红学史中的新时期阶段。从1978年起至今的四十多年，红学界发生的有影响的学术论争基本属于文献的发现及由此而引申出来的话题，由此我们也可以看出，1954年的红学论争毕竟主要还是围绕着《红楼梦》的思想性展开的，两个"小人物"文章着重对文本阐释的研究路向，不仅在当年对胡适"自传说"独霸红坛的历史具有解构作用，即使在今天，对红学界碎片化、娱乐化的"揭秘""猜谜"尤其是远离文本的某些"研究"乱象也具有正面意义。

社会历史批评派红学自身也有其发展的阶段，受特定时代的局限，李希凡先生当年在尝试运用马克思主义文艺观去研究《红楼梦》时虽也存在简单化问题，但毕竟与彼时庸俗社会学笼罩下的"评红热"催生的大批判式文章不能简单画等号，尤其是改革开放后，李希凡先生重新焕发了第二次青春，写出大量《红楼梦》思想、艺术方面的很有力度的文章并结集出版，他的文章在坚持当年红学范式的同时，又吸纳了新时期以来的红学考证和文艺美学成果，说明社会历史批评派红学是开放的体系，经过融合当代优秀的理论成果，不断丰富自己的学术内涵，仍有广阔的发展空间。

本文原载于《红楼梦学刊》2019年第2辑

作者系天津师范大学文学院教授

怀念李希凡先生

刘尚慈

　　我与李希凡先生相识相知是在1964—1965年社会主义教育运动，即"四清"运动当中。为了加强社会实践，教育部下令文科院系的大学生参加"四清"运动。那时我正读大学二年级，被分配到西集公社尹家河大队第二生产小队，工作队组长就是李希凡。西集公社社教工作队由新华社和人民日报社的干部职工组成，团长是《人民日报》总编辑吴冷西，副团长是新华社总编辑穆青。尹家河四清工作组全是人民日报社的人，大队长是田流，副队长是陈泉璧。三个生产小队的工作组，一个由知识分子组成，一个是由工农干部出身同志组成，一个是知识分子和工农干部混合成员。这是大队部有意的安排。我们第二生产小队就是那个知识分子组，一开始组长是陈瑞卿，不久升任为副大队长，李希凡当了组长（"四清"结束后，李希凡一直说这是个错误的任命）。组员有摄影家吕相友、国际部记者编辑方荣萱、头版校对韩国华和我，李、吕、方都是共产党员。

　　农村的社教任务是"清工分，清账目，清仓库，清财务"。工作队进村首先是访贫问苦，与贫下中农同吃同劳动。一方面工作队员要过生活关，一方面是培养根子，调查生产队领导班子的"四不清"问题。李希凡个子高块头大又正值三十六七岁的壮年，自然饭量大，常常是和饭量小的我搭配去贫下中农家吃派饭。即使这样，他也常常不好意思放开肚子吃。一日三餐都是玉米面玉米糙白薯咸菜大白菜。晚上工作到深夜，真是肚子咕咕叫。后来，经工作队大队长默许买些大饼，晚上补充一点。同劳动，没问题，老李身高力不亏，小时当过学徒吃过苦，干起活来杠杠的。我则很瘦弱，虽然拼命干也常常落后，但大家对我的劳动态度都是肯定的。一次用扁担抬粪土往地里送，和我一起抬的年轻社员开玩笑，突然把土筐推向前方我这头，我一下子跪坐在地下，可把老李吓坏了，忙跑过来，查看是否受伤，口中重复说着"可不能这么开玩笑，会出事的"。其实社员也捉弄过他。他常说我是"病秧子"，"四清"工作队的医生每次巡视到我们小队，他一定会让医生给我查体问诊，大冬天的他和老吕就站到院子中去。老李老吕的住所也是我们的办公处，那是中农尹殿臣家给我们腾出的房子，宽大敞亮，有一铺大炕，开贫协会、社员片儿会时社员们都坐在这铺炕上"吞云吐雾"。我们三位女士住在一位五保户老大娘家，是一间很窄小的房间，我们只是晚上回来睡觉，连午间休息、早晚洗漱都在他们那里。每天深夜工作结束，他和老吕打着手电"送女士回宫"，他们总是先这样唱上一句，然后送我们回去。一天夜里，我们中了煤气，我是最后被唤醒的，据说已经浑身抽搐眼睛上翻了。这还了得！那紧张劲儿可想而知。第二天老吕和一个社员帮我们改造地炉、疏通烟道、制作煤饼；老李则骑车去西集买吃的，给病号买食品当然堂而皇之，不算违反"同吃"原则。1964年11月，我父亲病危去世。在我回家奔丧期间，他派老吕去我家看望，很体贴，很温暖。

下来之前大家都学习了《关于目前农村工作中若干问题的决定（草案）》《关于农村社会主义教育运动中一些具体政策的规定（草案）》，即所谓"前十条""后十条"。文件认为中国社会已经出现了严重的尖锐的阶级斗争情况，资本主义势力和封建势力正在对党猖狂进攻，要求重新组织革命的阶级队伍，把反革命气焰压下去。其实，文件对农村形势作了"左"的估计，用这样的指导思想武装起来的我们，面对我们小队的实际情况，大家常常拿不准吃不透，于是争论很多，直至运动后期，许多问题需要定性的时候争论更激烈。大家态度都极其认真，对照文件精神反复分析我们生产队具体的人和事，并随时随地警惕检讨着自己的阶级立场阶级感情是否正确，真的很累、很紧张。老李与老方争执最多，老方神经衰弱、身体不太好，每每争论后老李就担心老方犯病，搞得他紧张得不得了，可问题摆在那里，不争论不统一思想无法开展工作，矛盾得很。我队洪氏三兄弟有历史问题，在够不够戴上历史反革命帽子的问题上意见有分歧。经过几次外调、征求贫协意见、翻来覆去地分析辩论，终于统一，觉得戴不上帽子。我写好材料报了上去，没想到分团批下来竟是给他们戴上帽子，批评我们没有正确领会上级政策，"当前，越南局势紧张，你们没有将国际形势和国内阶级斗争联系起来看，没有把你们队'四清'运动与全国阶级斗争及国际上的反修反帝斗争联系起来"。老李心情很沉重，反省、自责，认为是他这个组长不称职，错误的根源是知识分子的弱点。原本三洪曾被告发有人命案，后来证人翻供了，经过几次外调，命案无法坐实，他们虽然当过国民党兵，痞气加霸气，干部、乡邻都不敢惹他们，可是据此就能定为反革命吗？今天来分析这个问题，再回头看看分团批评意见的角度和口气，似乎戴上反革命帽子的理由不充足。

我与老李在绝大部分问题上看法是一致的，共同语言更多。我负责资料工作，他是组长，房间里有时只剩下我俩，聊天的时机就多。从工作、学习聊到家庭，无话不谈。作为中文系的大学生，我对面前这位红学专家、文学评论家、工作组组长十分敬畏。当他向我讲述了他的家庭背景、生活、治学经历后，我更加崇敬钦佩，并深感自惭形秽。这激励了我刻苦上进的决心和勇气。

大队部田流队长对我们大学生很关心，重视我们的思想改造、社会实践的状况。这也是上级交给他们的任务，所以在各级工作队领导们碰头开会时，都要谈及大学生的情况。回小队传达时，老李总是很得意，常常说"田流说小刘的总结报告写得不错""小刘的记录得到田流的夸奖""我们小刘受表扬了"；大学生某某出现了什么什么问题，社员们反应如何如何，接下去总会说，"咱们队社员对我们小刘的反映很好"。也许是搞文学评论的人都喜欢研究人，他私下看了我的日记，第二天会向我坦白，还发表评论，并且笑着说："好哇你小刘，高兴了称我老李，不高兴了就是李希凡。"其实不过是信手写来而已，他知道，故意这么说罢了。后来我的日记中有这样一段话："他大概从日记中看出了什么，了解了我的内心世界，他又很善于分析人，所以经常能抓住我的心理活动。我真想知道他对我的全面看法，可他就是不肯讲，憋死人。"

> 我坐在李希凡的车后座上，顶着今年第一场春雨，去西集中学听他的"文艺战线上的阶级斗争"的报告。雨丝细极了，向远处望去像雾一样，它也凉得很，洒在脸上手上还有些寒意，但很舒适。我们到了西集，棉衣都湿了，我有点冷，可他却累得出了好多汗。

这是1965年4月18日我日记的第一段。老李烟瘾极大，尤其是写作时，一支续一支，其间用不着打火机，烟卷夹在嘴角上能粘住，说话时香烟上下摆动，但绝不会掉下来。那天报告作到后半段烟抽光了，他坐在台上边讲边用双手搓大腿，那个难受样又可笑又可怜。西集中学那间教室里挤得满满的，不少人是站着听的，他那激情洋溢的报告结束，赢得一片热烈的掌声。夜晚，我俩步行回尹家河，春雨过后，空气湿润、洁净，散发着清新的泥土的芳香，他不时用手电照一下我们脚下坎坷不平的路，边走边聊，融洽而惬意。翻开我日记本中那天听报告的记录，他给我改的一个错字还赫然留在页眉上。

他第一次回城休整归队送给我一本书，《钢铁是怎样炼成的》，题字曰"荡涤灵魂的艺术"。后来我们几次聊过这部名著，并谈论过冬妮娅与保尔的爱情及冬妮娅能否成为革命者的问题。我俩聊天中，经常谈到我的专业学习上来，他觉得我努力不够。尤其是四清后期，他用保尔·柯察金在瘫痪并双目失明后说的话，"你是否用尽一切力量挣脱铁环，使你能归队，使你的生命变成有用的呢"，来鼓励和鞭策我。还说："毕业后无论分配到哪里，要和我保持联系，我给你寄书。"此后，他陆续将他写的书一一送给了我。这期间，他特意到我家去了一趟，我心里明白，他是想了解我的生活环境，看看我的家人，以便分析我性格形成的背景。他很喜欢我母亲，说："从言谈上就可以看出你妈妈是个知识妇女，很明事理的。"还说希望自己也有这样一个妈妈。李老也曾带我去过他家通州的老宅，拜见过李太夫人，老人家是位地道的劳动妇女。

我们的书信往来也比较多。他喜欢给人起外号，书信抬头多次让我吃惊，比如"刘半碗"，这是因为派饭的早晚餐都有玉米面或玉米糁粥，我常吃不满一碗，他把这告诉了田流，田流见到我时常问："还喝半碗粥吗？"没想到他竟以"刘半碗"来称呼我。最让我吃惊的是"刘雅丽"，当时一看抬头，"坏了，他装错信封了"，可往下看两句确实是给我的。转念一想，我笑了，明白了。我的肤色比较白，工作队同志曾开玩笑，有的说像去了皮的鸭梨，有的说像京白梨，在老李那儿竟幻化出这么个戏称。

四清结束后，他寄给我一份"参考书目"。这不是一份简单的书目，每个书名之下都有几行题解及阅读指导、版本选择等。举几个例子吧。《杜勃罗留波夫选集》之下写有两段："此书应全看，他评的作品大概你一般都看过，而且文章写得漂亮而深刻。""以上三人——别、车、杜的文艺理论，是资产阶级时代的高峰。"黑格尔《美学》下："这是一本很难读的书，因为我们不熟悉他评价的那些文艺现象，而且作者是唯心主义者，不过，其中却不乏精彩的见解。我最喜欢他的《艺术家》一节。"《毛泽东论文艺》："读完了以上这些东西，你再重新读主席的论著，你就会对文艺与阶级关系有明确的认识了。他们费那么大力气说的一些道理，主席几句话就给点破了。以上所有的论著，包括马恩列斯在内，都没有能完全解决文艺方向问题，而主席在这本薄薄的小书里，却创造性地发展了马列主义。"书单所列十多部书都是文艺理论方面的经典。我们在一起交谈过对中外一些名著的看法，大概他有让我向这方面发展的愿望吧。可是后来我却走上了古籍整理之路。这份书单我保留至今，纸已变黄变脆，但字迹还很清晰。

"四清"后，隔段时间我就会去他家坐坐，当然请益是重要目的。他喜欢吃花生，那时这可不是容易得到的东西，我总是想方设法搞一些送给他。一次他手指着花生眼睛盯着我说："这段时间没来，是不是因为这个？"他是不满意了。

"文革"开始了，1969年前后，他们夫妇同时去了"五七干校"。我已经去北京郊区当中学教员了，两周回家一次。我抽时间去他家看看那三个无人照管的可怜孩子。大萌刚上初中，带着两个妹妹生活，小李蓝还在上幼儿园，多难啊！老徐给大萌写了些菜谱，什么鸡蛋紫菜汤之类。我去也就是看看聊聊，记得给小小的李蓝讲过故事，带她们去天安门广场玩儿过一次，帮不上什么忙，解决不了任何问题。

1979年初冬的一天晚上，老徐突然驾临寒舍（以上对李希凡夫妇等人的称谓，是那个革命时代的习惯，写那时的事如果改了称谓，那种亲切的同志味道就变了）。原来他家小李蓝闹着非要转到我校我班学习。那时我已经调进城里在某座中学教高中。他家离我校不近，还要换一次车。孩子很辛苦，也很要强，复读后考上了中山大学。1981年我被调入中华书局做编辑工作。1983年我去中山大学出差，竟在校园里遇到了她，真是有缘分。之后李蓝留学美国，如今已经是美国北伊利诺州立大学的终身教授了。

1992年中华书局局庆盛典，李老作为贵宾落座主桌，那里都是领导、名人，我不便前去问候。不想，主桌一散席，他径直来到我的桌前。大约他坐在主桌上早已揣摸到或打听到我的位置，那是几十桌的宴会厅啊，我很高兴！

2000年前后十多年间我们断了联系，各自都很忙。等他再联系我时，我已退休了。"四清"运动中朝夕相处半年多的友谊又经过多年的积淀似乎更深厚了。他到我家来，在门禁通话中喊道："小刘，李希凡看你来了！"声音中透着兴奋。他始终最关心我的是事业上的作为。当他知道我在古籍整理上取得了些许成绩后很高兴，尤其是看到我编辑的两部古文字图书获了奖，《王力古汉语字典》获得了国家图书大奖、辞书一等奖，我译注的《春秋公羊传译注》获得全国古籍整理图书二等奖等时说："想不到，我们小刘成了语言学专家了！"此后，我们的联系很多，他曾让他的司机给我送过书，我也将我著述的《世说新语译注》《春秋公羊传译注》等交与司机带给他。后来他就叫二女儿李芹通过快递送书了。如今，翻看着一本本他赠书扉页上题词的亲切称呼："尚慈小友""刘尚慈小妹老哥哥李希凡"，竟还有称"尚慈兄"的，温馨和痛悼一起涌上心头。

每次我去看他，他必请我吃饭。每次电话聊天总在一个小时上下。他还是那么爱开玩笑，有几次电话打过来开口竟是"刘先生""刘教授"，搞得我好不难为情。电话中我们随兴而谈，过去、现在、政治、文化、戏剧电影电视剧，想到什么谈什么，也曾谈到《红楼梦大辞典》的修订问题、《中华艺术通史》的一些问题。去年，当我告诉他我校点的《公羊义疏》刚刚获了全国古籍整理图书一等奖时，他那个高兴劲儿啊，让我很感动。但他又很遗憾地说，"可惜我的目力无法拜读大作了"。近两三年他不断重复提起的是，"老朋友都走了，如今就是冯其庸冯老和贺敬之贺老了。'四清'的同志也就剩下你我了"。其实我俩恢复联系时陈瑞卿还在世，当我们商量去看望他时，不想就在前几日他刚刚离世，我俩都非常伤感。冯老去世时，我不敢给他打电话，不知该怎样安慰他。他竟打过电话来，聊了很长时间，说朋友一个个都走了，孤单单的没意思。另外反复说到的则是视力问题，对"看不了书了"耿耿于怀遗憾不已。2017年2月，他将登有《李希凡：时代的"战士"》专访的《中华英才》和两本《红楼梦学刊》快递给我，短信中说："我最近又失去一位六十年的老友，不亦悲乎！"又说："眼睛越来越不行了！"字写得较大，也不那么端正了。他有好几个放大镜，也都不能解决看书写字的问题。他电话中说了几次："我送你个漂亮的放大镜，很适合你，你的学生（指李蓝）从美国买的，你来拿。"在他离去后的这段时间，想他时我常拿在手中把玩。

90岁的李老身体状况很不错，我们还一起从他家走到大悦城去吃饭。声音依然爽朗，思维敏捷，逻辑严谨。还和李蓝说："你看，她原来挺高的，怎么变成小老太太了！"他在叹惜我变老了！不想，去年夏天，他从洗脚盆中拔出脚来，光脚去给足底按摩师开门，滑倒了，虽没有伤到骨头，可这一跤成了个转捩点。但无论如何我也没想到他竟是那么突然地离开了我们，前几天我们还通过电话呢。难过极了！悲哀极了！我是他的小朋友又是老朋友，也是他的小妹妹；他是我的良师益友，我的老哥哥啊！

他曾说过，希望自己在睡梦中辞世，他如愿了，我不断这样安慰自己。李老去找他心心念念的爱妻去了！去找他那聪明的长女萌儿去了！去找他心心念念的那些老朋友去了！红学界的人说，李老的离世是一个时代的结束！这岂止是红学界的评说？李老对这个时代的贡献是巨大的，人生能如此不会有什么遗憾的！正如他赠我的一部书的题词所言："青春无悔！"历史会永远记住他！他永远活在我们心里！

2019年7月10日星期三

作者系中华书局编审

书艺情缘

饶涛　王则灵

2018年10月29日凌晨，李希凡先生逝世，享年92岁。李希凡先生的离去是整个中国红学界、马克思主义文艺理论界巨大的损失。李希凡先生秉持科学严谨的治学态度，为党和人民的文艺理论事业奉献了毕生的精力。中国红楼梦学会会长张庆善曾评价李希凡先生为新中国红学第一人，他一辈子都在坚持马克思主义唯物史观和运用马克思主义的文艺典型论研究《红楼梦》以及书中人物，取得了许多不可磨灭的巨大贡献，对后世影响深远。

李希凡先生，是毛主席眼里的"小人物"，也是众所周知的红学研究大家、《红楼梦学刊》名誉主编，文艺评论家。李希凡先生1953年毕业于山东大学中文系，1954年毕业于中国人民大学哲学系。历任《人民日报》文艺部编辑、评论组长、副主任、常务副主任，中国艺术研究院常务副院长，研究员。全国第二、第八届政协委员，全国第四届人大代表，中共十三大、十四大代表。1949年开始发表作品，于1954年加入中国作家协会。

一、先生与《中华艺术通史》的情缘

李希凡先生从1986年开始主持中国艺术研究院工作起，便开始致力于中国艺术学科的建设，将中国艺术研究院各艺术学科的史论基础研究引领到艺术科学的综合比较研究的新高度。由李希凡先生主持，北京师范大学出版社出版的《中华艺术通史》，开创了中国大型艺术史综合研究的先河，填补了艺术科学研究的空白。《中华艺术通史》集众多艺术门类研究成果于一体，将中华民族的艺术成果以整体的形式展示给世人。李希凡先生对中国艺术所作的贡献是巨大的，他与《中华艺术通史》一起，永载史册，恩泽后人。

丛书主编李希凡先生曾说："在20世纪90年代初，我和中国艺术研究院的同人们就有着一种共识：中华民族的艺术传统源远流长，博大精深，多姿多彩，是各门类艺术的集合。某一历史时代各门类艺术的品性、发展都不是孤立的艺术现象，从起源到分类变化，再到更高层次的综合发展，都自有其民族艺术的神韵；而各门类艺术，在不同历史时期，又都有其独特的发展轨迹，这是我们民族艺术的一个总体特征。我们认为，已有的各门类艺术史无法概括中华艺术史的整体发展，应当有一部综合的艺术通史。我们所编撰的这部《中华艺术通史》，就是立足于各时代社会总貌和艺术发展的整体把握和宏观研究，着眼于概括和总结每个时代共同的发展规律。"

中华艺术博大精深、源远流长。在全球化的今天，其独特的审美价值日益被全世界所认同。为系统呈现五千年中华艺术的精彩内容，弘扬中华艺术的恢宏精神，总结中华艺术的基本规律，传承中华艺术的宝贵财富，开启21世纪中华艺术新的锦绣篇章，由李希凡先生牵头，集全国各艺术门类数十位专家、学者，集体攻关，决定编撰《中华艺术通史》这一巨著。经报全国哲学社会科学规划领导小组、全国艺术科学规划领导小组审批，立项全国艺术科学"九五"规划唯一重大课题，由北京师范大学出版社先期投入200万元，并承担出版任务。

二、十年辛苦磨一剑，梅花香自苦寒来

《中华艺术通史》立项于1996年，其实最早在1994年，李希凡先生就已经提出了这个课题。李希凡先生提出这个课题的原因，是因为在"八五"计划期间，作为全国艺术科学规划领导小组常务副组长的他，提出了"中国艺术学"这一宏大的课题。对于时任中国艺术研究院常务副院长的李希凡先生来说，这样综合性的课题应该由中国艺术研究院的专家们集体攻关完成。所以在"九五"计划前两年，他就率先提出"中华艺术通史"这一课题，并在1994年6月就组织了全院相关专家参加论证会，专门讨论中华艺术通史研究的问题。

当年的中国艺术研究院刚刚完成各主要艺术学科一史一论的基础学科研究，虽然戏曲、音乐、美术、舞蹈、曲艺等各门类专家学者人才济济，但是涉足艺术科学综合性研究的人才还并不是很多。会上，专家们发言踊跃，也很兴奋，但是说起谁作为课题负责人，大家都觉得这个担子非同小可、担当不起，统领各学科专家一起完成如此庞大的课题，谁有这个权威？当场就有专家在会上说："李院长，这个课题除非您亲自担当。"大家觉得《中华艺术通史》这么一个由院内外专家共同组织研究的项目，非李希凡先生亲自作

为课题负责人不可，这个历史的责任就这样落到了李希凡先生的肩上。

全国"九五"规划课题的审批是在1996年中期。当时《中华艺术通史》已经在艺术研究院内紧锣密鼓准备开来，美术研究所顾森老师也主动承担了人员和经费的筹备工作。中国艺术研究院有很多专家的母校是北京师范大学，很快这个信息传递给了北京师范大学出版社，出版社陶虹编辑迅速与中国艺术研究院取得了联系。时任北京师范大学出版社常务副社长常汝吉同志亲自带队来院拜访李希凡先生，充满诚意地表示："李先生承担这个课题，我们社愿意资助出版。"

《中华艺术通史》自1996年正式启动，到正式出版历时十年。十年编辑历程，可大致分为两个阶段：

第一阶段从1996年到2003年，主要工作为撰稿。编写如此一部大书，工程之浩大，任务之艰巨，可想而知。乃至苏国荣、刘晓路两位先生中途过劳辞世。特别需要指出的是，在市场经济的大潮下，作者和分卷主编，尤其是总主编李希凡先生，执行副总主编孟繁树、陈绶祥、秦序等人不为时尚所动，数年间甘于清贫，甘于寂寞，几易其稿，"躲进小屋"，反复汇聚综合统稿，铸就了中华艺术的璀璨奇葩。

第二阶段从2003年到出版结束，主要是编校工作。为此北京师范大学出版社聘请了潘国琪等数十位资深专家对书稿前后进行过三次审稿，每次均写出详细审读报告和修改意见，并退回作者，在此基础上作者进行修改工作。

1996年底，李希凡先生从中国艺术研究院的领导岗位上退了下来。69岁，正是资深专家做学问的大好年纪，他将工作重心转移到《中华艺术通史》的组织与撰写工作当中，将自己一生的学养、知识积淀以及十年的光阴投入其中。《中华艺术通史》全书共700多万字，3000余幅插图，14卷本，创作团队以及审稿专家就将近50人，工程量十分巨大。从1996年开题到2006年出版，总共花费整整十年时间，北京师范大学出版社也举全社之力投入《中华艺术通史》的出版工作中，由于浩大的工程以及撰写中所遇到的方方面面的困难，正式出版比签订出版合同时所预估的时间晚了8年。从1996年8月至1997年1月，在短短不到半年的时间里，《中华艺术通史》课题组一共召开了四次编委会。前三次会议看似"务虚"，却确定了通史撰写的总原则和大方向。李希凡先生做了"高标准要求把这部综合的艺术通史写好"的主题发言，并围绕中华艺术精神及其总体把握、中华艺术发展大势和基本规律、《中华艺术通史》的整体把握以及上下贯通统一等议题进行了讨论。会议对每一位作者如何撰写通史提出了要求，并对如何把握《中华艺术通史》的共性与个性达成了共识。在第四次编委会会议上正式讨论并确定了《中华艺术通史》十四卷的章、节、目、点的框架结构与具体内容。这类大型课题的组织与设计工作量巨大且繁复，是李先生充分听取各方的意见与调研，经过深思熟虑后所决定的，实践证明这种开题的方式是成功的。

《中华艺术通史》列卷，上起原始社会，下迄清宣统三年（1911），具体卷次为：原始卷、夏商周卷、秦汉卷、三国两晋南北朝卷、隋唐卷（上、下编）、五代两宋辽西夏金卷（上、下编）、元代卷、明代卷（上、下编）、清代卷（上、下编），加上年表索引卷共十四卷。全书文字700余万，图片3000余幅。引文数千条，数据（人物生卒年、朝代、年号起止及公元年等）万余组，人物、古今地名、作品、各种遗存等文献资料不计其数。对此须一一核查订正，工作十分浩繁艰苦。在此期间，本书全体责任编辑、审稿专家日复一日，频繁往返于中国国家图书馆、北京师范大学图书馆、中国艺术研究院图书馆等馆藏机构，查阅了上千种文献资料，对引文、数据、文献资料逐一进行了核对补正。为确保本书质量，在编校工作的最后阶段，还特别聘请了中国版协校对工作委员会主任周奇先生、智福先生、江达先生、杜维东先生四位专家对全书逐卷进行了审读。虽然承担编审校工作的这些同志不是作者，但在《中华艺术通史》这座丰碑里也厚重地凝结着他们的汗水、心血与智慧。

三、《中华艺术通史》终得面世及其学术影响

由中国艺术研究院承担的国家哲学社会科学基金重大课题和国家艺术学科重大课题——《中华艺术通史》，历经十余年的艰苦奋斗，最终于2006年由北京师范大学出版社正式出版发行。2007年1月24日，文化部教育科技司、中国艺术研究院、全国艺术科学规划领导小组办公室在中国艺术研究院联合举行国家重大课题《中华艺术通史》出版座谈会。时任全国哲学社会科学规划办公室主任张国祚，时任文化部教育科技司司长韩永进，时任中国艺术研究院院长王文章，副院长张庆善，著名学者冯其庸、刘锡诚、田青、陈绶祥、田自秉、单国强、薄松年等以及课题组专家60余人出席了座谈会。时任中国艺术研究院院长王文章、时任全国哲学社会科学规划办公室主任张国祚、时任文化部教科司司长韩永进发表了重要讲话，中国艺术研究院研究员、《中华艺术通史》总主编李希凡先生向与会专家介绍了课题基本情况。

《中华艺术通史》凝聚着众多艺术大师们的辛勤汗水，它的出版，在学术性、文献性、实用性、审美性等四个方面体现出了无与伦比的学术魅力与价值，并且产生了广泛的社

会影响力。2007年，北京师范大学出版社出版的《中华艺术通史》获得第一届中国出版政府奖印制奖。2015年，《中华艺术通史》获得第二届中华优秀出版物奖。作为一部代表当前国家级水平的艺术史研究巨著，或许将在相当长的一个历史阶段保持其稳定性与权威性。它虽然是史著，但具有艺术百科的性质，既是国内各级图书馆的必藏，专业研究者案头应备之书，又是国外学者了解中华艺术的重要窗口，还是各艺术院校、大学文科、师范院校相关专业的重要教学参考文献。

光阴似箭，岁月如梭，生命的短暂如白驹过隙，在几十年的学术生涯中，李希凡先生以勤勉的治学精神、严谨的治学态度、创新的学术观点、丰富的学术思想，在学术理论界享有很高声誉，被学术界誉为"新中国红学第一人"，是红学界最璀璨的精神明灯，在中国红学界、马克思主义文艺理论等领域的研究中做出了巨大贡献。李希凡先生的治学精神与崇高人格魅力将永远鞭策着我们不断前进，值得整个学界的同人们学习和践行。

作者系北京市师范大学出版社编辑

痛悼京城失大贤

——怀念李希凡先生

郑铁生

    2018年10月29日清晨一打开手机,首先闯入眼帘的一条微信使我惊呆了。凌晨李希凡先生在北京家中逝世,享年92岁。这太突然了,10月16日北京曹雪芹学会举办重阳节红学雅聚,李希凡先生还在女儿李芹的陪伴下来参加聚会,谈笑如常。怎么不到半个月,竟阴阳两重天了。感情的冲浪撞击我的心扉,脱口就吟出两句诗:

> 惊闻噩耗泪潸然,
> 痛悼京城失大贤。

    我本不会写诗,此时竟然情思不已,急笔而书:

> 初出茅庐文笔健,
> 一扫文坛雾霾天。

一

    在中国文人中,其论著能受到开国领袖毛泽东赏识的,李希凡不一定是唯一,但因文章受到毛泽东的支持而在文学艺术乃至整个国家意识形态中产生巨大的影响,起到为马克思主义理论的普及与应用助力作用的,而且至今仍闪烁历史辉煌的,大概无出其右。正是基于此,在纪念1954年《红楼梦》批评60周年前夕,我萌生了写《李希凡学术研究60周年访谈录》的想法。

    2013年夏我对李希凡先生开始访谈,先将访谈提纲寄上,供他思考。先生年事已高,又患有糖尿病，视线模糊，但非常认真地坚持回答我所提出的问题，我很感动，对他说："我非常珍惜对您的这次访谈，它不仅是对1954年《红楼梦》批评60周年最好的纪念，也是对后来人一次最好的交代。1954年对《红楼梦》批评所带来的全新的方法和理念，是历史的进步，不会因当前红学乱象的喧嚣、阴霾的遮盖，而丧失它在历史进程中的光辉。"他深情地回忆："首先应当说，1954年那场批判运动有它的特殊性，即毛主席亲自在发动和领导，而方式又是支持两个'小人物'向权威挑战，这给了文坛以很大震动。要说两个'小人物'文章有'新的理念和新方法'，无非他们尝试运用马克思主义观察和评价文学现象，重视作品对社会生活的真实反映，艺术形象的创造，反对对文学作品做烦琐考证和猜谜式的索隐。"当我说到他的红学研究成果很多，他谦虚地表示："就我自己来说，对'红学'并无修养，在我的老友中间，如胡文彬、吕启祥，特别是冯其庸同志，都可以称得起是红学家，他们对作家家世、《红楼梦》作品的思想艺术、版本考证、文化内涵，都有全面深入的研究；和他们同时代的，北京的蔡义江、刘世德，广州的曾扬华，上海的应必诚、孙逊，黑龙江的张锦池，也都是有多种专著问世。更年轻的一代，人就更多了。"

当谈到近年来红火一时的"周汝昌现象"时，李希凡先生讲起1954年《红楼梦》批评中曾保护过周汝昌。周汝昌对此十分感激，1972年他的《红楼梦新证》再版时，还将李希凡和蓝翎合写的《评〈红楼梦新证〉》一文，作为序言出版。但对周汝昌的学术走向李希凡先生直言不讳地谈了他的看法："虽然我写的有关《红楼梦》的著作，包括与蓝翎合作的《红楼梦评论集》，也有百余万字，但无论是论战和评论，都只是涉及《红楼梦》作为伟大文学杰作的思想艺术的分析和评价。周汝昌先生把这叫作'小说学'的研究，他认为，它不适合对《红楼梦》的研究，也不能称之为'红学'。周先生的《红楼梦新证》本是'自传说'最典型的论著，1954年批判运动却给予了特殊的'优待'，我们曾奉命写过一篇评论《红楼梦新证》的文章，邓拓同志交代的精神是，周也是一位青年人，他的书受新红学派的影响很深，但这部书作者下了很大功夫，他集中了曹雪芹家世的所有资料，又是最近几年才出版，和新红学派的著作要区别对待。所以，我们那篇文章虽然批评了他的'自传说'，却只是说他受了胡适的影响，不过，周先生当时虽然做了自我批评，可近些年来他的'红学'著述，不只没有改变'贾曹互证'的自传说，而且越加把《红楼梦》排除在文学创作的小说之外，公开反对对《红楼梦》做小说艺术的研究，而且随心所欲地对曹雪芹创作《红楼梦》作主观臆造的猜测和推断，什么四十回是清乾隆皇帝的授意，什么《红楼梦》写的本是贾宝玉和史湘云相爱，林黛玉是第三者……这种'前言不搭后语'，只能说周先生在学术研究方面缺少理论品格。"

黄钟毁弃，瓦釜雷鸣。当代红学乱象恰恰说明没有高扬正确的理论，导致奇谈怪论，肆意横生。李希凡先生义正词严地指出："自称是周先生学生的'秦学'发明者，又对'自传说'做了延伸，那便是对'莫须有事实'的追寻！于是，康熙王朝的夺嫡内斗，就成了《红楼梦》故事情节和人物关系隐藏着的秘密。于是，贾珍与秦可卿的'乱伦'，变成了与废太子胤礽的公主的自幼真诚相爱，而带发修行的妙玉，也成了寄居在贾府某亲王的郡主，这真是'自传说'向老索隐的一大'发展'，《红楼梦》真成了鲁迅在20世纪20年代就已警示过的'流言家看到宫闱秘事'。这样的解读，岂不是把一部深刻反映历史现实的文学杰作变成了索隐大全，从那两年电视台红火的'论坛'，图书大厦大肆推出的畅销书，确实恰恰证明1954年那场批判仍有现实意义。周汝昌先生在当年做自我批评时所说：'批判了这些自传谬说，才能正确深刻地认识《红楼梦》的意义，也才是正确深入地研究曹雪芹的艺术特点特色，例如，他到底是怎样创造他的小说中的典型人物形象的呢？这是一个值得探讨的课题。'可惜这些年来，继续大加鼓吹这些谬说的，正是周先生自己。而且越走越远，真到了完全不用小说学观点来研究《红楼梦》的地步。这样把《红楼梦》特殊到文学作品之外，并不是对曹雪芹艺术才能的褒奖，而是对《红楼梦》这部伟大杰作的一种最肤浅的贬低。写生，无论怎样精裁细剪，也显示不出作家的杰出的艺术才能，也不能产生动人心弦的艺术魅力，这样的红学，这样的'揭秘'，只能把读者引向对《红楼梦》的可悲的误读。"他还多次指出刘心武、土默热的错误，并对我说："当前红学乱象，周汝昌老先生要负很大责任。"

我对李希凡先生访谈进行了大半年，终于有了初稿。2014年4月14日我给他回信：

> 胡文彬先生对我说：如果说当代红学界有"定海神针"的话，那么李希凡先生就是。我理解他的话，意思是给红学界带来全新的方法和理念，也许您不是第一人，但是您是影响红学界，乃至整个学术界最大的一个人。恰如冯其庸先生所说："用唯物主义的研究取代唯心主义的研究，这是方法论的变革。应该说《红楼梦》研究成为新的面貌，就是从希凡他们的文章开始的。"王蒙也认为："我也认为希凡先生他们的文章代表了方法论的转型，这个转型还不局限于《红楼梦》研究领域，还辐射到整个社会科学研究领域。"可见，您的评红文章受到毛泽东主席的重视，在当时所产生的震撼和影响是不可低估的。从这个意义上讲，您代表了当代红学甚至古代小说研究的主流意识，确实起到了"定海神针"的作用。
>
> ……

二

李老的一生勤奋写作，著述丰伟。他的七卷本《李希凡文集》涉及中国古典小说《三国演义》《水浒传》《西游记》《金瓶梅》《红楼梦》几大名著和鲁迅研究，特别是《红楼梦》和《三国演义》的研究，他是国内顶级专家。而外写作了大量的文学、文艺评论，是一位活跃在中国文坛上的优秀的文艺理论家。晚年又担任了十四卷《中华艺术通史》的总主编，完成了长篇自传《李希凡自述——往事回眸》。从其论著可以洞悉到他最可贵之处，是文笔透视出的人品、学养和胆识。也就是从人品上说，是正气，从文品上说，是风骨。所以我用两句诗对他一生做了简单而高度的概括：

平生正气称儒雅，
奋笔疾书六十年。

李希凡先生的一生波澜壮阔，色彩斑斓，我只能举凡自己感受最深的三件事，谈谈他一身正气。

第一件事。1959年春学术界几位历史学家为曹操翻案，争论是由郭沫若新编历史剧《蔡文姬》和《赤壁之战》引发的。1月25日郭沫若在《光明日报》发表了《谈蔡文姬的胡笳十八拍》，他说：曹操是民族英雄，而《三国演义》风行后，却把曹操涂抹成一位白脸奸臣，实在是历史的一大歪曲。2月19日翦伯赞也在《光明日报》发表《应该替曹操翻案》："在否定曹操的过程中《三国演义》的作者可以说尽了文学的能事。《三国演义》简直是曹操的谤书。"一时间都拿《三国演义》作靶向，大有去除《三国演义》而后快之势。这场为曹操翻案导致1959年至"文革"结束，几近二十年，人们谈《三国演义》，到了"万马齐喑究可哀"的地步。沧海横流方显英雄本色，这个时期只有少数学者敢于挺身、力排众议，孤军作战，为真理而辩。李希凡当年32岁，正是风华正茂、英气盎然的时节，他说："1959年历史学家开始讨论为曹操翻案时，我只是好奇，后来找来剪报一看，有点感到奇异了，这哪里是只为历史人物曹操翻案，简直就是对罗贯中和《三国演义》以至三国戏的谩骂和讨伐，这未免引起我强烈的兴趣。"从4月至9月，他一连写四篇大文章：《〈三国演义〉和为曹操翻案》《历史人物的曹操与文学形象的曹操》《〈三国演义〉里的关羽形象》《一个忠贞、智慧的封建政治家——〈三国演义〉里的诸葛亮》，划清历史著作与文学作品的关系、历史人物与文学人物的关系，理清了《三国演义》"深广地概括和创造了一个性格复杂多面的封建政治家的典型——一个真的人物。罗贯中不仅写出了他的多面性格，而且写出了培植出这样复杂性格的封建阶级内部复杂斗争的政治环境，它已经不完全是曹操一个历史人物所能包容的，而是历代封建阶级统治者生活和精神面貌的积淀和升华，并且它作为封建统治者的文学典型"。像李希凡这样的学识和胆识，在中国的学术界实属翘楚。

第二件事。面对江青这样的"大人物"授意他写作批判历史剧《海瑞罢官》，李希凡坚持实事求是的原则，不改自己的操守，乃大智大勇也。有一次，我和曹雪芹学会的雍薇在他家，我问李先生："江青找您写批评《海瑞罢官》，您当时为什么没写呢？"

他回忆有一次林默涵电话通知他："江青同志要找你谈谈。"第二天中南海有车接他，一直开到丰泽园，一位青年秘书把他引到小会议室等候。"江青从后门走进来，我看到她穿着很朴素，像那时多数女同志一样，一身蓝色列宁装，戴着一副近视镜。她是主席夫人，又是第一次见面，我自然很拘谨。江青倒像是对我很熟悉，谈话很坦率，以长辈自居，而且直截了当，都是文艺问题。"其中说到1961年李希凡与吴晗关于历史剧的论争一连写了四篇文章，江青批评他，说："简直就是书呆子气，你和吴晗辩论历史剧问题，他的《海瑞罢官》，就是宣传'三自一包'单干风映射现实。批评吴晗，要批在点子上，什么历史真实，什么艺术虚构，哪个历史剧不是迎合现实的某种需要，借古讽今，不要书呆子气。"这个"意见"江青反复讲了好几次……

李希凡和江青对吴晗《海瑞罢官》的认识从一开始就显现出知识分子与政治家的分野，李希凡满脑子研究的是历史真实与艺术虚构区别，而江青思维运作是历史剧怎样为现实政治斗争服务。但这并不是最重要的，重要的是一个"小人物"在大人物面前，是坚持自己的操守，有一说一、有二说二呢？还是仰仗大人物的鼻息和口气而借机攀附，扶摇直上，为虎作伥呢？这才是实质。尽管江青找过李希凡两次，但李希凡还是没有写。他说："本来我和吴晗先生的争论，是历史剧的历史真实与艺术真实的问题，不是《海瑞罢官》反映了什么……可无论如何我也无法把它和'单干风''翻案风'联系起来，而姚文元却就是这样写的。"1965年11月10日，上海《文汇报》发表了姚文元的《评新编历史剧〈海瑞罢官〉》，成为引发"文革"导火索。李希凡一看，就知道是在江青授意下写出的。"文革"岁月里顺者则存，逆者则亡。随时都有可能给你戴上各种各样的帽子，再踏上一只脚。李希凡不能不感到有巨大的压力，他打电话给林默涵。林默涵只说了一句："你看她找你了，你又不写，赶快检讨吧！"李希凡虽忧心忡忡，但没有违心求荣。说起当年这事，他十分庆幸："说我书呆子，理解不了，意识不到。没意识到反倒好了。"他大笑起来。一个人的定力来自他的学识、胆识和历练，特别是在历史和个人命运的关头，能顶着巨大的压力，做到宁折不弯，已是难能可贵了。

第三件事。李希凡先生一生写下一百多万字的红学论著，一是早年与蓝翎合作的《红楼梦评论集》，那是20世纪50年代完成的。一是晚年，21世纪初他与女儿合作完成《传神文笔足千秋——〈红楼梦〉人物论》。他说："2003年'非典'肆虐，我和老伴儿避居顺义马坡，既已离休，也解除了《通史》的重担，未完成的'评红'宿债又浮现在心头。"中间整整隔了五十年，终于了却他一生的凤愿。在访谈中，我能深深地体会到他对《红楼梦》的热爱，他极尽语言之美，颂扬《红楼梦》之伟大：

> 曹雪芹实在太伟大了！他的《红楼梦》可以称之为人类艺术思维的活标本，凡是文学艺术能使人感受到的魅力和美的享受，《红楼梦》都可以给你提供可分析、研究的范例，甚至包括现代中外文学艺术创作中出现的各种流派，我们也能从曹雪芹笔下按迹寻踪窥探到某些源头。

2004年4月的一天，胡文彬先生打电话告诉我："去年天津人民出版社出了一本《秋水堂论金瓶梅》，是美籍华人田晓菲写的，鼓吹《金瓶梅》实在比《红楼梦》更好，认为《金瓶梅》性描写比《红楼梦》更真实、更人性化。李希凡先生认为这部书对《红楼梦》评价不恰当，他容不得有人这样贬低《红楼梦》，想找一位学者写一篇文章，以正视听。我考虑你能做这件事。"于是我对《秋水堂论金瓶梅》仔细研读，写了题为《〈红楼梦〉性描写的叙事根据、层次和特征——兼谈与〈金瓶梅〉的比较》一文，5月29日寄出，7月6日胡先生来电，说李希凡先生看过了，他很满意，不久便会在《红楼梦学刊》上发表。

这件事虽然很小，但可以看出李希凡先生一生对《红楼梦》挚爱至极，因为中华文化像血液一样流贯在他的生命之中，他对中华文化的瑰宝《红楼梦》的爱护，是生命的本能。

三

我认识李希凡先生很早，1972年5月我给《人民日报》送稿。当时人民日报社在王府井大街，记得我在接待室等着，下楼接待我的是一位中年人，高高的个子，很精神，而头发已有些花白。他谈我的稿件《文章得失不由天》的修改意见，临走，我冒昧地问他的姓名，他在白纸上用铅笔写下三个字"李希凡"。当时我心里一震，眼前的他就是大名鼎鼎的红学家。我念高中时，读过他的名著《论中国古典小说的艺术形象》《红楼梦评论集》。没想到在这偶然时刻，我第一次见到李希凡先生，聆听其教诲。1977年我考上大学，认真研读过李希凡与何其芳关于"典型论"的讨论。20世纪80年代以后在全国《三国演义》学术讨论会上，几次听他作学术报告。2007年我担负国家社科项目《中国文化概览》的编著，给英、日、韩、法、俄、德、葡萄牙、西班牙等语的翻译提供文本。却发现很多参考书都是传抄，史料不确，过程简略，参考以后，仍不放心。就在这时，李老晚年十年辛苦主编的《中华艺术通史》全套出版了，我喜出望外，赶紧买来作为文献依据。一点一滴都给我留下深深的记忆，那次访谈又有了近距离的交谈，更多地了解李希凡先生是一个性格豪爽且直率的人，他没有文人那种刻意的掩饰和虚荣，也没有世俗的那种圆滑和心机，更没有当官的脸色和架子，他的谦和平易给我留下美好的记忆。

我第一次去他家印象很深。他的家朴实简单，落落大方。一进门是一个有二三十米的大厅，餐饮和会客都在这里，客厅靠近落地窗子一面。靠窗子的沙发对面有一把木椅是专门给李希凡先生准备的，他从不坐沙发，客人来了坐在沙发上和他面对面谈话。坐在客厅沙发的位置能够看到对面的书房，除了一张桌子，三面都是书橱，摆满了书籍。书橱边上放着一张油画像，大概是他四五十岁的形象，透着精力充沛、思维灵动的气质。特别突出的是书橱上面挂着一幅大的彩照，是他妻子的遗容，微笑着俯视整个书房，仿佛陪伴着李希凡先生度过一生最后的时光。

访谈后的这几年，李先生经常给我打电话。感觉人老了，有些孤独和寂寞，愿意有人说话，其实说的也都是一些小事。有一天我在晚饭后散步回来，妻子说："李希凡先生来电话了。"我随即拨通电话："李先生，您还没休息吧？"

"没有，我到11点才睡呢。你这个习惯很好，晚饭后去散步。"

我说："您也应该晚饭后去走走。"

"我懒得动，有糖尿病。妻子去世了，没人照顾我。大女儿住院也出不来，李芹的孩子今年考大学，她挺忙。"我一阵心酸，因为他的大女儿已经病故，怕影响他的情绪，家人一直在瞒着他。

"访谈我又加了一段，是不是先给你看看？"

"不用，给雍薇打字，她会给我传过来。"

"那好，明天给她邮去。"

"那您好好注意身体。"

"都87岁了，按旧历就89岁了。昨天冯其庸打电话说，他血糖低了，老伴也不懂，给他吃了半个馒头。"

"应该吃一块黑巧克力。"

"对，吃葡萄糖或巧克力。"又聊了一会儿家常话才挂电话。

又有一次，李先生来电话告诉我："《红楼梦大辞典》要修订，由张庆善牵头，再出版一个好的修订本。庆善人好。"

"啊，这我知道，他还没做中国艺术研究院领导时我们就相识，他善解人意，一点架子也没有。当了官还是那样，从领导岗位退下来依然那样。谦和平易，有口皆碑。"

"是，是。"又说了一会儿，才放下电话。我才意识到他不仅仅是人老了，有些孤独和寂寞，而更多的是在最后的岁月里，还时时刻刻关心、惦记红学的发展事业。如今这一幕一幕的细节，都从眼前掠过。我心头一热，掷笔一挥，写下最后沉痛的两句诗：

> 音容宛在忆访谈，
> 说红不再李公前。

作者系天津外国语大学教授

大音自成曲　幽色出凡尘

——忆李希凡先生二三事

俞晓红

李希凡先生去世的消息是从微信上获知的。2018年10月29日一早，就有数位友人发图文消息至朋友圈。因10月16日，北京曹雪芹学会邀请在京的老中青三代红学家十余人至北京植物园活动，江丽教授当天还发了"重阳雅集"的九宫格在朋友圈，并称李希凡先生为"90后"。图中李希凡先生笑容和煦，发言时伴有手势语，亲切一如往常。所以，不过半月时间先生即告别尘世西去，令人颇感震惊。随后何卫国君代表中国红楼梦学会将讣告发至常务理事。先生的告别会是在11月4日，但因在10月上旬即已安排了"庆祝改革开放40周年"校友系列活动在11月1日至5日进行，作为活动的组织者，我无法离芜赴京参加告别会，故谨以单位名义发唁电至学会。两个月过去，从记忆深处浮现的有关先生的生命印迹，竟是那么真切。细思而概言，主要在两个层面：一是对红学事业不懈的关注与支持，二是对红学友人的真挚关怀和对中青年学者的热忱提携。

一

初次知道李希凡先生的名字，是在1976年的6月，那年我还在读高一。家中有一本由"安徽日报通讯"编印的《红楼梦研究资料》，爱书的父亲用牛皮纸做了封皮，又用毛笔题写了获得的时间。资料集的目录页前有毛泽东《关于〈红楼梦〉研究问题的信》；正文所收当代的《红楼梦》评论资料中，首先列入的是《〈红楼梦〉问题两条路线斗争大事记》。我先从那封信里读到"小人物"这一特指概念，又在《大事记》中知道"小人物"之一即是"李希凡"。彼时如我，何曾想到过一生中还会有与"小人物"交集的时候？

1988年5月26日至30日，第六届全国红学研讨会在安徽师范大学召开。与会者阵容十分整齐，吴组缃、端木蕻良、冯其庸、沈天佑、傅憎享、马国权、杨光汉、邓庆佑、吕启祥、邸瑞平、庄克华等红学大家云集江城。兴许临近家乡的缘故，吴组缃先生兴致很高，开幕式上侃侃而谈，本已超出预定的发言时间，但他两次说"我还要讲"，末了还向与会代表推荐芜湖的"豆腐文化"，惹得一众学者晚饭后散步去江城街头，品尝本地有名的凉拌豆腐脑和油炸臭豆腐。大会发言中，端木蕻良先生自叙以小说体式再现曹雪芹；杨光汉先生叙及自己以敬畏之心研读《红楼梦》，先后泣泪，在场听众无不动容；邸瑞平先生以清亮柔美的少女般的嗓音和带有表演意味的手势，描绘葬花的黛玉肩荷花锄，袅袅穿行于春光明媚的花间柳下的场景，引发听众惊赞莫名……这些情境，构成芜湖会议特有的人文情怀和江南风韵。

江城的那个暮春雨季，我带了篇谈论《红楼梦》人物"兼美"的万言稿参会。一向在纸上读到的那些红学家的名字，乃以一个个鲜活的生命体出现在视野中，对于当时尚在中学任教的我而言，不啻进入一个真幻参半、虚实相间的人文世界。会议给了我一个大会发言的机会。当那场大会发言结束，大家走在科技礼堂外面的路上时，一个身穿褐色裤子、中等个儿、微胖、光额的老先生站到我跟前，和蔼地说："晓红，我那篇文章不做了，给你做。"翻阅会议材料，见有一篇论"兼美"的千字提纲，赫然署着"傅憎享"的名字。往外宾楼去的路上，吕启祥、邸瑞平先生亦特意找我说话，谈论文创意，聊生活不易，给我诸般鼓励。凡此种种，都成为我记忆深处的缕缕温暖。

李希凡先生是此次到会的专家之一。此时他从人民日报社调入中国艺术研究院任常务副院长已近两年，对芜湖会议的顺利举行起了至为重要的推动作用。然而会议期间他却十分低调，既没有见他在大会上发言，也没有听到他在会下的公开场合发表论红观点，只是偶然说过一点对后四十回的看法。曾经风云一时的"小人物"，以淡然微笑的姿态静默在会议进程中，纸上的历史人物现身于十二年后，施施然进入普通读者的视线，自然令人意想不到。然出于槛外之人的怯意，当时的我未敢攀言，除了将当年的阅读记忆幻化为眼前的立体感知外，并未滋生太多的学术印象。

此后召开的全国红学研讨会，我大多都携论文参加，也每每在会上遇到李希凡先生，彼此逐渐熟悉起来。1994年的莱阳会议、1997年的辽阳会议，李希凡先生均作了大会致辞。进餐时，他总是静静地坐在餐厅一隅，用些素食；炎热季，他会打开那把黑色的纸折扇，轻轻扇动。和青年学者交流时，他总是带着温厚的微笑，关切地询问对方的工作与学习。犹记得1999年11月的金华会议，李希凡和冯其庸、蔡义江、刘世德、张锦池、杜春耕、梅节等一批大家作为前辈学者的代表应邀参加。这次会议有两个面向，一是面向21世纪，一是面向全国的中青年学者。李希凡先生在开幕式上作了一个长篇的发言。他认为，面向21世纪的红学研究需要开拓新的路径，文献、文本、文化的融通与创新，在红学研究中属于深层的内蕴与境界。他批驳了小说学研究不属于红学范畴的观点，而将《红楼梦》视为将小说艺术美学发挥到极致的文学典范。也是在这次会上，他表示应支持中青年学者的学术研究，提出要创出新思路、发出新声音。2010年8月初，在北京凤凰岭召开的纪念中国红楼梦学会成立30周年大会上，他指出，现在红学走的是科学分析、科学论证的道路，只要中华文化在传承，中国红楼梦学会就有很多工作要做，红学就会福寿绵长。2013年11月下旬，纪念曹雪芹逝世250周年大会在廊坊举行，他在开幕式发言中再次强调，《红楼梦》是中华文化的珍品。聆听李希凡先生的发言，阅读他的诸多论文，可以感知他的红学观内涵多元、层次丰富，但有两个特点始终贯串其间：一是对毛泽东评价《红楼梦》观点的执守与坚持；二是将文艺理论作为自己评红的起点和视界。而他，从来都是那样磊落、坦然，葆有一颗赤子之心。

二

李希凡先生对红学事业的关注与对友人、对中青年学者的关切，始终是融为一体、同时并进的。红学事业的不断发展，与红学队伍的持续建设，本来就是交融互涵的关系。李希凡先生身兼中国红楼梦学会副会长和中国艺术研究院常务副院长的双重身份，乃以其宽广的胸怀对待红学友人，以开阔的视野对待中青年学者，显示出一位学者的优良品质。

我们这一辈学人在学术道路上的成长，从来没有离开过前辈学者的提携与帮助。我发表在《红楼梦学刊》1983年第4辑上的《任是无情也动人》一文，乃是大学毕业后在本科学位论文基础上修改提炼而成，当年的论文指导老师即是朱彤先生。1988年5月的全国红学研讨会在芜湖召开时，我从事基础教育已近六年，也是朱彤师给了我与会和大会发言的机会，我才得以认识和接触诸多红学大家，并由此与《红楼梦》研究深度结缘。1989年我考回母校读硕士，更是得益于朱彤师此前的不断鼓励。不意三年后我毕业留校任教之际，朱彤师却因病谢世。

读硕三年中我之于《红楼梦》文本的进一步理解，在很大程度上受益于协助朱彤师整理书稿。20世纪70年代末期，朱彤师曾被借调到北京参加冯其庸先生主持的新校本《红楼梦》注释部分的撰稿和定稿工作。校注工作期间，朱彤师对文本典故、专有名词等做了一系列考证文章，或纠偏勘误，辨析前注之错讹；或阐幽发微，补苴时论之罅漏。文章陆续发表在《红楼梦学刊》上。返校后，朱彤师在大学课堂上，于人物解读和艺术剖析亦多发奇思妙想，遂一一敷演为文。1991年冬至1992年初，朱彤师卧病已久，乃有收束散篇结集成书之意。此际我从师就读硕士已至三年级，遂襄理篇成帙之役。朱彤师虽说是辗转病榻，握管维艰，仍手书索序于冯其庸、李希凡二先生案前。

冯、李二序很快就寄到了朱彤师的病榻边。冯其庸先生在序中重点评价朱彤师的三篇论文，他首先称赞1979年5月《红楼梦学刊》创刊号上的《释"白首双星"》之文，以为朱彤师凭此一文"声动京华，名重红学界"；此外还评说朱彤师对《红楼梦》主题的阐释、对人物性格补充艺术手法的解析，均"健笔凌云，妙思入微"。李希凡先生的序文，却是从深情回忆20世纪70年代的《红楼梦》校注工作写起。众所周知，中国艺术研究院红楼梦研究所的前身是校注组，李希凡先生之于校注组的组建及校注工程是一个奠基石般的存在，来自全国各地先后参与校注工作的有20余人，朱彤师属于后期参与这项工程的一位。李序列出对1982年人民文学出版社的《红楼梦》"新校注本"做出大量贡献的8位学者的名单，朱彤师即在其中。李希凡先生认为，大量的校注工作，主要是新校注本"前言"所列"本书修改定稿"的后一班人员做的，"后继者将不会忘记前驱者的艰辛劳作"；原来的校注队伍早已散归各地，但十多年来却活跃在红学阵地上，对学术和教学做出了各自独到的贡献。与冯其庸先生观点相同，李希凡先生也认为"白首双星"之释、《红楼梦》主题之说和性格补充手法之论，是力排众议、见解独到的力作；此外他还对《〈红楼梦〉诗歌艺术断想》《关于红学现状与发展的刍议》等论文作了评说，以为朱彤师视野开阔，能够统观全局，有利于开拓红学研究的新局面。

相较之下，冯序高屋建瓴、突出重点，概括精当有力；李序则从远处逶迤行来，叙中见情，行文恬淡绵柔。冯序以学术评价为主，聚焦于文集内涵；李序则叙议结合，在回忆往昔中评述朱彤先生之于红学史的贡献，蕴数十年深厚交谊于素朴平和的叙事。李序言及，在中国红楼梦学会没有任何补贴、历届红学会议的召开都是靠承办单位自筹经费情况下，全国性的红学研讨会已经三年多没有举行，"留存在人们记忆中的，依然是芜湖安徽师大校园中的温馨的聚会。而那次第六届全国红楼梦学术研讨会，却正是朱彤同志多方奔走，竭尽全力进行筹备的"。他称赞朱彤先生为人"热情、豪爽、开朗"，颇具"东北大汉"勇往直前的性格；自己既为老友的病情感到怅然，也为其著作即将出版感到欣然。朱彤师病榻之上读到冯、李二序，欣慰之时，亦自潸然，遂以"殷殷之情，深叩我心"数语嵌入《〈红楼梦〉散论》的"后记"。

冯、李二先生与朱彤师的交谊，乃建基于20世纪70年代的新校注本工程。校注组乃由国务院有关部门批准成立，袁水拍任组长，冯、李二位任副组长，凝聚了全国多家高校的一批优秀学术力量在京，共同致力于校注工作，取得了令人瞩目的学术成果，形成红学史上的那一个辉煌时期。校注组部分成员后来成了中国艺术研究院红楼梦研究所的骨干力量。

进入21世纪，由于体制的原因很多前辈专家已从前台退到幕后，年轻一辈的研究人员当时多处于成长期，40—50岁年龄档的中坚力量相对较少，一些前辈学者开始担忧"红学已到后40回"。当时张庆善先生新任中国艺术研究院分管业务的副院长，为红学事业长久发展计，遂滋生要从全国中青年学者中再聚集一批有生力量到红研所的念头，且构拟了一个名单，名单上的学人来自全国各地高校，年龄均在38—45岁之间。所谓生命有限而学术无止境，如何以学术成就刻镂生命的痕迹，也是这一批学人的责任和使命。2003年9月下旬和10月中旬，我曾先后赴京参加第二届中国古典小说数字化研讨会和纪念曹雪芹逝世240周年的大观园会议。两次会议期间，张庆善先生均与我聊起此事，商谈计划的实施。当然，这是难的。2004年初，吕启祥和胡文彬先生知悉后，先后对此事表示了关注和支持。辗转之际，李希凡先生亦闻知此事，便出面向中国艺术研究院的主要领导推荐，从学术实力和梯队建设需要两方面陈述了推荐理由。李希凡先生从1986年至1996年任中国艺术研究院常务副院长，掌院十年，此时已退八年，仍然关切红学骨干队伍的建设，且关注到我这样一个普通平凡的高校教师，是我意想不到的事，我自然也十分感动，又不敢电话惊扰，遂仅去信致谢。那一计划因为多种缘故没能最终完成，但李希凡先生不遗余力提携后学的仁厚长者风范，就此铭刻在我的心中。

李希凡先生是红学家，但他往往淡化自己的红学家身份，不以曾经的"小人物"自矜；他担任中国红楼梦学会副会长十数年，多数时候甘于身处幕后全力支持和促进红学事业的发展，显示出宽厚的胸襟和坚韧的担当。对待中青年学者，他眼中心中没有地域之别、门派之见，而完全以是否有利于红学事业发展为出发点，真诚提携后学，体现了宅心的仁厚和关切的诚挚。在红学研究中，他言行一致，毫不做作，宛如世间纯朴天然的赤子；在公众视野里，他沉稳挺拔，淡泊和煦，一似岩上幽然伫立的雪松。后学之人往往闻其声而感其气度，睹其面则沐其春风；其为人则如空谷之音，纵无管弦之奏，也能自然而流畅地形成自己的人生乐章，成就其不凡格局。即此数端，予心感焉，故借唐人李白"大音自成曲"与李群玉"幽色出凡尘"诗句为题，撰此小文，以献瓣香。

本文原载于《红楼梦学刊》2019年第2辑

作者系安徽师范大学文学院教授

实录与李希凡先生对话 以志君子之交

张宏渊

李希凡先生离去当天我就得到消息了，全然没有思想准备，先是震惊、不敢相信，跟着涌上心头的是悲痛、伤感、惋惜、失落。特别懊悔的是，我一般都习惯在每年春节给希凡先生打个电话，知道他跌伤了，今年中秋时曾动念头想打个电话问候问候聊会儿天，可惜没打，错过了，也就永远失去了和他交谈的机会，现在想来，确实是很遗憾。

之后的几天里，我和晓航心里都装着这事，磕头碰脑地唉声叹气，不想说话，这种情况并不常有。晓航说："这一页掀过去了。"他的心情我很理解。晓航只比希凡先生小一岁，新中国成立后召开的第一个学术研讨会，探究《琵琶记》的艺术成就，与会的多是年长专家，青年学者只有两位，一是李希凡，一是傅晓航。晓航说希凡先生当时是"青年学者的领军人物"。希凡先生来院后，也曾对人说傅晓航是"才子"，每次见到我或通电话时，总会问："晓航同志现在做什么呢？"晓航退休时，希凡院长是特地到家里来和他谈的话，给足了面子。

希凡先生主编的《中华艺术通史》十四卷（下文简称"《通史》"）出版后，送给我们一套，晓航写了一篇文章《读李希凡〈中华艺术通史·总序〉》，发表在《中国文化报》上。希凡先生对人说："如果没有晓航同志这篇文章，《通史》的出版连一点响动都没有。"我们都知道，希凡先生不是那种到处找人写文章捧场的人，但他很看重晓航对《通史》的评价。晓航出版新书时，出版社要求"名人"写推荐意见。我给希凡先生打电话，他只说了两个字："我写。"（另一推荐人是王蒙）后来希凡先生老伴徐潮同志和长女李萌相继去世，晓航总是对我感叹："李先生晚年过得不太好啊。"

我参加工作很早，在政法、政协等单位都待过，无论做什么工作，我个人都十分关心文化艺术动态，办公室必订的《人民日报》（含文艺版）、《光明日报》、《文汇报》……都在浏览之列，当时上级还特批我看"大内参"，所以文艺界的情形我大体了然于胸。希凡先生在《人民日报》文艺版工作时，曾发过我一篇文章。那时我去山东看薛中锐主演的话剧《永乐帝与苏禄王》，看完写了篇文章，刊登在剧院进京演出的宣传小报头版头条。希凡先生看戏后问薛中锐："有文章吗？"薛说没有。李先生指着小报我那篇短文说："怎么没有？这篇就不错嘛。"拿去立即发表在《人民日报》文艺版了。

1986年，张庚、郭汉城等老院长离休后，李希凡先生调任中国艺术研究院常务副院长。我当时在戏曲理论研究生课程班任书记兼副主任（主任为张庚、郭汉城两先生）。希凡先生没有接手管研究生教学事务，仍请张庚先生继续主持，所以我和希凡院长并无工作上的直接联系。我不是来了新领导就去搭讪的人，所以和他有好一段时间没有什么接触。

大约三个月后的一天，我从东角门进到走廊，李希凡先生刚好从他的办公室葆光室西套间走过来，迎头碰面，我不能不先点点头。

李希凡先生问："贵姓？"

我回答："姓张。"

他问："弓长张还是立早章？"

我答："弓长张。"心里窃笑，你无非知道本院有个立早章，可我不是。当然也可能他只是随口一问，这句话是相声的包袱、"套路"词。

过了些时日，又一次在葆光室院内遇见，希凡先生问我："还写小说吗？"

我心想，你知道我写小说了？回答："没写了，张庚、郭汉城两位先生老让我处理他们的事务。"

希凡说："要写啊，不常写手就生了。"

那时我已在《莽原》（经资深编审龙世辉推荐给河南女作家叶文玲。如今的河南名作家李佩甫当时为责编）、《女作家》（还是张贤亮定的"头条"）、《小说林》发表了几篇中篇小说，心想，小说不经常写，手还真会"生"了吗？

夏日的一天，女作家霍达过来给李希凡先生送她的新书《穆斯林的葬礼》，希凡送她出来，又在葆光室院中见到我，希凡招呼："宏渊同志等一下。"转身向霍达介绍："这位是我院的女作家。"我跟霍达握手交换名片，她礼貌地说："今天没多带书，下次一定送您一本。"那天碰巧我和霍达都穿着白衬衣、黑裙子，在恭王府古建的苍松翠柏冬青丛中是一道很好看的风景线。

有了这几次跟希凡先生的对话，我感觉气氛友好，有时遇到他也会主动说句闲话。

一次我说："您在《人民日报》文艺版发过我一篇文章。""写的什么？我发的文章太多了。""评薛中锐的《永乐帝和苏禄王》。""有印象，写得不错。"

又一次在葆光室院内遇到，我主动说："这次考核我有一项给您画了个叉。"希凡院长毫不介意："你都画叉我也没意见。"考核有几十项。我说："只一项，画在识人用人一栏。有人找您哭了一鼻子，就给了个副局。"

又一回遇到他，我说："您在外面当了个什么文学研究会会长，就不在咱院发展会员？"希凡院长说："这个会长是因为职务给的，哪天我不当这个院长，会长就换人了。"我这一问，完全不是为了要做什么会员，我已是中国戏剧家协会、大众文学研究会等好几种会员了，只是发现，李希凡先生也还是"世事洞明，人情练达"，印象很好。

还有一次我说："我以前看您的书，都是自己去买的。"希凡先生马上说："哎呀，跟我来。"到了他的办公室，高高个子的李希凡弯腰从书架上挑书、签字，一下子送给我四五本。后来一次见到他，我说："我是最好的读者，送我的书都读过了。知道我最喜欢哪本？散文集。没想到您的散文写得这么漂亮。"

有一天我和院党委书记刘颖南说起因为一件什么事对希凡院长有意见，颖南同志说："李院长对你评价可挺好的：'端端正正稳稳当当一大家闺秀。'"人都喜欢听好话，我哪能免俗。

希凡先生曾问我："你当过彭老总秘书？"我以为说的是彭德怀元帅："没有啊，我没当过兵，怎么可能当他的秘书？"他说："我说的是彭真同志。"我想了想，回答说："那也不能算，我只是给他的大秘书长、我的文字秘书师父崔月犁同志跑过腿，是他很具体地教我怎么做文字秘书工作，彭真知道我是'小张'，脸熟而已。"就因为这句话，后来我写口述史专设了"彭真同志印象"一章，谈到我在各个时间段和彭真同志的近距离工作接触，本想把这一章给希凡先生看，可他那时"已经没眼睛了"，只好作罢。

希凡先生直率质朴，不是谙练心机权术的人，有时说话不都那么含蓄。一次他在二门一下汽车，见我就问："昨晚的戏这么差，是谁调的？"我明知是谁调的戏，没告诉他。又一次他对我说："说某人不懂事，还真不懂事，出国时非在国外闹着要去没有批准的地方。"他还说过某位资深老学者"为老不尊"，我听了只好沉默。

希凡先生看似严肃，不多闲聊，其实他也很有人情味，从不故作不食人间烟火状。比如每年春节，山东籍曾任全国人大常委会副委员长李建国照例必宴请齐鲁老乡，希凡每次都受邀参加，过后必对我说起，有时还会重复说。他和《人民日报》的老同志、老朋友如袁鹰等每年春节也聚餐，每次也会告诉我。袁鹰去世后聚会不再举行，希凡很惋惜。还有时也说到他的小女儿定居美国，外孙女名"杰西卡"，是美丽的意思，看起来很高兴，并不刻意表现清高。

希凡院长还喜欢请吃简便的工作餐,我并不直接参与他的项目,所以未参加过。可有次我说到爱品茶,希凡先生立即要他的二女儿李芹送来一大筒不是茶饼的普洱,我没见过,尝了尝,很好喝。以什么答谢呢,我找出一对黄杨木雕龙凤手球、一串金刚菩提十八子手串,又想李先生不一定喜欢这些,犹犹豫豫地耽搁下来,始终也没送出去。

我和希凡院长的夫人徐潮、长女李萌都是朋友。徐潮向她的朋友介绍我时,说:"这位,是李希凡的得意女干部。"我说:"之一好了。"徐潮还告诉我:"李希凡说,晓航和宏渊的文字不能互相取代。""某个问题如果是宏渊处理,会稳妥得多。"

那段时间,徐潮同志做历代服饰研究,几次邀请我和她一起做。希凡先生说:"你不要拉宏渊,她有她的许多事情要做。"但徐潮有时遇到文字上的事情,还是会请我帮忙,作为回报,她会送我一些观摩票、参观券什么的。我说:"不必,小事,不算什么。"我喜欢徐潮那种勇于创业的执着精神,很愿意帮她忙。徐潮让我帮她聘请高级顾问,我很"仗义"地为她策划,经联系同意,带她到全国政协某副主席那里。这位副主席是党外人士,自律甚严,从不接受政协秘书处以外的安排,但接受了徐潮的聘请。没有聘金,连礼物也没有,只有很庄重大方的聘书。

到中国艺术研究院工作后,偶尔和我的公安、警院的师兄师姐会餐、打麻将,聊起我的工作环境时,他们有点惊异:"你的工作就和王蒙、李希凡这些人在一起?"我说:"那有什么,还有王朝闻、张庚、周巍峙、冯其庸多位呐,他们就是部长、院长呗,在恭王府抬头不见低头见嘛!"

1986年,希凡院长决定把我任书记、副主任的戏曲编剧研究生课程班合并到院研究生部,统一管理和教学,下文任命我为研究生部书记兼副主任,主任仍为张庚先生,希凡仍未接手艺术教育这块工作。

对研究生部的活动,希凡院长都很重视,每请必到。我请他给研究生课程班学员讲《红楼梦》,他很认真,讲课中特别强调,研究《红楼梦》还是文学文本最重要。研究生和进修生毕业时,我请当时的文化部部长王蒙来出席,他和希凡先后给学生们讲话,然后我张罗学生和他们合影留念。会餐时他们都不参加。

三年后,按文化部精神,突然通知已经给我办完了离休手续。当时我就急了,找到希凡院长,急赤白脸地说:"我就这么没有工作需要、无足轻重吗?连离休干部离休时组织应先谈话的程序都没履行,填离休证日期都早于我的生日,有那么急迫吗?好歹也先告诉我一声,我可以走嘛,就是离休,也不一定在这里离嘛!你们这样做,斩断了我一切退路。"我知道这是无理要求,面对上面对女研究人员和女处级干部不到60岁就一刀切的要求，他这么讲党性的人怎么可能提前透露半点风声？希凡院长无语，半晌说："你从来都是温文尔雅，今天怎么急了？"你说我怎么急了？！

接下来便通知我要被返聘的事，我在冯其庸、陆梅林、薛若琳三位副院长好意的返聘要求下，选择了周巍峙老部长任组长、希凡院长任副组长的全国艺术学科规划领导小组办公室（主任由薛若琳同志兼任），接受返聘。希凡院长很谦逊，凡周部长亲自抓的事，他便不再参与，但是我为周部长起草"十部文艺集成志书"的会议纪要后来成为中央部门红头文件、老部长很满意给予很好的评价这样的事情，希凡一定是清楚的。

接受返聘三年后，我觉得可以见好就收，不必恋战，表示想自己写写东西，不再接受返聘了。希凡院长和薛若琳同志都不同意，希凡说："我们是打算请你一直做下去的。"我去意已决，又递交了书面辞呈。希凡院长在上面批了很长一段话，大意是说宏渊同志文字能力怎么强，组织能力怎么周密，工作态度怎么认真负责，工作作风怎么细致周全，"我们都应向宏渊同志学习"，等等。

单位选举十四大党代表时，我已在离休支部。对于候选人李希凡同志，支部大会上百人竟无一人举手同意。我举目四顾，会场上赫然坐着三四位前副院长、副书记老人们，全场寂静无声。我心想，当年选十三大代表时你们很多人还都在职，不少人还是中层干部，与李院长工作关系密切，希凡是以高票当选的，曾几何时竟成了如此局面，这是怎么了？……我于是把手高高举起，人就差站起来了。后来刘颖南同志告诉李希凡同志："离休支部只有一票，宏渊同志投的。"这件事迄今我和希凡同志都只字不提，我们都是党性强有原则的老共产党员。

离开恭王府后，我每年春节都会给希凡先生打个电话，聊会天。希凡先生每出版一部新书，也都会送给我和晓航（晓航出书、我发表文章也送李先生），并写一封亲笔信，信中必会说到他的近况，和他近期的心事，都是真心话，没有客套虚言。有封信中写道："《〈红楼梦〉人物论》已出版，虽然写了三年，却是一生的成果……不免心中悲凉。"另一封写道："《通史》已付印，九月出版，我们也尽心尽力了。我已七十九岁，今后大概已干不了什么了……"

近两年，希凡先生还关心过我整理成果交付研究院文库出版的事："你该编一本文集了。"他不知道，我若编文集，六七卷也打不住，只是杂七杂八，小说、电视剧、诗评剧评、报告文学、人物特写、个人口述史、摄影、家族民国老照片等等，而专业论文却不很多，编不编还没想好。

希凡先生晚年遭遇丧妻、丧女之痛，另两个女儿均不在京，在山东的二女儿李芹经常来北京照顾父亲，三女儿李蓝寒暑假也回国照顾父亲，但有时还是身边乏人照料，保姆做的饭食有时也不可口。可惜我和晓航均已年高体弱，没有能力帮帮他了。

从1986年希凡先生来院任职，到他2018年仙去，我们认识也有32年了，交往和对话，也不过如此。

最重要的是，希凡先生政治上始终不忘初心。他曾亲口对我说："我如果也去跟某种'风'，就不是我了。"而我，敬重他的也特别是这一点。

希凡院长是个好人，本真质朴，待人厚道，爱护干部，不偏不倚，肯说真话，胸无城府。

希凡院长担任领导职务，仍然笔耕不辍，从未放弃研究和写作。他的七卷文集沉甸甸的，没有什么水分，字字句句都是他一笔一笔用心血写出来的（他始终没用电脑）。

希凡先生是抓艺术研究工作的行家里手，组织团队完成课题的能力超强。退下来后他带领研究院一批专家学者编纂了十四卷《中华艺术通史》，是个重要的开创性项目。能将这许多学有专长而性格各异的知识精英团结在一起集体攻关，足见他的学术水平、领导艺术和人格魅力。

身为一把手，希凡院长很放手，并不把持人事权、财权"一支笔"，实在算不出他能有什么"灰色收入"。在这方面，我没听到过对他的任何非议。在又一次来信中希凡先生谈道："徐潮身体不好，远居郊区看病不方便，真后悔倾家荡产买这所房子，负债累累，得不偿失。"我看后不免心中悲凉，李希凡先生也是位大作家、名作家、当了官的作家，一生也新书不断，怎么就没有像别人一样有较多的稿酬？几十年才买一所不算大也不豪华的房子，竟然"倾家荡产""负债累累"，未免也太本分了。

晚年希凡先生出版回忆录，我读后特别向他提出："来院任职这一时段写得太少了。"他曾经在给我的一封信中说："我自己幼年坎坷，少年失学，真真是共产党培养大的。所以在'自由派'骂声中，依然能铭记初心，永不放弃。"短短几句话，很坦诚，真诚地谦虚，没有一点巧言善辩，不实之词，显示了一个共产党员应有的政治品质。

我们怀念他！

作者系中国艺术研究院原研究生部党总支书记兼副主任

呵呵笑的百合花

——怀念李希凡先生

李明新

先生生前住的地方离我很远，从北京西山到朝阳区罗马嘉园，大约40公里的路程。

先生的墓地却距我居住的地方很近，大约三公里，走过去也就一刻钟。这下去看他再也不用跑远路了，不同的是只有我一个人在那里自言自语，而先生在墓碑上微笑地看着我，一言不发。

以往他都是微笑着听我唠叨，还不时地呵呵笑出声，每次听我说完，他都耐心地点拨我，现在他不说话了，他不劝我，也不点拨我了，但依旧和蔼地看着我笑着，笑我这个傻丫头都长这么老了总算成熟了那么一点点！骄阳似火，我放在他墓碑下的紫色百合花，在他的微笑里慢慢地枯萎着，枯萎着。

2003年，我做曹雪芹纪念馆馆长的第一年春节，我第一次到先生家看望他。那时他住在建国门的一个不大的三居室内。我很忐忑，因为我来自"村里"，而他却是我闻名已久的"小人物"。不曾想先生"霭若春风"，让我这个真正的小人物感受到温煦春风的吹拂。

他跟我拉起家常，说自己有三个女儿，老伴因为哮喘，正在住院治疗。他说你别看我这房子面积不大，在当年可是最好的！我在先生的书房看到徐潮老师的照片，她端庄淑雅，很美丽，我便由衷赞美地问："一定是班花吧？"李先生呵呵笑着说："不是班花，我们是校花！"

植物园的领导和红学界的"大腕"们都很支持我的工作，因此做了一年馆长的我也渐渐地有了一个工作思路。好像那次我第一次跟先生谈了我的工作，我觉得我们地处北京植物园内、是国内第一家曹雪芹《红楼梦》的主题景点，应该走"文化名人博物馆"这条路，他很支持我，说这个路子是对的。

我们跟红学界相处有一个"梗"，就是我们这里到底是不是曹雪芹的故居。因为1971

年旗下老屋题壁诗的发现，引起了社会很大的轰动，坦率地说，国内的红学家没有一位支持我们这座位于北京西山的曹雪芹纪念馆是曹雪芹故居的，希凡先生也如此。

我那时完全沉浸在想方设法证明这里是曹雪芹故居：咨询中科院想做碳14来科学考证年代，但是碳14的误差在250年到300年，想一想从曹公出生到现在也就300年，不禁哑然失笑，这条路是堵死了！接着想办法考证39号院老房的历史，最初是什么功能，到底是什么身份的人住的，因为找不到直接证据，也是瞎掰了。后来朋友帮我请来了公安部字迹鉴定专家，对题壁诗、曹雪芹《废艺斋集稿·自序》的双钩摹本以及曹雪芹书箱子上的字做了字迹鉴定，鉴定的结果是"出自一人之手"。但这个人是不是曹雪芹依然没有直接证据，因为没有公认的曹公手泽，这个"梗"还是无法化解。

尽管"梗"还梗在那里，但以张庆善先生为会长、孙玉明先生为秘书长的中国红学会大概有一个共识，那就是为了曹雪芹，支持黄叶村曹雪芹纪念馆的所有活动，让这里成为曹雪芹《红楼梦》文化传播的一个基地。胡文彬先生是从1984年建馆就支持帮助我们，我做馆长后，得到了更多的红学家的支持，其中不乏年轻的学者们。他们还给我起了个谐号，叫我"村长"。

希凡先生自然与众不同，因为他的年纪大，更因为他有着盛名。但是，但凡我邀请，先生都身体力行地来参加。记得2005年，我组织了一个"曹雪芹《红楼梦》与奥运文化"的论坛，邀请了人民大学的两位著名奥运文化学者和十几位红学家。那次会开了整整一个上午。吃过午饭，先生跟我说，徐潮跟我一个车来的，她在园子里转呢，估计这会儿转得差不多了。我一听顿时瞪起眼睛跟先生发火说："您怎么能这样！您倒是清高了，徐老师要是在我这里有点闪失可怎么办？植物园那么大，走丢了怎么办？"先生呵呵笑着说："她那么大人了，没事的！"之后，先生再来参加活动，吓得我都先问问徐老师来了吗？

转年春天，我邀请希凡先生和徐潮老师到植物园观赏牡丹，也同时邀请了我在园林局工作时的老领导齐处长。齐处退休多年，身体患半身不遂，行动不便，我和他的女儿小文用轮椅推着他。那时希凡先生和徐潮老师身体尚健，基本不需要照顾。其实先生很倔，80多岁了，从不愿意让人搀扶。他看到我对老领导的关心，嘴上没说什么，心里却给我的为人打了个好分数，这是他后来告诉我的。

对于曹雪芹纪念馆的所在地正白旗39号院，希凡先生跟我说，他根本不信我们那套说法，因此他从不进发现"题壁诗"那个院落。他还说起曾经到山后白家瞳寻找曹雪芹住地的采风活动，说采风的人向当地老百姓打听知不知道曹雪芹是谁，那个人说，知道，就把他们领到了一个农民面前说，他就是曹雪芹。我特别认真、特别正经地反驳先生说，这在民间的采风活动中是非常正常的事，这并不能说明那里跟曹雪芹没关系。至于您对39号院的态度，您进都不进去，怎么能有自己的辨别呢？

我一直很直率，我不想虚伪也痛恨虚伪。希凡先生认同我的执着和直率，也信任我的为人。现在想想，我跟先生相差36岁，我们一老一少的交情，是因为先生的宽容大度。他像长辈一样，用他人生经历和阅历赋予的智慧和风骨胆魄，引导我、劝慰我，那些话语发自老先生的肺腑，今日想来，更令我涕泗滂沱！

从2003年春到2018年10月29日先生故去，在15年与先生的交往中，我每年大概去看望他三四次，更多的是打电话跟他聊天，红学界的动态、人生经历、对人对事的评价看法无所不聊，但我一个字也不对外说。后几年，先生跟我聊的更多是老年人的苦恼。我记得2012年徐潮老师故去，开完追悼会，我扶着先生走出灵堂，他说："村长啊，谁走在前头谁幸福。"从那之后，我觉得先生老了，真的老了，我们一老一少的聊天内容，更多的是我在倾听先生诉说"老来的苦"。每次见面，他都说："村长，我们这代人该走了！"

我还记得他90岁生日，几位老红学家给他搞了一个小型的生日会，在推着他的轮椅坐电梯时，他说："都祝我健康长寿，活那么长干什么？认识的人越来越少了。"的确，人老了就孤独，希凡先生也是人啊！

前年夏天，蔡义江先生和夫人李月玲老师从杭州回京短住，我知道老年人之间虽然彼此惦念，但是交通不便，让他们难以相见。蔡义江先生儿女多在杭州，再回北京可能遥遥无期，我就和我家先生开车主动接上蔡先生夫妇去希凡先生家看望。那次他们聊得好开心，他们知道这样的聚会此生越来越难得了！我也借机让两位先生在我收集的他们的著作上签名，还签了一些《红楼梦》的明信片。老年人眼睛都不好，签字比较费劲。蔡先生一句话不说，戴着厚厚的眼镜努力一张张给我签字。希凡先生感觉有点累了就问我："村长，还有啊，怎么这么多呀？"我说："先生加油、先生努力，快签完了！"李月玲老师指着我哈哈笑着说："也就是村长能'指使'他们，你累了人，还让人高兴。"

2015年我退休了，也退出了其时担任的社会工作。我能下这个决心，也是听了先生的劝告，他听完我的述说叹了口气说："村长，好好写你的东西去吧！"

我的遗憾是没能见上先生最后一面。2018年的重阳节前夕，他让李芹打电话问我去不去参加活动，李芹说我爹想老朋友了，说见一次少一次。我说活动我不参加了，我会去家里看先生。遗憾的是先生突然走了，尽管他已经是高寿之人，尽管他说了无数次"我们该走了"！

希凡先生的墓园里，住着很多文化名人。他的邻居有：国学大师王国维，现代著名文学家俞平伯，著名文学理论家钱玄同，清王朝最后一位摄政王爱新觉罗·载沣，著名京剧表演艺术家郝寿臣、余叔岩、杨宝森、赵筱楼，现代核物理学家钱三强，经济学家蒋一苇，以及百余位近代革命先驱、抗日名将、爱国华侨和经济、科研、文化等领域做出特殊贡献的社会各界知名人士。他们虽然已经降落在地上，依旧是群星璀璨啊！

这里是一个新的"群"，我想王国维先生和俞平伯先生可能会是希凡先生的座上宾。先生骨头硬，他这一辈子从来没怕过人，没怕过事，在这个"群"里，他肯定还会一以贯之地硬下去！

我为先生高兴，我知道先生不会再受老年寂寞之苦了！可是我想念他，深切地想念他！

微风吹过，正在枯萎的花朵轻轻颤动了几下，先生又在呵呵地笑我。

本文原载于《北京晚报》2019 年 8 月 18 日

作者系北京植物园曹雪芹纪念馆原馆长

我所认识的李希凡先生

谭凤嫚

一

我与李希凡先生的渊源，也是源于《红楼梦》。我初次见到李先生，是在"'94莱阳全国《红楼梦》学术研讨会"上。报到那天，有人对我说："李希凡先生在楼上，你去见见！"我心里有些忐忑，但还是去了。我向他问了好，还鞠了躬。当时他正与朱淡文老师随意地站在二楼大厅，两个人笑容满面地聊天，我的打扰并未稍减俩人脸上的笑意。我之前在扬州参加"'92扬州国际《红楼梦》学术研讨会"时见过朱淡文老师，她笑着向李先生介绍说："哦，这是那个小画家，上次在扬州见过的。"我见到了传说中的李希凡先生，印象最深刻的是李先生的眼神，没有打量、没有审视、没有疏离，笑盈盈地看着我，我心想，原来大名鼎鼎的李先生是这么平易近人的！

后来，我到《红楼梦学刊》杂志社工作，那时单位地址还在前海西街的恭王府天香庭院，红研所和学刊办公室与李先生的办公室很近，时常会遇到，每次见面李先生都是这样平易、慈祥、灿烂的笑容，给人感觉非常亲切。

李先生主持《中华艺术通史》的编纂工作时，还指定让我参加协助做一些事务性的工作。

2016年2月，我在北京大观园举办"《红楼梦》工笔人物画展"，开幕式上，李先生年近九旬，在二女儿李芹的搀扶下，乐呵呵地来参观，很仔细地看画，李先生用行动支持鼓励我，我非常感动。

二

2004年"中国国际扬州《红楼梦》学术研讨会"，李先生的大女儿李萌陪同李先生前往，我与李萌之前在南戴河培训中心培训时见过面。李萌给我的感觉，阳光开朗、热情大方、精力充沛、不拘小节，也许是她可爱的性格使然，我们第一次见面居然没有生疏感。再次相见，恰巧与我和同事李虹三人同住在一个房间。李萌本身是中科院的工程师，精通电脑。业余时间她还做一个网站，360度拍摄古建筑的照片作为资料发在网上，供大家浏览。她很健谈，闲了就兴致勃勃地给我们讲她的网站，我对电脑是外行，网站的事不太熟悉，也听不太懂。会议期间，她会抽时间扛着长枪短炮的设备出去拍摄，每次回来都余兴未尽地和我们述说出去的见闻。有一天，没什么安排，她要带我和李虹去李先生的房间玩。李萌提到李先生时，完全改变了成熟的说话语气，变成了一副娇憨的小女儿腔调，哆哆地说："到我爹爹的房间去看看吧！"李先生慈祥，但我心存敬畏。犹豫间，李萌不由分说拉着我们已经到了李先生门前，李先生一开门，她便抱住李先生一只胳膊说："爹爹，我要和她们出去玩，您也去吧？"李先生笑着说："出去玩？你们去吧，我就不去了。"李萌娇声说："那您有钱吗？"李先生说："有！"李萌伸出一只手，说："给我点儿吧！"李先生在衣服兜里面摸了半天，才找出来一个五角硬币，递过去说："这个够不？"我当时捂着嘴，差点笑喷了。之前的紧张一下子就消散了，他们这种常态化的互动，让旁人感受到温馨有加的父女之爱，浓浓的亲情。

2012年12月，李先生由小女儿李蓝陪同，到无锡冯其庸学术馆参加开馆仪式，那时李先生的爱人徐潮阿姨离开不久，李先生因为徐潮阿姨的离开，面容憔悴神情凄然，我也不知该怎么安慰他！其实李萌也在那段时间离世，家人担心李先生一下子失去了两位亲人，心理承受不住，所以李萌离开的事情李先生并不知情。我握着李先生的手，想到李萌，不禁黯然神伤！

三

2005年，冯先生的《瓜饭楼重校评批红楼梦》出版，其中有我的插画30幅，许多行内大家对我的画给予了肯定和建议。

李先生看了之后对我说，他正在写的《〈红楼梦〉人物论》（后名为《传神文笔足千秋——〈红楼梦〉人物论》），希望我来画插图，其中大部分已经写完，正在写序，也许还要补充几个人物，目前，他的大女儿李萌正在帮助润稿修改。我惊喜异常，欣然应允！

当初为冯先生的《瓜饭楼重校评批红楼梦》一书做插图时，从总体规划、情节选定等，我都会和冯先生商榷，说明我的意图，听取冯先生对我的构思发表取舍意见。与冯先生不同的是，李先生则完全把权力交给了我，说："我把题目给你一份，每个题目一个人物，也有个别是两个或群体人物，我不懂画，画的事就按照你自己的理解去发挥，想怎么画你来定！"我感觉到了责任的重大，李先生还说："如果你想看内容，已完成的部分，想看哪一篇内容都可以提供。"我当时没有提出看内容，原因是李先生文笔犀利，仅是命题，就已经把书中人物的典型性格特征一针见血地跃然纸上了！

《红楼梦》感人肺腑，魅力无限，在每个读者心中都装着一部令自己感动的《红楼梦》。""我想根据自己熟读《红楼梦》的感受和认识，写出一点独到的见解来。"从这两段话中，我感觉到李先生在命题的过程中，就已经按照自己心中的《红楼梦》，把人物的典型性格特征做了划分和总结。我可以直接根据他的命题，选取书中人物的经典情节，这样既保持曹雪芹原意，对应命题，又符合李先生心中对《红楼梦》人物的性格剖析。李先生又特别嘱咐我："别的都好说，林黛玉的长相，曹雪芹在书中没有具体交代，但是薛宝钗的相貌却是有写到的，'面如银盆'，'银盆'就是圆的，应该是白白净净的圆脸！"后来完稿之后，因为宝钗的脸不够圆，李萌打电话特意嘱我重新画了一幅圆脸的薛宝钗！

四

2016年夏天，李先生打电话给我，说："上海东方出版中心来和我商谈，有意把文集中《传神文笔足千秋 ——〈红楼梦〉人物论》那部分，再出一个单行本，我想还是用你的插图。现在稿子都是现成的，我再补写个后记就行了。你有什么想法？"说实话，第一版的插图，我一直心存遗憾，由于对书中人物的理解和认识有限，当时时间也很紧张，有些人物情节没有来得及推敲。此次重新修订，我希望能弥补之前的缺憾。于是，我非常高兴地和李先生再续前约。

李先生原意，之前没有画过的人物再补充几张画面，有画过的还用原来的。我读了内文之后，发现李先生此次修订的许多内容对比第一版丰富了许多，并有很大的改动或增加，我对之前所画的情节画面与标题内容之间的关联也有了新的认识。鉴于此，我建议全部重画。但是通过与责编沟通，考虑到时间问题，还是只做了部分的调整更换。

第一版中没有画的人物如邢夫人、薛姨妈、赵姨娘、迎春、惜春、茗烟等，他们有的阴损，有的世故，有的龌龊，有的木讷，有的机灵，即使像万儿这样在书中只有几句话交代的小角色，也各有精彩，这次插图，我希望能够有所补充。

李先生在文中说："男主人公贾宝玉是封建末世贵族阶级的叛逆者，是那个时代正在觉醒的新人的萌芽的典型，是一个有着复杂性格与丰富精神内蕴的'真的人物'。"贾宝玉的形象在书中有一首《西江月》形容：

无故寻愁觅恨，有时似傻如狂。纵然生得好皮囊，腹内原来草莽。

潦倒不通世务，愚顽怕读文章。行为偏僻性乖张，那管世人诽谤。

富贵不知乐业，贫穷难耐凄凉。可怜辜负好时光，于国于家无望。

天下无能第一，古今不肖无双。寄言纨绔与膏粱，莫效此儿形状。

"这首西江月，虽然说尽了贬语，但整体来说作者用意还是寓褒于贬，突出的则是这位男主人公的不同流俗和叛逆精神。""贾宝玉用自己的行动向封建贵族的宗法观念和礼教规范勇敢地挑战，用他自己的人生悲剧吹响了向往自由、追求爱情和人性觉醒的反封建号角！"这当然包括他读西厢这个重要情节。2006年第一版我交稿时画的《宝黛读西厢》，宝玉、黛玉两人是正面读书，李先生看了后，打电话来说，喜欢我画的两人有眼神交流的《宝黛读西厢》，我就把那张图片发给他替换，后来他把两张都用了。

这次修订时，我知道他喜欢这个画面，就用另外一幅眼神交流的《宝黛读西厢》发给他，李先生没看到，让李芹打电话给我，说："插图中怎么没有《宝黛读西厢》啊！"后来责编梁惠把设计的两种封面，发给我看，一个是可卿，一个是《宝黛读西厢》，请大家参考选哪个，我说我觉得李先生会选《宝黛读西厢》，结果就是这样，可见李先生对这个情节的重视和喜爱！

王夫人是贾宝玉的母亲，生养了贾府功臣——贵妃贾元春和贾府的"凤凰"贾宝玉，平日里与世无争，吃斋念佛，用贾母的话说："和木头似的。"当我看到李先生对应这个人物的标题是《信佛的"大善人"》时，浮现在我眼前的却是王夫人面沉似水，手捻佛珠，吩咐手下把重病的晴雯从炕上拖下来，毫不顾念晴雯是贾母"御赐"给宝玉的人，吩咐只让留着贴身的内衣，就把她赶出府外的情景。如果说王夫人打了金钏是偶尔露峥嵘的话，她下令查抄大观园则是本性的真实流露，颠覆了读者对她的认知，"完全没有了往昔的慈眉善目，其杀伐决断的干脆爽利，斥责出言的刻薄凌厉，绝不输于侄女王熙凤"！从以上文字看出李先生对王夫人这个"大善人"是反说的！我觉得选择"抄检大观园"这个情节，突出王夫人的"大善人"特征非常对题，我构图的王夫人双目微闭，一手抵在心脏部位，一手捻着佛珠，惩治了这几个勾引她心爱的儿子的"妖精""狐狸精"后，极力平息着她心中的恼恨！修订版虽然重新画了，构图有些调整，但是情节依然还是选的这一段！

我还想说一下薛姨妈，薛姨妈在《红楼梦》整部书中虽然是个打酱油的，但她是贾母的座上客！李先生对薛姨妈的评价是"会做人，有心机、深谋远虑，圆滑世故"，在宝黛钗的婚恋悲剧中，她起着关键作用，是个不可或缺的角色。薛姨妈"明知贾母心中并未属意黛玉为孙媳，却又用那番'爱语'假意慰痴颦，貌似忠厚，实则机心很重！""这薛姨妈对'痴颦'身世不幸的同情，对黛玉未来婚姻的关怀，特别是想做媒把黛玉许给宝玉的'慰语'，真是征服了潇湘馆所有人的心"，而她自己却打着哈哈收场！我画的薛姨妈温柔慈祥，搂着宝钗，笑看黛玉，宝钗幸灾乐祸地笑着，黛玉毕竟年纪小，被薛姨妈的温情感动，心事又被说中，不由得流露出小女儿羞恼的娇态，似乎在叹道："他偏在这里这样，分明是气我没娘的人……"

提起《红楼梦》，人们第一想到的基本上都是贾宝玉、林黛玉或红楼十二钗，而《传神文笔足千秋 ——〈红楼梦〉人物论》的插图，不仅有十二钗，还有书中一批配角人物，这次画既不同于人物绣像，又有别于插图情节，单纯是为突出某个典型人物性格而选定的情节。我在创作的过程中，不仅跟着李先生的文字节奏重温了《红楼梦》，重新解读了这些人物，也为李先生对人物全面、细致、深刻的心理剖析而拍案叫绝！

无论是之前冯先生的起用，还是李先生的垂青，都是前辈学者在提携帮助我，是对我无声的支持和肯定，让我终生难忘！特别是李先生又一次给我这个难得的学习和锻炼的机会，谨在此向李先生致以深深的感谢！

2017修订版交画稿时，我向责编建议，图片插在内页，一文一图在视觉效果上更能让读者对艺术形象进行体味比照，也许比图片集中效果要好些，责编采用了我的建议。

李先生年近八旬才发现女儿的文才，这部《传神文笔足千秋 ——〈红楼梦〉人物论》凝聚了李先生和李萌的心血，也是唯一一部父女合作的纪念！然而，这部在李萌最后的生命中竭尽心力，帮助父亲修改、打印的心血之作，她终究没有看到修订本的出版，但她却用这种方式表达了对父亲深深的爱。如果得知此书顺利出版，应该也是没有遗憾的。

李希凡先生千古！

本文原载于《传记文学》2018年第12期

作者系中国艺术研究院《红楼梦学刊》美术编辑

萧萧肃肃，爽朗清举

——怀念李希凡先生

胡　　晴

　　2018年10月29日凌晨1时52分，李希凡先生离开了我们。他走得有些突然，10月16日重阳节还看到他出席重阳雅集，谈笑自若，精神尚好，没想到不久后就接到了他去世的消息，又得知他走得安详平静，我心中稍微安慰。白天忙乱，晚上安静下来，看着媒体和微信上的悼念消息，心中凄惶，一抹脸，泪湿一片。

　　我对见李希凡先生第一面的印象非常深刻。2001年秋天，我考上了中国艺术研究院《红楼梦》与明清小说研究专业的研究生，办完报到手续后，父亲说带我去见李希凡先生。我父亲是冯其庸先生在中国人民大学招收的第一届研究生，主攻《红楼梦》研究，所以他是李希凡先生的晚辈，两人早就相识，学术上也多有交流。不过，李希凡于我来说还是文学史中的一个人物，是得到毛主席关注的"小人物"之一，托父亲的福，我眼下忽然就要见到这位名人，内心不免紧张。时隔多年，我依然记得，李希凡先生当时从恭王府的夹道子迎着我们走过来，高高大大，笑容和煦，望着他，我心中忽然就冒出《世说新语》中的一句"萧萧肃肃，爽朗清举"，紧张感一下子散去了很多，再看到他与我父亲亲切地寒暄，更是轻松起来。

　　李希凡先生带我们去了当时他在恭王府的办公室，整座恭王府以及红楼梦研究所当时的办公地天香庭院都是古香古色，雕栏精美，我边走边赞叹，就像刘姥姥进了大观园，眼里是藏不住的好奇。李先生看到我的样子，大概要满足下我对这个新环境的种种遐想，特意指着一处地方跟我讲，那里有夹壁墙，当年和珅曾经把家财藏在里面。又开玩笑地讲，后面有九十九间半房间，大概是王熙凤放宝贝的地方。我和父亲忍俊不禁，都笑了起来，果然是红学家，三句话离不开《红楼梦》。听说我考上了《红楼梦》与明清小说研究专业的研究生，他非常高兴，鼓励我勤奋学习，并笑言我有希望超过我父亲。先生风趣适意的话语如暖阳拂过，缓解了我初来乍到的局促，也让我对未来的学习生活充满期待。

　　聊天中，李希凡先生还说起了自己的身体状况，说起他身患糖尿病多年，最近眼睛不好，刚刚完成了激光手术。可他谈起自己的病，是轻松的口气，有股豪迈爽朗的气概，丝毫不见被疾病困扰的疲态。实际上，李先生精神奕奕、中气十足，显得比实际年龄年轻精神不少。初次见面，李希凡先生平易近人、开朗豪爽又幽默智慧的形象，让人油然而生亲近之感。原来著名的学者是这样平易可亲的，我心中欣喜。

2004年，我毕业并留在《红楼梦学刊》工作，同年秋天，我随红楼梦研究所的同事参与了2004年扬州国际《红楼梦》学术研讨会的服务工作。那次会议我父亲也作为会议代表参加了，我们父女在学术会议上相聚，喜悦之情与普通的家庭相聚又不相同。会议的间歇，李希凡先生找我父亲一起出去买烟聊天，还特意把我父亲和我叫到一起合了张影。父亲欣喜又珍惜，他说李先生很爱惜自己的声誉，并不随意与人合影，而我父亲也从不愿意去麻烦他。两个人只是单纯的交往，真正是"君子之交淡如水"。

此后，在各种红学会议和院所的活动中也常能见到李先生，但先生德高望重，往往是被大家"包围"的焦点，所以我一般不做打扰。如果先生身边人不多，我就会上前打招呼，聊上几句家常。李先生很念旧，每次见到我，必问候我父亲，可惜我父亲疏懒好静，身体也不是太好，退休后多留在家乡休养，很少到北京或外地参加学术活动，少有机会拜见李先生，只能由我代为致意。2008年春，李先生收到我父亲所做《楝亭集笺注》一书，又特意托我将《传神文笔足千秋——〈红楼梦〉人物论》转交给我父亲，还附短信一封说："大作收读，我正在白内障手术中间，只看了你的长篇前言，不胜钦佩。这是一本下了苦功的书，不是我这搞评论的人写得出的。拙作人物论一本，给了小胡，忘了老胡，这是大不敬，特此致歉。"李先生是如此著名的学者，对待我父亲和我，从来没有架子，他的平易近人与谦虚幽默在这封信中可见一斑。

我与李先生有学术上的深入交流是在2005年，这是我了解他治学原则的开始。2005年正值刘心武的"秦学"盛行，刘心武在央视"百家讲坛"讲《红楼梦》，认为秦可卿是胤礽的私生女，《红楼梦》是对宫廷政治斗争的暗写。刘心武的讲座热播，《刘心武揭秘〈红楼梦〉》大卖，大众反响热烈，而专家学者正常的辩论问难则不仅得不到正面回应，还被引向了"正统红学"与所谓"草根红学"的对垒，一时间乌烟瘴气，遮蔽眼目。在此形势下，在学刊领导安排下，我代表《红楼梦学刊》就"秦学"现象采访了冯其庸、李希凡和张庆善三位先生。

彼时，中国艺术研究院已经搬离恭王府，李希凡先生在新院址也有办公室，我就约好在他办公室里进行了访谈。李先生对刘心武提出的"秦学"说法不以为然，他坚持《红楼梦》是一部小说，坚持以马克思主义文艺理论研究《红楼梦》，这是李希凡先生一以贯之的学术思路，也是他从来坚持的研红原则。谈到刘心武的"秦学"，李希凡先生首先从秦可卿这个人物形象入手，认为在曹雪芹的原定人物设计中秦可卿本来应该是一个复杂的人物，但现在呈现出来的秦可卿已经完全改变了，变成了一个十全十美的人物，他认为这是曹雪芹《红楼梦》艺术创作上的一大失败，还为此写过一篇《丢了魂儿的秦可卿》。他说，《红楼梦》是艺术形象的创造，是艺术典型的创造，不是在写史实，从秦可卿这个人物有限的篇幅就把她猜测为藏在曹家的一位公主，猜谜猜得太远了。李希凡先生主张"艺术形象的研究还是应该回到文学研究的道路上来""回归文本还是应该回归到《红楼梦》在中国文学和文化中的地位的研究，回归作品的艺术分析"。李先生还严肃批评了媒体舆论导向，认为"没有单纯的娱乐性，不管怎么说，还是要寓乐于教"。他也表示，作为研究者，他并没有办法改变现状，只能做好工作，做好研究。

我刚刚参加工作不久，就能够借由访谈的机会聆听大师级人物的教导，学习做人做学问的正经道理，今时今日回味起来依然无比荣幸，终身受益。又念及冯其庸先生与李希凡先生两位红学巨擘都已驾鹤西归，时光无情，无限唏嘘。

不过，当时我还是认为李先生一再强调的典型论已经有些过时，直到后来，我深入专题研究《红楼梦》评点的人物论，才对典型论有了再认识。我发现中国传统小说人物论与典型论最为契合，经常可以形成中西对话，是非常适合中国传统文学的理论指导，是不会过时的经典理论，从而也对李希凡先生的理论坚持有了更深层的理解。我又访问了冯其庸先生和张庆善先生，之后整理成《冯其庸、李希凡、张庆善访谈录——关于刘心武"秦学"的谈话》一文，发表在《红楼梦学刊》2005年第6辑上。这篇访谈虽然集中了红学界的权威学者发声，但当时外界的声音依然纷扰，我们所能做的，就像李先生所说，做好我们的工作，做好我们的研究，坚守研究者的一份职责继续前行。

那次访谈临近结束时，李希凡先生再次强调对《红楼梦》艺术价值和历史地位的维护和看重，他说起另一本学术著作，主要是谈《金瓶梅》的，但作者在比较《金瓶梅》与《红楼梦》时，处处彰显《金瓶梅》高于《红楼梦》。李先生非常不认同，也不赞成做这样的比较，还把那书送了我一本，大概也是希望我能了解评价《红楼梦》的不同声音，有所辨别。李先生还谈起当时他正在承担的重大学术项目，即《中华艺术通史》的主编工作，他感慨要处理的问题千头万绪，颇为辛苦。2006年，这套《中华艺术通史》由北京师范大学出版社隆重出版，包含美术、音乐、戏曲、舞蹈、曲艺等主要艺术门类，集中了中国艺术研究院的骨干研究力量，可称是一项填补艺术学空白的学术工程，是李先生历时十年的心血，是他晚年又一重要学术成就，足以彰显他的学力与眼界。

李希凡先生成名于特殊时期的特殊契机，虽然他的理想是成为文艺评论家，做个研究型学者，但一朝成名天下知，他注定将有更与众不同、丰富多彩的人生。李先生也认同，自己的文化人生是处于时代思潮的漩涡之中的，而他也一直说"我是新中国的幸运儿，我对我的文化人生无怨无悔"。李先生在《人民日报》文艺部时写了大量文学评论文章，甚至自称"好战分子""什么讨论都想插一嘴"。时人谈及他的文学评论认为犀利而有气势，具有时代气质。但我所见到的李先生一直都是宽厚长者，有些难以想象他当年以笔战斗的风采。

谁想，在李先生妻子重病、家务缠身之际，一场论战不期而至。2011年9月21日，王学典在《中华读书报》发表文章《"红楼梦研究"大批判缘起揭秘——两个"小人物"致函〈文艺报〉的事是否存在？》，质疑半个多世纪前"两个小人物"致函《文艺报》的事情是否存在，认为当年李希凡、蓝翎文章是《文史哲》编辑部的约稿，而非"不得已"时的投稿。2012年4月11日，李希凡、李萌也在《中华读书报》回击以《李希凡驳〈"红楼梦研究"大批判缘起揭秘〉》，以当事人的身份详细叙述了《关于〈红楼梦简论〉及其他》的写作和发表过程，厘清事实，批驳王文的推断与猜测。2012年4月18日，王学典又发文《"拿证据来"——敬答李希凡先生》，2012年5月9日，李希凡先生再应战《李希凡再驳王学典：拿出1954年历史文献中的"证据"来》。《中华读书报》上战火燃烧，引人注目，其间又有孙伟科的《"缘起"何须再"揭秘"——1954年红学运动再述评》、徐庆全《两个"小人物"的信在哪里——兼驳李希凡先生》等文在《中华读书报》刊出。《红楼梦学刊》2012年第3辑征得辩论双方同意，转载了李希凡、李萌和王学典的四篇文章，记录了这场论战。这是我亲见李先生的一次战斗，他虽已到耄耋之年，家事牵绕，依然毫无犹豫，正面应战，正气凛然，坦然淡然，让我领略到他截然不同的一面。至于当年事，先生早已在各种文章和回忆录中说明清楚，斯人已逝，"青史终能定是非"。

李希凡先生年事渐高，出席活动都会有家属陪在身边，我见到最多的是他的大女儿李萌。李萌不仅照顾先生，也成为先生的优秀合作者，他们合作了《传神文笔足千秋——〈红楼梦〉人物论》。这本书李先生也送给了我一本，此书充分运用典型论进行个案研究，又融汇了李先生熟读红楼的感受和独到见解，深入浅出，很受读者欢迎。不过，李先生也曾表示这本书出版得稍嫌仓促，本来想把其中文章都发表一下，看看反响，但因为文章很长，能发表的刊物有限，只在《红楼梦学刊》和一些学报上发表了一部分，也因此为以后的修订埋下了伏笔。

可惜的是，2012年，李希凡的夫人徐潮和李萌相继去世，时间先后仅相差三个月。为免李先生遭受连番打击，家人对他隐瞒了李萌去世的消息，直到四年后才告知先生。2017年《传神文笔足千秋——〈红楼梦〉人物论》出版修订版，李希凡先生在后记中记述了这段伤心事，念念不忘李萌在写作和修订此书中的功绩，"书稿三十三篇，涉及《红楼梦》人物六十多位，人物性格的本质特征，虽由我初稿定调，但深入艺术境界，准确发掘和突出人物的个性风采，却是李萌对这本书的贡献"。"萌儿走了，走得很痛苦，但粗心的父亲，却是在最近才知道这一噩耗。其实早在2012年他母亲去世后三个月，她也随之离去……在老伴儿葬礼上，我和萌儿互相搀扶着，她已是勉强站到最后……"在我，李先生不仅是著作等身的学者，更是慈祥可亲的长辈。看到他在后记中所写，看到先生心中何等清明又何等遗憾，不免为他晚年丧妻失女的情形感到悲伤。

好在李希凡先生是豁达之人，他一直保有着学术热情笔耕不辍，晚年成果不断，除了《中华艺术通史》与《传神文笔足千秋——〈红楼梦〉人物论》，《李希凡文集》的出版是李先生学术道路上的又一里程碑。2014年，《李希凡文集》由东方出版中心出版，并在中国艺术研究院召开了"李希凡先生从事学术研究六十周年暨《李希凡文集》出版座谈会"，我亦参加会议，躬逢其盛。文学艺术界的领导、专家学者共计九十余人参加了此次座谈会，从各个角度对李希凡先生的学术成就给予高度评价。《李希凡文集》煌煌七卷本，四百万字，分为《中国古典小说论丛》《〈红楼梦〉人物论》《论鲁迅的"五种创作"》《现代文学评论集》《艺术评论集》《序跋随笔散文》《往事回眸》，对李先生的学术生涯做了一次全面总结和真实呈现。完成了《李希凡文集》的工作后，李先生还一直心系着两项重要工程，一项是《红楼梦大辞典》的修订工作，一项是《红楼梦》新校本的修订工作。未料先生突然离世，心心念念的学术工程不及完成，竟成永远遗憾。

拉拉杂杂，语不成篇，有些东西只是沉淀在记忆深处但从未忘却，平淡的小事因时光的锤炼而显出光彩。作为后学小辈，我接触李希凡先生时间不长，与他的交集亦不算多，点滴小事完全不足以反映他的经历与成就，我仅能以我粗钝的笔和浅微的见识写出我心中的李希凡先生，以此聊表我诚挚的悼念之情。从见到李先生第一面开始，他的乐观爽朗、正直宽厚就让我心生敬爱，十几年从未改变。在我的心中，一位真正的学者，为学为人就应该是李希凡先生这个样子，在我心中，他永远都还是多年前向我走来的样子，高高大大，笑容和煦。听李希凡先生的小女儿李蓝说，先生曾有希望，想要在睡梦中安静离开，当时家人都觉得那是不可能的想法。而李先生恰恰就是在睡梦中离去，安详平静，冥冥中一切自有安排。先生，愿您在天堂安好。

2018年11月10日泪笔

本文原载于《传记文学》2018年第12期

作者系中国艺术研究院副研究员

一位标志性的马克思主义文论家

——李希凡志念

艾 斐

希凡走了，几乎是在没有什么明显征兆的情况下遽然而逝。当他女儿李芹在第一时间用电话将这一消息告诉我时，我于倏忽间的本能反应便是：中国"红学"研究殿堂中的一座巍峨之门从此关闭。当然了，大厦之门虽已关闭，但斯人在七十余年岁月中所砥砺、创构、探赜、积攒而得的学术瑰宝，却自当会在岁月流逝的严酷淘练中愈益闪闪发光，更使其价值倍增，并必定会永远高翔于学术的星空，彪炳于思想的旷野，翻腾于理论的莽原。

李希凡这个名字是与《红楼梦》研究和文学理论批评紧紧联系在一起的。他是毛主席称赞过的著名红学家、文艺理论批评家。20世纪50年代，当他还在大学读书时，就因写作《红楼梦》评论的文章而蜚声文坛，毛主席称他是"小人物"干"大事"的典范性代表。当时，唯心主义和烦琐考证弥漫于学术研究领域，并逐渐成为一种倾向、一种风气，致使学术研究和理论批评大面积陷入沉滞和守旧的思想桎梏之中，形而上学、封闭保守、陈腐颟顸的学风甚嚣尘上，严重阻滞了思想的活跃、学术的繁荣与理论的发展。就是在这种情境下，希凡以一名在校大学生的身份而创造性地运用马克思主义立场、观点和方法一举"杀"入文坛，写出了富有唯物主义精神和辩证法思想的《红楼梦》系列论文。但大报刊瞧不起"小人物"，均不给予发表。无奈之下，他就首先在母校校刊《文史哲》杂志上将自己的论文公之于世。毛主席看到这些文章后大加赞赏，给予高度评价，认为此文不拘泥，有生气，观点正，思想新，不仅运用马克思主义进行学术评价和理论阐发，而且内容充实，文风清新，通篇洋溢着生机勃勃的朝气和冲锋陷阵的勇气，极具鲜活饱满的时代精神、思想风采和现实针对性，其学术敏感与战斗精神兼而有之，确不失为"小人物干大事"的典范。由此而引发了学术界、理论界、文艺界的一场大学习、大讨论、大变革，直至成为新中国学术文化史上的一个新历程、一桩大事件。继而，在各大报刊纷纷争相转载李希凡评"红"文章的同时，作者本人也随之而成为社会关注的焦点和学术领域的亮点。李希凡就这样跨入文化学术研究的大门，登上思想理论创新的峰巅。迄至大学毕业，他本想去文学研究所从事专门的学术研究工作，但毛主席不同意，希望他能到更前沿、更有时代感和战斗性的岗位工作，于是他便去了《人民日报》，并一直在这个"前哨"岗位上连续工作了二十余年之后，才又转岗到中国艺术研究院任常务副院长，主持全面工作。同时兼为终身研究员、中国红楼梦学会名誉会长、《红楼梦学刊》名誉主编等。

物换星移，时光荏苒，在紧紧张张、忙忙碌碌的七十余载岁月流逝中，希凡除了兢兢业业做好职能工作之外，仍旧始终都在坚守和拓进着他所钟爱的文化学术研究，特别是以《红楼梦》为代表的中国古典长篇小说研究。煌煌七卷本《李希凡文集》的出版，就是对他七十余载学术岁月和研究成果的集辑与检阅。在他的文集中，不仅可以领略他治学精神的博大、凌厉、丰赡、严谨，更可见证其学术视野的闳博与广阔。除了在古典文学领域中对《红楼梦》《水浒传》《三国演义》《西游记》等经典著作的广泛爬梳和深度钩稽、精当分析与恺切评论之外，更有对当代文艺创作、文化现象、理论建构、美学探绎等的广泛涉猎与精准评析，从中每每都能洞见其认知的真灼与思想的深邃。事实上，敏于和勇于发现问题、研究问题、探赜问题、诠析问题，向来就是希凡文化研究和学术探求的显著特征与突出优势，并因此而极得学界艺苑的信任与懿赏，不仅赢得了高度理论声望，而且结下了广泛学术人脉。我同希凡的结交，就是始于20世纪90年代初一次在洛阳举行的全国《三国演义》学术研讨会。那时候，尽管希凡已是声名远播的学术大咖，而我却只是一名初涉论坛的毛头青年，但我们在几天的交流与探讨中却互为知己，相处甚欢，以至成为既忘年又经年的莫逆之交，在生活上和学术上多有不拘形式和不循仪礼的关切与磋商。他每有新作出版，都必定要寄我赏阅，而但凡我有新作问世，也自会呈他赐教。在我迄今出版的20余部学术理论著作中，就有两部都是由他写的"序"，一为《文学创作的思想与艺术》，另一为《艺术创造的文化感应》。不仅在这些序言中他每每总对我的研究和写作给予迪悟和加以肯定，而且就是在平时的讨论与交流中，他也总是那么循循细叙，侃侃而谈，每每都将真诚和直率形诸心愫，溢于言表，隆于字符，发于情韵，不仅有独到的见解，更有率真的表达，每次同他的聚会与交流都不啻是一次学术的饕餮与思想的升华。他长期患有糖尿病，并因此而致晚年脚踝肿疼，行动不便，视力不济。此种情况随着年龄的增长而越发每况愈下。即使如此，他仍旧执着于对文化事业的关注和对学术理论的探求。就在去年夏天我去罗马嘉园看他的时候，他仍旧不惮疾患的折磨而表达了对文化思想和学术理论研究的宏大构想与浓炽志趣，并酣然援笔志意，当场书就"铭记初心，永不放弃"的字幅贻赠于我，并特意注明"与艾斐兄共勉"。他的这种志趣和精神，真真是"老骥伏枥，志在千里。烈士暮年，壮心不已"！

希凡走了，但他历七十余载岁月所惨淡经营、悉心构建的"红学"大厦却恢宏璀璨、熠熠闪光，并自当与其缔建者永结俦侣，永续真愫，共同铸就时代与历史的标识、学术与理论的峰岚。我相信，尽管斗转星移，岁月匆匆，但不论到了什么时候，只要人们走进"红学"研究的广庑长廊，就都会被一个永驻史册的名字所吸引、所烛照。虽然天不假年，使他在无肇之间匆匆离开了我们，离开了他所终生为之挚爱并献身的"红学"研究与文艺理论批评事业，但他用毕生心血和闳硕智慧所筑砌的思想高地、所抟铸的学术瑰宝、所创就的煌煌业绩，却注定要成为一个时代的学术标识与理论建构的永恒存在。故尔，我在送别希凡向着天国踽踽远行时的花簇缎带上，便特意写下了以下四句话：

> 希凡不凡，卓尔垦元；
> 学彰文苑，德昭鹤年！

本文原载于"红色文化网"2018年12月5日

作者系山西省社会科学院原副院长

红学痛失压舱石

——李希凡先生千古

萧凤芝

2018 年 10 月 29 日，著名红学家李希凡先生在北京家中安然辞世，享年 92 岁（虚岁）。红学界依依送别这位重量级元老，21 世纪红学痛失"压舱石"。

一、"小人物"的由来

希凡先生在中国思想文化界经常被称"小人物"。在红学界，"小人物"是他的特指，却是尊称，"小人物"不小，希凡先生在红学界，该是名副其实的"大人物"，受人景仰。"小人物"之所以能够如此的足轻足重，分量不俗，是因为"小人物"三字真真正正出自毛泽东主席之口，青年李希凡和蓝翎曾被领袖嘉许亲誉为两个"小人物"。

二、向"新红学"率先发难

1954 年，还是学生身份的李希凡和蓝翎一道，共同署名发表《关于〈红楼梦简论〉及其他》，对俞平伯先生的红学研究提出批评："俞平伯先生未能从现实主义的原则去探讨《红楼梦》鲜明的反封建的倾向，而迷惑于作品的个别章节和作者对某些问题的态度，所以只能得出模棱两可的结论。""俞平伯先生不但否认《红楼梦》鲜明的政治倾向性，同时也否认它是一部现实主义作品。"应该说，两位学生的文章，虽然锋芒自带，还是属于个人学术观点的理论批评性质，文章发表就发表了，他们并未抱多么高的预期。

出乎意料的是，这篇文章和两位名不见经传的署名作者，很快引起了毛泽东主席的注意。今天历史地回看这件奇事，毛主席透过李、蓝文章看到的，并不只是俞平伯，而是俞的老师 —— 新红学的祖师胡适："看样子，这个反对在古典文学领域毒害青年三十余年的胡适资产阶级唯心论的斗争，也许可以开展起来了。"1954年大批判运动以"评红"为形式，以"清算胡适"为内容，在中国文化界轰轰烈烈展开。李、蓝二人与胡、俞二人以及他们各自的学术观点与思想，如我们中国阴阳二鱼之太极八卦图，迅速成为这场大批判运动的风暴眼。《红楼梦》借这场运动的声势，超越所有古典小说，得到了前所未有的普及。

1954年大批判运动的穿透力与政治影响，可以说持续到了今天，就如太极图阴阳二鱼一样，大概还会以此消彼长的方式，长久持续下去。

三、尊毛抑胡

希凡先生在他的青年时代，差不多与五四时期新文化运动领袖胡适先生一样，以颇具革命性的文章发端，"暴得大名"。希凡先生的一生差不多如胡适先生一样，基本顺利，不乏风光与亮彩，先在《人民日报》，后在中国艺术研究院工作，一生大部分时间都是站在文化的最前沿。希凡先生称胡适这位"大学者"为"洋场绅士""特种学者""挂着学者招牌的政客"，在基本观点与认识上，他始终坚持反胡适立场。但是对于新中国的领袖毛泽东主席，希凡先生充满了感情，他认为是毛泽东主席给予了《红楼梦》崇高、正确而深刻的评价。晚年时，对于一些批评者讽刺性地把他标签为"毛派红学"，希凡先生表示"幸甚至哉，甘当此任，无怨无悔"。由此可见希凡先生性格之一斑。

四、主要学术观点

作为当代红学最具影响力、最具代表性的学者，希凡先生颇具影响力的观点如下：

（1）《红楼梦》是一部封建社会的百科全书；

（2）《红楼梦》是一部政治历史小说；

（3）《红楼梦》是描写阶级斗争的书；

（4）《红楼梦》有助于我们更清楚地了解中国封建社会。

他的研究方法如一部分学者所指出的："开辟了从作者所处封建社会历史背景出发分析《红楼梦》艺术成就的道路。"

五、晚年的反思

希凡先生反思自己早期的学术活动，承认对俞平伯先生的批评有简单、粗暴的倾向，学术问题不应搞成运动，"科学上、艺术上的是非，应当保持审慎的态度，提倡自由讨论，不要轻率地做结论""运动的形式未免带有粗暴、强制的色彩""我们后来写的文章，也提高了调门，对俞平伯先生不够尊重。这些都是无益于学术争论的"。希凡先生从正反两方面总结经验教训，希望既不讳言过失，也不混淆是非。

希凡先生的一生，有常人难以企及的非凡的人生际遇，在漫长的人生岁月中，也塑造了他卓越的个人品格，他的心地以及他的做派，他的担当精神，宝贵难得。

在我们中国文化中，历来把挽歌悼词，都会写得冠冕，写得漂亮。隔壁王爷爷或者对门郭奶奶去世，我们送去挽联，都不吝豪写"亲爱的王爷爷永垂不朽"或者"郭奶奶万古流芳"。哪怕王爷爷不认识大字，郭奶奶没出过家门，这样写也无不妥，因为我们中华文化，把生死看得很隆重，"生死事大"。

今天，希凡先生作古了，作为曾经影响中国文化走向的一位学者，作为毛泽东主席钦点的两个"小人物"之一，就如雷锋、刘胡兰、白求恩，因为领袖太阳般的照耀，他们都以普通人身份而有英雄贤圣般的事迹而载入史册，成为不朽。希凡先生因为与领袖的交集，身上反射领袖的光，加上他自带的光芒，他的名字必定载入中华文化史册，这不是溢美之词，也不是为了言语漂亮。作为当代红学最有影响的学者，希凡先生必定进入红学凌烟阁，以最厚重的一笔载入红学史册。

笔者作为一位晚辈，曾经得到希凡先生的帮助与支持，今天翻出来先生的签名赠书《传神文笔足千秋——〈红楼梦〉人物论》，面对赠书，面对先生文字，就如面对先生音容。

向希凡先生鞠躬致敬！

希凡先生千古！

本文原载于《社会科学报》2018 年 11 月 28 日

作者系上海红楼梦学会理事

李希凡与哈珮

李文祥

今晨惊闻噩耗，著名的文学理论家、红学家、鲁迅研究专家，艺术学家，中国艺术研究院首聘终身研究员，中国艺术研究院原常务副院长李希凡先生因病于凌晨1点52分在家中去世，享年92岁。

得知这一消息，我感到悲痛万分。我与李老结缘于我的岳父，天津著名诗人、书画家哈珮先生。二老的相识还要追溯到六十多年前的1943年。当时只有16岁的李希凡由于家境困难不得不辍学，与二姐去往石家庄谋职养家。经友人介绍在哈珮先生担任馆长的石家庄教育馆做一名馆员，看守图书阅览室。他曾回忆说："在那民不聊生的苦难年代里，我看守的这间阅览室开启了阅读五四新文学的门扉。在那段时间里，每逢夜晚石门业余话剧团便会借用这间阅览室做彩排。当时我也参演了一出独幕剧《湖上的悲剧》，我饰演渔家少爷这个角色，墨农兄则是饰演了病诗人。"他曾说："我当时虽然只是一个略通文墨的无知小子，却因为生活在这样的小知识分子的氛围里，特别是因为有了墨农兄和业余话剧团一伙朋友们的熏陶，也慢慢地从野孩子染上了点文化味儿。解放后我参军入伍，上学，直到调《人民日报》做编辑，我和墨农兄天各一方，几十年来失去了联系。80年代初，经过多方打听，我终于得知了墨农兄的详细地址，由于身处京津两地，故只得通信赠书，以慰老友。我到天津参加南开大学举办的曹禺研究国际研讨会，才有机会去看望墨农。"

90年代初，我岳父曾寄赠李老一首诗，题为《赠李希凡》。诗中有云："几经风雨几颠连，我正青春君少年。终是故人情谊在，重重往事话从前。"李老到天津参加梁斌同志文学创作研讨会曾来家中看望我岳父，两人见面又回忆起那段岁月。他曾说："这一段与墨农兄的时光虽短暂但对于我而言却始终难以忘怀。"

1998年1月李希凡先生亲自参加了在天津市民俗博物馆举办的"哈珮先生诗书画展"。

这也是我第一次有机会见到李希凡先生。2004年9月，天津市文学艺术界联合会、天津市书法家协会、天津市美术家协会为哈珮先生举办了"哈珮先生诗书画展"及研讨会，李老也赶来为老友祝贺。2016年4月，为筹措出版《哈珮遗墨》书画集，我前去北京拜访李老，得知我的想法，李老甚是欣慰，说："墨农兄已归仙界，作为他六十多年的老友，于情于理，我似是责无旁贷了。"最终李老为此书作序并担任主编，与此同时还邀请了他的老友，著名红学家、中国艺术研究院副院长冯其庸先生为此书题写书名《哈珮遗墨》。

我与李老有更多的接触还是从岳父过世之后，我会时常到李老家中拜访看望他。老人十分平易近人，在交谈中时常会给我讲述他这一生对艺术的不懈追求，使我受益匪浅。尤其让人敬佩的是在他70岁高龄的时候，还承担了艺术科学类国家"九五"重大课题《中华艺术通史》总主编的任务，这一伟大的成就更让我们深切地感受到老一辈艺术家在艺术上的造诣为国家做出了杰出的贡献。

李老虽然离开了我们，但他的艺术成就世人会永远铭记，他为中华文化传承做出的不朽贡献将永垂不朽。

本文原载于《天津日报》2018年11月12日

作者系天津书法家协会会员，民革天津画院理事

怀念恩师——希凡先生

丁维忠

一

李希凡先生从年轻时代起，在我国的文艺战线就是一位标志性的人物。他一开始就用马克思主义的观点和方法，在文学评论领域，古典小说和现、当代小说的评论领域，以及《红楼梦》研究领域，做出了广泛而卓越的贡献，是一位著名的文学评论家和红学家，竖起了一面具有启示意义和时代风貌的旗帜！

希凡先生在红学领域，与冯老其庸先生一起，从红学典籍的整理、编纂、出版，到红学学术活动的开展，红学研究的深入和提高，红学人物的团结和培养等方面，极大地推进了红学事业的发展，在红学史上开创了一个全新的、前所未有的、硕果累累的新时代！

希凡先生本人的红学研究，从初出茅庐的"小人物"的勇气和卓见开始，到众望所归的红学大师，凡七十年，著作等身，为红学领域留下了一份宝贵的遗产。

希凡先生是马克思主义红学的举旗者和领军人物。马克思主义经典作家认为："评价人……首先要研究人的一般本性，然后要研究在每个时代历史地发生了变化的人的本性。"（马克思）而"一切社会变化和政治变革的终极原因……应当求之于生产方式和交换方式的变更之中……应当求之于各该时代的经济"（恩格斯）。

希凡先生对于《红楼梦》与贾宝玉的论析，正是遵循着上述马克思主义的基本原理。他年轻时就用明清"时代的经济"——资本主义萌芽说，论述《红楼梦》"体现着最富人文光彩的时代精神"，贾宝玉是"吹拂着人性觉醒青春气息的新人形象"。晚年时，他的封笔大作《传神文笔足千秋——〈红楼梦〉人物论》的论析，则是从康、雍、乾的特定朝政——深入到当时特定的社会状况——深入到明清思想史尤其是"异端"思想和人文思潮的发展——深入到"天崩地坼"的时代状况和时代精神——最后深挖到"该时代的经济"：当时资本主义经济的萌发这一"终极原因"。

希凡先生对贾宝玉和《红楼梦》的论析，在理论观点和方法论上是对马克思论析歌德、恩格斯论析巴尔扎克、列宁论析列夫·托尔斯泰的一种承袭，是学习马列主义经典作家的一次成功的实践。

又譬如：典型，无疑是西方古典美学和马克思主义美学的一个重要范畴。但现代西方美学中的似是而非的"意象说"，却质疑并否定典型论。希凡先生则旗帜鲜明地宣称：他坚持的仍是典型论；他的封笔力作"对《红楼梦》中六十几个人物形象的分析，仍然是源自典型论的阐释"。我想如果恩格斯能听到这位"小人物"的斯言，定会颔首微笑的。

二

希凡先生在我的生活上、事业上是一位恩人和恩师。

20世纪80年代某段时间，我的生活发生裂变而遇到了困难，希凡老院长几乎在第一时间，在秘书陪同下亲临寒舍看望我和我的孩子，使我深感意外和感激！这之后每一次遇见我，总是要问问孩子的情况如何，是一种满满的"爷爷"情怀！希凡先生为人淳朴厚道，宅心慈善，是一位忠厚长者。

在那次交谈中，老院长了解到我的最大困难是住房问题，他当即责令房管处的同志：一定要尽快解决我的房子问题！但在当时要找一间房子以换回我的房子，谈何容易！然而遵照老院长的指示，房管处竟很快解决了我的困难，为我的工作和孩子的生活创造了一个安居的家庭环境。

我能出版第一部著作，也完全是靠希凡先生的推荐和介绍。老院长还亲自为我写了序，给了拙著以"红学的新开拓"的高度评价，并说我"近些年写的著作也不止这一部"，甚至提前给了我一个"研究员"的称号，还特意把它标于序首，使我在红研所和红学界有了一个新的较高层次的开端。

好事多磨，这本书的出版还有一个小曲折：某位同事突然去电责令此书的策划人程俊仁先生：把我的书稿立即寄给他，他要"审稿"！此举弄得俊仁兄十分为难，只得及时电告希凡先生；希凡先生当即回电：不用管他，他没有这个权力，你出版你的！如是我的书才得以顺利出版。我由衷感谢希凡先生对我的保驾护航！

曾经有一段时间，红研所的一位同事连续发表了几篇对冯老和希凡先生的"商榷"文章，火力很猛地批判、否定资本主义萌芽说，力主传统说的"范式"转换。希凡先生在电话中也认为：这位同事的观点是值得商榷的，应当从马克思主义的理论和明清之际经济史、思想史的事实上，批驳其观点的谬误，指出其传统说的偏执。因考虑到希凡先生的身体状况（眼疾），决定由我执笔一篇反批判的驳论，由希凡先生写一篇《立此存照》的短文（此文被劝阻未能发表）。——以上两次电话交谈使我得到老院长的多多指导和教益，是对我的一次锻炼（当然回想起来，我在措辞上于某处语带轻慢，是不应该的，虽然内中夹着另些别的原因）。

希凡先生的夫人徐潮老师是中华服饰文化研究会会长，正策划"红楼服饰文化"项目和音乐剧《红楼梦》。希凡先生对她说：你要搞这个，你得请丁维忠。于是我与徐老师遂开始了"服饰文化"的合作和音乐剧的创作。在其后的日子里，尤其徐老师走后，关于音乐剧的创作、对我加以指导并不时交流想法，倒成了我与希凡先生交往的一项重要内容。

希凡先生之所以向徐老师推荐了我，可能缘于他对我的一句过誉：丁某人"本是个多才多艺的人"。我至今不知道老院长从何处得知而对我有这么一个印象，同样我也至今不知他如何知道我写的著作不止一部，以及我也能搞搞创作之类的些微能耐。我有个"毛病"：不善与领导交往。因此诚如希凡先生所说：起初他与我是"相识"而"不相熟"，"也无交往"。然而在岁月的流逝中，我与他终于从"相熟"进而变得更深层的"相识"：知人、识人，从而"交往"也自然而然地多了起来。这正体现了希凡先生作为领导和学术长辈，对属下和晚辈的体察、关注和认知！

希凡先生的晚年，尽管病体每况愈下，但待人接物和交谈说笑还是神清气朗。他戴着两副老花镜再加上放大镜，还在细细审阅我的音乐剧剧本。因此我总感到希凡先生走得很突然，两天前，他还在电话中与我交谈剧本的事儿，第三天朋友突然来电：希凡先生昨夜走了！我拿着话筒一时呆住，潸然泪下。

而今，李老希凡先生和冯老其庸先生，两位最懂得我的师长都走了，留下了无法弥补的巨大空白！呜呼，"念天地之悠悠，独怆然而涕下"！

2019年7月30日

作者系中国艺术研究院研究员

记李希凡先生有关红学史的一封回信

张胜利

2018年10月29日，敬爱的李希凡先生永远离开了我们和他挚爱的《红楼梦》。在此两年前，2016年的11月间，我曾向先生写信求教新中国成立初期红学史上的一个特殊问题，当时已年近九十高龄的李希凡先生亲自给我回了六千多字的长信。此信全文发表于《红楼梦学刊》2017年第1期，是李希凡先生公开发表在学术刊物上的最后一篇红学文章，也是先生公开发表的有关学术的最后一封信。[1]

当时我正在紧赶拙著《魂系红楼——女性研红的先行者王佩璋》[2]，已进入定稿阶段，但有一个红学史上的特殊问题，也可以说是重要问题始终难以落实，成为横亘在我面前的一大障碍：事关1954年李希凡和蓝翎二位合写批评俞平伯文章的动因，此事牵涉到拙著的传主——王佩璋女士。李、蓝二位因何而合写批评俞平伯的文章，应该是与俞平伯的研红助手王佩璋没有任何关系的；在2003年《红学：1954》一书出版之前的半个世纪内，并没有任何人与任何文章提出李、蓝批评俞平伯的缘起与王佩璋有关。

2003年11月，北京图书馆出版社出版了孙玉明先生的红学史专著《红学：1954》。此书一出版，就在北京韬奋书店居于销售榜的显要位置；随之各方好评纷至沓来，评价颇高；此书同时也是拙著撰写中的重要参考资料。孙先生在最后一章中叙述了几位学者在运动中的遭际，卷末专辟一节"王佩璋的人生悲歌"。孙著旁征博引，对王在运动中的表现及其整体学术研究给予了基本肯定与客观评价；对王的人生遭际与不幸结局表示了深切的同情；使当代女性研红的先行者——红学才女王佩璋首次出现在公开出版物中。

但是，这一节起首的话和后面出现的一个"情节"，却令我在反复拜读后纠结难解：

1954年秋，《红楼梦》研究批判运动的大幕甫一拉开，一位年轻的女性便出现在历史的大舞台上，从而引起了学术界的关注。

实际上，她早就应该出现了，应该出现在两个"小人物"之前。正是她的一篇文章，激发了李希凡、蓝翎向俞平伯挑战的豪情，从而引发了那场举国震惊的批判运动。

这两段话，虽够不上"石破天惊"也令人"换新眼目"了！是谁的一篇文章激发了李、蓝二人的"豪情"呢？后文中作者"考辨"出一个50多年无人知晓的重要的历史"细节"——"王佩璋的文章和作家出版社的信……激发了他们对《红楼梦》的浓厚兴趣及向名人挑战的豪情。"书中的注释里还有作者向李希凡先生求证这件事的记叙。[3]

发生于60多年前的那场波及全国的"红楼梦大批判"运动，使王佩璋的人生遭际与学术历程发生了极大的转折。运动如果真是由她引起的，那么当代红学史恐怕需要修正了，她的人生结局也会与现实中截然不同[4]，此事关系重大。孙著中依据李希凡在采访中的一则回忆"记得是1954年春假期间，我和蓝翎在中山公园的报栏里看到了《光明日报》上登的俞平伯先生的一篇文章，联想起前些时候看到的俞先生在《新建设》1954年3月号上发表的文章《红楼梦简论》以推论：《光明日报》俞的文章是3月1日发表的，而《新建设》俞的文章是3月5日发表的，他们不可能在3月1日联想起3月5日的文章。由此"考辨"出二人看报栏的具体时间应是3月15日，因那天《光明日报》发表了王佩璋的一篇版本论文和作家出版社的回信。[5]书中模拟李、蓝二人的心理推测："王佩璋是'小人物'，可以撰文批评著名的作家出版社……他们也是'小人物'，为什么就不能撰文批评俞平伯呢？"虽然其中的两个"小人物"一词含义并不完全相同，但这段话也可以说是正常的逻辑推理，关键在于此情节是否确有其事。

我遍查李、蓝二人与此有关的书籍和文章。蓝翎先生说"三月中旬的一个星期天，李希凡从家中先到我那里……在闲谈时，我说到了俞平伯先生的那篇文章，他说，他也看过，不同意其中的论点。他说，合写一篇文章如何？我说，可以。""星期一，我把第三期《新建设》、新版《红楼梦》、《红楼梦研究》和《红楼梦新证》都借出来。"[6]首先可以确认蓝翎先生3月15日没有去中山公园看报栏，因3月中旬的星期天是3月14日，星期一才是3月15日。李希凡先生的回忆中只说春假中的一天，并无具体时间，但明确说看到的是俞平伯的文章。[7]那么50年代的春假是什么时间？我遍查书籍、网络，又采访了数位50年代在北京上大学的老学者，基本确定在清明节前后的三四天，与3月15日没有重合。故，二人回忆中的三个要素：时间、地点、文章中，只有李先生的说法之一提到了地点中山公园，其他均与孙著说法不合。孙著中说：

> 1954年的3月15日，对于这场大批判运动中的几个主要人物来说，是一个非常特殊的日子。然而，他们却都不知道或者遗忘了这个日子。俞平伯、王佩璋二人，直至去世，都不知道这一天曾经发生过对其人生道路具有重大影响的事情。

书中后文又一次强调：

> 对于这一历史细节，当时参与运动的批判者或被批判者们并不知晓，这其中包括俞平伯和王佩璋，甚至直到辞世，他们也对此茫然无知。时至今日，就连最重要的当事人李希凡、蓝翎，也早已淡忘了这个小小的细节。

尽管四位当事人中的两位直至离世都不知晓，两位尚健在的"也早已淡忘了"，但是，自2004年孙著出版后，从纸质书到报刊到互联网甚至社会上红学圈子之外开始逐渐流行此说法，甚至王的亲属给我写信还专门问及此事。[8] 那么到底是谁引发了1954年的"红楼梦大讨论"？因拙著是专论王佩璋的研红经历与人生遭遇的，是一部红学人物传记。"这个小小的细节"对传主来说实为其一生中的重要事件，无论此事对传主有益还是有损，必须交代清楚。如果含糊其词，或者在其至死都不知晓的情况下默认此事，不但愧对传主，也愧对自己一心为其立传的初衷。所幸，四位当事人中当时李希凡先生仍然健在，还经常出席红学活动，只有他能澄清事实。但我与李先生素不相识，亦无学术交往，若贸然求教，心中着实无底。直至拙著最后要定稿了，才被"逼上梁山"，在吕启祥老师的热心相助下，辗转与李先生的女儿李芹取得了联系。说实话，当时我并未抱太大的期望值，毕竟先生年事已高，身体欠佳；更重要的是先生还愿不愿重提这段往事？抱着侥幸的心情与先生通了电话。谁知先生听力欠佳，经反复叙述之后，终于明白了我需要求教的问题，明确表示会给我书面答复的，让我等一等。这令我意外的欣喜，当时的心情也许不亚于刘姥姥一进荣国府；连吕老师也感叹："老实说，希凡要求书面作答大出我的意料……"在忐忑不安中等待了一个月，终于收到了先生的长篇回信。信中不仅澄清了1954年运动的缘起，更以较多篇幅回忆梳理了他六十余年的研红历程，再次重申自己始终坚持的"用马克思主义、毛泽东思想正确评价古典小说的思想艺术成就"之观念。先生历经沧桑、初衷不改的思想境界与学术品格，令我感慨万千。

回信是两次写成的。第一次（上半）写毕于11月16日，重点澄清了《红学：1954》书中的说法："胜利同志：大札收读，谢谢你给了我一个说明事实的机会。……关于李、蓝写文章受王佩璋影响的这个传说，也曾有人告诉过我。""读了孙玉明先生的这两段原文，再仔细想想这两段文字的含义，我也觉得，还是有个事实说明的好。"信中就此事做了三点明确答复：

第一，我和蓝翎3月上旬在中山公园看到的俞平伯先生在《光明日报·文学遗产》发表的那篇文章，是个什么题目，本已记不大起，因为当时并未细看，好在记得是在《文学遗产》的创刊号上，题目是关于曹雪芹卒年的。当时报栏里的副刊并不是每天都换的，现在终于可以查证了是看到它，才联系起他的《红楼梦简论》，才引起了热烈的讨论，与王佩璋文章无关，也从没有一句话涉及王女士。我本人当时根本没读过她的这篇版本文章，其后也只读过她的《我代俞平伯先生写过哪几篇文章》一文。也无从谈起什么"淡忘"不淡忘。

第二，所谓在作家研究中心和我当面印证此事，我连声说"是是是"，我敢肯定地说，恐怕是玉明先生的误听、误记，或者就是幻觉，因为我绝不会对这样一件莫须有的事做如是表态。

第三，我不知道玉明先生怎样向我的老同学袁世硕问询的，我们当时虽有通讯，但我相信，我的笔下当时绝没有出现过王佩璋的名字。

吕启祥老师在《仁厚长者李希凡》中有文："在维护历史真实这一基本点上，希凡从不含糊、旗帜鲜明，显示政治的定力和学术上的独立精神，从不随风摇摆，随人俯仰。"[9]

实则，在2012年《李希凡驳〈"红楼梦研究"大批判缘起揭秘〉》一文中，先生已对二人合写《关于〈红楼梦简论〉及其他》的过程"给出正确的时间表"——"1954年3月上旬，李、蓝相聚两次研讨《关于〈红楼梦简论〉及其他》的撰写问题。3月中旬，蓝翎开始起草的初稿。"而"1954年3月上旬"王佩璋的文章还未发表。澄清了此事后，信中针对孙著中提的王文激发了二人"向名人挑战的激情"的"考辨"结果，予以"辩正"如下：

真正激起我们"批判"豪情的是，毛主席建国前的批判唯心主义历史观的那几篇名作，是我在上学时期就立下的重评四部古典小说的"雄心"……而且我的研究，就是从同前辈人的研究有不同看法开始的。所以，无论从哪一方面来说，我的"批评"思维，都同王佩璋的那篇文章没任何关系。

尽管《关于〈红楼梦简论〉及其他》《评〈红楼梦研究〉》写得很幼稚、很粗糙。但毛主席却从他们的文章里看到了这两个共青团员要用马克思主义研究问题的敏锐的"初心"。

先生从求学时期即立下的"雄心"和运动之初的"初心"谈起，重新回顾了自己在古典文学研究中坚持"没有论争就没有学术进步"的长期历程：

我多次讲过，我要重评四部古典小说的起点，就是要用马克思主义观点正确解读它们的历史价值、社会意义、思想意义，批评有些研究者的错误解读。在1954年与蓝翎合作批评俞平伯两篇文章的前夕，我个人就写了三篇关于《水浒》的文章。

再扩大一点说，在我十七年写的七本书中，有一本题名《论中国古典小说的艺术形象》四组文章，除第一组是评论古典小说艺术特点的，其他关于《三国》《水浒》《西游》三组文章，都是和古典小说研究家商讨这三部小说的思想意义和历史价值的。

在"十七年"文艺问题论争中，就因为我经常发表一些和"权威"的传统观点的不同看法，惹恼了几位老专家。

可见，1954年的《关于〈红楼梦简论〉及其他》不是先生第一篇，也不是唯一一篇与前辈学者商榷之文，商榷的学术前辈也并非俞平伯、胡适等先生。

我引这些"经历"，并不是想说明在这些论争中我的意见都是正确的，我只是用这些事实向孙玉明先生证明，他说的李、蓝评俞文章是受王佩璋文章"启发"，那在我们当时的思想上不是事实，还是不可能有的事实。这也同我的性格不合。我在参加学术讨论时，从未向别人借过"胆量"。

这段话非常简洁明确，先生对孙著中的个人"考辨"结果[10]是不能接受的。在上半信的结尾，先生慨叹：

我虽已年近九旬，却还是为60多年前的战斗豪情（一生只有这一次）被漫画化，感到屈辱，不得不出面一辩。

陈年老账，竟然不能"淡忘"，少年习性又犯了！

看来此事还是勾起了先生阅历人生90年后的无限回忆与难以表达的感慨，信中言犹未尽。我试图在电话中委婉地宽慰先生，谁知先生在电话中朗朗大笑，并说开始以为我是个小伙子呢！我说是小伙子的奶奶啦！先生又一次开怀大笑……

次日，意外地又收到了先生发来的回信的续篇，篇幅接近第一份，不再谈运动缘起之事，而是系统地谈了他的文学评论思想宗旨以及对《红楼梦》研究的历来的整体看法。

　　又及，讲到红学界对"1954"事件李、蓝文章的所谓"共识"，还有一个"说词"，虽然和你提的问题无关，我想在这里顺便也谈点看法，那就是断定我们批评俞先生的红学观，是对他大作的"误读"。这不只是当代红学家的近作，还有当时写过批俞文章的老人的新作。毛主席虽然说过《关于〈红楼梦简论〉及其他》是"很成熟的文章"，我们自觉实不敢当。认为那是"小人物"初学写作者的"学步"。很粗糙。毛主席看重它，如前所引，只是因为他们提出了当时意识形态领域里的一个重要问题——即用马克思主义还是资产阶级唯心论进行社会科学研究。我们认为，俞先生对《红楼梦》的解读，大都是唯心主义的，远离《红楼梦》艺术创造的社会意义和思想意义。

　　信中开门见山、毫不避讳地谈出了他至今对俞平伯先生的研红仍然坚持当年的看法，初衷不改。同时针对前些年学界和社会上对1954年那些批俞文章的负面看法——批俞动因之一是对俞著的"误读"，重申了自己一贯的观点。2013年先生在接受孙伟科老师采访时即明确指出："某些红学史家认为，毛泽东所领导的那次思想批判运动，也包括所有的批评文章都是对'红学才子'俞平伯著作的'误读'，这也是不实事求是，因为有许多文章都是出自名家，有的还相当精彩，说理性很强，而且切中了新红学的要害。"[11]

　　信中引用了公开出版的《毛泽东传》，同时还大段引用了胡适对《红楼梦》的评价，以与领袖的评价相对照，并再次指出"新红学派"研究方面的资产阶级唯心主义倾向。

　　信的结尾仍然落笔在对俞平伯、对"新红学"的尖锐批评上：

　　　　李、蓝文章批评了俞先生的这些观点，并指出，新红学派这样浅薄，这样曲解曹雪芹的思想及其伟大杰作《红楼梦》的社会意义，是资产阶级唯心主义的谬误，我们必须用马克思主义文艺观给以辩证，虽幼稚浅薄，却是提出了一个时代的要求。

　　纵观先生一生的学术历程，不仅提出了如何运用马克思主义文艺观研究古典文学的"一个时代的要求"，且身体力行，牢记初心，以孜孜不倦的执着精神，以著作等身的厚重成就，开创了古典文学研究的一个"新时代"。正像张庆善先生所说：先生"是影响一个时代的大学者、大红学家""在红学史上，李希凡就是一个时代。"[12]

　　这封珍贵的回信，凝聚着先生百折不挠、牢记初衷的学术理念与人格精神，并不仅仅是对我一个红学入门者具体问题的答复与对拙著的鼎力支持；更是先生对自己坚守一生的马克思主义文艺观的重申；是对《红楼梦》的历史价值、社会意义、思想意义的深刻剖析。回信在当代红学史上，特别是在新中国红学的资料库中，是一份不可多得的文献史料。吕启祥老师有文"希凡的刚正之气，在他接近生命终点的高扬，给人留下了不可磨灭的记忆。在此要重提他的最后一信""李希凡是一个经历过风雨、禁得起挫折的人。任何艰难困厄、曲解猜忌以至谣琢诽谤都不能击倒他，有一种发自内心的坚定信仰和凛然正气支撑着他"[13]。

先生回信之后大约一周的时间，我忽然收到先生寄来的厚厚的一部《李希凡现代文艺论著选编》，在书名页上赫然看到先生以其特有的字体题签"张胜利同志指正 李希凡二〇一六年十一月廿日"，令我喜出望外，这是我得到的第一本先生亲自题签的大著。在刚刚浏览了目录，还未来得及细细拜读时，忽然又收到了一部同样的大著，这一部是在粉色的扉页上题签"张胜利同志惠存 李希凡丙申中秋"，同时钤着硕大的一枚方形印章"李希凡印"，大著中汇聚了先生研究、评论古典文学的精华与核心观点，令我欣喜莫名！

在得到先生离世的噩耗时，我们新乡红学会及时发去了唁电，并委托李芹女士代我们献上了花圈。悠忽又是金秋十月，不觉间李希凡先生离开我们整一年了。在深切怀念先生之时，面对红学研究的新局面，展望未来，我们地方红学研究者更加感到任重而道远。如何接受新时代的考验，为地方红学发展作出自己应有的贡献？李希凡先生一生坚持不懈地对学术理念的坚定追求，就是我们永远的楷模。

2019年9月28日草成

2019年10月9日改定

作者系《中原红学》执行主编

注释：

[1] 见《红楼梦学刊》2017年第1辑，第155—165页。2017年2月，李希凡先生还撰写了《传神文笔足千秋——〈红楼梦〉人物论》修订版后记，因直接附在书中，并未在学术刊物上公开发表。

[2] 张胜利：《魂系红楼——女性研红的先行者王佩璋》，万卷出版公司2017年版。书中在"生平史料编"中以"是谁引发了1954年的《红楼梦》大讨论运动？"一节专题论述此事，可参看。

[3] 孙玉明：《红学：1954》，北京图书馆出版社2003年版，第59页，注①。

[4] 王佩璋女士1966年8月因"红卫兵"抄家被游斗，当晚服用大量安眠药自杀身亡，年仅36岁。

[5] 对此时间问题李先生回信中有说明："当时报栏里的副刊并不是每天都换的。"《光明日报》1954年3月1日

开辟"文学遗产"副刊，当时也称专刊，创办之初为半月刊，后改为周刊。王佩璋之文是3月15日第2期刊登的，在此之前，即3月1日至3月14日《光明日报》副刊栏能看到的均为3月1日刊登的文章。

[6] 参见蓝翎《龙卷风》，上海远东出版社1995年版，第29页。

[7] 参见李希凡《红楼梦艺术世界》，文化艺术出版社1996年版，第387页。

[8] 参见张胜利《魂系红楼——女性研红的先行者王佩璋》，万卷出版公司2017年版，第199—200页。另有拙著中当时未提到的：2010年7月26日《中国青年报》《消失在历史中的小人物》对王佩璋的专题长篇报道中，同样采用了孙著中的说法。

[9] 吕启祥：《仁厚长者李希凡》，《红楼梦学刊》2019年第1辑，第18页。

[10] 孙玉明：《红学：1954》，北京图书馆出版社2003年版，第59页注①、倒数第4行"对笔者的考辨……"。

[11] 孙伟科：《文艺批评的世纪风云——文艺批评家李希凡访谈》，《文艺报》2013年5月15日。

[12] 张庆善：《李希凡与新中国红学的发展——深切悼念李希凡先生》，《人民政协报》2018年11月5日。

[13] 吕启祥：《坚如磐石 蔼如春风——永远怀念李希凡同志》，见黄安年的博客2019年3月30日（第21320篇）。http://blog.sciencenet.cn/u/ 黄安年。

纪念李希凡先生：
"没有论争，就没有学术的进步"

梁　惠

今晨传来噩耗，李希凡先生走了，经历了多次论战、多次风浪的李希凡先生，平静地走了……

众所周知，做"红学"研究，绕不开李希凡这个名字。李希凡先生因"小人物"称谓而闻名，而这个称谓是毛泽东赋予的。

记得初见李希凡这个曾经显赫一时的风云人物，是在2010年10月中国人民大学纪念冯其庸先生从教60周年学术研讨会上，当时李先生作为特邀嘉宾在大会上致辞。其间得知他打算写回忆录，我便毛遂自荐，希望有幸做责编。李先生当时并未允诺，只推辞说有几家出版社找了他，他刚开篇，等写完再说。我知道他是一个有故事的人，作为当年被毛泽东主席钦点的"小人物"，他的一生充满传奇。出于编辑的职业敏感，我想他的回忆录一定很精彩，所以极力争取，宴会上主动敬酒、合影，索要联系方式。尽管如此，回沪后我并未抱太大希望。因为像李先生这样的名人，出版社总是趋之若鹜，我与他素不相识，又无人举荐，一面之缘而已，他没有当面拒绝，无非出于礼貌罢了。

颇感意外的是，不久后一个周末的下午，我接到李先生电话，说是《名人传记》正在刊登他的部分回忆文章，有兴趣的话可以找来看看。这让我受宠若惊。次年元月北京图书订货会期间，我专程赴京去李先生家拜访。与印象中温文尔雅的前辈学者形象不同，李先生高大魁梧，声音洪亮，笑容可掬；而李师母知性优雅，气质端庄。李先生介绍说，他与夫人原本是大学同学，夫人离休前曾在中央国家机关党委和中国剧协工作，目前正从事中国历代服饰研究，这让我肃然起敬。

那天李先生饶有兴致，谈到李少红导演的新版电视剧《红楼梦》，谈到"百家讲坛"刘心武揭秘《红楼梦》、于丹说《论语》，他对当时热闹非凡的"揭秘""心得"似乎颇不以为然。而李师母大约此前对出版社有不良印象，委婉地说李先生这本回忆录要自费出版，自己发行。李先生呵呵地笑着，不置可否。我内心忐忑，絮絮叨叨地表示一定尽心、尽力、尽责，做好出版服务。李先生仍旧呵呵地笑着，不忍心拒绝我……当时的情景历历在目，而李师母来不及看到书稿付梓，竟已驾鹤西去，每忆至此，我都感到特别的遗憾和难过……

李先生的回忆录题名《李希凡自述：往事回眸》，（东方出版中心2013年1月出版）它是李先生对自己八十余年生命的回眸，是他八十余年人生的自述传和心灵史。他的童年，他的伙伴，他的家庭，他的婚恋，他的读书生涯，他的"红学"研究以及文艺批评，他后来执掌中国艺术研究院十年的"艺术人生"，都在书中有精彩的呈现。

毋庸讳言，作为一本自传，该书不可避免地带有较浓烈的个人色彩。李先生一生的苦乐悲欢打上了时代的深深烙印。李先生自称"毛派"，对毛泽东主席的知遇之恩心存感激，当不难理解。毕竟由于毛泽东的"钦点"和特别关怀，他才有了与众不同的人生。本来，他给自己的定位是做一名研究型学者。1954年秋，他给时任文化部部长周扬写信，表达自己研究生毕业后想去社科院文学研究所工作的愿望，周扬转达毛泽东主席的意见表示反对，因为毛主席认为"那不是战斗的岗位"。于是，从1955年至1986年，他一直在《人民日报》文艺评论部"战斗"不止，发表了大量的文艺评论，如对"文革"前十七年的优秀长篇小说《红旗谱》《青春之歌》《林海雪原》《创业史》《红岩》《苦菜花》《欧阳海之歌》等，均发表了颇有影响的评论文章。此外，他还写了不少戏剧电影评论。

他自称"好战分子""什么讨论都想插一嘴"，并且承认曾写过"过火"的批评文章。作为历次大大小小政治运动的亲历者，虽然过往的论争似乎已有了一些历史结论，但当事人从个人视角对某些历史片断的书写，也为当代文学史留存了一份不可多得的鲜活资料。尤其"文革"中那一段不堪回首的岁月，作者也能以客观、平实的语言予以记录，体现了知识分子的自知、自省与自信。正因为从独特视角回眸历史，才更凸显出这本书的价值所在——它是一个时代的缩影，是时代风雨中与众不同的个人记忆。如李先生与另一个"小人物"蓝翎先生的合作以及后来的是非恩怨；毛泽东、周恩来对李先生的特别关怀；江青对李先生的"赏识"以及李先生的"不识抬举"；"四人帮"对李先生的拉拢；文艺界一些"大人物"在运动中的沉浮；《人民日报》一些重要社论出台的内幕，等等，都是这本书精彩的看点，是弥足珍贵的第一手史料。

在《李希凡自述——往事回眸》的写作和编辑过程中，我与李先生的联系日益密切，就书稿中的问题与李先生电话、书信不断。由于李先生不会使用电脑，书稿都是手写，然后请人录入，打印稿中有不少录入造成的错误。我审稿时习惯在心中默念，凡读到卡壳的地方，总要结合上下文意思，从谐音到字形细细揣摩，有时感觉像在猜字谜。李先生明确表示，他的眼睛动过白内障手术，看字就像雾里看花，书稿的清样就交由我全权处理。因此，我不得不格外谨慎。稿中出现的所有人名、地名、时间、地点、引文等，都要一一核实，弥补了许多似是而非的疏漏。在此过程中，李先生不断加深了对我的了解和信任。李先生十分健谈，每次通电话，除了问安和书稿的事情外，时常也论及时事，甚或臧否人物。他是一个率真、坦诚的人，也是一个有原则的人，耄耋之年对人对事仍以本色示人，不愿从众。他说："某些红学家把我归属于'毛派红学'，我不以为忤，反以为荣。"李先生在学术立场上并不随波逐流地赶时髦，而是勇于坚持己见，旗帜鲜明，始终保持学者的良知与本色，保持文学研究的热忱与责任，我以为这是特别值得尊敬的。

《李希凡自述——往事回眸》出版后，李先生又决定将他一生学术成果的结晶——《李希凡文集》交给我出版，这让我十分感动。当时李先生由于眼疾视力衰减得厉害，他多次对我讲，他的文集如果现在不编，以后恐难编成了。整个文集是他在2013年亲自编定的。其中最耗费精力的是第四卷《现代文学评论集》、第五卷《艺术评论集》、第六卷《序跋·随笔·散文》，因为时间久远，文章零散，搜集整理不易。尤其是第四卷，李先生颇多思量，特地写信嘱咐我要"多加关注"。这一集收录的68篇文章并不是他评论文章的全部，他在"后记"中有明确说明："有若干篇写于政治运动中的错误的批判文章，现在也没有收辑，并不是想赖账，只是以为明知错了，又收入文集，无异于再伤害同志。"第四卷清样出来后，李先生是拿着放大镜一字一句仔细通读的。他的认真和严谨，举一个例子可见一斑。"文集"是在南京展望公司排版的，校对人员将"决"统改为"绝"。就这两个字的用法，李先生特地写信给我。他说："我上大学时语文老师是殷焕先先生，他对这两个字的用法是有区别的，'绝'只能用于'绝对'，'决不是''决不会'都用'决'，我一生写作都谨从师教。"——由此可见，李先生治学真的是一丝不苟啊！

综观李先生的学术生涯，他的学术贡献绝不止于"红学"。实际上他的研究领域非常宽广，不仅在中国古典文学研究领域成就卓著，而且在中国现当代文艺评论、鲁迅研究以及毛泽东文艺思想研究等多个领域硕果累累，其理论建树可谓博大精深。

《李希凡文集》（东方出版中心2014年1月出版）煌煌七卷，逾400万字，真实地展现了李希凡先生一生著述的全貌，凝聚了他毕生的心血和智慧。通过这套文集，我们可以全面了解李希凡先生六十年学术研究的历程和成就，了解他在当代红学史上的独特地位和卓越贡献，了解他对中国当代文艺理论和文学批评的诸多建树，也可以清晰地了解他在时代大潮中的命运、遭际以及情怀，他的文化人生和心路历程。同时，我们还可以从中观测新中国文艺批评的历史风云，洞悉新中国文学艺术是如何在激烈的思想论争、理论交锋中发展前进的。李先生认为，没有论争，就没有学术的进步。从踏上学术研究之旅开始，他就以初生牛犊不怕虎的勇气挑战权威，对《红楼梦》研究中长期存在的纠缠于烦琐考证与索隐的研究方法提出质疑，从而开启了对《红楼梦》深刻的思想内容、伟大的艺术成就进行广泛而深入探讨的先河。

在此后的学术生涯中，伴随着大大小小的政治运动和学术论争，他勤于思考，善于思辨，不畏争鸣，曾就阿Q典型形象、《琵琶记》与封建道德问题、《三国演义》与历史剧的改编、鬼剧问题、杨家将与《四郎探母》、戏曲的推陈出新等问题，发表过多篇在当时可谓振聋发聩的探讨文章。他追踪时代热点，不断地将自己清晰、完整的文学观、价值观呈现给读者，他写的序跋、随笔、散文，都饱含真挚的情感，个性鲜明。他曾说："我从不后悔自己的选择，能够一生从事所爱，又能在文艺评论繁荣的时代参与其中，已是极为幸运。"而我作为"文集"的责任编辑，有幸成为第一个读者，不断感受他那深邃的理论思考、博大的人文情怀以及敢于直面现实的勇气，心底油然而生对他的敬意。

《李希凡文集》出版后，产生了广泛的社会影响。2014年6月21日，在中国艺术研究院隆重举行了"李希凡先生从事学术研究60周年暨《李希凡文集》出版座谈会"。文化艺术界、出版界、高等院校共80余位专家、学者出席。座谈会由中国艺术研究院副院长贾磊磊主持。文化部副部长董伟，文化部原副部长、中国艺术研究院院长王文章，文化部原代部长、中宣部原副部长贺敬之，中国艺术研究院原副院长冯其庸，中国作协原党组书记、中宣部原副部长翟泰丰，全国政协常委、北京曹雪芹学会会长胡德平，山东大学中文系终身教授袁世硕等分别在大会上发言，对文集的出版给予高度肯定。中国出版集团公司副总裁李岩在开幕式上讲话，并向李希凡先生致以祝贺。李岩副总裁指出："《李希凡文集》的出版，对李先生而言，是他一生学术研究的全面总结和真实呈现，自然是一件喜事；对我们出版人而言，出版这样具有厚重文化价值和学术价值的研究成果，不仅是向李先生从事学术研究60周年的献礼，而且是一种社会责任使然。"

2016年，我策划了一套"名家讲经典"系列，其市场定位是大众化图书，兼具学术性与可读性，希望打造成"大家品位，大众口味"的典范之作。现已出版《黄霖讲〈金瓶梅〉》、李希凡《〈红楼梦〉人物论》、《马瑞芳讲聊斋》、《刘荫柏讲西游》、《沈伯俊评点〈三国演义〉》，还有一些（《齐裕昆讲水浒》《李汉秋讲儒林》《蒋凡讲〈世说新语〉》等）也将陆续出版。记得当时动员李先生将他的《〈红楼梦〉人物论》（修订版）纳入该丛书，单独授权给我，他很爽快地答应了。考虑到这套书的市场定位，我想将其做成图文典藏本，李先生赞同并推荐了著名画家、中国艺术研究院的谭凤嬛女士。谭老师十分配合,当作李院长交给她的重要任务,很快就完成了30幅红楼人物精美插图。

这部凝聚着李先生和大女儿李萌两代人心血的著作(《传神文笔足千秋 ——〈红楼梦〉人物论》东方出版中心2017年6月出版),洋洋洒洒50余万字,对《红楼梦》中的60多个典型形象进行了细致而透彻的分析,开拓了《红楼梦》人物研究的新境界,展现了新时期《红楼梦》人物研究的新高度,代表了《红楼梦》人物研究谱系中最为系统、完备的成果,可谓百年红学研究之经典。李先生说,这个修订版"标题依旧,有半数以上却是重写"。一位耄耋老人有如此执着的学术坚守与奋进精神,实在令人敬佩!遗憾的是,这本书的另一作者李萌女士早在2012年她母亲去世后三个月也因病随之而去。家人担心李先生经不起连失两位亲人的打击,在李萌走后的三四年间一直瞒着他老人家。我虽知情,但也不得不遵嘱瞒着他。每次听他谈起李萌,念念不忘的是女儿的"文才",认为女儿在两人合著中"是有大功的",后悔在女儿选择人生道路时,没有真正关心过她,充满了内疚与自责。

在修订版后记中,李先生深情地写道:

> 这三四年间,我一直不知孩子们的隐瞒,不时地向他们询问萌儿的病情。小女儿蓝有两三次寒暑假期间从美国休假回来,都说去了医院探问,谁知她们都说的是假情报,有时我向外孙女慧可询问,孩子只是哭,我还以为她是因为妈妈受病痛折磨才那样伤心,便不敢再多问。我哪知女儿早已不在。在老伴儿葬礼上,我和萌儿互相搀扶着,她已是勉强站到最后……

连失老伴和女儿,白发人送黑发人,心中的悲苦可想而知。近几年,李先生明显苍老,目力不济,在家中摔了一跤骨折后行动不便,很少外出。但每次通电话,总能听到他的大嗓门亲切地叫道:"梁惠同志——"说到高兴处,依旧是呵呵的笑声。惊涛骇浪中走过来的九旬高龄的他,早已超越了荣辱毁誉的考验,只是如今,再也听不到他那爽朗的笑声了……

原载于"澎湃新闻"2018年10月29日

作者系东方出版中心编辑总监

李希凡：为真理而辩

赵凤兰

李希凡，一个曾经被毛泽东赞赏过的"小人物"。半个多世纪前，他凭借两篇檄文叱咤文艺批评界，搅动了那个时代中国文坛的风云起伏。如今的他，早已成为当代著名红学家、理论家和文艺评论家，为中国古典文学、现代文学、中国戏曲的学理研究和文化学人的文艺思潮著述立言，倾尽毕生心血，功绩卓著。而"小人物"这一称谓，也一直与李希凡的文化人生如影随形。回眸六十余载的历史烟云，我们希望能从他的传奇故事里，窥见中国知识分子在时代大潮中的文化求索和命运沉浮，见证新中国文学艺术如何在激烈的思想论争、理论交锋中发展与前行。

2016年的一个明媚春日，作为文化部"文化名人口述历史"摄制组的主持人，我叩开了李希凡的家门。原本以为，一位思想先锋、文艺"闯将"应是目光凌厉、锋芒毕露，见面后却发现，他竟如邻家长者般安详谦和，平实敦厚。

昔日的辉煌，李希凡早已把其归入千帆散尽后的宁静与淡然。时至今日，回眸往事，年届九旬的他仍对毛泽东的知遇之恩心存感念，没有伟人的赏识，也就不会有一个平凡"小人物"与众不同的别样人生。

信仰

李希凡的故事始于一个贫苦少年为生存而做的奋力抗争。

1927年12月11日，李希凡出生于北京通州的一户普通人家。随着抗战硝烟的燃起，失学与饥饿接踵而至，迫于生活的种种压力，13岁的他先后在洋服店当学徒、印刷厂当童工，小小年纪便尝遍旧中国商业资本家对劳苦大众的剥削、欺凌和压迫。

但是，生活的颠沛流离、饥饿困顿以及日寇的奴化教育，没能阻挡住一个有志少年的求知梦。当时，流传于民间的评书、戏曲、章回小说、武侠小说、古典小说，以及《三国演义》里的曹操、关羽，《水浒传》里的宋江、林冲，都给李希凡少年的精神生活打下了深深烙印。

20岁那年，李希凡寄居山东青岛，为时任山东大学文史系教授的姐夫赵纪彬做笔录工作，一个求知若渴的文学青年的命运就此出现转机。

为了当好这位马克思主义哲学家的助手，李希凡恶补历史，博览群书，熟读了《诸子集成》《中国哲学思想》《中国思想史》，以及马克思的《资本论》《剩余价值学说史》等著作，这也为他日后在文艺理论和文学批评上熟练运用马克思文艺观分析问题，夯实了理论基础。

李希凡回忆说："姐夫赵纪彬是我文学理论的领路人，也是我自学成才的榜样，他高师毕业，在狱中学习了日语，熟读了四书五经，我折服于他的坚强和韧性。由于牢狱之灾的后遗症，他的右手颤抖得厉害，写起字来有困难，需要别人替他做笔录。在给他笔录《中国哲学思想》《古代儒家哲学批判》期间，我等于精读了哲学思想史。他熟悉文献，善于用马克思主义观点解析哲学史诸家学说，且逻辑严谨、思辨清晰、文字简洁，这些都不知不觉给我后来的文字工作以潜移默化的影响。而两年的笔录历练，也养成了我日后经常'开夜车'写作的习惯，我一生出版的古典文学研究和文艺理论著作大都是在工作之余'开夜车'完成的。"

1949年，李希凡的命运再次迎来转机。他参军入伍，并被送进华东大学培训。之后，山东各高校合并，华东大学响应号召并入山东大学。当年的旁听生正式转为山大中文系的本科生，李希凡幸运地成为新中国成立后的第一届大学生。

那一刻，李希凡兴奋至极。世道骤变，万象更新，家里不仅解决了温饱，新社会还让他上了大学，一个穷苦孩子接受高等教育，成为"天之骄子"。

山东大学是李希凡全面进入"文学殿堂"的开始。那时的山大是老校、名校，抗战前就名师云集，闻一多、老舍、梁实秋都曾在这里执教。

为了形成自己的文学观和文艺体系，在校期间，李希凡不仅聆听了杨向奎、王仲荦、萧涤非、吕荧、殷焕先、冯沅君、陆侃如等名师的教诲，还熟读了中国古典文学、诗词曲赋、元明清戏曲以及苏俄文学作品。他学习了毛泽东《在延安文艺座谈会上的讲话》，分析比较了鲁迅、普列汉诺夫、朱光潜、王朝闻等文学家、美学家从不同侧面对文艺现象的理解和阐发，并产生了用唯物主义美学观和马克思主义文艺观探究文学作品底蕴的强烈追求。

在这些前辈先贤中，李希凡崇拜鲁迅举重若轻、刨根揭骨、运笔如刀的犀利文风和改良人生的浩然正气；欣赏李卓吾敢于向圣人挑战的学术良知和豪情气概；钦佩杨向奎在青年时代就勇于对权威结论提出质疑，表现出"吾爱吾师，吾尤爱真理"的求真精神。

而俄国评论家别林斯基、车尔尼雪夫斯基和杜勃罗留波夫"三大斯基"，则让李希凡在学生时代就树立起要成为"中国杜勃罗留波夫"的远大目标。

李希凡说："大学期间，美学家吕荧是使我对文艺理论产生浓厚兴趣的启蒙老师，新中国成立前，我就读过吕先生的《人的花朵》，特别欣赏他评论的美文。在马克思、恩格斯以前，真正能见解透彻地论述文学典型的是别林斯基和杜勃罗留波夫，别林斯基所论述的关于文学典型的卓见——'熟悉的陌生人和独特的这一个'，是引导我理解文学名著所创造的文学典型之所以能名彪文学史，留在人们的艺术记忆里的一把钥匙。鲁迅'冷眼看世界'的小说和运笔如刀的杂文，也坚定了我学习文学的信心。"

鲁迅在《坟·论睁了眼看》一文中曾发出过这样的呐喊："早就应该有一片崭新的文场，早就应该有几个凶猛的闯将……没有冲破一切传统思想和手法的闯将，中国是不会有真的新文艺的。"正是继承了李卓吾、鲁迅、杨向奎、吕荧等前辈学人的"文品"和风骨，当代的文艺批评界才有了李希凡，这个敢于展露思想锋芒，敢于向学术权威发起文学批评和挑战的"闯将"。

檄文

在马克思主义唯物史观的指导下，李希凡看到，当年国内高等学府的古典文学教学受胡适资产阶级文学体系影响的较多，而用马克思主义观点分析古典文学思想内容，引导学生正确理解作品思想倾向和艺术成就的较少。于是，他产生了运用马克思主义和毛泽东思想重新评价我国文学遗产的冲动。

然而，李希凡做梦也没有想到，自己和蓝翎共同撰写的《红楼梦》评论文章竟然惊动了毛主席，进而成为掀起20世纪50年代一场大规模思想政治运动的"导火索"。

《红楼梦》大批判缘起于1954年。当时，被山东大学分配至中国人民大学读研的李希凡偶然在学校图书馆看到《新建设》（1954年3月号）杂志上刊载了一篇著名红学家俞平伯的《红楼梦简论》。联想到前几年俞平伯出版的《红楼梦研究》《红楼梦辨》以及20世纪20年代胡适所著的《红楼梦考证》，李希凡觉得，这些"新红学派"权威的"平淡无奇的自然主义说""自叙传说""写生说""感叹身世说""写闺友闺情说""为十二钗作本传说"都是以偏概全，都是用唯心主义观点曲解这部文学经典的美学底蕴和时代意义。

正如曹雪芹生前所忧虑——"都云作者痴，谁解其中味"，《红楼梦》正被"新红学派"曲解、贬低，甚至误读。《红楼梦》已发展到"宫闱揭秘"，成为"索隐大全"，简直不再是文学杰作。

初生牛犊不怕虎。出于一种论证与求真精神，李希凡和当时已分配至北师大附属工农速成中学的好友蓝翎商量，决定共同撰写《关于〈红楼梦简论〉及其他》和《评〈红楼梦研究〉》，向俞平伯发起了学术上的批驳。

李希凡说："'新红学派'只在琐碎考证上下功夫，看不到《红楼梦》对封建末世贵族统治的腐败、阶级矛盾的尖锐化，以及意识形态、等级观念渗透在人物形象性格中的多姿多彩的表现。《红楼梦》绝不只是俞平伯先生讲的那些'小趣味儿和小零碎儿'，更不是胡适所谓的'平淡无奇的自然主义'，而是通过深刻的思想内容、典型的人物创造和感人的艺术魅力，对封建社会的统治阶级及其上层建筑进行深刻的揭露和批判。"

在李希凡看来，《红楼梦》绝不仅仅是一部"爱情小说"，"色空"这类唯心主义观点不是《红楼梦》的基本观念。伟大的曹雪芹，以其深邃的洞察力和惊人的艺术天才，概括和创造了如此众多被誉为"如过江之鲫"的个性鲜明、内蕴丰富的艺术形象，实为一部封建末世的百科全书。

李希凡还认为，文学的研究应走出烦琐考证的泥窝，把重点放在文学作品对当代的反映，以及它的思想艺术成就，意识形态的内涵、特点和对文学史做出的特殊贡献上："我形成的这种评价作品的视角有'五四'和'左翼'文学传统的影响，也有苏联文艺的影响。我常想，即使我永远赶不上'三个斯基'的理论水平，但能在中国四部古典小说的研究中，深入它们的时代精神内蕴，真正从文本的思想艺术上得到正确的解读，也算没有白读中文系。"

驳俞文章完稿后，李希凡与蓝翎希望能在《文艺报》上刊发，于是给《文艺报》写了信，询问批俞文章可否发表。在未得到回音的情况下，他们改投至山东大学校刊——《文史哲》。当年的《文史哲》一贯坚持学术研讨"百家争鸣"的方针，鼓励和扶持青年人独立思考，向学术权威挑战，从不徇私情，而驳俞文章正契合了这样的办刊宗旨。

1954年9月，《文史哲》发表了《关于〈红楼梦简论〉及其他》，随后，《光明日报》的《文学遗产》（第24期）刊登了《评〈红楼梦研究〉》。

在读到这篇批俞的文章后，毛泽东对两个文学青年的学术观点和敢于向权威挑战的行为大加赞赏，称这篇文章是"三十多年以来向所谓《红楼梦》研究权威作家的错误观点的第一次认真的开火"，并于10月16日写了《关于〈红楼梦〉研究问题的信》，附上驳俞的两篇文章《关于〈红楼梦简论〉及其他》《评〈红楼梦研究〉》，请党内高层和文艺界领导人传阅。

"两篇文章，一夜走红。"

文艺界随后开启了一场大规模的思想批判运动，从10月31日到12月8日，中国文联和中国作协主席团创纪录的联席会议断断续续开了一个多月。郑振铎、吴组缃、冯至、钟敬文、老舍、郭沫若、茅盾、周扬、聂绀弩、丁玲、启功、何其芳等文坛老将和《人民日报》《文艺报》等报刊的领导人群贤毕至。

会议指出，《文艺报》等许多报刊、机关喜欢"大名气"，忽视"小人物"，错误地以资产阶级"贵族老爷式态度"压制"小人物"对学术权威的批判。会议批评了俞平伯的学术观点与研究方法，继而对胡适的资产阶级唯心主义思想也展开了批判。

联席会上，郭沫若做了题为《三点建议》的发言；茅盾做了《良好的开端》的发言；周扬做了《我们必须战斗》的发言。

这场批判运动声势浩大。其实，它的背后有着复杂的现实和历史成因。新中国成立初期，意识形态领域的各种思想、矛盾相互交织，一大批从旧社会走过来的知识分子还不太熟悉马列主义，缺乏辨别是非的正确的思想武器。

而李、蓝用马克思主义唯物史观阐述《红楼梦》，正好契合毛泽东的文艺理论观和当时的思想教育需要。毛泽东认为，《红楼梦》是我国古代小说中写得"最好的一部，创造了好多语言"，是"很精细的社会历史"，是"顶好的政治小说"，故此难以容忍"新红学派"对其价值的贬低。

毛泽东承认，胡适对"五四"新文化运动和提倡白话文运动做出了杰出贡献，但此后，以胡适为代表的最有影响的一派资产阶级学术思想正左右着当时的社会科学的研究与实践。因此，结合实际事例，开展一场对资产阶级唯心主义的清理和批判，以肃清它对文化教育战线的影响是紧迫的，也十分必要。

在毛泽东看来，同历史唯心主义的斗争从来都不是纯学术问题。这场"大批判"提出了一个问题，就是在思想文化领域里，是用资产阶级观点，还是马克思主义观点来指导中国社会的文艺研究和理论实践。

1954年的这场《红楼梦》大批判开启了马克思主义文艺研究的新起点，在干部和知识分子中产生了广泛影响。通过批判，知识界划清了思想界限，树立了马克思主义观点。李希凡、蓝翎这两个"小人物"也一举成名天下知。他们先后被调入《人民日报》文艺部，各种殊荣和奖励随之蜂拥而至。

一时间，两个默默无闻的文艺青年，一跃成为万众瞩目的青年评论家。

悲欢

一举成名后，全国各类报刊挤着上门约稿，李希凡、蓝翎两人应接不暇。

当时，文艺界"百花齐放，百家争鸣"，各类学术思想和文艺理论空前活跃。秉持着"吾爱吾师，吾尤爱真理"的治学精神，凭借着理论创新和学术自省，在工作之余，李希凡继续在陋室里"开夜车"，进一步完成了《论〈红楼梦〉的艺术形象的创造》《红楼梦评论集》等多部著作。

《论〈红楼梦〉的艺术形象的创造》对原著里的60多个典型形象进行了透彻分析，而《红楼梦评论集》则对《红楼梦研究》中长期存在的纠缠于琐碎考证与索隐的研究方法提出了质疑，开拓了《红楼梦》评价的新时代。

同时，李希凡还涉足中国古典文学、现实主义文学、戏剧、影视等多个领域，用马克思主义文艺观对各类作品展开了细致评析。他的评论自成一家，从不见风使舵，在历次文艺论争中保持着学者的良知和文艺批评的求真本色。

特别是在20世纪70年代，李希凡为《星火燎原》《红旗谱》《苦菜花》《保卫延安》《欧阳海之歌》《创业史》《青春之歌》《林海雪原》《达吉和她的父亲》等长篇小说撰写了大量评论。

坚持自我、为真理而辩是一个评论家的本色。

1956年，李希凡再次挑战权威和先贤，就阿Q人物的"典型共鸣"说与何其芳展开了一场长达20年的"马拉松长跑"。

何其芳在《论阿Q》一文中把"阿Q精神胜利法"抽象成"古已有之"的"人类普通弱点之一种"，并举例，爱哭的女孩就被叫作林黛玉；喜欢女孩子又被许多女孩子所喜欢，就被称为贾宝玉，这是一种"典型共名"现象。

李希凡不同意这种说法，于是撰写了《典型新论质疑》和《关于〈阿Q正传〉》，批驳何其芳把典型人物的突出性格特征解释为超越时代、社会、阶级的某种抽象品质的"化身"，无法代表文学典型的社会意义、时代意义和思想意义。

后来，何其芳又撰文批驳李希凡的观点，两人就"典型共名"说展开激烈辩驳。1956年秋，王蒙在《人民文学》发表小说《组织部来了个年轻人》，李希凡随即在《文汇报》发表了一篇《评王蒙〈组织部新来的年轻人〉》，对王蒙小说中粗暴的教条主义提出异议。

不料，这次却遭到毛泽东的尖锐批评。"毛主席批评我脱离群众，一到报社就当起了婆婆，适宜回到学校边教书边研究。我于是赶紧给毛主席写信，说自己不善言辞，不想去教书。那时我是有名的'好战分子'，从不隐藏自己的观点，也为此闯了不少祸端。"李希凡后来坦诚，当年对王蒙文章的批评的确有失偏颇。

就在李、蓝走红后不久，文艺界掀起又一系列更为复杂、更为尖锐的思想批判和阶级斗争，各种政治风潮接二连三地展开，一大批知识分子和学人在时代的漩涡中载沉载浮。李、蓝的命运也如同坐"过山车"，急转而下。

蓝翎被划成"右派"，李希凡稍稍幸运一点，但也在历次风暴中被纠察、挨整。在那个"多事之秋"，李希凡一边接受严酷的思想斗争和政治运动，一边仍对中国古典文学和当代文艺进行密切的关注、分析、研究和评议。他手中的笔从来都没有搁下过。

李希凡的良知在历史剧《海瑞罢官》的风波中再次经受了考验。

1965年11月10日，上海《文汇报》发表了姚文元的《评新编历史剧〈海瑞罢官〉》。姚文元把《海瑞罢官》的"退田""评冤狱"与1961年的"单干风""翻案风"联系起来，说《海瑞罢官》这出戏是在企图恢复地主富农的罪恶统治，同无产阶级专政对抗。

"姚文元文中所形容的激烈矛盾冲突，我既没有从戏里读懂，也没有从社会现实中感受到，他在文中所讲的历史大背景，是我这个'书呆子'没有认识到的。"李希凡说。但是，《评新编历史剧〈海瑞罢官〉》却被广泛转载，各大报刊也都在组织、发表批判《海瑞罢官》的文章。

众所周知，姚文元的这篇文章是在江青授意下写就的。而此前，江青曾找到李希凡，希望他完成此文。由于政治上的"愚钝"，只顾秉持学者的良知和风骨，李希凡未能像姚文元那样，写出如此牵强地联系现实阶级斗争的文章。

由于"不听江青的话"，李希凡被说成是"黑线专政"下的"宠儿"，进了"牛棚"。"当时，我在《人民日报》做了十年编辑，出了七本书，我认为自己始终遵循马克思主义和毛泽东思想评论作品和分析文学现象，现在却成为'黑线统治'下的'毒草'，我想不通，却又必须说服自己进行检讨。"

之后，"文革"爆发，李希凡两进干校，进行劳动改造。在那段蹉跎岁月，他与时间赛跑，白天艰苦劳作，晚上在荒冷的小屋熬灯夜战，写出了《〈呐喊〉〈彷徨〉的思想与艺术》和《一个伟大寻求者的心声》两部研究鲁迅的专著。

十年浩劫结束，全国迎来了文化艺术的春天。在党的领导下，"百花齐放、百家争鸣"

的文艺方针得到了更好的贯彻与执行，评论家们又开始了正常的学术研讨，不计个人恩怨地进行着不同意见的文艺论争。李希凡也继续秉持一个理论家、评论家的社会良知和奋发有为，为新形势下的文艺评论发表着自成一家的独立见解和主张。

1986年，李希凡调任中国艺术研究院担任常务副院长，离开了在《人民日报》长达三十二年的编辑岗位。报到那天，时任文化部部长的王蒙立即约见了他。

20世纪50年代，李希凡曾对王蒙的小说《组织部来了个年轻人》进行过批评。可王蒙并无芥蒂，而是热情欢迎李希凡来艺术研究院任职。

在中国艺术研究院工作期间，李希凡主持编纂了《红楼梦大辞典》和学术巨著《中华艺术通史》。

《中华艺术通史》是艺术科学类国家重大课题，历时十年，它的问世填补了我国艺术科学研究的空白。在长达六十年的学术研究中，李希凡先后发表并出版了《红楼梦艺术世界》《弦外集》《论"人"和"现实"》《管见集》《论中国古典小说的艺术形象》《李希凡文学评论选》《文艺漫笔》《文艺漫笔续编》等20多部研究著作，收获了逾四百万字的学术成果。

作为一个从历史深处走来的人，李希凡身上的故事还不止这些，他戏剧性的悲喜人生映射着那个特殊年代中国知识分子的人生遭际和命运沉浮。

从李希凡身上，我们可以看到20世纪五六十年代，中国学人对文化的坚守、对治学的严谨和对真理的探求，感受到20世纪我国文艺批评的发展繁荣和文艺论争在学术进步中的积极作用，也从中窥见那个社会变革、思想动荡的年代给中国文人造成的心灵伤害和痛苦。

李希凡，这个从旧中国的血雨腥风中一路走来、虔诚信仰马克思主义的新中国知识分子，对党、对毛泽东、对中国的文艺事业始终怀着矢志不渝的情感。至今，他最崇拜的人依然是鲁迅和毛泽东。

回首往事，李希凡客观地说："思想问题和学术问题是属于精神世界的很复杂的问题，学术应多注意讨论，平等切磋，采取批判运动的办法来解决，容易流于简单和片面。毛主席的伟大历史功绩谁也无法抹杀，没有毛泽东思想，就没有中国革命的胜利和中华民族的新生。"

李希凡表示，若当年不是因为红绿色盲未能参军，他一定会追随毛主席参加革命。如果那样的话，中国必将多了一位勇猛顽强的革命战士，少了一位成就斐然的文艺评论家。

本文原载于《光明日报》2018年5月12日

李希凡：时代的"战士"

王　爽

李希凡先生眼睛不好，和他面对面，他甚至都看不清你，在送我的两本书上签名时，先生特别认真地将书拿到书房，戴上花镜，还要同时拿着放大镜，然后用小毛笔一个一个字地写，特别认真，还一个劲说："你这个'爽'字真是写不好。"

20世纪那场运动，于我而言是陌生的，读了先生的数部著作后，历史逐渐映入眼帘，所以才有了这样的一篇记录文章。

记得在"李希凡与当代红学"研讨会后，先生曾问我："家住何处？"我以为只是闲聊，后方明白先生之意，他是想知道，我家离他家有多远，如果方便，希望我能在采访前去他家中多读一些他的文章和论著。在我看来，这也是先生对文化和学问的别样尊重吧。

敢于讲真话、严谨求实，向来是对学术尊严最大的维护，也是我在采访中时刻能够感受到的。

记得先生的稿件刚刚完成不久，有一天晚上，先生亲自打来电话，将自己略微改动的几个部分一一向我解释，哪怕只是改动的一两个字。其实，这不仅仅是先生对作者的尊重，更有先生作为学者的严肃，其中两处让我印象深刻：

"在李希凡看来，精神世界的问题，并非批判运动方式可以解决的。"先生特意将这句中的"在李希凡看来"改为"在李希凡今天看来"，他讲，当时他是认为这场运动是对的，这个理解和反思是后来的，而非当时，所以必须要加上"今天"二字。

"当年，拒绝江青为历史剧《海瑞罢官》写批判文章，让李希凡在'文革'期间，因'不听江青的话'，被送进'牛棚'。"李先生将这句中的"拒绝江青"改为"没有接受江青"，他说，"不是拒绝江青，我不能拔高自己，我没有那个觉悟，当时只是觉得《海瑞罢官》根本不像戏，也没有他们说的激烈的矛盾冲突"。

鲁迅先生在20世纪30年代就曾说过，中国人生着一种病，那名称就是马马虎虎，"不医好这个病，是不能救中国的……"而先生此番"认真和较真"，正是学者该有的严谨和求实。

回望自己九十年的起伏人生，李希凡眼眶几度潮润。辉煌也好，误解也罢，大多都已归于平静和淡然，但总有些人、有些事，会随着记忆闸门的打开，泛起涟漪。

"我从不隐藏自己的观点，为此闯了不少祸端，犯了不少错误。"先生开门见山，谈起自己的"过"。他先提到20世纪50年代在《文汇报》发表过的一篇《评王蒙〈组织部新来的青年人〉》的文章。

"我自认是一个马克思主义者，其实有时是一些教条主义观点在作怪，作家对现实生活矛盾的敏感正是这篇小说的可贵之处，我却用条条框框评论了这部作品，还给作者扣了'企图用小资产阶级思想改造党'的大帽子，的确有失偏颇，连毛主席都批评我脱离群众。"而让先生颇为感慨的是，王蒙并无芥蒂，在担任文化部部长期间，还邀其来艺术研究院任职，"王蒙是大度之人，我们也从未面对面提及过此事"。

李希凡干了一辈子文艺评论，写了500多万字的文章，几乎每一篇都是直抒胸臆。他喜欢直来直去的论争，也从不将论争对手当作大人物，只是对不同观点提出挑战。"没有论争就没有学术进步，不怕稚嫩，不怕匆促，展开批评是对著者的最大尊重，即使扭曲的批评，也需在新的批评实践中纠正。"

1954年，李希凡和蓝翎对俞平伯红学观点的批判引发了全国性的思想政治运动热潮，但这是作为"小人物"的他们所始料不及的。

在李希凡今天看来，精神世界的问题，并非批判运动方式可以解决的，尽管这场运动将学术方面的意识形态问题搞成群众性的批判运动，但这场运动却开启了马克思主义红学研究的新起点，"马克思主义的文艺批评，重点关注的就是作品的社会意义和思想意义"。

对于俞平伯，李希凡是有内疚的。"第一次见到俞先生，出乎我意料，是一位穿着长袍而拙于言辞的老人。这场批判运动，给老人很大精神压力，只是我们当时不可能有这种考虑。尽管文章有些'粗暴'，但我依然不同意他对红楼梦'小趣味儿和小零碎儿'的认识。"

1979年5月，时任文化部副部长的贺敬之，召集茅盾、俞平伯、吴世昌、吴恩裕、周汝昌、冯其庸、李希凡、蓝翎等学者集会，那是1954年席卷全国的思想批判运动后红学名家们的首次大聚会，目的之一就是消除历史隔阂，李希凡被安排与俞平伯同桌，"那一次，我郑重地向俞先生敬了一杯酒"。

面对记者，老人一如往昔的真诚讲述，让人动容。那份真性情一如他对于执着了一生的文艺评论的态度，不违心、只唯实，始终具有学者的良知和文艺批评的求真本色。

时代的潮起潮落，给知识分子的生活平添了难以预想的戏剧性。特别是谈到昔日伙伴蓝翎，先生亦几度停顿。斯人已逝，但那个无法被掌控命运的时代所造成的恩恩怨怨，却成为其一生挥之不去的遗憾。

一生以笔为武，经历了诸多起起伏伏，但先生依然说自己是"新中国的幸运儿"。"我始终畅快地写着自己想写的东西，尽管会被误解，会要论争，但我从不后悔自己的选择，能够一生从事所爱，又能在文艺评论繁荣的时代参与其中，已是极为幸运。"

在纷繁复杂的历史变动中，始终能做一个有判断、有取舍、有坚守、有定力的好人很难，而李希凡恰恰做到了这一点。他不否定学术的政治属性和学术意识形态的属性，但不愿将学术问题和政治问题搅在一起泛政治化，他就服从真理，这种敢说真话的文艺批评具有很强的现实意义。

作为新中国红学的开创者，李希凡因红学研究成名，同时，他在中国古典文学、现代文学、中国戏曲学理论研究等方面均成绩斐然。一个甲子的文艺评论生涯，他继承了鲁迅、吕荧、杨向奎等前辈学人的风骨，从未因某些观点出自权威而回避退让，成为文学评论界当之无愧的"战士"。

2016年12月8日，"李希凡与当代红学"学术座谈会在中国艺术研究院举行，这是为庆祝李希凡九十寿诞而特别举行的，也是中国红楼梦学会第一次以李希凡的名字召开的红学学术座谈会。

原本只是小范围的一次座谈，却会聚了来自全国各地的红学研究专家，其中一些是慕名赶来，就为在这个特别的日子表达对先生深深的敬意。

新中国红学、当代红学绕不过李希凡的名字，他是过去六十年贯穿中国红学史的关键人物之一。虽然他自己都未曾想过，和蓝翎关于《红楼梦》的评论文章会引起毛主席的关注，并引发震动全国的大规模思想批判运动，但事实上，正是这篇文章的"第一枪"效应开创了新中国红学研究的新局面。

"那场批判运动当时有它的积极意义，但也带来一些消极影响。毛主席的评价有点高，其实，他就是看到两个共青团员提出要用马克思主义观点来评价《红楼梦》而给予表扬。"谈及当年的一夜成名，李希凡报以理性的回应。

早在大学期间，李希凡就很不喜欢有些学者将文学作品当作考证对象。当年蔡元培《石头记索隐》把《红楼梦》索隐为"石头记者，康熙朝政治小说也"。对于这种"阐证本事"的研究方法，李希凡认为是完全错误的。虽然后来胡适对作者是曹雪芹及家世的考证，解开了作家之谜，是其一大贡献，但其认定《红楼梦》是记述曹家家事，比如贾宝玉就是曹雪芹等，在李希凡看来都是对素材与创作关系的混淆，"这是完全违背文学创作规律的，让伟大的文学作品成为平淡无奇的家事记述，这是我不能接受的"。

李希凡对中国古典文学是有深厚积累的，大二时他曾写过一篇《典型人物的创造》，成为《文史哲》发表的第一篇学生文章。在有关《红楼梦》的文章发表前，他就曾对古典名著发表过见解。1953年1月，他读到著名历史学家张政烺的《宋江考》，虽认为张先生对宋江史学考证颇为可贵，但由此否定文学形象的宋江，他难以认同，"这是忽视了中国历史文学的复杂现象，虽非考证的历史真实，却是被压迫农民数十次大起义推翻封建王朝历史真实和文学创作的'艺术真实'"。

随后，李希凡写了《略谈〈水浒〉评价问题》等一系列和《水浒传》研究专家们探讨商榷的文章，也正是那个时候，他开始思考"水浒现象"在中国历史文学的普遍存在，以及其所反映的"历史"在人民心目中的臧否评价。他始终认为，文学不能混同于历史，不能用"历史事实"的考证解释文学作品的内容，从而歪曲或否定作家源于生活进行的典型艺术形象的概括和创造。这个基本观点，后来又延续至其为曹操翻案和《红楼梦》研究的论争中。

看到俞平伯的《红楼梦简论》是在1954年3月的《新建设》杂志上，"我不赞成俞先生用'色空'观念概括《红楼梦》创作思想，这是用唯心主义观点曲解伟大的现实主义杰作。尽管曹雪芹的思想也有虚无命定的色彩，但《红楼梦》的整体反映却是'百科全书'式的真实，其对封建社会生活深度和广度的刻画，在中国文学史上是无与伦比的"。

正是共同的认知，促成了李希凡和蓝翎后来的合作。《文史哲》1954年第9期刊发了他们与俞平伯商榷的《关于〈红楼梦简论〉及其他》的评论文章，"从索隐派到新红学派，始终不把《红楼梦》作为艺术创作来评价，让我有一种强烈的反感。我们是马克思主义的信徒，首先着眼于《红楼梦》对封建阶级统治的批判和揭露，而新红学派只在琐细考证上下功夫，却看不到贵族统治的腐败、阶级矛盾的尖锐，以及意识形态、等级观念渗透在人物性格中的表现。比如贾宝玉，虽是贵族青年，但同情弱者，憎恶等级压迫，反对礼教杀人，是人文精神的时代闪光"。正是基于这样的看法，他们又写就了第二篇文章——《评〈红楼梦研究〉》。

1954年10月16日，毛主席写下《关于〈红楼梦〉研究问题的信》，并将他们的两篇《红楼梦》评论文章一并附上，给中央政治局主要领导及文艺界相关负责人传阅，正式发出了要在文化领域掀起一场政治运动的先声。

毛主席称李希凡和蓝翎为"小人物"，信中表现出对文艺界"大人物"与学术权威的强烈不满，并直言"这是三十多年以来向所谓《红楼梦》研究权威作家错误观的第一次认真开火"。

当时，毛主席对意识形态领域反对资产阶级思想一向十分重视，他喜欢《红楼梦》，曾言中国对世界有三大贡献，其中之一便是曹雪芹的《红楼梦》，并始终坚持将《红楼梦》当作社会政治小说来读。"毛主席认为俞平伯的文艺批评就是'胡适哲学的实用主义'。他不过是借两个'小人物'批判三十多年来胡适资产阶级自由主义思想在中国的巨大影响，他认为严重的是学术界的党的领导对胡适思想的麻木不仁。"

"我是喜欢论争的，但两篇文章引起这么大的反响，我们没有思想准备。"李希凡学生时代的理想是去文学研究所搞研究工作，后因毛主席说"那儿不是战斗的岗位"，随后调他入《人民日报》任职，就此开始了长达32年的文艺评论编辑生涯。

1980年7月中国红楼梦学会成立，随后《红楼梦学刊》和红学研究所相继创办，一系列学术活动就此展开，而这都离不开李希凡的鼎力支持和参与。此间，他对中国古典文学的著作、现象、流派、人物、特点做了深度而科学的研究。2006年6月1日，付出其心力最多的50余万字的力作《传神文笔足千秋——〈红楼梦〉人物论》的出版，被认为是李希凡对新时期红学的又一重要贡献。2015年，作为最初的编撰者，先生又以88岁高龄参与到《红楼梦大辞典》的修订中。

面对红学现状，李希凡是有深深忧患的。红学发展乱象丛生，新索隐和老索隐大行其道，阅读碎片化成为时尚，《红楼梦》真正感动人的是小说本身，红学研究还要重视研究文本创作"，他对古典小说观点的核心是不赞成以历史否定文学，以历史拘泥文学，以历史贬损文学，"文学自有其产生的社会基础和时代条件，文学是独立的审美创造"。

不忘初心、老而弥坚，可以说，终其一生，李希凡都在以己之力推动着中国文学艺术的进步之路。

1986年，59岁的李希凡就任中国艺术研究院常务副院长，这一干，便是十年。

十年任职内，艺术研究院的科研项目虽有史有论，但以门类史居多，比如《中国戏剧通史》《中国话剧史》《说唱艺术简史》等，却始终没有一部中华艺术的综合史论。在李希凡看来，艺术研究院作为艺术研究的最高学府，撰写一部这样的作品应是无可推卸的责任。

随后，李希凡在"八五"艺术科学规划会议上正式提出《中华艺术通史》项目，让他失望的是，无人问津，"这样一部需要集体攻关的大型史书，一定会旷日持久，组织工作不必说，就是经费来源，按国家重点课题资助也只是九牛一毛，这都使人望而却步"。

直到"九五"立项前夕，李希凡又想到《中华艺术通史》。1994年至1995年间，他组织召开了三次全院老中青各学科专家学者座谈会，就编撰《中华艺术通史》的意义与艺术研究院承担的可能性进行了研讨，"不少同志认为困难不少，但多数同志认为填补这个艺术学空白该由艺研院承担，在门类艺术史丰富积累的基础上可以集体攻关"。

随后，该项目被确定为"九五"国家重大项目之一。

组织工作是首要一环，却没人愿意牵头，"我自知知识面不宽，特别是对魏晋以前的艺术领域接触不多，确有困难。但大家很有信心，依然建议我出面，就这样，我不揣浅陋，做了带头羊。不过这也增加了我的思想负担，因为经费来源就是一个大问题"。

当时，李希凡同时兼任全国艺术科学规划领导小组副组长，分管课题立项，但他不愿占用全国规划课题的有限经费，也不愿占用院里仅有的40万元科研经费，"我当时真是不知天高地厚，还声言要自筹经费，可是谁来投资却一点眉目没有"。李希凡至今提及，仍觉后怕。

令他意想不到的是，消息一出，竟有几家出版社登门面议，而最让他感动的当属北京师范大学出版社社长常汝吉，竟提出可以前期出资200万元。

于出版部门而言，对一项尚未进入编撰程序的国家重大课题进行如此"大手笔"的支持，是从来不曾有过的，"常社长有见识、有气魄，若无他的胆略，我绝不敢轻易启动这项大工程，即使今天回忆这段情谊，我都是感激不尽的"。

规划与编撰这样一部巨著并非没有争议，最具学术内涵的争论在于是否有可能为中华艺术写一部具有内在整体性的通史，是否有可能以一部贯穿古今的史著，将纷繁复杂的艺术作品与现象融汇成整体，并使之具有起码的内在完整性。

1996年8月20日，《中华艺术通史》第一次编委会召开，李希凡做了"高标准要求把这部综合的艺术通史写好"的动员，他提出要在史的发展中，充分强调不同艺术门类独创的个性特征，又要重视综合比较中的总体脉络。"虽然中华艺术形态各异，却精神统一，描述纷披而有致，所以，《通史》不应是艺术现象的简单罗列，更不该是艺术家和艺术作品的历史编目"。

李希凡非常认同宗白华先生的观点，艺术不只是化实相为空相，引入精神飞越，更在于能进一步引人由美入真，深入生命节奏的核心。所以，在他看来，对中华艺术和美学精神的提炼与总结，该是这部史著最重要的理论收获，而这也是编撰最大的理论挑战。

在这样的指导思想下，作者们都非常重视不同时代艺术理论和美学思想的论述，并力求与时代思潮和文化整体发展联系起来，这大大增强了学术含量，而这部分恰是过去有些艺术门类史的薄弱环节。

2016年夏，历经十年奋斗，《中华艺术通史》正式出版。翻开这部史著你会发现，体例非常严谨。每册书前皆有提要，开始设导言，高屋建瓴地阐明时代背景和艺术发展的基本特征，后展开分门别类的论述。门类根据不同时代的发展特色在排列上各有侧重，但又能突出其主体特征。

这是中国首部包括美术、音乐、戏曲、舞蹈、曲艺等主要艺术门类的综合性大型艺术通史，按中国历史发展顺序列卷，上起原始社会，下迄清宣统三年，共分"原始卷"、"夏商周卷"、"秦汉卷"、"三国两晋南北朝卷"、"隋唐卷"（上下编）、"五代两宋辽西夏金卷"（上下编）、"元代卷"、"明代卷"（上下编）、"清代卷"（上下编）、"年表索引卷"14卷。全书700余万字，文物插图3000幅，引证文献典籍2000余种，引文注释近万条，涉及主要艺术家600余位，堪称一部真正的艺术史经典之作，也是世界首部贯穿"通"观念的综合性中华艺术通史。

十年，在历史长河中只是一瞬，但在人的一生中却是悠长而珍贵的。30多位学者，将自己最宝贵的年华奉献给了这部巨著，著名学者苏国荣、刘晓路，甚至在书尚未出版前便溘然病逝，他们所付出的都是难以想象的辛劳和牺牲。在《通史》编撰的后期，一度出现资金拮据，学者们只能找便宜的招待所进行统稿工作，"那不过是一间十平方米的房间，还正值盛夏，我们的夜宵也只有方便面和大馒头，《通史》结稿，就是奋斗在这样的象牙塔里"。李希凡记忆犹新。

让他特别感动的是，十年中召开过13次编委会，虽经常出现激烈争论，但也只是学术观点的分歧，大家都服从真理，为了一个目标，无人退缩、无人诉苦，"这正是通史编撰得以完成的关键，我由衷地感谢他们"。

尽管如此，面对浩如烟海的中华艺术仍不免功力不胜，正如李希凡在"总后记"中所言，"我们深知，填补这样一部艺术史的空白，不会在初步整合中就结出丰美的果实，留下的谬误、缺陷和遗憾，也一定会在艺术史论研究中得到批评、纠正和弥补"。

2016年11月30日，习近平总书记在中国文联十大、中国作协九大开幕式上发表讲话，李希凡在现场极为认真地从头听到尾，习总书记讲的文化自信、坚持高尚正确的艺术理想都让他感触颇深。

用先生自己的话说，"如今，最吃亏的是眼睛看不清东西了"，尽管大多数时候甚至需要花镜和放大镜同时辅助才能书写和阅读，但先生偶尔还会读读《环球时报》，看看新闻，他说最喜欢看到中国又研制出哪些新式武器，那是让他感到极为振奋的事情，因为祖国的繁荣和强大，正是他们这一代人终生的夙愿。

本文原载于《中华英才》2017年第2期

作者系《中华英才》杂志社原编辑部副主任

张庆善　孙伟科　主编

李希凡纪念文集　下册

文化艺术出版社
Culture and Art Publishing House

"李希凡先生从事学术研究60周年暨《李希凡文集》出版座谈会"综述

2014年6月21日，中国艺术研究院在第五会议室召开了"李希凡先生从事学术研究60周年暨《李希凡文集》出版座谈会"，有来自北京、山东、上海、陕西等各文学艺术界的领导、专家学者共计90余人参加了此次座谈会。

座谈会由中国艺术研究院副院长贾磊磊主持；文化部副部长董伟，文化部原副部长、中国艺术研究院院长王文章，文化部原代部长、中宣部原副部长贺敬之，中国作家协会原党组书记、中宣部原副部长翟泰丰，全国政协常委、北京曹雪芹学会会长胡德平，中国艺术研究院原副院长、终身研究员冯其庸，山东大学中文系终身教授袁世硕；中国出版集团公司副总裁李岩分别在开幕式上做了讲话。文化部原部长王蒙、中国红学会会长张庆善、北京大观园管理委员会也发来贺信表示祝贺。王蒙先生说，李希凡同志从事文学评论研究多年，尽了自己最大的力量，取得了重大成就，在中国现当代文学评论史上有重大影响。张庆善先生说，李希凡先生在文艺理论、鲁迅研究、中国古典小说及《红楼梦》研究方面所取得的成就是有目共睹的，是一位在当代历史进程中具有代表性和影响力的学问大家、红学大家。北京大观园管理委员会在贺信中说，李希凡先生是当代杰出的文艺评论家、著名红学家，他为新中国文化事业和红学研究做出了巨大贡献，在广大读者中有深远影响，受到高度评价和赞扬，值得我们学习和钦敬。他还非常关心北京市公共文化的建设，对大观园的建设和发展提出了许多宝贵意见。

前来参加此次座谈会的还有：上海古籍出版社原社长、编审魏同贤；西北大学张华教授；泰山学院张杰教授；以及中国文联原副主席、中央文史馆馆员仲呈祥；《求是》杂志社原副总编刘润为；《人民日报》海外版原副总编辑丁振海；人民日报出版社原社长姜德明；中国戏剧家协会党组副书记、秘书长王蕴明；民革中央宣传部原部长蔡义江；国家清史编纂委员会常务副主任卜键；中国社科院文学研究所石昌渝研究员；来自中国艺术研究院的孟繁树研究员、林秀娣研究员、丁亚平研究员、祝东力研究员、郑恩波研究员、李荣启研究员、邢煦寰研究员、胡文彬研究员、吕启祥研究员、邓庆佑研究员、孙玉明研究员、孙伟科研究员；来自北京大学的陈熙中教授、北京师范大学张俊教授、首都师范大学段启明教授、国家第一历史档案馆研究馆员张书才、中国农工小组高级工程师杜春耕、南开大学宁宗一教授、北京语言大学人文学院段江丽教授、中央民族大学文学与新闻传播学院曹立波教授、首都师范大学国际文化学院詹颂教授、北京语言大学陶晓红教授、天津作家协会文学所原所长田师善、山西省社会科学院原副院长艾斐、西北大学杨乐生教授、天津外国语大学国际交流学院郑铁生教授、黑龙江大学杜桂萍教授、解放军艺术学院李永林教授；总参办公厅主任、中国红学会常务理事林建超；总参兵种部原政委田永清；人民文学出版社社长管士光、副总编周绚隆；中国书店出版社总编辑马建农；《文艺研究》主编方宁；《文艺理论与批评》主编陈飞龙；中国艺术研究院科研处处长杨斌；中国艺术研究院研究生院党委书记李心峰；《红楼梦学刊》编审张云，编辑胡晴、卜喜逢；中国红楼梦学会副秘书长何卫国、任晓辉；红楼梦研究所副研究员王慧，助理研究员李虹；《红楼梦学刊》办公室原主任石静莲；红楼梦研究所办公室原主任殷小冀；画家谭凤嬛；北京曹雪芹学会副秘书长位灵芝；北京红楼艺术博物馆外联部主任徐菊英；北京师范大学出版社学术著作分社社长谭徐锋；东方出版中心总编辑李智平；东方出版中心编辑部主任梁惠；以及中国艺术研究院红楼梦研究所的博士、硕士研究生。

李希凡先生是我国著名的文学评论家、文学理论家，也是著名的红学家。他曾经长期任职于《人民日报》文艺部，发表并出版的文艺评论、鲁迅研究、中国古典小说研究、戏剧评论及散文著作二十多部，如《〈呐喊〉〈彷徨〉的思想与艺术》《一个伟大寻求者的心声》《弦外集》《论"人"和"现实"》《管见集》《寸心集》《题材·思想·艺术》《京门剧谈》《文艺漫笔》《文艺漫笔续编》《艺文絮语》等。从1986年起，李希凡先生开始担任中国艺术研究院常务副院长，并同时担任国家艺术科学规划领导小组副组长、中国红楼梦学会副会长、《红楼梦学刊》主编等职务。在烦冗的行政工作之余，李希凡先生依旧笔耕不辍，勤于著述，陆续完成了《说"情"——红楼艺境探微》《红楼梦艺术世界》《红楼梦选粹》《沉沙集——论红楼梦与中国古典小说》《〈红楼梦〉人物论》等一系列的文章与专著。此外，李希凡先生还主持编纂了许多大型丛书和辞书，如《红楼梦大辞典》《中华文化集粹丛书·艺苑篇》《图说中国艺术史丛书》《中华艺术通史》等。

在开幕式上，董伟、王文章、贺敬之、翟泰丰、胡德平，以及冯其庸、袁世硕，分别向李希凡先生从事学术研究60年以及《李希凡文集》的出版表示了衷心的祝贺，并对他60

余年以来的学术成就给予了很高的评价。董伟副部长说，李希凡先生对马克思主义有着坚定的信仰，始终坚持用马克思主义文艺理论作为学术研究的指导，在红学研究领域，以及鲁迅研究、戏曲影视等艺术领域的研究中，取得了丰硕的学术成果。60年来，他辛勤耕耘，筚路蓝缕，在学术研究中不断创新，诚如王蒙先生指出的那样，希凡先生的文章代表了方法论的转型。这个转型并不局限于《红楼梦》研究领域，还辐射到整个社会科学研究里。李希凡先生的研究拓展了红学研究的视野，推动了红学在新的历史阶段的发展。

王文章院长说，作为文艺批评家的李希凡是富有鲜明个性的，是当代文学艺术领域不可忽略的人物。他依据马克思主义的现实主义文学理论，展开了涉及文学、戏剧、电影、电视等多个领域的艺术批评，多次参与了尖锐交锋的思想论争，指导并参加我国艺术学学科建设，有着不平凡的学术历程和辉煌的学术成就。他认为，希凡先生有三点精神值得我们重视：一是永葆学者的求真精神，特别是他在实践中修正错误，提高自我，不怕否定自我，勇于开展自我批评，通过严格的自我解剖不断提高自我，使文艺批评渐趋炉火纯青、浑然天成的境界。二是学术研究与文艺批评的务实精神，特别表现在他的《李希凡文集》中，其丰富的著述证明了他虽然成名极早但却不是一个空头文学家，其人生信念是老老实实做人、认认真真做事，靠笔耕不辍来收获。三是光明磊落、不计荣辱的胸怀、淡泊名利的人生境界，以及平易近人的待人态度。

胡德平会长说，历史学的形成需要史料、史考、史论与史评，缺少任何一环，都无法形成历史学。而李希凡先生正是在历史唯物主义的影响下，形成了自己对文学艺术历史独特的研究理念。冯其庸先生认为，李希凡与蓝翎的《红楼梦》评论标志着红学研究从旧红学研究走出来，走到了一个新的天地、新的方法、新的理论，也因此找到了新的研究前途，这是红学史不可回避的事实，是我们的文学研究有了自己面貌的标志。

对于曾经深刻影响李希凡先生个人命运与时代走向的那段历史，近来学者频频质疑其真相。翟泰丰说，自己早在1954年10月就读了几乎全部有关报道和文章，并因此而从名字上认识了李希凡这不凡的"小人物"大人才。他不赞成完全或基本否定1954年的红学大讨论，因为历史证明那次大讨论的意识形态指向没有错，学术方向没有错，是讨论方法上有教训。学术问题要平等切磋，以理服人，不可简单生硬乱扣政治帽子。他说，在红学领域，李希凡与蓝翎共同开创了以历史唯物主义观点批判唯心主义观点的红学研究的新阶段，使红学研究跨过"五四"前旧红学研究、"五四"后新红学研究的两个阶段，开创了一个崭新的历史阶段。特别是希凡同志学术研究的科学精神、科学态度、严谨作风在他的作品中无处不见，因而他的学术论说具有极强的说服力。

冯其庸先生说，李希凡与蓝翎的文章主要是对俞平伯观点的商榷，不存在别人借他的名字写篇假文章的情况。袁世硕先生也详细回顾了当时那篇文章的撰写与发表过程，提到自己在1954年春节接到李希凡先生的信，信中说读了俞平伯先生的《红楼梦简论》，准备与蓝翎一起写篇批评文章的事情。他还说冯沅君先生在"文革"中曾经做过一份检查，检查记载了当时他对李希凡稿件的审阅意见，从侧面证明了《关于〈红楼梦简论〉及其他》一文的确切真实性。

参加此次会议的很多是李希凡先生相识已久的同学或同事，大家共同回忆了自己与李先生在长期共事中感受到的人格魅力。袁世硕先生说，李希凡先生不仅对他本人的学术研究有所帮助，对山东大学的复校以及《文史哲》杂志的复刊，都曾在某种程度上有过帮助。西北大学的张华先生讲述了吕荧先生在"文革"期间为胡风运动影响，受到不公正待遇时李希凡先生依然前往看望的细节。他说，吕荧先生是中国当代知识分子最杰出的代表，李希凡先生很好地继承了吕先生的风骨。在我们今天重新审视五六十年代的知识分子时，往往需要更多侧面观察，需要结合当时环境，对那个时代的知识分子做更为细致准确的考察。泰山学院的张杰先生则从爱情、亲情、友情的角度，叙述了生活中李希凡先生的为人处世和为文态度。他说，李先生年轻时处于权力的中心，却没有政治野心，他对自己从来没有溢美之词，却为曾经写过伤害别人的文章至今仍抱有深深的歉意。魏同贤先生也认为，李希凡先生的文风与治学方向始终是健康的，进步的，能够鼓舞人心的。他在坚持马克思主义文艺观的道路上，始终以历史唯物主义思想对待学术研究，在反思与总结中，既不会见风使舵，也没有一味坚持以往的错误。在他的学术生涯中，他一直追求的目标是坚持自我，成一家之言。这是他人品与文品的共同体现。

关于学术研究中的自我，郑恩波先生回忆了二十七年前北京大学杨周翰先生在文学史写作的研讨会上提出"写文学史必须写进自我"的观点。郑先生认为，李希凡著作有一个很大的特点就是写进了自我，在学术研究中投入了自己全部的爱憎，在自由表达自己的同时，又能与作者和读者一同互动。可以说，李希凡创造了文艺评论写作的新样式，他的许多鲜活颖异、富有文采的美文佳篇，为文艺评论写作的进步与解放起了很好的示范作用，给人留下一种内容充实、丰满、雅俗共赏的美好印象。他还说，李先生是一个有信仰的人，是始终信仰马列主义毛泽东思想的人。

在这一文艺观的影响下，李先生完成了他在戏曲、美术、小说、影视等诸多方面的研究，也获得了与他同时代的学者以及晚辈学人的认可与尊敬。宁宗一先生在发言中说，李希凡先生对文艺理论批评有巨大贡献。他认为，李希凡是一位在文艺理论批评领域中真诚的书写者，是自50年代开始从事文艺批评与文学教学那一代人的优秀代表。他认为，《李希凡文集》是李先生为我们留存的一份历史底稿，也必将是未来学界，特别是文艺理论批评界的一组"启示录"。他说，学术研究应该坚持回归文本，而坚持文学本位的理念是和"马克思学说"与"别、杜、车"的文艺理论和美学观点分不开。他还认为，李希凡坚持现实主义，把现实主义的创作与批评置于第一位，其心灵深处就是一位直面现实、直面现实主义的学者。李希凡的文章是以实在文本作为对象进行诠释的，其审美判断大多是有的放矢，有自己独到见解的。

当然，现实始终在变化。林建超先生在发言中说，当人们的思维方式、行为方式、生活方式、价值体系都在发生深刻变化的时候，以过去的方法、角度、理念看待熟悉的研究视野，会产生一种断代感。但挑战与机遇并存，怎样在红学研究中将过去与未来统一，让红学被更多的中青年人了解、参与，李希凡先生身上有四种力量值得学习与继承。一是原则力量，没有原则，任何活动都不可能发展，失去原则就失去了方向。二是人格力量，怎样增强凝聚力、包容力，整合各种研究力量，宣传力量，都需要巨大的人格魅力。三是思想力量，在方法、观点、材料中形成自己的思想。四是领导力量，这一点更多体现在两部工具书的编纂过程中。

李希凡先生曾经主持编纂过两部工程浩大的工具类辞书：《红楼梦大辞典》和《中华艺术通史》。《红楼梦大辞典》是他与冯其庸先生携同全国各地《红楼梦》与清代历史的研究专家，经过多年努力而完成的成果，是《红楼梦》爱好者与研究者手边既有知识性、趣味性，又实用的一部工具书。而《中华艺术通史》是艺术科学类国家级"九五"重大课题，是由李希凡先生带领国内几十位各艺术门类的专家学者，用十年多的时间完成的一部巨著。

在这次研讨会上，曾经与李希凡先生共同完成编纂工作的专家学者和出版社同人也分别回忆了他们在与李先生共事的细节，以及从中所感受到其为人与为文的力量。孟繁树先生说，《中华艺术通史》在希凡先生的领导下，经过十余年时间问世出版后，在学术界和文化界产生很大反响。从文化价值看，填补了我们国家很长时间来艺术科学研究的空白。这部通史集中了李先生最后十几年的主要精力与院内外主要的研究力量，其间还有几位同人去世。他认为，李希凡院长是《中华艺术通史》的领导者、组织者，是学术团体的灵魂。他对中华艺术精髓概括而成的序言，即使单独拿出来也是中华艺术史研究中非常有价值的一篇论文。尽管编纂过程中，研究人员彼此之间难免会产生矛盾，写作风格也会有差异，但希凡先生作为丛书的领导，待人宽厚，大度容忍，遵守诚信，所有参与编纂工作的人都受到其人格魅力的感召，从而保证了通史的顺利完成。

李心峰先生说，李希凡先生六十多年的学术研究对当代艺术科学有重大贡献。作为全国唯一的艺术科学研究机构，中国艺术研究院在他领导期间，各艺术门类都产生很多成果，培养了一大批中青年艺术学研究学者。而作为全国艺术科学规划小组常务组长，在他的领导下，推出了青年艺术科学的研究项目。在艺术学科学的门类概念提出后，李院长又倡导了关于中华艺术通史与通论的课题，虽然通论的课题最终由彭吉象先生承担，但无可否认的是李希凡先生进一步推动了艺术科学的发展。

林秀娣先生长期负责《中华艺术通史》的编纂，她向与会学者们进一步回顾了这部通史完成过程中发生的许多细节，更详细地展现了这套丛书中凝聚的精力与心血。她说，李先生是人品、思想、学术上都非常成熟的人，艺术通史的完成是他前40年的沉淀与修炼。从1994年第一次开编辑委员会，到2008年通史完成，其间编写与统稿的艰难、出版工程的浩大，特别是由于引文繁多，很多需要编辑再次查对原著，一直到现在向海外的推广翻译，无一不是李先生以及其他编辑同人的共同努力。

作为李希凡先生的晚辈，丁亚平先生说，李院长在人品、学术思想以及在文学评论等方面的成果，对年青一代确实有很大的引导作用。而他作为一个年轻的学者，无论是做科研还是出版，都曾经得到李院长的鼓励与帮助。对于曾经与李院长的两本鲁迅研究著作共同入选上海文艺出版社文艺论丛，他表示非常荣幸。

李希凡先生对于鲁迅的研究开始于20世纪50年代末，集中在80年代初。邢煦寰先生认为，李先生的鲁迅研究不是党派的、道德的、政治的，而是美学的、历史的，是马克思主义历史唯物史观引领下的研究代表。尽管新时期以来，不断有学者以更大的开拓性，更多的新视角、新话语、新体验，对鲁迅作品进行多元化的文艺研究，但李希凡先生的鲁迅研究依然有其重要的文化价值存在。

正如李荣启先生所总结的那样，李希凡先生六十余年以来的学术研究，可以从三个方面加以概括：广阔的研究领域和丰富的学术贡献；求真的学术勇气和思辨的创新精神；以及执着的理论探索和不懈的人生追求。正是凭借着这种卓尔不凡的学术品格，李希凡先生在六十余年的学术探索中，收获了逾四百万字的学术成果。作为《李希凡文集》的出版方，中国出版集团总裁李岩先生与责任编辑梁惠先生都认为，《李希凡文集》的出版，对李先生而言，是他一生学术研究的全面总结和真实呈现，自然是一件喜事；对出版人而言，出版这样具有厚重文化价值和学术价值的研究成果，不仅是向李先生从事学术研究60周年的献礼，也是一种社会责任和文化担当使然。

本文原载于《红楼梦学刊》2014年第4辑

"李希凡与当代红学"学术座谈会综述

李 晶

2016年12月8日上午，由中国艺术研究院、中国红楼梦学会共同主办的"李希凡与当代红学"学术座谈会在中国艺术研究院举行。座谈会由中国艺术研究院常务副院长吕品田主持。中国艺术研究院终身研究员、中国红楼梦学会名誉会长李希凡，中国艺术研究院院长连辑，中国红楼梦学会会长张庆善，中国红楼梦学会学术委员会委员胡文彬、吕启祥、张俊、段启明、陈熙中、丁维忠、张书才、杜春耕以及孙伟科、赵建忠、郑铁生、任少东、张云、段江丽等来自中国艺术研究院、北京大学、北京师范大学、首都师范大学、第一历史档案馆、北京语言大学、国家图书馆、天津师范大学、天津外国语学院等单位的著名红学家出席座谈会。

吕品田常务副院长首先指出，召开"李希凡与当代红学"学术座谈会，研讨李希凡先生在《红楼梦》研究上的丰硕成果和历史功绩，一方面可以推进《红楼梦》研究在当代的发展，一方面是为了充分发扬李希凡先生求真的学术精神。李希凡先生是当代著名的文学批评家、理论家，也是著名的红学家。《红楼梦》研究是他一生关注和投入巨大精力的领域，并对《红楼梦》的主题、结构、语言、艺术风格等方面进行了深入研究，特别是他坚持运用马克思主义理论、运用现实主义美学理论所进行的《红楼梦》人物形象的研究，取得了卓越的成就。1954年，李希凡和蓝翎共同撰写并发表了《关于〈红楼梦简论〉及其他》一文，毛泽东主席读到他们的文章后，对两个文学青年的学术观点十分赞赏，由此揭开当代红学发展的序幕。几十年来，李希凡先生一直没有离开过《红楼梦》研究，在红学前沿进行了实事求是的学术批评，通过丰富的著述形成了具有中国特色的马克思主义美学的《红楼梦》研究。

吕品田指出，李希凡先生自1986年开始担任我院主要领导十余年，为我院在新时期的发展，为我院《中华艺术通史》等重大课题研究做出了历史性贡献。李希凡先生是值得我们尊重的老领导、老前辈。值此李老九十华诞之时，谨祝李老身体健康，心情愉快。

中国红楼梦学会会长张庆善在致辞中指出，由中国艺术研究院、中国红楼梦学会主办的"李希凡与当代红学"座谈会，毫无疑问是一次重要的学术活动，在红学史上也将是一次值得记载的学术活动，因为这是第一次以李希凡的名字召开的红学学术座谈会，而新中国新红学、当代红学是绕不过李希凡的名字的。他说，在开会之前，我向冯其庸先生汇报了要开"李希凡与当代红学"学术座谈会，冯老非常高兴。他与李希凡先生有几十年友情，两位老友数十年间为红学事业并肩奋斗，共同主持了《红楼梦》新校注本的工作，共同主编了《红楼梦大辞典》，还曾长期共同担任《红楼梦学刊》的主编，为当代红学的发展做出了卓越贡献。冯老照往常一定会为这次座谈会作诗题字，但现在年纪太大，再过两个月就94岁了，身体欠佳；冯老虽然没有作诗题字，但他对这次座谈非常关心。冯老对我说："开这个会非常必要，新中国红学是李希凡、蓝翎开创的。"冯老对座谈会的召开表示衷心祝贺。中国红楼梦学会顾问蔡义江先生因在外地且身体欠佳未能与会，张庆善转达了蔡先生对座谈会召开的祝贺，及对李希凡先生九十华诞的祝福。

张庆善指出，确如冯其庸先生所说，新中国红学是李希凡、蓝翎开创的，这也正是我们今天召开这个学术座谈会的理由。无论今天对1954年那场批评胡适、俞平伯红学观点的大讨论如何评价，李希凡和蓝翎先生的《红楼梦》研究文章开辟了红学发展的新里程，这一历史贡献是不争的事实，是不容否认的。作为自觉运用马克思主义文艺理论研究《红楼梦》的第一人，李希凡先生在六十余年《红楼梦》研究的学术生涯中，始终不渝地坚持运用马克思主义的历史观和文艺观研究《红楼梦》，始终不渝地坚持自己的一系列基本观点。他坚持认为《红楼梦》是一部伟大的批判现实主义的杰作，是清朝封建贵族阶级也是整个封建贵族阶级制度必然灭亡的宣判书，而绝不仅仅是一部爱情小说。他坚持认为"色空"不是《红楼梦》的基本观念，《红楼梦》不是"自然主义"的作品，不是曹雪芹的自传。他坚持认为《红楼梦》具有"新生的资产阶级萌芽"，《红楼梦》中的主人公贾宝玉、林黛玉不仅具有叛逆性，更有着人性的觉醒。这一系列基本观点对红学的当代发展产生了长远而广泛的影响。在红学新时期，李老在承担国家重大课题《中华艺术通史》的繁忙工作之余，仍关注着《红楼梦》研究。他的两部重要学术著作《红楼梦艺术世界》《传神文笔足千秋——〈红楼梦〉人物论》，坚持运用马克思主义文艺理论、运用现实主义美学理论对《红楼梦》的艺术世界和人物形象做了深入而系统的研究，成为当代红学最具影响力、最具代表性的学术成果之一。

张庆善在致辞中说：几十年来，李希凡先生不忘初心、不改初衷，始终不渝坚持马克思主义历史观、文艺观，这种坚持、这种高尚的学术品格是令人敬佩的，也是值得我们学习的。今天举办这个座谈会，既是对李先生《红楼梦》研究成果的肯定，也是对李先生在红学史上地位的肯定，是向李老致敬；同时也是对伟大文学经典《红楼梦》的致敬，是为了进一步总结红学史，进一步推动红学的当代发展，推动《红楼梦》的当代传播，因为我们伟大的时代需要有伟大文学经典的伴行。

张庆善在致辞中特别强调，由中国艺术研究院和中国红楼梦学会主办这个座谈会是非常合适的。李希凡先生是中国艺术研究院终身研究员、中国红楼梦学会名誉会长，也是中国艺术研究院的老领导。因为有冯其庸、李希凡，所以说到新时期红学就绕不过中国艺术研究院。中国艺术研究院毫无疑问是新时期红学的重镇，新时期红学一系列奠基性的学术成果都是由中国艺术研究院完成的，诸如当今发行量最大、影响最普遍的人民文学出版社出版的《红楼梦》普及本即新校本、《红楼梦大辞典》《脂砚斋重评石头记汇校》《稀见红楼梦资料汇编》等重要成果，以及《红楼梦学刊》的创刊、中国红楼梦学会的成立，都离不开中国艺术研究院。因此，在中国艺术研究院举办"李希凡与当代红学"学术座谈会，意义非同寻常。他代表中国红楼梦学会非常感谢连辑院长、吕品田常务副院长对本次学术座谈会的关心和支持。

张庆善会长致辞后，李希凡先生有一个简短的致辞。他首先感谢中国艺术研究院和中国红楼梦学会召开这次座谈会。他谦虚地说，前年他的文集出版时，也在院里开了一次座谈会，这次实在是不敢当。他说，1954年我和蓝翎写了两篇文章，当时毛主席的表扬评价有点高，他就是看到了两个共青团员提出了要用马克思主义研究中国的古典文学研究《红楼梦》，不能用资产阶级的唯心主义观点来评价《红楼梦》，他只是在这一点上表扬了我们。1954年那场大讨论，当时有它的积极意义，但也带来一些消极影响。今天在会上看到这么多老朋友，非常高兴，也很感谢大家参加这次座谈会。李希凡先生最后说："我感觉我这一生也应该说是幸运的一生，当然走过的路并不是太顺畅。我写了500万字的文艺评论的文章，不敢说有多大成就，但有一点我敢在这里说，我这一辈子是忠于我们党的，在我的所有文章中始终坚持党的文艺观点，坚持马克思主义的文艺观点，我也敢于发表自己的意见。但是我的文章还是很浅薄的，有的文章也有粗暴的地方，今天请大家多多批评。虽然我已经近90岁了，人活到老要学到老。现在吃亏的就是眼睛看不见了，在座各位的位置我都看不清楚。一句话，欢迎大家多提宝贵的批评意见，也让我的90岁别白过，谢谢大家！"

在吕品田常务副院长和张庆善会长、李希凡先生的致辞后，与会的专家学者热烈发言，对李希凡先生的红学成就、在红学史上的地位以及李先生的为人和高尚的学术品格做了高度评价。

中国艺术研究院红楼梦研究所研究员、中国红楼梦学会常务理事吕启祥先生发言的题目是："不忘初心，老而弥坚"。她主要谈了三点：一、历史机遇青睐有准备的人；二、历史长河检验"一举成名"的人；三、警惕历史虚无主义，拨正红学发展方向。

吕先生在发言中首先提出，1954年"小人物"的第一枪是偶然发出的吗？他们的文章受到毛泽东的赞扬是凭"运气"侥幸而来的吗？她指出，事实上，青年李希凡跟蓝翎是有相当的理论准备和学术准备的，尤其可贵的是具有过人的胆识和学术勇气。就李希凡而言，早在发表《关于〈红楼梦简论〉及其他》一文之前，就对其他古典名著如《水浒》发表过见解了，他与张政烺先生商榷的《略论〈水浒〉评价问题》一文发表于《文史哲》1954年第4期（《关于〈红楼梦简论〉及其他》一文发表在第9期）。《文史哲》创刊后发表的第一篇学生论文，就是李希凡写的《典型人物的创造》。李希凡进入山东大学深造之后，那些古典小说已经看过多遍，他用的是马克思主义美学理论，包括鲁迅著作给他的营养来看待古典小说。李希凡所具有的学术勇气和胆略也不是凭空而来的，他所挑战的往往都是权威作家，张政烺先生就是名家，还是他老师杨向奎先生的好友。俞平伯先生并非是他最早商榷的一位。从根本上说，这种勇气来自他对马克思主义历史唯物主义理论的坚强信心和他对于文学事业的高度责任感，这样的雄心和胆略不是随便什么人都具备的。因此，小人物之脱颖而出不是凭运气，不是心血来潮，不是受人影响，更不是刻意求取或有意迎合，而是偶然性中蕴含必然性，是个人机遇与历史潮流的契合。历史的机遇永远青睐有准备的人。

吕启祥先生指出，历史上昙花一现的人物很多，或者半途而废的，或者晚节不保的，等等，都并不鲜见，能够经得起60多年的风雨长途依然屹立是极其难能可贵的。尤其是"文革"的十年，风云变幻，险象丛生，李希凡也是平常人，不是说李希凡没有错误，他自己谦虚地说他也写过有错误的文章；但这里还要重提一件事，"文革"初期江青曾经找到李希凡，要他写批判《海瑞罢官》的文章，李希凡没有听从或者是没有听懂江青的话，他没有写，这样江青才找了姚文元，当时我们听到的就是北京不行只有到上海找人。李希凡守住了底线。如今姚文元早已被扫进历史的"垃圾堆"，而李希凡获得了文艺的终身成就奖。返回那样一种变幻诡谲的时代，在那个风口浪尖上做到这一点是非常不容易的。回到红学，可以从两个方面概括李希凡的贡献，一是他以自身的研究成果呼应了"第一枪"的首创，从而发展、充实了当代红学。回望半个多世纪的岁月，除了他和蓝翎合作的

《红楼梦评论集》之外，他还写过相当数量的评论文章和研究《红楼梦》的文章。再就是他的封笔之作，倾注心力最多、积累时间最长，写作也最为顺畅的《传神文笔足千秋——〈红楼梦〉人物论》这部五十余万字的力作了。这部集大成之作是李希凡对新时期红学的重要贡献。李希凡对当代红学尤其是新时期红学贡献的另一个重要方面，是他在组建队伍、把握方向上起到的不可替代的作用。新时期之初成立了中国红学会，创办了《红楼梦学刊》和红楼梦研究所，开展了一系列的学术活动，这是冯其庸、李希凡和一大批前辈及同辈学人的建树。这其中李希凡和冯其庸作为老友的相互支撑、相互契合至关重要。曹雪芹逝世250周年的时候，他还专门撰文维护曹雪芹的著作权。《红楼梦大辞典》重修之际，他不仅极为关心，还提出要捐助几万块钱作为起动资金，令人感动。总之，在把握红学方向、健全红学生态方面，李先生都起着不可替代的作用；可以说，李希凡没有辜负历史的重托，是当代红学航船的压舱石。

吕启祥先生还就警惕历史虚无主义谈了她的看法。她指出，对于中华人民共和国成立之初的这场红学争论，李希凡作为当事人接受过多达几十次的采访。不必说那些海外奇谈，域内的质疑以至于否定也从未止歇过。在这样一个大是大非问题面前，李希凡始终屹立，他旗帜鲜明，毫不含糊地维护历史事实的真实性，维护这场大争论的积极方面，始终以党的历史文献为准则，全面准确地评价这个历史事件。吕启祥先生最后说："历史选择了李希凡，历史考验了李希凡，'不忘初心、老而弥坚'，李希凡当得起这八个字。"

北京师范大学教授、中国红楼梦学会常务理事张俊先生在发言中指出，50多年来，李希凡先生有两点我觉得没有变，一个就是待人的平易、坦诚、爽直没有变；第二点就是《红楼梦》研究的初心、自信始终没有变。从1954年一直到今天始终为真理而辩，没有退缩，这是极其难能可贵的。李希凡先生走过的红学之路体现了当代红学的发展与变化，新中国成立以后的红学离不开李希凡先生。最近几年在《红楼梦》研究中有几个突出的问题，一个是否定曹雪芹，认为曹雪芹是子虚乌有的，一个是否定曹雪芹的著作权，还有否定《红楼梦》文学艺术价值的。李希凡先生虽然年事已高，但关系到红学的这些重大问题，他通过写文章、接受采访，发表了一系列的观点，如2013年发表在《中国文化报》上的关于谈《红楼梦》著作权的文章，在廊坊举行的"纪念曹雪芹逝世300周年大会"开幕式上的发言，对现有文献资料进行了充分梳理和严谨考证，维护了曹雪芹的著作权，表现出一位红学大家的历史担当。张俊先生指出，李希凡先生从一开始研究《红楼梦》，就是坚持以马克思主义的理论来认识《红楼梦》的价值。几十年来，李希凡先生的初心和自信始终不变，这是很值得我们去学习的。

首都师范大学教授、中国红楼梦学会常务理事段启明先生在发言中，首先对李希凡先生90大寿表示衷心的祝福。他风趣地说，希望李希凡先生硬硬朗朗的，健健康康，100岁、120岁，上不封顶。他说："刚才听吕先生和张先生的发言，他们对李希凡先生在红学方面的地位和对当代红学的贡献评价，我都完全赞成。1954年，我还是个初中学生，只是一个《红楼梦》的年轻读者，而后能够对《红楼梦》做一些研究，可以说完完全全是按照李希凡先生的道路走过来的。我觉得这条道路是正确的。比如说关于《红楼梦》是封建社会挽歌的问题，关于贾宝玉是叛逆者的问题，我们在高等学校当教书匠的，讲了多少年《红楼梦》的课，基本上都是按照这个路子讲的。李希凡先生对红学的贡献是不能否认的，他在红学史上的地位，最主要是由他的学术成就确定的。"段启明先生说："李希凡先生一系列的文章给我的印象非常深刻，他除了作为一个在红学史上具有重大贡献的学者外，在其他古典文学研究当中，在中国文学理论的研究和中国艺术美学的研究当中，他的地位都是不可低估的。"

原白山出版社总编董志新先生曾是一位军人，撰写过《毛泽东读〈红楼梦〉》一书。他发言的题目是：李希凡在当代红学史上的地位。他认为，李希凡先生始终是坚持运用马克思主义文艺理论研究《红楼梦》的一面旗帜，也是世纪红学的一面旗帜，为红学发展做出了历史性的贡献。1954年那场红学大讨论的发生有深刻的原因，是建设社会主义新文化的必然要求和必然选择。

张兴德先生是大连市中山区委宣传部原副部长，撰写过《红学热点话题透视》一书，其中有多篇文章是研究1954年那场红学大讨论的。他的发言主要谈了两个"话题"，一是如何看待李先生当年那篇文章；二是关于1954年那次红学大讨论究竟应该怎么看。他认为李老当年的文章对当代红学乃至理论界的贡献是划时代的，这是一篇让人不能忘记，也可以说是永垂史册的文章。他认为，不能彻底否定1954年的红学大讨论，应该按照历史唯物主义观点放到当时的历史条件下看那场讨论；那场讨论是中华人民共和国成立初期，为确立马克思主义在意识形态领域里的领导地位的需要。他还提出：当年李希凡先生批评的几个主要观点对不对？批评自传说对不对？六十年后的今天，《红楼梦》研究中乱象不少，譬如红学的非学术化和神秘化、娱乐化，特别是不把《红楼梦》当作小说来读，甚至成了一种社会文化现象，严重干扰了对《红楼梦》的正确解读。这些都证明对1954年那场大讨论要正确评价，不能彻底否定。

北京大学教授、中国红楼梦学会常务理事陈熙中先生发言中说："我的情况跟段先生刚才讲的一样，1954年我是个中学生，当时李希凡先生的名字如雷贯耳，是我们崇拜的偶像；但是跟李先生接触之后进一步认识了李先生，李先生是个小人物，而且始终是个小人物，不像大人物，非常平易近人，这个我感触很深。"他指出，李先生在红学上有那么大的成就，很重要的一点是他有文学修养，有马克思主义文艺理论美学修养，这一点非常重要。李先生不光是对《红楼梦》有研究，他对中国的其他古典小说，如《三国演义》《水浒传》《西游记》都有研究，所以李先生的成就是我们很难达到的。李希凡先生也是真懂文学的，他研究古典小说把人物形象做重点，现在的问题是不把《红楼梦》当文学作品，这是最大的问题。过去我们批评胡适的自传说，现在是比自传说走得还要远。有一种观点，似乎把《红楼梦》当小说来读就是贬低了《红楼梦》，这个观点非常奇怪。小说就是小说，最伟大的小说就是最伟大的小说，小说怎么就不能伟大了！

中国艺术研究院红楼梦研究所研究员丁维忠先生在发言中特别感谢了希凡老院长对他的帮助和关心。他说："我出版的第一部红学专著全靠李院长的介绍和推荐。在李希凡先生担任院领导期间，我从来没有跟李院长打过交道，一直以为他不一定认识我，但从他为我的书写的序言当中才知道，他不仅了解我已经发表的那些论文，而且了解我的专著不止这出版的一本。"在谈到李先生在《红楼梦》研究上的成就与地位时，丁维忠先生指出，红学史上有两次具有转折意义的理论突破，一次是王国维先生把西方美学运用到《红楼梦》研究中，打破了索隐派、考证派红学的一统天下，扩展了红学的理论视野，但可惜的是王国维运用的是尼采的哲学美学，是悲观厌世主义者，因此王国维对贾宝玉的观点，关于人生之痛苦、解脱之道等理解是需要商榷的。再就是李希凡、蓝翎运用马克思主义理论研究《红楼梦》，打破了考证派、自传说对红学的垄断，开创了红学的新天地。李希凡先生明确地说，我们是马克思主义的信徒，我们首先着眼于《红楼梦》对封建阶级的统治及其上层建筑的揭露和批判。李希凡先生运用历史唯物主义的观点和方法，从明清时期的时代背景和人文主义思潮，论述了贾宝玉是当时转换的社会中即将出现的新人的萌芽，他的性格里反映着个性的觉醒。这些观点跟教条的简单化的社会学完全不能同日而语。李希凡先生始终坚守马克思主义典型论的阵地，明确指出文学的典型性是马克思主义文学的一个标志性的范畴，是文学作品艺术成就高低的标志，是人类艺术思维的共同规律。我完全赞同李希凡先生这个观点。毫无疑问，李希凡先生的《红楼梦》研究是马克思主义红学的一面旗帜。

天津师范大学教授、中国红楼梦学会常务理事、天津红楼梦研究会会长赵建忠是中国艺术研究院红楼梦研究所毕业的第一批研究生，是以多重身份来参加这个座谈会的。他说："今年是李希凡老师的九十华诞，谈李老师要从两个角度谈，一个是人品，一个是学品。这么多年来我接触的一些学者，不管他观点是什么，对李老师都是充分肯定的，那就是李老师学术上的坚守，爱护部下，从不因为观点不同而区别对待，先生的为人和学术品格都是有口皆碑的。"赵建忠说："我本人毕业于中国艺术研究院，和李先生一样也属兔，但隔着三代人，李老师是隔辈的先生。在此，我代表天津市红楼梦研究会，还有中青年学者，祝李希凡老师健康长寿。"他在发言中还指出，运用马克思主义的理论和方法研究《红楼梦》比较系统而且形成广泛影响的，李老师无疑是第一人。他的文章不仅在《红楼梦》研究领域里产生了重要影响，在整个古典文学研究领域，甚至对整个社会都产生了重大影响。他认为，李老师作为当代红学第一人，应该说是实现了红学的转型，这就是历史性的贡献。李希凡老师作为当代红学大家，他的研究模式对引导红学沿着正确方向发展起了很大的作用。

中国艺术研究院红楼梦研究所副所长、中国红楼梦学会秘书长孙伟科也在座谈会上发了言，他说，近两年写了些文章都与李老师有关，跟李老师接触也特别多，受教很多。李老师走过的道路给我们很大启示，他研究《红楼梦》就是坚持以文学为本。读李老师的文章激动人心，他的文章传达了真实的声音。当年毛主席在关于《红楼梦》的一封信里说，李希凡、蓝翎的文章很有生气。几十年来，李希凡先生一直坚持写"很有生气"的文章，令人敬佩，也值得学习。他还说，当前红学的领域可谓乱象丛生，李老指出过，没有健康的学术论争就没有学术的进步。在很多敏感的话题上，李老都走到了我们前面进行了回答，这样的精神也是值得我们发扬的。

中国艺术研究院院长连辑在座谈会最后做了总结发言。他说："非常高兴来参加这样的会议，各位专家发表了各自的学术见解，还系统归纳总结了李希凡先生的学术思想和学术成就。我去李希凡先生家里看过他，也读过他不少文章，您当'小人物'的时候我们还没出生呢。后来念大学时知道了有两个'小人物'。我也是学中文的，也搞文艺评论，所以始终以李希凡先生为榜样。后来到这里工作以后，知道李先生担任过中国艺术研究院常务副院长，长期主持研究院的工作，在如此大量繁杂的行政事务中间还用这么多的业余时间成就了如此巨大的学术成果，确实是令人钦佩。而且通过刚才大家的讨论发言，通过我在院里了解到的情况，知道李希凡先生做人做事的风格非常谦虚，非常低调，非常平和，非常包容，这些优秀的做人的品格、学术的品格都是值得我们学习的。

连辑院长指出："刚才各位的发言我听了很受启发和教育，今天的主题是'李希凡与当代红学'，我认为今天的座谈会很有意义，也很有针对性。习近平总书记这两年关于文学艺术有两次重要的讲话，一次是2014年10月15日文艺座谈会上的讲话，一次是最近的

11月30日在中国文联第十次代表大会和中国作协第九次代表大会上的讲话，我也参加了这次会议。这两次讲话是继毛主席七十年前延安文艺座谈会讲话之后的又一次关于文化艺术的重要讲话，为我国新时期文学艺术的发展做了新的顶层设计和战略谋划；回答了将近四十年改革开放中，在文学艺术领域出现的许多重大的认识问题、理论问题，包括现实问题，指明了当前和今后一个阶段我们国家文学艺术发展的方向。习近平总书记讲话和七十年前毛主席的讲话完全是一脉相承的，无论是治国理政的理念、政治立场、哲学基础、文化传统，包括文学艺术的规定性的阐述都是高度契合的。他对代表们提了四点希望，第一是要增加文化自信，第二是要服务人民，第三是要创新，第四是要有高尚的理想。总书记讲的四点希望其实就是对我们广大文学艺术工作者提出的一个新的标准。拿这些标准来衡量，李希凡先生都是我们的楷模和榜样。"

连辑院长说："目前在我们文化界或者说文学艺术界有许多问题，其中历史虚无主义就比较突出。刚才不少专家专门就这个问题做了批评，比方说怀疑或者否定马克思主义文艺观，或者是偷换马克思主义文艺观的概念；还有文化艺术领域泛娱乐化的问题，不讲文艺作品的思想性、意识形态的属性，不讲文艺作品认知社会的功能和健康的审美价值等等，就为挣钱、出名、博得眼球。这些问题很令人忧虑。在这种时候，我们重新回观李希凡先生多年的学术历程，包括他所坚持的文艺观点和研究方法，正好回答或者是回应了当前这些问题。还有文艺评论界光说好话不敢批评的情况，使得我们现在的文艺批评显得非常薄弱。习总书记在两次讲话中十分强调，要改变文艺批评薄弱的情况。李希凡先生多年来的文艺评论是凭着自己的学术良心，凭着他对真理的坚持，凭着科学严谨的学术功力和态度，秉笔直书地评价文艺作品，这和现在只说好话不敢批评的人形成了强烈的对比和反差。我们就是在这样一种背景下召开了今天的座谈会，时间不长，人不多，但意义重大，质量很高，层次很高。"

连辑院长在总结发言中，把李希凡先生的学术人生用"六个坚持"作了高度概括。第一，李希凡先生能够坚持运用马克思主义文艺观指导学术研究；第二，李先生能够坚持独立的学术立场，没有把学术问题泛政治化；第三，李先生能够坚持敢说真话的文艺批评；第四，李先生能够坚持科学严谨的治学态度，吕启祥先生讲李先生是经得起历史检验的名人，如果没有科学严谨的治学态度，不一定经得起历史检验；李先生从20世纪50年代到今天站住了脚，他的艺术思想站住了脚，他的理论观点站住了脚，他的研究方法站住了脚，他500万字的学术成果是站住了脚的；第五，李先生能够坚持有傲骨没傲气的做人原则；第六，李先生能够坚持为党和人民的文艺事业倾心服务的奉献精神，这都是非常可贵的。

连辑院长最后说："我用上述的'六个坚持'简单概括李希凡先生的学术人生，说得不一定准，希望大家批评。最后我们大家共同祝愿李希凡先生90华诞健康快乐。"

本文原载于《红楼梦学刊》2017年第1辑

作者系中国国家图书馆副研究馆员

文学是独立的审美创造

——李希凡与当代红学

丁　薇

"在把握红学的方向，健全红学的生态方面，李希凡起着一种不可替代的作用，可以说，他是当代红学航船的压舱石。"中国红楼梦学会常务理事、中国艺术研究院研究员吕启祥在2016年12月8日由中国艺术研究院主办的"李希凡与当代红学"学术座谈会上如是说。在座谈会上，来自中国艺术研究院、中国社会科学院、北京师范大学、首都师范大学等院校的学者研讨李希凡在《红楼梦》研究上所取得的丰硕成果，以充分发扬李希凡的学术求真精神，推进《红楼梦》研究在当代的发展。吕启祥表示，"他支持过1987版的《红楼梦》电视剧，他全力维护曹雪芹的著作权，在曹雪芹逝世250周年时他撰文用历史事实证明曹雪芹是《红楼梦》的作者。近些年，当《红楼梦》辞典重修之际，他极为关心，自己出钱捐助作为重修启动资金，他是当代红学绕不开的人"。

1954年，李希凡和蓝翎两个文学青年共同撰写和发表《关于〈红楼梦简论〉及其他》和《评〈红楼梦研究〉》，由此揭开我国当代红学发展的序幕，开辟了红学发展新的道路。此后李希凡一直没有离开过《红楼梦》研究，并在红学前沿进行着坚持实事求是的学术批评。

在尊重历史的前提下才有健康的学术讨论

今天回望1954年的讨论，层次之高、规格之大、影响之广是有目共睹的。著名学者冯其庸曾说，那次的大讨论标志着中国红学走进了一个新的天地、新的方法、新的理论，也因此找到了新的研究途径，这是红学史不可回避的事实。在当天的座谈中，中国红楼梦学会会长张庆善说，李希凡和蓝翎的《红楼梦》研究开辟了红学发展新历程，这是不争的事实。在六十余年《红楼梦》研究的学路生涯中，李希凡先生始终不渝，坚持用马克思主义历史观研究《红楼梦》，他坚持认为《红楼梦》是一部伟大的批判现实主义杰作，是清朝封建贵族也是整个封建贵族阶级制度必然灭亡的宣判书，而不仅仅是一部爱情小说，《红楼梦》不是曹雪芹的自传。他认为《红楼梦》有新生的资产阶级萌芽，贾宝玉、林黛玉不仅具有叛逆性，更有着人性的崛起，李希凡先生提出的一系列基本观念对红学的发展产生了长远而广泛的影响。他在承担国家重大课题、组织编纂《中华艺术通史》繁忙的工作之余仍关注《红楼梦》研究，《传神文笔足千秋 ——〈红楼梦〉人物论》等重要的学术著作是运用马克思主义理论对《红楼梦》的艺术世界和人物形象做了深入而细致的研究，成为当代红学最具影响力、最具代表性的学术成就之一。

红学如同一块磁铁，吸引了一代又一代的中国学人。中国红楼梦学会常务理事、首都师范大学文学院教授段启明在1954年的时候还是个初中学生，"那时候我只是一个《红楼梦》的青年读者，因为看到了1954年以后李希凡先生的一系列著作而走上对《红楼梦》的研究之路。我在高等院校当教书匠，也是沿着李老的路子，关于《红楼梦》是封建社会挽歌的问题，关于贾宝玉叛逆者的问题，均是如此。而恰恰是李希凡先生的贡献确定了他在中国红学史上的地位"。

面对红学现状，李希凡是有深深的忧患的，他对古典小说观点的核心是不赞成以历史否定文学、以历史拘泥文学、以历史贬损文学。他认为文学自有其产生的社会基础和时代条件，文学是独立的审美创造。吕启祥在学术研讨会上强调，"要警惕历史虚无主义，摆正红学前进的方向。只有在尊重历史、尊重事实的前提下才能开展正常有益的学术讨论"。中国艺术研究院研究员丁维忠认为在红学史上有两次具有转折意义的理论突破，一次是王国维先生把西方美学运用到《红楼梦》研究中，打破了索隐派红学、考证派红学等的一统天下，但王国维运用的是尼采的哲学美学，因此王国维对《红楼梦》的理论观点如描写人生之痛苦及解脱之道、具厌世解脱之精神等是需要商榷的。后来李希凡先生运用历史唯物主义的观点和方法，从明清时期的时代背景和人文主义思潮论述了贾宝玉是当时转换的社会中即将出现的新人的萌芽，在他的性格里反映着个性的觉醒。这些观点跟教条的简单化的社会学完全不能同日而语，这也正是李希凡的重要成就——利用马克思主义的典型论对《红楼梦》的人物论的研究。马克思主义的典型论不同于以往的典型论，它是以历史唯物主义为基础，而唯物史观的基本观点是必须把人和事放在特定的历史环境中加以考察。

科学严谨的治学态度

"六十多年来，李希凡先生有两点始终没有变，一个是待人的平易、坦诚、爽直没有变；第二就是红学研究的初心、自信始终没有变。"中国红楼梦学会常务理事、北京师范大学文学院教授张俊说，近些年红学界出现了一些倾向，否定曹雪芹这个人，认为他是子虚乌有的，否定曹雪芹对于《红楼梦》的著作权，否定《红楼梦》的文学艺术价值。李希凡通过在重大活动中撰写文章、参加会议、接受采访发表了一系列的观点。经张俊梳理，2013年6月26日李希凡在《中国文化报》发表了《曹雪芹创造〈红楼梦〉的确证》，2013年11月22日在廊坊举行的曹雪芹逝世250周年大会上作发言，还有在2013年的5月、7月、12月北京举行了三次相关的会议，李希凡也全部参加并作了发言，等等。中国艺术研究院院长连辑高度评价李希凡坚持敢说真话的文艺批评观，具有很强的现实意义，"秉笔直书，这是文艺批评最基本的要素或者是基本的功能。只说好话就降低了文艺作品进入市场的门槛，批评是一个门槛，批评水平的门槛高了，进入社会的作品的水平也会高，整体的文化事业发展水平就高了"。李希凡先生在这个方面很早地就给我们树立了一个榜样。

李希凡在红学方面的贡献有目共睹，但他的贡献不局限于红学。在段启明的印象里，最早读到的是李希凡的《寸心集》，"那些文字中所涉及的问题是非常广的，而且是当时我们作为年轻人非常感兴趣的。还比如关于古代小说的研究，有一篇文章现在回想起来都很清晰，文章讲中国古代小说里面的人物出场的艺术，从《红楼梦》《三国演义》讲到几部古代小说里面写人物出场，李希凡先生对古代小说的研究绝非仅是《红楼梦》，同时也包括一系列历史剧的研究。所以李先生除了在红学史上有重大贡献以外，在整个中国文学理论的研究、中国艺术美学的研究中的地位都不可低估"。这一切都与李希凡科学严谨的治学态度分不开。连辑十分赞同吕启祥谈到的一句话——历史长河可以检验一举成名的人，这个人正是李希凡。在没有征兆和积淀的时候可能因为一个偶发的因素让这个人成名了，是不是名副其实，要通过历史来检验，如果没有一套科学严谨的治学态度和经得起历史检验、经得起学术推敲的成果，很难长久屹立。连辑说："李希凡先生从50年代到今天为止站住脚了，他的艺术思想是站住脚了，他的理论观点是站住脚了，他的研究方法是站得住脚的，他的500万字的学术成果是站得住脚的。而且《红楼梦》只是中国优秀传统文化的一个个案，李希凡先生对中国古典文学的大量著作、现象、流派、人物、特点都做了深度的科学的专业化研究。"

"历史选择了李希凡，历史考验了李希凡。'不忘初心、老而弥坚'，李希凡当得起这八个字。"吕启祥说。

本文原载于《中国艺术报》2016年12月16日

李希凡先生从事学术研究60周年
暨《李希凡文集》出版座谈会系列发言

贺敬之　冯其庸　袁世硕　董伟　胡德平　李岩

我非常高兴，中国艺术研究院为李希凡同志从事学术研究60周年暨《李希凡文集》的出版举行座谈会。我衷心地祝贺《李希凡文集》的出版发行与此次研讨会的召开。

我与希凡同志认识差不多六十年，与希凡同志在《人民日报》共事，也已经五十年。虽然以我的水平很难透彻评价希凡同志在学术上的成就，但还是很高兴前来参加今天的会议。因为身体不太好，我就不多说了，以后有时间再交流。

谢谢大家！

本文原载于《红楼梦学刊》2014年第4辑

贺敬之　文化部原副部长

各位领导、各位老朋友：

今天，中国艺术研究院为李希凡先生举办了从事学术研究60周年暨《李希凡文集》出版座谈会，非常有意义，也非常巧，我是1954年8月到的北京，所以也是我认识希凡60周年的日子。我在中国人民大学教授国文，当时人大举行全校性的中文竞赛，我被调去评审大一新生的作文。在评审总结时，我评希凡为第二，大家一致认同。由此，李希凡的名字给我留下很深的印象，但是没有见过李希凡的人，后来才见过一面。

一段时间以来，有谣传说希凡的评红文章是上面指定他写的。我是那个时期过来的人，也是当时亲身经历的人，知道事实不是这样的。说别人借他的名字，写篇假的文章，都是不对的。而且他主要是在观点上表示不同意俞平伯等学者的观点，并不是对人。

关于李希凡与蓝翎的《关于〈红楼梦简论〉及其他》，我认为这篇文章的价值非常高，标志着《红楼梦》研究在新中国成立之后，新的境界、方法、天地的形成。事实上，胡适、俞平伯之后，旧红学研究已经走到了尽头。旧红学研究基本囿于评点、本事的范围，胡适虽然在甲戌本等版本方面以及在曹雪芹家世方面做出贡献，进一步考证了家世说，但他并没有意识到，也没有走下去，甚至认为甲戌本不如原本。他以乾嘉考据学派的方法找到一些资料，也仅止于此，不足以像希凡与蓝翎先生那样，以历史唯物主义的方法开创红学研究新局面。李希凡与蓝翎的《关于〈红楼梦简论〉及其他》标志着红学研究从旧红学走出来，走到了一个新的天地、新的方法、新的理论，也因此找到了新的研究前途。这是红学史不可回避的事实。

我是被动地开始研究《红楼梦》的，当时受人民大学所派，要写两篇关于《红楼梦》评论的文章。写完之后碰到时任中宣部文艺处处长袁水拍同志，我建议他可以做校订《红楼梦》的工作。希凡同志也是领导之一。从这开始，我们所走的道路，也就是希凡与蓝翎同志所开创的道路。

由李希凡、蓝翎开创的研究新局面、新道路还在继续，标志着我们自己的文化面貌的开始。当然，现在文化这样广博，不可能一言以定，自然有很多人用别的方法，走另外的研究之路。但历史对过去自有评定，经得起历史考验的自然会保留下来。从1954年李、蓝的文章开始，到现在新中国红学研究丰富的成果，正是在希凡与蓝翎同志开创的道路上发展的。当然，我们也希望文化部门能够继续大力发展优良的文化传统，每个民族独立于世都是靠着自己的民族文化来传承的成果。

本文原载于《红楼梦学刊》2014年第4辑

冯其庸　中国艺术研究院副院长、中国人民大学教授

祝贺希凡学术研究60周年和文集出版发行！

我跟希凡认识已经65周年。1953年，我们从山东大学毕业，我留校，希凡被选送到人民大学跟随苏联专家学习历史唯物主义。因为都在学校里，所以联系比较多。

1954年春节过后，希凡来信。一是叫苦，苏联专家逼得学习很紧，还要考试，学业很重。二是说近来读了俞平伯的《红楼梦简论》，觉得错误很多，准备在春假中，和小杨（也就是蓝翎，本名杨建中）写篇批评文章。最近有传言说那篇文章是《文史哲》编辑部主动约稿的，我认为不是那样。因为1954年春节过后不久，希凡已经在酝酿。而当时《文史

哲》还创刊不久，在某种程度上是同人刊物，由山东大学文史哲几个院系教授在华岗校长的支持下创办的，发表的几乎全是内稿。另外，"文革"时期，我的老师冯沅君曾经向红卫兵写过一篇检查，讲到审阅当时《文史哲》编辑部送来的李希凡的稿件，说自己的政治觉悟并不高，所以并没有认为李希凡的文章有什么重要意义，只是认为文章还可以。这实际上是以退为进。这个检查现在还在山东大学文学院资料室里。

20世纪五六十年代我多次进京办事，经常叨希凡的光，住进人民日报社招待所，也让我看过很多文艺演出，如1959年4月的《蔡文姬》。我看这个戏收获很多，联系当时中华人民共和国十周年的热烈情况，特别是蔡文姬在最后一幕大声颂扬曹丞相的时候，我特别理解郭沫若为什么称蔡文姬就是"我"。文学创作的动机往往是多层面的。

身为山东大学校友，希凡带给母校山东大学很多幸运。《文史哲》在"文革"后期最先复刊，就是因为毛泽东主席的过问。百年老校山东大学在"文革"时期进行"教育革命"的旗号下遭到分割：济南的山东科技大学，文科搬到曲阜，还叫山东大学，生物系与部分物理系搬到泰安，并入山东农业大学。山东大学教师们有抵触情绪，希凡写进报纸内刊简报里。当时正在批林批孔，山大搬到曲阜，又被疑为尊孔。这样，山东大学便阴错阳差地重合复校。这件事关山东大学存亡的事，希凡的简报是起了大作用的。

1962年3月，我在上海《文汇报》发表《明中叶文学的浪漫主义运动》，针对茅盾认为中国文学没有浪漫主义，我认为明代中叶，中国的戏曲、小说、诗文中是存在浪漫主义的。希凡当时看到文章立即写信鼓励。当然，对我的文章，希凡也有时表示不同意。比如我认为《西游记》中有反宗教的倾向，而希凡并不这样认为，他的意见往往可以促进我进一步思考。

《李希凡文集》大约有400万字，其中有关于现当代文学评论、关于鲁迅方面的研究，以及关于中国艺术史的研究，洋洋大观，成就卓著，但没有将《红楼梦评论集》收入，大概因为是与蓝翎合写。另外还有一些关于当代文艺评论方面的文章也没有收。我认为，从历史的角度来说，这些还是应该收。我们所做的任何成就都是在一定的历史环境下发生的，包括我在内，很多人当时都写过批评老师的文章。历史已经发生，我们必须承认。当时到底对在哪里，错在哪里，是需要现在做反思的。我们需要尊重历史，历史的具体性与发展变化是相辅相成的。我们承认过去，也要重新反省，以便在思想和理论上有所进步。

文集中没有收入希凡论《金瓶梅》的一篇文章，那篇文章引用了俄国大文学理论家别林斯基的观点："文学的任务是从生活的散文中抽出生活的诗来。"这句话用来评论《金瓶梅》缺乏文学审美意蕴，非常深切。这又是文学理论中的基本问题，西方亚里士多德《诗学》、黑格尔《美学》、中国古代的"诗教"说，都是一致的。

我就说这么多，谢谢大家！

本文原载于《红楼梦学刊》2014年第4辑

袁世硕　山东大学文学院终身教授

今天我们聚集一堂召开《李希凡文集》出版座谈会，简朴而隆重地庆祝著名文艺理论家、红学家、中国艺术研究院终身研究员李希凡先生从事学术研究工作60周年。

李希凡先生求学时期，认真聆听杨向奎、王仲荦、萧涤非、冯沅君、陆侃如等名家教诲、废寝忘食、发奋苦读，对文艺理论和文学批评产生了浓厚的兴趣。并逐步确立了马克思主义的世界观、方法论，为从事学术研究工作奠定了坚实的理论基础。李希凡先生大学时在《文史哲》杂志发表了《典型人物的创造》，这在青年学生中难能可贵，1954年，李希凡先生和蓝翎先生合作，撰写了《关于〈红楼梦简论〉及其他》一文，引起广泛关注。

六十年来，他辛勤耕耘、筚路蓝缕、终结硕果。李希凡先生对马克思主义有着坚定的信仰，始终坚持用马克思主义文艺理论作为学术研究的指导。李希凡先生的学术研究有几个显著特点：

一是领域广。不仅包括红学研究，还有鲁迅研究，以及文艺理论评论等。

二是成果多。《李希凡文集》洋洋洒洒几百万字，倾注了他的心血和智慧。

三是价值高。李希凡先生在学术研究上富有创新精神，诚如冯其庸先生所言："用唯物主义的研究取代唯心主义的研究，这是方法论的变革。应该说，《红楼梦》研究改变成为新的面貌，就是从希凡他们的文章开始的。"文化部老部长王蒙先生也指出，希凡先生他们的文章代表了方法论的转型。这个转型不局限于《红楼梦》研究领域，还辐射到整个社会科学研究里。李希凡先生的研究拓展了红学研究的视野，推动了红学在新的历史阶段的发展。

李希凡先生的主要红学著作有：《红楼梦评论集》《传神文笔足千秋 ——〈红楼梦〉人物论》等，此外他还与冯其庸先生一起主编了《红楼梦学刊》《红楼梦大辞典》等。李希凡先生还曾于70年代末至80年代初潜心研究鲁迅，完成了他的两本专著——《〈呐喊〉〈彷徨〉的思想与艺术》和《一个伟大寻求者的心声》。此外，从1955年至1986年，李希凡先生一直在《人民日报》文艺部工作，就现当代文艺作品与文艺理论问题，做过很多有影响力的评论。先后出版了《弦外集》《论"人"和"现实"》《管见集》《寸心集》《题材·思想·艺术》《京门剧谈》《文艺漫笔》《文艺漫笔续编》《艺文絮语》等。他主编的《图说中国艺术史丛书》《中国艺术》《中华艺术通史》也颇受学界和社会的欢迎。

李希凡先生治学严谨、矢志不移，在担任中国艺术研究院常务副院长时，十年间始终没有停止对学术问题的思索，在繁忙的行政工作之余严格要求自己，笔耕不辍。六十年来，李希凡先生勇挑历史重担、肩负学术责任、追求学术真理，兢兢业业、勇于探索、精益求精，终于成就了自己的学术业绩。

《李希凡文集》的出版，既是对李希凡先生学术成果的总结，同时也是一个新的起点，我们衷心地希望，李希凡先生老当益壮，继续关注学术研究和文艺理论评论，关心青年理论人才和评论人才的成长，衷心祝愿李希凡先生学术长青、健康长寿。

本文原载于《红楼梦学刊》2014年第4辑

董伟　文化部原副部长

非常荣幸能在这次大会上发言。

北京曹雪芹学会是一个很小的团体，建会时间很短，但是每次我们开会或有活动的时候，希凡先生都尽量参加。虽然他年事已高，行动也不太方便，可对我们非常关心、支持，在此，我代表北京曹雪芹学会向李希凡先生表示衷心的感谢。

希凡先生进行学术研究活动、文学评论工作已经有六十年，他的研究方法我是赞同的，这种研究方法就是运用历史唯物主义来分析曹雪芹。唯物主义就是能在纷繁芜杂的现象下面看到隐藏着的社会本质。《红楼梦》里讲家庭闺阁的琐事，也无非就是几个异样的女子，小才微善，书中表现她们的衣食住行、生活起居、爱情悲剧。可是就从这些细枝末节中，让我们看清了当时的社会关系与社会矛盾，这样分析问题就是历史唯物主义的观点，这样看《红楼梦》，受益匪浅。

今年的5月26日，北京卫视播了一个节目——《一个法国人的红楼梦》，讲了法文版全译本的校订者铎尔孟先生。他在中国生活了四十八年，参与创办了中法大学和中法汉学研究所，晚年回到法国，住在巴黎近郊的华幽梦（13世纪修建的修道院，后来改为国际文化交流中心），用了生命的最后十年，与他的学生李治华一起来翻译校订《红楼梦》。那时的院长夫人对铎尔孟做这件事的痴迷并不理解，铎尔孟在世时她并没有读到《红楼梦》，等到若干年后她看了书，才明白那本书最后是说"落得个白茫茫大地真干净"，说得很可爱，但我觉得还是理解的。我觉得像中国的这种分析更让人深省。此外，这部专题片中出现了一幅图，铎尔孟先生生前留下的一幅图，画的就是香山一带的景象，上面有八旗营房。现在曹学会正在研究，为什么香山八旗营房会出现在他为自己画的墓地图上？为什么镶黄旗和正白旗之间做了很多的标记符号？铎尔孟是否了解曹雪芹在香山生活、著书的很多情况？

另外，搞文学评论，中宣部、文化部要有正确引导。现在各种思想都在社会上传播，出现很多问题，对中华文化随意否定、任意恶搞，造成了不可容忍的乱象。这种现象不理想，但是应该怎样进行文学评论？希凡先生从事文学评论工作已经有六十年，也有一些不成功的遗憾之处。这使我想到历史、历史学是怎么形成的？历史学首先要从史料出发，还要有史考、史论和史评，最后才能形成史学。进行文学评论也要把历史唯物主义和"双百方针"提倡起来，没有严肃的史学观点也不会做好文艺评论。历史唯物主义可以把握事物本质和社会发展的方向，但在评论时同样要掌握充分的史料，也要对各方观点有全面的了解，这样才能公允地发表评论，避免"以史代论"和教条主义。只有多方面、多角度的评论，"双百方针"才能正确贯彻好，才会有繁荣的百家争鸣、百花齐放的文化学术园地。

今天对大众讲传统、讲红色记忆，我非常拥护，但社会上对娱乐片、休闲片还是更欢迎，曹雪芹就说市井之人爱读"理治之书"的少，爱读"时趣闲文"的人多。这是曹雪芹的创作思想，后人应从多角度、多方面理解其意义。

最后，明年是曹雪芹诞生三百周年，不管有什么争论，希望文化部能抓住这个时机，争论的问题都可以在会上讨论。否则我们一次次放弃纪念曹雪芹的机会，我觉得是我们的损失。希望文化部要重视明年的活动，这也是对所有研究热爱红学、曹学的人的尊重。

本文原载于《红楼梦学刊》2014年第4辑

胡德平　中华全国工商业联合会第一副主席、党组书记，北京曹雪芹学会会长

尊敬的李希凡先生，各位领导、各位前辈、各位专家学者：

首先，真诚地祝贺李希凡先生从事学术研究60周年暨《李希凡文集》出版。

《李希凡文集》煌煌七卷，逾四百万字，真实地展现了李希凡先生著述的全貌，凝聚了李先生毕生的心血和智慧。通过这套文集，我们可以全面了解李先生六十年学术研究的历程和成就，了解他在当代红学史上的独特地位和卓越贡献，了解他对中国当代文艺理论和文学批评的诸多建树，也可以清晰地了解他在时代大潮中的命运、遭际以及情怀，他的文化人生和心路历程。同时，我们还可以从中观察新中国文艺批评的历史风云，见证新中国文学艺术是如何在激烈的思想论争、理论交锋中发展前进。

李希凡先生的学术生涯，涉及中国古典文学研究、现当代文艺评论、红楼梦研究、鲁迅研究以及毛泽东文艺思想研究等多个领域，硕果累累，其理论建树可谓博大精深。他的学术贡献和学术品格突出地体现在以下两个方面：

一、不遗余力地推进当代红学的发展

20世纪50年代初，国家百废待兴，文化事业同样面临以马列主义为指导原则下的全面整理和重新认识的问题。李希凡先生勇于挑战权威与先贤，对《红楼梦》研究中长期存在的纠缠于烦琐考证与索隐的研究方法提出质疑，从而开启了对《红楼梦》深刻的社会内容、伟大的时代意义、高度的思想艺术成就进行广泛而深入探讨的先河。此后，李先生在红学领域不断耕耘，撰写了大量的红学评论，鲜明地亮出自己的观点，在不断的理论思考中提出自己的创见。耄耋之年李先生仍然在红学的百花园里笔耕不辍，着重研究《红楼梦》所塑造的众多典型人物。《李希凡文集》第二卷《〈红楼梦〉人物论》，对《红楼梦》中的60多个典型形象进行了准确而透彻的分析，超越了以往同类著作的深度和广度，是研究《红楼梦》人物谱系中最为系统、完备的成果。

二、坚持不懈地以马列主义、毛泽东文艺思想为旗帜

新中国的文艺理论是在激烈的思想论争中发展前进的。李希凡先生认为，没有论争就没有学术的进步。李先生的学术生涯伴随着大大小小的政治运动和学术论争，作为一个正直的、有良心的学者，他以高度的社会责任感、非凡的胆识和勇气追求真理。他勤于思考，善于思辨，敢于向权威挑战。在历次学术论争中，保持着独特的文艺批评锋芒。

难能可贵的是，从踏上学术研究之旅开始，几十年来，李希凡先生始终坚持以马列主义、毛泽东文艺思想为旗帜。无论是红楼梦研究，还是鲁迅研究，无论是文学批评，

还是艺术评论，他的每一篇论文、评论、随笔、散文、序跋甚至每次讲话，都旗帜鲜明，个性独特。李先生在学术立场上并不随波逐流地赶时髦，而是勇于坚持己见，始终保持学者的良知与本色，保持文学研究的热忱与责任，这是值得尊敬的。

《李希凡文集》的出版，对李先生而言，是他一生学术研究的全面总结和真实呈现，自然是一件喜事；对我们出版人而言，出版这样具有厚重文化价值和学术价值的研究成果，不仅是向李先生从事学术研究60周年的献礼，而且是一种社会责任和文化担当。

在纪念李希凡先生从事学术研究60周年之际，我们衷心祝愿他健康长寿，学术创新之树常青。

李岩　中国出版集团公司副总裁

本文系列发言原载于《红楼梦学刊》2014年第4辑

谛听历史当事人的声音

——我所认识的李希凡

吕启祥

一

距1954年即发表李希凡、蓝翎《关于〈红楼梦简论〉及其他》第一篇红学文章的年份至今，已整整一个甲子。六十年在历史的长河中不过是一瞬间，对于个体生命而言却很漫长。当年初露锋芒的"小人物"之一今已88岁高龄，作为历史的当事人依然健在。这不仅是希凡先生个人之幸，亦为红学之幸、历史之幸。

希凡先生长我约十岁，在世事变化剧烈的岁月里，十年应为一代。1954年，笔者还在远离北京的边陲，在教化学课，浑然不知京城思想学术界发生了什么事。到了1957年秋来京上学，在大学的中文系里方逐渐知晓1954年这一历史性事件，以后经历了"文革"十年，新时期三十年，自己和学界渐次拉近距离，以至滥竽其中。就笔者而言，对于希凡先生的认识有一个由远及近的过程，即：由遥不可及的"小人物"，到所在单位的领导人，再到退休后的老学者。

如今，我的老师辈几已凋零殆尽，所幸学界尚多有我亦师亦友的长者，李希凡是其中的一位。他是名人，光环褪去离休居家后也是普通人。在五六十年代，希凡并不认识我，70年代中校注《红楼梦》以至八九十年代他当中国艺术研究院常务副院长亦接触不多，其时他任重事繁，我亦不愿多有干扰。直至他退休并卸下《中华艺术通史》的科研重担后，尤其是在他夫人徐潮大姐故去的近年间，我和希凡先生之间的通话以至见面都比过往任何时段频密，我与老伴的确常在惦念他的健康和心情。

因此，无论就公谊还是私交，在这个甲子之年，我都应当写点什么。必须申明的是，自己对于红学的历史包括1954年这个题目并无专门研究；我只是认为，就李希凡个人而言，1954年是他红学研究的起点，也是一个制高点，60年来，他陆续有红学文章包括谈话问世，到本世纪初，他专注于小说本身主要是人物的系列，下了大功夫，结集为《传神文笔足千秋 ——〈红楼梦〉人物论》。他很看重这本书，可视为他红学研究一个浓重的句号；我也很珍重他所赠的这本书，认为可以代表他当下的水平和成就。要谈李希凡红学研究的六十年，当然要重视起点；但也绝不可以轻忽这心智结晶的集成之作（已收入他的七卷本文集，1954年之作倒是没收，也许是因为著作权属两个"小人物"的缘故）。

作为李希凡的晚辈和友人，我仅能就个人的认识和感受写这样一个夹叙夹议的东西，既不够"学术"，更不能全面，但或者倒是一个真实的侧面。

二

我第一次见到李希凡本人是在20世纪60年代之初，在一次讨论《鲁迅传》电影剧本的座谈会上。其时我刚留系教鲁迅的课，系里告知有这样一个座谈会可以去旁听，以广眼界。会议大约是《文艺报》召开的，《文艺报》的主编是张光年，虽则张光年最小的妹妹张蕙芳与我是北师大同班同学，但那个年代不兴走关系，我仅去过蕙芳住东总布胡同的家一次，大哥光年不在家，所以我压根不认识这位大主编。那次座谈会是否为张光年主持我也不记得了，与会者有十来个人，都是文艺评论界和鲁迅研究界的知名人士。我们这些带着耳朵去听会的年轻人到得较早，坐在后排，会将开始，正在等人，前面坐在沙发上的一位长者半开玩笑地大声说："新生力量来了！"话音刚落，一个大个子进到室内，他就是李希凡。显然，他比在座所有的正式与会者都要年轻得多。

这次会议谈了些什么，包括李希凡发了什么言，我已经忘得一干二净。只留下了"大个子""新生力量"的印象。李希凡当然不会知道角落里还有我这样一个旁听者。

以上说的是"目见"，更多的当然是"耳闻"。试想在当时大学人文学科尤其是中文系的师生中，李希凡的知名度是很高的。尽管我并未经历1954年，入学时"反右"的高潮已过去；但老师们在课上课下仍会有介绍和讲述，要求我们阅读相关的文章和资料，李希凡是马克思主义理论武装的新生力量的代表，他的文章富有战斗性。记得一位老师讲过："南姚北李"（当然是"文革"前的姚文元）是文艺评论的楷模，年轻人都应当学习。总之，在青年教师和学生心目中，李希凡是公认的学习榜样，是敢于挑战权威的"小人物"。说实在话，这样的"小人物"在我们看来是遥不可及的。

首先，当然是因为"小人物"的学术勇气和识见自身并不具备，何况来自"上面"强有力的支持更是千载难逢的机会（那"上情"人们自然无从知晓，连李、蓝本人也不清楚）。总之，对于"小人物"，我们一是钦敬，二是庆幸，这主客观两者离我们普通人都是很遥远的。同时，还因为他们工作在《人民日报》，当年百姓心目中《人民日报》何其神圣，具有无上权威，是党的喉舌、舆论的制高点。不必说在那里工作，就算在上面发表一篇文章也极其难得。希凡先生常说自己不过是"16级的小编辑"[1]，须知我们这些刚毕业的青年教师才22级，每月工资56元，工作多年也不过是21级62元，直到80年代全系17级以上的教师寥寥可数，还多为党政干部（17级是一条线，即所谓县团级），"17级以上"我们这辈子是甭想了。基于此，由下往上看，李希凡当然是顶尖新闻单位的大编辑，其地位和影响是高不可攀、遥不可及的。

对我而言，还因为所在的是中国现代文学史教研室，鲁迅著作读得多，也认真；对《红楼梦》则草草，更不关注红学。尽管如此，对"小人物"同样是深怀敬佩之情的。当年，时代氛围和批判风气的影响无处不在，文艺理论、文艺政策作为指针贯彻在整个教学活动中，古今中外概莫能外。记得文艺理论崇奉的是"车别杜"（车尔尼雪夫斯基、别林斯基、杜勃罗留波夫），系里还有苏联专家和特设的苏联文学进修班；作为北京的高校，还能请到周扬、林默涵、邵荃麟这样文艺界领导人兼理论家来作报告、讲大课。应当说，努力尝试运用马克思主义的历史唯物主义和辩证法来分析文学作品和文学现象，用"人民性""现实主义"这些标准来衡量评价作家作品，对于我们这些刚刚入门的青年具有很正面的、深刻的影响，也树立了很高的标杆。然而，用群众运动的方式一哄而上，用非此即彼非红即黑的绝对化思维去"批判"，一时间，"反人民""反现实主义"的帽子满天飞，则明显偏激。

那时节，青年学生在知识储备、学术准备严重不足的情况下，上马大编文学史，著名的有北大55级编的《中国文学史》和北师大编的《民间文学史》。我所在的年级没赶上这编"史"的浪头，却也不知天高地厚地把李白的全部集子搬到了教室里，企图"吞"下这个大作家，后来是无果而终。其后，系里又下达了"评论巴金"的任务，成立了小组，口号是"愈是精华愈要批判"（此事的始作俑者是上海的姚文元）。总之，此类简单粗暴、批倒一切的极"左"之风盛极一时，它伤害了我们的老师包括文学前辈和学术前辈，也教训了我们这一代"无知无畏"的青年。不必说半个多世纪后的今天，即使在"文革"前环境稍为宽松的时日，我们也痛感"发热发昏"之非，竭力补课补过。今天想来，50年代的历史往事，其影响不论是积极的抑或消极的方面，作为个人都不应简单地推诿给历史环境，而应作为自身的经验教训深长思之。何况，像我们这样普通的青年师生，自身和"小人物"还存在着偌大的差距，如上所述，我们的理论准备和学术准备还远不及"小人物"呢。

三

再次见到希凡先生这位"小人物"并且相互认识，已是70年代中期《红楼梦》校注组时代了。小组大约在1974年成立，筹建和初期的情况我不清楚，只记得我是1975年6月下旬去报到的，是全组最晚的一个。其时全组同志已工作了相当长一段时间，校出了前五回样稿，印成大字的征求意见本，由希凡、其庸带领，分头到各省市征求意见去了。我迟来，未出外，留在北京读书看资料。这个组的组长是袁水拍，副组长是李希凡和冯其庸。

比之第一次，这次拉近距离，见到并认识李希凡了。水拍找李希凡当副组长，私见以为很得当，用其所长，本来他就是1954年众所周知的"小人物"，做与"红学"有关的事，顺理成章。希凡于版本似无成见，在组内同大家一起开会讨论，给我的印象很平易近人。中午我们在前海大院内的食堂吃饭，他则自己带饭，因血糖高，受限制。这一时段很短，粉碎"四人帮"后他即回《人民日报》参加运动去了。

当李希凡再次来到前海大院时，则是1986年正式从《人民日报》调入中国艺术研究院任常务副院长了。自1986年至1996年，希凡先生掌院十年，此时，他实实在在地成为我所在单位的领导人了。

全院有几百人，艺术科学的门类众多，作为掌管研究院的第一把手，任重事繁；我只是一个普通的研究人员，同院领导的接触很少。尽管如此，毕竟是在一个单位，较之以前的"遥望"，如今在"近观"中对希凡有了较多的认识和了解。令我印象深刻的有两点：一是重视科研、爱惜人才；二是宽厚待人、平朴坦率。

先说第一点，我虽则从未担任过所长一类中层干部，倒曾是院学术委员会的委员，记忆中当年院里才二三十岁的青年才俊，包括戏曲、音乐、美术、电影、戏剧、曲艺、艺术理论等方方面面的青年研究人员，只要有成果、有潜力，院内都会既严格又热情地为之评定职称甚至破格提升。他们如今早已是各个方面的业务骨干、知名专家。直至近年，希凡先生还在给我的电话中如数家珍地提到他们的名字。我还记得在希凡主政期间曾多次举办院内科研评奖，当时并无多少物质奖励，评委也没有什么报酬，我们还是认真地坚持不懈地去做，称得上风清气正。

这里还要特别叙及的是自1996年起，希凡先生虽不担任行政领导，而实际上是离而不休，在此后的十多年间，他主编组织了国家"九五"重大课题《中华艺术通史》的编撰，全书十四卷，计700余万字，采辑文物图片3000余幅，是填补我国艺术科学研究空白的巨著。我以为李希凡为官一任，最大的政绩当属留下了这一科研硕果，它已成为中国艺术研究院一张厚重的学术名片和一项基础的科研工程。

再说宽厚待人、营造宽松的学术环境这方面。说实在的，六七十年代我在学校里，人们对李希凡的一般印象是火药味浓，好斗好辩，尤其是《红楼梦评论集》三版的那些后记和附记，连篇累牍，势强气盛。虽则这是"文革"期间极"左"思潮中出的书，然而该书发行很广，其负面影响相当大。即使到了"文革"后人们对其作者仍心存戒惧、敬而远之。希凡来院后，行政工作繁忙，少有个人写作的时间，作为领导人，他却显示了开明宽厚的一面，对此我有亲身感受。犹记1989年春夏那些令人焦灼、激动的日子，我因赶看《红楼梦大辞典》的校样关在家里，虽未上街而心情焦灼。一天我去希凡先生办公室征询他的意见，他坦言不赞成上街，并以曾得到有关方面的"提醒"相告。嗣后，在大规模的清理清查中，许多单位处理、处分了不少人，主要是知识分子，然而，在研究院却未闻处分过什么人。正如希凡所言："我不赞成上街，但我也不赞成整人。"[2] 历史经验证明"整人"解决不了问题，在希凡看来，即便言行有某些不当，但他们终究是好同志、好干部。他所主管的研究院历经风波，并未伤筋动骨，优秀人才得以在宽松环境里展其所长，有不少还成为日后李希凡主编的《中华艺术通史》的骨干力量。

可以说，在李希凡领导的单位里工作，很大程度改变了过去的一些老印象。我曾对师大的师友说："看希凡的文章很犀利，其实他对人挺宽厚的。"希凡碰见我师大的老师，说，"她以前不搞红学，如今能用功，倒是入了门儿了"。得到希凡的认可，自然是对我的鼓励。作为领导，李希凡没有架子，随和可亲，他从来不勉强我做我力不胜任和不愿做的工作，这是我很心感的。1991年，中组部有一个读书班，他推荐我去，这是我乐于去的，在那里遇见了暌违已久的龚育之，其时他身居高位，是来讲课的，龚育之诧异于我怎么在这里，对红学不以为然，我只说，有安静、安定的环境读书就好。在这个班里我认识了不少自然科学各领域里真正的专家，大开眼界。十分感谢李院长给我这个机会。

同希凡掌院有关的还有一事可顺便提及。那是20世纪80年代之初，研究院酝酿换届，当时院党委书记、老领导苏一平（原是我在中宣部文艺处工作时的领导）以他在文艺界的上佳人望和人缘，力排众议，全力推荐院外两位即李希凡和冯其庸来院任职。这封推荐信老苏嘱我起草，信是写给王蒙部长的，我草就后老苏看了，一字不改，嘱我抄写（未有电脑，亦不打印），签了名就送上去了。其时我与李、冯接触不多，身处红学边缘，但总归在所里工作，写这样一封简明的信并不难；老苏既是我老领导，在中宣部五七干校又有四年"同学"之谊，他年老多病，找我代劳捉刀亦在情理之中。近日读李希凡回忆录，述及他刚上任，文化部收到很多告状信、匿名信，流言四起。这些我全不知晓，倒在我退休前夕，有人恫吓说，我曾经替老苏起草什么信，要抖搂出来云云。我很惊诧，觉得无聊。多年来我从未刻意提起草信之事，冯、李也许从别的渠道略知一二，重要的是我从未倚仗苏一平和以后在位的李、冯院长谋一己之私，既未升官，亦未发财，倒是曾向部里上书固辞职务，总之问心无愧。我之和老苏、希凡交往多起来，都是在他们退休之后，门庭清静、心情寂寞之时。如今老苏墓木已拱，李、冯两位均年届九十左右，离退休近20年；至于那封信，应该还在文化部存档，其措辞和笔迹都是我的，已经是历史的陈迹了。

四

本节要着重谈谈希凡先生最重要的一部红学著作，也是他晚年的"封笔之作"，即2006年由文化艺术出版社出版的《传神文笔足千秋——〈红楼梦〉人物论》，全书56万字，堪称巨帙。

这本书主要部分的写作虽则集中在本世纪初的两三年间，但它的起意、积累、思索却经历了很长的过程。作为1954年向"新红学"的发难者之一，希凡先生到1957年就有与蓝翎合写的《红楼梦评论集》问世。之后，特别是进入新时期以来，希凡先生就有一个夙愿，就是要写出新的独立的著作，固然是为了弥补"儿童团时代"的粗浅[3]，更是为了对《红楼梦》进行深入细致的研究。80年代他曾以《红楼梦艺境探微》为题拟定了40个题目，只做了三分之一便无暇顾及了。他一直"想从文本研究上更深入一步，虽然写的是人物论，却是把几十年的心得体会都集中在这部书里了，它也包括了我对《红楼梦》的整体评价"[4]。到本世纪初，卸下行政工作和集体项目的重担之后，才集中精力，悉心写作，精心编排，结集成书。全书对《红楼梦》中的六十多个人物形象进行了逐一分析，共32篇文章，分成四组，卷首置一篇二万余言的长序。书前并有谭凤嬛专门绘制的彩色插图27幅。这确是一部用力之作、用心之作。希凡先生本人很看重这部著作，我收到赠书后也十分珍重，认为我们应当认真阅读、充分评价此著，才能对李希凡的红学研究有一个全面的认识。

诚如希凡先生在本书的"后记"中所说："直到今天，我仍然认为，用脱离社会、脱离时代的人性善恶、生命意志，是不能对《红楼梦》如此复杂而众多的'典型环境中的典型性格'的个性形象进行准确而透彻的分析的。因为《红楼梦》写的是封建末世复杂的社会生活，写的是特定历史环境里的贵族宗法之家的鲜活的'人'和'事'，而伟大的曹雪芹，以其深邃的生活洞察力和惊人的艺术天才，概括和创造了如此众多的、被誉为'如过江之鲫'的个性鲜明、内涵丰富的艺术典型，正如爱新觉罗·永忠所赞美的那样'传神文笔足千秋'，哪怕是偶一出现的小人物，也都有着不可重复的个性化的精彩，给读者留下深刻的印象。""本书写了对《红楼梦》中六十几个人物形象性格的分析，仍然是源自典型论的阐释。"我用全书"阐释我自认为的马克思主义文学典型观"。[5] 可见，马克思主义的文学典型观，是这部著作的出发点和立足点。

综观全书，应当说较之于希凡过往的红学论著，既有一以贯之的、坚持不渝的方面，又有了很大的丰富、发展和趋于完善的方面。

先说坚守的方面，对于《红楼梦》评价的许多基本观点，本书仍一如既往地重申、坚持并做了更为详尽深入的阐述。比如关于小说产生的时代背景和文化思潮，作者征引毛泽东的讲话："到18世纪的上半期，就是清朝乾隆时代，《红楼梦》的作者曹雪芹就生活在那个时代，就是产生贾宝玉这种不满意封建制度的小说人物的时代。乾隆时代，中国已经有了一些资本主义萌芽，但是还是封建社会。这就是出现大观园里那一群小说人物的社会背景。"列举明末清初为数众多的反正统的异端思想家和明清文艺上众多反理重"情"的文艺作品，揭明正是《红楼梦》作者凭借的思想资源和文学传统。这在本书作为代序《〈红楼梦〉与明清人文思潮》的长文中，对"市民说""萌芽说""重情说"做了相当全面、详尽的阐述。通篇两万余言的序文是笼罩提挈全书的纲领。

又比如，在本书最核心的篇章——《贾宝玉论》中，作者开宗明义坦陈，并没有改变五十年前的基本看法，即"贾宝玉不是畸形儿，他是当时将要转换着的社会中即将出现的新人的萌芽，在他的复杂的性格里反映着个性的觉醒，他已经感受到封建社会的种种不合理性，他要求按照自己的理想生活下去"。当年没有得到充分展开的论点在这篇两万多字的人物专论中得以从容地多方面地进行论证，认为"贾宝玉是封建贵族阶级的叛逆者，是那个时代正在觉醒的'新人'的萌芽"。他的见解虽含稚气，却透露出"异端思想的锋芒"，宝黛源自儿女真情的爱情悲剧，"是明清人文思潮中最富时代精神的代表"，宝玉的用情"超越了儿女私情的界限"，表现出对人的尊重，"具有初步民主思想的人道主义的新内容，吹拂着人性觉醒的青春气息"。贾宝玉不是曹雪芹，而是"曹雪芹在天崩地塌的封建末世创造出来的时代觉醒者的文学典型"。

在本篇以及紧接着的三万余字的《林黛玉论》和约两万字的《薛宝钗论》中，作者在对各自性格命运进行了详尽分析的基础上，重申"薛林双艳"绝非"二美合一"，金玉良姻缺少"情"的内涵只有"理"的规范，木石前盟是自然之性儿女真情的必然发展，二者的对立冲突闪烁着以"情"反"理"的时代精神。黛玉的"爱哭"的外表特征凝结着现实生活的血泪情缘，寄托着作家的胸中块垒，是不能用"典型共名"来解说的。

要之，本书从序言到各篇人物专论，以马克思主义的典型论为理论基石，坚守底线，保持了"小人物"的本色。

然而，时光毕竟过去了半个多世纪，希凡先生撰写此著已入晚年，人生的历练和学养的积累使得这部著作具有不同于过往的风貌。首先，它采取的是正面论述的学术姿态，完全从文本出发、从小说的情节和细节出发，而不是从观念入手；同时，它在分析人物时充分注意到了形象的丰富性和复杂性，具有层次感和分寸感；再者，文风平易文笔亲切，增强了可读性。总之，本书虽则厚重却无艰涩之弊，虽是论文却有审美情趣。可以说，这是学术上更趋成熟的一种表现，为希凡先生的红学研究画上了一个浓重也是稳重的句号。

我们不妨看看全书第一篇《贾母论》的开篇，它先从王国维"境界"的审美内涵谈起，说到《红楼梦》可算作古典小说中最富有艺术气氛、艺术情趣，并能触发读者广阔联想的杰作""在它的生活画面里，经纬交织，头绪纷繁，从贵族到村妪的世俗生活，都以各自独特的氛围和境界汇合成一个色彩丰富的整体展现在读者面前。万事万物，熙来攘往，场面忽新忽败，忽丽忽朽，人物与人物、人物与环境中间也充满错综复杂的联系与矛盾！而封建末世富有历史性的生活风貌、世态人情、礼教习俗，却就是这样参差错落、富有情趣地编制在《红楼梦》的艺术情节里了"。全书就是这样引领读者进入小说的艺术世界和人物的日常情态的，不论是引用作品原文还是复述小说情节，都旨在使分析论证踏实有据。即使对待不同的学术意见亦基本不采取论争的姿态而取正面阐发的路径。

具体到每一个人物的评说，则摒弃了简单机械线性思维的旧模式，在把握主要倾向的同时，充分注意到各个侧面和表层背后的深意。比方说对主人公宝玉的"偏僻"和黛玉的"利嘴"都有颇为独到的分析，尤其是二人之间并无一句示爱的语言和举动，却在日常生活形态中充溢着绵绵真爱，此乃纯情之美；又如薛宝钗固然是伦理观念和生活哲学上的"冷美人"，却也偶尔流露出"道是无情却有情"的微妙状态。对于向来属否定性人物的贾政、王夫人等，也不止于一味贬斥，而是看到他们作为"正人君子""慈爱母亲"对于宝贝儿子的"不才之事"，忧心如焚以至出手惩罚乃是不得不然的生活逻辑。从全书规模看，六十多个人物不仅包举了十二钗等主要角色，还有丫鬟系列侍妾仆妇以至着墨不多的小人物。可以说，作者包罗全局、巨细无遗的宏大意图和仔细梳理、把握分寸的谨慎态度是十分清晰的。

本书还有一个显著的特点是文风平朴和文笔亲切。它不追求高屋建瓴的气势，更没有居高临下的说教，只是娓娓道来，品鉴人物、赏析艺术。《林黛玉论》开篇文字用的几乎是诗的笔调。正如"后记"中说："我写这本人物论，既是想写出我对曹雪芹创作艺术的一点理解和评价，和'同好'者切磋交流；又是想为《红楼梦》的普及尽一份努力，既结'红学缘'，又结'青年缘'。"这完全是一种平等交流的态度，放下身段，与同好、与青年对话。写书的初衷和自我的定位很大程度上决定了本书的风貌，使之增强了可读性与亲和力。写作的过程又十分流畅舒捷，作者自谓如神游大观园中，五光十色，万象纷呈，对小说已熟烂于心，无须形象档案，也用不着提纲构思，一篇接一篇地从笔下自然流出。[6] 这种流畅之感也传递给了读者。

还应提到本书的署名"李希凡、李萌"。李萌是希凡的大女儿，熟读红楼，襄助父亲整理加工、修改打印，"是真正意义上的合作者"。如今李萌不幸病故，这部书成了对她最重要的纪念，在此也送上我们诚挚的怀念和敬意。

新时期以来，《红楼梦》的人物论可谓多矣，或单篇、或成书，难以胜记；而李希凡的这部人物论，笔者以为有其特殊的重要的意义，它不仅是李希凡个人的封笔之作，也是一定时期众多人物论的代表之作。何况它是作者思忖再三，借以表达对《红楼梦》的总体评价和了结"红缘"、偿还夙愿的深思熟虑的集成之作。它不仅受到广大读者的喜爱，更应得到红学史家的认真研究和充分评价。

五

本文开头说过，笔者对于希凡先生的认识有一个由远及近的过程，由遥不可及的"小人物"，到所在单位的领导人，再到退休以后的老学者。这第三阶段是最近十来年间的事。在此期间，希凡不仅早已摆脱了繁重的行政工作，而且卸下了科研重担、结出了硕果，他所主持的历经十年辛苦的《中华艺术通史》和个人著作《传神文笔足千秋——〈红楼梦〉人物论》于同年同月即2006年6月出版。接下来的余事——其实也是十分重头的旁人无法替代的，就是撰写回忆录和编辑个人文集了。较之过去，他有了更多的自由，又由于老伴久病新故和自身目力日减，已不复能够高强度的读书写作，静日暇中，我和希凡先生之间就有了较多的电话沟通，一年之中，也会有若干次见面的机会。

在电话中，我能真切地感受到一个八十开外老人的"故交零落"之叹。希凡常常会告诉我他的老同学，或者《人民日报》的老同事，或者文艺界的老熟人、研究院的老部下，某一位骤然离开了、某一位重病缠身了，等等。这些老友我不见得都认识，更未交往；但许多我都知晓，或读过他们的文章。当然也有是我们共同熟悉的，比如黎之（李曙光），黎之病故的消息是我告诉他的。黎之生前，有一本《文坛风云录》，颇多有价值的史料，希凡写回忆录很想参考而难觅此书，我曾找原中宣部老同事整本复印装订给他。通话所涉自然不单是忆旧，亦有感今，对于市场化商品化冲击下的学界文坛深感忧患和无奈。

去年（2013）《李希凡自述——往事回眸》出版。说来也巧，希凡收到样书的次日，我和老伴正好去看望他，就在他家中第一时间得到了这本回忆录。今年（2014），《李希凡文集》出版，七卷本一大箱，囊括了他古典小说研究、红学研究、鲁迅研究、文艺评论诸多方面的成果。过往，希凡先生的各种著作每有出版都会赠我，当时也都看过。此番结集，来不及从头细检，我无力做全面评述，学界已有年富力强的友人做了及时推介。这里只能就我近年仔细读过的主要是有关红学的和回忆录的卷帙，谈谈个人的观感。

在我看来，用"有所坚持，有所反思，有所包容"十二个字也许可以概括希凡先生晚年也就是当下的学术态度。三者并非是平列的，前者是主要的方面，辅以后二者。

先说坚持。自1954年至今，六十年来主要是近三十年来，希凡先生接受过无数次采访，也包括他本人的回顾文章，谈及当年和蓝翎合写的两篇红学文章和由此引发的"评红批俞"以及思想文化战线上的批判运动，他从来都以中共中央党史研究室的权威著述为指针，全面认识和由衷赞同其评价。即，所提出的问题是重大的，进行清理和批评是必要的，对于知识分子"学习和宣传历史唯物主义和辩证唯物主义起了好的作用，有其积极的方面"，但是思想问题学术问题"采取批判运动的办法来解决，容易流于简单和片面"，批判运动已经有"把学术问题当作政治斗争并加以尖锐化的倾向，因而有其消极的方面。"[7] 至于他们写文章的初衷，只是想试着运用马克思主义观点去分析古典文学作品，发表一下与权威作家不同的意见，其后的巨大反响完全是"小人物"始料不及的。

上述基本观点，对李希凡而言是始终如一、一以贯之的。他始终旗帜鲜明、毫不含糊地坚持此一基点，不论在什么场合对任何人都会真诚坦率地加以表述和维护。他对毛泽东主席和毛泽东文艺思想怀有深厚的感情，对新中国成立以来的革命文艺作品热情讴歌和肯定。他曾忆及在"文革"中虽曾挨整，"但却整而不倒，还时不时地在公开场合露个面""应该说，这都与'小人物'的顶子有关。它似乎使我有了某种代表性"。[8] 希凡先生近五十万言的回忆录《往事回眸》全书的结束语谓，"我是新中国的幸运儿"！

诚哉斯言。此乃发自肺腑的由衷之言，是希凡先生文化人生的主旋律，是他坚守和践行的出发点和归结点。

正因此，在学术研究主要是红学研究上，希凡先生坦承或曰乐于归属于"毛派"。他说："只因为1954对'新红学'的那场批判，有过'首发'的'鲁莽'，也被列为一派。有红学史家名之为'社会评论派'，却又认为，我们并非代表人物，代表人物是毛泽东同志，即所谓的'毛派红学'。如果确有此殊荣，我则幸甚至哉，甘当此任，无怨无悔。"毛泽东同志作为革命领袖，以他的宏阔视野把《红楼梦》当历史来读，看到了阶级斗争和社会百态，这当然是一个高明的视角，卓然独步。李希凡作为一个文艺理论家，把毛泽东的卓见消融吸收，以马克思主义的典型论为指针，具体分析和全面评价《红楼梦》这部旷世杰作，乃顺理成章之事。此点前文已有论及，此处不赘。

全面评价和明确肯定1954年批判运动的积极方面，始终不渝地保持着对马克思主义毛泽东思想的坚定信仰，这是回顾李希凡六十年人生经历的主要之点。

同时，伴随着六十年的风风雨雨，回头省察，当然不乏经验教训，有所反思和检讨。使之铭记于心的，首先是"毛主席对我的教条主义的严厉批评"[9]，1956—1957年之际，自己缺少自知之明和实际生活，用"自认为是马克思主义，其实是一些根深蒂固的教条主义观点"的条条框框，去批评某青年作家的作品，"给作者扣了一顶大帽子"，显然违背了党的双百方针。[10]反右斗争开展以后，又连续在重要报刊上发表批判"右派分子"的文章，"一发而不可止"[11]。这当然是沉重的教训。日后希凡曾当面向这些同志道歉，并在此次编文集时删去了这些明显错误的文章。

与之相联系，希凡先生也反思了自己在学术争论中年轻气盛、争强好胜的过当之弊。他回顾过往，"自以为根红苗壮，又有毛主席赏识的机遇，发言总是理直气壮。"[12]特别是"文革"中《红楼梦评论集》第三版，借后记和附记"对俞平伯先生又一次进行了批判，对何其芳同志的反批评，更带有个人情绪"。[13]这里对何其芳的反批评，"既不适时，也不应该，因为论战双方并不平等，何其芳同志在当时无法答辩"（"文革"中何其芳同志被"打倒"，剥夺了写作发表的权利，并于1977年7月24日谢世），"我确实没有料到，何其芳同志在他的有生之年，竟会没有机会和我公开辩论……每念及此，心中便有愧疚之感"[14]。这场争论，在60年代就已激化，今天回望"周扬、何其芳同志都已逝世多年，我自己又有了被批来批去的经历后，再重新审视这段三四十岁时的往事，用句时兴的话说，是找到了不同的'感觉'。我大可不必那么咄咄逼人，争强好胜，因为他们毕竟是我的师长和文学前辈"[15]。70年代为人民文学出版社的《红楼梦》写序，"自觉地实践极'左'思潮"，这些书在当时发行量十分巨大，其负面影响一直延续到"文革"以后。

作为具体的人自然不能不受特定时代环境的制约，不能完全主宰自己的言行；但又不能都归咎于环境，因而需要反思、吸取经验教训。反思不仅使当事人清醒，也有益于他人和后代。

这里，笔者还想特别提到一件事，说明历史的偶然性背后有某种必然性。那就是"文革"伊始李希凡没有"听懂"或者没有"听从"江青的话，写批判《海瑞罢官》的文章。以江青对"小人物"的兴趣，这完全是有可能的；但李希凡虽则与吴晗同志有不同的学术意见，却无论如何无法和"单干风""翻案风"联系，不能上纲上线。[16] 由此，"北李"从根本上区别于"南姚"，守住了底线，并未陷入江青的黑色泥沼。今天，我们为希凡先生庆幸，敬重他的品格；也由此悟到，在风云变幻的时代涡流中，个人并不总是无能为力的。

以下，再来说"有所包容"。前文已经述及我在希凡领导的单位里所感受到他待人的宽厚。这里想着重说说他在学术上较过去有一种更为博大宽容的胸襟。

作为学术史研究，1954年无疑是一个重要的节点，专文和专著已有不少。我常听希凡谈起，他不见得同意或不完全同意这些论著的观点，但他并不干预，更不强求，各人自可按各自的见解来评述和研究，还常常应他们的请求不厌其烦地接受采访、提供史实。当然，对某些恶意的造谣诽谤是要予以回击的。为此我们一直建议他自己来写，回忆录在一定程度上就是这样催生出来的。

新时期以来，红学确实呈现出繁荣、多元的景象，希凡作为前辈和学会、学刊的主要领导人之一，对此是欣慰和欢迎的。除去那些揭秘、戏说、异想天开的索隐，只要是认真的研究，用心的探索，他都会采取包容的态度。兹举切近的一例，笔者本人也曾写过若干人物分析一类的文章，2006年因不赞同"秦学"的揭秘，写过一篇题为《秦可卿形象的诗意空间》之文，意在阐释秦可卿这个人物的审美意蕴，认为无须揭秘，应当关注它的文学价值。此前，我读过希凡先生的"可卿论"，也认同以现实主义的典型论衡之，这一形象确乎破绽百出，当属败笔；然而又想，如果多用或改用一种尺度，又当如何？记得老作家端木蕻良说过："我一直不认为《红楼梦》纯粹是写实手法，我对它的艺术有我自己的看法，无以名之，试名之曰意象手法。"[17] 总之，我试图用意象论这样的艺术方法来补充现实主义的典型论，目的仍在阐释作品的文学审美价值，这是一种探索，可算是一家之言罢。希凡曾坦率直白地跟我说："秦可卿是个丢了魂儿的人物，哪有什么诗意呢！"他虽不赞成，但完全能够包容。不止一篇，其他如薛宝钗、林黛玉、王熙凤等亦复如此；不只对我，对其他学界友人也是一样。其实，在我看来，马克思主义的社会历史分析永远不会过时，只不过所操的枪法应求更加成熟和高明，面对《红楼梦》这部杰作的多义性、丰富性、再生性，我们的研究也应拓展和深化。希凡先生同我们一起，也在"与时俱进"，他做到了求同存异、大度包容，营造一个宽松的学术生态环境。

人们诟病的红学乱象，实在主要是来自外部的干扰、炒作；学界本身，像李希凡这样的前辈和主事者对于各种学术见解都是采取包容宽和态度的。

以上是我对希凡先生近年也是晚年的一种近距离的观察和感受，我的概括未必全面允当，但却真切可感。

六

行文至此，我们从头"谛听"了1954年至今作为历史当事人的李希凡先生从青年到晚年发出的声音。自然，这只是我个人的角度，所谓"谛听"却是广义的，是想了解李希凡的全人。

然而，我写下这个题目，其实还含有更直接的当下的意义。那就是有感于近年某些人"质疑"李希凡，"揭秘"他们悬拟中的所谓"真相"。

记得是2011年，我探亲居美，老伴无意中从互联网上发现了一篇"揭秘"1954年红学运动、质疑李希凡的长文，我很感诧异。回国后，本想马上告诉他，因其时徐潮大姐病危，延宕多时才在电话里约略告知，他回说已从别处得知，但实在没有精力，也不想理睬，随它去罢！过了一阵子，希凡来电话说，友人劝告，女儿力促，不理睬岂非默认，必须澄清事实，回应以正视听。于是，他在家中遭变故、视力严重减退、十分困难的情况下，自己口述，由女儿李萌笔录整理，写了回应的长文。可"揭秘"者不依不饶，接二连三，后续之文，读者自可找来阅读。

令我奇怪和不解的是揭秘者对待历史事实和历史当事人的态度。前文提到过，对于1954年这一红学历史事件的看法和解释可以有多种；然而历史的事实只有一个。就说那封致《文艺报》的探询信吧，从50年代起李希凡就始终如一说有，蓝翎也如是说，这是当事人的陈述，还有若干旁证。对于这样一个本来清楚也并不见得很重大的事实，揭秘者定要说成"并不存在"，这究竟是为了什么？50年代初写文章的年轻人根本不知有什么"上情"，他去"迎合"谁，又到哪里去"对口径"呢？这本是常识、常理，揭秘者费如许周折，岂非徒劳？

维护历史事实，使之不受剥蚀，是历史当事人责无旁贷的义务，岂能适应某些人的需要来改写历史真实。无怪乎李希凡斩钉截铁地说："谁都休想让我把'有'说成'无'！"[18]

一切想真正研究历史、进入历史现场的学人，首先必须认真"谛听历史当事人"的声音。

尊重历史当事人，也就是尊重历史。在此1954年的历史事件过去一甲子之际，衷心祝愿作为历史当事人的希凡先生身体健康，心态平和。

末了，愿借一位学界前贤的联语收结此文：

红楼似梦原非梦　　青史无情却有情

2014年6月17日草成

7月7日定稿

本文原载于《红楼梦学刊》2014年第5辑

作者系中国艺术研究院研究员

注释：

[1][2][5][9][10][11][12][13][14][17]李希凡：《李希凡自述——往事回眸》，东方出版中心2013年版，第357页，第401页，第419页，第379页，第275页，第266页，第167、175页，第349、378页，第355页。

[3]李希凡：《红楼梦艺术世界》，文化艺术出版社1997年版，第422页。

[4][6]《李希凡文集》(第一卷)，东方出版中心2014年版，第646页，第675页。

[7]中共中央党史研究室胡绳主编：《中国共产党的七十年》，中共党史出版社1991年版，第231—312页。

[8][15][16]《李希凡文集》(第七卷)，东方出版中心2014年版，第591页，第587页，第588页。

[17]端木蕻良：《说不完的〈红楼梦〉》，上海书店出版社1993年版，第6页。

[18]李希凡口述、李萌执笔：《李希凡再驳王学典：拿出1954年历史文献中的"证据"来》，《红楼梦学刊》2012年第3辑。

精道文心，渊博论说

——读《李希凡文集》有感

翟泰丰

一

《李希凡文集》七卷四白余万字，可谓煌煌大卷，博大精论，评古讲今，体察万物，卷抒风云。

七部大作卷一《中国古典小说论丛》，卷二《〈红楼梦〉人物论》，卷三《论鲁迅的"五种创作"》，卷四《现代文学论集》，卷五《艺术评论集》，卷六《序跋、随笔、散文》，卷七《往事回眸》。

我用了一周的时间，阅读了第一、二、三卷的大部分论著；又读了第五卷的《艺术评论集》，重点读了此集李希凡在编撰《中华艺术通史》中一至六次及九至十一次编委会上的发言和希凡所撰《中华艺术通史》总序和总后记；读了第七卷的第五章，李希凡与蓝翎针对俞平伯《红楼梦简论》《红楼梦辨》还有胡适的《红楼梦考证》，所发表的《关于〈红楼梦简论〉及其他》《评〈红楼梦研究〉》两篇著名文章，并重读了因两个"小人物"这两篇文章的发表，引起毛泽东同志的高度重视的有关历史资料。毛泽东同志称赞"这个反对在古典文学领域毒害青年三十余年的胡适派资产阶级唯心论的斗争，也许可以开展起来了。"并特别强调，事情是由两个"小人物"做起来的，而"大人物"往往不注意，并往往加以阻拦……有关这件事的动态，我早在1954年10月就读了几乎全部有关报道和文章，并因而从名字上认识了李希凡这不凡的"小人物"、大人才。在这次重读《李希凡文集》，自然联想当年，思考今天，感到格外亲切，说句时髦的话，与读《李希凡文集》相链接，我又重读了《毛泽东文集》第五卷《关于〈红楼梦〉研究问题的信》(《毛泽东文集》第五卷，人民出版社1996年版，第352页)，还读了《毛泽东传（1949—1976）》(中共中央文献出版社2004年版）涉及此事的第288—299页，此文指出"随着社会主义改造事业全面而深入的进行，毛泽东又在学术思想领域，领导开展对资产阶级思想的批判"，从这段话中，我感悟到，在由新民主主义革命向社会主义改造过渡的历史时期，在思想意识形态领域（含古典文学领域）批判资产阶级思想，确立马克思主义的指导地位，势在必行。因为毛泽东同志提出要在"三个五年计划、十五年左右……在六万万人口的伟大国家中建成社会主义社会……"同时提出"必须在知识分子中和广大人民中宣传辩证唯物主义和历史唯物主义思想，批判资产阶级唯心主义思想，并在这个思想战线上取得胜利"的重要任务。并强调"没有这个思想战线上的胜利，社会主义建设和社会主义改造的任务就将受到严重阻碍"（《毛泽东传（1949—1976）》第298页）。

这就是毛泽东同志重视这两个"小人物"重要的政治的、历史的原因。

毛泽东同志为两个"小人物"的两篇文章，亲笔写信："驳俞平伯的两篇文章附上，请一阅。这是三十多年以来向所谓《红楼梦》研究权威作家的错误观点的第一次认真的开火。"并且第一次亲自签署发函。信封上写有："刘少奇、周恩来、陈云、朱德、邓小平、胡绳、彭真、董老、林老、彭德怀、陆定一、胡乔木、陈伯达、郭沫若、沈雁冰、邓拓、袁水拍、林淡秋、周扬、林枫、凯丰、田家英、林默涵、张际春、丁玲、冯雪峰、习仲勋、何其芳诸同志阅。退毛泽东。"（《毛泽东选集》第六卷，人民出版社1999年版，第352—353页）

我之所以借此机会在这里重新引证了这段历史资料，一是为了向不知此历史事件的学术界青年做简要介绍，二是为了和对此事仍有非议的人们相互切磋。我不赞成完全或基本否定1954年那次红学大讨论，因为历史证明那次大讨论意识形态的指向没有错，学术方向没有错，是讨论方法有教训。学术问题要平等切磋，以理服人，不可简单生硬乱扣政治帽子。因此，我认为在意识形态领域和学术领域，既要正确地、全面地认识当初，又要心平气和地总结经验，吸取教训，还要借以思考当今，展望未来。既要敢于在意识形态和学术领域批评错误，坚持正确的学术发展方向，又要讲究学术讨论正确方法。既不可毫无原则地放任错误的学术思潮泛滥，又要百家争鸣，相互商榷、切磋，心平气和地商酌讨论。

二

我比较集中地学习研读了《李希凡文集》第一卷《中国古典小说论丛》，此卷共39篇大论，加上4篇附录，共43篇，我全部认真读了，所受教益颇深。我不是做文学理论工作的，更不是古典文学研究者，在这方面全然无知，充其量是个小学生。但我关注文学理论建设，我热爱中国乃至世界古典文学及其学术研究。

下面我想集中谈一点读李希凡的《中国古典小说论丛》的浅显心得。我认为这是一部立意于中华民族五千年博大精深思想文化史的巅峰，精彩地、深刻地展示中国古典文学的大论著，它论证了中国古典小说的历史价值、文化价值、文学价值、时代价值，是一部生动的、有血有肉、有灵魂、有神气的论述中华文化血脉、中国人精神脊梁的一部中国古典文学教科书。在这里，他系统地、深邃地、艺术地、创造性地论证了中国古典文学的四大名著《三国演义》《红楼梦》《水浒传》《西游记》，同时，也论及《儒林外史》《聊斋志异》，甚至还有诸多传统戏曲剧目，特别是对杨家将子子孙孙、老幼妇孺，举家血战的崇高的爱国主义精神，尽情讴歌，倍加赞颂。

读《李希凡文集》，特别是读他的《中国古典小说论丛》卷，我有三点感受。

第一，他是一个坚定的马克思主义者。在学术研究过程中，他始终坚持辩证唯物主义、历史唯物主义的哲学观。

在红学研究领域，他与蓝翎共同开创了以历史唯物主义观点批判唯心主义观点的红学研究的新阶段，使红学研究跨过"五四"前旧红学研究、"五四"后新红学研究的两个阶段，开创了一个崭新的历史阶段。

在涉及《三国演义》"尊刘抑曹"这个主题性立意问题时，李希凡同样运用历史唯物主义的观点，参与了20世纪50年代曾经发生过为"曹操翻案"的一场大争论。曹操究竟是《三国志》作者陈寿所颂扬的"非常之人，超世之杰"，还是罗贯中《三国演义》所贬斥的曹操为"治世之能臣，乱世之奸雄"？当年甚至有人提出"只有打倒了《三国演义》才能给历史人物的曹操翻案，杀出一条血路来"。1959年4月，李希凡同志在这场争论中，运用历史唯物主义的观点，以认真的、严谨的、科学的学术态度，查阅研究了大量史料，陈寿的《三国志》、胡应麟的《少室山房笔丛》、章学诚的《丙辰札记》、黄摩西的《小说小话》，从历史资料的依据中，全面着眼评价曹操历史上的功过是非。同时，又读了魏晋南北朝期间的《世说新语》、唐李商隐的《骄儿诗》、杜牧的《赤壁诗》、宋孟元老的《东京梦华录》，《东坡志林》中有两句名句"闻刘玄德败颦蹙有出涕者，闻曹操败，即喜唱快"，态度鲜明地表示了尊刘抑曹之情……经过多方面材料核正，依史证全面评价曹操，又依史证与文学艺术创作规律，他坚持称《三国演义》是一部杰出的历史小说。因为它鲜明、形象、生动、深刻地揭露了在汉末农民黄巾起义军进攻面前，封建统治阶级内部赤裸裸争权夺利的狰狞面貌，在中外文学史上少见如此曲折壮观、纷繁错综地把后汉、三国中一切人、一切情节、一切事件、一切人物关系（包括兄弟间、婚姻间、朋友间、家庭间……），都盘根错节地贯穿于其中，卷入了一场政治利益集团之间的惨烈之战争，或走进人物间政治争夺的血淋淋的旋涡之中。这样，在作品里，对何为"正统"之争，就自然做出了本质性的回答，对如何历史唯物主义地、科学地评价历史人物，提出了鲜明的论点，同时也就为"尊刘抑曹"的历史由来做出了具有说服力的回答。

第二，他善于运用历史唯物主义的观点研究中国古典文学史，以文学与学术研究相统一的辩证的研究方法，挖掘中国古典小说典型环境、典型人物、典型形象的文化价值和精神力量，弘扬中华民族五千年的优秀文化传统。

在《三国演义》里，刘备、曹操、孙权，以及诸葛亮、关羽、张飞……诸多人物，都是活生生的、感人的历史人物形象，我当然很喜欢他们，更尊崇多谋多智的诸葛亮。但从人物性格与品格、人格上我最喜欢读的还是关羽这个人物。希凡同志在第一卷中有一章专论关羽的形象，《〈三国演义〉里的关羽的形象》（《李希凡文集》第一卷，第401页），李希凡指出："在《三国演义》里，真正能从'正面典型'的意义上和曹操的形象造成对立情势并受到人们（有人民也有统治者）尊崇的，应该说是关羽的形象。"曹操挟天子以令诸侯，"宁肯叫我负天下人，休叫天下人负我"。甚至其父至交吕伯奢一家被他残杀之悲惨事例与关羽大义凛然华容道释曹操，两者相对照，何者英雄？何者奸雄？岂非一目了然。在此希凡还特别引证了《圣叹外书》的作者把《三国演义》里的关羽的形象称为"三绝"之一，并称关羽"是自古以来名将中第一人"。当然正如希凡所云："关羽的形象是一个文学典型，而并非历史人物传记。"而这个文学典型的意义和价值，在于早已被人们奉为心灵中的历史英雄，奉为义贯千古之至尊。

希凡在我印象中没写过小说，更没写过长篇，但他对文学创作的立意、构思、处理情节、人物、故事之技巧，叙事、描写之巧妙，却颇为熟悉，论述精当而精准。他还常把小说人物关系和戏曲人物的亮相、坐白、自报家门相联系，且论得又十分贴切。在他这里，关羽的出场就十分震撼，"温酒斩华雄"，何等的险中见英豪。当初根本不被袁术放在眼里的一名马弓手，却不一时"鸾铃响处，马到军中"，云长提华雄之头，掷于地上……一个威震众将的英雄形象，顿时屹立于军帐前。

此后，希凡在这篇论著中让我们看到了一个充满中华民族优良文化传统的"独为妇孺所称"，一直活在人们心中的活生生的历史英雄形象的关羽。桃园三结义，"寝则同床，恩若兄弟，随先主周旋，不避艰险""同心休戚，祸福共之"，已见"义贯千古"之崇高品德的关羽。

之后，希凡又向我们论证中华民族优秀文化传统的又一个高尚的关羽形象。曹操多以厚礼、封衔笼络关羽，然关羽与刘备始终"誓死与共，不可背之"，又是一个"威武不能屈，富贵不能淫"，重仁义轻富贵、具有高尚人格的关羽。

在"刮骨疗毒"的那个老幼皆知的撼人心肺的场面，在关羽安然弈棋的神态里，人们看到了视伤死于度外，一身正气，坚挺脊梁，一身硬骨头的又一个感人的英雄形象。

在《水浒传》里，希凡也强调了梁山好汉被逼上梁山，"八方共域，异姓一家……相貌言语，南北东西虽各别，心情肝胆，忠诚信义并无差"。从关羽到梁山好汉，再到杨家将的一系列英雄形象，希凡在学术论证中让我们看到了中华优秀文化史上英雄典型形象的品格、品德、人格。这正是当今社会上倡导诸子文化可借鉴的古典文学作品所讴歌的活生生的艺术形象，站起来的诸子文化人物精神是中华优秀文化软实力的重要内容。上世纪八九十年代，我几赴日本，考察新闻、出版，发现我们的四大经典名著在他们那里被十分尊崇，以精装版本多次出版，并以动画、影视等多媒体传播，在社会上特别是在青少年中，广为流传、称道，许多日本朋友引证三国人物可谓精熟于口，信手拈来。

长期以来，在国内读历史经典名著之风却相对显衰，在当今宣扬子学盛行之际，似应大力提倡读中国古典名著，将名著中人物的典型形象融入子学，加深对中国优秀传统文化的认识与理解。

第三，运用历史唯物主义观点研究在文学作品典型人物、典型形象研究中，探求历史的真实与艺术真实的辩证统一，现实主义与浪漫主义的辩证统一，是李希凡研究中国古典小说又一个重要课题，并取得显著成果。

李希凡同志在这部大作中运用马克思主义哲学观点，以科学的、严谨的学术作风，对两者关系做了明确、深刻、生动的论证。希凡同志的学术研究的科学精神、科学态度、严谨作风在他的作品中无处不见，因而他的学术论说具有极强的说服力。

在他的论著中，我们可以认识到，历史的真实是历史学家凭借文物、史证、史料等真实的资料根据科学的论证，准确论史，那是历史学家的任务。而文学家的文学创作则以史实做依据、做背景，进行艺术创作塑造历史典型环境、典型人物、典型形象，同时，在创作方法上还要善于把现实主义融于浪漫主义，浪漫主义充实现实主义，即谓之"神思之谓也，文之思也，其神远矣""神居胸臆""吐纳珠玉之声"。要"神与物游"，在创作中才能吐纳珠玉。

三

李希凡七部文集，论及了《红楼梦》封建大家族的奢靡衰败的情景，以及贾宝玉对封建传统仕途的反抗精神；论及了《水浒传》各路英雄被逼上梁山的壮观情景；论及了《西游记》孙悟空敢于战胜邪恶之勇，敢于大闹天宫的反抗之搏；论及了《聊斋志异》中，借妖魔、怪异揭露封建统治阶级大小官僚的腐朽丑陋；论及了以周进、范进为代表的受尽八股举业功名之屈辱，展示了腐儒们畸形变态的内心世界，赞扬了《儒林外史》讽刺艺术的强大生命力……真可谓内容丰硕，论证严谨，是当代中国古典文学研究中的珍品大作，是一部难得的中国古典文学研究的教科书，同时又是当今建设社会主义核心价值观难得的古典文学理论体系的完美论证，弘扬了中华优秀文化的高尚文化艺术形象。故此，建议文化界、教育界与相关媒体，组织一次更为广泛的社会性的讨论，学术界、教育界、文学界、艺术界以及全社会都要重视并大力提倡和重读中国古典名著，从中汲取、继承中华民族优秀文化精神，让中华民族英雄的血液代代同流，让中华民族的文化血液成为永驻民族精神之精髓、之力臂、之脊梁。提高中华民族的文化素质、文学素质、人格素质，推动社会主义核心价值观的建设，为实现中华民族伟大复兴之梦，进一步振奋民族精神，挺起民族脊梁，敢于面对一切挑战，奋勇向前！

2014年6月25日

本文原载于《红楼梦学刊》2014年第4辑

作者系中共中央宣传部原副部长、中国作家协会原党组书记

希凡同志对文艺理论批评的巨大贡献

宁宗一

我衷心地祝贺我的学长希凡同志从事学术活动 60 年和《李希凡文集》的出版。我的祝贺乃是从心底发出的。作为同时代人，希凡从事学术活动 60 年与《李希凡文集》记录了我们这一代人的心灵、学术和对理论思维的追求和探索的全过程。希凡正是我们这一代人的优秀代表，是一位在文艺理论批评领域中的真诚的书写者。我比希凡略小两三岁，但是他取得的成就远超我们这些也曾在文艺理论批评中追求与探索的教书人。我为希凡的成就感到骄傲与敬佩。我主要谈以下三点。

一

《李希凡文集》，这七大卷是为我们留存的一份历史底稿，也必将是未来学界，特别是文艺理论批评界的一组"启示录"。

我认为面对"文集"时我们需要的是一种历史感。即我们认识一位学者，以及他创制的业绩都需要放在一定历史环境、一定历史范围中去考察、去体悟。而我们这一代人走在当下的道路上，凡是有良知的朋友都把反思作为我们的义务；我们几乎都在反思规范，但又时时刻刻在挑战规范，正像希凡诸朋友，谁都没有放慢追求与探索的脚步。

回顾过去，我们这一代人都是从 50 年代初起步，从事文学批评和文学教学的年轻人。当时的文化生活给予我们的文艺武器就是人文社的《马恩列斯论文艺》、周扬的《马克思主义与文艺》、《在延安文艺座谈会上的讲话》、鲁迅论文化遗产和周扬译的《生活与美学》，以及稍后的普列汉诺夫、卢卡契的理论著述。另外就是大量的"文艺理论小译丛"以及满涛、辛未艾、缪灵珠译的"别、车、杜"的革命民主主义的文艺理论批评。我们当时掌握的就是这些理论批评武器。试看希凡兄的早期作品，都有这方面的印痕。但是我们没有像今天个别的、轻薄的学人一样鄙视这些，恰恰相反，我们正是试着运用这些理论批评去阐释古典和现当代作品。希凡很多有影响的文章就是当时运用这些武器取得的辉煌成果。事实上，我们可以倒背如流的是恩格斯给拉萨尔的信中提到的，用"美学的历史的观点"，至今有着强大的生命力。"马恩"是那么重视审美的效应和历史意识。至于希凡在接受采访时也谈到别、车、杜对他的影响；我也曾被轻薄地讽刺："宁宗一就是信那个别、车、杜。"我至今不悔。别、杜那种对一位作家、对第一文本的诗化的解读，最后又上升到革命民主主义文艺理论的高度，至今对我们产生积极的作用，我们仍然望尘莫及。

我们这一代坚持回归文本，坚持文学本位的理念是和"马克思学说"与"别、车、杜"的文艺理论和美学观点分不开。因为他们给我们打下了坚实的、正确的基础，也是我们今天还可以在学术界、文艺界安身立命的生命之源。如果我大胆点说，现在相当数量的硕、博根本没读过《马克思恩格斯论艺术》，也就更谈不到恩格斯为什么把美学的观点置于历史观点之前，即他们太不理解，我们这一代同样不想说教，这是对审美的看重。遗憾的是今天的学子却对审美失去了耐心！以上算是我谈的第一点吧。

二

第二，我认为"文集"从始至终贯穿着希凡的现实主义精神。现实主义，在现在已经不是很流行的概念了吧！热门的也许是"魔幻现实主义"。然而希凡兄倾其大半生，他的文艺理论批评建构与贡献其实就是他坚持现实主义。现实主义，在咱们中国用得比较宽泛：现实主义创作原则、现实主义创作方法、现实主义精神等。至于希凡，他不是不谈浪漫主义，不是不论"两结合"，不是不承认象征意味，他最最不舍弃的是现实主义。如对文本的诠释，他的关注点是它的现实主义创作原则和精神。对它的审美价值，他看重的也是它的现实主义精神，而他的审美判断的标准更是强调现实主义的姿态。于是现实主义就成了希凡文艺理论批评的一条贯串线。我想六十多年的学术生涯，他深知现实主义的真谛和在文艺理论领域的重要性，这倒也暗合当代著名作家刘震云先生说的一句话，因为"最难的还是现实主义"。

今天我们回顾往事，我们会看到希凡从内心到理论批评，就是坚持现实主义。这就是我刚才谈的，他是一以贯之的，从未动摇过。不管他评论古代的小说，还是评论现当代的文艺创作，他给我印象最深的也是如此。我想，希凡的思路不仅仅来自马克思学说、

"讲话"或是别、车、杜,因为他们无疑都是坚持现实主义的,把现实主义的创作与批评置于第一位;我更想进一步说,希凡的心灵深处就是一位直面现实、直面现实主义的学者。无论面对生活还是面对文艺作品,或是面对文学思潮,他的态度几乎都是以现实主义态度待之。这种锲而不舍的精神是极其宝贵的。因此从操作层面来看希凡的文章,他坚持的是文本第一,是以实在文本作为对象进行诠释。同时他更是坚持文学本位,他的审美判断大多是有的放矢,有自己独到见解的。

三

第三点,我想说今天祝贺希凡文集出版的现实意义。我们不能不承认,在我们文艺界、教育界,尤其是文艺理论批评界存在一个很大的问题,这就是理论思维的贫困。而理论思维的贫困是缘了我们思想的贫困,而思想的贫困又源于我们哲学意识的贫困和弱化。我们不是要什么"小哲学",更不是要那种僵化的哲学教科书。我只是说,在上世纪50年代,我们不管有多少时代的局限性、历史的局限性,乃至个体的局限性,但我们这些同龄人都对那有限的理论图书和理论问题抱有浓厚的兴趣。我们也会捧读我们那一代人的理论研究成果,比如希凡、蓝翎的文章,只要一发表,我们都要找来拜读,而且会引发更多的思考,燃起从事理论批评的激情和冲动。

今天,希凡的七大卷文集给我的启示,乃至警示,就是我们理论批评界是多么需要"判天地之美,析万物之理"的大哲学、大智慧啊!只有强化我们的理论思维,才能更好地认知我们文艺领域的诸多问题,从而发展和强化我们文艺理论批评的科学学说。正如歌德所说:"谁要想论述当代艺术或就当代艺术进行争论,他就应当了解当代哲学业已取得的和将要取得的进展。"

希凡兄的文集给予我们的是一笔珍贵的精神财富,我珍惜,并表示深深的感谢之情。

本文原载于《红楼梦学刊》2014年第4辑

作者系南开大学文学院教授

值得称道的学术精神

田本相

李希凡是以文艺批评家、理论家，或者是红学家而著称于世的。但我更愿意称他是学者，是当代一位优秀的学者，一位马克思主义学者。他一生始终激扬着一个学者的探索真理、追求真理、坚持真理的学术精神。他具有独立的学术立场、耿直的学术人格，以及坚韧的学术坚守，他为中国当代文学艺术史做出了重要的贡献。

一

1954年，他和蓝翎发表了有关《红楼梦》的评论，成为毛泽东表扬的"小人物"。好像他是突然冒出来的"暴发户"，至今仍然有人对他有着误解，以为他就是靠着"小人物"发迹的，称他的《红楼梦》研究是所谓的"社会评论派"。

李希凡作为一个学者，是从历史潮流中涌现出来的，他不但有着得天独厚的学术环境，有着深厚的学术渊源，更有着很好的学术训练和熏陶。只要读一读他的《往事回眸》（《李希凡文集》第七卷），就更懂得他是在怎样艰苦的条件下，走上学术研究的道路的。

章学诚曾这样说："学者不可无宗主，而必不可有门户。"他之所以这样强调，不但涉及一个学者的根基，也关乎他的学术理想和目标以及治学精神。李希凡因家境困窘，初中毕业之后就开始了"漂泊"的生活，在历练人生中锻造了他的意志，也开始了他的自学生涯。尤其是为大姐夫赵纪彬做助手的一段经历，一部《哲学辞典》成为他学习马克思主义的导读，更诱发他阅读了《共产党宣言》《德意志意识形态》《政治经济学导言》《费尔巴哈论纲》，就连《资本论》他都啃下来了。他说过，"马克思主义书籍正激起我狂热的梦想"。在这里，就确立了他的革命的学术的理想和信仰，马克思主义成为思想的"宗主"。

李希凡说，阅读《鲁迅全集》"坚定了我要学文学的信心"，确定了他"搞文学研究和评论"的学术走向，"找到一条自己能走的道路"。俄罗斯的别林斯基和杜勃罗留波夫成为他崇拜的偶像，他们的现实主义美学的思想融入他的批评美学理念之中。需要提到的是，解放初期山东大学在华岗任校长期间，对学术创新的倡导所形成的学术空气对他的影响，还有杨向奎、吕荧等教授的直接指导，对于李希凡学养的形成也是密不可分的。此外，他在国学方面也有着坚实的基础，经史子集的主要著作他都认真读过。他是带着深厚的学识修养和严格的史学训练，以及他的学术锐气走到文艺战线上来的。

二

李希凡的学术精神首先表现在他敢于向传统的学术思想和权威挑战的精神。这在他对《红楼梦》的研究中集中表现出来。而我们需要重新审视的是，他的批评态度和批评方法是严格按照学术的原则进行的。

李希凡、蓝翎的研究以马克思主义的观点，将《红楼梦》称作"封建社会末期的百科全书"，这在中国学术界第一次揭示了《红楼梦》的核心价值，由此开启了新中国成立后马克思主义文艺批评的新风气。

李希凡《红楼梦》研究的文章被一些人认定为"社会评论派"，既是歪曲又是诋毁。李希凡学术研究的准则是坚持历史和美学的结合。他的文艺思想熔铸着马克思主义、俄国"别车杜"的美学，以及鲁迅的有关现实主义、典型论等丰厚的内涵，并富有创意地运用于《红楼梦》研究，对于红楼人物形象的创造、它的悲剧结构、真情境界的营造，甚至连场面的描写都有深入的评析，岂止是"社会评论"所能概括的。

记得《论中国古典小说的艺术形象》出版时，我正在大学读书，成为争相阅读轰动一时的名著。在这部著作里，更展现着他的学术功底和学术独创。这些论著、对中国古典小说的研究，开启了新的思路、新的风气，在中国古典小说研究史上产生了深刻的影响。这些，也绝非是"社会评论"所能做到的。

即使他在《人民日报》工作期间，所写有关当代小说、戏剧、戏曲的评论，也是他对中国文学艺术批评所做出的杰出贡献，这些文字具有大家的风范。例如对《红旗谱》《青春之歌》《创业史》《红岩》等的评论，即使今天看来，也并非应景之作，有着他的独到见解和深刻的艺术分析，如对朱老忠艺术典型的论述，都堪称艺术评论的范例。对当时上演的话剧，如《胆剑篇》《甲午海战》《神拳》等也有所评论。尤其是在历史剧论争中，他的《"史实"与"虚构"》一文，从理论上回答了历史剧的历史真实与艺术真实的关系。

三

我之所以说李希凡是一个优秀的马克思主义的学者，还在于他对学术的坚守，从早年意气风发地投身学术到晚年离休之后，一生中，无论是顺势还是逆境，他从来没有松懈和放弃他的学术研究。

鲁迅，是他早年立下志愿投身文艺事业的精神导师，纪念鲁迅逝世20周年时，他就在《人民日报》发表了《〈阿Q正传〉简论》，以典型论对阿Q"这一个"的典型性格及其典型价值作了精辟的分析。此后他始终没有忘情于对鲁迅的研究。即使在1976年遭遇天灾，自身又是命运不济的情境下，他依然全身心投入鲁迅5种创作（《呐喊》《彷徨》《朝花夕拾》《野草》《故事新编》）的研究之中。他的研究不仅有自身的特色，也有独创之处，那就是以小的论题，通过具体的作品的思想和艺术的分析，来透视鲁迅博大精深的总体精神，把握鲁迅作品总体的精神氛围和历史的氛围。《呐喊》《彷徨》自不必说，即使《故事新编》，他从《奔月》《铸剑》中所看到的是鲁迅的战斗性格和坚忍不拔的勇士精神。而他认为《野草》"是鲁迅最赤诚地袒露自己这一时期心灵世界的瑰丽诗篇"。鲁迅的散文如《纪念刘和珍君》《为了忘却的记念》等，他认为是最能体现出中华民族传统的美的特征的，即展现"情感中的理性的美"。

学术的坚守，也表现在他对于学术理念的坚持，对一些学术不良风气的批评上。他针对2005年所谓"红楼梦年"掀起的"秦学"及其"揭秘"，尖锐指出这不过是"沉渣泛起，却在一些媒体，特别是电视媒体的推波助澜下，引起了那么狂热的追捧，岂不是当代红学研究的一大悲哀"。而他更在疾病缠身的情况下，完成了《传神文笔足千秋 ——〈红楼梦〉人物论》的巨著，以严肃的学术著作来回应新索隐派的挑战。

《红楼梦》人物论，先有抗战期间王昆仑的《〈红楼梦〉人物论》，再有新中国成立后蒋和森的《红楼梦论稿》，他们对红楼人物的论评各有特色而受到读者的欢迎。而李希凡的人物论，则以其厚重的论述、精到的艺术分析而著称。文学即人学，而《红楼梦》最杰出的艺术创造在于人物，可以说，是说不完的红楼人物。就论述人物之多、之细、之深，李希凡的人物论独具特色，他从多个角度和多个侧面的观察透析，使得他的人物论评更为沉实凝重。而在人物论述的整体安排上，可以说深入到《红楼梦》的大千世界，深入到人物的心灵世界以及人物复杂多样的人性的深层底里。而他的文笔更为老到，尤其是对人物性格的艺术分析的细腻深刻，开拓了红楼人物研究的新境界。

尤为令人敬佩的是，他离休后肩负起修治《中华艺术通史》的重担。这个项目本来是他在国家社会科学规划会议上提出来的，但是始终无人承担；作为中国艺术研究院的院长，他觉得应当完成这样的项目，这是不可推脱、不可回避的历史责任。在耄耋之年，他勇敢地挑起重担，带领团队历经十年，顺利地完成了这个使命，为中国的艺术学科填补了一个空白。

李希凡的治学精神以及他的学术成就，为后辈学人做出了很好的榜样。

本文原载于《文艺报》2014年8月29日

作者系中国艺术研究院研究员

杰出的与时间赛跑的文艺评论家李希凡

——赏读《李希凡文集（第四卷）：现代文学评论集》的几点感受

郑恩波

今天，我们终于迎来了为在新中国的阳光照耀下，在毛泽东文艺思想的哺育下，从生机勃勃的幼苗成长为参天大树的著名红学家、文艺评论家李希凡同志的七卷文集举行研讨会的美好时刻。七卷本的《李希凡文集》的隆重出版，对希凡同志本人来说，是一件意义非凡的喜事，因为它是对一个文艺评论家、真正的红学研究专家六十年战斗生涯的庄严检阅和充分肯定；对于中国社会主义文坛、艺苑来说，是一件非常值得纪念、具有历史意义的盛事，因为"小人物"李希凡这个名字，是与新中国崭新的意识形态、文艺理论、文艺评论事业紧紧联系在一起的。毫不夸张地说，在中国当代文论史上，恐怕还没有谁能比希凡同志的成就更为卓著，影响更为深远，为人为文更令人敬仰。

希凡同志的文艺成就是多方面的，因为时间关系，我只想从现代文学评论这个领域谈一点肤浅的看法。

从1954年发表关于《红楼梦》研究的文章算起，到如今希凡同志已经在文艺评论（其中很大一部分是文学评论）这条战线上不间断地始终如一地苦苦拼搏了整整60个年头。无论是在春风得意的20世纪50年代，还是在年富力强的60年代；无论是在身处逆境，两次去"五七"干校滚泥巴的十年浩劫期间，还是进入艺术殿堂，走上一个部级机关的领导岗位的花甲之年，他始终都没有搁下手中的笔、停止对当代文学的跟踪和评论，密切地关注、分析、研究作家们的创作状况和取得的成就。该肯定和表扬的，他就怀着无限欣喜和兴奋之情，予以满腔热情的扶持与赞美，他是胸中燃烧着烈火般的激情，拥抱美好生活和反映美好生活、讴歌社会主义新人的优秀作品的人。人们不会忘记，20世纪50年代初期，社会主义农业合作化在全国刚刚兴起的时候，老作家康濯凭着敏锐的政治嗅觉和激情，出版了内容新颖、艺术精湛，反映农业合作化中农民的新道德、新风尚短篇小说集《春种秋收》。这部作品一开始并没有引起评论家们足够的重视，可是，刚刚28岁多一点的希凡同志，却一眼就洞察出它非同小可的时代意义。于是，在繁忙的编辑工作之余，立即动手，日夜兼程，很快写出了令作者满意，受读者欢迎的评论美文《农村社会主义新人物的颂歌》。作者对10篇小说的每个人物形象都做了细致而精当的分析，让读者深深地领悟了作者读书的认真和精心。文章的最后一段以抒情的笔调写道："我们伟大祖国丰富多彩的现实，充满着多种多样的新鲜事物，它向作家提出了一个战斗的要求，要求作家敏锐地、迅速地反映我们生活中紧张的事件，在瞬息万变、蓬勃发展的现实里，我们多么希望，有责任感和义务感的作家们，供给我们更多更好的短篇——这种富有战斗性和号召力的作品啊！"年轻的评论家热爱、赞美、拥抱瞬息万变、蓬勃发展的社会现实，渴望有更多更好的作品尽早问世的赤子情怀溢于言表。

20世纪50年代中期至60年代中期约十年时间，是新中国成立后出现的第一个长篇小说创作的高峰期。《红旗谱》《红岩》《红日》《青春之歌》《林海雪原》《野火春风斗古城》《苦菜花》等精品佳作接踵而至，文坛上呈现出一派喜人的景象。这时候，年轻力壮、志气昂扬的希凡同志，作为《人民日报》文艺部评论组组长，很自觉地担起了为这批长篇力作击节喝彩、总结创作经验的重任。他非但组织了大量的版面宣传这批为中国当代文学赢得了巨大荣誉和威望的杰作，而且自己还亲自动手，几乎为上述每部作品都写了高质量的评论文章，给读者留下了终生难以忘怀的印象，在国内外产生了巨大的影响。对希凡同志来说，那也是一段峥嵘岁月，评论现代文学的得意之作写得最多的岁月。

时刻不忘记自己肩负的使命，一定不能被时间甩在后头，决心在与时间赛跑中获胜的希凡同志，即使在两次下放干校的蹉跎岁月里，也没忘记评论当代文艺是自己神圣的天职。由于客观条件所限，这期间，他写不了干预现实的文艺评论。于是，便捧起鲁迅的著作，学习起鲁迅来。"文革"结束不久，就与读者见了面的两部研究鲁迅的专著《〈呐喊〉〈彷徨〉的思想与艺术》《一个伟大寻求者的心声》，就是在小汤山《人民日报》"五七"干校清冷的宿舍里完成的。条件是很恶劣的，生活也是很艰苦的，但这些对于心红志坚的希凡同志来说都算不了什么，只要不让时间自己跑掉，不枉度天命之年，希凡同志就什么都可以豁得出来。

改革开放的春风化雨，让祖国大地处处都充满了生机。这时期的希凡同志，虽然已经到了扔下五十奔六十的年纪，但是，彻底的思想解放却让他如鱼得水、似虎添翼，开始了第二个青年时代，不但写下了《巍巍青山在召唤——读〈高山下的花环〉》《读"京味儿"小说——序〈京味小说八家〉》《漫谈蒋子龙历史新时期的小说创作》等富有真知灼见的大块评论文章，而且根据形势的发展和工作的需要，发表了《毛泽东文艺思想的贡献》《公正地对待毛泽东文艺思想》《理直气壮地高奏时代主旋律》等一大批具有战斗性、现实性和前瞻性的重头文章，彰显了一位文坛宿将的成熟、老到，和对党、对人民、对毛泽东文艺思想的赤胆忠心。

总观希凡同志六十年的文学之路，我们有充分的理由说，这是一条勇于向时间挑战，顽强地同时间赛跑并且获得了胜利的光荣之路，是一个真正的虔诚的马列主义、毛泽东文艺思想的信仰者，忠实地践行、勇敢地捍卫马列主义、毛泽东文艺思想的斗争之路。他的人生和事业的道路的底色是鲜红鲜红的。

李希凡不平凡的文学之路我们也知道一些，但他这个杰出的饮誉海内外的文学评论家的一些具体的文艺观点，我们并不十分清楚，现在就让我们从几篇评论文章中摘引几段，让大家对此能有一点真切的体会。

首先，让我们来看看希凡同志对《红旗谱》及主人公朱老忠这一形象的评论：

> 中国农民富有斗争传统的宝贵品质，以及世世代代被压迫农民在反抗斗争中用生命和鲜血结晶出来的那种友情——即水浒英雄所谓的"义"，在朱老忠久经锻炼的深沉的性格里，得到了何等突出、何等深刻的表现……在我们的革命文学里，描写党所领导的革命农村斗争的作品，数量是很多的，但能够创造出具有如此历史深度的革命农民的英雄典型，朱老忠的形象还是第一个。这就是《红旗谱》作者通过形象创造运用革命的现实主义和革命的浪漫主义相结合的艺术方法的杰出成就。
>
> 在这里，革命的现实主义和革命的浪漫主义的结合，不是现实加理想的简单的糅合，而是融化为统一的艺术方法相互渗透地表现在形象创造的艺术描写和艺术风格的各个方面。
>
> 革命的现实主义必须真实地描写革命发展中的现实，革命的浪漫主义也只有在真实的生活画面里勾画着色，才能达到彼此渗透、互为一体的结合；也只有这样，才符合生活的真实和生活的发展规律。《红旗谱》的杰出成就，就在于它丰富地表现了中国民主革命新旧转换期各种各样的农民性格，形象地总结了几个时代农民斗争的活的经验和教训。
>
> 可以毫不夸张地说，《红旗谱》是目前革命文学关于20年代农民斗争生活的一幅仅有的色彩斑斓的画面。在这幅画里，烙下了"烈火熬煎着灾难生命"的活生生的血迹，但也震响着融贯两个历史时代斗争生命的号角，从朱老巩、严老祥的"赤膊上阵"，朱老明的串联28家穷人的对簿公堂，到严运涛、朱老忠在共产党的旗帜下领导如火如荼的反割头税的斗争，中国农民世代蝉联的革命斗争史，在《红旗谱》里，透过各种不同性格的生活、遭遇和命运，得到了丰满的体现。从性格的关联里延展开去的丰富的社会生活风貌，真可以说是用细密的针脚织成的。

这些真正艺术行家的分析与概括，真是见解独到而中肯，句句都说在了点子上。这些早已被学人所认同，成为后人研究《红旗谱》必定要借鉴的经典。

《林海雪原》这部传奇性色彩颇强的长篇，在上个世纪50年代中期一问世就引起了巨大反响，得到广大读者的喜爱。然而，书中的中心人物少剑波的形象却引起了很大的争议，有人甚至十分偏激地说这是一个失败的形象，是一个"个人英雄主义"的形象。面对这些不实事求是的批评，成熟、稳健，30岁刚过的希凡同志，在为《北京日报》讨论《林海雪原》的总结性文章《关于〈林海雪原〉的评价问题》中，对少剑波这一人物形象做了全面、辩证、中肯的剖析：

> 从形象创造来看，少剑波的形象不能说是写得成功的，它没有实现作者创造一个更完整的人民解放军指挥员形象的意图，但是也不能从这里就引申出对他作为一个人民革命战士的全部品质的否定，更不能说他就是一个"个人英雄主义"的形象。要承认，这个贯穿全书的中心人物，在作者的笔下，像威虎山战斗"兵分三路"的奇妙部署，消灭九彪的大胆行动，在大锅盔战斗中的那种和敌人周旋的灵活战术，都还是写出了这个久经锻炼的青年指挥员的知己知彼的勇敢、智慧、果断的英雄品质的，完全否认这一点，也是不公平的。

希凡同志这种珍惜作家的创造性劳动和成果的慈爱之心，分析事情如此细致、周密的素养，其实早在两年之前，即1959年社会讨论《青春之歌》时，在自己写的《阶级论还是"唯成分论"》中，对林道静这个典型形象就发表了这样一种令人心折、敬佩的见解：

> 林道静的形象，基本上还是一个正在经历着斗争锻炼的性格，人们确实从她身上强烈地感受到"与其说是无产阶级革命派，还不如说是小资产阶级革命民主派"的浓厚气息，但是，同样我们也可以从她身上，感受到她的思想感情正在经历着从一个阶级到另一个阶级的革命转化的脉搏跳动，尽管作者在这方面的艺术刻画还不够深切，不过，林道静的这种精神面貌的轮廓，还是非常清楚的。杨沫同志表现了她的明确的阶级观点，作品所反映的历史的真实，也恰恰是通过这个性格变化的丰富描写来表现的。相反的，郭开同志的对于林道静的所谓"够标准的、堪作革命者模范的光辉的共产党员的典型"的要求，我倒以为是违反历史真实的要求。如果杨沫同志根据这种要求去创造林道静的形象，也许符合了郭开的"阶级论""典型论"，然而，

却失去了时代的精神面貌，甚至取消了林道静这个人物。因为郭开同志的"阶级论"不过是"唯成分论"的代名词，而在"唯成分论"要求下诞生出来的林道静，却必须和地主阶级利益相一致，和地主阶级家庭站在一条战线上，这样一来，林道静岂止不会成为一个革命者，也许还要等待着土改时期和地主一起去反对革命呢？！

请读者朋友仔细地玩味一下这段话的每个词、每个字，希凡同志讲的是何等深刻，何等入情入理，令人心服口服。这样的文学评论读者怎能不爱读呢！有比较，才能分辨出高低，希凡同志的文学评论逻辑之严密，说理之透彻，语言之朴素，气派之壮威，比我读过的其他许多评论家的文章都要高上一等。时间久了，在我的阅读生活中，他比别人就高出一头。慢慢地，许许多多的读者也对他信任起来，崇敬起来，于是李希凡文艺评论权威的高大身影，就在中国文坛、艺苑中矗立起来。权威不是谁树立起来的，更不是个人自封的，而是在群众的拥戴中自然而然形成的。这种权威的生命力可以说是永恒的。半个多世纪过去了，可是，李希凡身上文学艺术评论权威的光辉却丝毫也没有减弱。

二十七年前，在南京召开的专门研讨如何写好外国文学史的中国外国文学学会第三届年会上，时任北大西语系教授、著名英美文学专家杨周翰先生，充满自信地提出"写文学史作者要写进自我"的见解，在与会者当中引起了热烈的讨论。听到杨先生这一独到的见解，我心里产生了强烈的共鸣，立刻想起了希凡同志的一些文学评论文章。虽然希凡同志没写过文学史，但写文学评论跟写文学史有很大的相似之处。杨先生的见解早已被希凡同志的一系列文学评论文章证明是正确的。

写文学评论要写进自我，我的理解是：评论文章的作者在写作过程中要把自己的全部感情都投入进去，不能高高在上，指手画脚，而要与书的主人公、书的作者一起互动，爆发出共同的感情的火花。甚至评论者要与书的作者平等相处，结为心心相印的朋友。有时甚至要说出作者不便讲的话，抒发出作者隐藏在内心的喜怒哀乐。《李希凡文集（第四卷）：现代文学评论集》中的许多文章都具有这种特色，有的文章结尾处评论者甚至自己走到前台，或对作品中的人物表示赞美，或对书的作者致以贺意，或代替作者发出友善的呼吁。

希凡同志的许多文章创造了文艺评论写作的新样式，他的许多鲜活颖异、富有文采的美文佳篇，为文艺评论写作的进步与解放起了很好的示范作用。希凡同志没有进过"翰林院"，没有受过学院派著书立说的一整套范式训练，换句话说，写作文艺评论，他没有古板的、凝滞的条条框框的限制，他的笔很自由，脑子一旦开动起来便任意驰骋，信马由缰，只要有利于表达思想，十八般武艺都可以使出来。

有的文章不一定按死板的论文模式去写，你看《英雄的花 革命的花 —— 读冯德英的〈苦菜花〉》的开头写得多么巧妙别致！它不是先概述小说的内容或对主人公作一番评述（这是书评的老写法，习惯的写法），而是引用小说第七章中为烘托母亲的形象，给这个富有诗意的书名做的注解，着力点出"苦菜"的根虽苦，开出的花儿，却是香的，由此一层层地阐发《苦菜花》史诗性的革命主题，充分地展示了作者执笔的巧劲儿。

《社会主义时代精神的最强者 —— 读〈欧阳海之歌〉》的切入点更妙。我们知道，欧阳海是位顶天立地的英雄，他的非凡的勇士的壮举震撼了每个中国人的心。小说《欧阳海之歌》一问世，全国上下好评如潮，产生了极大的轰动效应。在这种情势下，希凡同志要写好这部特殊的小说的评论，着实动了一番脑筋。他必须使出一点高招儿，把文章写得既深邃，又新鲜，取得最佳效果才行。经过几天几夜的苦思冥想，办法终于有了：他抓住欧阳海在生命最后的4秒钟的"想""看""听""说"，将小说中最精彩、最激动人心的1500字原本原样地引出来，放在文章的最前面，以此作为文章的内核，从容不迫、有板有眼地说开去。结果，一篇面貌奇特、风格独具的书评诞生了。此文既是一篇层次分明、条理清晰的评论文，又是一篇感情丰盈、诗情画意的抒情散文。这篇文章的逻辑思维和形象思维结合得如此的完美、和谐，表明希凡同志为创造文艺评论的新样式，远在半个世纪之前就流下了辛勤的汗水，收获了丰美的果实。

希凡同志的文艺评论读起来能给人留下一种内容充实、丰满、雅俗共赏的美好印象。希凡同志的心里有群众，他总是考虑要让读自己文章的人能得些实实在在的收益。我这话可能有点抽象，不太好理解。好吧，那就让我说得稍微细一点。读者是各种各样的，有的读过他评论的书，有的根本没读过，只是听说了那本书的名字。为了让绝大多数的读者能理解他对书的评价，他总是在行文中寻找机会，对书的内容和人物巧妙地做出恰当的交代，让读者心里有底，而不悬在半空中。不要说评论长篇小说是这样做，就是短篇小说也如此认真对待。凡是细心阅读希凡同志的评论文章的读者，都会同意我的这一看法。由于工作的关系，这些年来我读过无数外国文评家的书评。这些洋评论家有一个共同的毛病：文中根本不讲书的内容，开篇就左打比方，右形容，大谈自己的感受，强迫读者只能跟着他的感觉走，也不管他的感觉是否正确。这些年来，我国有不少文评家在这方面与外国人接轨成绩甚为显赫，读他们的文章，我也总觉得如堕云里雾中。而读希凡同志的如山泉般清澈、似水晶一样透明的文章，我却仿佛冲破云山雾罩，走进了云蒸霞蔚的天地。

说起希凡同志的影响，我想用"无与伦比"四个字来概括不为过分。只讲几件事就足够了。

1956年3月15日，第一次全国青创会在北京召开，会议共开了两个星期，是那一年中国文坛的一大盛事。会议期间，中央新闻电影制片厂的一期"新闻简报"为李希凡、刘绍棠、魏巍出了专号，他们三人成了文艺爱好者学习、崇拜的偶像。在有的学校里，老师甚至向爱好文学的学生发出了"争取做一个李希凡、刘绍棠、魏巍式的作家"的动员令。

20世纪60年代上半叶是李希凡文学事业的黄金时期，北京大学图书馆馆藏李希凡的几本著作的借阅卡片上，借阅者的名字写得满满当当，图书馆不得不为借阅卡配上几张附页。希凡同志的文章是读者最喜爱的精神食粮。

那时，学生宿舍和图书馆的走廊里设有报栏，挂着《人民日报》《光明日报》《北京日报》……只要报刊上有李希凡的文章，报纸前面肯定整天围个水泄不通。报纸被人偷偷拿走的事儿也常常发生。

"四人帮"被粉碎后，全国的各个"五七"干校都立刻收了摊儿。可是不知什么原因，《人民日报》设在小汤山的干校，却依然坚决地继续办了两年，李希凡再次被发配到京郊反省改造。群众对此强烈不满，主动为李希凡打抱不平，说公道话。领导不敢违背群众的意愿，在强大的压力下，不得不把希凡同志请回报社，重新为他安排了工作，委实是士气不可欺，民意不可辱啊！李希凡在人民心中的地位可想而知。

至于希凡同志对我本人的影响，那是应该专门写一篇大文章的。因时间关系，我只想说几句话：我要永远学习希凡同志做人作文始终是一张脸、真正有信仰的可贵品质，要以他严谨、踏实、进取的学风为表率，聚精会神，埋头苦干，治理好自己的那个文学小天地。1958年前，我在初中毕业前夕的最后一次作文中，曾经正经八百地立下了当一名社会主义文艺战士，要么做一个刘绍棠式的作家，要么做一个李希凡式的文艺评论家的誓言。由于天资不高，能力又低，立下的誓言迄今也没有实现。但是我感到欣慰的是，在文学这条崎岖险峻的道路上，我一直毫不懈怠地奋斗着，拼搏着，追求着。一位著名的军旅作家说，从事文学事业一定要有追求，有追求迟早总会成功，我对此坚信不疑。阿尔巴尼亚新文学的奠基者、民族复兴时期的伟大诗人纳伊姆·弗拉舍里也留下了名言：工作，工作，日日夜夜，胜利时刻一定会到来，天空定将金辉耀眼，光芒四射！我要以希凡同志为榜样，使出全部的力气与时间赛跑，以自身的行动证明名人先贤的教诲是何等的伟大与正确！

本文原载于《红楼梦学刊》2014年第4辑

作者系中国艺术研究院研究员

卓尔不凡的追求与探索

——读《李希凡文集》

李荣启

最近，我欣喜地收到了李希凡先生赠予我的一套文集，连续几天认真地阅读，不仅感受到了他那博大深厚的人文情怀和耿介率真的人格魅力，更被他那独特的学术研究之旅和严谨求真的治学精神所吸引。随着阅读的深入，逐渐感悟到了他的思想、才华、见识、境界、胸怀、眼光，其卓尔不凡的追求与探索，是我等后生晚辈学习的榜样。

《李希凡文集》是由中国出版集团东方出版中心2014年1月出版。整套文集共七卷，400多万字。其内容是：第一卷《中国古典小说论丛》，第二卷《〈红楼梦〉人物论》，第三卷《论鲁迅的"五种创作"》，第四卷《现代文学评论集》，第五卷《艺术评论集》，第六卷《序跋·随笔·散文》，第七卷《往事回眸》。七卷精美厚重的文集，荟萃着作者几十年从事精神创作的累累硕果，读者从中既能见出他的人生经历、文艺思想、理论创新、学术贡献、自我反省，又能洞悉新中国的文艺理论是如何在激烈的思想论争、理论交锋中发展前进的历史轨迹。文集中的每一篇论文、评论、随笔、散文，都饱含着作者真挚的情感和睿智的思辨，其用心血和智慧熔铸出的文字，通俗生动，具有"抓人"的魅力。笔者认为，《李希凡文集》的学术品格和主要特点体现在以下三个方面。

一、广阔的研究领域，丰富的学术贡献

李希凡先生是我国著名的文艺理论家、文艺评论家、红学家。他青年时代就刻苦钻研过《资本论》《共产党宣言》《马克思恩格斯选集》等经典著作，确立了马克思主义唯物史观。在其后的工作和研究中，他始终坚持以马克思主义为指导，坚持正确的研究工作方向。李希凡先生六十余年的学术研究涉及中国古典文学研究、现当代文艺评论、红学研究、鲁迅研究、毛泽东文艺思想研究等多个领域，取得了诸多理论建树。

　　在长期的文艺工作实践中，李希凡先生研读过大量的马克思主义经典作家的论著，对马克思主义文艺观和毛泽东文艺思想有过系统的探索，并能深刻地理解和运用。如在李希凡先生的整个文艺思想体系中，贯穿着唯物主义反映论，并始终坚持"文艺是社会生活的反映"这一马克思主义文艺思想的核心理念。基于这样的理念，他的评论、研究、创作多是源于社会实践和艺术实践的，绝无凭空的创作。因此，出自他笔下的文章都具有鲜明的理论联系实际的特点，且有血有肉、有现实针对性。他对马克思主义文艺观的阐释总是能够紧密联系我国现实的文艺创作和批评实际，针对一些问题和时弊抒发己见，带给读者有益的启示。这一特点集中体现在他所发表的大量读后感、文艺评论之中，其中有对社会主义文艺如何坚持正确方向和方针的理论思考；有对"人民需要艺术，艺术更需要人民""理直气壮地高奏时代主旋律""文艺应当弘扬爱国主义传统"的呼吁和倡导；更有对一些重大理论问题的深入探寻。譬如：在《继承发展革命文艺传统》中对革命文艺传统内涵的阐释；在多篇研读《在延安文艺座谈会上的讲话》的文章中对毛泽东文艺思想是如何创造性地、系统地发展马克思主义文艺观的论析；在大量的现代文艺评论中对艺术创作规律的揭示等，充分体现出了科学求实、锐意创新的学术探索精神。

　　李希凡先生最早涉猎的研究领域是中国古典小说，他在幼年时就受到了古典小说的"启蒙"教育，《三国演义》《水浒传》《西游记》等古典名著烂熟于心。大学读书期间已发表过几篇评论《水浒传》的文章，大胆发表己见，具有了进行学术争鸣的品格。之后，围绕中国古代四大名著和古典小说创作问题发表了大量的论文和评论。在这些作品中，既有从文艺理论视角探索古典小说人物创作、情节结构、细节描写、艺术方法的篇什，更有在深入鉴赏基础上的文学探寻，即对四大古典名著中所塑造的众多典型人物的剖析、艺术特色的分析。他反对把小说中的情节和人物形象当成真实的历史事件和人物来考证，主张按照文学艺术自身的规律去看待和评论作品。所以，他写的文学评论不只是有感而发，更熔铸着睿智的思考，并建构起了一个独立而又个性化的话语世界，乃至感觉世界。倘若读者深入这个世界，就会深刻感觉到李希凡先生真挚的情感、广博的知识、深邃的思想。

　　李希凡先生的研究领域非常宽广，不仅在中国古典文学研究领域成就卓著，而且在现当代文艺评论方面也是硕果累累。从1955年至1986年，他在《人民日报》文艺部工作的32年中，发表了大量的文艺评论，对"文革"前17年的优秀长篇小说，如《红旗谱》《青春之歌》《林海雪原》《创业史》《在和平的日子里》《红岩》《苦菜花》《欧阳海之歌》等均发表过有影响的评论文章，还发表过一些戏剧电影评论。这些作品大多收在《李希凡文集》第四卷和第五卷之中。其中有的评论还是当时文艺论争中的作品。如《林海雪原》是一部极富革命传奇性的小说，它一出版就受到广大读者的欢迎。特别是杨子荣不怕牺牲、深入虎穴、机智勇敢的英雄形象，塑造得相当成功。但当时对这部小说的评价却褒贬不一，有人撰文批评该小说所写的那段生活不符合当地革命历史的真实。对此，李希凡先生认为这样要求作家是不符合创作规律的。应《北京日报》的约稿，他撰写了《关于〈林海雪原〉的评价问题》，文中通过对该小说情节内容的深入分析，指明《林海雪原》虽然充满着传奇特色，但其传奇性都是寓于现实生活和人物性格表现的真实描绘里。它是作者对源于生活的素材进行高度概括和提炼的结果。文中还深刻阐释了生活真实和艺术真实的关系，引导读者正确理解和把握文学艺术创作的特点。他的文艺评论总是充满了针对性和思辨性，论据充实、论证充分、以理服人、新见不断，读来使人受益匪浅。

二、求真的学术勇气，思辨的创新精神

新中国的文学艺术是在激烈的思想论争、交锋、较量中发展前进的。李希凡先生认为，没有论争，就没有学术进步。在历次学术论争中，他都怀着强烈的社会责任感和追求真理的胆识和勇气，勤于思考，敢于向权威挑战，针对种种文化现象、文艺观点提出了不少在当时振聋发聩的见解。

在红学史上，1954年关于《红楼梦》研究问题的大讨论，是个无法绕过的话题。当年，李希凡和蓝翎两人发表的《关于〈红楼梦简论〉及其他》《评〈红楼梦研究〉》的文章引起了毛泽东的关注，被称为"这是三十多年以来向所谓《红楼梦》研究权威作家的错误观点的第一次认真的开火"。这两位初出茅庐的文学青年当时也"一举成名天下知"。《李希凡文集（第七卷）：往事回眸》中，从当事人和亲历者的视角对于这一历史事件有着详尽的描述，并陈述了参与这场学术论争的初衷。写这两篇文章的初衷是作者对当时古典文学研究现状不太满意，不同意俞平伯先生关于《红楼梦》评价中的许多看法，尝试着用马克思主义文艺观对《红楼梦》的时代历史意义及其伟大成就进行阐释和评价。李希凡先生认为，以胡适和俞平伯为代表的"新红学派"，对《红楼梦》的研究有不少偏颇和错误之处，他们的"平淡无奇的自然主义说""自叙传说""写生说""感叹身世说""为十二钗作本传说""写闺友闺情说"，都是以偏概全，都是用"精神现象"（即唯心主义）曲解了这部伟大杰作的时代历史意义，更无助于读者深入理解《红楼梦》创作艺术的美学底蕴。针对"考证派"的各种说法，李希凡先生尝试用马克思主义分析这部伟大的杰作，并把《红

楼梦》置于明清之际资本主义萌芽期及其启蒙思潮中论析曹雪芹和这部伟大作品的历史背景、思想倾向和文学艺术成就。在他撰写的红学评论中，鲜明地提出了自己的见识和主张，他说："《红楼梦》是一部揭露和批判封建统治'百科全书式'的伟大作品。它的伟大绝不在于它只是一本'写爱情'的书——尽管它写'儿女真情'写得好极了，而在于它真实、深刻地反映了封建末世的现实，并揭露、批判了封建统治及其上层建筑的种种衰败和腐朽，而且描绘了真、善、美，歌颂了新生者找不到出路的悲剧。它是中国古典文学的巅峰之作。"他把贾宝玉性格形象看作人文精神的时代闪光。这些论点足以见出他在学术论争中不仅敢于向权威学者的观点质疑，而且在深邃的理论思考中能不断提出自己的新见。

典型问题是文艺理论和文艺创作中的核心问题，它集中体现了文艺创作的审美规律，因而一直是马克思主义经典著作家关注的重要理论问题。我国文论界曾开展过典型问题的论争。20世纪50年代，何其芳提出了"典型共名"说，即："一个虚构的人物，不仅活在书本上，而且流行在生活中，成为人们用来称呼某些人的共名，成为人们愿意仿效或者不愿意仿效的榜样，这是作品中的人物所能达到的最高的成功的标志。"他认为，在生活中流行的堂·吉诃德的名字，就是主观主义者的共名；而阿 Q 的名字，便是精神胜利法的共名。对这一典型新论，李希凡先生提出了不同的见解，他在《典型新论质疑》《阿Q、典型、共名及其他》等论文中，通过分析鲁迅小说塑造的阿 Q、孔乙己、祥林嫂等典型人物形象，阐述了对典型问题的深刻思考。他指出："文学典型的是否成功，是决定于它对生活概括的深刻性和丰富性，它的性格的突出社会意义，而不决定于它的某些特征是否会作为所谓'共名'在生活中流行……"他还深入分析了鲁迅小说典型创造所运用的艺术方法和具有的艺术特征，认为，鲁迅的创作艺术是精练的，鲁迅的创作风格是简洁的。鲁迅是继承和发扬了中国传统艺术的特长，把典型环境的概括凝缩在叙事、写人的情节中加以展现。在《阿 Q 正传》里，并没有单独的环境描写，一切都交融在人物性格相互关系的刻画里，使人深刻地感受到环境和性格是血肉一体的。他的质疑不是凭空妄想，而是有理有据，体现了充分的针对性、思辨性，是理性思考的产物。可见，作为一个文艺评论家、文艺理论家，他更多的不是用笔在写作，而是用心在写作、用思想在写作。因而，读他的论文、评论，会深深感受到作者求真的学术勇气和综合创新的能力。

在新中国成立后的十七年中，李希凡先生参与了多次文艺论争。曾就阿 Q 问题、《琵琶记》与封建道德问题、《三国演义》与历史剧的争论、鬼戏问题、杨家将与《四郎探母》问题、戏曲的推陈出新等问题，发表过多篇颇有见地的理论探讨文章。如20世纪50年代末，史学界讨论历史人物曹操的评价问题，有的史学家认为，《三国演义》是曹操的"谤书"，罗贯中是"以封建正统思想毒害人民"，罗贯中是"封建正统主义的积极宣传者"，还说"《三国演义》把历史写成了滑稽剧""丑化了曹操，美化了刘、关、张"。对把批判的矛头指向《三国演义》，既不区分文学与历史的不同，也不懂得艺术真实的创造并不是历史事实的记录的问题，他挺身而出，反驳历史学界缺乏文学常识的错误观点。基于对相关资料的充分掌握和对对象的深入研究之后，他接连写了四篇文章为《三国演义》辩护，即：《〈三国演义〉和为曹操翻案》《历史人物的曹操和文学形象的曹操——再谈〈三国演义〉和为曹操翻案》《〈三国演义〉里的关羽形象》《一个忠贞、智慧的封建政治家的典型——〈三国演义〉里的诸葛亮》（以上文章均已收在《李希凡文集》第一卷）。这些文章深入剖析了《三国演义》的丰富内蕴，鲜明而深入地阐述了三个方面的意见：第一，《三国演义》绝没有把历史写成滑稽戏，而是真实、深刻地反映了封建统治的尖锐的政治斗争；第二，《三国演义》里曹操的艺术形象，正是在这种复杂的政治斗争的现实主义描写里，丰富而突出地塑造了一个封建政治家的不朽典型；第三，所谓"美化了刘、关、张、诸葛亮"，也是历史学家基于将文学作品的《三国演义》当作史书来解读而产生的偏见。这自成一家的观点，足以证明李希凡先生是一位极具主体意识的文艺评论家，他坚持按照文学创作的规律阐释文学作品，力求使"历史批评"与"美学批评"相统一。

三、执着的理论探索，不懈的人生追求

李希凡先生的人生经历颇为坎坷，不仅"文革"中曾受到过不公正的对待，并被第一批下放到"五七"干校劳动。粉碎"四人帮"后，又经历过第二次煎熬，在挨批挨整后，再次被下放到京郊小汤山《人民日报》"五七"干校去劳动。在逆境中，他以学习和研究鲁迅为精神寄托，白天下田劳动，晚上灯下写作。在清静无扰的环境中，他"激情满怀地生活在'鲁迅世界'里，不问世事，别有一番情趣"。他连续写出了多篇研究鲁迅的论文，发表后，在文论界产生了较大的学术影响。《李希凡文集（第三卷）：论鲁迅的"五种创作"》所收录的32篇论文，其中有多篇是这一时期完成的。他运用毛泽东《新民主主义论》的观点来评价《呐喊》《彷徨》创作的时代意义和文学价值，运用马克思主义文艺观剖析鲁迅小说中塑造的阿Q、孔乙己、魏连殳、子君等典型形象。随着对鲁迅另外三种创作——《故事新编》《野草》《朝花夕拾》的研究，他愈觉得鲁迅作品的博大精深，其小说、散文、散文诗、杂文、论文，在思想艺术上都是相互交融、渗透、血肉一体的。同

时，他的研究也愈发深入到了鲁迅独特的精神世界。他认为《野草》是鲁迅思想与创作的精神家园，是鲁迅袒露心灵世界的瑰丽诗篇，感人至深，沁人心脾。正是在感人至深的阅读中，他对《野草》进行了系统的探寻，写了论"野草精神"及其创作艺术的五篇论文。在三论"野草精神"中，准确概括并深入论析了鲁迅的"野草精神"，即：求索真理、解剖自己，明辨的是非、强烈的爱憎，黑暗中自强不息的探寻。阅读这些论文，不仅能见出作者学习和思考的轨迹，而且能感受到作者蕴含其中的情感。

李希凡先生在1986年至1996年担任中国艺术研究院常务副院长期间，虽然行政事务缠身，但一直努力致力于艺术理论的学科建设，主编出版了《红楼梦大辞典》《红楼梦选粹》《图说中国艺术史丛书》《中华艺术通史》等多部学术成果，其中他担任总主编的全国艺术科学"九五"规划重大课题《中华艺术通史》，于2006年出版后在学界引起了极大的反响。他主持的《中华艺术通史》这项浩繁的学术工程曾遇到种种困难和波折：科研经费的匮乏、研究难点的凸显、眼疾的突发等，都没能妨碍和阻止这一重大课题的进度。课题进行中，他不仅做了大量的组织工作和审稿工作，而且执笔为《中华艺术通史》写了长篇"总序"【见《李希凡文集（第五卷）：艺术评论集》】，运用历史唯物主义观点阐释中华传统艺术的民族特征、中华艺术精神及其特有的观念体系，系统地体现了他对中华传统艺术的学术探索。如"总序"中从"天道、人道，天人之合""情与气偕，气韵生动""境皆自得，意自天成""外师造化，中得心源"四个方面，深入论述了中华艺术精神的基本特征及其所追求的审美境界。这些独到的论析充分体现了作者系统的学术探索和理论思考。

李希凡先生一生都辛勤地耕耘在古典文学和文艺理论领域，耄耋之年仍笔耕不辍，执着地进行《红楼梦》研究，其研究的重点是《红楼梦》所塑造的众多典型人物。他认为，《红楼梦》写的是人，曹雪芹对中国文学史的伟大贡献就在于他笔下的"真的人物"，都是典型环境中个性鲜明的典型形象。基于几十年阅读的积累，又为了能较清晰地了结自我的"红缘"，李希凡先生开始进行《红楼梦》人物论的研究和写作。他按照马克思主义的"典型环境中的典型性格"的理论原则研究、分析"红楼梦中人"的艺术形象，对六十多个人物形象进行了细致透彻的分析，为一些重要的典型人物成功地建立起了形象档案和性格图谱。如《"天尽头，何处有香丘"——林黛玉论》，紧紧扣住小说中的情节描写和她所处的典型环境，深入到她丰满的精神世界，凸显出其鲜明丰富的个性化性格。文中对林黛玉的善良、纯真、聪慧、真诚，及孤傲、任性、尖刻、小性儿等性格的两面性做了生动鲜活且有血有肉的解读，这种解读是从不同性格元素的纠结入手，在矛盾中分析林黛玉形象的复杂性和立体感。此外，对她的品位气质、理想情操、文思才情等精神风采的剖析，更是把读者带入了历史生活的深处，仿佛那个真挚美丽、多愁善感的林黛玉，踏着缤纷落英，吟着《葬花词》寻寻觅觅地向我们走来，并走入我们的心灵。又如对于薛宝钗的评论，作者避免了片面性。过去因为"钗黛合一"说，再加上主观因素，同情林黛玉的遭遇，就片面地否定了薛宝钗形象、性格的典型意义。在此次撰写的《"可叹停机德"——薛宝钗论》中，他纠正了片面的看法，对薛宝钗形象性格的多面复杂性及其典型意义，进行了细致地研究和分析。

总之，《李希凡文集》是李希凡先生一生学术研究成果的荟萃，不仅熔铸着作者的感悟与卓识，更有厚重的文化价值和学术价值，而且从中也能见出他对当代具有中国特色的社会主义文艺理论做出的贡献，值得广大读者认真学习和珍视。

本文原载于《文艺理论与批评》2014年第3期

作者系中国艺术研究院研究员

李希凡批评范式与当代红学的发展

赵建忠

屈指算来，1954年那场红学大讨论已经过去了一个"甲子"，而作为历史当事人之一的李希凡先生也由一位青年学人变成九十老翁。无论后人对当年那场红学运动做何评价，不可否认的是，由两个"小人物"引发的那场运动无疑是红学史上的重大事件，而这个事件对以后的《红楼梦》研究及古典文学格局乃至整个社会科学领域都产生了深远影响。以社会历史批评派红学取得正统地位为标志，1954年也就成为了《红楼梦》研究史的分水岭，有研究者写的有关那场红学大讨论的专著直接将"1954"字样嵌在书名中[1]，足见这个年份标识的特殊含义；今天，拂去历史的烟云重新审视那场红学大讨论，回顾、反思当代红学的历程并对其走向进行前瞻式展望，无疑有着重要的理论价值和现实意义。

一、李希凡批评范式是当代红学的逻辑起点和转型标志

学术界形象地将两个"小人物"运用马克思主义文艺观写出的文章称为"可贵的第一枪"，这个比喻在大部分学人中基本达成共识。当然，也颇有争这个"第一枪"的射手为谁者，如曾有人撰文指出，某研究者在某报刊上发表的类似文章要比李、蓝文章早若干年，甚至统计出发表的具体年月，当然不排除此种可能性，然而弄清某些细节还不是这一宏观问题的关键。进一步需要说明的是，长期以来，人们误以为用马克思主义文艺观去研究《红楼梦》等优秀作品，一定是在新中国成立的1949年之后，这种主观臆断乃是想当然的误解。实际上随着五四新文化运动而涌入的包括马克思主义在内的各种文艺思潮，某些话语早已被当时的学术界尝试运用，只是尚未普及而已，仅仅是作为一个学术派别被先进知识分子加以引进介绍。直到中华人民共和国立国后，马克思主义文艺观才可能取得主流和正统地位。坦率承认这一点，丝毫不影响两个"小人物"文章不可替代的学术

史意义。在此之前的很长一段时期内，虽也曾出现过若干运用唯物史观去分析《红楼梦》的著述，但总体上看，那些文字既不系统也不够深刻，因此很难切中胡适新红学研究范式的要害。最主要的，是那些著述中的思考没能形成广泛、持久的社会影响，也就不可能以新文艺思潮面貌出现而形成迥异于前人的红学范式。诚如梁启超所言：

> 凡"思"非皆能成"潮"，能成"潮"者，则其"思"必有相当之价值，而又适合于其时代之要求者也。凡"时代"非皆有"思潮"，有思潮之时代，必文化昂进之时代也。其在我国，自秦以后，确能成为时代思潮者，则汉之经学，隋唐之佛学，宋及明之理学，清之考证学，四者而已。[2]

倘若按照上述的价值尺度去估衡红学史上的诸研究范式，我们也可以这样说，第一次引发社会影响的重大红学建树，应该是红学索隐派与考证派的交锋对垒。蔡元培通过《红楼梦》研究期望达到"反满"政治目的，所谓"悼明之亡，揭清之失"，而胡适则通过解构红学索隐的旧范式去张扬其新的"科学方法"，他们都与自己所处其中的"时代思潮"合拍，因而其红学著述引起国人共鸣是必然的。以后一个相当长的历史时期内，新旧红学此消彼长，甚至还包括如前所说的运用唯物史观阐释《红楼梦》的著述，都没有对社会产生巨大的冲击波，因而其学术影响自然有限。直到1954年9月1日，山东大学的《文史哲》刊物发表了李希凡、蓝翎与红学权威俞平伯商榷的《关于〈红楼梦简论〉及其他》一文，引起毛泽东高度重视并发表了《关于〈红楼梦〉研究问题的信》，以马克思主义文艺观为指导思想的红学社会历史批评范式才备受瞩目，从而在相当层次和范围内展开了《红楼梦》研究方法大讨论，由此揭开了红学史上新的一页，标志着《红楼梦》研究由近现代以来占统治地位的考证范式转型进入了当代史的新阶段，李希凡红学批评范式的确立，就是这种转型的重要标志。

还要指出的是，有的研究者不是从当年李、蓝文章的总体意义出发去评论这一文化事件，而是热衷于挖掘些碎片化的"史料"去进行所谓的"揭秘"，试图"还原"1954年红学事件的"来龙去脉"，既无聊也歪曲了历史真相。至于认为李、蓝文章是有意迎合主流意识形态从而受到最高领袖重视，凭借这种偶然的"运气"才侥幸一举成名，更是皮相之见。不错，两个"小人物"确实赶上了常人难逢的特殊年代，但历史机遇不会无缘无故降临到任何人身上，而只青睐有准备的人。实际上在那场红学大讨论之前，还是青年学生的李希凡本人已经在《文史哲》刊物发表过《典型人物的创造》《略谈〈水浒〉评价问题》

等重要文章，在学界已崭露头角，而且李希凡自幼接受了古典小说的启蒙熏陶，他15岁前已经读过很多古典小说，以后还帮助姐夫赵纪彬（哲学家、教育家）笔录了一些艰涩的理论书籍，同时阅读了不少马克思主义原著，初步形成了自己的文艺观，并且一旦形成，始终不渝。正是由于以上的作品阅读和理论积淀，才为他与蓝翎合作《关于〈红楼梦简论〉及其他》一文做好了充分的写作准备，因此绝不是一时的突发奇想就构思出了与红学权威俞平伯商榷的文章，应该说两个"小人物"的脱颖而出，是个人机遇与历史潮流的交汇契合，偶然性中蕴含着深刻的必然。 不错，李希凡因此成为那个时代的弄潮儿，但他绝非偶然飞溅的一朵浪花，不是流星划过或昙花一现的时代大潮中的匆匆过客。经过半个多世纪风云变幻的历史检验，《关于〈红楼梦简论〉及其他》一文中很多有价值的学术思想至今仍然没有过时，从某种意义上也可以说，此文是检验当代红学的逻辑起点和探讨新世纪红学走向的历史前提。

二、李希凡批评范式的红学史意义

放到200多年的红学史历史长河中去检验，评判一种研究范式的学术史价值，就要从学理上去检验李希凡红学批评范式的真正价值所在。而评判一种新的研究范式，主要考察其是否切中了旧研究范式的要害，在此基础上，还要考察其建立的研究范式中包含哪些新的质素？简言之就是如何在"破"和"立"这两个方面体现出新的学术增长点，为此有必要回溯一下李希凡之前的主要研红范式。

从曹雪芹创作《红楼梦》起步，包括他的亲密合作者脂砚斋在抄本上作的自赏型评语及程本面世后形成的导读型评点，还有重点探究《红楼梦》"真事"的索隐红学，红学史上一般称这段历史时期的《红楼梦》研究为古典红学阶段，原因是清代红学评点、索隐均是以文本为依托的传统解经模式。从时间上看，脂砚斋评批《红楼梦》比较早，并且由于批语提供了大量的有关作者曹雪芹的家世背景材料特别是八十回后佚稿情况，因此显得弥足珍贵，但受文献材料的限制，脂砚斋是谁目前尚未弄清楚，并且脂批文出众手，水平参差不齐，学术界还存在着脂本与程本孰先孰后的公案，此处暂不枝蔓。就传播受众面的社会影响而言，清代红学评点派的典范作品其实并非脂评而主要是道光以后附在一百二十回《红楼梦》印本上的文字，如著名的王希廉、张新之、姚燮"三家评"等，评点派对《红楼梦》艺术尤其是结构方面的分析，确实是非常精辟的。当然，由于红学评点还停留在随感、印象式杂评阶段，特别是由于没有受过"新红学"的洗礼，没有红学版本意识，尽管这种评论是从《红楼梦》文本出发，但一般都将《红楼梦》前八十回与后四十回混为一谈，导出的论断也就缺乏科学性。另外，清代红学评点由于形式本身的琐碎难成系统，严格说尚未形成真正的红学范式，因而胡适的《红楼梦考证》不屑于将其视为批判对象而仅锁定红学索隐派为"破"的靶标。索隐方法由于受"今文经学"治学路数的影响，这一派很容易在解释文本时陷入误读和主观臆测。《红楼梦》人物极多，情节又极丰富，这就决定了索隐家们"索"出来的所谓"本事"极其有限，而且就已索出者来看，也常常顾此失彼，不能自圆其说。正是由于索隐红学范式难以摆脱的理论困境，才挡不住胡适新红学范式的摧枯拉朽。胡适研红范式使红学史步入近现代阶段，这应该算红学第一次质的飞跃。用顾颉刚为老友俞平伯《红楼梦辨》作序时所说的，就是"用新方法去驾驭实际的材料，使得嘘气结成的仙山楼阁换作了砖石砌成的奇伟建筑"[3]。也正因为如此，后来居上的考证派新红学比起索隐派旧红学，更能赢得人们的信任。

当然，对考证与索隐这两种红学范式的反思，迄今为止，表述最为简洁醒豁、深刻全面的，还是新红学创始人之一的俞平伯在《索隐与自传说闲评》中讲过的一段话：

> 索隐派凭虚，求工于猜谜；自传说务实，得力于考证……索隐、自传殊途，其视本书为历史资料则正相同，只蔡视同政治的野史，胡看作一姓家乘耳。[4]

这反映出老一辈红学家对自己研究路径深刻反思后形成的思维亮点，同时也显示出"文史合一"的思维定式在古代小说研究界的根深蒂固。其实直到今天，也还在一个不小的研究者群体中发挥着作用，当代红学新索隐的复活，著名作家刘心武"秦学"的大行其道，便是明证。

美籍华裔学人余英时在其《近代红学的发展与红学革命：一个学术史的分析》长文中，引入了库恩关于科学革命的理论：

> 科学史上的"典范"并不能永远维持其"典范"的地位。新的科学事实之不断出现必有一天会使一个特定"典范"下解决难题的方法失灵，而终至发生"技术上的崩溃"（technical breakdown）……危机导向革命；新的"典范"这时就要应运而生，代替旧的"典范"而成为下一阶段科学研究的楷模了。[5]

余英时先生结合库恩理论对近代红学的发展进行了具体考察，他认为胡适1921年发表的《红楼梦考证》标志着红学史上一个新"典范"的建立，所谓"典范"，就是本文所指的范式。这种红学范式延续了 30 余年后，终于由其燕京大学的弟子周汝昌 1953 年出版了《红楼梦新证》而集其大成。从操作方式上看，这一派是通过考索曹雪芹的家世去阐释《红楼梦》的主题和情节，因此余英时先生又认为"考证派红学实质上已蜕变为曹学了"[6]，"考证派这样过分地追求外证，必然要流于不能驱遣材料而反为材料所驱遣的地步，结果是让边缘问题占据了中心问题的位置"[7]。撇开余英时先生对《红楼梦》考证的偏见，他的上述言论，应该说对"新红学"范式的剖析可谓洞若观火。当时光进入 1954 年，实现红学转型的重任便历史性地落在了两个"小人物"李希凡、蓝翎身上，他们《关于〈红楼梦简论〉及其他》的文章，比余英时先发表整整 20 年，"破"中有"立"，实际上早已击中了"新红学"范式的要害。胡适将《红楼梦》视为曹雪芹的"自传"，同红学索隐派的争论仅局限在考证《红楼梦》究竟是写人还是写己这个较小的范围内，并没有把这部伟大著作当作一部文学作品来研究，因此由他创立的"新红学"范式所开拓的新路是非常狭窄的，"自传说"这个基本结论画地为牢，既是这个范式的起点同时也是它的终点，以后这一派的工作，主要就是找更多的材料来证明其结论罢了，足见"新红学"是一个封闭的学术体系。我们应该看到，1954 年由两个"小人物"引发的那场运动从根本上扭转了红学发展的总体走向，是他们引导红学走出了"自传说"的危机，同时树立了新的范式，为红学的进一步发展开辟了新路径。对两个"小人物"的历史贡献，我们今天无论怎么评价都不算过分。余英时先生文章中也未否认这一点，"我们必须承认，在摧破自传说方面，斗争论是有其积极意义的"[8]，但他同时又武断地认为两个"小人物"的红学观点"是根据政治的需要而产生的，它不是被红学发展的内在逻辑（inner logic）所逼出来的结论"[9]，"斗争论虽可称之为革命的红学，却不能构成红学的革命（第二个革命取库恩之义）其所以不能构成红学的革命，是因为它在解决难题的常态学术工作方面无法起示范的作用"[10]，甚至认为"它不但没有矫正胡适的历史考证的偏向，并且还把胡适的偏向推进了一步"[11]，这种看法就未免偏颇。余英时先生这里所指"革命的"红学或他比喻的所谓"斗争论"，其实属于社会历史批评派范畴，强调作品与时代背景的关系，并没有什么特别不合理之处，如果离开历史、社会而像考证派仅从作品本身寻找答案，或像西方"新批评"那样封闭文本，人物形象也就变得难于理解甚至解读流于随意性，这方面，恰恰是李希凡红学范式对"自传说"的可贵反拨，对当代"新批评"也具有补偏救弊之效。胡适开创的"新红学"研究范式只强调"作者"与"版本"两项，虽然也提及"时代"，但仅是一笔带过，并没有取得什么骄人的研究实绩。

对"时代背景"的深入考察，是社会历史批评派红学的重要贡献，不容抹杀，可以说，李希凡批评范式在相当程度上拓展了《红楼梦》研究的学术空间。

还要指出的是，正是基于胡适的曹雪芹"自传说"而形成的红学范式远离《红楼梦》文本这个轴心，才促使两个"小人物"《关于〈红楼梦简论〉及其他》一文的研究从侧重作家身世考证的"外学"转向注重《红楼梦》文本阐释的"内学"。这个"转向"的意义是不可忽视的，仅从这个层面上评价，我们也可以说，不管1954年那场划时代的红学运动有多少偏颇或不足，但着重对文本阐释的研究路向是值得充分肯定的，即使放在今天，红学界有识之士还不断发出"回归文本"的呼唤，这应该看作1954年确立的红学范式遥远的回响。

改革开放以来，红学在全球化文化语境下形成了活力四射的新局面，文献研究空前繁荣，文本研究出现多元格局，进入了当代红学史中的新时期阶段。从1978年起至今的30多年，红学界发生的有影响学术论争基本属于文献的发现及由此而引申出来的话题。由此我们也可以看出，1954年的红学论争毕竟主要还是围绕着《红楼梦》的思想性展开的，两个"小人物"文章着重对文本阐释的研究路向，不仅在当年对胡适"自传说"独霸红坛30多年的历史具有解构作用，即使在改革开放30多年后的今天，对红学界碎片化、娱乐化的"揭秘""猜谜"尤其是远离文本的某些"研究"乱象也是一种有益的反拨，从这个意义上讲，李希凡红学范式仍然有着拨正红学研究大方向的"风向标"作用。正如2016年12月8日由中国艺术研究院、中国红楼梦学会共同主办的"李希凡与当代红学"学术座谈会上，著名红学家吕启祥称他为"新时期红学航船的压舱石"。

三、李希凡批评范式的红学贡献及历史局限

像一切筚路蓝缕、开创新路的学派先行者一样，李希凡红学范式自然也不是完美无缺的，正如胡适的《红楼梦考证》破旧立新，体现出学术增长点的同时也给后人留下了许多聚讼纷纭的话题一样，并不影响他作为新红学奠基人的历史地位。关于这一点，红学史论家刘梦溪论述得非常精辟："历史上创立新学派的人，主要意义是提出新的研究方法，建立不同于以往的研究规范，为一门学科的发展打开局面，而不在于解决了多少该学科内部的具体问题。"[12]

上述这段话适用于估衡蔡元培、王国维、胡适创立的不同于以往的研究规范，同样也适用于评价李希凡红学范式。

红学研究大体可分为"还原"与"诠释"两个领域[13]，但是胡适建立的研究范式始终对文学作品打外围战，虽进行了大量的史料"还原"式工作，却很少触及作品的内核，正如一位古典文学研究专家在一篇文章中严肃批评过的现象：

> 几乎五四以来，像以胡适为首的一些"权威"们所做的那些工作，说起来是研究"文学"，其实却始终不曾接触到"文学"本身。他们"研究"作家，只是斤斤计较于作家的生卒年月；"研究"作品只是考订作品有多少种版本；充其量，也不过是对某一作品的故事演化，或对作品内容中的一草一木、一人一事进行一些无关宏旨的考据。他们的历史考据癖好像很深：比如研究《红楼梦》，就专门钻研曹雪芹的家世，考证这位伟大作家到底是不是壬午年死的，以及他和贾宝玉究竟是一人抑两人；研究《水浒传》，就专门比勘七十回本、百回本、百二十回本、百十五回本的异同。至于作品本身的思想艺术如何简直很少谈到……既然以考据代替了研究，就很容易形成材料第一的"研究"方式……我并非说研究这些问题全无用处，但如果把精力全集中在研究这些东西上面，就真有点"珠买椟还"，甚至把捕鱼用的"筌"看作是"鱼"，弄成"得筌忘鱼"了。[14]

文献考证与文本的关系该如何处理，是一个比较复杂的问题。实际上文献考证并非意味着资料的简单钩沉、梳理；而文本阐释亦非仅指宋学那般的空谈义理，应该重视文献与文本两者之间的联系。就红学研究而言，无前者，研究缺乏根基，近于游谈无根的空疏红学；无后者，红学难有创新与突破。而两者的真正臻于完善，仍是当代红学面临的一道艰难课题。

不过上面所引那位古典文学专家的文字确实指出了一些明清小说考证文章的通病，因此还是可以帮助研究者反思一些问题的；当然文献与文本之间，并不像他说的只是简单的"珠"与"椟"、"鱼"与"筌"的关系，这在后文中还要谈到。借此想要说明的是，李希凡红学范式的最可贵品质，就在于走出了胡适新红学文献考据的单维度"还原"模式，与"文献还原"比较而言，"思辨索原"才是红学研究的最终目标。人们之所以反对那些烦琐无补于作品研究的考证，就是某些有考证癖的专家为考证而考证，从来不想与元气淋漓的作品去挂钩。诚如前引余英时先生文章所指出的："可以不必通读一部《红楼梦》而成为红学考证专家。"[15] 海外红学家赵冈也就文献考证与文本阐释之间的契合境界做过一个形象比喻："如果面包是面粉做的，研究面粉是有用的，如果面包是空气做的，研究面粉当然是错的。"[16] 这个比喻，形象地说明了什么是有价值的红学考证。人们之所以提出"回归文本"，恐怕并不是嫌真正的红学考证做得差不多了，而是离这部作品愈来愈远的缘故。因此，为了对统治红学 30 年之久的胡适考证派研究范式弊端进行反拨，强调红学的"回归文本"或"思辨索原"，是非常必要和及时的。李希凡批评范式正是向更纵深的《红楼梦》文本诠释方向迈出了一大步，由文献还原走向了思辨索原，开辟了红学研究领域的新向度，建立了红学史上一座新的里程碑，从而使《红楼梦》研究步入了继古典红学、近现代红学之后的当代红学新阶段，其学术史意义是不可低估的。我们恐怕只有从这个高度而不是碎片化去看待 1954 年那场红学大讨论，才能把握住李希凡红学批评范式的真正品格和历史价值所在。

如果从吸取教训的角度看，李、蓝当年的文章也并非完美无缺。主要问题在于以"烦琐"来贬低"考证"的作用和价值，实际上也就意味着自动放弃了寻找《红楼梦》阐释与史料之间的天然联系义务。同时由于受当时特定政治环境的影响，社会历史批评派红学又过分看重文本中的社会历史内容部分，《红楼梦》仅仅被当作一份记录一定历史时期的文本材料，这就使得社会历史批评派红学理论在以后的发展中愈来愈显示出后力不接。从动态的文学观来考察，《镜与灯》一书的作者 Abrams 曾提出文学四要素说，即"世界—作者—作品—读者"，认为只有从这四个维度去诠释，才有可能较全面地把握一部作品，但社会历史批评范式只强调其中的一个维度，习惯于把文学作品当作反映社会的"一面镜子"，这就不但矫枉过正，而且也势必在一定程度上遮蔽了《红楼梦》艺术赏鉴的审美视线。作为中华文化的"全息图像"，《红楼梦》也不仅仅是绘出了社会历史画卷，而且即使写了"历史"，也不能说仅仅是写了"封建社会的衰亡史"，《红楼梦》是从"女娲补天"写起，从这一段"历史"到曹雪芹的时代，"历史"跨度那么漫长，远非"封建社会"所能囊括。曹雪芹实际是写了人类进化、人的命运、人才的命运，而且，《红楼梦》即使反映了曹雪芹所在的清代"封建社会"，从作品实际看，也不是一味暴露。《红楼梦》既写了遍披凉雾的悲剧，又写了中华文化仪态万方的华林赞歌。但长期以来，红学界侧重的是《红楼梦》如何对传统文化的批判反思，而较少研究曹雪芹对传统文化的全面传承后的推陈出新问题。

还应该看到，社会历史学派诠释的维度仅限于物质态文化，而"物质态文化"人们一般比较容易看清，形而上的"精神态文化"却不大容易把握。依照海明威的"冰山理论"，露出水面的冰山只要不一叶障目谁都能得见，但水面下的冰体恐怕是冰山体积的若干倍。《红楼梦》这部伟大的作品就犹如海洋中的冰山，目光可及之处已经让人们高山仰止，但目光不可及之处，还蕴藏着更大的能量。其深邃让任何人不能究其底，其广博让任何人不能望其涯。这样说可能又陷入了康德所论的天才作品的"不可知性"，有点"东方神秘主义"，但这恰恰是《红楼梦》炫惑人的真正艺术魅力之所在。

从这个意义上来考察，社会历史批评派对《红楼梦》的诠释维度就有限，因为它不可能穷尽这部伟大作品的全部。但是在此也有必要指出，社会历史批评派红学自身也有其发展的阶段，两个"小人物"当年与俞平伯商榷的《关于〈红楼梦简论〉及其他》一文，虽然在尝试运用马克思主义文艺观去研究《红楼梦》时有着简单化问题，文章本身不免存在粗糙和不够成熟之处，但毕竟与"文化大革命"期间庸俗社会学笼罩下的"评红热"催生的大批判式文章不能简单画等号，它们之间还是有着本质的区别，尤其是改革开放后，李希凡重新焕发了第二次青春，写出大量《红楼梦》思想、艺术方面的很有力度的文章并结集出版，他的文章在坚持当年红学范式的同时，又吸纳了新时期以来的红学考证和文艺美学成果，真正做到了"有思想的学术"与"有学术的思想"在《红楼梦》研究领域的统一，这是难能可贵的学术品格。同时也说明，社会历史批评派红学是开放的体系，经过融合当代优秀的理论成果不断丰富自己的学术内涵，仍有着广阔的发展空间。还应该看到，在文化开放、价值多元的全球化语境下，"红学"这一东方显学研究的起点已经被垫高，如何开辟新的方向，是红学界共同关心的问题。通过李希凡红学范式的再评价，回顾、反思当代红学的历史进程并进行学科走向前瞻式展望，从而把握住新世纪红学突破的契机，这是我们的红学期待视野。

本文原载于《明清小说研究》2017年第4期

作者系天津师范大学文学院教授

注释：

[1] 孙玉明：《红学：1954》，人民文学出版社2011年版。

[2] 梁启超：《清代学术概论》，东方出版社1996年版，第1页。

[3][4] 俞平伯：《俞平伯论红楼梦》，上海古籍出版社1988年版，第79页、第1142—1143页。

[5][6][7][8][9][10][11][15] 余英时：《红楼梦的两个世界》，上海社会科学院出版社2002年版，第7页、第10页、第19页、第16页、第14页、第16页、第14页、第20页。

[12] 刘梦溪：《红楼梦与百年中国》，河北教育出版社1999年版，第107页。

[13] 陈维昭：《还原与诠释——红学的两个世界》，《明清小说研究》1995年第4期。

[14] 吴小如：《我所看到的目前古典文学研究工作中的一些问题》，《文艺报》1954年第23、24期，后收入中国作家协会上海分会编印《红楼梦研究资料集刊》，1954年，第493—494页。

[16] 赵冈：《"假作真时真亦假"——〈红楼梦〉的两个世界》，香港《明报月刊》1976年6月号。

社会主义现实主义视野下的《红楼梦》文本阐释

——李希凡先生红学研究学理分析

段江丽

当代著名红学家、文艺评论家李希凡先生于2018年10月29日凌晨与世长辞，享年92岁。10月16日，李先生还应邀参加了北京曹学会举办的重阳红学雅集，虽然不良于行，却精神矍铄。座谈会上半场在北京曹学会品红轩，主持人张俊先生、段启明先生及大家多次恭请李先生发言，李先生微笑着一再摆手："我主要是想听听大家的发言。"下半场转移至凹晶馆，除了大合影，我们好几位与会的中青年学者都请求与李先生单独合影，先生端坐在轮椅上，双手拄着拐杖，始终笑容可掬，慈祥的神情在融融秋阳下显得格外温暖而美好！当噩耗传来时，笔者在悲痛之余，反复翻看手机里保存的十几天前的照片，长时间都不敢相信！11月4日上午，在八宝山殡仪馆东礼堂送别了李先生之后，凄风苦雨中——恰与10月16日的阳光明媚形成鲜明对比——笔者深深体会到，当代红学浓墨重彩的一页被历史定格了！从某种意义上说，这一"页"已成为当代《红楼梦》经典意义的一部分，成为红学史不可或缺的一部分。

作为当代马克思主义红学家中的典型代表，关于李希凡先生的学术尤其是红学研究的经历、成就、贡献，乃至关于1954年那场两个"小人物"的特殊的、影响深远的学术际遇中的是是非非，包括当事人自述及自辩在内，已经有了丰富的富有借鉴意义的成果。而在诸多研究成果中，对笔者启发最大的应该是陈维昭先生在《红学通史》中对1954年批俞运动与评红运动等当代红学史现象的学理性反思。这里，拟在参考诸多既有研究成果的基础之上，接着陈维昭先生的话题，对李希凡先生红学研究的内在理路做力所能及的探讨，在表达对李先生深切缅怀之情的同时，也希望从一个典型个案、一个重要侧面表达自己对当代红学史的某些思考。

一、成名前的学术基础

学者们多注意到李希凡先生在1954年发表那两篇与蓝翎合作的成名作《关于〈红楼梦简论〉及其他》《评〈红楼梦研究〉》之时的身份是中国人民大学研究生、之前曾在其姐夫赵纪彬先生身边做助手、读过一些马列著作，以此说明他的马列立场渊源有自。如果我们沿着这条线索，进一步追踪李希凡先生早年求学之旅以及积淀的学术基础就会发现，他"批俞"的立意及文章看似偶然，实则必然。

李希凡先生少年时期曾因家境和生活所迫而辍学当学徒，在复读之后考取初中上了一个月即再次因家里"到了当无可当，卖无可卖的绝境"而"失学"[1]，在北京、石家庄、天津等地漂泊打工。直到1947年7月，已进入20岁的李希凡来到青岛山东大学其大姐李慎仪家，帮助打理一些家务，并协助其姐夫赵纪彬先生写作。[2]

在投靠大姐一家之前，李希凡的读书生涯有三个亮点对他日后的学术生涯有重要的影响和帮助：第一，童年时期曾跟随其父读过两年私塾，打下了一些读古文的基础；第二，断续读完小学并考取了有名的潞河中学，自己读了《三国演义》《水浒传》《西游记》等小说名著；第三，1943—1945年间，曾任石家庄市教育馆（图书馆）管理员，因了工作之便，将阅览室八百多本藏书"翻过"了至少一多半，包括《古文观止》、唐诗、宋词以及巴金、老舍、鲁迅、叶圣陶、朱自清、周作人等当代作家的作品，从而"打开了一个愚昧少年的眼界"。（第52页）

来到青岛山东大学之后，命运之神对这个渴望读书深造的大小伙子露出了格外明媚的笑脸。在给赵纪彬先生做助手的两年多时间里，李希凡的"学习生活"主要包括三个部分：

其一，笔录。李希凡在其大姐家日常最重要的工作是给赵纪彬先生著述做笔录，即赵纪彬口述，李希凡记录。有关笔录工作的主要内容，其大姐在《赵纪彬传略》中有介绍："1947年冬，弟弟李希凡来山大旁听，帮纪彬整理文稿。""在两年半时间里，他们修改了《哲学要论》《中国哲学思想》《古代儒家哲学批判》等书交中华书局出版，还写出《中国思想通史》第二卷的董仲舒、刘向歆父子、扬雄、班固及伟大的唯物主义者王充、范缜等章，后两章是开拓性研究，花费了较大精力。"李希凡先生坦承，最初抄写的时候，"宛如天书"，"简直不懂他讲的是什么"。（第86页）不过，后来他不仅逐渐理解了赵纪彬著作中的哲学概念和用语，并深受其影响："他对哲学史各家的研究和分析，都渗透着历史唯物主义精神。这种精神也不知不觉地融入了我的思想，成为我观察事物的准则。"（第

87页）甚至对胡适的负面印象，最早也源自赵纪彬的影响："胡适，这个名字，纪彬在他中国哲学论述中曾引用过他的一些看法，但都是作为唯心主义者进行批评的。"（第101页）后来，他看了李何林的《中国近二十年文艺思潮史论》所引用的胡适在"五四"文化运动后期的那些表现，更加"印象不佳"。（第101页）为了尽快适应笔录工作，李希凡除了日常工作中向姐夫"问学"之外，最直接的路径就是听课和读书。

其二，听课。1947年暑假开学后，赵纪彬给李希凡办理了山东大学旁听证，"可旁听中文系的全部课程，也还可以选择一门外语"[3]。李希凡先生当时旁听了陆侃如、冯沅君、萧涤非、黄公渚、孙昌熙、刘泮溪等诸多中文系名教授的专业课。此外，他还根据兴趣听了历史和哲学思想等其他专业的许多课，比如，跟着赵纪彬听"哲学要论"课，看他的讲义、论文和书，逐渐熟悉了他的哲学概念和用语。此外，还旁听了杨向奎的"先秦史"、王仲荦的"魏晋南北朝史"、丁山的"古史考辨"等名家的历史课。李希凡先生在回忆这一段"旁听"经历时满怀深情地说："这就是我在特殊条件下受到的启蒙教育，它对我的影响是深远的。直到我的晚年，从《人民日报》调到中国艺术研究院任职，承担国家重大课题《中华艺术通史》的编撰，我写总序时，也还是从五十年前的'旁听'记忆中追寻文史的线索，受益大焉！"（第95页）

其三，读书。这期间李希凡读书内容主要有三类：一类是围绕赵纪彬先生的研究课题"恶补"式地读哲学和历史方面的典籍及相关研究著作；一类是马列著作；一类是文学及文艺理论著作。

为了提高知识水平，李希凡按其姐夫的要求系统读书，最初的"启蒙"读物包括胡绳的《二千年间》和艾思奇的《大众哲学》，同时要求其参照《辞源》读《诸子集成》。李希凡先生回忆说，开始时的"困窘和尴尬，确实逼我读了一些'诸子'，对春秋战国时期的'百家并鸣之学'，有了一些了解"。（第89页）

李希凡先生在哲学思想方面的启蒙教材就是艾思奇的《大众哲学》和赵纪彬的《哲学要论》，哲学史方面的启蒙教材则是赵纪彬的《中国哲学思想》。《大众哲学》和《中国哲学思想》都是为了普及马克思主义哲学知识而撰写的通俗易懂的著作，尤其是《中国哲学思想》，"是运用马克思主义哲学观点科学地解说中国哲学家们唯物与唯心的本质和特征"，对李希凡的"'一张白纸'的世界观"（第88页）产生了非常重要的影响，他除了送交中华书局的稿子之外，还特意抄录了一稿留作底本保存。

李希凡先生在晚年回顾自己的学术历程时说："现在想来，我在50年代重回山东大学中文系读书时，虽读的是文学，但无论读什么作品，虽然首先也为它所反映的生活、思想与艺术魅力所感动，却很注意它产生的时代，它所反映的社会内容，以及它的意识形态的内涵和特点，为我学习和运用马克思主义文艺批评打下了一点方法论的基础。"（第89—90页）此外，李希凡还读了侯外庐先生的《中国思想通史》，其终生坚持的晚明"资本主义萌芽说"学术渊源之一即是此阶段对赵纪彬、侯外庐著作的阅读与接受。

为了尽快弄懂哲学领域的概念和范畴，李希凡熟读了《哲学辞典》，由此接触了"马克思主义三个来源和三个组成部分各种概念、范畴，以及马、恩、列、斯原著名称的介绍，列宁主义新贡献的解说"（第97页）等内容，在这些知识的指引之下，进一步读了《马克思恩格斯选集》中的大部分文章及单行本《共产党宣言》《德意志意识形态》《费尔巴哈论纲》《〈黑格尔哲学批判〉导言》《共产主义原理》《政治经济学批判导言》《神圣家族》《反杜林论》等著作，又因为对马克思经济学产生强烈兴趣而阅读马克思的《资本论》及《剩余价值学说史》等，因为很多"读不懂"，有的只是"囫囵吞枣"，他又找来了许涤新、薛暮桥、于光远等人的普及经济学著作来读，以帮助理解马克思主义经济学。这些马列著作尤其是《资本论》加深了他"对马克思主义真理性的认识"。（第99页）这一段时间对马克思恩格斯原著的阅读，多少打下了一些"原色"马克思主义的底子，他在后来的红学研究中，虽然有时受到外部环境的影响，从政治上给批评对象上纲上线，但是，唯物辩证论的思维惯性一直存有一席之地。

当时，赵纪彬先生每月都可以收到胡风主编的《七月》和臧克家主编的《文讯》两种杂志，李希凡每期必读，唤起了他"固有的对文学的爱好"。（第100页）由《七月》杂志又看到《七月》丛书中吕荧的美学评论集《人的花朵》，深受影响；进而阅读李何林的《中国近二十年文艺思潮史论》《鲁迅全集》，从此更加坚定了"要学文学的信心"。他从山大图书馆和青岛中纺公司图书馆借阅了大量中外文学名著，外国著作方面仅从中纺公司借阅的苏联诗歌小说就有二十几本；而在文艺理论方面，主要受到李何林、吕荧、胡风、鲁迅的影响，而为其"奠定了唯物主义美学基础的，则是鲁迅翻译的普列汉诺夫的《艺术论》"。

如果说李希凡童年、少年时期的"求学苦旅"令人唏嘘，他在其姐夫身边这段特殊的学习经历则令人羡慕。在两年多的时间里，原本只有小学文化程度的李希凡，通过笔录、问学、听课和如饥似渴地大量阅读，累积了相对系统、丰富的文史哲知识，初步确定了学文学的专业方向，尤其重要的是，明确树立了马克思主义唯物主义世界观以及唯物主义美学观。其姐夫赵纪彬可以说是李希凡学术上的引路人和第一任导师。

1949年6月青岛解放之后，李希凡再度得到命运之神的垂青。他因为向往革命而报考了胶东军政大学——实际上是干部培训班——并被顺利录取，又因其长姐的建议和努力而转入同样性质却更正规的济南华东大学，入伍参军。几个月之后华东大学改为正式大学，李希凡被分配在文学系，从此立志搞文艺评论，并开始练习写评论文章。1950年10月，因为大学合并，李希凡成了青岛山东大学文学系学生，"荣归"山大。对于这一段经历，李希凡先生饱含深情地总结："共产党送我上大学！"（第128页）"我是新中国的幸运儿！"（第498页）有这种"翻身做主人"的经历，再加上1954年"批俞"文章带来的知遇之恩，李希凡终其一生对共产党、毛主席充满了发自肺腑的感激之情！

在大学学习期间，李希凡在受到相对系统的大学中文专业正规教育的同时，将主要精力放在了阅读文学作品及文艺理论书籍上，还因为向《文艺报》投稿而被发展为《文艺报》通讯员。而毛泽东《在延安文艺座谈会上的讲话》进一步帮助他建立了革命文艺观。直到晚年，他仍然坚持认为，毛泽东的《讲话》"是马克思主义文艺观最有代表性的经典之作"。（第132页）此外，李希凡还深受别林斯基、车尔尼雪夫斯基、杜勃罗留波夫的影响，文学典型论成了他理解文学名著的"一把钥匙"。（第133页）他对这三位苏联著名的文艺理论家尤其是杜勃罗留波夫崇拜有加。在大学期间，他已逐渐有了自己独立的学术见解，比如，他认为"文学史研究，应重点放在文学作品对时代的反映和它的思想艺术成就，以及它在文学史上作出的特殊贡献"，还自觉认识到自己的学术渊源："我形成这种看法有'五四'和'左翼'文学的传统影响，也有苏联文艺传来的影响。"（第143页）"左翼"文学传统和苏联文艺的影响后来集中体现为"社会主义现实主义"理论，在新中国成立之后，成为官方认可和推崇的"中国整个文学艺术创作和批评的最高准则"[4]。李希凡先生本人及诸多研究者都已指出，其红学研究的理论出发点是马克思主义文艺观。这种说法虽然不错，却不足以把握并解释其鲜明的个性特点。笔者经过认真思考认为，李希凡先生在红学研究中所运用的，正是当时的"最高准则"——"社会主义现实主义"理论，它是经过"苏联化"中转，再经过中国化过滤之后的马克思文艺观的一种具体理论形式，因此，李希凡红学研究的最大特色，是以"社会主义现实主义"为理论武器的《红楼梦》文本阐释。对此，下文将做具体讨论。

李希凡入大学之前虽然"学历"不高，却因为各种机缘积累了不可小觑的"学力"，因此大学期间已经在学术上表现出了令人瞩目的潜力。他在写作课上写出了被任课老师黄云眉先生批为"见解独到""论述精辟""有鲁迅之风"的作业，后来初出茅庐时那几篇与张政烺先生商榷的关于《水浒传》的文章之雏形就出自这些作业之中。他在著名美学家、翻译家吕荧先生课上的学习报告被吕先生推荐给《文史哲》发表[5]，这是这家创刊不久却影响巨大的学术期刊第一次发表在校本科生的论文，因而成了当时校园里的一件"新鲜事"。李希凡随即又应学校老师的要求，在《文史哲》上发表了批判吕荧先生的文章[6]；1952年，还在《大众日报》上发表了文章。因此，当1953年夏季李希凡与他的同学们作为新中国第一届大学生为了适应国家建设的迫切需要而提前毕业时，他事实上已经是一位崭露头角的学术新人。

也许正因为李希凡已经公开发表过不止一篇学术论文，大学毕业之后他被组织分配至中国人民大学哲学班做研究生，是山东大学同届中文系毕业生中两位保送研究生之一（另一位张华上北京大学研究生）。这研究生班实际上是为各大学培养革命理论教育人才的，目的很清楚，是为了在全国各高校普及马克思主义革命理论教育，以改变旧中国高级学府的资产阶级教育体系，这可能是为高教改革准备条件。按照当时的说法，是要用马克思主义、毛泽东思想武装青年一代，是思想战线、教育战线占领理论阵地所急需。

1953年9月，李希凡开始了在人民大学的研究生学习生涯，第一学期结束后的寒假，他在大学课程学习报告的基础上，一口气改写、撰写了多篇关于《水浒传》的论文，包括《略谈"水浒"评价问题——读张政烺先生的"宋江考"》《谈豹子头林冲》《〈水浒〉的作者与〈水浒〉的长篇结构》《〈水浒〉的细节描写与性格》等，这些文章分别是与张政烺、茅盾、宋云彬等著名学者商讨不同看法的，着眼点都是"那时革命文学对古典遗产的评价标准，即人民性与现实主义"。这些文章均在那两篇著名的"批俞"文章发表前后在《文史哲》《文艺学习》《文艺月报》上公开发表。其中，《略谈"水浒"评价问题——读张政烺先生的"宋江考"》[7]之基本观点就是批评张政烺以历史事实考证作为评价《水浒》的标准、把文学作品当作历史来评价的做法。李希凡认识到，这种"水浒现象"在中国历史文学研究中普遍存在，因此有了重新评价四部古典小说的计划。事实上，在后来经历的有关《红楼梦》"自传说""自叙传说"、《三国演义》研究中"为曹操翻案说"以及历史剧问题等等学术论争中，李希凡都"延续和发展"了"文学不能混同于历史的基本观点"。而正是这个寒假之后不久的3月份，李希凡偶然看到了俞平伯刊于1954年3月号《新建设》的《红楼梦简论》一文，随即与在北京师范大学工农速成中学当教师的大学同学杨建中（蓝翎）一起商量，计划合作撰写与俞平伯商榷的文章，不久即因为《关于〈红楼梦简论〉及其他》《评〈红楼梦研究〉》[8]两篇文章而名扬天下。

二、贯穿始终的学术主体性精神

李希凡先生的红学研究活动及成果可以划分为三个阶段，而这三个阶段恰好与新中国成立以来的当代红学史节奏一致[9]：

第一阶段为20世纪50年代，主要成果包括成名作《关于〈红楼梦简论〉及其他》《评〈红楼梦研究〉》及另外十几篇论文，结集为《红楼梦评论集》由作家出版社于1957年1月出版、1963年3月再版，这些成果均为与蓝翎合作而成。

第二阶段为20世纪70年代，主要成果有两项：一是《红楼梦评论集》第3版增写的内容，包括长篇"代序"《中国小说史中的一场尖锐的斗争——学习鲁迅论〈红楼梦〉的几点体会》、多篇论文末尾的"附记"、"三版后记"。其中，"代序"署名"李希凡 蓝翎"，"附记"和"后记"则署名"李希凡"，以示文责自负之意。[10]二是为人民文学出版社出版的《红楼梦》所撰写的"序"，后来扩展为《曹雪芹和他的〈红楼梦〉》，由人民出版社出版。[11]此外，于1975年始，与冯其庸先生等一批红学家一起开始《红楼梦》校注工作，于1982年出版。[12]

第三阶段为20世纪80年代至21世纪10年代，主要成果有独著《红楼梦艺术世界》[13]和与其女儿李萌合著的《传神文笔足千秋——〈红楼梦〉人物论》，[14]另有各类有关红学的大会致辞、访谈录、回忆与辩论等文字，散见于各报刊，分别收入《李希凡文集》第一卷《中国古典小说论丛》"附录"、第六卷《序跋·随笔·散文》、第七卷《往事回眸》"附录"。

自1954年一鸣惊人的两篇"批俞"文章，至2006年的"封笔之作"同时也是"集成之作"[15]的《传神文笔足千秋——〈红楼梦〉人物论》，李希凡先生的红学研究成果不以数量取胜，却具有鲜明的个性特点。

出于某些因素的考虑，李希凡先生自己选定的七卷本《李希凡文集》并未收录他早年与蓝翎合作的所有红学论文，包括《红楼梦评论集》第3版中他独立署名的"附记"与"后记"。事实上，这些成果是李希凡先生整个学术人生不可或缺的重要基石，是考察其包括红学在内的学术思想不可能绕过的关键环节。[16]

众所周知，李希凡、蓝翎的《关于〈红楼梦简论〉及其他》《评〈红楼梦研究〉》两篇文章因为受到最高领袖毛泽东主席的关注并被定位为"三十多年来向所谓《红楼梦》研究权威作家的错误观点的第一次认真开火"[17]而成为1954年"《红楼梦》研究大批判"运动的导火索，在当代思想史、学术史上都具有重大意义，因此，这两篇文章的写作、刊发过程等也成为重要话题，引发了不少争论，好在主要当事人的回忆、辩论文章及相关历史材料均在，不难厘清事实。这里，我们只是从写作动机、写作态度及主要观点等方面关注李、蓝两篇"批俞"文章中所表现出来的学术主体性精神。

关于写作两篇"批俞"文章的动机与初衷，李希凡先生在不同场合、不同文章中一再做过解释，如："这两篇文章主要是对当时古典文学研究现状不太满意，不同意俞平伯先生关于红楼梦评价中的许多看法，尝试着用马克思主义文艺观对《红楼梦》的时代历史意义及其伟大成就，作出我们的理解和评价，发表一下不同意见，没有也不可能有什么别的想法。"[18]"这两篇文章只不过是两个文学青年试图运用马克思主义观点分析评价《红楼梦》这部伟大杰作的一种努力。他们对历来的所谓'红学'总是纠缠于烦琐的考证与索隐，而不去探究它的时代意义、思想艺术成就、文学史上的贡献，有时甚至有意地贬低它。"[19]"这两篇文章，今天来看是粗疏幼稚的，不值得文学史家们认真推敲。但在当时，它们却是两个青年人试图运用马克思主义观点分析研究复杂文学现象的一种努力，至于由此而引起了学术界的轩然大波——一场批判胡适的政治运动，这却并非我们意料中事，也非我们力所能及的。"[20]总而言之，李、蓝最初的写作动机单纯、目的明确，就是不同意俞平伯所代表的新红学派的研究方法和许多观点，要用马克思主义观点分析《红楼梦》的伟大成就。这一点对于深受马列毛泽东思想影响、已经运用"人民性与现实主义"在《水浒传》研究中小试牛刀并且对其他几部古典小说跃跃欲试的李希凡来说，完全是学术旨趣的合理延伸。至于学术之外的因素，的确如作者本人所说，既非他们意料中事，亦非他们力所能及。

这两篇文章虽然出乎意料地成了大批判的"导火索"，但是在写作态度和行文风格方面可以说是相当理性平和的，完全是在用符合学术规范的语言和方法表达不同的学术见解，没有上纲上线，也没有攻击性语言，尤其令人印象深刻的是，尽量从客观公允的原则出发，在批评的同时也适当肯定了对方著作中合理的或者有价值的地方。

在《关于〈红楼梦简论〉及其他》一文中，李、蓝在批评俞平伯所持"《红楼梦》的主要观念是色空"之说时，"承认此说有所本，甚至承认作者的世界观有着这种虚无命定的色彩"；在对俞平伯的《红楼梦研究》和《红楼梦简论》的总体方法和结论提出尖锐批评的同时，也肯定这些著作"对于旧红学家和新考证派进行了批评，这些批评自然有一定的价值"，并未全盘否定考证方法对于"辨别时代的先后及真伪，提供作品的素材线索"等方面的意义，只是强调不能把考证方法运用到艺术形象分析上、不能用考证方法代替文艺批评原则。

在《评〈红楼梦研究〉》一文中，李、蓝开篇即从多个方面肯定了俞平伯《红楼梦研究》在"'辨伪'和'存真'"方面的"贡献",包括对后四十回的伪作性质及其功绩的认定、对前八十回残缺情形及后四十回发展线索的考证、不同版本的比较及评价,等等,"总之,这些属于考证范围的成绩,都是俞平伯30年来可珍贵的劳动成果,对于《红楼梦》的读者自然是有一定帮助的"。

总之,这两篇文章完全属于正常学术讨论,体现了客观理性的以学术讨论为主体的精神。值得指出的是,这种学术主体精神贯穿在李希凡此后所有红学研究之中,只是强弱程度不同而已。

李、蓝在一炮而红之后的两年多时间里,撰写一系列红学论文,然后题名为《红楼梦评论集》结集出版,共收录论文17篇。[21] 两篇成名作之外的15篇中除《评王国维的〈红楼梦评论〉》,其他14篇文章均已在《人民日报》《光明日报·文学遗产》《新建设》《文艺报》《新观察》《文艺月报》等权威报刊上发表,其中刊于《人民日报》的即有5篇,由此可知当时两个"小人物"在红学界乃至整个文艺思想界影响之巨大。

事实上,毛泽东主席于1954年10月16日给中央政治局写了《关于〈红楼梦〉研究问题的信》,至此由两个"小人物"的文章引发的"批判红楼梦研究"运动已由自发的学术讨论转变为对胡适派资产阶级唯心主义的政治批判。李、蓝当时虽然并不知道这封"信"的存在,自然也不知道运动性质的转变,不过,他们肯定能够感受到批判俞平伯与胡适的气氛越来越浓。他们"遵命"而写[22]的《走什么样的路》一文不仅"按照邓拓同志意见着重提了胡适的实用主义和资产阶级唯心论",甚至还"不知是谁加上"了"联系到过渡时期总路线问题"的内容。[23] 在这种氛围中,李、蓝的文章与最初两篇成名作比起来,"火药味"逐渐浓了起来,尤其是对胡适,已经直接贴上了"买办资产阶级的知识分子""反动的实验主义"等[24]政治标签。尽管如此,李、蓝的"批判"依然是从学术方法和观点入手,并坚持了一分为二的理性原则,一边批评"连篇累牍"的"关于作者身世和作品细节的考证",一边申明"我们并不抹煞考证工作的重要性。在今后对古典文学的研究中,运用正确的观点和方法进行考证和校勘工作,仍然是必要的"。

另一篇代表性论文《"新红学派"的功过在哪里?》[25]旨在"清算'新红学派'尤其是俞平伯的反动观点""保护祖国文学遗产""捍卫马克思列宁主义",作者仍能秉持以理服人的态度,试图认真回答"新红学派"的"成绩能一笔抹煞吗"的疑问,花了不少篇幅总结并强调了"新红学派"的三点成绩:第一,"新红学派"的确在客观上指出了某些"旧红学家"的谬说;第二,俞平伯对后四十回为续书的进一步"证实"对于认识全部百二十回《红楼梦》多少是有益处的;第三,胡适和俞平伯根据"脂批"和其他材料校勘出前八十回原稿的残缺情形并"对证出八十回后还有曹雪芹未写完而迷失了的原稿"。李、蓝对"新红学派"这些成绩的总结是否准确是另一个问题，在政治火药味已经很浓的1955年，这种"功过分明"的理性态度足以证明文章保持了学术上求真的原则。

正因为李、蓝红学研究的切入点和关注点是学术，而且对马克思主义文艺理论的精髓有一定的了解，所以他们能够及时觉察到这场讨论中出现的机械化、庸俗化倾向，并较早撰文提出批评。当时，冯沅君与周培桐等学者先后发表文章就刘姥姥这一人物展开了论争[26]，李希凡、蓝翎在《关于文学研究中的庸俗社会学倾向——从〈红楼梦〉人物刘老老的讨论谈起》一文中指出双方在论证方法上均存在问题：

> 这两篇文章的结论完全相反。但是，所采取的方法却是一致的，即企图用简单的社会概念来代替马克思主义的艺术分析，用阶级成分的简单的划分来取消艺术形象的丰富内容。
>
> 有些人由于把马克思主义简单化、庸俗化，以至把文学艺术具有阶级性的原理，当作简单的公式硬套到作品的每一段描写上去，硬套到每一个人物的每一项言谈举止上去，认为人物的性格特征就是简单的阶级概念。这难道不是一种"惊人的混乱"吗？[27]

这里，李希凡、蓝翎提出了"究竟是马克思主义的文学批评，还是庸俗社会学的、机械论的文学批评"这一严肃的方法论问题，并对"把马克思主义简单化、庸俗化"的倾向提出了批评。据说冯至在1954年10月24日在中国作家社会礼堂召开的"《红楼梦》研究座谈会"上即对当时学术界的庸俗学风进行了批评，"冯至的批评，切中了当时古典文学研究界的要害，可惜这种现象后来不仅没有得到纠正，反而愈演愈烈"[28]。李希凡、蓝翎也参加了这次座谈会，应该是听到了冯至先生的发言的。在马克思主义教条化倾向愈演愈烈的情况下，李希凡、蓝翎能够呼应冯至的说法，公开批评庸俗社会学现象，并能结合刘姥姥这一人物形象从学理层面做出有说服力的阐释，不仅说明他们保持了清醒的学术头脑，而且从一个侧面说明了他们的马列文论水平。

相比之下，李希凡、蓝翎第二阶段的红学研究成果产生于新一轮"狂热的'评红'运动"中[29]，不可避免地染上了浓厚的政治色彩。李希凡先生在《李希凡自述——往事回眸》中说："我的序言，虽没有任何人授意，却是自觉地'实践'极'左'思潮，而且由于人民文学出版社的版本，各省出版社翻版，可谓流毒全国。"这样的反省不可谓不真诚、不深刻。其实，与当时梁效、柏青、方岩梁、石一歌、吴红、洪广思等集体或者个人化名者所发表的铺天盖地的政治性"评红"文字相比，李希凡先生的文章仍然在一定程度上保留了学术讨论的品格，最典型的是《红楼梦评论集》第3版增写的长篇"代序""附记"及"三版后记"。

在这些新增加的文字中，李希凡虽然给胡适、俞平伯等安上了"狂热鼓吹资产阶级唯心主义""对抗马克思列宁主义的传播"[30]"实验主义反动哲学的流毒"[31]等政治帽子，但是，在这些硬贴上的标签之下，李、蓝仍然强调不能说以胡适、俞平伯等为代表的"新红学派""较之'旧红学'毫无成就"，"我们并不抹煞考证工作的重要性"[32]，而更重要的是，他们对自己观点的阐述，仍然努力追求学术上的合理性与说服力。例如，在"代序"中，李、蓝由"尖锐的斗争"入手，却很快将文章的思路引向鲁迅的红学观，并集中谈了三点体会：第一，《红楼梦》是有很高的独创性的；第二，《红楼梦》的创作方法是现实主义的；第三，《红楼梦》所塑造的人物形象，既是典型的，又是充分个性化的，每个人的典型性是通过其个性表现出来的。这种红学观既符合他们一贯坚持的社会主义现实主义文艺观，又符合中国文学史及《红楼梦》的实际情况，因此，这些观点即使放在今天，仍然具有一定的学术价值。

李希凡先生个人署名的"附记"和"后记"中对明清之际资本主义萌芽、曹雪芹民主主义思想来源、贾宝玉林黛玉"共名"说、马克思主义文艺典型论等问题的阐述和辩论，主要是针对何其芳先生不同意见的回应，并且期待对方的再"反击"，基本上走的是学术讨论的路子。有学者在总结20世纪70年代评红运动时说，"当时参加评红的文章，众口一词，几乎无一人不在计算'人命'和重复'政治小说'说"[33]。衡之以李希凡先生20世纪70年代的红学研究著述，我们要说，即使当时"众口一词"在重复"'政治小说'说"，仍然有部分学者的部分文章保留了一定的学术主体精神。

正因为在"极左思潮"泛滥的评红运动中依然保持了学术的基本品格，所以，李希凡先生在新时期能够顺理成章地进入红学研究的新阶段，在自我反思与自我批评中有所坚守、有所发展，当然，也仍然存在不可克服的理论性困境与局限，详情见下文。李希凡先生在晚年回顾自己的红学研究历程时，不仅大方地宣称自己在50年代提出来的"那些基本观点"几十年未曾改变。[34]而且，在反思20世纪70年代"对何其芳先生的反批评"不应该"带有个人情绪"时还特别"说明两点"：第一，"'文革'中有极'左'思潮的'评红热'，不等于《红楼梦》没有深刻地反映了封建社会的阶级矛盾和阶级斗争，更不等于小说没有深刻地揭露封建统治阶级的罪恶及其上层建筑的腐朽"；第二，"我承认我对何其芳同志的反批评有粗暴之处,并不等于我承认对他的'典型共名说'的质疑是'误解'和'曲解'"。在"自传"中更是为自己被称为"社会评论派""毛派红学"而感到自豪:"如果确有此殊荣,我则幸甚至哉,甘当此任,无怨无悔。说句老实话,迄今为止,我仍没有看到给《红楼梦》以崇高、正确而深刻的评价,有谁超过鲁迅和毛泽东。"[35]这些都说明了李希凡先生对自己贯穿始终的学术主体性精神有自觉的认识并为此感到坦荡和骄傲!

至此,我们比较细致地梳理了李希凡先生在成名之前的学习经历、知识积累、专业旨趣以及学术成果,大致概括了李希凡先生"一举成名"背后的学术基础;同时,辨析指出了贯穿其三个不同红学研究阶段的、或隐或显的学术主体性精神。作为独具特色、不可替代的当代红学家"个案",李希凡先生在红学研究中所持的马克思主义观点的具体理论内涵、其红学观点的合理性与理论困境、反思中的发展与局限等,对于当代红学史、文学批评史来说,都具有重要意义。

接下来,我们拟从新中国成立后中国马克思主义文艺观的特色入手,对李希凡先生所持马克思主义文艺观的基核、其早期红学观要点以及晚年红学观的坚持、修正与仍然存在的局限等问题进行梳理和讨论。

三、中国20世纪以来的"泛马克思主义文艺观"

如前所述,李希凡先生在解释他和蓝翎最初撰写"批俞"文章的动机时,一再强调他们是要用"马克思主义文艺观""马克思主义观点"分析复杂的文学现象、分析《红楼梦》的伟大成就。毫无疑问,李希凡先生是当代中国当之无愧的最重要的马克思主义红学家代表之一。可是,当我们说李希凡是一个坚持马克思文艺理论立场的批评家的时候,却往往忽略了一个问题,那些被批评的对象也大多在自觉或者不自觉地运用马克思主义理论方法。所以,要总结李希凡红学的特征,仅仅指出他运用了马克思主义文艺观是不够的,还需要更进一步了解他所面对的时代背景以及他所持马克思主义文艺观的特色等问题。

季水河先生曾就20世纪马克思主义文艺理论在中国的传播、发展与问题做过简明扼要的回顾:马克思主义文艺理论在中国的传播与接受,几乎与马克思主义学说在中国的传播与接受同步。整体来看,马克思主义是通过三条途径进入中国的:一是19世纪末期从英法等西欧国家传入中国,其翻译传播者主要是在华传教士和留学欧洲的学人,英法两国是马克思主义学说进入中国的最早渠道;二是20世纪初至30年代中期从日本传入中国,其翻译传播者多为中国留日学生和流亡日本的中国民主主义革命者;三是俄国十月革命胜利以后，马克思主义学说尤其是马克思主义文艺理论从苏联进入中国，其翻译传播者主要是瞿秋白等中国现代马克思主义文艺理论家和中国赴苏俄留学生。苏联是20世纪前半期马克思主义文艺理论进入中国的直接途径。从20世纪30年代中后期到70年代以前，中国的马克思主义学说和马克思主义文艺理论著作几乎都是从俄文译本译成中文的，或者从俄国人编辑出版的德文译本译成中文的。马克思主义学说进入中国的多条途径带来的后果之一是经典文本与阐释文本的混杂性特点，即中国现代传统接受的马克思主义文艺理论既有马克思主义创始人的经典性文本，又有日本人、俄国人对马克思主义文艺理论的阐释性文本，从数量上说，后者甚至远多于前者。从产生的影响来看，阐释性的非经典文本也超过了马克思主义创始人的经典性文本。在鲁迅、瞿秋白、周扬等中国马克思主义文艺理论家所引用的资料、所阐释的观点中，有许多都源自普列汉诺夫、卢那察尔斯基等人的阐释性文本，而且，在整个中国现代文艺理论界也一直没有搞清楚经典性马克思主义文艺理论与阐释性文艺理论之区别，一直是将二者等量齐观的。[36]

另外，19世纪俄国革命民主主义批评家别林斯基、车尔尼雪夫斯基、杜勃罗留波夫（简称别车杜）在中国的地位也颇为特殊。别车杜不仅对俄国文学产生过持久而深远的影响，自20世纪初传入中国之后，在中国的文艺批评和文艺运动中也曾留下深深的痕迹。因为马恩列斯都没有系统的文艺学著作，别车杜甚至一度获得了"准马列"的地位，常常成为文艺论战中双方的矛和盾。[37]别车杜之所以会有如此高的"礼遇"，是因为他们被视作"民主主义者"，有革命的色彩和殉道的精神，而且曾得到恩格斯、列宁等革命领袖和导师的肯定和赞扬，因而被苏联官方文艺思想和政策的制定者列为马克思主义文艺理论的"伟大传统"而移用为合法的理论支持。所以，对于中国的马克思主义者来说，他们的"理论身份"是完全可以放心的。在20世纪五六十年代的"别车杜热"中，除了政治家的言论，别车杜甚至比梅林、拉法格等正统的马克思主义文论家更加受到重视。不过，大多属于语录式的辗转摘引，而谈不上对别车杜理论的系统性了解与研究。[38]

概言之，就马克思主义文艺观而言，经典马克思主义文艺理论、苏联化马克思主义文艺理论、中国化马克思主义文艺理论、以别车杜为代表的"准马列"文艺理论、以普列汉诺夫为代表的阐释性马克思主义文艺理论、西方马克思主义文艺理论等等一系列彼此交叉又存在诸多深刻差异的理论构成了20世纪中国文艺理论研究的错综复杂的大背景，同时也是20世纪初以来绝大多数中国文艺研究者知识结构的重要成分，尤其是对于身处20世纪50—70年代或者经历了这一历史阶段的学者们来说，"马克思主义文艺观"更是一种群体化、内在化的理论模式。至于"马克思主义文艺观"的确切内涵，则多数人未曾做系统、深入的研究，只是引各种政治身份正确的名人名言作为既定观念的论据，从而在一定程度上呈现出"泛马克思主义文艺观"现象。马克思主义文艺观的复杂内涵至今仍然是文艺理论界、美学界的重大课题之一。

四、李希凡所持马克思主义文艺观的基核

事实上，在近现代中国，马克思主义文艺理论的运用同样是个十分复杂的问题。20世纪50年代先后成为批判对象的胡风、冯雪峰曾经是中国第一代马克思主义文艺理论家中的重要代表，与周扬并列为"革命现实主义的三驾马车"。[39]周扬不仅曾经以党的文艺领导者的身份组织并参与了一系列重大的文学运动，还创制了一套相对完整的有中国特色的马克思主义文艺理论，而且其文艺思想与毛泽东《在延安文艺座谈会上的讲话》（下文简称《讲话》）之间存在密切关联。有学者指出，二者是"双向互动的关系，也就是说，毛泽东影响了周扬，而且周扬的诸多文艺观念也曾影响过毛泽东《讲话》的构成"。[40]可是，周扬文艺思想后来也作为修正主义文艺黑线受到了彻底批判。[41]还有，何其芳的红学研究被认为"堪称运用马克思主义研究中国古代文学作品的典范之作"[42]，可是，不仅何其芳先生曾"嘲讽"李、蓝《关于〈红楼梦简论〉及其他》一文是"在讲'马克思主义的常识'"[43]，李希凡先生对何其芳的代表性观点"共名说"也一直不以为然。

至于李希凡、蓝翎1954年批判的靶标俞平伯，进入新中国之后也在与时俱进、努力运用马克思主义文艺理论来研究《红楼梦》。

俞平伯先生刊于1953年12月19日《大公报》上的《红楼梦简说》一文说，《红楼梦》"写的是封建大家庭的罪恶与婚姻不自由""一张'护官符'是多么尖锐地刻画了旧式官场的本质——'衙门八字开，有理无钱莫进来'"；还肯定了《红楼梦》"高度的现实主义成就"，并且指出，必须在"典型的封建大家庭""这典型环境中""才能使作者塑造的典型人物更好地发展起来"。[44]俞平伯所说的"高度的现实主义""封建大家庭的罪恶""典型环境中的典型人物"等等这些关键词都属于典型的马克思主义社会学分析话语。在李、蓝批评的靶子之一的《红楼梦简论》一文结尾，俞平伯更是直接呼吁，在红学研究中，"我们应该用历史的观点还它的庐山真面，进一步用马克思主义的文艺理论来分析批判它，使它更容易为人民所接受，同时减少它流弊的产生"。[45]由此可见，在20世纪50年代初，用马克思主义文艺理论来研究《红楼梦》等古代文学作品已经成为一种潮流，俞平伯等人概莫例外。只不过在李希凡等批评者看来，俞平伯等人"是把马克思主义的词句当作一件

时髦的外衣，骨子里仍然贩卖着旧货色"[46]。

要之，在特殊历史背景之下，一些在自觉运用马克思主义文艺理论的人，有的甚至是为马克思主义文艺理论中国化做出重大贡献的理论家，都成了被批判的对象；有的则在批判者与被批判者两种角色之间进行了戏剧性转换。这一现象的出现，除了政治斗争的原因之外，也与马克思主义文艺观本身的复杂性以及不同研究者对马克思文艺观的理解不同有直接关系。

所以，笼统地说，李希凡的红学研究用的是"马克思主义文艺观"并没有错，问题是，李希凡们所运用的"马克思主义文艺观""马克思主义观点"与那些被他们批评的研究者到底有什么本质的不同？也就是说，李希凡所运用的马克思主义理论具有什么特点？对此，李希凡先生没有说明，一般研究者也很少追问，以至于在具体论述中总有一间未达之憾。陈维昭先生在《红学通史》中曾使用"苏联模式文艺理论""革命的现实主义"[47]等限定性概念，颇具启发意义。

马克思主义文艺观在中国化过程中情况尤其复杂。从李希凡读书经历可知，其马克思主义思想的来源主要包括如下几个途径：马列原著译著，艾思奇、赵纪彬等学者对马克思哲学思想的普及性阐释著作等；同时，他自己一再表示，曾深受别、车、杜以及普列汉诺夫等人的影响；而在文艺观上最直接的影响则来自毛泽东。李希凡先生曾经说道："更为切实地运用马克思主义的立场观点帮助我们建立革命文艺观的，还是毛泽东同志《在延安文艺座谈会上的讲话》，至今我仍然认为，它是马克思主义文艺观最有代表性的经典之作。"陈维昭先生曾指出，《关于〈红楼梦简论〉及其他》的"真正意图""是对延安时期以来革命的现实主义理论进行一番实践。这与1949年以后中国大陆文艺批评的转换历程是步调一致的"；而"毛泽东对李希凡、蓝翎的文章的欣赏，一方面是政治上的需要，另一方面则是李、蓝文章在社会政治观念和文艺观念上正好与毛泽东合拍"。[48]可谓的论。因此，李希凡先生所信奉和运用的理论武器主要是以毛泽东文艺思想为核心的中国化马克思主义文艺观。而这种中国化马克思主义文艺观的核心内容又是什么呢？那就是在相当长的一段时间内对中国文学的观念、理论批评与创作都产生过深刻影响的社会主义现实主义。

据汪介之先生在《"社会主义现实主义"在中国的理论行程》一文中的介绍，"社会主义现实主义"这一概念来自俄罗斯—苏联文学，最初出现于1932年，是进入20世纪30年代以后高度集中统一的苏联政治经济体制要求文学一统化的结果，最早由斯大林提出，可以说是马克思主义"苏联化"的产物。1932年5月20日格隆斯基在莫斯科文学小组积极分子会议上公开宣布"社会主义现实主义"是苏联文学的基本方法。这一动向迅速引起中国的关注，1933年已有诸多相关的译介及评论文章出现，之后对其内涵、外延一直存在争议，甚至受到"伪现实主义"之类的批评。不过，随着"抗日的现实主义""新民主主义现实主义""无产阶级的现实主义""革命的现实主义""新的革命的现实主义"等口号的提出，"社会主义现实主义"越来越受到中国主流文学界的认可，新中国成立以后，更是得到了官方的高度肯定和大力推崇："1949年以后，中国文学界开始把'社会主义现实主义'确立为中国整个文学艺术创作和批评的最高准则。"1953年9月，在中国文学艺术工作者第二次代表大会上，周扬正式宣布"我们把社会主义现实主义作为我们整个文学艺术创作和批评的最高准则"，还明确肯定《在延安文艺座谈会上的讲话》以后，我们的文学艺术是'社会主义现实主义的文学艺术'"。《讲话》里有一句话是"我们是主张无产阶级的现实主义的"，1954年《毛泽东选集》三卷首次出版发行时，这句话已被修改为"我们是主张社会主义的现实主义的"，此后国内出版的各种毛泽东著作中这篇《讲话》均按此修改后的文字印行。虽然1956年前后随着苏联政治生活和文学生活的变化，来自苏联的"社会主义现实主义"在中国也再次引发了新的争论，但是，"1949—1958年间，中国文学界对'社会主义现实主义'予以肯定与积极接受的态度，基本上没有改变"。之后自20世纪60年代至70年代"文化大革命"结束，"社会主义现实主义"与"两结合"（"革命现实主义与革命浪漫主义相结合"）一直是中国文艺界的指导方针；新时期以来，我国文论界对"社会主义现实主义"再次有了许多新的理论探析和阐释。[49] 要之，自新中国成立至"文化大革命"结束这段时间，中国整个文学艺术创作和批评的最高准则是社会主义现实主义。那么，中国的社会主义现实主义又有什么本质特征呢？

正如朱印海等学者所指出的，"在马克思主义美学发展史上，毛泽东对文艺与政治关系的考察具有重要的理论意义"。[50] 在马克思主义中国化过程中，从瞿秋白、周扬到冯雪峰等，中国的马克思主义理论家不断对现实主义理论进行概括总结并赋予它新的内涵，直到毛泽东《讲话》根据中国革命发展的现实需要，要求文艺为政治服务、为工农兵服务。[51]《讲话》关于文艺与政治关系的表述，集中体现了中国社会主义现实主义的特点，即与马克思主义经典现实主义观念相比，中国的社会主义现实主义具有更加浓厚的政治功利性色彩。

综上，社会主义现实主义自1933年被介绍到中国，1942年《讲话》以后在理论上逐渐得到确认，新中国成立之后被确定为"最高准则"在全国普遍推行。影响所及，包括俞平伯等人在内，几乎所有学者都在顺应潮流、努力运用"马克思主义文艺理论"——准确地讲，是马克思主义中国化之后的社会主义现实主义理论。从这个意义上说，在新中国建立之初至改革开放这段时间，中国大陆所有红学研究者在阐释文本时几乎都可以称为马克思主义红学研究者；很多经受过这一历史阶段文艺思潮洗礼的学者在后续研究中也依然习惯性地沿用马克思主义理论模式来解读《红楼梦》，典型如何其芳、吴组缃、冯其庸等诸多名家，莫不如是。

李希凡、蓝翎成长于社会主义现实主义在全国普遍推行的关键时期，李希凡自言深受《讲话》的影响，他们自然比俞平伯、何其芳乃至胡风等前辈学者更容易理解并接受这一理论的实质。正因为如此，李、蓝"批俞"文章才能"在社会政治观念和文艺观念上正好与毛泽东合拍"，而作为以考证为基础的新红学代表人物的俞平伯在运用这一理论的时候自然要隔膜许多。从这个意义上说，李、蓝说俞平伯"是把马克思主义的词句当作一件时髦的外衣，骨子里仍然贩卖着旧货色"并非无据。

要之，李希凡、蓝翎所运用的文艺观念应该是，或者说至少非常接近社会主义现实主义——它是经过"苏联化"中转、再经过中国本土化过滤之后的马克思主义文艺观。这是我们了解李希凡以及他的同时代人所运用的马克思主义文艺观的一个基本前提，也是我们了解马克思主义文艺观及马克思主义红学内部差异的一个不可忽视的重要前提。

五、李希凡早期红学观要点

陈维昭先生曾经指出，李希凡的红学观在早年与蓝翎合作的两篇"批俞"文章中已经表现得"比较完整了，他们以后的一系列评红文章以及批俞运动中的其他文章基本上就在这个框架上进行充实"；[52] 李希凡先生自己在晚年也一再强调："谈到我们自己当时的文章，至少有几个基本观点，即使在今天，我也还是坚持的。"[53] "我对《红楼梦》评价的基本观点，从未改变过。"[54] 因此，要了解李希凡先生的红学观，必须从他早年与蓝翎合作的一系列论文尤其是两篇"批俞"代表作《关于〈红楼梦简论〉及其他》《论〈红楼梦研究〉》入手。

首先需要说明的是，俞平伯先生自20世纪20年代初开始从事红学研究，涉猎范围颇广，用他自己的话来说在"考证、批评、校勘"三个方面[55]，考证、校勘都属于实证性研究，只有"批评"一项属于主观性的文本阐释。而且，其观点有一个与时俱进、不断修改的过程。进入新中国之后，俞平伯在《红楼梦》文本阐释方面的代表性观点主要见诸《红楼梦研究》[56] 以及刊发于1954年3月的《红楼梦简论》，而它们正是李、蓝批评的靶标。

李、蓝在《评〈红楼梦研究〉》中对俞平伯的实证性研究成果曾实事求是地给予了肯定，认为"这些属于考证范围的成就，都是俞平伯三十年来可珍贵的劳动成果，对于《红楼梦》的读者自然是有一定帮助的"[57]；他们批评的矛头主要指向俞平伯的文本阐释部分。事实上，李希凡终其一生，基本上只关注《红楼梦》的思想性与艺术性，很少涉及作者、版本等外缘考证问题，属于地道的文本阐释派。而从文学研究的基本原理来说，文本阐释会因人、因时代风潮等因素而变动不居，永远属于见仁见智的问题。所以，不管是李希凡质疑俞平伯的观点，还是李希凡的观点被他人质疑，都是再自然不过的事。

李希凡、蓝翎与他们许多同时代人一样，既熟读一些翻译过来的马列著作及被视为"准马列"的车、别、杜、普等苏联理论家们的著作，更深受《讲话》的影响，因此，在他们看来，唯物论、现实主义、典型论、民族性、人民性、阶级冲突论等等命题均属于无需论证、毋庸置疑的理论前提，可以直接拿来作为阐释《红楼梦》等中国古典小说的工具和武器，只是与那些真正深入研究过马克思主义的理论家们相比，李希凡、蓝翎们难免会显得生硬一些。

如前所述，李、蓝于1954年5月至1956年5月两年期间合作撰写了包括两篇成名作在内的17篇红学论文，于1957年1月由原作家出版社结集出版；1963年3月再版；1973年12月由人民文学出版社第三次出版，增加了一篇题为《中国小说史研究中的一场尖锐的斗争——学习鲁迅论〈红楼梦〉的几点体会》的"代序"、三版"后记"，以及多篇文章之末署名李希凡的"校后附记"。通过这些资料，我们可以对李希凡、蓝翎早期红学观要点及发展情况做一个简单的梳理和概括。

因为李、蓝两篇成名作均属"批俞"之作，如能将两边观点罗列出来进行比较，当更能体现各自的特点与是非。限于篇幅，这里只能略及俞氏的说法而以介绍李、蓝观点为主。至于李、蓝与俞氏红学观的差异及深层理论分歧，值得另撰专文讨论。

（一）《红楼梦》是现实主义杰作、文字风格喜怒于色

俞平伯在《红楼梦研究》"《红楼梦》底风格"一节中提出，《红楼梦》的"手段是写生""作者底态度只是一面镜子"[58]；在《红楼梦简论》中则说，《红楼梦》的写作手法"大约有三种成分：（一）现实的，（二）理想的，（三）批判的。这些成分每互相纠缠着，却在基本的观念下统一起来的"[59]。同时，俞平伯认为曹雪芹对封建贵族家庭的态度是赞美与批判兼而有之，其创作动机和主题之一是忏悔情孽，加上"写生"的手段，因此共同促成了"怨而不怒"的风格。[60]

李、蓝在《关于〈红楼梦简论〉及其他》一文中开门见山提出："《红楼梦》是我们近

二百年来流行甚广而且影响很大的现实主义杰作"；并认为俞平伯对《水浒传》及《红楼梦》的批评是"离开了现实主义的批评原则，离开了阶级观点，从抽象的艺术观点出发"。这是李、蓝所有评红文章的根本前提。在此前提之下，他们批评俞平伯的"怨而不怒"之说"实质上是力图贬低《红楼梦》反封建的意义"。在李、蓝看来，是丰富的人民性与深刻的现实主义精神决定了《红楼梦》独特的文学风格，即"深沉的痛苦、愤怒的诅咒、健康的欢笑、绚丽的幻想、青春的气息、生命的跃动"，[61] 亦即《红楼梦》的风格不是"怨而不怒"，而是有愤怒、有诅咒、有欢笑、有理想。

李、蓝在《评〈红楼梦研究〉》一文中指出，俞平伯所说的"写生"就是"记实"、就是"记录事实的自然主义'写生'的方法"，可是《红楼梦》"并非'自然主义'歌颂者们所称颂的那样，只是简单地复写客观事实真相"，而是"鲜明地表现出艺术反映现实的必然规律和作家明确的是非爱憎态度"，而且认为"文学作品是阶级斗争的一种武器，是表现一定阶级的思想感情和理想愿望的"；《红楼梦》的风格不是俞平伯所说的"怨而不怒"，而是继承了"中国文学最光荣的富有战斗性的现实主义传统""流露着作者的反抗情绪"。要之，李、蓝认为，《红楼梦》是伟大的现实主义作品，其文字风格喜怒形于色，表达出了作者鲜明的爱憎态度。

（二）《红楼梦》的主题是批判整个封建集团及封建制度

俞平伯在《红楼梦简论》中认为，《红楼梦》的主题是描写行将崩溃的封建地主家庭；曹雪芹对待这类家庭的态度有赞美、有暴露，总体上否定多于肯定。李、蓝认为俞平伯这一结论是从"反现实主义的批评观点出发"的"模棱两可的结论"[62]。李、蓝指出，"《红楼梦》以贾家为中心，描写了四大家族的活动，上至宫廷宗室，下至乡村农民，展示了波澜壮阔的典型的生活画面，使人民看到了封建社会特别是封建贵族社会的复杂的阶级关系和尖锐的阶级斗争"，因而，曹雪芹所写，"不仅是贾氏家族兴衰的命运，而是整个封建贵族阶级在逐渐形成的新的历史条件下必然走向崩溃的征兆"。[63] 也就是说，李、蓝认为，曹雪芹所写不是独立的封建贵族家庭个案，而是通过四大家族揭示了整个封建贵族阶级崩溃的命运。至于《红楼梦》中"时常流露出追怀往昔的哀戚"，在李、蓝看来，则"正是作者世界观中的矛盾所在"，曹雪芹在艺术形象创造中，"不自觉地战胜他自己的阶级同情和政治偏见"，像恩格斯所赞许的巴尔扎克一样，以现实主义的伟大胜利"写出了伟大的杰作《红楼梦》"[64]。

李、蓝试图从时代背景解释《红楼梦》出现的必然性："乾隆时期正是清王朝的鼎盛时期，但也是它行将衰败的前奏曲。"曹雪芹"已预感到本阶级的必然灭亡。他将这种预感和封建贵族统治集团内部崩溃的活生生的现实，用典型的生活画面、完整的艺术形象熔铸在《红楼梦》中，真实地、深刻地暴露了它必然崩溃的历史命运"[65]。也就是说，李、蓝先验地认为，曹雪芹生活在即将衰亡的历史时期，作为现实主义的伟大作家，他已预感到本阶级必然灭亡，因而深刻地揭露了封建制度和统治阶级的罪恶。

（三）曹雪芹具有强烈的爱憎倾向，创作并歌颂了正面肯定的典型人物

关于《红楼梦》人物，俞平伯有三个比较重要的观点：第一，认为作者对人物并无褒贬之心，对于十二钗"是爱而知其恶的"，包括贾宝玉在内，"《红楼梦》中人格都是平凡（的）"，具体说，宝玉"总不是社会上所赞美的正人"。[66]第二，认为所有人物都代表作者一部分，但是包括贾宝玉在内都不等于曹雪芹，"书既自寓生平，代表作者最多的当然是贾宝玉。但贾宝玉不等于曹雪芹，曹雪芹也不等于贾宝玉"。不仅如此，他还以下棋为喻，强调在代表作者这一点上，所有人物"地位原是平等的"。[67]在强调小说中人物地位平等这一点上，俞平伯的观点与巴赫金的"对话"理论颇有暗合之处。第三，钗黛之间无褒贬，"若两峰对峙双水分流，各怀其妙莫能相下"[68]。概括来说，俞平伯认为，曹雪芹只是客观地描写了各类人物，所有人物都有缺点；所有人物都是作者表达主题的一部分，最能代表作者的是贾宝玉，不过贾宝玉并不等于作者；宝钗和黛玉之间，作者并无褒贬差别，而是有双美合一的倾向。

如前所述，李、蓝认为曹雪芹具有鲜明的爱憎态度，而不是俞平伯所说的"只作一面公平的镜子"；除此之外，李、蓝还从"色空观"入手，对俞平伯的人物论进行了具体的批评。他们说："俞平伯既然把《红楼梦》的内容归结为'色''空'观念，也就必然会引出对人物形象的唯心主义的理解。"[69]在批评"色空"观念的基础上，李、蓝提出了正面的典型人物说并将俞平伯对钗黛的评价概括为"钗黛合一"而加以批评。

在《关于〈红楼梦简论〉及其他》中，李、蓝认为《红楼梦》继承并发展了由《诗经》、屈原、杜甫、关汉卿、王实甫、罗贯中、施耐庵、吴承恩等伟大作家所代表的古典文学特别是小说中的人民性传统，其表现之一就是创造并歌颂了肯定的典型人物——封建制度的叛逆者与蔑视者贾宝玉和林黛玉，他们是曹雪芹笔下的理想人物，作者通过对他们爱情和生活理想的肯定，一方面体现着作者对封建制度的藐视与反抗，一方面体现着作者所追求的生活理想，"宝黛的恋爱悲剧正是封建贵族家庭压迫他们的必然结果，是他们的性格与社会冲突的必然结果"。李、蓝还以前八十回文本中"贾宝玉不爱薛宝钗而爱林

黛玉"的"不容否认的事实"，否定了俞平伯的"钗黛合一"说，认为宝钗恰与宝黛相反，她是封建贵族家庭所需要的"正面人物"，总之钗黛"是两个对立的形象"。

在《评〈红楼梦研究〉》中，李、蓝进一步指出贾宝玉是当时将要转换着的社会中即将出现的新人的萌芽，其性格反映着个性的觉醒。总而言之，李、蓝认为，"贾宝玉和林黛玉是作者所创造的肯定的人物形象，他们是封建贵族家庭的叛逆者"，而宝钗则是与黛玉"对立"的反面典型。[70]

值得指出的是，李、蓝对俞平伯"色空观念"的批评，明显有"误解"的成分。如前所述，俞平伯在《红楼梦简论》一文中曾称《红楼梦》的写作手法包括"现实的、理想的、批判的"三种成分，这些成分在"基本观念下统一起来"；同时又有"《红楼梦》的主要观念'色''空'（色是色欲之色，非佛家五蕴之色）明从《金瓶梅》来"之语，李、蓝遂将这两段话嫁接在一起理解，认为俞平伯所说的"基本观念"就是"色空"观念，从而批评俞平伯否定了《红楼梦》的现实主义性质。[71]而从李、蓝全文对俞平伯色空观的批判来看，他们有意无意忽略了俞平伯在括弧中对"色是色欲之色"的界定，而直接将其视为佛家"色空"之"色"了。

还有，李、蓝强调，不仅作者具有爱憎分明的政治倾向，读者亦如是。俞平伯应该曾经受到过西方新批评的影响，多次申明，文学批评及读者接受都难免有个人"偏见"，不能有统一的标准，典型如"原来批评文学的眼光很容易有偏见的，所以甲是乙非了无标准"[72]"批评原是主观性的，所谓'仁者见仁，智者见智'"[73]"读者原可以自由自在地来读《红楼梦》，我不保证我的看法一定对"，等等。[74]李、蓝则提出了完全不同的观点，坚持认为读者具有阶级属性及立场，他们指出，"文学作品是阶级斗争的一种武器，是表现一定阶级的思想感情和理想愿望的。读者也是属于一定阶级的，'读者的偏见和嗜好'也是有阶级性的""文学批评就是站在一定的阶级立场直接阐发这些问题"。[75]视文学作品为阶级斗争武器、站在阶级立场进行文艺研究等等，正是典型的社会主义现实主义思维模式，由此可见李、蓝所持马克思主义文艺观的特点于一斑。

（四）《红楼梦》继承了传统文学中的人民性和现实主义精神

俞平伯在《红楼梦简论》中设专节讨论"《红楼梦》的传统性"问题。他指出，中国小说原有唐传奇文和宋话本两个系统，《红楼梦》"接受了、综合了、发展了这两个古代小说的传统"，并具体从词句、情节、风格、结构、典故等方面分析了《红楼梦》如何"融合众家之长，自成一家之言"的特色。俞平伯这种思路颇为接近20世纪下半叶开始在国际上风靡至今的互文性观念。

李、蓝在《关于〈红楼梦简论〉及其他》一文中指出，俞平伯在关于《红楼梦》的传统性问题上，"唯心主义""表现得更为明显"，并批评俞平伯对于《红楼梦》的传统性"并"没有一个清楚的概念"，然后就传统性问题提出了自己的见解，强调传统性中的"人民性"与"现实主义精神"两个方面，而在具体阐述中"人民性"中又包含了"现实主义精神"，这种概念的缠夹不清大概也是李希凡先生自认的"粗疏幼稚"[76]的表现之一吧。

（五）宝黛钗恋爱婚姻悲剧曲折地反映了阶级矛盾和阶级斗争

俞平伯根据前八十回文字及相关脂批推测，宝玉是在年近半百才出家，出家的原因，"除情悔之外，还有生活上底逼迫"[77]；黛玉则是因"多愁多病""夭卒"[78]，"原本应是黛玉先死，宝钗后嫁"[79]。李、蓝在《评〈红楼梦研究〉》中认为，俞平伯推断宝玉是贫穷而后出家，抽掉了这一人物的积极意义，"使贾宝玉从一个封建贵族阶级的叛逆者变成为逃避贫穷而遁入空门的市侩"。他们还指出，俞平伯对宝钗、黛玉形象的考证，"同样地抽掉了她们的社会内容"，"歪曲"了艺术形象的"时代意义"。李、蓝认为贾宝玉"性格里反映着个性的觉醒，他已经感受到封建社会的不合理性，他要求按照自己的理想生活下去"，他的性格与封建社会之间存在"愈来愈尖锐"的冲突，而且，"贾宝玉的悲剧性格，曲折地透露了那个时代尚未成熟的新的社会力量变革封建制度的历史要求"。在其他一些文章中，李、蓝进一步强化了宝黛爱情的反封建意义，如《评王国维的〈红楼梦评论〉》一文说：《红楼梦》是一部现实人生的悲剧，它反映的是社会的、阶级的人的被毁灭""《红楼梦》的悲剧情节的中心线索是贾宝玉、林黛玉的叛逆性格和叛逆爱情的悲剧"[80]。到了《关于〈红楼梦〉的思想倾向问题》一文中，李、蓝更是提出了"《红楼梦》是以贾宝玉、林黛玉与薛宝钗的性格冲突恋爱婚姻矛盾作为贯串全书的中心线索"的观点，认为《红楼梦》所表现的"不单纯是婚姻爱情的故事，而是以完整的悲剧表现出了现实生活中新与旧的冲突，两种人的冲突，两种思想的冲突，归根结蒂，是曲折地反映了当时的阶级矛盾和阶级斗争"[81]。也就是说，李、蓝将宝玉、黛玉与宝钗之间的性格冲突提升到了阶级斗争的高度。

（六）《红楼梦》是明清启蒙思潮的产物，反映了资本主义萌芽时期的市民意识

俞平伯先生认为，"《红楼梦》既意在写实，偏又多理想"[82]，是曹雪芹"自寓生平"[83]再加上虚构的作品。李、蓝批评俞平伯是"把《红楼梦》歪曲成为一部'自然主义'的作

品"了。[84] 李、蓝认为,《红楼梦》的出现在乾隆时期并非偶然,其丰富的思想内容和深刻的现实主义精神均与这一特殊的时代背景息息相关。在《评〈红楼梦研究〉》中,李、蓝受毛泽东《中国革命和中国共产党》一文的启发,提出了"康乾盛世"乃资本主义萌芽"孕育"的时代、贾宝玉则是当时转变期社会中即将出现的新人萌芽的观点。在《论〈红楼梦〉的人民性》[85]一文中,李、蓝首先指出在正面人物典型的贾宝玉、林黛玉身上,"存在着新的因素,即要求个性解放、婚姻自主的内容"。然后,进一步对《红楼梦》能够达到如此思想高度的"现实依据"做了分析,认为"《红楼梦》中贾宝玉、林黛玉的叛逆思想,是与当时出现的进步的思想潮流互相辉映的"。具体来说,是与明清之际出现的王夫之、黄宗羲、顾炎武等杰出思想家的思想学说相联系的,《红楼梦》是明清以来启蒙思潮的产物。

关于《红楼梦》的思想内涵与时代背景的关系,李、蓝在《关于〈红楼梦〉的思想倾向问题》一文中有了更加清楚、系统的论述,并提出了著名的"市民说"与"资本主义萌芽说"。此外,李、蓝还就形成贾宝玉、林黛玉"典型性格的典型环境"做了具体的分析,认为贾宝玉和林黛玉"是叛逆的贵族青年的新生力量",薛宝钗则"是代表着封建势力直接向他们作斗争的重要人物之一""这三个主要人物性格所体现的矛盾和斗争,已显示了《红楼梦》悲剧性质的主要方面"。在《如何理解贾宝玉的典型意义》[86]《〈红楼梦〉中两个对立的典型——林黛玉与薛宝钗》[87]等文章中,李、蓝对贾宝玉的叛逆性格、宝黛的民主主义思想、钗黛的对立性等问题做了进一步的论述。

要之,李、蓝认为,《红楼梦》是明末清初以来启蒙思潮的产物,贾宝玉、林黛玉具有初步的民主主义思想,代表了市民阶层的进步意识。李、蓝的"市民说""资本主义萌芽说"等观点,当时曾引发了比较激烈的争论,何其芳《论〈红楼梦〉》、曹道衡《关于黄宗羲、顾炎武、王夫之等人的思想及其与〈红楼梦〉的关系》就曾明确提出过批评意见[88],李希凡则在《关于〈红楼梦〉的思想倾向问题》"校后附记"中做了"反批评",并引用1962年出版的中国科学院文学研究所编写的《中国文学史》的相关内容为据,强力维护"市民说"和"资本主义萌芽说"。李希凡还在《红楼梦评论集》三版"后记"中继续论述了"市民说"、《红楼梦》的"民主主义思想"等,并就何其芳的贾宝玉、林黛玉典型"共名"说提出了商榷意见,限于篇幅在此不赘。

综上,李、蓝早期红学观主要包括六点:(1)《红楼梦》是现实主义杰作、文字风格喜怒于色;(2)《红楼梦》的主题是批判整个封建集团及封建制度;(3)曹雪芹具有强烈的爱憎倾向,创作并歌颂了正面肯定的典型人物;(4)《红楼梦》继承了传统文学中的人民性和现实主义精神;(5)宝、黛、钗恋爱婚姻悲剧曲折地反映了阶级矛盾和阶级斗争;

（6）《红楼梦》是明清启蒙思潮的产物，反映了资本主义萌芽时期的市民意识。

六、李希凡新时期红学研究中的"坚持""修正"与局限

李希凡先生在"文化大革命"结束之后的红学代表作主要有独著《红楼梦艺术世界》[89]
和与其女儿李萌合著的《传神文笔足千秋 ——〈红楼梦〉人物论》。[90] 近年来有多篇文章
对李希凡先生新时期的红学特点做了富有启发的评述，代表作有吕启祥先生《谛听历史
当事人的声音——我所认识的李希凡》[91]、高淮生先生《坚守成说、拓展新境：李希凡
的红学研究—— 当代学人的红学研究综论之五》[92]、詹丹先生《马克思主义红学的审美
维度——从李希凡先生有关〈红楼梦〉的晚近论著谈起》[93]、赵建忠先生《李希凡批评
范式与当代红学的发展》[94]，等等。对于李希凡先生自称的"封笔之作"《传神文笔足千
秋 ——〈红楼梦〉人物论》，吕启祥先生曾有这样的评价："纵观全书，应当说较之于希凡
过往的红学论著，既有一以贯之的、坚持不渝的方面，又有了很大的丰富、发展和趋于
完善的方面。"并主张"用'有所坚持，有所反思，有所包容'十二字"来"概括希凡先生
晚年"的"学术态度"。吕先生这一观点颇为中肯。这里，在借鉴既有研究成果的基础上，
仅从社会主义现实主义理论运用的角度，对李希凡新时期红学研究中所表现出来的"坚
持""修正"与局限等成分做一简单述论。

（一）坚持

李希凡先生晚年谈到早年与蓝翎合作的文章，多次强调"有几个基本观点"他是始终
"坚持"的。综合有关文章中的说法，李希凡先生"坚持"的基本观点主要可以概括为以下
四点：

第一，坚持认为，"《红楼梦》是一部具有伟大社会意义和历史价值的作品，而绝不仅
仅是一部'爱情小说'"。李希凡先生直接大段引用《关于〈红楼梦简论〉及其他》一文的原
文，强调"《红楼梦》出现在清代帝国的乾隆盛世，并不是偶然现象"，而曹雪芹继承了现
实主义传统，并比他之前的作家"更深刻地揭示出封建统治阶级的生活内容，并进而涉及
封建制度的全部问题""《红楼梦》是封建社会没落时期的社会生活的百科全书"。

第二，不同意"色空"是《红楼梦》的"基本观念"这类唯心主义的观点，也不同意把
《红楼梦》看作"自然主义"的作品，更不同意"自传说"；反对夸大《红楼梦》中表现出的
虚无命定思想，"也不同意用所谓'自传'的事实的真实轨迹，来解释《红楼梦》所创作的

艺术形象的真实", 强调"应该从作者所表现的艺术形象的真实性的深度来探讨""《红楼梦》的现实意义"。

第三, 《红楼梦》的思想内涵与明清启蒙主义思潮相关, 贾宝玉、林黛玉形象体现了资本主义萌芽时期的民主主义思想与人性觉醒意识。李希凡坚持认为: "《红楼梦》男女主人公贾宝玉、林黛玉尤其是贾宝玉的形象与精神风貌, 不只具有叛逆的倾向, 还显示了富于人性觉醒的新内涵。"而且认为, 《红楼梦》的思想倾向与明清启蒙主义思潮相关, 而邓拓、翦伯赞等历史学家"以丰富的历史材料论述"了"《红楼梦》产生时代的资本主义萌芽情况", "《红楼梦》中所反映的曹雪芹的民主主义思想、人性觉醒和对妇女的态度", 都"有着新的时代社会的根基, 也闪耀着新的时代要求的光彩"。[95]

第四, 《红楼梦》塑造了众多个性鲜明、内蕴丰富的艺术典型, 只有用马克思主义典型论才能准确而透彻地分析这些典型环境中的典型人物。李希凡先生说, "直到今天, 我仍然认为, 用脱离社会、脱离时代的人性善恶、生命意志, 是不能对《红楼梦》如此复杂而众多的'典型环境中的典型性格'的个性形象进行准确而透彻的分析的, 因为《红楼梦》写的是封建末世复杂的社会生活, 写的是特定历史环境里的贵族宗法之家的鲜活的'人'和'事', 而伟大的曹雪芹, 以其深邃的生活洞察力和惊人的艺术天才, 概括和创造了如此众多的、被誉为'如过江之鲫'的个性鲜明、内蕴丰富的艺术典型"。李希凡先生强调用马克思主义的导师们马恩列毛等曾"深刻而精辟"地"论述"、俄国著名理论家别车杜等曾"系统"地"阐释"过的"文学典型论"才能对"现实主义创作艺术"做出"科学概括"。[96]

将以上四点结合李希凡先生晚期的红学著作, 与前述李、蓝早期红学观的六个要点进行比较就会发现, 李希凡先生的红学基本观点的确只做了"微调": 对于人物形象, 从早年强调"肯定的典型人物"调整为关注"众多""个性鲜明、内蕴丰富的艺术典型"[97]; 对于宝黛形象虽然仍然强调其叛逆精神及民主主义思想以及两人精神层面的情投意合, 但是, 在分析宝黛钗恋爱婚姻悲剧时基本上放弃了阶级矛盾和阶级斗争的视角, 看到了宝钗的"美丽""天资聪慧"以及"广博的文化修养", 承认"'怀金悼玉的红楼梦'的大悲剧中, 也一样包含了这位堪称完美的封建贵族淑女薛宝钗的人生悲剧", 更承认"'薛林双绝'是《红楼梦》中两个最成功的艺术典型"。虽然仍然对"钗黛合一"持批评的态度, 可是"薛林双绝"之说与俞平伯的"两峰对峙双水分流, 各怀其妙莫能相下"之说明显存在相通之处。

我们需要进一步分析的是, 李希凡先生红学研究中一以贯之的"几个基本观点"体现了什么样的理论特色呢?

如前所述, 李、蓝早年红学研究所运用的理论武器是当时被官方确立为"中国整个文学艺术创作和批评的最高准则"的"社会主义现实主义"。

肇始于20世纪初的苏联社会主义现实主义包括客观真实性、典型性、社会主义精神、浪漫主义精神等四个理论要点。具体来说，客观真实性指从现实的革命发展中去真实地、历史地描写现实，现实主义的本质并不在于作品内容真实性，而在于它的历史具体性，要在具体鲜活的描绘中体现出历史性和整体性。典型性包含在历史具体性之中，指"忠实地表现典型环境中的典型人物"，典型性原则强调一个作家只有描写出呈现内在规律的性格，才能达到历史具体地描写生活的目的，这样又与客观真实性联系起来了。但是，如果阐释者过于看重"社会主义"这个"典型环境"，存在忽视个性化倾向，又将为以后的阶级典型埋下了隐患。社会主义精神是一种理想精神，现实主义创作要求作家具有包括理想精神、人文精神和批判精神在内的理性精神，社会主义精神即是理想精神的具体化，它可以使作家更好地认识和反映新生活。理想精神应是时代最进步最科学的思想精神，科学社会主义是马克思主义的一个组成部分，而社会主义精神在20世纪30年代是一种进步科学的思想精神，是吸引苏联和各国无产阶级和劳动人民的"当代意识"。浪漫主义精神则是针对"拉普"（俄罗斯无产阶级作家协会）的"辩证唯物主义方法"提出来的，拉普的"辩证唯物主义方法"认定浪漫主义是唯心主义的方法，社会主义现实主义则强调对浪漫主义的认可和吸纳。[98] 社会主义现实主义的理论无论在苏联还是在中国，都有着复杂的演变轨迹和曲折的命运，这里所要强调的是，李希凡先生自始至终坚持的"几个基本"的红学观点正是对上述社会主义现实主义理论要点的运用。

作为苏联化马克思主义文艺观的重要范畴之一，社会主义现实主义理论的直接土壤是19世纪以来在西方社会存在的"革命的社会主义创造的现实"：19世纪末，在英国、德国、法国都有了无产阶级文学的萌芽，至20世纪初期高尔基的《母亲》《敌人》等作品的问世标志着无产阶级文学的成熟，并被公认为社会主义现实主义文学发轫；之后包括马雅可夫斯基、肖洛霍夫、阿·托尔斯泰等人的作品在内，苏联文坛已涌现出一大批享誉世界的具有共同思想艺术倾向的重要作品，这些作品为社会主义现实主义理论提供了坚实的文本支撑；另一方面，正如西方马克思主义学者法国的罗杰·加洛蒂于1963年在《论无边的现实主义》一书中所说的那样，"真正的艺术没有不是现实主义的"[99]。因此，社会主义现实主义理论的某些内在合理性是毋庸置疑的。从这个意义上说，李希凡先生在去政治化之后所坚持的、在社会主义现实主义理论审视下的红学观自然有其合理性和生命力。

（二）修正

李希凡晚年总结自己红学研究历程时所表现出来的真诚反思与自我批评精神有目共睹、令人钦敬！对于早年与蓝翎合作的"批俞"文章，他自己的评价是"粗疏幼稚"[100]"有很多缺点"的"儿童团时代的文章"，[101] 而"文化大革命"结束后在繁重的编辑和行政工作之余，李希凡先生勤于笔耕，撰写了大量文艺理论著作以及包括《红楼梦》研究在内的文学研究著作，其中以"《红楼梦》艺境探微"为题旨的系列红学著作"正是为了要弥补'儿童团时代'的粗糙和浅陋"[102]。 与早期相比，李希凡先生晚年的红学研究与其说是"弥补"，毋宁说是"修正"更加准确些，其"修正"的成分主要体现在以下几个方面。

第一，文章风格由尖锐而趋于平和。吕启祥先生曾说到，"看希凡的文章很犀利，其实他对人挺宽厚的"[103]，可谓知者之言。李、蓝早年的"批俞"文章语言颇为犀利，后来随着政治形势的变化，火药味越来越浓，到20世纪70年代《红楼梦评论集》第三版时的"代序"、"校后附记"、二版"后记"等，则可以说是有点咄咄逼人了。事实上，在风云变幻的"文革"时期，李希凡先生亦曾顶着一大堆罪名被送进"牛棚"改造，回首那段"极其痛楚和凝重的""刻骨铭心和不堪回首的"往事，他除了澄清一些事实，说到自己文章风格时并没有将一切都归因于大环境，没有刻意回避自己的责任。以与何其芳的论争为例，李希凡先生承认自1954年那场关于红楼梦研究的大论战开始，他们双方就存在诸多"重大分歧"，因为自己曾多次受到何其芳的"诸多非议"，所以"在气盛之时，就想公开批驳、答复他"。李希凡先生坦承，写《红楼梦评论集》第三版"附记"和"后记"时，"确实是有些意气用事，也夹杂着我的私愤"。尽管事出有因，在周扬、何其芳等学界前辈去世多年、自己亦已年届古稀之时回首往事，李希凡先生还是一再为当年的"咄咄逼人、争强好胜"而表示由衷的歉意。[104] 在写于2002年的《〈红楼梦〉与明清人文思潮》一文中，李希凡阐述他一以贯之的《红楼梦》反封建主题时，特意引用了何其芳先生《论红楼梦》中的说法，伟大的现实主义杰作《红楼梦》"不限于只是反对和暴露了某些个别的封建制度，而是巨大到几乎批判了整个封建社会的上层建筑和整个封建统治阶级"[105]，除了以何其芳的话强化自己的观点之外，恐怕还有向曾被自己咄咄相逼的前辈致敬之意。此外，在《传神文笔足千秋 ——〈红楼梦〉人物论》中，李希凡在同意胡绳主编的《中国共产党七十年》中对1954年那场红学批判运动的整体评价的前提之下，特意强调，"对俞平伯先生的批评也有简单、粗暴（包括我们后来的文章）的倾向"[106]，反省的态度颇为诚恳。

其实，纯从学理上说，年轻气盛的李、蓝文风犀利，很可能还受到鲁迅和别、车、杜的影响。李希凡先生在《往事回眸》中强调是鲁迅坚定了他学文学的信心，并一再申明自己深受"三个斯基"的影响，而别车杜尤其是车既是理论家，又是革命的殉道者，曾被列宁称为"是彻底得多的、更有战斗性的民主主义者，他的著作散发着阶级斗争的气息"[107]。吕启祥先生在《谛听历史当事人的声音——我所认识的李希凡》一文中评价说，李希凡《传神文笔足千秋——〈红楼梦〉人物论》的一个"显著特点是文风平朴和文笔亲切"，其实将这个评价用于李希凡先生新时期所有著作亦未尝不可，包括那些"不得已也"的辩驳文章，也基本上是心平气和地叙述事实，少有尖利之语。

第二，理论上极大地淡化了阶级斗争意识。正如朱印海等学者所指出的，"马克思主义文艺理论是具有鲜明的政治革命性和阶级性的理论观念"；马克思主义传入中国、与中国革命实践相结合的过程中，其政治色彩得到进一步强化，"文艺从属政治论""阶级斗争工具论"很多时候居于主导地位。中国马克思主义文艺理论观念所关注的重要理论问题包括文艺与政治、文艺与革命、文艺与生活、文艺与时代、无产阶级文学以及文艺的大众化等问题，其中文艺与政治是最基本最重要的问题，《讲话》对马克思主义文艺理论的重要贡献之一就是对文艺与政治之关系的深刻阐述，并且明确提出了"政治标准第一，艺术标准第二"的文艺批评原则。到了20世纪60年代，中国的政治形势把文艺和政治的关系推向了极端，以至出现了从文艺界发起的"文化大革命"。[108]李、蓝既然是自觉运用中国化社会主义现实主义的理论来阐释《红楼梦》，自然而然一开始就打上了比较明显的政治烙印；随着政治形势的发展，李、蓝红学观中的政治色彩也日益浓厚，极端的时候甚至到了完全被政治所左右的地步。

不妨看一个有代表性的细节。"人民性"是李、蓝早期红学观中一项重要的内容。可是，因为这个概念来自别林斯基，当宣扬别林斯基最力的周扬在政治上被打倒之后，别林斯基等人的理论也随之跌下神坛。受此政治环境的影响，李希凡在《论〈红楼梦〉的人民性》的"校后附记"中遂对"人民性"概念进行了批判，并对曾"错误地使用了这一错误概念"进行了严厉的自我批评。他说："从30年代延续下来的以周扬为代表的修正主义文艺黑线，一直把别林斯基等人的文艺观奉为经典，大肆宣传，以图改变无产阶级思想运动、文艺运动的性质。'人民性'概念的风行一时，正是修正主义思潮用来冒充马克思主义文艺观的一种反映。由于我们当时对马克思主义列宁主义、毛泽东思想学习很差，对这种冒牌货缺乏识别能力，流毒所及，也在《红楼梦》评论文章里使用了这一错误概念。"由此一细节，可见在时代大背景之下李、蓝红学观为政治所左右的情形之一斑。正是在"政治标准第一"的原则之下，《红楼梦》"使人看到了封建社会特别是封建贵族社会的复杂的阶级关系和尖锐的阶级斗争"，宝黛钗的恋爱婚姻关系也"曲折地反映了当时的阶级矛盾和阶级斗争"，至于未能"从正确的阶级观点出发"解读《红楼梦》的俞平伯、胡适等人自然成了资产阶级的"反动"文人。

"文化大革命"结束后的一段时间，周扬、茅盾等许多权威学者仍然对社会主义现实主义理论持正面肯定态度，不过已经失去了定于一尊的地位，并且逐渐出现了一些反思和批判性意见。到1989年3月22日，苏联《文艺报》公布的《苏联作家协会章程》（草案）放弃了"社会主义现实主义"的概念和定义，中国理论界关于"社会主义现实主义"的讨论也更加深入和具体。90年代初开始，有不少文章通过对"社会主义现实主义"在苏联的产生及其作用的考察，通过回顾它对中国文学的影响，揭示了它的"政治化"和"大一统"特点及其危害。[109] 此后中国文艺批评中的政治色彩和阶级斗争意识也越来越淡化。李希凡先生的红学研究充分体现了这一理论变迁的轨迹，其晚近著作明显淡化了阶级斗争的意识，尤其是在人物性格以及人物关系分析中不再坚持阶级性而代之以"情理"，在《"真真你是个水晶心肝玻璃人"——论王熙凤典型和艺境的创造》一文中，李希凡先生指出："曹雪芹对于他自己的创作艺术，却是平淡道来，称之为'追踪蹑迹''只取其事体情理罢了'。不过，这句平淡的话在《红楼梦》里的艺术表现，却是显示了中国古典小说的现实主义的新境界——按照生活的'事体情理'创造出来的艺术的形象世界。"[110] 李、蓝早年《评〈红楼梦研究〉》一文曾强调《红楼梦》"在艺术描写上追求'追踪蹑迹'的现实主义精神"，这里则强调"追踪蹑迹""按照生活的'事体情理'"创造人物形象，对《红楼梦》第一回"石头"回答空空道人时所说"至若离合悲欢，兴衰际遇，则又追踪蹑迹，不敢稍加穿凿"等语的关注点有了微妙的改变，即从强调现实主义精神转为强调人物形象塑造符合生活的事体情理。更有趣的是，这样一改，竟然与俞平伯早年所说《红楼梦》是按自己的事体情理做的"[111] 有了异曲同工之妙。在这种新的观念观照之下，曾经被视为统治阶级"最不道德"的"典型代表"的王熙凤[112] 也成了"既装着天使又装着魔鬼""塑造的最精彩、最成功的文学典型之一"，其精明能干、善解人意、乖巧机智以及对贾母的孝道、在男权制婚姻中的委屈等都得到了比较客观的认识，并因此而被评价为"作者写得最成功的'真的人物'"[113]。

总之，正如詹丹所指出的，"李希凡先生在晚近讨论红楼人物形象时，一方面并没有回避他的阶级立场，另一方面则比较坚定地批评了纯阶级论的观点"。[114] 这样一来，《红楼梦》人物的丰富的人性和错综复杂的人际关系等因素就得到了比较实事求是的彰显。

第三，研究内容趋向丰富、思维趋向多元以及论述趋向深入。总览李、蓝《红楼梦评论集》，主要关注点在《红楼梦》的思想内容，而在强调"反封建""人性觉醒"等前提之下，聚焦点又主要在贾宝玉、林黛玉两位主人公以及作为他们对立面的贾政、薛宝钗等少数几个人物身上，即使是像《论〈红楼梦〉艺术形象的塑造》《〈红楼梦〉的现实主义悲剧结构》一类关注"艺术"的题目在具体论述中也基本上是围绕宝黛爱情悲剧的反封建意义展开。后来在《论〈红楼梦〉艺术形象的塑造》一文的"校后附记"中，李希凡先生首先引用了一段毛主席在《新民主主义论》中的语录，强调"清理古代文化的发展过程，剔除其封建性的糟粕，吸收其民主性的精华"的重要性，然后申明："这里虽然写的是一篇分析《红楼梦》艺术形象创造的文章，但也必须贯彻毛主席的这一教导，有责任向读者解剖其精华与糟粕。"可见其思想与艺术"混为一谈"的旨趣乃自觉的选择。到了《红楼梦艺术世界》与《传神文笔足千秋 ——〈红楼梦〉人物论》，李希凡先生的研究内容、分析角度以及论述深度都有明显的变化。

李希凡曾介绍说，《红楼梦艺术世界》所收文章写于1982年春节至1996年期间，于1997年出版，原本以《〈红楼梦〉艺境探微》为书名，共拟了40个题目，结果花了15年时间只完成了15篇 [115]；而《传神文笔足千秋 ——〈红楼梦〉人物论》则出版于2006年。关于《传神文笔足千秋 ——〈红楼梦〉人物论》的写作背景和理论水平，李希凡有一个颇为自信的介绍："从20世纪1996年到21世纪2006年，又是十年，应当说这最后十年带给我的艺术新知最多，至少使我对中华民族传统艺术的融合发展，有了一个概貌的了解，而中华艺术历史形成特有的审美理想和一整套的审美观念，也是在《中华艺术通史》的编撰过程中逐渐弄懂的。"因为融进了许多"艺术新知"，又是封笔之作，因此《传神文笔足千秋 ——〈红楼梦〉人物论》真正代表了李希凡红学研究的最高成就和最终成果，他自己对此有清楚的说明："我写这本书是有感而发，是想从文本研究上更深入一步，虽然写的是人物论，却把几十年的心得体会都集中在这本书里了，它也包括我对《红楼梦》的整体评价。" [117]

在这部代表晚年整体红学观的著作里，李希凡先生在有关《红楼梦》主题与思想方面坚持前述"几个基本观点"的前提下，主要以人物形象为切入点，对60多个人物的个性以及刻画个性的艺术手法进行了分析，方法上"仍然源自典型论的阐释"（第490页），"重点仍在于对'真的人物'的分析与解读"（第491页）。

不过，晚年李希凡先生对典型论的理解已经明显表现出了开放性的特征，不再局限于"反封建""阶级斗争"等政治化视野之下。《石头记》庚辰本第十九回有一条脂批"按此书中写一宝玉，其宝玉之为人，是我辈于书中见而知有此人，实未曾亲睹者"云云，李希凡先生认为这条脂批含义即别林斯基所说"熟悉的陌生人"，从而推出自己关于文学

"典型"的理解："可见'典型'的创造，并不是马克思主义，也不是黑格尔或者别林斯基的'发明'，而是人类艺术思维的共同规律，而'典型'又只能是深刻地反映现实、概括现实、表现现实的丰硕成果，即现实主义的杰出成就。"在放宽视野、承认了"典型"的普泛性理论意义之后，又进一步强调《红楼梦》创作艺术的多元性："的确，要讲《红楼梦》的创作艺术，自然不能是我们50年代那样强调的只是'现实主义'作品，像曹雪芹这样的艺术天才，只用一种创作方法的范畴，是难以概括他的多彩多姿的艺术创造的。"《红楼梦》的创作艺术不止现实主义一种而是多姿多彩的，这一说法不仅充分体现了学术的包容性、开放性，更揭示出了文学创作与批评的本质规律。曾因强调"作者的手段只是写生"而被认为是"自然主义"而遭受批判的俞平伯如果泉下有知，听到这种观点想必应当会感到欣慰的吧？值得指出的是，李希凡先生对典型论及现实主义的相关看法与新时期以来中国学术界整体上呈现出来的包容、多元、开放趋势是高度一致的。

李希凡先生非常重视而且主要关注《红楼梦》文本研究，曾在《传神文笔足千秋 ——〈红楼梦〉人物论》"后记"中指出："从《红楼梦》作品实际出发，分析、研究曹雪芹笔下的人的艺术形象的创造，总比打着《红楼梦》的幌子海阔天空地胡诌八扯，更能面对'字字看来都是血，十年辛苦不寻常'的曹雪芹；也更能面对热爱《红楼梦》的广大读者吧！"[118] 而他自己阅读《红楼梦》的情况是，"自问总是熟读过的，而且不是用'遍数'可以统计的。虽不敢说可以背诵，却想找到哪一节、哪一段文字，都能随时找到的"（第490页）。熟读、精读文本，加上在文艺理论与文学批评领域的几十年积累，还有几十年风雨人生的体验，李希凡先生在放下早年唯现实主义、唯阶级性等教条主义的条条框框之后，将人物放在错综复杂的客观环境和人际关系中去考察，以多元化的视角体贴人情物理，对人物性格、心理的分析往往切中肯綮、精彩纷呈，在很大程度上真正揭示了曹雪芹"传神文笔"之妙，其学术水准与早年李、蓝评红文章相比，自然高下有别。其实，当放下阶级和政治意识之后，李希凡的人物分析与早年俞平伯以及当下其他一些"非典型论"学者的分析有许多趋同或者契合之处，前引宝钗、熙凤形象分析即很好地说明了这一点，限于篇幅，恕不详论。

要之，与早年相比，李希凡先生晚期的红学研究无论从学风、方法，还是内容、观点，都得到很大程度的良性修正。

（三）局限

尽管李希凡先生对自己早期的红学研究从态度、水准到方法、观点都有诚恳、深刻的反思，而且，其后期研究针对早期存在的种种不足也有实质性的、行之有效的修正和完善，但是，当我们抱持"更爱真理"的心态，从学理的角度审视，作为当代马克思主义红学的典型代表，李希凡先生的红学研究仍然存在比较明显的局限性，主要体现在以下几个方面。

第一，只有用马克思主义典型论才能准确而透彻地分析这些典型环境中的典型人物之类的说法过于绝对。无论是新中国成立后官方确立的"文学艺术创作和批评的最高准则"——社会主义现实主义，还是经典马克思主义文艺观，均属于文学社会学范畴，而对于文学研究来说，社会—历史分析法不可避免地具有先天局限性。从法国的卢梭、德国的席勒，再到法国的斯达尔夫人（一译史达尔夫人）、丹纳（一译泰纳），文学社会学有其自身发展的历史轨迹和理论上的合理性，经典马克思主义以其哲学上的唯物主义将其推向了一个新的高度，之后出现了包括苏联马克思主义、西方马克思主义、中国化马克思主义在内的种种有关文学社会学的理论探索与论争，文学社会学或"社会—文学"视野已经成为文学研究中不可或缺的一维。[119] 文学社会学区别于其他研究方法的本质特征是关注文学与社会的关系，以唯物主义反映论为哲学基础的马克思主义文学社会学更是强调文学对社会—历史本质的反映。在这种理论观照之下的红学研究，揭示了远比"大旨谈情""自寓生平"要丰富得多的《红楼梦》的社会—历史内涵。因此，从这个意义上说，给马克思主义红学再高的评价都不过分。也正是在这个意义上，李希凡先生担得起"新中国红学第一人"的高度评价[120]，其于红学史自有不可磨灭的贡献。

但是，也不得不承认，作为典型的他律性文学研究模式，文学社会学有其先天的理论局限性。即使不考虑马克思主义文学社会学尤其是中国化社会主义现实主义中过于浓厚的政治化、意识形态化色彩在文学研究中的偏颇，社会与文学亦即历史与美学如何才能更好地结合，至今仍是世界性的理论难题。因此，说马克思主义文艺观极大地深刻化了红学研究自是公论，说以毛泽东、鲁迅等为代表的马克思主义红学研究是迄今为止对《红楼梦》最"崇高、正确而深刻的评价"[121]，则或许过于绝对了些。比如，李希凡先生在《传神文笔足千秋——〈红楼梦〉人物论》中就自觉融进了许多"新知"，包括性别理论、心理学理论都有所体现；再比如，在社会主义现实主义视野之下，《红楼梦》开篇两个神话故事的审美意义和价值即几乎被完全遮蔽了。

第二，作为李希凡红学重要研究前提的明清资本主义萌芽说迄今仍存在诸多无法调和的争议。众所周知，经典马克思主义以19世纪末期欧洲的文化、文学为土壤，苏联化马克思主义以20世纪初以来的苏联文化、文学为土壤，中国化马克思主义则是经典马克思主义、苏联化马克思主义与中国20世纪初以来的革命实践相结合的产物，以这样的理论来阐释诞生于18世纪中叶的《红楼梦》时，与运用任何近现代以来的西方的或者西方与中国本土相结合的理论来阐释《红楼梦》一样，都需要考虑理论与文本之间的适应程度问题。当从社会主义现实主义的角度切入，为《红楼梦》寻找到明清资本主义萌芽这个"经济基础"时，产生争议是难免的。"资本主义萌芽"这个议题自20世纪30—40年代提出来以后，成为20世纪中国史学界"五朵金花"之一，除了新中国成立之后到"文化大革命"结束那一段特殊时期基本上成为官方定论之外，此前和此后都充满了争议，进入21世纪以后相关争议与讨论更加深入，自然无可避免地涉及以李希凡为代表的红学研究。[122] 这里，我们无意参与"资本主义萌芽"说是否成立的讨论，只是想陈述一个事实：建立在一个极具争议的理论前提之上的以李希凡等人为代表的红学研究，作为见仁见智的流派之一自有其存在的意义和价值，但是，理论上难以周延并因此而面对一些质疑恐怕也是难免的。

第三，在明清资本主义萌芽思潮与《红楼梦》思想内涵之间缺乏有效中介。正如陶东风先生所指出的，在文学社会学的发展历史上，"从泰纳、勃兰兑斯到普列汉诺夫，一个根本性的突破就在于将文学史的基础放到了历史唯物主义的理论上，而社会心理学说的运用和阐发又使他在一定程度上避免了机械唯物论和庸俗社会学"。即使如此，"普列汉诺夫的文学史模式从根本上看仍有机械的外因决定论特征"，主要表现在两个方面，一是他"为文艺找的中介是所有意识形态各部门与基础之间的共同中介，而不是文艺特有的中介"；二是"表现在对于作家精神个体性与作品审美独特性的忽视"[123]。如前所述，普列汉诺夫作为"准马列"理论家之一，其理论对中国的社会主义现实主义产生了深刻的影响。李希凡先生在《往事回眸》中说到自己的理论基础时即强调，"奠定唯物主义美学基础的，则是鲁迅翻译的普列汉诺夫的《艺术论》"（第106页）。而中国化社会主义现实主义并没有能够克服普列汉诺夫的理论局限性，即使抛开相关争议、承认"资本主义萌芽"说客观存在，并暂时搁置自律模式所强调的对作者主体性等因素的关注，以李希凡为代表的马克思主义红学研究仍然面临着一个非常重要的理论困境，即如何实证资本主义萌芽思想与曹雪芹、《红楼梦》之间的联系问题。实证性是文学社会学的本质特征之一，作家的传记及相关理论著述是寻找并落实其作品与时代背景之间的有效"中介"的重要资料。令人遗憾的是，曹雪芹在这方面的资料极为匮乏，以至于有关他的阶级立场、政治倾向以及思想意识等问题的论述，都只能是先验地认定或者从《红楼梦》文本去解读。先验地认定自然不符合文学社会学本身的实证性要求，从《红楼梦》文本中寻找证据则难免有循环论证之嫌。从这个意义上说，李希凡先生说他的《传神文笔足千秋 ——〈红楼梦〉

人物论》"用全书阐释我认为的马克思主义经典"无疑是一个符合事实的诚实的说法。换一句话说，以李希凡先生个人的理解，从《红楼梦》中读出"资本主义萌芽"时期的个性觉醒和民主主义意识等进步思想无可厚非，但是要让这种论断成为"共识"则显然存在逻辑论证上的困难。

七、结语

李希凡先生在成名之前的学习经历、知识积累、专业旨趣、理论认识以及学术成果构成了他特殊的学术基础，其中有两个要点对他一生的学术事业产生了深远影响：第一，他对共产党有着发自内心的深厚的阶级感情；第二，他在学术方法和理念上深受马克思唯物主义思想的影响。这两点可以帮助我们更好地理解李、蓝"批俞"的动机以及李希凡先生之后几十年学术人生的独特个性。

李希凡先生数十年的红学研究可以划分为三个阶段，而这三个阶段恰好与新中国成立以来的当代红学史节奏一致。尽管因为自身阅历以及外在政治、学术环境不同而呈现出不同的阶段性特点，李希凡先生的红学研究在第一尤其是第二阶段，不可避免地染上了浓厚的政治色彩，但是，自始至终都或隐或现地贯穿着学术主体精神。

李希凡先生无疑是当代中国当之无愧的最重要的马克思主义红学家代表之一。可是，要总结、把握李希凡先生红学的特征，仅仅指出他运用了马克思主义文艺观是不够的，还需要更进一步了解他所面对的时代背景以及他所持马克思主义文艺观的本质特征等问题。

20世纪初以来，来自不同途径、彼此交叉又存在诸多深刻差异的"马克思主义"理论构成了中国文艺理论研究的错综复杂的大背景，并呈现出某种"泛马克思主义文艺观"的色彩，这一点可以解释为什么许多自称马克思主义者的学者之间会出现彼此矛盾、互相攻讦的现象。

在新中国成立以后，经过苏联化处理的社会主义现实主义成为官方规定的文艺创作与批评的最高标准，因此，影响所及，无远弗届。不过，对马克思文艺观的理解仍存在深浅程度、切入角度的诸多不同，而作为来自解放区、深受《讲话》影响的新中国培养的第一批大学生，李希凡、蓝翎的"批俞"文章因为在"社会政治观念和文艺观念上正好与毛泽东合拍"而成为一场轰轰烈烈的文化批判运动的导火索，是一种偶然也是一种必然。而包括胡风、冯雪峰、周扬等中国第一代马克思主义文艺理论家在内的许多人在新中国成立之后先后受到批判，除了政治因素之外，还有对马克思主义文艺观理解不同的问题。

这一事实说明，笼统称李希凡等为马克思主义红学家并不能突出其红学研究的本质特征。比较具体的说法应该是，早期李、蓝的红学研究非常典型地体现了社会主义现实主义理论的特点，在一定程度上深化了对《红楼梦》社会—历史内容的认识，同时也具有明显的政治化色彩和阶级意识并且随着政治形势的发展而逐渐将其发挥到了极端的地步。

"文化大革命"结束之后，李希凡先生以与时俱进、令人敬佩的态度，对自己早年的红学研究进行了认真而深刻的检讨与反思，体现出了"有所坚持、有所反思、有所包容"的实事求是的学术态度。

李希凡先生一以贯之、始终坚持的红学观点可以简单概括为四点：《红楼梦》是一部伟大的现实主义作品，不只是一部爱情小说；反对色空观和自传说；《红楼梦》的思想内容与明清启蒙思潮相关；只有用马克思主义典型论才能准确而透彻地分析这些典型环境中的典型人物。社会主义现实主义理论的某些内在合理性是毋庸置疑的，从这个意义上说，李希凡先生所坚持的在社会主义现实主义理论审视下的几个红学基本观点自然有其合理性和生命力。而与早年相比，李希凡先生晚期的红学研究著作至少具有三个显著特点：文章风格趋于平和，阶级斗争意识明显淡化，整体学术水准得到明显提升，从而将马克思主义红学推进到了一个新的高度。

需要特别指出的是，作为文学社会学理论范畴的马克思主义文艺观总体上属于文学他律论模式，关注的是文学与社会的关系，这种理论模式在深化对文学作品的社会—历史内容的认识的同时，也存在不可克服的理论缺陷，这也是马克思主义文艺理论仍然需要不断探索和完善的原因之一。以李希凡为代表的马克思主义红学研究至少存在三个方面的局限，需要有新的思考和补充：只有用马克思主义典型论才能准确而透彻地分析《红楼梦》人物之类的说法过于绝对；作为其红学重要研究前提的明清资本主义萌芽说至今仍存在无法调和的争议；在明清资本主义萌芽思潮与《红楼梦》思想内涵之间缺乏有效的中介环节。

要之，20世纪初以来，马克思主义文艺观通过三条不同途径传入中国，其理论内涵多有分歧，在一定程度上呈现出"泛马克思主义观"的现象。李希凡先生所持的"马克思主义文艺观"为典型的中国化马克思主义文艺观——社会主义现实主义理论。在此前提下观照，李希凡早年红学观在深化了对《红楼梦》社会—历史内容的认识的同时，也将文学研究的政治化色彩和阶级斗争意识发挥到了比较极端的地步。新时期之后李希凡红学研究在反思中有所坚持、有所修正，但仍然存在一些局限。整体来看，李希凡红学观比较典型地体现了以社会主义现实主义为基核的中国化马克思主义文艺观在新中国文学批评领域的曲折轨迹。

　　李希凡先生于2018年10月29日驾鹤仙去，其道德文章，令人肃然起敬！后学不才，历时数月，认真研读李先生著作，同时集中时间和精力，认真学习马克思主义文艺理论，努力思考20世纪中国马克思主义文艺观以及红学史等领域的诸多问题，然后撰此小文，谨向李先生表达深切的怀念与崇高的敬意！文中若有任何不当之处，均为笔者才疏学浅所致，尊重前贤、敬畏学术之心，则天地可鉴也！

本文原载于《红楼梦学刊》2019年第2、5辑
作者系北京语言大学教授

注释：

[1] 李希凡：《往事回眸》"后记"，《李希凡文集》（第七卷），东方出版中心2014年版，第41—42页。下文凡引自该书的引文只随文注明页码。

[2] 赵纪彬先生是当代著名的革命家、哲学家、思想家，时任青岛山东大学文史系二级教授。赵纪彬先生因为曾经两次坐过国民党的监狱，留下了右手颤抖的毛病，写作时需要他人笔录，李希凡来到青岛之后接替其姐姐给姐夫做笔录工作。

[3] 李希凡：《迟到的悼念——记我所知道的著名历史学家杨向奎以及哲学家赵纪彬先生》，《李希凡文集》（第六卷），东方出版中心2014年版，第445页。

[4][49][109] 汪介之：《"社会主义现实主义"在中国的理论行程》，《南京师范大学文学院学报》2012年第1期。

[5] 李希凡：《典型人物的创造》，《文史哲》1951年第11期。

[6] 李希凡：《批判我的教条主义脱离实际的文艺学习》，《文史哲》1952年第4期。李希凡在其晚年"自述"中回忆说，这是"一篇最没意思的文章，虽然我尽量避免张祺那些不实之词，但仍是违心的，真正'教条主义'的，对吕先生是不公正的，很多年我都心有愧疚。"见《李希凡文集（第七卷）：往事回眸》，东方出版中心2014年版，第155页。

[7] 李希凡：《略谈"水浒"评价问题——读张政烺先生的"宋江考"》，《文史哲》1954年第4期。

[8] 李希凡、蓝翎：《关于〈红楼梦简论〉及其他》，《文史哲》1954年第9期，《文艺报》1954年第18期转载；《评〈红楼梦研究〉》，《光明日报·文学遗产》1954年10月1日。

[9] 关于当代红学史不同论者有不同的划分方法，杜景华先生在《红学风雨》一书中大致分为"50年代'批判红学'""70年代的'政治红学'""新时期迎来的红学辉煌"三个阶段进行论述，比较简便明了，可资参考。杜景华：《红学风雨》，长江文艺出版社2002年版。

[10] 李希凡《往事回眸》："不过，我是有其芳同志会反击的准备的，所以《后记》和《附记》，都是我个人署名，以免其芳同志又用'李希凡同志等'影响到蓝翎。"见《李希凡文集》（第七卷），东方出版中心2014年版，第430页。

[11] 李希凡：《曹雪芹和他的〈红楼梦〉》，人民出版社1973年4月第1版、1975年2月第2版。

[12]（清）曹雪芹、高鹗著，中国艺术研究院红楼梦研究所校注：《红楼梦》，人民文学出版社1982年版。

[13] 据李希凡先生自己介绍，他自1982年春开始计划写作《〈红楼梦〉艺境探微》一书，并拟定了40个题目，结果历经15年，只写了40个题目中的15个，题名为《红楼梦艺术世界》，于1996年出版。见李希凡《红楼梦艺术世界》"后记"，文化艺术出版社1996年10月第1版。《红楼梦艺术世界》中的文章在七卷本《李希凡文集》中主要见于第一卷《中国古典小说论丛》。

[14][90] 李希凡、李萌：《传神文笔足千秋——〈红楼梦〉人物论》，文化艺术出版社2006年版。

[15][91][103] 吕启祥：《谛听历史当事人的声音——我所认识的李希凡》，《红楼梦学刊》2014年第5辑。

[16] 下文提及李希凡、蓝翎合作的成果时，为了行文方便，作者项有时只说"李希凡"而省略"蓝翎"，特此说明。

[17] 毛泽东：《关于〈红楼梦〉研究问题的信》，《人民日报》1967年5月27日。这封给中共中央政治局常委的信写于1954年10月16日，正式发表于1967年5月27日，"但是，它作为最高指示，在当时立即直接掀起了一场关于《红楼梦》的大讨论（实际上是大批判）运动，它为这场运动定下了批判对象、批判性质和批判基调"。陈维昭：《红学通史》，上海人民出版社2005年版，第260页。

[18] 李荣启：《博观而约取 厚积而薄发——李希凡先生访谈录》，《文艺研究》2010年第7期。

[19] 李希凡：《关于建国初期两场文化问题大讨论的是与非》，《李希凡文集》（第一卷），东方出版中心2014年版，第638—639页。

[20][53][76][100] 李希凡：《我和〈红楼梦〉》，《李希凡文集》（第六卷），东方出版中心2014年版，第255—256页，第256页，第255—256页，第255页。

[21] 李希凡、蓝翎：《红楼梦评论集》，作家出版社1957年1月初版、1963年3月再版，人民文学出版社1973年12月第3版。

[22] 李希凡：《往事回眸》，见《李希凡文集》（第七卷），东方出版中心2014年版，第207页。

[23] 李希凡：《毛泽东与〈红楼梦〉》，见《李希凡文集》（第六卷），东方出版中心2014年版，第246页。

[24] 李希凡、蓝翎：《走什么样的路？——再评俞平伯先生关于"红楼梦"研究的错误观点》，《人民日报》1954年10月24日。

[25] 李希凡、蓝翎：《"新红学派"的功过在哪里？》，《人民日报》1955年1月17日。

[26] 冯沅君：《谈刘老老》，《光明日报·文学遗产》1954年12月26日；周培桐、张葆莘、李大珂：《刘老老是怎样的一个人？》，《光明日报·文学遗产》1955年1月30日。

[27] 李希凡、蓝翎：《关于文学研究中的庸俗社会学倾向——从〈红楼梦〉人物刘老老的讨论谈起》，《人民日报》1956年2月29日。

[28] 孙玉明：《红学：1954》，北京图书馆出版社2003年版，第171—172页。

[29] 李希凡《往事回眸》："记得就是这一年（1972年——引者注），毛主席和许世友将军谈了《红楼梦》，从而引发了'文革'中狂热的'评红运动'。"见《李希凡文集》（第七卷），东方出版中心2014年版，第429页。陈维昭《红学通史》："70年代初，据称毛泽东说过《红楼梦》是一部政治历史小说，于是从1973年开始，便掀起了一场评红热潮，其中心的、唯一的主题就是《红楼梦》是一部政治历史小说'。所谓'是一部政治历史小说'，其上一句则是《红楼梦》不是一部爱情小说'，而真正的意图则是表达这样一种观点：《红楼梦》写的是阶级斗争。'"上海人民出版社2005年版，第277页。

[30][32]《中国小说史研究中的一场尖锐的斗争（代序）》，载李希凡、蓝翎《红楼梦评论集》，人民文学出版社1973年版，第7页，第7、13页。

[31]《走什么样的路？》"校后附记"，载李希凡、蓝翎《红楼梦评论集》，人民文学出版社1973年版，第47页。

[33] 王志良、方延曦:《评〈红学三十年〉》,《文学评论》1981年第3期。

[34] 李希凡《红楼梦艺术世界》"后记":"1954年与'红学'结缘以来,我仍坚持50年代提出的那些基本观点,虽平生谬误甚多,但从不善变。"文化艺术出版社1996年版,第481页。

[35][96][106][121] 李希凡:《〈红楼梦〉人物论》"后记",载《李希凡文集》(第二卷),东方出版中心2014年版,第457页,第549页,第548页,第547页。

[36] 季水河:《百年反思:20世纪马克思主义文艺理论在中国的传播、发展与问题》,《湖南师范大学学报(社会科学版)》2005年第1期。

[37] 陈建华、田全金:《俄苏文论在中国》,《文艺理论研究》2008年第5期。

[38] 温儒敏:《当代文学思潮中的"别、车、杜"现象》,《读书》2003年第11期。

[39] 刘永明:《20世纪30年代我国现实主义文艺理论发展的三种理路——冯雪峰、周扬、胡风早期现实主义理论之比较》,《赣南师范学院学报》2014年第2期。

[40] 袁盛勇:《论周扬延安时期文艺思想的构成》,《文艺研究》2007年第3期。

[41] 关于马克思主义文艺理论的复杂性可参看朱印海等《中西马克思主义文艺理论观念比较研究》,中国社会科学出版社2010年版。

[42] 郭士礼:《马克思主义与〈红楼梦〉研究的范式转换》,《南昌大学学报(人文社会科学版)》2016年第5期。

[43] 李希凡、蓝翎:《关于〈红楼梦简论〉及其他》"校后附记",载李希凡、蓝翎《红楼梦评论集》,人民文学出版社1973年版,第19页。

[44] 俞平伯:《〈红楼梦〉简说》,原载《大公报》1953年12月19日,载《俞平伯论红楼梦》,上海古籍出版社1988年版,第611—621页。

[45] 俞平伯:《〈红楼梦〉简论》,原载《新建设》1954年3月号,载《俞平伯论红楼梦》,上海古籍出版社1988年版,第862页。

[46] 李希凡、蓝翎:《走什么样的路?》,载李希凡、蓝翎《红楼梦评论集》,人民文学出版社1973年版,第37页。

[47][48][52] 陈维昭:《红学通史》,上海人民出版社2005年版,第259、261页,第261页,第263页。

[50][51] 朱印海等:《中西马克思主义文艺理论观念比较研究》,中国社会科学出版社2010年版,第136页,第73—79页。

[54] 李荣启:《博观而约取 厚积而薄发——李希凡先生访谈录》,《文艺研究》2010年第7期。

[55] 俞平伯:《红楼梦研究·论续书底不可能》,载《俞平伯论红楼梦》,上海古籍出版社1988年版,第375页。

[56] 《红楼梦研究》为《红楼梦辨》之修改稿,完成于1947年7月,1952年由上海棠棣出版社出版。收入《俞平伯论红楼梦》,第369—599页。

[57] 李希凡、蓝翎:《评〈红楼梦研究〉》,《光明日报·文学遗产》第24期,1954年10月10日。遗憾的是,李、蓝随后在《俞平伯先生怎样评价了〈红楼梦〉后四十回续书》一文中又否定了之前对俞平伯的肯定,自认"我们犯了一个错误,那就是不恰当地评价了他的功绩"。见《教学与研究》1954年第11号。本文所引李希凡、蓝翎早年合作的论文均见李希凡、蓝翎《红楼梦评论集》,人民文学出版社1973年版。

[58][60][66][68][72] 俞平伯:《红楼梦研究·红楼梦底风格》,载《俞平伯论红楼梦》,上海古籍出版社1988年版,第470页,第467—479页,第473、471页,第466页,第469页。

[59][67][74][82][83] 俞平伯:《〈红楼梦〉简论》,载《俞平伯论红楼梦》,上海古籍出版社1988年版,第853页,第861、860页,第855页,第853页,第860页。

[61][62][64][65][69][70][71] 李希凡、蓝翎:《关于〈红楼梦简论〉及其他》,《文史哲》1954年第9期。

[63][75][84] 李希凡、蓝翎:《评〈红楼梦研究〉》,《光明日报·文学遗产》, 1954年10月10日。

[73] 俞平伯:《红楼梦研究·后四十回底批评》, 见《俞平伯论红楼梦》, 上海古籍出版社1988年版, 第414页。

[77][111] 俞平伯《红楼梦研究·作者底态度》), 见《俞平伯论红楼梦》, 上海古籍出版社1988年版, 第464页, 第467页。

[78] 俞平伯:《红楼梦研究·八十回后底红楼梦》,《俞平伯论红楼梦》, 上海古籍出版社1988年版, 第499页。

[79] 俞平伯:《红楼梦研究·后三十回底红楼梦》,《俞平伯论红楼梦》, 上海古籍出版社1988年版, 第549页。

[80] 李希凡、蓝翎:《评王国维的〈红楼梦评论〉》, 载李希凡、蓝翎《红楼梦评论集》, 人民文学出版社1973年版, 第89页。

[81] 李希凡、蓝翎:《关于〈红楼梦〉的思想倾向问题——兼答几种不同的批评意见》(下文简称《关于〈红楼梦〉的思想倾向问题》), 载李希凡、蓝翎《红楼梦评论集》, 人民文学出版社1973年版, 第154页。

[85] 李希凡、蓝翎:《论〈红楼梦〉的人民性》,《新建设》1954年11月号。

[86] 李希凡、蓝翎:《如何理解贾宝玉的典型意义》,《光明日报·文学遗产》第46期, 1955年3月20日。

[87] 李希凡、蓝翎:《〈红楼梦〉中两个对立的典型——林黛玉与薛宝钗》,《新观察》1954年第23期。

[88] 何其芳《论〈红楼梦〉》、曹道衡《关于黄宗羲、顾炎武、王夫之等人的思想及其与〈红楼梦〉的关系》均见北京大学文学研究所编《文学研究辑刊》, 1957年5月。

[89] 李希凡:《红楼梦艺术世界》, 文化艺术出版社1996年版。《红楼梦艺术世界》中的文章在七卷本《李希凡文集》中主要见于第一卷《中国古典小说论丛》。

[92] 高淮生:《坚守成说、拓展新境: 李希凡的红学研究——当代学人的红学研究综论之五》,《河南教育学院学报(哲学社会科学版)》2011年第5期。

[93][114] 詹丹:《马克思主义红学的审美维度——从李希凡先生有关〈红楼梦〉的晚近论著谈起》,《红楼梦学刊》2014年第5辑。

[94] 赵建忠:《李希凡批评范式与当代红学的发展》,《明清小说研究》2017年第4期。

[95] 以上三点参见李希凡《我和〈红楼梦〉》, 载《李希凡文集》(第六卷), 东方出版中心2014年版, 第256—258页。

[97] 李希凡:《"可叹停机德"——薛宝钗论》, 载《李希凡文集》(第二卷), 东方出版中心2014年版, 第206、222、221页。

[98][99] 崔志远:《社会主义现实主义的历史考察与反思》,《文艺理论与批评》2007年第5期。

[101][102] 李希凡:《"岂好辩哉? 予不得已也"——关于蓝翎〈四十年间半部书〉一文的辩正》, 收入《李希凡文集》(第七卷), 东方出版中心2014年版, 第537页, 第548页。

[104] 李希凡:《"三十年不言", 一言匕首见——驳穆欣》, 收入《李希凡文集(第七卷): 往事回眸》"附录", 东方出版中心2014年版, 第587—588页。

[105] 李希凡:《〈红楼梦〉与明清人文思潮》,《李希凡文集(第二卷):〈红楼梦〉人物论》, 东方出版中心2014年版, 第16页。

[107] 转引自温儒敏《当代文学思潮中的"别、车、杜"现象》,《读书》2003年第11期。

[108] 朱印海等:《中西马克思主义文艺理论观念比较研究》"前言", 中国社会科学出版社2010年版, 第2—9页。

[110] 李希凡:《"真真你是个水晶心肝玻璃人"——论王熙凤典型和艺境的创造》,《红楼梦艺术世界》, 文化艺术出版社1996年版, 第171页。

[112] 李希凡、蓝翎:《论〈红楼梦〉的人民性》,《新建设》1954年11月号。

[113] 李希凡:《都知爱慕此生才——王熙凤论》,《李希凡文集》(第二卷),东方出版中心2014年版,第223—245页。

[115] 李希凡:《红楼梦艺术世界》,文化艺术出版社1996年版,第480—481页。

[116] 郑铁生:《李希凡学术研究60周年访谈录》,《辽东学院学报(社会科学版)》,2014年第5期。

[117]《〈红楼梦〉"揭秘热"让我感到悲哀——答〈大众日报〉记者问》,见《李希凡文集》(第一卷),东方出版中心2014年版,第646页。

[118] 李希凡:《〈红楼梦〉人物论·后记》,《李希凡文集》(第二卷),第550页。

[119] 关于文学社会学理论的发展轨迹、理论要点等参见方维规《"文学社会学"的历史、理论和方法》,《社会科学论坛》2010年第13期。

[120] 张庆善:《平生德义人间诵 身后何劳更立碑——深切悼念李希凡先生》云:"李希凡、蓝翎的《红楼梦》研究开创了一个时代,他们毫无疑问是新中国红学第一人。"《红楼梦学刊》2019年第1辑。

[122] 杜景华:《红学反思与批评范式的转换——兼答李希凡同志》,《红楼梦学刊》2004年第2辑。

[123] 陶东风:《文学史哲学》,河南人民出版社1994年版,第87—89页。

马克思主义红学的审美维度

——从李希凡先生有关《红楼梦》的晚近论著谈起

詹　丹

马克思主义红学是指以马克思主义的观点和方法对古典文学名著《红楼梦》开展的各种研究。它是现代显学——"红学"的重要组成部分。1904年，以王国维发表《〈红楼梦〉评论》为标志，开始运用西方理论从思想艺术等方面展开对《红楼梦》的研究。之后虽然有形形色色的思潮影响，但马克思主义的观念和方法也影响了不少专家学者（也包括一些政治家）。还在1949年以前，围绕着《红楼梦》，就出现过鲁迅的著名论述和王昆仑的经典论著，代表着马克思主义红学的早期收获。中华人民共和国成立后，马克思主义红学有着更深入的发展，尤其是1954年，随着全国范围的批胡运动和对《红楼梦》的大讨论，马克思主义红学得到了极大普及，作为受到毛泽东支持的讨论发起人之一的李希凡先生也理所当然地成了马克思主义红学的标志性人物。讨论马克思主义红学，李希凡先生的论著也就成了绕不开的研究对象。

不过，由于他在20世纪50年代的讨论文章大多是和蓝翎合写，且受特殊年代的政治气候影响而留有或多或少的教条主义印迹（包括李希凡先生为1973年《红楼梦》重印本所写的"前言"也是如此）[1]。所以，在晚近出版的七卷本《李希凡文集》中，除收录了一篇发表于1963年的纪念曹雪芹逝世两百周年的论"红"文章外，文集的第一、第二卷中，收录的有关《红楼梦》的论文基本都是发表于1978年改革开放以后的新时期。[2] 翻检这些文章我们可以发现，随着时代的发展，虽然李先生作为一个马克思主义红学家的基本立场没有变化，这一点也是红学界的共识，比如高淮生在其所写的《红学学案》中，论及李希凡先生时，就立足于当下，回顾了他20世纪50年代提出一些成说，以表明他对旧说的恪守。[3] 但也正是在这些晚近论文的撰写中，原有的路线斗争的学术思维方式日益淡化，并逐渐清算了早年研究《红楼梦》中的教条主义和唯阶级成分论的倾向，得出的一些具体结论也较为辩证，较具包容性。不妨说，这些论述在相当程度上代表了马克思主义红学的较新成果，值得我们来加以讨论。

需要说明的是，由于李希凡先生的晚近红学论著更多的是从人物的艺术塑造而不是作品的思想倾向等方面来展开，显示出马克思主义红学在艺术领域探讨的新触角，所以我们的讨论也将侧重于审美的维度。当然，马克思主义的整体立场决定了我们在思想与艺术间并不能划出一道不可逾越的界限。

一、人性与阶级

阶级论是马克思主义文学评论家的一个思想武器，在红学家们论及《红楼梦》思想内容和人物形象时，曾以此为思考维度，揭示了人物言行背后的阶级立场，并判断了其历史价值。与此同时，他们常常把不是从阶级论出发的人物论视为一种抽象的人性论，是对人物所处的具体社会关系的超越。按照马克思的经典说法，人的本质就其现实性而言，是社会关系的总和。而在阶级社会里，特别是当阶级矛盾趋于激化时，阶级性常常鲜明地表现在人的本质中。以往的红学家包括鲁迅在内，就曾以阶级论的视角提出过不少益人心智的见解。比如，如何看待金钏儿遭王夫人的羞辱而投井自杀的事件，不少红学家正是从阶级论角度揭示薛宝钗的冷漠与袭人的流泪之态度差别[4]；还有，王熙凤把平儿当作出气筒后又笼络她来同桌吃饭，而平儿"屈一膝于炕沿之上"，其和睦中显示的阶级差异通过这一个细节描写得以生动表现[5]。这种阶级性，甚至在人物遁入空门后，也未必能够剔除干净。鲁迅在《论睁了眼看》一文中论及贾宝玉结果成了披大红猩猩毡斗篷的和尚，说是"和尚多矣，但披这样阔斗篷的能有几个"，这样的论述，也影响到张毕来在《红楼佛影》中对当时宗教界的阶级性论述[6]，凡此等等，应该说都是能够加深人们对《红楼梦》表现的当时社会本质以及人与人之间关系的认识的。

不过，问题复杂的是，即便《红楼梦》这种"不敢稍加穿凿"的作品忠实地反映了生活中的人和事，阶级性也未必总能直接反映在人物形象的本质中。这不仅仅是因为人的生活面要比人所显露的阶级立场和阶级意识更为宽广，特别是同一阶级或阶层的人物日常相处时，使得具有区别功能的阶级关系相对隐退，而且每一个个体并不总是静态地保持着自己的阶级本质（有时候人物自身也未必有明确的阶级意识，有时候则是无意识的流露），它似乎像人物一样，有着参与活动的自由以及发生变化的可能。[7]更何况，作家的创作选择，也会有时凸显、有时遮蔽，或者扭曲人物的阶级本质，使得其构建起的人物风貌，时而像是泛阶级论、时而又像是超阶级论的产物。

所以，过于强调人性中的阶级属性，不顾人物所处的特定语境及其所属复杂关系，认为作品中人物的一言一行、一招一式都是该人物所属的阶级属性的本质反映，人物的阶级性是能够一眼见底般的透明，反倒成了一种教条的、抽象的人性论了，是不符合马克思主义辩证法的基本原理的。

也许出于类似的考虑，李希凡先生在晚近探讨红楼人物形象时，一方面并没有回避他的阶级立场，另一方面则比较坚定地批评了纯阶级论的观点。他针对分析刘姥姥形象的一些唯阶级论观点加以总结说：

> 这两种意见虽说是对立的，但都是用简单的社会概念代替了复杂的艺术分析，或者说是用阶级成分的简单划分，抽去了刘姥姥这一艺术典型所表现的丰富复杂的社会生活的意蕴。我们认为，文学艺术是通过感性形象直接地表现社会生活中具体的多方面的现象，人们的生活现象有多么丰富和复杂，文学的内容就会有多么丰富和复杂，只有忠实地表现人物的本质的性格特征才能真实地表现生活的本质和历史的具体性。（第503页）

所以，也就在论述刘姥姥这一文章中，李希凡先生固然没有忘记用阶级论的基本立场来分析刘姥姥和贾府的对立关系，认为：

> 曹雪芹正是通过这位乡村老妪的感慨和体验，展示着封建社会的贫富悬殊的不公平，批判着封建贵族不劳而获、挥金如土的罪恶，从而揭示了他们必然衰亡的历史命运。（第500页）

但与此同时，他又是以更具普遍性的立场，论述了刘姥姥进大观园所产生的"超阶级"的艺术效果：

> 这"刘姥姥进大观园"即"二进荣国府"，由于曹雪芹生动传神、深入人心的创造，已成为我国尽人皆知的"口头禅"。现代生活中人们也时常会引用这个"典故"，通常是用来形容那些没见过世面、少见多怪的人，其原因就是《红楼梦》这几章中刘姥姥进大观园后的种种可笑的、风趣的言谈举止。它在曹雪芹的创作意旨里，包蕴着极为深刻、广阔的社会和思想意义。（第501页）

顺便一提的是，作者这里提出的"口头禅"或者说典故，作为一个艺术人物形象，其实已经接近于何其芳提出的典型的"共名说"了。但典型的"共名说"因为并不被李希凡先生所认可，认为是对流于表象的一种概括，所以在这里，李希凡先生也有意回避了"口头禅"与典型人物之间的内在关系。虽然这一"口头禅"所指称的人物生命力，绝不亚于任何经典马克思主义阐释系统中的典型人物。

正是对人物形象的理解有了更开放、辩证的观念，所以李希凡先生晚近时期论及的《红楼梦》人物，在总的写作思路上形成了一些不同于20世纪50年代论著的新特色，同时，也留下了一些值得思考的问题，下面依次展开讨论。

其一，论题设定的相对开放。就文集第二卷的《〈红楼梦〉人物论》来说，共计33篇人物论中，有20余篇的命题方式采用了主标题加副标题的双行标题方式。在这双行标题中，副标题一般都是直接提示出某个特定人物，如"贾母论""贾政论"，而主标题则大多选用了小说中的原文（偶尔也有脂评中的话）。如此设定标题，以前王朝闻的《论凤姐》一书就采用过[8]，其最大的优点就是将学术讨论的理性思维引向了原著本身，是以向原文的敞开姿态、通过对原文内部人物关系、观点的梳理，表现了对来自外部的先验式命题在一定程度上的拒绝。即以李希凡先生《〈红楼梦〉人物论》中的第二组人物来看，其涉及的六位重要人物，主标题既有第五回中从"金陵十二钗"判词或者"曲演红楼梦"中摘录的，如论薛宝钗的主标题"可叹停机德"、论王熙凤的"都知爱慕此生才"，还有论史湘云的"好一似，霁月风光耀玉堂"，也有从原文貌似客观的后人评述中摘录，如论贾宝玉的"行为偏僻性乖张"，另外也有出于小说人物自身的创作，如论林黛玉的"天尽头、何处是香丘"以及论贾探春的"孰谓莲社之雄才，独许须眉"。而有些文章内部的小标题也是从原文中摘录的，如论林黛玉的文章共四小节，小标题分别是："真真这个颦丫头的一张嘴""把一生所有的眼泪还他""颦儿才貌世应希""质本洁来还洁去"。通过精心选择来自小说人物（包括人物自身）的评价或倾诉，多侧面地分析了人物形象，使得理性的分析和概括（这也曾经被扭曲为唯阶级成分论的先验式的命题设定）能够与原文的感性话语得到一定程度的融合。

其二，论述展开的动态意识。如果说来自原文的若干小标题的拟制暗示了一种对人物关系的多侧面分析，那么其小标题的排列方式，一种潜在的递进关系，也能展现出论者的动态分析意识。例如，李希凡先生对一般被作为叛逆者贾宝玉对立面的贾政的分析，就体现出这种动态性。在《贾政论》一文中，他虽然也强调宝玉挨打的实质，是"离经叛道的贵族青年与封建正统卫道者之间的思想斗争"，但他还在"政老爹的真性情"这样的小标题下（虽然这里没用小说的原文，但"政老爹"的称谓还是努力贴近了小说人物的内部关系），一则曰："贾政内心深处对儿子宝玉并非没有寻常人的骨肉亲情，只不过经常被掩盖在'道学'面孔之下。"（第59页）

再则曰："贾政父子两人的文化审美情趣也存在着很大的差异，但贾政对儿子展露的才情，还是心中有数的。"（第59页）

有了这样通达而不是以简单的斗争哲学一以贯之的分析思路，他才能进一步以动态眼光，追寻着贾政思想性格的发展脉络，对小说塑造的形象发展加以点评：

> 小说描写他到晚年才有所醒悟："近日贾政年迈，名利大灰。然起初天性也是个诗酒放诞之人，因在子侄辈中，少不得规以正路。近见宝玉虽不读书，竟颇能解此，细评起来，也还不算十分玷辱了祖宗。就思及祖宗们，各各亦皆如此，虽有深精举业的，也不曾发迹过一个，看来此亦贾门之数。况母亲溺爱，遂也不强以举业逼他了。"（第七十八回）其实，这醒悟却正标志着他前半生对儿子的教育的失败。（第63页）

当然，这种动态分析如果不单单从小说原文找依据，而是通过现实人生发展的一般规律来提出自己的大胆设想，还是需要慎重对待的。比如他在论及赵姨娘时，就曾认为当初赵姨娘一定是小心翼翼做姨娘的，不似现在如此嚣张。只是"随着亲生子女的长大，她日益坐稳了如夫人的位置，嫡庶间的矛盾和仇恨才逐渐凸显出来"。这样的结论也体现出李希凡先生力图克服简化评价人物的努力，但由于文学作品毕竟不能与生活等量齐观，所以出自生活中常情常理的推测未必就符合作品实际。一个简单的事实是，小说的人物只在作品中生活，当作者没有写到他们的其他方面，甚至连起码的暗示都没有时，就很有可能是作者的有意安排，即便是无意的忽略而留下的描写空白，评论者也无须以自己的生活经验来加以填补，如果需要推进自己的分析，那就应该追问，这样的空白对人物自身或者周围人的关系究竟意味着什么。这样的追问，才会较少有分析的机械之病。

不过，以我之见，李希凡先生对人物的动态分析最能体现其辩证思维特色的是，他常常能在贵族的自以为是的意识中揭示出人生发展之路走向了他们主观愿望的反面，从而较好地说明了人物自身思维的局限性，这不但让读者体会到了小说的一种反讽意味，而且能够引领读者向着一个更具整体意义的思维结构迈进。如他是以如此方式来对"王夫人论"总结的：

　　具有辛辣讽刺意味的是，信佛的"大善人"王夫人，耗尽心力、关怀护持的心肝宝贝儿子——贾宝玉，终是被她的"爱"逼成了一个看破红尘、随缘出家的人。（第98页）

还有"论薛姨妈"的结尾也是这样：

　　她对女儿很有信心，对姐姐王夫人也有信心，却忽略了她们最不该忽略的深爱着林黛玉的贾宝玉最终是否会接受"金玉姻缘"！具有讽刺意味的是，她苦心经营促成的"金玉姻缘"，带给自己宝贝女儿薛宝钗的，竟是"金簪雪里埋"的无可挽回的悲剧命运！（第122页）

凡此结论，都能启发人们的进一步思考。

　　其三，超越个体的整体建构。当然，像《〈红楼梦〉人物论》这样罗列单个艺术形象加以逐一探讨的，在红学界虽有过不少名作，但也留有一点缺憾，就是当我们试图把小说中的某个人物作为一个独立自足的整体来把握时，这一人物与其他人物错综复杂的关系，其与整体小说结构产生的互动影响，很有可能被论者多多少少地割裂。也许不少论者正是意识到这个问题，所以在论述时，会有意识地把论及的个别人物，放在一个复杂的人物关系中来考量，从其他人物的个性折射和相互交往、比较中，来全方位分析特定人物对象。比如在李希凡先生的《〈红楼梦〉人物论》中，论李纨而从其担任诗社社长入手，探讨其与众姐妹相处所体现出的才干和才情，论她与凤姐斗口舌所体现出的机锋，虽然这些也是以往论者较常讨论的，但是，有两处描写的分析却每每为论者所忽视，体现了李希凡先生人物论的整体建构意识，一处是写周瑞家的送宫花，把王熙凤和李纨做了比较，他是这么论说的：

　　在"送宫花贾琏戏熙凤"（第七回）中，展现了这对小夫妻有说有笑、热热乎乎的好时光，虽说只是含蓄地写了他们云雨之乐的一阵笑声。而在同一时刻，写到寡妇李纨孤寂地歪在炕上打盹，我们自然会联想：不知有多少难挨的夜晚，李纨都是在这种凄清、孤独中熬过的。（第327—328页）

另一处是从贾兰的角度，论述了李纨冷漠的处世态度与儿子的相似性，也体现出类似的整体思维特色：

在"顽童闹学堂"里，宝玉、秦钟跟金荣等人打架，小小年纪的贾兰，自己非但不出头，竟还劝阻要帮助宝玉的贾菌："好兄弟，不与咱们相干。"宝玉可是他的亲叔叔啊！竟然不与他相干！（第334页）

但限于体例，这样的论述在单篇的人物论中，毕竟无法得到较充分展开，也在一定程度上限制了文章向纵深处发展。尽管李希凡先生的人物论在所论人物的选择以及组合上有整体的考虑，但这种整体性依然是不充分的。也是因为这个原因，我个人认为，不是他文集第二卷的人物论，而是收录于第一卷的如《勘破三春景不长——元、迎、探、惜与〈红楼梦〉的悲剧结构》或者《"良宵花解语，静日玉生香"——从一回书里看两种"真情"境界》等文章，既是人物论，又超越了单个人物论的局限，获得了整体观照的大视野。这种整体观的获得，是与作品本身展现人物的整体建构互为呼应的。就像他论述惜春时说的那样，小说虽然很少写及惜春的言行举止，但作为一个对"三春"乃至更大群体的默默观察者和体悟者，把别人的人生经历内化为自己的体验的定位，使其获得了宗教体悟的"勘破"而最终出家，这一艺术安排，是具有作品人物整体建构的辩证思维的。同理，在《红楼梦》第十九回，面对贾宝玉，袭人、黛玉这两位出于不同人生观主导下的情感交流，产生了颇具对照意味的两种"真情"境界，揭示这一境界的差异及其本质原因，也是体现出微观与宏观整合的好文章。

不过，就他的人物论总体而言，作者看似有意超越了以往分析人物的唯阶级论局限，用一种更全面、更具动态的社会生活的包容性把展现人物多侧面的思想性格包孕其中，显示了对过去的教条式的马克思主义红学的努力克服，但仍然留下了没有解决好或者说被表面的解决遮蔽起来的真实问题。

如前所述，李希凡先生在论述刘姥姥进大观园时，坚持认为这是在揭示当时社会贫富差异的不公和贵族生活的罪恶。但与此同时，他也不否认刘姥姥进大观园的场面描写给一般读者带来的趣味性。文集第一卷收有他的《艺术境界中的"生活境界"——论〈红楼梦〉中场面描写的特色》一文，在这篇文章中，他是把贵族小姐林黛玉与刘姥姥对立起来论述刘姥姥二进大观园的场面描写的。他是这样说的：

林黛玉的眼睛，毕竟仍然是贵族少女的眼睛，显然还不足以充当作者展现这贵族之家日常生活场景的凭借。于是，作者匠心独运，从"千里之外，芥豆之微，小小一个人家"里，觅得了这位村姥姥的一对陌生的眼睛，使大观园的贵族生活，通过她

的观照脱颖而出，不断地点出贫富贵贱的悬殊。（第511页）

据此，他进一步认为："那些挖空心思想在刘姥姥身上取乐、打趣，以及各不相同的观赏者们，也何尝不在刘姥姥故作呆傻的表演中，充当一定位置的丑角。"（第511页）这样说，我们也是可以认同的，并且会理所当然地把林黛玉一并归入丑角群体之内。但当李希凡先生提出他的最终结论时，就给人带来了不少困惑。因为他一方面指出了林黛玉在取笑刘姥姥时所体现的贵族小姐的优越感，"比谁都突出"，另一方面却笔锋一转写道："尽管如此，林黛玉的机智娇俏、惹人怜爱的倩影，仍然主宰着这群芳云集的场面，使它渗透着浓烈的诗情和美感。"（第513页）

尽管他所下的结论也许符合读者阅读时的具体感受，但令人困惑的是，如果林黛玉的机智主要体现在基于贵族小姐的优越感所生发的对刘姥姥的嘲笑，或者如他前此所说的，这种挖空心思地嘲笑他人也把自己放到了一种丑角的位置，我们又是怎么感受到这其中的诗情和美感的？或者这是戏剧化的丑角欣赏而不是单纯的道德判断？或者是因为这种嘲笑并非恶意？或者是阶级对立在这里转化成具有相对独立的雅与俗的差异？要不然就是雅趣向粗俗并无恶意地调侃时，粗俗的因子也消解了伴随着雅趣的伪饰一面，使得身处其间的人能看到了他人与自我的本真的另一面？但如果真是这样的话，又如何解释曹雪芹后来又写了刘姥姥醉卧怡红院的一幕，把粗俗的难堪呈现到了读者面前。浓烈的诗情和美感荡然无存，难道仅仅是因为现场缺少了林黛玉的机智和她那惹人怜爱的倩影么？总之，阶级的差异、智慧的差异、趣味的差异以及审美的差异，其间复杂的既对峙又协调的错位关系，并没有得到很好的分析，李希凡先生只是把这些复杂现象在同一个层面简单归拢在一起，从而不是解决了作品中的复杂问题，反而是把他自身的结论也变成了一个有待我们需要加以思考的新问题。

如果说，提出刘姥姥与林黛玉的对立，表明了论者尚没能解决阶级差异的严肃性是如何转化成审美感受的趣味性，那么，在李希凡先生的有些人物论中，其"照单全收"了人物的单纯和率真，受一种似乎正是他以前批评的"抽象的人性论"观点所引导，而把其间隐然存在的阶级差异问题轻轻滑过了。在其《"正在混沌世界，天真烂漫之时"——大观园丫头群掠影》一文中，他以"单纯率真的翠缕"为题论及翠缕的形象特点，所用的材料是翠缕向史湘云请教阴阳问题，也有翠缕自己对此看似天真可笑的领悟。李希凡先生对此分析说：

光看这番长长的对话，就可知这主仆二人相处并无高低贵贱之分，她们之间弥漫着一种自然的亲情，像朋友般亲密。豪爽大方、快人快语的湘云有问必答，那份耐心和细致非常的难能可贵。纯朴、率真的翠缕从花到人、从人到阴阳、从阴阳到麒麟，憨憨地不停发问……在这不足千字的"阴阳之辩"中，让我们牢牢记住了单纯率真的翠缕。（第456页）

我们发现，从史湘云与翠缕的谈话态度中确实体会不到两人的阶级差异，史湘云的快人快语与翠缕的一派天真完全是协调融洽的，翠缕的个性也确实是单纯率真的。但不可忽视的是，当翠缕把阴阳问题从自然界引向人事时，其间的阶级差异就被凸显了出来：她自作聪明地说姑娘是阳、我就是阴，以此来体现主奴差异的"大道理"时，就是在无意中把阶级的差异自然化了，同时也永恒化了。在融洽的、不分贵贱的交谈气氛中，两人又都受着分出贵贱的集体无意识的控制，这真是一件无可奈何的事实。所以，对于翠缕看似无理的推论，循循善诱的史湘云竟然无从反驳，只能把它视为一种玩笑而予以认同说，"你很懂的"。

在这里，不把人物谈话的结论性内容纳入分析的视野，只是揭示两人谈话态度上的也是形式上的融洽气氛而得出无分高低贵贱的观点，其实还是流于简单的。尽管我们没有必要把阶级差异这个弦绷得紧紧的，草木皆兵般看待此问题，但是不忽视作品中已然的存在，在阐释时把它呈现的方式置于一个符合作品实际的或隐或现的恰当位置，这既有可能辩证分析人物的本质和阶级的复杂关系，也是理解作品内容和形式的辩证关系的必要环节。关于后一问题，我们下文进一步讨论。

二、现实、作品和形式

虽然马克思主义文学理论青睐于现实主义创作原则，强调了文学作品对生活的反映和对现实的批判力量，但与此同时，通过强调艺术对现实的典型概括，在文学与现实之间也划出了一条清晰的界限。把文学作品等同于历史事件，或者把贾宝玉等同于曹雪芹自传，这是索隐派红学和考证派红学曾经陷入的研究泥淖，也是李先生在他的红学论著中予以竭力批驳的。在他文集第一卷中，收有《真假观念与梦幻世界》一文，一方面他强调"真"与"假"的差异，不能简单等同于"历史真实"和"艺术真实"，认为这样泛泛理解就体现不出曹雪芹独特的创作构思，认为"真""假"观念和"梦幻"结合在一起，反映了残酷的社会现实和充满社会矛盾的"人情""世情"以及命运的"无情"。另一方面，他又断言，这绝不等于说《红楼梦》的艺术境界里只有"政治"和作者身世的"事实"。（第462页）他转引了鲁迅《〈出关〉的"关"》中这样一段话：

> 纵使谁整个的进了小说，如果作者手腕高妙，作品久传的话，读者所见的就只是书中人，和这曾经实有的人倒并不相干了。例如《红楼梦》里贾宝玉的模特儿是作者自己曹霑……现在我们所觉得的却只是贾宝玉……这就是人生有限，而艺术却较为永久的话罢。

据此，他加以发挥说：

> 无论曹雪芹在创作上怎样进入，他也必须符合小说中贾宝玉性格发展的客观逻辑，绝不会依照作者主观愿望随意地加以穿凿，因为贾宝玉是作者笔下的典型形象，而不是个人经历的"写生"。（第463页）

也是因为这个道理，所以他在撰文探讨大观园的特点时，认为大观园的创造是处在"虚实隐显之间"，认为"它是曹雪芹匠心独运的满蓄着诗的境界的艺术形象，而这却是人们无论实地寻求还是实地建造，都难以达到的境界"。（第487页）

类似的观点，包括因此而生发开的一些分析，都是比较辩证，也能给读者不少启发的。但大体来看，李先生晚近的红学论著固然区分了生活和艺术的不同发展逻辑，但就艺术而言，他对艺术所反映的内容关注比较多，论述也比较全面，有不少学术意义上的新亮点，但就作品本身形式的逻辑以及特定的形式与内容的结合关系，探讨就比较少，常常把现实与作品内容加以比较讨论，在一定程度上忽视了形式本身的存在价值及其制约作用，从而给他的论著留下了一些缺憾。下面我们主要从两方面来举例讨论。

其一，关于叙事视角的主观性问题。李先生固然强调了作品自身的逻辑发展，但他所指的这种逻辑，更多是就人物自身而言的，至于对人物与人物在作品中呈现的复杂关系，特别是通过作品中人物呈现的信息所带有人物自身的主观烙印，也就是叙事视角的主观性问题，就有所忽视（虽然他也曾论述了林黛玉目光与刘姥姥的差异），这样，他在论述时就会不自觉地把作品中的人事信息以及观点当作客观信息或者作者的观点接受下来，在一定程度上把作品与作品外的现实人生画了等号。他论贾宝玉，是以"行为偏僻性乖张"作为主标题的，在论文的第一节，他强调了众人心中、眼中的贾宝玉的差异性，这种众说纷纭说明贾宝玉确实是一个富有争议性的人物，李希凡先生从这一角度入手，顾及了叙事视角的内在制约性，是比较高明的，舒芜的《说梦录》论及贾宝玉时，也对此有较多的分析[9]。问题是，当小说引"后人"的两首《西江月》词给了贾宝玉的全面评价时，李先生却说：

> 虽然说尽了贬语，有的也的确是贾宝玉作为贵族公子哥的生活真实的描绘，但整体来说，作者用意还是寓褒于贬，突出的则是这位小说男主人公的不同流俗和叛逆精神。（第144页）

其实，这些贬词，从一个正统者的立场来说是完全正确的、恰如其分的，采用的语言形式也是更具规整性的诗词，而不是日常的闲言碎语，以体现这种评价的非同一般。尽管我们可以说作者未必认同这样的评价，但过早提出作者的立场也许是不恰当的。因为只有把《西江月》词对宝玉的评价与其他人物的多样化评价结合起来，形成一个完整的多声部评价系统后，才能约略把握到作者采取的一种立场。简单地从人物众多的评价中挑出一种（尽管这是作者虚拟的不出场的"后人"，而且叙述者给这一评价认定为"极恰"）来和作者的立场画等号，哪怕是以"寓褒于贬"的手法来概括之，还是把贾宝玉包括对围绕着贾宝玉形成的评价氛围理解得简单化了，也削弱了评价的多歧性和反讽性的力量。

同样，在李先生论及红楼二尤的悲剧人生时，也有过早地把作品人物的视角与作者的立场画等号的缺憾。他认为作品安排尤三姐和尤二姐在梦中相遇，并且构思了尤三姐在梦中自责的内容，这是极不公平的，是作者头脑中封建糟粕的反映。他的结论是：

> 曹雪芹虽然对二尤的悲惨遭遇倾注了深切的同情，热情地讴歌了敢爱敢恨的尤三姐忠于爱情向往的壮烈殉情，却似乎并未能公平地体谅她们出于被逼无奈甚或是少女的无知、任性、愚钝的失足，即使写到尤三姐和尤二姐在梦中相逢，还要让尤三姐如是自责："此亦系理数应然，你我生前淫奔不才，使人家丧伦败行，故有此报。"（第492页）

曹雪芹在《红楼梦》的创作中，突破了封建主义正统世界观的局限，把同情与理想倾注于纯洁的青春少女（包括年轻女奴）身上，遗憾的是，他独独对这两个来自民间的、他认为不再纯洁的少女，没能完全突破封建伦理观念的世俗之见。这不能不

说是《红楼梦》创作的又一败笔和缺憾!（第492页）

这样的批评不能说没有一定道理，我们也不能否认曹雪芹的思想没有丝毫封建糟粕。但先于指责曹雪芹的是，我们需要追问尤三姐的如是自责是否必然就代表了曹雪芹的立场？从情节的整体设计看，当柳湘莲也认为尤三姐是不洁时，小说反映出的基本倾向对柳湘莲的态度是认同还是拒斥？尤三姐自责的情节设计，究竟是反映了作者头脑中的封建糟粕，还是更深刻地表现了封建意识对人心束缚的本质？如果不充分顾及情节的整体设计所流露的倾向和人物的关系，不进一步探究人物的思想意识对人物自身及周边的人意味着什么，而是把人物的思想阴影和作者画等号，也还是没有立足于作品人物视角考虑问题的结果。

由于视角呈现的信息总是与作品特定的叙述者或人物相关，所以这些信息既不能与作品外的作者思想画等号，也未必能一概作为客观信息来对待。这方面，李先生对相关信息的处理，还是流于简单了。比如他的《大丫头中的大丫头》一文从论述鸳鸯的两次穿着打扮描写说起，以此引出她对贾赦施加淫威的抗争话题。

一次通过贾宝玉小时的耍赖行为略作点染：

> 宝玉坐在床沿上，褪了鞋等靴子穿的工夫，回头见鸳鸯穿着水红绫子袄儿，青缎子背心，束着白绉绸汗巾儿，脸向那边低着头看针线，脖子上戴着花领子。宝玉便把脸凑在他脖项上，闻那香油气，不住用手摩挲，其白腻不在袭人之下，便猴上身去涎皮笑道："好姐姐，把你嘴上的胭脂赏我吃了罢。"一面说，一面扭股糖似的粘在身上。鸳鸯便叫道："袭人，你出来瞧瞧。你跟他一辈子，也不劝劝，还是这么着。"（第383页）

再一次是贾赦想收鸳鸯为"房里人"，通过邢夫人眼所看到的鸳鸯：只见他穿着半新的藕合色的绫袄，青缎掐牙背心，下面水绿裙子。蜂腰削肩，鸭蛋脸面，乌油头发。高高的鼻子，两边腮上微微的几点雀斑。（第383—384页）

由这两段描写，李先生给出的结论说：

> 看来，这鸳鸯的容貌比不上俏晴雯、俏平儿和美芳官，却还是可以与袭人、紫鹃为伍的!（第384页）

得出这样的结论虽然也有一定的依据，但我们不能不注意到，由鸳鸯的外貌描写所呈现出来的观察者的立场。一个是等着换鞋而无聊中的贾宝玉的胡闹，还有更全面的描写则是掺杂了贾赦占有欲的邢夫人不怀好意的仔细打量，以至于鸳鸯在邢夫人的目光下，浑身觉得不自在起来。这样，在小说中，鸳鸯的容貌描写就变得不再单纯，变成了一个与男性占有欲特别是贾赦的淫威紧相伴随的问题。其实，不单单是对鸳鸯，可以说，《红楼梦》整部小说对丫鬟的容貌的重视或者轻视、描写的详尽或者疏略，在大部分情况下是受制于一种不平等意识的。晴雯等丫鬟的美貌基本是或者被鄙薄，或者被作为主子准侍妾而得到稍稍提及，很少在别人的视角中得到充分展现。也有学者泛泛地说这是作者的留白艺术，却没有意识到他们绝大部分人根本就没有进入小说主要人物的视线，也很少被小说里的人物所关注。以致今天的我们，要对这一容貌描写问题做客观评价，要把这些丫鬟的容貌分出个美丑高低来，就不能不把这一描写所关联的多少带点"邪恶"的视角一并纳入我们的分析视野。只有把这种复杂性充分考虑进来，注意到我们据以分析材料本身的"不客观"，我们的结论才有可能接近客观。

其二，关于文体与语体的问题。在李先生着手从形式及形式与内容的关系来探讨的红学论文中，《"冷月葬花魂"——论林黛玉的诗词与性格》一文是比较有代表性的一篇。这篇文章力图从不同于小说的诗词角度来探讨"韵散相间"的艺术手段是如何来塑造林黛玉的性格的。另外，他的《林黛玉论》也追溯了中国的诗歌传统，强调了诗词创作对于塑造林黛玉形象的特殊意义：

> 我国的诗歌传统，历来都强调诗言志，诗缘情。《诗序》说："变风发乎情。"陆机《文赋》则云："诗缘情则绮靡。"袁枚讲得最为深刻："鸟啼花落，皆与人通——但见性情，不着文字。"林黛玉的诗词，则是曹雪芹按照小说设计的人物的年龄、经历和性格而构思创作的，绝非是为了卖弄自己的才情，而要写出自己两首"情诗艳赋"，而是适应着创造林黛玉悲剧形象与精神品位、习尚爱好的需要，以表达她的内心世界及其性格的诗情的魅力，使它们熔铸成林黛玉悲剧形象的有机整体的风骨，如果抽掉它们，"才貌世应希"的林黛玉的富有典型意义的个性生命，就失去了她独有的品格和神采！（第182页）

类似这样的探讨，放在广阔的传统文化视野中来强调曹雪芹设计的独特性，是基于对人物形象的一种整体、综合的把握。也许正因为是综合把握，也就未及详加探讨，为何插入的韵文才能够充分表现她的才情，才成为小说中塑造黛玉形象的不可或缺的重要组成部分。因为第八回写日常对话体现她的伶牙俐齿，乃至第十九回与宝玉躺着有一搭没一搭地说话，也把她的才情作了展露。这样，李先生的文章固然充分涉及了黛玉创作的诗词内容，比如分析了林黛玉题帕诗三首的内容，说明了黛玉是"以泪写情，这泪所表达情之深，如娥皇、女英泣舜那样，终至泪渍斑斑，殉情而死"（第589页），但他没有解释，这样的以泪写情为何倾泻在诗歌中，为何选择了诗歌这样的传统形式。这样的语言构成形式和呈现出来的方式，跟黛玉当着宝玉的面而直接落泪，包括与宝玉直接对话的交流情感差别到底在哪里？内容的差异固然是一种说明，但小说文本构成的艺术世界与小说内部借助诗歌等文体开拓出的新的艺术世界，两个艺术空间的连续和断裂，以及在语言上体现出的各自特色对人物塑造的作用，还是需要进一步探讨的问题。在这方面，李先生的分析基本还是把两者作为一种均质化的内容来处理了，没能把诗歌内容，特别是在内部语言形式制约下产生的内容变异以及诗歌在外部环境呈现的特殊方式（比如独白式的吟唱和参与诗社的集体交流），充分揭示出来。

与对诗歌的特殊语言组织方式关注尚不够充分相联系的是，李先生对小说描写的语言品味尚比较简略。虽然他分析的简略有时候也可视为是要言不烦、一语中的的，如他论史湘云的"是真名士自风流"一语时说："关键在一个'自'字，自然而然，无故意矫揉造作之嫌。"（第278页）但有时候，对于如何深入评价作者的语言艺术、引导读者更好欣赏作品，还是有进一步展开的余地，这里仅举一例。李先生的《"品味"刘姥姥》一文，举出他对刘姥姥一进荣国府的一段分析：

> 一句"喜的又浑身发痒起来"，活画出刘姥姥喜出望外的神态和心境，接着的寥寥数语，虽是"粗鄙"的村言，却比喻得十分贴切。我们从她与周瑞家的周旋中，看到了她的庄户人的精明、世故与圆滑；从她见凤姐时的忐忑不安和"忍耻"的应答中，看到她天性中的质朴以及若隐若现的庄户人的心计。当从凤姐房里出来，周瑞家的埋怨她不会说话时，她立刻笑道："我的嫂子，我见了他，心眼儿里爱还爱不过来，那里还说的上话来呢。"又表现出她的随和随机应变和会讨人欢喜的本事。在"一进荣国府"的情节里，曹雪芹所描绘的刘姥姥的言谈举止和复杂心态，可谓活灵活现，且真实可信、耐人寻味。（第496页）

应该说，他解析出刘姥姥形象的多面性，对于读者全面认识刘姥姥这个人物是有帮助的，而从传神的"喜的又浑身发痒起来"这句语言入手来分析，也是颇有见地的。遗憾的是，当他指出了这句话是"活画出刘姥姥喜出望外的神态和心境"时，就转而讨论刘姥姥向王熙凤说的粗鄙的村言了。粗心的读者确实有可能忽略他举出的这句描写，所以指出这句话的价值是有眼光的，也是有意义的。但读者如果受此提醒而注意这句话时，他们大多是能够从中感受到刘姥姥的那种"喜出望外"的神态和心境的，这样，我们的分析就不能止步于此。而要注意到，写刘姥姥的这一句心理感觉与下文她自己说话的粗鄙是互为贯通的。"浑身发痒"让她出离了常态，才一定程度上加剧了她的口不择言，她后来向周瑞家的解释说是见到了凤姐，"爱还爱不过来，那里还说的上话来"，其实只道出了一半实情。也许是她听到有了三十两银子才让她爱都爱不过来，也让她在惊喜中不知说啥好了。但我们这样说，还只是指出了前后语句可能的逻辑关系。从语言特色来说，用"浑身发痒"来描写一种感觉，即便这样的描写是传神的，也已经流于粗鄙了，只适合用于对刘姥姥的描写。据此，特殊的形式与内容就紧密关联起来，阐释语言的形式意义其实是为了更深刻地揭示内容的本质。同时，这样描写的意义又不局限于揭示刘姥姥本人的真实状态，这与她所面对的矜持的凤姐那种不温不火的态度和不紧不慢的说话风格形成了鲜明对照。从大处说，曹雪芹把描写刘姥姥的语言与描写王熙凤的语言并置在同一空间时，显示了他有魄力把多样化的语言同时也是文化风格乃至不同生活方式熔铸在自己的集大成式的作品中，从而也对作品的接受者如何更全面地理解、客观地评价它的思想艺术提出了更高的要求。

三、结论

概而言之，李希凡先生的晚近红学论著，较之他20世纪50年代的论《红楼梦》的一些成名作有了很大的发展。作为马克思主义红学的代表性人物，其自身关于红学的历程在一定程度上勾画了中华人民共和国成立后马克思红学的发展轨迹及其形成的一些特点，而在新时期发展过程中未能全部弥补的一些缺憾也具有一定的普遍性，值得在此加以总结和思考：

首先，新时期的马克思主义红学在作品内容分析的广度和深度上有了较大推进。这主要表现在超越了早期教条的唯阶级论分析模式，更多地从人物个性的丰富性和复杂性着眼，以《红楼梦》对广阔现实生活的概括为结论。随着这一分析视野的拓宽，对《红楼梦》这部巨著的思想艺术价值有了更全面的认识，对其评价也更趋公正，这正是李希凡先生晚近红学论著的价值所在，也是马克思主义红学在处理文学和社会的基本关系以及应对现实根本问题的立场所在。但由此带来的一些问题同样值得我们进一步思考。当我们拓展分析的视野，把阶级和阶级意识作为作品分析对象的一个部分而不是全体时，社会阶级因素与生活中非阶级因素间的差异与融合，阶级意识在其中的渗透与被忽视、被搁置的现象又如何在作品中得以具体展开？形成了怎样的审美效果？我们还可思考的是，在作品的各个生活场面描写中，阶级因素在其中是否总起着主导作用？或者并非如此，其间发生差异的原因又是什么？如果不对广阔生活画面的内部复杂关系加以基本梳理和辩证分析，只将其视为均质化的对象来并列展开，其实还是没有从根本上解决问题。同时，我们也应该看到，强调一部伟大作品塑造的人物丰富多彩，未必就意味着该作品的每一个人物的性格都会是复杂的、多侧面的。先不说现实逻辑与文学创作逻辑的差异性，即使仅按现实逻辑来塑造人物形象时，如马克思说，人就其现实而言是社会关系的总和，他是就一般意义上的人而言的，更多的是从人的整体着眼的。所以，如果我们要把这一观点作为分析现实人物的一个立场和出发点，我们就不应该简单地把复杂社会关系的整体不加区别地对应到每一个独特的个体。因为与每一个独特的人对应的，只能是这个人所归属的一个独特的社会关系网。这里有复杂的社会关系，自然也有单纯的社会关系，并因此影响到人物性格的形成有复杂和单纯之别。更何况人物不只是简单地、被动地接受环境带来的影响，那种强烈的个性造成的以不变应万变的性格，不能说绝对没有。还有，作家把人物性格写入作品时，哪怕是写实的作品也不排除他出于某种特殊需要会把某些人物的性格刻画得简单之简单。这样，就艺术形象塑造论，如何在承认《红楼梦》塑造了一大批性格复杂的优秀人物形象的巨大价值的同时，也不排斥那些性格相对简单的人物，理解不同类型的人物在概括生活、表现作者独特思想的不同功能，正是马克思主义红学应有的一种辩证立场。

其次，对作品形式及形式和内容的关系有了多方面研究。对这一问题的研究、重视，体现出马克思主义红学在晚近发展时期对文学自身规律的尊重。马克思主义红学的早期论著与新时期的红学论著相比较而言，早期的论著受社会学批评的深刻影响，更多的是从文学外部来评价作品，对艺术自身的规律有所忽视。新时期的红学论著则开始注意了作品的形式以及内容与形式的辩证关系，并有了如聂绀弩、李希凡的人物心理论、张锦池的结构论、周中明的语言论、周思源的原型论以及舒芜的《说梦录》、王蒙的《红楼启示录》等一批成果，从而深化了对《红楼梦》独特性的认识。但与此同时，仍有相当一部分论著（也包括上举诸位前辈的部分文章）会不自觉地把对内容的分析代替了形式分析，或者把对人物的形象分析等同于艺术分析，或者把叙述者与人物的视角等同于作者的主观倾向，总起来看，对作品的语言形式（包括文体的问题和语体的问题）以及内部结构关系在表现内容所体现出的整体性和独特性方面，还是关注不够充分，对作品审美因素缺少一种细细"玩味"，从而不免给人以粗疏之感。虽然马克思主义文学批评的发展就是在与形式主义的争论中成长起来，形式主义批评曾被视为是对历史意义的剥夺，沉浸于形式的玩味曾被视为是贵族、是有产者趣味的体现；但对形式主义的反驳不等于对文学形式及其相关分析的一概抛弃。其实，从文学批评史看，正是在反对形式主义的过程中吸纳了其中的一些合理因素，比如早期的托洛茨基对什克洛夫斯基形式主义的批评[10]、晚近的伊格尔顿、詹姆逊对结构主义、叙事学的批评[11]，从而使自己的观点趋于辩证，也使自身的批评具有了更充分的既是社会学的也是审美学的意义。打个不恰当的比方，如果马克思主义的批评总是流连在粗疏的内容而不能向精致的形式迈进、不能深入探讨形式与内容的辩证关系，对文学的批评和解析就可能像二进大观园的刘姥姥，永远有不知品茗雅趣的缺憾。因为随着社会的进步，雅趣不能够也不应该只是贵族和有产者的"专利"。正是从这个意义上说，对《红楼梦》作品形式的深入理解（这种理解包括了对形式高度的自主性及形式所处特定社会背景的历史性两方面理解），才意味着马克思主义红学的真正成熟。

再次，对传统文化与《红楼梦》关系的辩证分析形成了一些特色。《红楼梦》作为一部中国传统文化集大成之作，有着对传统文化的多方面继承与对群众接受习惯的斟酌取舍。深入分析这种文化传统对《红楼梦》的影响，也是马克思主义文学批评本土化、中国化的标志之一，也同样是文学研究应对现实的体现。因为文学作品所对应的现实，既是当时社会现实环境构成的现实，也是文化沉淀于其中的现实，并更为直接地反映在作家的创作观念中，过去虽有不少把《红楼梦》与传统文化相联系的比较性研究，但较多是从个人的纯趣味主义立场来分析，或者是在流连不去的诗文正统的保守观念下来强调其与《红楼梦》的割不断联系，从而给马克思主义红学留下了较多的施展余地。

传统文化对曹雪芹创作的启示和影响是多方面的，这里有对成功经验的借鉴，比如对诗词曲赋传统在描写人物的言志抒情上的继承，把传统诗词意境创造性地化解在小说的场面描写中；也有对历史糟粕自觉或者不自觉的吸纳，比如曹雪芹设计小说情节的严密性往往是跟宿命的谶纬思想联系在一起的。如何在欣赏作品构思缜密的同时，又能把蕴含其中的消极的宿命论思想剥离开来，李希凡先生在他的论文里有较多的辩证分析。指出这种谶纬设计对《红楼梦》思想价值的削弱作用是很有必要的，因为我们认为，当反映社会矛盾的内容被一种宿命论色彩所笼罩时，其形成的整体效果是把社会的不合理制度在神秘论的层面上合理化了，从而使一个自觉的揭露者拖上了不自觉的辩护士的阴影。尽管李希凡先生的这一分析尚是初步的，但对我们摆脱纯个人的趣味主义的窠臼，公正评价《红楼梦》的整体艺术成就，剔除其不合理的糟粕，还是有启发的。不过，对于传统文化影响于人物形象的创作，比如，先秦诸子中的隐喻式人物、百姓喜闻乐见的脸谱式人物，文人称道的诗化人物等给曹雪芹创作带来的种种影响，还有待我们更客观地评价。即以秦可卿这一争议颇大的人物而论，李希凡先生以《丢了魂儿的秦可卿》的论题来判断作者创作这一人物的失败，就只能说是一家之言（虽然当年王昆仑在他的论著中，也把秦可卿这一人物塑造视为是曹雪芹的败笔[12]）。因为不论是吕启祥先生把秦可卿视为是一个诗化的人物[13]，还是像海外学者把秦可卿视为是一个哲学隐喻性人物[14]，或者如早期的孙犁视她为结构功能性人物，晚近的王蒙视她为"中国特色"的人物[15]，其实都是从传统文化对《红楼梦》创作的影响来着眼的。把这不同的着眼点与李希凡先生的着眼点汇合在一起，才能真正推进马克思主义红学的深入发展，因为把一切异己的不同观点内化为自己思考的出发点，才是马克思主义红学获得强大生命力的重要源泉。

总之，只要我们秉承实事求是的态度，用马克思主义的辩证思维充分估价《红楼梦》创作本身的复杂性，真正深入到作品的内部形式，客观理解这一内部形式与内容的错综关系，全面总结前辈学者的研究成果，并不断反思自身的学术立场，就能真正推进马克思主义红学向前发展，从而为古典文学作品的当代研究提供一定的示范价值。由于本人对马克思主义的文学理论学得不多，对《红楼梦》作品本身理解得不深，对李希凡先生的红学论著研究得不透，相关论著的涉猎也不够广泛，再加上写作水平有限，常有词不达意的缺憾，故此文中定有不少误解马克思主义理论和李希凡先生论著的地方，还望李希凡先生（包括他的论著合作者李萌女士）及同行专家不吝指正。

本文原载于《红楼梦学刊》2014年第5辑

作者系上海师范大学人文学院教授

注释：

[1] 曹雪芹、高鹗：《红楼梦》，人民文学出版社1964年版，第1—46页。

[2]《李希凡文集》第一卷、第二卷，东方出版中心2014年版。凡李希凡先生论述的引语，均出自此版本，下不一一注明。

[3]高淮生:《红学学案》,新华出版社2013年版,第93—104页。

[4]蒋和森:《红楼梦论稿》,人民文学出版社1959年版,第96页;李厚基:《景不盈尺,游目无穷——从金钏儿事件看〈红楼梦〉艺术构思一则》,载刘梦溪编《红学三十年论文选编(中)》,百花文艺出版社1984年版,第681页。

[5][9]舒芜:《说梦录》,上海古籍出版社1982年版,第225页,第71页。

[6]张毕来:《红楼佛影》,上海文艺出版社1979年版,第14页。

[7][美]弗雷德里克·詹姆逊:《语言的牢笼:马克思主义与形式》,钱佼汝、李自修译,百花文艺出版社2010年版,第322—323页。

[8]王朝闻:《论凤姐》,百花文艺出版社1980年版。

[10][苏联]托洛茨基:《文学与革命》,刘文飞等译,外国文学出版社1992年版。

[11][英]特雷·伊格尔顿:《二十世纪西方文学理论》,伍晓明译,北京大学出版社2007年版;[美]弗雷德里克·詹姆逊:《语言的牢笼:马克思主义与形式》,钱佼汝、李自修译,百花文艺出版社2010年版。

[12]王昆仑:《红楼梦人物论》,生活·读书·新知三联书店1983年版,第47—53页。

[13]吕启祥:《秦可卿形象的诗意空间——兼说守护〈红楼梦〉的文学家园》,《红楼梦学刊》2006年第4辑。

[14]转引自詹丹《〈红楼梦〉与中国古代小说研究》,东华大学出版社2003年版,第37—48页。

[15]孙犁:《文学短论》,人民文学出版社1978年版,第153页;王蒙:《红楼启示录》,生活·读书·新知三联书店1991年版,第5页。

李希凡的红学研究：坚守成说、拓展新境

高淮生

引言

李希凡之所以对《红楼梦》研究产生兴趣，按照他自己的说法："1952年，文艺学学习受挫，我对文艺理论学习曾一度彷徨，就把阅读和研究兴趣转向了四部古典小说，读了不少有关研究著作。自以为根据马克思主义观点，其中不少'权威'评价，都贬低和谬解了四部古典小说在中国文学史的社会意义和价值地位，很想写些文章发表自己的理解和看法。"[1] 可见，李希凡早年的《红楼梦》研究是出于对不能运用"马克思主义观点"而"贬低和谬解"《红楼梦》的文学史意义和价值的"权威"评价的不满，他将自己研究的着眼点放在了《红楼梦》"社会意义""价值地位"的阐发上，并注重运用马克思主义观点分析《红楼梦》的思想题旨和艺术特性，进而准确地评价《红楼梦》的文学史价值和地位。随着时代变迁，20世纪80年代以来，李希凡在坚持对50年代提出的那些基本观点进一步阐发的同时，集中于对《红楼梦》艺术世界和人物形象做较为深入而系统的评论，即艺境探微和人物论方面的评论，其代表性著作是《红楼梦艺术世界》与《传神文笔足千秋——〈红楼梦〉人物论》。李希凡说："我在完成了两本鲁迅研究专著之后，也从感情束缚中解放出来，想到了50年代留下的未竟之愿。因为《红楼梦》引我入迷的，是小说的艺术魅力，是曹雪芹的艺术天才，我很想多写一点自己的理解和分析……这就是那本《红楼梦艺术世界》。"[2] 而"这本《红楼梦》人物论，虽然只是写出了我们的所见所闻，所思所想，写出了我们的感受和爱憎，但终极目的还是试图解读这部伟大杰作的真、善、美"。[3] 可见，这两种著述是李希凡精心结撰之作无疑。

李希凡的红学观点具有鲜明的一贯性，这体现了他坚韧的学术操守。正如他在《红楼梦艺术世界》"后记"中所说："自1954年与'红学'结缘以来，我仍坚持50年代提出的那

些基本观点，虽则平生谬误甚多，但从不善变，如某些人昨日自称马克思传人，今日又依附异国的金元豢养，'告别革命'，是所不齿也。本书以三十年前纪念曹雪芹逝世二百周年的《悲剧与挽歌》作为代序，所收十五篇文章，虽间断写出，却自觉一以贯之。"[4] 李希凡所坚持的"那些基本观点"包括以下几个要点：其一，《红楼梦》是一部具有伟大社会意义和历史价值的作品，而绝不仅仅是一部"爱情小说"。作者用这幅生动的、典型的现实生活的画面勾画出封建统治阶级的历史命运。《红楼梦》是封建社会没落时期的社会生活的百科全书。其二，"色空"这类唯心主义的观点不是《红楼梦》的"基本观念"，《红楼梦》不是"自然主义"的作品，《红楼梦》不是曹雪芹的自传。要正确评价《红楼梦》的现实意义，不能单纯地从书中所表现出的作者世界观的落后因素，以及他对某些问题的态度来做片面的论断，而应该从作者所表现的艺术形象的真实性的深度去探讨这一问题。其三，一方面，《红楼梦》对封建阶级的腐朽生活以及伦理道德的暴露和批判确实具有反封建的意义，而且它的男女主人公贾宝玉、林黛玉，特别是贾宝玉的形象与精神风貌，不只具有叛逆性的倾向，还显示了富于人性觉醒的新内涵。另一方面，《红楼梦》中渗透在艺术形象里的一些观念和情绪，的确渲染着一定的虚无的宿命色彩。[5] 以上这些基本思想在红学批评史上曾产生过很大影响，李希凡坚定地将他的"那些基本观点""一以贯之"于20世纪80年代以来的红学批评之中，力图于坚守以往成说的基础上拓展新境，这足以表明李希凡学术精进的信念与执着，至于学术进境的进益如何，则有待于今后学术之"研究之研究"的不断阐扬。

一、20世纪50年代提出的"那些基本观点"

李希凡为什么会毫不迟疑地坚持自己20世纪50年代提出的"那些基本观点"呢？简而言之，一则，出自他对马克思文艺理论真理性的坚定信仰，这一坚定信仰使他在研究《红楼梦》的开端便能够得时代风气之先，即他的"那些基本观点"被那一时代公认为自觉运用马克思主义观点来研究《红楼梦》的开端。尽管在李希凡发表他的"那些基本观点"之前，陈觉玄在其《红楼梦试论》一文中已经开始运用唯物史观来分析《红楼梦》的思想内涵和人物形象，并明确指出，清代已进入中国封建社会的末期，城市经济的发展和新兴市民阶层的崛起要求建立自身的新文化，而贾宝玉和林黛玉便是适应这种时代要求而出现的新人形象。对于陈觉玄运用唯物史观的分析，有学者认为："这类论述都是极为精辟的，50年代后诸多以马克思主义文艺思想研究《红楼梦》的文章，研究思路与本文并无多少不同，而在观点上也未见增加多少新的东西，故这篇文章于红学史上的地位及价值是不容忽视的。"[6] 不过，由于陈觉玄的《红楼梦试论》在当时并未引起多大学术反响，故而并不影响李希凡"那些基本观点"突出的学术影响，这一影响的重要成果突出地体现在李希凡所运用的马克思主义社会历史批评长期以来无可争议地成为中国古代小说研究的主流范式这一方面。二则，李希凡坚持"那些基本观点"乃出于他的学术批评的真诚与责任。我们来看这样一段阐述："如果说在政治思潮阶段，越是思想的，方能够越是政治的，思想的力量（责任）大于政治的力量（责任）；那么到了思潮政治阶段，情势就倒过来，越是政治的，方能够越是思想的，政治的力量（责任）大于思想的力量（责任）。"[7] 笔者从中得出启示：李希凡的"那些基本观点"的提出是出于真诚地发掘《红楼梦》的思想价值和艺术价值这一文学批评责任心的驱使，因其于当时环境下的特殊思想力量形成了其特有的政治影响。20世纪80年代以来，基于"思潮政治"之后"从感情束缚中解放出来"的清醒反思，李希凡坚持自己的"那些基本观点"的做法并没有违背学术批评之道。对于这些"基本观点"，评论者尽管可以展开批评，却难以完全否定它应有的学术价值。

20世纪80年代以来，李希凡的《红楼梦》批评不仅基于完成"多年来的另一夙愿"的考虑，而且基于"有了写作两本鲁迅论著的'经验'，自觉颇有自信"的学术信心的鼓舞。[8] 李希凡的积极有为、学术精进的精神，无疑对今后的红学研究者有深远的感召意义。李希凡敢于一直坚持自己的理论信心不动摇，并没有因时代风气变了而"告别革命"，这也是由他的历史意识、文化趣味、学术信念所决定的。李希凡坚信，作为一个坚定地坚持马克思文艺理论立场的批评家，从作品的客观效果、作品反映的一定的社会倾向方面研究《红楼梦》是正确的、无可置疑。正如冯其庸所说："凡是确实是遵循了马克思主义的理论和方法研究得出的结论，就应该具有自己的理论的信心，不必因为有些不同的意见而感到惶然。当然对自己研究成果的坚定性和自信心，绝不能因此而自以为是，听不进不同意见，这前后两种思想是截然不同的，不能混淆，这是不用多说的。"[9] 冯其庸不仅肯定了学术研究应当"具有自己的理论的信心"的一面，同时也指出了在学术研究上"自以为是""听不进不同意见"的弊害的一面，这是值得汲取的经验。也就是说，坚持自己的理论的信心不动摇，不能有"用力过猛"之弊，即"自己有了主义，就认定了一条路往前走。任凭有旁的说法，总以为不可信"。[10] 李希凡对自己的"那些基本观点"的坚守，显然是基于"自己的理论的信心"，而不是学术研究上的"自以为是"，是为了彰显自己的学术个性。可以说，李希凡所坚守的《红楼梦》研究的学术旨趣即从社会历史批评视角对《红楼梦》历史背景、时代思潮、作品内容、作家思想的高度关注，这在今天倡导多元批评的学术环境下仍然没有过时。当然，这一理论视角并不是唯一有效的批评视角，只有将各种视角综合起来，才能对《红楼梦》做出全面的评价。这样的学术清醒意识如果不能确立，必将影响红学批评的进境。

龚育之、宋贵仑在《"红学"一家言》一文中指出："把《红楼梦》当历史读，这是读小说的一个重要视角，一个高明的视角。马克思主义者读《红楼梦》这样的小说，尤其不能忽视这个视角。……我们也不要把这个重要的视角当成唯一的视角，而排斥其他。比如，艺术的视角，人物塑造和语言运用的视角，以至于版本的沿革、作者及其身世的考证、同外国作品的比较等等，也都是阅读《红楼梦》、特别是研究《红楼梦》必不可少的视角。在各自的视角里，都可以有所发现，做出有价值的研究。各种视角的综合，才能对《红楼梦》做出全面的研究。"[11] 李希凡的《红楼梦》研究，不仅坚持这一历史与政治的"高明的视角"，而且也在汲取诸如"艺术的视角""人物塑造和语言运用的视角"，力图有新的创获。我们知道，进入20世纪80年代以来，思想多元化催生了方法的多元化。"80年代的新方法运动的核心是认可阐释的多元化。这一时期的红学就在这个多元化语境中展开，人们从各种角度实现《红楼梦》的意义生成。心理批评、原型批评、创作心理学、形式主义、结构主义批评、现象学批评、解释学、接受美学、比较文学、信息论美学、解构主义、新历史批评、女权主义、后殖民主义，等等，在这多元视野之下，《红楼梦》在现代语境中展现出多种多样的面孔。"[12] 即便在这"多种多样的面孔"尽显风骚的环境下，社会历史批评的身影依然是构成百家争鸣局面的一道不可或缺的风景。事实上，今天的社会学的研究方法不仅没有停滞，还有新的发展，即"以接受美学的理论去阐释一部作品的传播史和接受史、用经济的观点进行文学研究的经济分析法，都是社会学研究的分支"[13]。

当然，相反的看法则认为："曹雪芹身为贵族，深知宫廷斗争内幕，但他没有把《红楼梦》写成政治小说，也不把社会批判作为写作出发点，而是选择一条呈现生命存在状态、憧憬诗意栖居的创作之路，并获得超越社会形态和超越时代的永恒价值。"[14] 并且，"《红楼梦》如此精彩，它本身是一个巨大的存在，精彩的自在之物。有没有批评家，都不影响它的存在和被世世代代读者所欣赏。后来查询一些认真的研究者，如俞平伯先生，通过他的研究又可增添我们的兴趣，这是有价值的。到了后来的政治批评，则把《红楼梦》视为政治小说，这种批评也变成政治裁判所和魔鬼之床，使批评毫无意思。这种批评宁可没有。但是，这几十年恰恰把这种批评抬高到无上的地位，真是怪诞。"[15] 这样的尖锐批评当然会令一些人不安，然而，如果你把这一批评理解为是基于对那种把一部文学经典当成了"政治教科书"的做法的强烈反感的激情表达，你也就内心释然了。可以说，社会历史批评中的单一政治批评被强调到不合时宜的地步，不仅预示着学术思想的禁锢，同时也使这一原本不可或缺的文学批评方法的作用也打折扣了。因为，《红楼梦》是蕴藏着巨大思想含量与艺术含量的矿藏，它的批评空间是极其开阔的。一个真正自由的批评家，既要对自己的批评有效性有足够的自信，也应当对自己批评的有限性有充分的自觉。如果把自己的批评立场盲目自信地发展为批评偏见，势必妨碍学术对话的正常进行。因为，怀有不平之气，则无法进行沟通。李希凡对单一政治批评的影响也是有反思的，他说：50年代的学术批判很快升温了，"有些文章也就不实事求是了，包括我们后来的一些文章，也有对俞先生不尊重的称谓和说法"[16]。

众所周知，从20世纪20年代末、30年代初马克思主义文艺思想观念输入中国以后，经过瞿秋白、周扬等人的发挥，尤其是毛泽东《在延安文艺座谈会上的讲话》的阐述，马克思主义文艺思想逐渐得以中国化，成为文学创作和文学研究的指导思想。而在1954年以后，马克思主义的社会历史批评方法更无可争议地成为古代小说研究的主流范式。有学者曾归纳了马克思主义社会历史批评方法应用到古代小说研究中的四个基本特征：第一，依据"存在决定意识"的哲学原理，极力关注不同时代的经济、政治对小说创作的决定关系。第二，严格恪守"政治标准第一，艺术标准第二"的批评原则，以此来衡量和评判古代小说作品。第三，注重对古代小说作家的阶级属性及其世界观的分析，并以此为准则评定其作品的思想价值。第四，强调古代小说研究适应现实的政治需要，努力挖掘古代小说作品的现实意义。[17] 马克思主义文艺批评无疑对认识与理解《红楼梦》的时代背景、主题主旨、人物性格有着不可替代的作用。但是，如果将政治标准普泛化、狭隘化或者政治功利化，那么，《红楼梦》的艺术生命必然将被窒息或扼杀。尽管"任何一个作家都有理由去创作为他的政治意图服务的文艺作品，但是，用这种文艺观念去诠释古典作家的作品的时候，就必须首先尊重古典作家的文艺观；否则，就会出现机械、庸俗的社会学，就会出现牵强附会、借题发挥、对小说断章取义的情形"[18]。也就是说，文学批评一定要有边界设定，并坚守这个边界而不轻易僭越，马克思主义文艺批评也不例外。否则，轻易僭越文学批评的边界，忘记了"文学是一个自在的世界"这一事实，其结果不是促进文学的发展，而是限制文学的发展。余英时就这样比较过："我们请看看，近几十年来，有什么伟大的作品可以跟古代比的。现在，在大陆最畅销的书籍，也许还是《水浒传》《红楼梦》。今天我们在香港书店看得到的内地出版的书籍，《红楼梦》《水浒传》等古典小说还是卖得很好。专制时代的清朝可以产生《红楼梦》这般伟大的作品，那么，为什么今天没有呢？我不相信中国几亿人中没有好的文学人才。是不是顾忌多了？还是由于别的原因，创作不出来。今天我们是更伟大的时代呀！照李希凡的说法，曹雪芹是处在一个灰色的、没落的、封建的社会，和现在是不能比的。但照我所知关于曹雪芹的写作经过，尽管他在生活上，甚至其他方面，都受到很多限制，至少他的创作本身没有受到什么政治标准的干涉。所以，这一点，我们要好好反省一下，到底我们要做什么选择，《红楼梦》的例子更可以用来说明，自由创作与革命和建设国家有关无关这一问题。曹雪芹的作品，无论从动机说，或从当时的社会效果说，都与人民没有显著的关系。当他在写作的时候，他明明说自己'无才去补天'，他没有什么革命或建设的雄心壮志。"[19]是啊！为什么十几亿中国人在今天这个更伟大的时代不能创作出《红楼梦》这般伟大的作品？余英时的发问是值得今天的人们深入思考的。

李希凡所坚持的"那些基本观点"，无论是"封建末世的百科全书"说、"新生的资产阶级民主思想的萌芽"说，还是"叛逆性"说、"人性觉醒"说，等等，其诠解过程都是基于他所坚守的最基本的思想和理论观念，即社会进化论观念和唯物史观。他说："我坚持社会进化论，社会是进化的，历史是进化的。不仅有进化，而且还有变革。《红楼梦》的思想就更多地表现了变革的因素，这种因素就是新生的资产阶级民主思想的萌芽。"[20]鲁迅是相信进化论的，社会进化论思想是他前期的主要思想，他汲取了进化论中重视生存斗争、新陈代谢、社会进步、精神发展等方面积极因素，为自己反封建的斗争目的服务。鲁迅作为李希凡所崇拜的精神导师，同样注重社会的进化与变革应在情理之中的。再从思想源头上说，"本来，从晚清起，严复翻译、介绍的进化论，在中国便一直深入人心风靡不衰，从饱读诗书的士大夫到年轻一代的知识者，曾非常迅速地扔弃千百年'一治一乱''分久必合，合久必分'的循环论的历史观和'复三代之盛'的历史退化论，似乎并无任何思想困难或情感障碍便接受了以生物学为基础的社会达尔文主义……进化论在中国便主要不是作为一种实证的科学学说来对待和研究，而是更作为一种意识形态、一种信仰、一种生活动力、人生观点和生命意志而被接受和理解。人们是怀着一种情感态度去接受、理解和信仰它的，但这是一种理智认识后的信仰，而不同于纯情感的倾倒或屈从。正如同一切中国士大夫之信仰孔夫子不同于西方人崇拜上帝相信耶稣一样。进化论观念作为意识形态和情感信仰，指导中国知识分子去生活和奋斗，具有着理性的特征"。[21] 至于唯物史观，李希凡是十分崇拜并服膺毛泽东的思想的。众所周知，鲁迅、毛泽东的思想在现代学术上是占据很大地位的，有学者指出："学术史者，是学术思想史。思想史，如康有为、鲁迅、毛泽东，应占据很大的地位。"[22] 鲁迅、毛泽东顺理成章地接受唯物史观是深受着他们那一时代风气的影响，譬如李大钊、陈独秀就从进化论转而热情接受和传播唯物史观。李泽厚说："显而易见，由进化论走到唯物史观，在中国知识分子群中，是顺理成章，相当自然的事……唯物史观之所以能替代进化论，它优越于后者之所在，对当时先进知识群说，至少有突出的两点。第一，它更为具体地实在地解释了人类历史，不再是一个相当简单的生存竞争原则或比较空泛的社会有机体观念，而是以经济发展作为基础来解释社会的存在和各种社会上层建筑、意识形态、观念体系以至于风习民情，具有很大的理性说服力。中国一直有着'经世致用'重视功利的儒学传统，有着从经济（食货）、地理各种社会物质存在条件或方面研究和论证政治盛衰、民生贫富的思想学说。"[23] 李希凡坚持社会进化论，坚信社会和历史是进化的，不仅有进化，而且还有变革。这一坚守可以看作他不轻易"告别革命"的体现，尽管社会进化论已经在人文学术发展中受到最严重的挑战和质疑。笔者试举一例：季羡林在《致北大国学研究院成立五十周年的贺信》中曾说："和谐，这一伟大的思想，实际上是中华文化的一个基本部分，又是同西方的征服自然的思想相对峙、相抗衡而发展的。试把中国张载的'民，吾同胞；物，吾与也'的思想，同西方的所谓进化论的思想'物竞天择，适者生存'，摆在一起来看，其高下，其深浅，真有天渊之别。"[24] "天渊之别"何在？进化论因强调竞争而忽视和谐，竞争的生存是常态，而包容和谐的生存才是理想。黄仁宇在《万历十五年》一书中指出："今日全世界处于原子武器的威胁下，我们讲学不得不特别谨慎。"[25]

李希凡运用唯物史观进行红学批评的影响，可以从冯其庸和王蒙的评价中得到准确的理解。冯其庸认为："用唯物主义的研究取代唯心主义的研究，这是方法论的变革。应该说，《红楼梦》研究成为新的面貌，就是从希凡他们的文章开始的。"王蒙则认为："我也认为希凡先生他们的文章代表了方法论的转型，这个转型还不局限于《红楼梦》研究领域，还辐射到整个社会科学研究领域。"[26] 可见，李希凡因具有明确的思想理论信念所促成的学术自觉意识，能够自觉避免众口皆是或众口皆非的人云亦云，其学术能够形成影响深远的情势便可以想见了。李希凡这样认为："从红学本身的发展来看，可以说，从1954年有了一个运用马克思主义观点来研究《红楼梦》的新的开端……1954年提出的主要观点基本上已被大家接受了，当然也有这样那样的不同意见。""有不同意见后来也都展开了公开的争论。总之，通过这样的事，在那么大的范围，有那么多的人说《红楼梦》、评《红楼梦》，的确拓宽了《红楼梦》研究的视野，推动了红学在新的历史阶段中的发展。"[27] 由此可见，李希凡一以贯之的学术思想与信念坚守是有内在依据的，即鲁迅社会进化论和毛泽东唯物史观。这一内在依据强大到使他的心志能于时世变迁中而"从不善变"，自认为"告别革命，是所不齿"（笔者按：李希凡的这一坚定信仰是否可以从李泽厚以下表述中获得更深入的理解呢？"这里，重要的是，对中国知识分子来说，唯物史观与进化论一样，不是作为具体科学，不是作为对某种客观规律的探讨研究的方法或假设，而主要是作为意识形态、作为未来社会的理想来接受、来信仰、来奉行的。"[28]）当然，社会进化论和唯物史观已经成为李希凡20世纪80年代以来红学批评的方法论，持久地指导着他的文艺批评活动。

二、"封建末世的百科全书"说和"新生的资产阶级民主思想的萌芽"说

李希凡的《红楼梦》研究，坚持用社会历史批评方法解读《红楼梦》的思想内容与思想价值，譬如"封建末世的百科全书"主题说，以及"新生的资产阶级民主思想的萌芽"说（即"资本主义萌芽说"）仍然很有影响，并引起红学批评的进一步深入的学术反思。

关于《红楼梦》的"封建末世的百科全书"主题说，李希凡认为："过去我们曾称誉《红楼梦》是封建末世的一部'百科全书'，其实这只是一种比喻，无非是说它全面而深广地反映了封建末世的社会生活。"[29] "有人说：一部《红楼梦》，'可以容纳下一部二十四史'，这太玄乎，我不敢苟同；然而，《红楼梦》之所以被称为'封建末世的百科全书'，我却以为又并非过誉，因为作为一部伟大的批判现实的杰作，《红楼梦》又的确可说是内蕴着一个时代的历史容量。"[30] 他看到了《红楼梦》全面而深广地反映了封建末世的社会生活的一面，并将这一面提升到一个十分重要的高度给予肯定与倡导，这显然受恩格斯称赞巴尔扎克《人间喜剧》给我们提供了一部法国"社会"特别是巴黎"上流社会"的卓越的现实主义历史，以及列宁把托尔斯泰的作品赞誉为"俄国革命的镜子"的启示。

李希凡坚持认为："一部反映时代的伟大作品，它也必须具有这样的认识价值。"[31] 譬如李希凡在讨论《红楼梦》的"真""假"观念时认为："'梦幻'也者，无情的现实也，'隐去'的'真事'也！'真''假'观念，在这里找到了它们辩证统一的源头。"[32] "作者在'真''假'观念上，费了如许笔墨，扑朔迷离，实是既想免除文字狱的陷阱，而又要使'解味者'能透过那'大旨谈情'的表象，领悟他所再现的'梦幻'般残酷现实蕴含着的更深的意旨。过去的说法叫作'借以叙述盛衰，以警痴迷'。毛泽东同志则把它称为用谈情来掩盖政治斗争。这在小说中，就造成了一种'假中有真，真中有假'的艺术境界。抽掉了'真''假'观念的这一丰富的内涵，只从生活真实与艺术真实来解析它的意义，就未免显得太窄狭了。"[33] 李希凡认为，《红楼梦》借"甄"与"贾"的对举，尤其借"红楼梦十二支曲"的最后一支曲《收尾·飞鸟各投林》写荣、宁二府的败落景象："它既是一代

王朝变幻莫测的政局，在统治阶级内部所造成的风险的警报，又是贵族阶级内部斗争与生活规律的必然结果。只不过，在《红楼梦》里，作者是通过写十二钗的命运遭际，来写荣、宁二府的事败、抄家，终至白茫茫大地真干净的。在小说里，这显示了怎样一种纷繁多彩的景象啊！这岂是'大旨谈情'这一线索的艺术境界所能概括的！"[34] 可见，李希凡所理解的"真""假"观念的内涵主要是毛泽东"政治斗争"说，他十分认同毛泽东关于《红楼梦》第四回"葫芦僧乱判葫芦案"讲四大家族的"护官符"是全书总纲的观点，他说："过去没有人这样讲过，这也是毛主席的高明视角的一个方面。"[35] 这一着眼于政治的《红楼梦》评论确实是与毛泽东的倡导密切相关，李泽厚就认为："那种着眼于政治的《红楼梦》评论确实是与审美关系不大，但也被捧得这么高。这当然是毛泽东的缘故，毛泽东着眼的并非文学，而是政治。"[36] 王蒙也认为："毛泽东谈《红楼梦》的目的绝不是为了更正确地解读《红楼梦》，而是为了更正确地解读毛泽东思想。"[37] 李希凡笃信《红楼梦》是一部政治历史小说，所以，他坚持认为："《红楼梦》是清朝封建贵族阶级、也是整个封建贵族阶级制度必将灭亡的宣判书。"[38] 如果李泽厚的看法是有道理的，那么，李希凡的"照着说"着眼的同样并非文学，而是政治。其实，对《红楼梦》"总纲"的看法争议很大，有学者认为："的确，《红楼梦》写了家族衰亡，写了阶级斗争，写了下层人民的反抗，写了青年的追求爱情……但是，'总纲'的问题则是涉及小说的整体结构、小说人物与环境的典型性质问题。一种'总纲'的提出，必须涵盖这些方面，《红楼梦》第四回仅仅揭示了《红楼梦》意蕴的一个方面，把它当成总纲，其结果是对其他方面避而不谈，或把其他方面强行装进这一'总纲'之中……则是以社会学代替文艺学。所谓'总纲''题旨'乃是对于《红楼梦》艺术思维、叙事结构、审美形式的整体判断。在文学作品的研究上，社会学方法本来就没有也不需要整体意识。把从局部关系的判断而得出的结论当成《红楼梦》的整体性质，这是社会学对于文艺学的僭越。"而且[39]，"如果把这种'看到'的内容当成作品的'命意'，则与马克思主义美学精神背道而驰[40]。"当然，对于这些质疑之声，李希凡也有自己的看法："难道能因为他们是从这方面的'视角'来看待文学作品的，就断定他们忽略审美，不懂艺术？"[41] 其实，人们对"总纲"说的质疑，其目的在于辨明忽视文学审美而关注政治内容的"以社会学代替文艺学"的评论模式的是否可取，并不是或主要不是着眼于评论者艺术或审美修养的评价，如果误读了这样的评论指向，学术对话则因偏见的存在将不再通畅。

可以说，反思并未终结，有学者认为，强调以社会政治价值判断为中心的社会学批评模式易于受"经世致用"思想的影响，"在'经世致用'思潮影响下，服务于政治是古代小说研究的显著特征。"[42] 于是乎，在重视小说的政治价值和社会价值的同时便可能忽略其艺术、美学和文化价值。"有趣的是，愈是抱着服务于政治或服务于当前社会现实目的去研究小说，其运用外来理论便愈生硬，愈幼稚。所以在20世纪小说研究史上，'经世致用'派留下了理论建设失败的记录。不要说资产阶级维新派、革命派的小说理论是如此，无产阶级革命派在初期运用阶级论和唯物史观评论小说是如此，中华人民共和国成立后社会学批评随着一次次的政治运动而日渐走向庸俗化更是一个铁证。这是近一百年来学术史留给我们的一个最值得深思的沉痛教训。"[43] 有的学者就坚决否定这种"百科全书"说的"为社会"讲法，譬如潘知常认为：关于《红楼梦》的讲法，最常见的曾经有"为考据""为社会""为文学"的三种讲法。这三种讲法都是在考察作品的"意谓"，或者"本义"即"作品想要说什么""作品是怎么说的"等，其实都是"误读"，因为这三种讲法都是在作品之外兜圈子。我们真正要关注的应该是"意义"，即《红楼梦》的"意义"在什么地方？这就需要另外一种讲法，即"为美学"的讲法。而像第二种"为社会"的讲法，是讲《红楼梦》是中国社会的百科全书，《红楼梦》反映了中国的阶级斗争史，《红楼梦》写的是四大家族的历史，等等。"可惜，我要非常遗憾地告诉你们，这种讲法是没有多少道理的。当然，它也关注了一个问题，就是'《红楼梦》说了什么'。这种讲法的代表人是李希凡、蓝翎。"[44] 譬如，说"贾宝玉是封建社会衰亡时代的'宁馨儿'"，这一说法"太抽象"，"贾宝玉和封建社会衰亡时代的关系其实也很遥远。这样，我们发现，为'社会'的讲法着眼的当然已经不是'事实'了，而是'史实'。但是这样也还是不够的。因为作品就是作品，它不但和'事实'有一段距离，而且跟'史实'也有一定距离"[45]。潘知常的说法是肯定不能令李希凡满意的，因为，学术观点的纷争，虽取决于学术立场的不同——但归根结底决定于各自世界观、人生观、价值观的不同，如果你坚信"学术就是人生"这一命题的正确性的话。李希凡基于自己的世界观、人生观、价值观，便极力赞同毛泽东读《红楼梦》的独特历史视角，他说："我以为，正因为毛主席对《红楼梦》的认识评价是如此之高——可以当作历史读，他才那样不能容忍'新红学派'把《红楼梦》说成是曹雪芹的'自传'，或是什么《红楼梦》的基本观念是'色空'等等的主观主义的呓语。"[46] 李希凡在表达《红楼梦》主旨方面的强烈、鲜明、高调的表达方式曾得到广大读者的热烈欢迎，至今仍有不少热情的响应者，譬如有学者认为：《红楼梦》一再声明是写儿女私情的，耐人寻味的是，这部巨著开头先浓墨重彩来了段'葫芦僧乱判葫芦案'，把'护官符'写了一笔。'一荣俱荣，一损俱损'，把四大家族联系到一起，实际上是把封建社会官僚政治本质写出来……于是，我觉得'悼红轩'的'悼'是为整个封建家族的灭亡而悲悼，为整个制度的灭亡而悲悼。对于封建政治的描写，在中国文学史上，还有比这更尖锐的吗？这样的描写出现在一本号称为闺阁立传的书中，难道不也是错位？"[47] 可以说，时至今日，这一主题说的普及性影响仍然根深蒂固地存在着，无论对于这一主题说的反思、质疑、批评之声有多大。然而，无论哪一种说法，学术的境界是取决于各自人生的境界的，也取决于各自的思想容量、情感容量、心理容量；学术的境界不同，学术影响便不同，学术价值同样不同。杜维明认为：诠释总是相对的、无限的，"站在哲学的立场，追求'真诠'是危险的。现代解释学的一种理论认为，已经发生的事情便不能复制……就一个学者而言，学术层面的高低比正误更重要"[48]。"学术层面的高低比正误更重要"这一说法，笔者是赞同的。

需要指出的是，李希凡批评的价值立场在于对中国传统伦理政治体系中扼杀个体生命独立性那一面的清醒认识，以及在此基础上的对于僵化的这一传统伦理政治体系的彻底批判。尽管他常常采取那种政治和意识形态话语方式，这一非开放性话语方式也往往使他未能更充分地观照曹雪芹通过《红楼梦》所呈现的清明意识。为了避免因过于着眼于现实政治视角而不能开放文学、美学或哲学的视角以吸纳各种思想的同时又超越各种思想，李希凡的批评显然更着力于对《红楼梦》艺境的探微和美学意义的充分发掘方面。可以说，"新时期红学的拓展就以对上一时期的批判性反思为起点"[49]。李希凡由十分重视《红楼梦》的思想价值，转而更着力于《红楼梦》艺境和美学意义，其反思已然取得了成果。

再看"新生的资产阶级民主思想的萌芽"说（即"资本主义萌芽说"），有学者指出："杜景华著的《红学风雨》（长江文艺出版社2002年版）以及他生前写的最后一篇文章《红学反思与批评模式的转换》（载2004年第2辑《红楼梦学刊》），揭开了对'资本主义萌芽说'及其在红学中的影响和相关的批评模式等理论问题探讨的序幕，从而给研究者进一步思考提供了一个较高的新起点。"[50] 杜景华认为，"资本主义萌芽说"的问题涉及存在达半个多世纪的一种文学批评模式，即"反映论"或"典型论"。而"资本主义萌芽说"本身不是文学概念，当然也更不属于文学批评。它无疑是被20世纪初西方美学所否定的"环境批评"范式，属于一种"工具论"，譬如20世纪70年代红学的"阶级斗争工具"说就是将"资本主义萌芽说"作为文学批评范式所导致的误区之一。它的弊端可归纳为三点：（1）它研究作品以外的因素，而不是文学研究；（2）它对小说人物的分析和作品所描绘的情景的分析都是违背艺术规律的；（3）它反映的审美价值是僵化的、固死的，不符合审美规律。[51] 而所谓"资本主义萌芽说"根本就是个"误区"，至今没有人能明晰地讲清它的准确含义，也没有人能拿出被大多数人认可的标准。"在晚明时代（也包括以后的《红楼梦》创作时代）中国都还没有也不可能出现资本主义萌芽。"[52]"有人说目前我们又处在一个学术转型期，这便是人文学术向传统文化的回归。或许这是很有道理的，至少对于我们的许多古典文化遗产如《红楼梦》，我们应该用中国传统文化来给予解释。这样才有可能使我们走出误区，给古典文化以实事求是的阐释。眼下红学研究存在着严重的滞后现象，许多研究内容和方法都停留在20世纪，这是需要引起警觉的。"[53]杜景华对"资本主义萌芽说"质疑批评的最终归宿，主要是反思20世纪80年代以来"滞后"的"研究内容和方法"，其学术出发点和学术反思的深入性，都是毋庸置疑的。没有这样的反思，就没有红学从观念到方法的创新，当然也就谈不上红学新的发展。

其实，李希凡对"资本主义萌芽说"的坚持主要来自毛泽东的论述。毛泽东认为曹雪芹生活的那个时代，中国已经有了一些资本主义生产关系的萌芽，但还是封建社会。李希凡认为："这实在是很准确地概括了曹雪芹生活时代和历史转换期的特点，也是比较科学地说明了产生贾宝玉和大观园人物的历史背景。总之，社会的发展，艺术的实践，都要求'人情小说'有一个新的突破。而无论从哪一方面来看，《红楼梦》都不该属于'上层士大夫文学'，而该是'市人小说''世情书'描写世俗的'人情小说'的进一步发展"。[54]"人情小说"的提法出于鲁迅的《中国小说史略》，李希凡的"从'世情'到'人情'"的认知，自然是受鲁迅观点的影响。可以说，由于继承远大于创新之故，李希凡对于"资本主义萌芽说"阐发难见新的创获，他的"照着讲"中的推论的成分更大，譬如以上表述中的"都要求""都不该""该是"等表述便是明证。所以，面对杜景华对"资本主义萌芽说"的质疑，李希凡也难以更明晰地讲清它的准确含义，也不容易能拿出被大多数人认可的标准。

三、"叛逆性"说和"人性觉醒"说

"叛逆性"和"人性觉醒"是李希凡认识《红楼梦》人物尤其是主人公贾宝玉、林黛玉形象与个性最主要的关键词。

先来看"叛逆性"问题。众所周知，"叛逆说"是从李贽那里寻到思想依据——贾宝玉与李贽的联系也就是曹雪芹与李贽的联系。有学者指出，李贽这位敢于打破禁忌、肆无忌惮地攻击礼法、瓦解当世纲常伦理的狂士，由明清易代之际被顾炎武、王夫之等破口大骂，指斥为士大夫道德沦丧、不负责任的急先锋。转而"到了清末民初，基于对清廷及其意识形态的批判，章太炎等又开始表彰思想史上的叛逆者李贽。而这种表彰，在20世纪中国，成为主流话语"[55]。李希凡坚持认为："在宝黛的'儿女真情'注入了叛逆性的新内容……'儿女真情'者，恰如李贽的所谓'童心'，'绝假纯真，最初一念之本心也。这终究是难以掩藏的'。"[56]宝玉的"情不情"的感情境界是在李贽"童心说"的影响下形成的，而"在李贽的思想体系里，'童心'成了反对一切传统观念束缚的反叛的旗帜……曹雪芹所要'发泄'的'儿女之真情'，实际上就是李贽的'绝假纯真，最初一念之本心也'更深刻的开掘和体现。它也是以赞美人的自然本性，来与封建纲常名教的'天理'相对立的"。[57]李希凡与同样坚持"叛逆说"的张锦池一样，都深受李贽"童心说"的影响，由李贽"童心说"而发见其中蕴含的新内容。张锦池在"叛逆说"上比李希凡走得更远，他甚至认为叛逆和反叛逆是《红楼梦》的主题、主线，是全书的主要因果线。李希凡所坚持的"叛逆说"既有明显的合理性，同时又有明显的局限性。为什么这样说呢？在思想史上，"叛逆"是相对于"保守"而言的，就其在冲破压抑人情礼教的束缚、瓦解当世摧残人性的纲常伦理的意义上，当然具有鲜明的积极意义和合理性；而若将"以礼自持"这一认同传统礼乐文化的态度立场视为"保守"而一味贬损，则明显没有顾及民族文化性格的共性方面，这种"褒贬"思维模式显然是值得反思的。其实，所谓"保守"并非意味着完全无意义、无价值。若就贾宝玉的文化性格来看，既有对礼法的"叛逆"，又有"以礼自持"的"保守"，他的"叛逆"与"保守"形成了他既矛盾又统一的文化性格。

20世纪50年代以来的红学批评对贾宝玉的"叛逆"性格一面强调得多，而对他"以礼自持"的一面谈得少，即便谈及也大都作为他思想性格的矛盾方面给予批判与否定。我们来看一些学者对于以上问题的反思，陈平原指出："在思想史及文学史上，给予李贽高度的评价，这我赞同。但有一点必须注意，叛逆者之所以难能可贵，是因为大家都谨守传统，不敢越雷池半步。一旦'反传统'成为一种新的'传统'，类似李贽那样的思维及表达方式，其负面价值就暴露出来了。整个20世纪中国，对于'反传统'的表彰，成为最大的时尚，这留下了一些后遗症。比如评价历史人物时，常以'革新'与'守旧'为唯一尺度，拼命发掘其对于传统的反叛，这样来理解、描述并诠释历史，会有不小的偏差。"[58]"叛逆说"一度成为《红楼梦》人物论的"最大的时尚"，其积极意义在于肯定了社会中的个体对社会礼法束缚的批判与突破，也就是注意到了《红楼梦》人物消解传统礼法的"逾规越矩"的一面并予以放大，而把"逾规而不越矩"的一面归于作者的思想即世界观的矛盾或落后的根源，这种简单化地评价人物的做法也就留下了被质疑的话题空间。"最大的时尚"有可能意味着那种足以君临天下、睥睨世界的强势，但强势并不意味着占据着真理的制高点，李贽的发言立意是用一种极端的姿态来对抗主流社会意识形态的，而主流社会意识形态并非就意味着毫无存在的价值和意义。"叛逆说"不过是鲜明地道出了《红楼梦》

"重自然、重自由"的一面，是对于"重伦理、重秩序"的主流秩序的颠覆，而《红楼梦》的问世，既标记着对于以往历史的颠覆，又标记着一种人文精神的崛起"。[59] 面对当今由于"审美向度的严重阙如"和"人文灵魂的空前缺席"所导致的人文精神的匮乏，更充分、更具体地开掘《红楼梦》对于"新伦理、新秩序"的设想或理想，显然具有更突出的时代意义。正如陈维昭所说："意义阐释领域的能不能拓展，应该考虑的问题是《红楼梦》的意义阐释如何切入当代语境之中，或者说，这要看《红楼梦》与当代意义阐释之间是否具有新的契合点。"[60]

20世纪80年代以来，对于"叛逆"说的反思、质疑甚至否定并不鲜见，其中影响较大的代表性观点出自王蒙和周汝昌。王蒙认为：贾宝玉、林黛玉等都是"疏离派"而非"造反派"，《红楼梦》客观上有反封建的东西，却不能说《红楼梦》是有意识地反封建。还有，贾宝玉批判'文死谏，武死战'，目的也不是为了反封建，他是在用极'左'的方法来批判左……在价值判断上，《红楼梦》能够容许你有多种的价值判断"。[61] 因为人是很丰富的存在，用单一的政治意识形态来界定贾宝玉、林黛玉为反封建的革命者，是批评者的政治倾向性鲜明而致的结果，具有将丰富的人性简单化的倾向。周汝昌更对宝黛爱情共同的"叛逆思想基础"说质问道："黛玉'叛逆'吗？她'叛'了什么？'逆'了谁？她不过是个感情细腻、喜欢诗意的女孩子，一点不懂得日后结婚生子、柴米油盐，如何'生活'的严峻问题——根本不同于什么'人生理想'，也够不上'处世哲学'。她不是真的悟知了宝玉的精神世界而有所契合——书中没有这样的表现之痕迹可寻。"[62]（笔者按：黛玉"叛逆"吗？针对这一疑问可能会有不同的解答。夏志清的意见别有意趣，值得参看，他说："《红楼梦》里，贾宝玉、黛玉、湘云、香菱他们都是爱读书的，但是读来读去就是那几类的老书，没有法子锻炼他们的志气，为自己个人的幸福而奋斗。有一次茗烟给宝玉买了好几种香艳小说和戏曲，那些书带进大观园，算是件了不起的大事。但是如茗烟能买到几期《新青年》，宝玉看后，让黛玉、宝钗她们传观，情形就会大不相同了，她们真会起了思想革命，觉得结社吟诗的生活毫无意义，读《南华经》以求超脱尘世更是没出息的想法。以五四时期的眼光来看大观园那些聪明绝顶的男女青年，他们最大的悲剧就是看不到新书的悲剧。"[63] 按照夏志清的说法，读不到《新青年》这类新书，又何来"思想革命"的勇气呢？）可以看出，周汝昌认为"叛逆思想基础"云云其实就是源自读不懂曹雪芹"大旨谈情"的"情"的真义，也就是没有真正理解《红楼梦》题旨与大纲。周汝昌说：《红楼梦》是"大旨谈情"的，而"怜惜和悲悯是他的'情'的基点和总纲，这样就不至于把这个重要的'情'字作出错解误说；但紧跟着需要说明的，即是他的情与孔孟的仁、义、让、诚、敬等伦常社会道德标准并非是对立反抗的，那是一种错觉和误说。这些仁义道德等常常被人当作空洞的教条的规则，有其名而无其实；而这么好的名词和实质却反被利用来做不仁义、不道德的事情。所以作者认为，若真正能懂能行，则仁、义、忠、孝等一般不会，也不能流于一个空名，空名就是假仁、假义、假忠、假孝，所因何故？就是因为空名之中却少了真情、至情，因此作者的'情'不但不是反仁、反义、反忠、反孝，却正是为之充实了内涵，注入了生命灵魂……所以，要懂得曹雪芹的'大旨谈情'，必须首先懂得他为何同时又要十分强调一个'真'字"[64]。为什么说那是一种错觉和误说呢？因为，曹雪芹十分强调真情、至情，这与流行于世的假仁、假义等假情是本质不同的。"曹雪芹的'情'与孔孟的'仁义'非常契合，可以说似一一似二，可以说是分是合。"[65]所以，读不懂曹雪芹的"情"，就必然会做出错解误说。周汝昌宣称："论者谓雪芹著书意在抗世俗反礼法，我则谓抗世俗有之，反礼法则未必然，归根结底雪芹之主张不在废礼，而在情真。"[66]周汝昌的这一立场显然与他的阅读视角及其学术态度有密切联系，即在着力于阐扬"过去的东西"合理性的基础上阐发理想的"未来的东西"；李希凡则是将自己的批评热情倾注于批判"过去的东西"不合理的同时阐扬理想的"未来的东西"，即批判封建末世没落的同时，发掘其具有反封建意义的思想与历史的新内涵。可以说，就归宿点而言，即发掘理想的新思想、新精神的本愿而言，他们是比较一致的。

其实，"叛逆说"之所以成为较为强势的声音，是有着社会文化层面长期以来的反传统的根基的，而不是随性的阐发。直至今天，我们的社会文化中对传统的解构要比建构强势得多。我们至今对李贽这位敢于打破禁忌、肆无忌惮地攻击礼法、瓦解当世纲常伦理的狂士、叛逆者津津乐道，对于李贽以激进的态度和立场对待传统的做法热情讴歌。而有趣的是，在中国思想史上，李贽受到的待遇却因时代风气的不同而褒贬迥异。这表明不同时代有着不同的语境，而这截然不同的语境下其实表达着对传统文化、传统伦理不同的价值认同，即保守的传统文化和传统伦理的秩序与颠覆和反叛传统文化和传统伦理的秩序的不同。究竟这两种价值认同孰优孰劣，或者，每一种价值认同都具有怎样的现代启示意义，必然会不断论辩下去，只要这种争辩是出于问题的思考且切入当代语境之中，都是值得认真对待的。普适的答案尽管难得，但可以期盼那些具有启悟性的共识、独创性的思想表达的形成，目的只是在于为了寻求艺术的真谛、人生的真味、人性的真诠、精神的家园。笔者以为，对于《红楼梦》这一经典的研读，只要是基于较为一致的人文精神关怀，不同的关怀方式下的歧见与争议是完全必要的，是可以共存的，只要能摒弃学术的独断与思想的特权。问题在于，如果在红学批评方面仍然是以精华与糟粕、激进与保守、封建与反封建这样的二分法诠释《红楼梦》的真义，必然会因过于简单化地优劣去取而导致"弊于一曲而暗于大理"的纷争。就如冯其庸所说："今天看到的思想，今天解释出来的思想，不能同当时表达的思想本身等同。"[67]

再看关于"人性觉醒"的认识。李希凡对文艺美学尤其生命美学和新人性观的不理解甚至抵触情绪是很鲜明的，他说："直到今天，我仍然认为，用脱离社会、脱离时代的人性善恶、生命意志，是不能对《红楼梦》如此复杂而众多的'典型环境中的典型性格'的个性形象进行准确而透彻的分析的。"[68]他曾指出："有人甚至把这样一部反映封建末世的社会生活与上层建筑如此真实、深刻的伟大杰作非'空灵'到抽象的'生命'与人性的虚无缥缈中，才算是对《红楼梦》的正确理解。"[69]显然，李希凡所不能容忍的是那种"抽象的""生命"与"人性"观，即脱离社会、脱离时代的人性善恶、生命意志观。在他看来，只有从"反映封建末世的社会生活与上层建筑"社会现实内容上观照"生命"与"人性"，才是没有脱离社会、脱离时代的人性善恶、生命意志观。应当说，他对"生命"与"人性"的现实属性的强调与重视，也是具有显见的道理的。20世纪80年代以来，从人性的视角诠释《红楼梦》人物的确已经成为通则，它基于这样的共识：《红楼梦》是对"人"的发现。譬如刘再复在《红楼人三十种解读》一书中称《红楼梦》展示了至真至美的"人性奇观""人性的孤本"。[70]潘知常认为，曹雪芹看到了社会衰败更深刻的原因，即社会制度安排和人性设计上存在着根本的缺点：没有爱。社会的制度安排不是从尊重人性的角度出发，不是从呵护爱出发，人性设计也不是从尊重人性的尊严和呵护爱的角度出发，也正因为此，导致了社会的衰败。[71]

实际上，李希凡并不是避谈人性，他谈人性的主要关键词就是"人性觉醒"。譬如他认为贾宝玉的形象与精神风貌，不只具有叛逆性的倾向，还显示了富于人性觉醒的新内涵。即便是诸如金钏和司棋这两个青年女奴的悲剧，也同样"彰显小说的人性觉醒的题旨"，即"曹雪芹是在荣宁贵族之家走向没落的进程中，书写了这两个'情烈'的青年女奴的被残害的悲剧，以彰显小说的人性觉醒的题旨"[72]。对于优伶的悲剧命运，曹雪芹同样寄寓了深刻的同情和关切，譬如通过"画蔷"和"识雀"的情节，在"龄官性格的塑造里，我们同样看到了曹雪芹富于时代精神的人性觉醒的闪光"[73]。"尽管在他的思想观念里也还存在着不可逾越的时代的社会的鸿沟，我们却难以否认，《红楼梦》所显示的审美理想，在他那个时代，又是提供了人性觉醒的新的视角。"[74]《红楼梦》所显示的人性觉醒是在与人性扭曲相比较下显示出夺目的光辉的，譬如"赵姨娘就像这皇亲国戚家族体肤上的一块无法治愈的'疥疮'。如果说身不由己的社会因素，使她落于非主非奴的窘困境地的话，那么，人性的沉沦和善良禀赋的缺失，则是她真正意义上的灵魂的堕落"[75]。当然，从"人性觉醒"角度谈《红楼梦》里的人性并不是李希凡的首倡，这也说明李希凡对《红楼梦》人物的理解的深入性，尽管李希凡对于《红楼梦》人物人性与生命解读的"人性觉醒"认识，因流连于小说的社会历史内涵和题旨揭示，并未能做出更具思想或理论启示意义的深入开掘。譬如曹雪芹的人性思想是"对孟子的人性论的一个光辉观点的批判和继承"[76]。再譬如，"曹雪芹正是从己身的苦难中，看到了人间的炎凉冷暖，生命深层的无奈，被他很精到地捕捉到了。也正是这种精神捕捉，使他的文字与人本的困境，连在了一起。人们对《红楼梦》的迷恋，与其说是历史癖作怪，不如说是人性自审过程的精神超越起了作用"。[77] 可以说，这方面值得深入开掘的学术阐释空间是很大的。其实，可以认为，从人性立场认识《红楼梦》的思想深意是一个不可替代的视角，当然，对"人性觉醒"的深入认识并没有完结。

如果说人物论不在于或主要不在于对于人物的一般的艺术鉴赏，那么，对人物思想意义的深刻性理解或多样性揭示方面的用心用力，就应该体现思想的洞见和哲思的明澈。因为，文学人物论除了对人物形象的审美观照之外，还需要对其思想深度、历史内涵、哲理启悟等方面做更深入的疏解与评价。

四、现实主义美学、典型论

李希凡《红楼梦》艺术论的主要关键词：譬如现实主义美学、典型论等，是他阐释《红楼梦》艺术特征和艺术成就的基本视角和理论依据。

李希凡认为，要正确评价《红楼梦》的现实意义，应该从作者所表现的艺术形象的真实性的深度去探讨这一问题。于是，现实主义美学和典型论被运用于《红楼梦》艺术论和人物论，它们之间往往是相互融合、相互疏证的。笔者认为，李希凡运用现实主义美学和典型论于《红楼梦》艺术论的批评视角和批评路向显然与王朝闻《论凤姐》的思路是相近的，尽管《论凤姐》所开启的美学文艺学新途径的创新意义和影响力是李希凡的《红楼梦》艺术论所难以比肩的。王朝闻《论凤姐》的"卷首语"道："这部由零散的笔记整理而成的专著，以寓理性分析于感性描述的写作方式，着重分析王熙凤以及其他人物性格，系统地阐述了《红楼梦》现实主义的伟大成就及其美学价值……被认为是一部'艺术哲学'，开辟了一条从美学文艺学角度进行红学研究的新途径。"[78] 王朝闻的《论凤姐》，是在对人物性格和人物关系复杂性的细致而全面分析的基础上，以典型论为标准进行人物评价，注重文学感性和艺术整体性。"这种学术倾向在分析《红楼梦》的人物性格和人物关系上显得细致透彻；同时，他的社会历史分析又持之有据，言之成理。在性格分析与社会历史分析之间，这种学术倾向并不轻易过渡，用王朝闻的话来说，就是不任意比附……这种学术倾向为《红楼梦》的诠释提供了一个社会学维度。"[79] 李希凡《红楼梦》艺术论同样能够"以寓理性分析于感性描述的写作方式"之中，并善于分析《红楼梦》的人物性格和人物关系，只不过王朝闻的人物分析的哲理性与理论性显然不同于李希凡的艺术论。李希凡的艺术论尽管侧重于阐发《红楼梦》在艺术地呈现社会历史容量、人性觉醒和人生理想等方面所达成的艺术境界，也就是艺境的创造，却没能达成"艺术哲学"的境地。试以李希凡对紫鹃的分析为例："紫鹃不仅慧而且真，不仅纯而且诚；她和她的林姑娘虽然气质相通，却又有着完全不同的个性。她在潇湘馆若隐若现的声影，她的纯真爽朗的性格，时刻在为浪漫的宝黛爱情增添着温馨与和谐。""她才真像一枝鲜活的'解语花'！'""在曹雪芹的大观园'女儿国'中生活的年轻人们，无论是贵族小姐，还是年轻的丫头们，总是有别于府里的生活。这是一片女孩儿自由欢畅的天地，即使斗草簪花，丫头们的游戏，连'慕雅女'香菱都混在里面，而活泼天真的紫鹃，却似是遗忘了自己的幼时伙伴，自迁入潇湘馆后，她很少和她们来往，即使我们时常见到林姑娘的倩影，也不见紫鹃跟随，只是清虚观打醮随行者中有过一次她名字的出现。连和她们关系密切的怡红院，宝钗的莺儿都去打过络子，直到'情辞试忙玉'前，都无紫鹃的光顾。她真是心中眼中生活中只有一个林姑娘，真个是林黛玉身边的大丫头，只闭锁在潇湘馆内，替她厮守着翠竹和鹦鹉，性格孤洁而娴静……"[80]"如果推测一下八十回后曹雪芹会怎样描写紫鹃，我们猜想，她所亲历目睹的宝黛的爱情悲剧，会是她终生都难以释怀的伤痛，她的余生大概会沉浸在为她的林姑娘'杜鹃啼血'般的悲愤和叹息中。后四十回续书，在写完黛死钗嫁的悲剧之后，虽也着力地塑造了紫鹃忠贞不贰的形象，但'释旧撼'（第一一三回）特别是'双护玉'（第一一七回），把紫鹃和袭人'合二而一'，毕竟是画蛇添足，绝非慧紫鹃的性格本色。"[81] 李希凡对林黛玉与紫鹃关系的同情地理解显得体悟入微，林黛玉的喜散不喜聚、喜静不喜动，仿佛由紫鹃彻底地实践着，如影随形。由此看来，林黛玉并不孤独，因为有紫鹃的存在。笔者以为，紫鹃与袭人也是曹雪芹捉对而写的两枝"解语花"，一位是一心一意只有姑娘而没有"我"的身影，一位是一心一意为了公子而"我"在其中；紫鹃关切她的姑娘的爱情，而袭人更关心她的公子的婚姻。脂砚斋说晴雯是黛玉的影子，其实说紫鹃更是黛玉的影子，才更妥帖。由李希凡对紫鹃的解读可见，他运用"通脱透活"的心灵揣摩所述对象的事理、情理与心理的能力同样是很高明的。不仅解得动人，而且解得深情，这一善于感受他人所未曾感受到的心理情感，以及体察入微地发现事物微妙差异的眼光便是一种敏感的审美眼光。由此可见，李希凡实践"以寓理性分析于感性描述的写作方式"的能力是很出色的。

李希凡《红楼梦》艺术论的主要关键词之一是"现实主义美学"，他侧重于《红楼梦》对于"真的事体""真的人物""真的情感"和"真的境界"的疏解和评价。众所周知，鲁迅在《中国小说的历史变迁》中谈及《红楼梦》的要点即"如实描写，并无讳饰"，这已经成为评论《红楼梦》艺术论的名言警句，《红楼梦》"如实描写，并无讳饰"的美学标准广为人知，大家不约而同地高度肯定曹雪芹的写实精神。李希凡从"如实描写，并无讳饰"这一要点出发，对《红楼梦》描写的"真的事体""真的人物""真的情感""真的境界"从艺术的概括和理想的熔铸方面，阐述了自己对于《红楼梦》现实主义美学特点和艺术成就的理解。其实，李希凡已经认识到了现实主义的局限性。"自然，仅限于用现实主义来概括《红楼梦》的艺术方法和艺术成就，确实难以阐释曹雪芹融会民族传统并富于多姿多彩的独创性的艺术天地，但是，就其真实反映社会生活的广度和深度来说，《红楼梦》又实是无愧于'封建末世的百科全书'的美誉。"[82] 他同时认为："仅仅用批判现实主义又的确难以包容它的多姿多彩的艺术形象创造，特别是他笔下的众多的聪明灵秀的少女的形象与性格，都寄寓着丰富的美感内涵、深邃的理想和美的熔铸。就是林黛玉的形象性格——纯真、聪慧、爱的执着和诗人气质，在作者生命灌注的艺术创造里，也何尝没有渗透着理想熔铸的美的魅力。而史湘云的纯真豪放、飒爽英姿、巾帼风采，当更是曹雪芹富有强烈美感意蕴的理想熔铸，但这无损于史湘云'真的人物'的悲剧未来。"[83] 由于现实主义标准的自身局限，仅用现实主义已经不可能包容曹雪芹《红楼梦》创作的全部艺术内涵和艺术特征，况且，曹雪芹也并没有按照一种刻板的成规在写作。所以，红学研究为了能更全面深刻地理解《红楼梦》创作的全部艺术内涵和艺术特征，更倾向于对《红楼梦》展开象征主义、理想主义、现代主义等的阐述。因为，"现实主义美学阐释面临着种种困难"。[84] 周思源指出："'《红楼梦》是一部伟大的现实主义巨著'，四十多年来几乎已经成为定论，从未见到有人对此提出质疑……但是，《红楼梦》中存在大量的非现实主义成分，这是谁也无法否认的事实。"[85] 他同时认为："说《红楼梦》是一部现实主义的巨著无疑是正确的。因为无论是从情节真实、环境真实还是细节真实来说，它的现实主义都达到了极致。因此我认为需要讨论的并不是《红楼梦》的创作方法是否是现实主义，而是现实主义能否涵盖其创作方法的全部，用现实主义来表述是否有利于我们正确认识和学习其创作方法……我认为，曹雪芹创造了一种我们至今尚未认识的'主义'。我的这个观点不仅基于整部小说的艺术成就与艺术风格，也着眼于他的那些别具一格的文字。"[86]
周思源认为《红楼梦》艺术上的巨大成功是与作者在创作方法上的巨大革新息息相关，"从
宏观角度而言，就是在出色运用现实主义的基础上，大量地成功地运用了浪漫主义和象
征主义，也还用了一些其他创作方法"。[87]即曹雪芹在创作方法上的巨大革新在于三个"主
义"的有机融合的同时，兼容了其他创作方法。用王蒙的说法即《红楼梦》作品内容的丰
富性和原生性决定了研究方法的多样性和兼容性，《红楼梦》"耐折腾"，具有"耐方法性"。
而李希凡于现实主义美学之外并未能更开放地兼容其他批评方法探究《红楼梦》的意境和
艺术世界，终究因阐释空间的局限而影响其艺术批评的更新创获。

再看关于典型论的问题。典型论引入《红楼梦》人物批评自20世纪50年代名声远播，
可谓影响深远。李希凡说："本书写了了对《红楼梦》中六十几个人物形象性格的分析，仍然
是源自典型论的阐释，且仅限于曹雪芹原作的前八十回，并未过多地涉及后四十回续书，
以避免不必要的笔墨。我写这本人物论，既是想写出我对曹雪芹创作艺术的一点理解与
评价，和'同好'者切磋交流；又是想为《红楼梦》的普及尽一份努力，既结'红学缘'，
又结'青年缘'。"[88]李希凡在批评何其芳的人物"共名说"时指出："'典型环境中的典型
性格'，是马克思主义文艺观的理论基石之一，尽管过去在研究阐述这一光辉论点时，有
过机械论或唯成分论（包括我们在内）的误读，但是，中外文学史上没有哪一个著名的文
学典型，不是对一定时代的社会（也包括阶级和阶层）人的生活和精神面貌本质的深广概
括——所谓'熟悉的陌生人'和独特的'这一个'，也没有哪一个典型人物的突出的性格
特点，不具有时代精神的积极的或消极的思想意义，而只是某些表面生活现象的流行语
或形容词，因为它们并不反映真正典型性格的突出特点。"[89]典型论强调典型人物所体
现的深广的社会历史蕴含，要求典型的真实，这是马克思主义典型论的核心命题。李希
凡认为《红楼梦》的男女主人公贾宝玉、林黛玉等的形象与精神风貌不只具有叛逆性的倾
向，还显示了富于人性觉醒的新内涵，这是从社会历史蕴含的方面对于人物典型意义的
揭示。而另一位主角王熙凤则是集中反映了封建大家庭各种矛盾的一个人物，其典型形
象有着复杂组合和多样表现，同样是深广的社会历史意蕴的形象反映和呈现。譬如尤二
姐事件最为丰富、最为深刻地表现了王熙凤复杂性格的鲜明典型特性，"虽然表现了她的
血肉丰满的'这一个'的独特性和新颖性，但在读者心中，她的'这一个'，仍然激起人们
看到'许多'，即使是她的花样翻新的'机关算尽'，也有着封建统治者典型特性的熟悉的
面影"。[90]王熙凤这一形象所唤起的读者感受，乃在于这一典型形象"与社会人生深刻意
蕴的联系是多方面的，其中也包孕着作者的富于时代意义的人道主义的审美理想——以

发掘女性才智，熔铸女性的真、善、美为创作灵魂"。[91] 王熙凤这一形象是作为在封建荣宁二府衰败史中展开叛逆者的悲剧冲突而设定的，"否则，我们将无法解释王熙凤这一不朽的艺术典型在《红楼梦》中存在的意义与价值"[92]。王朝闻也曾有相关论述："不论是塑造凤姐这样的人物，还是塑造其他人物，《红楼梦》创作方法的典型性，在于它忠实于现实的复杂性，敢于反映客观事物的质的多样性。看来曹雪芹没有曲解艺术的概括，没有将复杂的生活现象简单化。"[93] 至于典型的真实，鲁迅谈及《红楼梦》打破传统思想和写法时论及塑造人物的特征，即"所叙的人物，都是真的人物"这一论断同样被公认为经典名言。李希凡说："鲁迅所谓的'真的人物'，也就是这'生活全景的创造'中的人物。它们的真，是'真'在整体的被把握。"[94] 李希凡将"真的人物"作为他人物论的圭臬贯穿于《红楼梦》典型性格的分析中，结合他本人的"感动和爱憎"的生命体验，将《红楼梦》人物形象鲜活性格——再现在读者眼前。

典型论运用于人物形象性格的分析固然有它的优势，却也存在明显不足，尤其对于分析《红楼梦》这样的文本而言。20 世纪 80 年代以来，对于典型论的反思也随着对于现实主义的反思而不断深入，有学者认为："可以说，'典型论'在一定程度上拓展了《红楼梦》研究的学术空间。对于考证派独霸红坛的历史而言，它也确实构成了一场'红学的革命'，具有扭转乾坤的作用。"[95] 尤其经过王朝闻所开出的美学文艺学新途径，使得典型论提升到"艺术哲学"的新境界，确实为典型论开辟了新境。当然，批评的视野仍然有待于扩展，譬如周思源说：《红楼梦》与一般小说不同，"它在艺术典型塑造上有一个极为罕见的现象，即曹雪芹塑造了一批说不清或者很难说清甚至容易引起重大争议而且长期难以统一认识的艺术形象……这种'说不清'，从本质上来考察就是大容量、高质量和超时空范围宽广"。[96] 其实李希凡也有这样的觉悟："在《红楼梦》中，贾宝玉作为一个内涵丰富的典型形象，他的性格和感情世界，都是十分复杂的。这是我们过去用社会学的一次方程式始终难以剖析清楚的。"因为，[97] 文学形象的形态至少有三种：文学典型、文学意境、文学意象等，如果单一地运用典型论分析具有丰富内涵的《红楼梦》人物形象，自然不能全面深刻地把握人物的性格特征。于是，方法和视角的变换与更新在《红楼梦》人物论中便显得尤为重要，否则，就难以再有进步了。但是，方法和视角的变换与更新，又往往遭遇着因惯常批评方法的得心应手而形成的难以舍旧求新的心理定式的影响，所以，时至今日，《红楼梦》人物论总在虽小有创获却最难开出新局面的层面上徘徊不前。不过，吕启祥引进"意象"这一艺术范畴进入《红楼梦》人物论的做法值得倡导。如她在《秦可卿形象的诗意空间——兼说守护〈红楼梦〉的文学家园》一文中认为：

"像《红楼梦》这样的作品，除了作家构筑的精妙鲜活的经验世界而外，还有一种超验之美。面对作品的超验性质和思辨内容，过往习用的典型论显得捉襟见肘，应当引入与之并列的'意象'这一范畴。某些人物称不上典型或难以用典型论来衡量，却可以是艺术意象或相当程度地意象化了的、载负和寄寓作家的某种意象理念和哲理思考。古往今来的许多优秀之作是以创造意象见称于世的。"[98] 运用"意象"分析作品是因为文学不仅创造典型，还创造意象。譬如秦可卿形象就是在很大程度上被意象化了的形象，如果以现实主义的典型创造法则是难以解释的。那么这一被意象化了的形象的象征意义何在？她是美的象征、情的化身。[99] 所以，《红楼梦》人物论若能将文学典型、文学意境、文学意象等结合，同时兼容其他方法，足以加强人物论的批评有效性，并开出新境。当然，拓展的理论方法以拓展《红楼梦》人物论的评论空间的目的只有一个，即充分追索《红楼梦》人物塑造中更充盈的思想意蕴和美学意义。

结语

总之，李希凡20世纪80年代以来的《红楼梦》批评因着力于《红楼梦》"艺术世界"的审美解读，其"艺术感觉"并没有被"思想理念"所压倒，尽管以"典型论"为基础的社会历史批评总具有过于强调作品社会历史内涵和作品思想倾向的偏好。更值得一提的是，李希凡对鲁迅红学思想的继承，突出表现在他对鲁迅倡导的"革命精神"通过他不愿"告别革命"的身体力行上，并鲜明地体现在他几十年研红的学术生命之中。鲁迅所倡导的"革命精神"包括：要有坚定的信仰，要有为主义而牺牲的精神；要勇于革新，勇于进取；要有深沉的勇气和明白的理性；要有韧性的战斗精神。[100] 尽管李希凡沿着鲁迅的红学批评之路遭遇到"接着讲"的巨大难度，即鲁迅灌注于《红楼梦》深解过程的那种对于人生感悟的深刻、人性自审过程中的精神超越境界都是常人难以企及的。（笔者按：李希凡对于"接着说"有自己的理解，他说："用不着我'接着说'，我是永远说不出鲁迅对《红楼梦》这种真知灼见的评论语言的。因为我没有伟大作家深入作品的敏感和体验，而且鲁迅是无可逾越地表述了《红楼梦》在中国文学史上的独有的价值。"[101]）并且，"鲁迅毕竟是思想家，又有诗人的悟性，他理解《红楼梦》，带着很深的生命体验，文字疏散着迷人的气息。"[102] "他的研读小说，知识的丰厚且不说，单看那解读历史时的心灵觉态，实在远胜于常人。那里不仅没有呆板的逻辑演绎，重要的是，几乎看不到为学术而学术的八股调。他之介绍《红楼梦》，灌注的是一种人生哲学，那些古老的历史图式在他手里已不再仅仅是古董与文物，而是有血有肉的生命存在。他自己的灵魂也穿梭于其间，和那林林总总的人物对话，读其文字，好像与读者的心贴在一起了。"[103] 其实，"接着讲"正是一种"超越"过程，它比"照着讲"的境界要高得多，意义或价值要大得多，启示性要鲜明得多。或者说，"接着讲"比"照着讲"最能体现文化或学术的批判继承性，就红学而言，其对红学史或红学学科的意义更大。

然而，正如杜维明所说："诠释总是相对的、无限的，不可能只此一家，但多种多样的诠释中，有影响的又是少数几家。"[104] 这"少数几家"毕竟是以其"诠释"过程中的某种"洞见"而青史留存，其影响是不容漠视的，李希凡正是这"少数几家"中的"一家"。

童庆炳说："当我们说对'新红学'的批判并不恰当的时候，我们又不能否定以李希凡、蓝翎为代表的'革命红学'。李希凡、蓝翎的'红学'观点当然是充满政治意识形态含义的，那就是到了封建社会运转到了后期，封建贵族阶级已经不配有更重要的命运，他们的没落是历史发展的必然趋势。但是从这种意识形态催化出来的'革命红学'，也自有其合理之处，也贴近作品本身。也成为一种'洞见'。"[105] 李希凡宣称自己的"革命红学"属于"毛泽东学派"，他说，毛泽东"他主张用马克思主义学说在封建社会大背景下来解读《红楼梦》，来进行思想艺术成就、人物形象的分析评价；进行作者家世及作品的考证等等。他对《红楼梦》有很多精辟独到的见解，散见在他的许多文章和讲话中。前两年我看过一本《毛泽东读〈红楼梦〉》（董志新著，万卷出版公司 2009 年出版），讲得很详细，有不少是我头次听说。我认为，是可以称之为红学的'毛泽东学派'的，我和蓝翎文章中的观点应属于这一学派。"[106] 作为"毛泽东学派"颇具代表和影响的"一家"该如何评价呢？黄霖在为陈维昭的《红学通史》所做序言中就曾这样说："就 20 世纪的红学史中，如何评价胡适、李希凡与蓝翎、余英时的红学观点，可能是最为关键。"[107] 黄霖又说："学术毕竟还是要放在整个人类进步的历史坐标上加以衡量的。这样的话，像李希凡、蓝翎他们在整个红学史上的功过还是可以仔细斟酌的。"[108]

20 世纪 80 年代以来，李希凡的红学批评依然保持着反思和批判的能力，即学术对话的能力。尽管出于他的批评立场和批评观念而形成的成果的思想启悟性并不十分充分，尽管他的那些基本观点也正在遭遇"李杜诗篇万口传，至今已觉不新鲜"的命运，而就其曾占尽"风骚"且风韵至今犹存的影响力以及他那不随时转移的学术精神而言，笔者以为，视其为这"少数几家"之一，应是理所当然的。

本文原载于《河南教育学院学报》2011 年第 5 期

作者系中国矿业大学人文与艺术学院教授

注释：

[1][2]李希凡：《沉沙集：李希凡论红楼梦及中国古典小说》，文化艺术出版社2005年版，第2页，第4—5页。

[3][34][72][73][74][75][79][80][81][82][83][88][89]李希凡：《传神文笔足千秋——〈红楼梦〉人物论》，人民文学出版社1981年版，"作者题记"，第53页，第364页，第387页，第47页，第96页，第346、349页，第354页，第99页，第229页，第465页，第111页。

[4][5][8][16][27][29][30][31][32][33][35][38][41][45][46][54][56][57][68][69][90][91][92][94][97]李希凡：《红楼梦艺术世界》，文化艺术出版社1996年版，第481页，第380—382页，第480页，第394页，第394—395页，第58页，第75—76页，第396页，第53页，第48页，第398页，第9页，第397页，第369页，第70页，第297—298页，第380页，第463页，第463页，第193页，第203页，第173页，第171页，第302页。

[6]段启明、汪龙麟编：《清代文学研究》，北京出版社2001年版，第711页。

[7]朱学勤：《被遗忘与被批评的——朱学勤书话》，浙江人民出版社1997年版，第71页。

[9]冯其庸：《红楼识小录·序之二》，载邓云乡《红楼识小录》，河北教育出版社2004年版，第5页。

[10]吕启祥、林东海编：《红楼梦研究稀见资料汇编》，人民文学出版社2001年版，第41页。

[11]龚育之、宋贵仑：《"红学"一家言》，《红楼梦学刊》1987年第2辑。

[12][39][40][49][60][84][107][108]陈维昭：《红学通史》，上海人民出版社2005年版，第477页，第128—129页，第132页，第479页，第303页，第479—480页，第480页，第3页，第7页。

[13][42][43]黄毅、许建平：《二十世纪中国古代小说研究的视角与方法》，复旦大学出版社2008年版，第255页，第113页，第117页。

[14]刘再复、刘剑梅：《共悟红楼》，生活·读书·新知三联书店2009年版，第3页

[15][36]李泽厚：《世纪新梦》，安徽文艺出版社1998年版，第371页，第372页。

[17]郭英德、刘勇强、竺青：《学术研究范式的嬗变轨迹——关于二十世纪中国古代白话小说研究的谈话》，《文学遗产》1998年第2期。

[18]陈维昭：《红学与二十世纪学术思想》，人民文学出版社2000年版，第116页。

[19]余英时：《中国思想传统的现代诠释》，江苏人民出版社2003年版，第114页。

[20][26][50][67]闫虹主编：《百年红学》，文化艺术出版社2007年版，第7页，第11页，第204页，第7页。

[21][23][28]李泽厚：《中国现代思想史论》，生活·读书·新知三联书店2008年版，第155—156页，第156页，第156页。

[22]刘梦溪：《中国现代学术要略》，生活·读书·新知三联书店2008年版，第213页。

[24]季羡林：《季羡林书信集》，长春出版社2010年版，第189页。

[25]黄仁宇：《万历十五年（增订本）》，中华书局2007年版，第150页。

[37]王蒙：《王蒙活说红楼梦》，作家出版社2005年版，第216页。

[44][71]潘知常：《〈红楼梦〉为什么这样红：潘知常导读〈红楼梦〉》，学林出版社2008年版，第7页，第10页。

[47]马瑞芳：《从〈聊斋志异〉到〈红楼梦〉》，山东教育出版社2004年版，第323页。

[48][104]刘梦溪：《中国现代文明秩序的苍凉与自信——刘梦溪学术访谈录》，中华书局2007年版，第40页，第40页。

[51][52][53]杜景华：《进入新世纪的红学》，白山出版社2009年版，第160—163页，第196页，第197页。

[55][58]陈平原:《从文人之文到学者之文》，生活·读书·新知三联书店2004年版，第26页，第27—28页。

[59]李劼:《历史文化的全息图像——论〈红楼梦〉》，东方出版中心1995年版，第1页。

[61]王蒙:《王蒙的红楼梦》，湖南文艺出版社2010年版，第210页。

[62]周汝昌:《红楼夺目红》，作家出版社2003年版，第172页。

[63]夏志清:《岁除的哀伤》，江苏文艺出版社2006年版，第293—294页。

[64][65][66]周汝昌:《周汝昌订批点本石头记》，漓江出版社2010年版，第956页，第957页，第59页。

[70]刘再复:《红楼人三十种解读》，生活·读书·新知三联书店2009年版，第4页。

[76]张锦池:《红楼梦考论》，黑龙江教育出版社1998年版，第84页。

[77][102][103]孙郁:《鲁迅与胡适》，长江文艺出版社2007年版，第392页，第383页，第394页。

[78][85][93]王朝闻著、简平编:《王朝闻集6：论凤姐》，河北教育出版社1998年版，"卷首语"，第6—7页。

[86][87][95][96]周思源:《红楼梦创作方法论》，文化艺术出版社2006年版，第8—9页，第10页，第155页。

[98][99]吕启祥:《秦可卿形象的诗意空间——兼说守护〈红楼梦〉的文学家园》，《红楼梦学刊》2006年第4辑。

[100]吴中杰:《鲁迅的艺术世界》，复旦大学出版社2007年版，第181—183页。

[101]李希凡:《往事回眸——李希凡自述》，东方出版中心2013年版，第432页。

[105]童庆炳、陶东风主编:《文学经典的建构、解构和重构》，北京大学出版社2007年版，第85页。

[106]李希凡口述，李萌执笔:《李希凡驳〈"红楼梦研究"大批判缘起揭秘〉》，《红楼梦学刊》2012年第3辑。

一部详赡邃密的《红楼梦》人物研究力作

读《传神文笔足千秋——〈红楼梦〉人物论》

邢煦寰

　　著名红学家李希凡先生集自身五十多年红学研究的积累与成果，经过三年多呕心沥血的超常劳作，终于为广大读者精心撰写和竭诚奉献出了这部洋洋 50 多万言的红学巨著《传神文笔足千秋——〈红楼梦〉人物论》。这部论著是作者红学研究带有总结性的集大成之作，又是一部应运而生的为红学研究大厦主体工程做出突出贡献的恢宏力作。

　　这是红学诞生百年以来的一部无论从广度还是深度抑或从详赡程度来看都很高的研究《红楼梦》人物的专著。它不仅用前所未有的巨大篇幅对《红楼梦》中的 60 多个人物形象进行了细致透彻的分析，而且几乎是每一个人物的分析都引用了多条书中情节加以层层深入的论证。特别是对一些重要和典型人物的阐释，几乎为每一个人都建立了一份形象档案，撰写了一份性格图谱。并运用美学观点和历史观点相统一的方法，把对人物的深刻社会历史本质分析与艺术美学形象意义阐释有机地结合起来；运用典型论和"真的人物"论相统一的方法，把对人物形象典型意义的揭示与性格丰富性、生动性的阐述高度结合起来；运用艺术分析和文化阐释相统一的方法，把对人物典型艺术审美价值的评估与性格文化人文内涵的解读很好地结合起来。这样，就建构了一个多视角、多层次、多种方法、多条途径深入分析、综合展开的《红楼梦》人物研究的科学理论体系，成就了这样一部恢宏、深广而又详赡邃密的《红楼梦》人物研究的力作。

　　历史观点和美学观点的有机统一，这是全书成功的基点，是全书之所以能达到现在的深度、广度和科学程度的理论基础，也是全书最突出的特点。在书中，作者在认真反思、全面总结百年红学发展（也包括他自己的经验）的正反历史经验的基础上，一方面最大限度地涤除了由于"运动"的消极影响而"流于简单和片面"化的倾向，一扫最初"粗疏幼稚"的不足，而且从文风到论说都变得深入细致、严谨透辟，显示了一位成熟的马克思主义理论家的科学态度和风范；另一方面，作者旗帜鲜明、理直气壮地继续坚持、深化了他运用马克思主义观点和方法分析研究《红楼梦》这一基本出发点和方法论。而这两个方面集中表现在书中的人物研究上，表现在马克思历史观点和美学观点有机统一的方法的精熟运用、深湛概括上。质言之，书中对人物的社会历史分析总是有机地交融着对人物的美学艺术分析，不是脱离作品人物塑造美学规律的单纯社会历史学介绍；同时，书中对人物的美学分析也总是与对人物的社会历史分析相统一，而不是脱离社会历史规律的纯审美、纯艺术的炫耀。因此，历史观点和美学观点的有机交融成了贯穿全书的基本特色。应该说，全书的大部分篇章都出色地体现了这一特色，有些篇章如《贾宝玉论》《林黛玉论》《薛宝钗论》《王熙凤论》《论晴雯》等，堪称其中典范。例如我认为其中写得最好的篇章之一《林黛玉论》，把对林黛玉的社会历史分析和美学分析有机结合到了水乳交融的程度。全文四题，完全是在评述林黛玉那哀婉凄楚的悲剧故事，我们几乎已无法说清哪里是对她的社会历史分析，哪里是对她的美学分析，但通过李先生的充满感情的条分缕析的评述，一个极富时代人生概括意义又具有鲜明个性特色的世界级的悲剧典型人物形象，形神兼备、判若真人似的浮现在了我们眼前。

典型论和"真的人物"论的高度统一，全书对人物展开深入具体的美学分析和历史分析的核心观念与方法。典型论是西方文艺美学与叙事美学的一种核心理论。强调叙事艺术，特别是小说艺术要把塑造个性与共性高度统一的典型人物作为创作的中心。但真正科学的人物典型创造论还应该是马克思主义经典作家关于"典型环境中的典型性格"的理论。20世纪50年代，以李希凡先生为代表的一些试图运用马克思主义观点和方法分析《红楼梦》人物的研究者，也正是运用这一理论使《红楼梦》的人物研究开始走向深入和科学。作者在新著中分析《红楼梦》的人物时，不仅能从凝集和反映了社会历史潮流与时代精神本质又富有独特个性特色的典型环境的阐述中，深刻揭示出典型人物的社会历史本质和突出个性特色，显示出全书鲜明的人民性、思想性；而且从全书的"典型环境中的典型性格"和"真的人物"的创造的美学分析中，充分揭示出人物性格的真实性、生动性、鲜活性、复杂性和全部丰富性，从而最大程度地全面而深刻地阐明了《红楼梦》人物典型创造的无与伦比的巨大思想价值、艺术价值和美学价值。书中不仅对作为主人公、堪称艺术典型的贾宝玉、林黛玉、薛宝钗、王熙凤以及列入"金陵十二钗""正册"乃至"副册"中的其他人物进行了细致入微、透辟全面的典型分析，把他们放到封建社会末世、宁荣二府那样两个处于衰败中的贵族大家庭中，放到各重错综复杂的社会关系的纠结网络中，放到各种矛盾冲突情节旋涡中，多侧面、多层次、多角度、立体综合地揭示了这些典型人物极其丰富深邃的性格本质、内涵、性格系统和个性特征，揭示出他（她）们如"真的人物"似的性格的复杂性、多重性、丰富性、鲜活性和有机整体性；对许多即使在整体上还未达到典型的高度，但仍能呼之欲出、给人留下较深印象的人物的典型性如贾母、贾政、王夫人、邢夫人、薛姨妈、赵姨娘等，也都能辟出专章，进行了前所未见或少见的详赡的论述；对作品中的次要或陪衬人物如"管家娘子们""十二小优伶"、小丫头小厮们乃至露面不过一两次的人物等，不仅结合他（她）们的言谈行动或故事对之进行了认真细致的分析，而且许多还列了专节专篇进行细腻分析。

以文本为主体的文献、文本、文化的有机融通，是全书的又一个突出贡献。长期以来，红学研究一直存在着一个未能很好解决的问题，即：偏离或忽视文本研究。因此，回归《红楼梦》的文本研究就成了人们的一个热门话题与众望之所归。然而回归文本是研究主体的回归，并不否定必要的文献研究和本来就应包含在文本研究之内的必要的文化研究。因而红学研究工作者们在面向 21 世纪的新的历史时刻，又进一步提出了"文献、文本、文化相互融通和创新"的新的研究主题。其实，这一主题实现的关键仍在文本研究这个主体的回归，因为脱离了这个主体的文献和文化研究应该说已不属于红学研究的范畴了。所以红学研究的当务之急和中心主题仍应是文本研究这一主体的建构。而李先生的这一新作正是在建构文本研究主体的过程中，通过对《红楼梦》人物这一主体中心的深入透辟的分析研究，很好地实现了与文献、文化的有机融通。试以书中对《红楼梦》的主人公贾宝玉这个典型人物形象的分析研究为例：为了全面深入地揭示这一典型环境中的典型人物性格的社会本质、时代特征、个性特点和生活本源，论者在展开对环绕并促使这一典型人物思想和行动的典型环境、典型情节、矛盾冲突、人物关系乃至典型的细节和场面的多层次多角度的深入细致的分析的同时，也对《红楼梦》的写作年代、版本、曹雪芹的家世和作者、作品产生的时代背景、社会政治、经济生活和思想文化思潮等进行了大量而有目的、有重点的综合研究和文献研究；在阐释贾宝玉典型性格的本质特征的过程中，深刻而又有说服力地揭示了其与中华传统文化、与明清时代人文主义思潮和"情"潮的紧密联系，揭示了其深刻的文化、人文内涵。这样，就很自然地、颇有创新性地建构了一个以文献研究为基础的、以文本研究为主体的、以人物研究为中心的、以文化研究为制高点的文献、文本、文化三者有机融通的研究模式或范式。应该进一步指出的是，这里的文本研究是主体，文献研究与文化研究都要从属于、服务于这个主体研究的需要，不能超越、独立于这个主体研究之外。唯其如此，它们才成其为红学研究的有机组成部分。否则，它们也许有其他的学术意义，但显然已不属于红学的范畴了。也正是从这种意义上来看，李先生在此书中建构的这一研究模式，无疑对红学向文本研究的回归和文献、文本、文化三者的融通和创新，都会有一定的借鉴、促进或示范意义和作用。

另外，本书作为学术论著，在呈现方式上也有一些值得称道的优点，如插图精美、装帧考究、开本大方、排版清爽、字号醒目，很宜于读者的阅读和接受。

本文原载于《中国文化报》2006年8月26日

作者系中国艺术研究院研究员

艺术史论科学构建的纲领

——从《中华艺术通史·总序》谈起

傅晓航

　　《中华艺术通史》（以下简称《通史》）是一部卷帙恢宏的艺术史书，"上起原始社会，下迄清宣统三年（1911），共十四卷""论述自远古以来随着社会生活与政治经济发展，中华艺术牛成演变的全过程；它是一部囊括中国传统主要艺术门类的综合的大型艺术通史"（《通史·总序》）。《通史》的开篇，是李希凡先生近四万言厚重的"总序"，在"总序"的"研究对象与编撰宗旨"一节，没有一般性地讲述编写的目的与指导思想，而是根据过去艺术史偏重于艺术与社会的关系的倾向，提出"艺术史不是社会思想史，也不是艺术与社会的关系史，因而，《通史》的编撰，虽重视艺术对社会生活的反映，重视社会思潮对艺术发展的影响，但艺术自身的发展规律和表现形态以及艺术家主体的思想感情的表达和创造，却始终是它探讨的核心"。"总序"用凝练的语言、严密的逻辑，言简意赅地阐述了产生博大精深的中华艺术的肥沃土壤和深厚底蕴，从多层面做了精辟的剖析："中华艺术是生长在中国境内历史上各民族生活与精神活动的土壤里，因而，支配着中国历史文化的观念体系，也必然渗透着、影响着中华艺术的创造和发展。""总序"对以孔子为代表的儒家学说以及由此形成的文艺观；道教教义与艺术的关系，释家教义对艺术的渗透，都做了深入浅出的精确概括和阐述。作者认为："儒、道、佛，在教义上虽有过长时期的对立和碰撞，却在思想体系上相互融会、相互补充，终至合流……如中国哲学史上涵盖天地万物本源的宇宙精神的'道'，儒道两家虽有不同的诠释（在佛则谓之'性'），在传统艺术中，则被解释成以艺术行为通达'道'的形式，表现为对'道法自然''天人之合'的理想追求。而中华艺术概念中所特有的'形神''情理''风骨''虚实''气韵''心源'，以至艺术审美的最高范畴'意境'等，无不内蕴与混合着儒、道、佛思想观念的渗透，对中华艺术的发展和传统艺术精神的形成，都有着不可估量的作用。"作者在接受《光明日报》记者采访时，对中华艺术的基本特征进一步概括为："中国艺术的特点不在于再现，而是将客体的感受、认识，化为主体的精神、生命意兴并融到艺术创造中去。"(《中国人的艺术，中国人的精神》，载《光明日报》2006年10月17日第5版）可以认为："总序"是作者长期的理论实践经验、长期耗损心血的思考和渊博学识凝练而成的。它不仅是《中华艺术通史》编纂的指导思想，也是艺术史论科学不断向广度深度开掘、拓展，乃至构建的指导性的纲领。

笔者作为一名戏曲史论工作者，读过"总序"，受教良多；以此观照戏曲史、戏曲理论的研究现状，感到还有许多领域尚待开掘与探索。本文参照"总序"，仅就戏曲舞台艺术方面的理论问题提出一些看法。

我国的戏曲历史中，同戏曲文学、戏曲舞台实践相比，戏曲理论的发展极不相称。戏曲创作在世界文化史上占有辉煌一页的元代，戏曲理论专著几乎等于零。代表一代文学最高成就、饱含着"鸿儒硕士、墨客骚人"审美理想的"曲"（包括南曲、北曲、剧曲），从元代周德清《中原音韵》到明代王骥德《曲律》，以及寓于诸多笔记、札记有关"曲"的论述，可证元明两代文艺理论以"曲"为构建的中心，它已形成"度曲"（演唱技巧和方法）、"制曲"（曲的文学创作）曲谱三位一体的庞大理论创作体系。但直到明末清初，戏曲理论才从曲论当中剥离出来、金圣叹的《贯华堂第六才子书西厢记》已有典型人物、典型环境、细节真实等现代戏剧理论意识的戏曲批评；李渔的《闲情偶寄·词曲部》已形成完整的系统，以其戏曲创造论为标志，已达到相当高的理论境界。从元代至明末（主要是明嘉靖以后），这期间虽然发生过诸如《西厢记》《琵琶记》《拜月亭记》孰劣孰优的将近半个世纪的大讨论，但大多是反映明代文艺思潮中各种文艺观点在语言问题上的冲突；在一些笔记、札记、戏曲评点、戏曲序跋中，偶见有关戏曲艺术特征、戏曲结构、戏曲语言特征、人物创造、戏曲审美效应等等方面的文字，其中不乏精辟的见解，但大都属于只言片语，这与完整成熟的"曲"的理论创作体系不能相提并论。元明两代的曲论以散曲（包括南、北曲）为主体，它的姊妹"剧曲"只是跟着"搭车"而已。造成这一状况的原因，正如元人虞集所说："儒者薄其事而不究心，俗工执其艺而不知理。"（周德清《中原音韵·虞集序》）"儒者"对舞台艺术的鄙视，以及与"俗工"悬殊的社会地位所形成的鸿沟，造成了理论与实践的脱节。

"总序"从文学艺术发展的全视角，首先在论述艺术与文学的关系时，给予戏曲艺术以极高的赞语和对其特征的准确的概括，认定戏曲艺术是各艺术门类从"混生"到相对独立发展，而后汇合为"综合体"的最高形态："何况文学与各门类艺术的综合还有更高层次的发展，这就是中国的戏曲。在它的'综合体'里，就不仅是文学创作取得了成就，显示了特色，而且各门类艺术的综合所谓'唱、念、做、舞（打）'，已经在长期的演出实践上融合成有机的统一体，从而创造了戏曲这个富有民族特征的门类综合艺术的新形态，这是中华艺术史上新的、更高的审美形态。"其次，"总序"十分重视戏曲艺术的另一重要特征——"程式"这一戏曲反映生活的基本艺术手段，深刻地揭示了它的内涵和表现规律："戏曲的程式，也是表现生活的艺术手段，但和虚拟不同，它具有规范的严格涵义。表演程式，就是表演上的基本固定格式，戏曲演出人物有所谓角色的划分，人物角色在舞台上活动有各种动作，都得到了艺术的提炼，在艺术家的长期创造中，为了塑造人物或特定情景中的需要，被设计为一定固定格式的动作，如开门、关门、上马、登舟等，都从模拟生活动作出发，逐渐创造和升华出一套套或夸张、或美化的动作程式，因为戏曲是综合的艺术，所以，这些程式又是与音乐、舞蹈相融合，富于节奏化和舞蹈化，以韵律美和造型美感染着观众……自然，程式又不是僵固不变的，它的姿态万千的风神美，本来就是从人生万象中提炼而来，是戏曲艺术家生动活泼的创造。它既是规范的，又是自由的，因而，戏曲艺术的诞生和发展，是以综合的主体美的创造，把中华艺术'外师造化，中得心源'的民族传统推上了一个新高度。"

戏曲艺术高度的艺术综合性和程式性，以及它那超越时空的、流动的戏曲舞台表现形态，都是以演员的表演艺术体现的，由此构成了戏曲舞台艺术以表演艺术为中心的机制。这种机制是如何形成的？它的内在的基本规律是什么？"总序"提出的"外师造化，中得心源""诗画本一律""诗画同源"，给笔者很大启示。这就是生长在中华同一沃土上的戏曲艺术，可以将诗歌与绘画的关系，扩展为"诗、画、戏曲一律""诗、画、戏曲同源"，以诗歌绘画的理论观照戏曲艺术，将有助于戏曲艺术表演体制的形成及其表现规律的揭示。

传统艺术对艺术的形式美有着执着的追求，无论是视觉艺术还是听觉艺术，都十分重视对事物外在的审美特征的概括，往往运用规范化的程式凝结事物的外在美，以此作为再现生活的手段。作为视觉艺术的传统绘画艺术，首先表现在画家十分重视客观景物的审美特征，如山川湖海、花草树木、春夏秋冬、阴晴晦暗的特点，尽量归纳集中它们美的所在。尽管大千世界是千变万化的，不同画家的视角不同、感受不同，难以规范，但是他们从来没有放弃这种努力——做到"画比景物美"的"理论"概括。绘画艺术表现客观景物审美特征的工具是笔墨色彩，用笔用墨，画家以同样的思路对笔法、墨法进行规范化，逐渐形成了一套用笔用墨的基本表现程式，而根据千变万化的客观景物，又将这些基本表现程式扩展为丰富的笔法、墨法。

作为听觉艺术的诗歌对形式美的追求，是声韵。隋唐以前的古乐府的声韵还没有规范化，到了唐代，无论是五言诗、七言诗，还是长篇的"歌"或"行"，它们的声韵都有章可循了。词是长短句，在格律上是对整齐句法的五言诗、七言诗句法的解放，然而在声韵上的讲究却是更加严格了，即按固定词牌的声律填写，字不仅"分平仄"，还要"辨阴阳"；曲对词来说在句法上有了变通，也可以说是一种解放，即在曲牌的原格上可以加衬字、虚词，表达上自由活泼和口语化了，但对曲的原格的填写，依然十分严格，与填词毫无二致。正是可填衬字、虚词的灵活性带来了麻烦，既允许填衬字、虚词，又要保持原格，既要确保曲的声韵完美，又要不断地规范。于是自明初朱权《太和正音谱》以后，产生了难以一一尽数的南北"曲谱"。

20世纪五六十年代，学界对中国戏曲的形成时期曾经有过十分热烈的讨论，其中有"先秦说""汉唐说"，大约因为中国是一个具有五千年文明的古国，同公元前五百年便有戏剧的希腊和公元前后就有戏剧的印度相比较，晚得太不相称；同时根据王国维"歌舞加故事"的说法，将那些有故事表演的或是有歌舞加故事的，都称作"戏剧"。而王国维并没有承认"歌舞加故事"就是"真戏剧"，他说："由此书所研究者观之，知我国戏剧，汉魏以来，与百戏合，至唐而分为歌舞戏与滑稽戏两种；宋时滑稽戏尤盛，又渐藉歌舞以缘饰故事；于是向之歌舞戏，不以歌舞为主，而以故事为主，至元杂剧出而体制遂定。南戏出而变化更多，于是我国始有纯粹之戏曲。"（《王国维戏曲论文集·宋元戏曲考》，中国戏剧出版社1984年版，第134页）中国戏曲形成于宋元，这是明清以来大多数学者所认定的。

中国戏曲艺术为什么形成这么晚（有人说是因为中国叙事诗不发达，这可能是原因之一），它形成的标志又是什么？这些问题都没有很好地解决。按"总序"的启示，戏曲艺术必然依照与绘画、诗歌再现生活相同的审美意向，即以一种适合以人的自身为工具程式化的表现方式——行当，去反映社会生活。这种以生、旦、净、丑组合的"行当"的形成，经历了一个漫长的孕育过程，行当孕育于参军戏。六朝时期讽刺贪官的参军戏还是一个演出节目，到了唐宋时期，参军戏已经发展为十分盛行的演出形式，如唐戏弄中的《李可及三教论衡》，宋杂剧中的《三十六计》《二圣还》等节目，其中扮演讽刺人物的是苍鹘，被讽刺的人物是参军，这种角色的明确分工已是行当的圭臬。王国维说："唐之参军苍鹘，至宋为副净副末二色。"（《王国维戏曲论文集》，第66页）。由于反映生活的范围不断扩大，至宋、金时期，这种参军戏已发展演化为"一场两段，开端为艳段"的演出形式。角色增加了引戏、副末、副净、装孤、装旦（在金院本中叫"五花爨弄"，20世纪50年代中期，山西侯马金人墓出土的金戏俑，使我们看到了"五花爨弄"的实貌）。其中的副末、副净，就是参军苍鹘。元代夏庭芝《青楼集·志》中说："宋之戏文，乃有唱念，有诨。金则院本、杂剧而为一。至我朝乃分院本、杂剧为二。院本始作，凡五人：一曰副净，古谓之参军；一曰副末，古谓之苍鹘，以末可扑净，如鹘能击鸟也。"这就是行当的雏形。又经过了一个相当长的历史阶段，在南宋、金代末年这些民族战争的特殊历史阶段，在以临安为中心的东南沿海一带和在以金中都、元大都为中心的北方晋冀经济发达地区，形成了宋元南戏和金元杂剧。尽管南北异地，它们的表现形式也有很大差异，然而由于是"同父异母"（多数学者认为金元杂剧的母体为说唱艺术，南戏的母体是民间歌舞），它们的角色行当体制是基本相同的。

尽管宋元南戏和元杂剧中的角色行当对社会人群的概括是初步的，角色的分类还有些繁杂，但对社会的不同年龄、不同性别、不同行业、不同性格，以及各种角色所寄寓的不同道德评价已经相当完备，可以说这种角色体制基本具备了自由反映社会生活的能力，又以它的稳定性无可辩驳地标志着中国"真戏剧"的形成。

中国戏曲同希腊、印度戏剧相比形成较晚，但中国戏曲艺术表演体制所包容的丰富的美学内涵，远非希腊、印度戏剧所能比拟。它一经形成便以其巨大的生命力开花结果，成为元明清以来文艺园地里的一棵参天大树。戏曲角色体制的形成，反映了中国人民的聪明才智和艺术上的独特创造才能。

戏曲表演体制形成以后，依然沿着诗歌、绘画再现生活的规律，对它的表现形式不断规范化又不断突破的道路发展，使其生命力不断增强，逐渐归纳出生、旦、净、丑四个基本行当。再沿着规范、突破，再规范、再突破的规律，根据生活中不同人物性别、年龄、身份、性格以及不同的道德评价的需要，由这四个基本行当派生出无数个子行当，如"生"就包括小生、娃娃生、须生、老生，乃至适应民国初年"文明戏"演出需要的"言论小生"，等等；再由演员根据不同行当或子行当的共性去创造个性。有人曾经统计过，京剧加上一些地方大剧种，不同的子行当竟有数百种之多；不同的行当或子行当的唱、做、念、打都有其不同的规范化的程式，以此表现不同人物的性别、年龄、性格和思想、品德。

有人说懂得"平平仄仄仄平平"就会作诗，会勾勒、皴点就会画国画，学会了生、旦、净、丑的表演程式就会演戏。比如六七岁的小女孩、小男孩就可以演《女起解》《四郎探母》之类只有成年人才可以理解的戏，这难免受照葫芦画瓢之讥，但是人们总不会把这不太像样的"瓢"认作是"西瓜"，这也就是国画、五七言诗、戏曲在我国能够如此普及的重要原因；从教育学的角度看，生、旦、净、丑的表演体制所体现的"因材施教"的原则，可以最大限度地开掘人的潜能，这是戏曲艺术在旧社会极其恶劣的环境中依然能保持长盛不衰、人才辈出的重要原因。

20世纪80年代，因有人提出"造剧"的问题而引起争议，实际上"造剧"在一定意义上讲是符合客观规律的。无论是民间歌舞还是说唱故事，只要纳入生、旦、净、丑的戏曲表演行当，新剧种就产生了。漫长的封建社会，众多的剧种就是如此产生的，如山东的吕剧、湖南的花鼓戏、江西的采茶戏、上海的沪剧等，难以一一备述；新中国成立以后，北京的曲剧，东北的吉剧、龙江剧也无不如此。

另外，戏曲表演艺术的表现规律，亦可从"总序"中提到的诗歌"情景相生"、绘画"虚实相生"的基本表现方法中得到启示。宋代郭熙在其《林泉高致·画意》中引前人语云："诗是无形画，画是有形诗。"戏曲艺术则是以人的形体化作剧中人物，以剧中特定人物的思想感情在舞台上展现诗与画，创造人物的"情"与"景"，体现的依然是依景抒情、情景相生的表现方法。无论是《西厢记·长亭送别》"碧云天，黄花地"、《牡丹亭·游园》"袅晴丝吹来闲庭院"，还是越剧《梁山伯与祝英台·十八相送》，这种以情景相生、依景生情的方法与诗歌不同的是，它所表现的已是剧中人物的特定生活环境和思想感情，"诗"在戏剧中已成为剧中人物的唱词，也可以称为"剧诗"（古代剧论称为"填词"或"作曲"），它同样是以依景抒情的方法表现剧中人物思想感情，是以剧诗刻画人物、描绘环境、再现生活。古代戏曲理论家早已看到了传统诗歌情景相生的表现方法对剧诗的影响，以及它们之间的区别。孟称舜说："吾尝为诗与词矣，率吾意之所到而言之，言之尽吾意而止矣。其于曲，则忽为之男女焉，忽为之苦乐焉，忽为之君主、仆妾、金夫、端士焉……而撰曲者，不化其身为曲中之人，则不能为曲，此曲之所以难于诗与词也。"（《古今名剧合选序》）诗人作诗只是抒发自己的思想感情就行了，而"作曲""填词"则必须化为剧中人物，表达剧中人物的思想感情。李渔说："填词义理无穷，说何人肖何人，议某事切某事，文章之最繁者，莫若填词矣。予谓总其大纲，则不出'情''景'二字。景书所睹，情发欲言；情自中生，景由外得。"（《闲情偶寄·结构第一·戒浮泛》）这里所追求的最高境界依然是"意境"。正如"总序"所提到的，王国维在总结元杂剧文学创作经验时指出："元剧最佳之处，不在其思想结构，而在其文章。其文章之妙，亦一言以蔽之，曰：有意境而已矣。何谓有意境？写情则沁人心脾，写景则在人耳目，述事则如其口出是也。古诗词之佳者，无不如是，元曲亦然。明以后其思想结构，尽有胜于前人者，惟意境则为元人所独擅。"诗是剧诗的母体；诗歌与戏剧的结合转化为剧诗，首先表现为为戏剧刻画人物、表现人物服务。在这方面，宋元南戏，特别是金元杂剧已经取得了很高的成就，如关汉卿运用剧诗创造的在黑暗势力面前刚毅坚强的窦娥，性格迥然有别的赵盼儿、谢天香、杜蕊娘三个妓女形象，以及众多杂剧作家所创造的梁山英雄李逵、燕青，清官包公等生动的各阶层的人物形象。

"虚实相生"是传统绘画理论中的基础理论之一，清方薰《静山居画论》中说："古人用笔，妙有虚实，所谓画法，即在虚实之间；虚实使笔生动有机，机趣所之，生发不穷。"（沈子丞：《历代论画名著汇编》，文物出版社1982年版，第584页）清代笪重光也说过类似的话，他在《画筌》中说："虚实相生，无画处皆成妙境。"（沈子丞：《历代论画名著汇编》，第301页）这一表现原则对戏曲来说应该是与生俱来的，是戏曲艺术的灵魂，正如"总序"所归纳的："中国传统艺术的写意与传神，自由、流动的主体精神，很自然地形成了戏曲突破时空间局限，用虚拟作为反映生活的基本手法。在戏曲舞台上没有表现特定空间的场景，更没有固定的时间限制，一切在流动中。人在室内，几个虚拟的手势，就算开门走出了室外；一扬马鞭，几个圆场就从京师到了几千里以外的边关；几声锣鼓，已是夜尽天明。时空间的定向，完全是舞台演出中的假定，说在哪里就在哪里，说是千里之遥就是千里之遥，观众可以用自己的想象去补充，并不会追究它的'真实性'。"戏曲通过演员—人物的有情有景的唱词和虚拟的舞蹈动作，使诗和画在舞台上得到了重叠结合，诱发观众想象力，构成了戏曲舞台虚实相结合的基本特征。唱词中的情是具体人物的情，是实体，是有个性的；客观景物是演员唱词描绘的，并通过演员虚拟化的舞蹈动作，或配以简单的道具，如马鞭、车旗加以表现的，因此景物是虚的，是流动的，它不受时空限制。戏曲演员通过剧诗中对景物环境的描绘，并不能使舞台环境具体化，必须借助于简单而富有艺术特性的道具和演员的舞蹈动作，一并唤起观众的想象力。如桂剧、京剧的《拾玉镯》，晋剧的《藏舟》，京剧的《打渔杀家》，川剧的《秋江》等剧目，大都是虚实相生，"机趣所之，生发不穷"，给人们以无限想象、无限美感。而这一重要表现原则在当前某些演出中被淡化了。有人说过去戏曲舞台所以是一桌二椅，那是由于物质条件的限制所致，是"贫困"的产物，这种片面的看法导致布景、道具在戏曲舞台上无限膨胀：正如笪重光所批评的"凡理路不明，随笔填凑，满幅布置，处处皆病"，"人但知有画处是画，不知无画处皆是画。画之空处全局所关，即虚实相生之法。人多不着眼空处，妙在通幅皆灵，故云妙境也"（沈子丞：《历代论画名著汇编》，第310页）。这些看法对于我们那些满台布景的做法是否是一种警示？

绚丽多彩的戏曲舞台艺术依靠演员的演技支撑，然而有关戏曲演技的理论却十分贫乏。从元代起直至清末，所谓表演艺术理论只有元代胡紫山（1227—1293）的"九美说"，明代潘之恒（1556—1622）在其《亘史》和《鸾啸小品》中有关表演问题的论述，还有李渔的《闲情偶寄·演习部》，唯有清代的《梨园原》（原名《明心鉴》）可以称为论述戏曲表演的专著，这些屈指可数的表演理论，同丰富多彩的舞台艺术无法相提并论。有人曾经运用西方的表演理论揭示戏曲表演规律，这种南辕北辙的做法只能无果而终。还有，以某一位著名戏曲演员个人表演经验取代中国戏曲表演体系的做法同样是不可取的，任何一位优秀的戏曲演员的个人表演经验与内涵丰富的表演艺术的内在规律相比，都是盆景与园林之比。运用具有深厚底蕴的诗歌、绘画理论，构建包容表演艺术在内的戏曲舞台艺术理论，应该是一个富有魅力的途径。

"总序"就汉唐文化提出大量的例证，论述了它们以"囊括四海、气吞八荒的宏大气魄""在民族艺术的融合与中外艺术的交流中，多方面从外部吸收了宝贵营养，激发了自身肌体的蓬勃生机"，同时指出："中华艺术的历史的发展，虽以汉民族为主干，却是中国境内多民族的群体创造，即使是有悠久历史传统的汉民族艺术，也并不那么'纯粹'，同样是不断地从周边民族，也包括世界各民族艺术中吸取了丰富的营养。只不过，它有一个健康的胃，它能够'拿来'一切外来的精粹，化为己有，使之中国化、民族化，而又不泯灭自己独创的个性特征。"以此观照当前戏曲舞台艺术的某些"硬件"——两根弦、七个孔外加打击乐器的"文武场"，已难以表现我们这个伟大时代了。

以两根弦、七个孔为主体的戏曲音乐伴奏乐器是特定历史条件下的产物，在戏曲音乐史上曾起到改变戏曲音乐体制的巨大作用。

明代万历初年乐律学家朱载堉提出"新法密率"，在世界音乐史上最早完成了十二平均律理论的计算。在半个多世纪之后，法国音乐家梅尔塞纳也提出了十二平均律的数据。这个重大的乐制改变对戏曲音乐的重要影响值得进一步研究。西方十二平均律的出现比我们晚半个多世纪，但是这个新乐制加上西方工业革命，促进了乐器的大发展。1709年，意大利乐器制造家克里斯托福里创造了世界第一台全调的乐器之王——钢琴；全调、多声部的铜管乐器，木管乐器，以及与之相匹配的全调的多声部的弦乐器的相继产生，促进了管弦乐的大发展，出现了18世纪、19世纪西方音乐史辉煌灿烂的时代。与之相比，中国完成十二平均律的计算尽管早于西方半个多世纪，由于晚明社会的战乱动荡，及其后入主中国的清王朝的"闭关锁国"，严重地阻碍了社会经济的发展。戏曲音乐的乐器组合依然是两根弦、七个孔加上打击乐器。十二平均律很可能是戏曲音乐体制由曲牌联缀体改变为板腔体的契机。自中国戏曲形成时起，其音乐体制是以宫调为基础、汇集众多曲牌而形成的曲牌联缀体（或称联曲体）去反映复杂的社会生活及复杂的人物思想感情和内心世界的。这种与诗词关系极为密切的音乐体制是南戏、杂剧、传奇的载体，从戏曲形成时起，直至清中叶，主宰戏曲舞台五百余年。十二平均律的产生有可能使聪明的富有才气的民间艺人利用两根弦、七个孔，运用调式变奏、节奏变奏的方式，创造出灵活多变的板腔体戏曲音乐体制，取代结构庞杂、格律越来越混乱的曲牌联缀体。"花""雅"的历史交替原因众多，板腔体戏曲音乐表现出的优越性不能不是"花部"兴起的重要原因之一。

两根弦、七个孔的乐器配置是"贫困"的产物。新中国成立之后已有人感到两根弦、七个孔外加打击乐的戏曲音乐乐器配置反映这个伟大时代的局限性，不少"先知者"将西洋乐器引入戏曲"文武场"。由于乐器的配置、旋律的处置不当，不够民族化、戏曲化，而产生不协调、不顺耳，于是有人认为西洋乐器与传统戏曲格格不入。但事实证明"汉代箜篌（竖琴）与琵琶也是'本出自胡中'，特别是琵琶，经过不断改进、提高，早已成为中国最有代表性的民族乐器了"（"总序"）。钢琴曲《牧童》《良宵》，钢琴协奏曲《黄河》，小提琴曲《渔舟唱晚》，小提琴协奏曲《梁祝》，都是运用西洋乐器演奏出中国风格的乐曲范例。更何况"胡琴"本身即是"外来的"，而在戏曲音乐方面也不乏使用西方乐器演出的成功范例："中国现代艺术与历史相比已经有很多不一样了……京剧《智取威虎山》'打虎上山'的音乐融入了交响乐的演奏，那雄浑的气势是一般民族乐器难以达到的艺术效果，但是其主旋律还是京剧的。"（《中国人的艺术，中国人的精神——〈中华艺术通史〉总主编李希凡访谈录》，载《光明日报》2006年10月17日第5版）。戏曲艺术要反映我们这个伟大时代，大量合理地引入西方乐器将是戏曲音乐改革的必由之路。

中国封建社会晚期的戏曲艺术可以称得上是"全民艺术"，在广袤的国土上，无论是城镇乡村还是山陬海隅，到处可以听到戏曲的锣鼓声响，它在人民的精神生活中的巨大影响难以估量。产生于清代初年的小说《歧路灯》中的巫氏，是一个精神世界完全被戏曲艺术浸透了的典型人物，戏曲掌故张口便来，立身行事处处以戏曲人物为楷模。戏曲艺术在当代虽有电视、电影诸多现代艺术的竞争，但是依然没有失去它"全民艺术"的地位和活力，遵循正确理论的引导，它依然是振奋民族精神，提高人民道德、情操的有力武器。

笔者确信，当代各门类艺术工作者都可以从《中华艺术通史》中得到有益的启示，用之于理论开拓或创作实践，它在我国文化建设中将会起到重要的作用。

本文原载于《文艺研究》2007年第3期

作者系中国艺术研究院研究员

《中华艺术通史》出版感言

秦　序

印制精美、多达十四卷的大型学术著作《中华艺术通史》（以下简称《通史》），经过以李希凡先生为首的数十位作者前后十余年的潜心研究和认真编撰，经过北京师范大学出版社的全力支持，认真编辑，终于隆重面世。可以说，这为中国的广大读者敬献了一部颂扬中华悠远深邃的优秀文化艺术传统的绚丽华章。

笔者从20世纪80年代初便在中国艺术研究院音乐研究所学习和工作，主要从事中国古代音乐史研究，有幸躬亲此项盛举并获邀从开始阶段便参与编撰。笔者先担任《通史》分卷（隋唐卷）主编和多卷文字撰稿，后又担任全书执行副总主编，历经种种艰辛，倾注了大量的精力，不觉自己一生中最重要十年，竟已悄然逝去。现在，终于能够手捧这一册册油墨喷香的厚厚新书，反复摩挲，居然丝毫不觉其沉其重……

无限感慨！要形容自己此刻心情，最重要的，恐怕是"一则以喜，一则以忧"。

喜的是，这一有分量的意义深远的大部头著作，终于胜利完成！

《通史》从它开始筹划立项，就被批准为国家"九五"艺术科学研究规划众多项目中唯一的"重大课题"，这已充分体现了它在学术史和艺术史上所具有的重要开创意义。

众所周知，中华文化和艺术博大精深，源远流长，中华文明不仅风貌独具，还是全世界四大古老文明中唯一没有中断的文明。一般史籍爱说中华文明具有五千年历史，其实，今天可以追溯、考察其踪迹的中华艺术文明，已远远超越这一时限。且不说考古学所揭示的遍布中华大地东南西北的各种灿烂的新石器时代文化，它们犹如"满天星斗"（著名考古学家苏秉琦先生语）一样，展现了六七千年前丰富多彩的中华先民的造型艺术成就，就说最难保留痕迹的音乐艺术，也透过河南舞阳贾湖新石器时代遗址中出土的二十多支骨笛，展现了距今七八千年前，最早甚至近九千年前的中华音乐女神的若干绰约风姿（详见《通史·原始卷》）。

中华艺术和中华思想文化一样，很早就已成熟，取得许多令人瞩目的辉煌成就。例如，与同样被视为世界"轴心时代"的希腊相比，我国湖北随县（今随州市）1979年发现的战国早期的曾侯乙墓乐器，其种类之多，乐器音域之广，音律结构之复杂，艺术表现力之强，都远远超越当时的希腊。尤其是宏伟壮观的曾侯乙编钟，全套乐钟由64个青铜钟组成，分三层悬挂在高达3米、全长达11米的曲尺形钟架上。编钟音域宽达五个八度又一个大二度，仅比现代钢琴两头各少一个八度。编钟采用纯律和三分损益法组成复合音律，旋宫能力可达六宫以上。钟体上多达数千字的错金铭文，不仅证明其合瓦形钟体确能发出预设的两个不同音高，还详细记录了当时各诸侯国乐律名对比、音域分组名称等重要乐律学知识，充分显示了先秦时期中华乐律学实践与理论的高度成就。曾侯乙墓因出土大量音乐材料而被誉为"地下音乐宫殿"，被国际友人称颂为"世界第八奇迹"，确实是我国古代艺术的辉煌见证（详见《通史·夏商周卷》）。

中华文化很早就形成费孝通先生所指出的"多元一体格局"，中华艺术融会我国五十六个民族艺术的艺术创造成果，音乐、舞蹈、戏曲、杂技、曲艺、书法、绘画、雕塑、工艺品等等，种类丰富，雅俗皆备，成就突出，是今天正在努力实现文化复兴这一伟大愿望的中国人民极其宝贵的文化财富。

但极不相称的是，我国一直没有一部比较全面、深入地反映中华艺术数千年漫长而多样发展历程的专著，也没有全面总结中华艺术各方面成就和经验的有分量的专著。

鉴于这一突出的缺憾，鉴于社会各方面的强烈呼吁，《通史》课题的研究和编撰，可谓应运而生。经过悉心策划，在文化部相关领导和北师大出版社的大力支持下，以研究中华艺术为主要职责的中国艺术研究院为领导和核心，诚邀全国相关学科的杰出专家、学者，搭建起课题编委会及撰稿人班子，开始了集体攻关。

"十年磨一剑"，《通史》这一项目的完成，从立项、组成编委会、开始撰稿起算，真是耗费十个年头，北师大出版社也耐心地"陪绑"十年！就像"十年磨一剑"没有计算采矿、铸剑等工序所耗时间一样，各位学者撰稿之前也都有相当长的专业学习与研究积累时间，少则数年，多则数十年，同样没有计算在内。至于各艺术学科前辈学者的研究成果及相关资料积累，更是无法计量。

读者也许会问：既然中华艺术有悠久历史，成绩伟大，为什么却一直没有一部相应的中华艺术史著述？为什么众多颇有积累的专家进入编撰阶段之后，还要耗费如此之多的时日才能完成？一个字：难！

一方面，中华艺术虽然源远流长，但直到近代借鉴了西方的艺术理念后，我们才有了"艺术"的概念，才有了"画画是一门艺术""音乐是一门艺术""戏曲是一门艺术"等认识，进而有了它们都是"艺术"的见识。于是，开始有了近代意义的科学的美术学、音乐学、戏剧学、美术史学、音乐史学等学科。如何运用近代科学研究方法，全面收集、整理相关各门类艺术史料，绝非短时间所能奏效。

另一方面，随着人类历史从近代迈入现代，知识也从"猛增"迅速进入"大爆炸"的时代。有外国学者调侃道：当前人类知识的重负太大，已不能为人类心灵所承受，于是剩下来的便只是"对越来越少的问题知道得越来越多的科学家"和"对越来越多问题知道得越来越少的哲学思辨家"。由于"专家"盛行，"整体"便消失了，"事实"取代了理解，被分割得七零八落而互不关联的知识，已不再产生智慧和力量了。

同样道理，随着时代的进步，艺术各门类和艺术各学科的研究不断深入，学问不断细分，分支学科不断产生和日渐独立的现象，犹如雨后春笋般涌现。因此，单一的艺术学科研究，甚至仅对一些局部问题、细小问题的研究也越来越多，越来越发达；而综合性的、整体的研究，则因难度越来越大，相关研究也越来越少。因而，即便仅仅深入研究某一艺术门类，想要集本艺术门类各学科已有研究成果之大成，继而推进之，对该艺术门类的专家来说，也是非常困难的问题。仅以中国音乐史学研究为例，近百年就分出了古代、近现代、当代等几大方向。而古代音乐史研究中，又逐渐形成音乐考古学研究、乐律学研究、古谱研究、音乐文献整理研究、音乐美学研究等新的分支学科研究，此外还有种种断代的或专题的研究。古代音乐史的每一类分支学科或专题研究，往往需要一位甚至很多学者穷尽毕生之力。撰写整个古代音乐史，已成为综合的整体性大课题，由于其中许多问题不允许"回避"或"绕过去"，因此，比诸自由选择的专题研究，其难度从某种程度讲要大得多。至于要想撰写全面总结分析中华各门类艺术整体发展历程的《中华艺术通史》，由于"术业有专攻"，由于各门类各学科研究不断深入，要真正实现各艺术门类和各艺术学科的融会贯通，在短时间内显然是不可能的，目前也鲜有精通各门类艺术并能够承担如此重任的大专家、大学者。

汉代大史学家司马迁向往的学术境界，是"究天人之际，通古今之变，成一家之言"，但在今天，仅是在某一门类艺术史中做到"通古今之变"，就极其艰难，是短时间无法实现的理想，更遑论兼通其他领域了。

在《中华艺术通史》这部书稿中，各位分卷主编和撰稿人，力求集中已有研究成果，努力结合运用多学科研究方法，同时，也大胆提出许多带有一家之言性质的创新之见。比如我们在"隋唐卷"中，就果断摒弃普遍采用但并不科学，也不符合唐代实际的"雅乐—燕乐"这一基本的分类法。结合社会学分层研究方法，我们将唐代乐舞活动分为宫廷、地方府署及文人、民间三个层次，同时尽量做到对乐、舞、戏曲等不同门类艺术的记述有分有合，既融会贯通，又分门别类。

经过十年编撰，十年努力，中间还有我们所尊敬的师长苏国荣先生和我的同窗刘晓路学弟先后积劳谢世，凝聚众人大量心血的《中华艺术通史》终于胜利问世，我作为亲身经历者，怎能不踊跃欢喜！在这个攻关的集体中，在总主编李希凡先生和其他各位师友的指点帮助下，我个人能力学识也不断提高，最终能在项目中略尽绵力，欣喜之余，怎能不对他们表示衷心的感谢！此外，中国艺术研究院领导、音乐研究所内外同人以及家人们，也都给我种种帮助，提供了各种优裕条件。如主持《中国音乐文物大系》工作的王子初先生，便慨然允许我们使用该书许多珍贵图片，为《通史》增色不少。借此《通史》出版之际，一并表示衷心感谢！

德国哲学家黑格尔曾说，生命要以有价值的目标为目标，生命才会有价值。在此尤其应该感谢的是，无数中华民族先辈们创造出光辉的中华文化艺术，遗留、赠送给我们后人一份取之不尽、用之不竭的优秀文化遗产。这些遗产既是我们民族和国家自身特性认同和自豪感的前提，也是我们民族和国家历史成就的重要标志，为我们构建了永恒的"精神家园"。优秀的文化艺术遗产是我们世世代代发展文化的源泉和根本，优秀遗产的光辉，也照亮了我们的相关研究、撰述工作，使我们付出的时光和智慧产生了宝贵的价值。

面对中华艺术数千年的光辉历程，面对无比丰富多彩、博大精深的光辉艺术创造，以及无数代艺术家们、民间艺人们，包括地位低下饱受屈辱的歌儿舞女们的贡献，老实说，在我们的笔下难以状写其万一，我们的学养功力也远不足以传达他们的神采风貌。对于探寻这无比丰厚的艺术遗产宝库来说，十年不过是历史之一瞬，即使我们倾毕生之精力，同时又超水平发挥自己的才力，也难免孤陋寡闻之讥。因此，《中华艺术通史》一书中错漏之处，尤其是在我个人承担完成的部分中一定不少。这便是我感到"一则以忧"的缘故。非常希望广大读者明以教我，使我们能尽早认识并改正。

学如积薪，后来居上。现代科学思维强调科学研究中的"证伪"和"试错法"，肯定错误的认识在通向真理的途程中的必然性和积极作用，故我们编撰的《中华艺术通史》作为筚路蓝缕之作，错漏难免，但仍希望能向挖山不止的愚公后人们提供一份借鉴和参考，激励他们去创造更大、更光辉的成绩。希望继来者能更深入更全面揭示中华艺术发展的内在规律和宝贵经验，为保护和弘扬中华优秀艺术遗产，做出更大的贡献。

本文原载于《文艺研究》2007年第3期

作者系中国艺术研究院所研究员

中华民族艺术的绚丽长卷

——《中华艺术通史》与李希凡总主编的学术贡献

傅　谨

　　著名文艺理论家李希凡担任总主编的《中华艺术通史》，是国内外迄今为止第一部纵论中华五千年文化艺术发展历史的大型史著，代表了目前中国艺术整体研究的最高研究水平。它的出版，意味着对中华五千年文化艺术的整体研究已经成为一个趋于成熟的学科领域。一个学科领域的成熟必须有成熟的理论框架、重要成果和学术团队，《中华艺术通史》的出版同时满足了这三个条件——它是中华艺术整体研究领域的标志性的研究成果，使这一研究领域有了相对系统化的基本框架，并且形成了一个因不同程度地参与这一重大研究领域而获得了整体学术视野的学者群。

　　《中华艺术通史》是中国艺术科学研究领域继《中国民族民间十部文艺集成志书》之后最重要的学术成果。但是规划与编撰这样一部宏伟巨著并不是没有争议的，其中最具学术内涵的争论，就在于是否有可能为中华艺术写一部具有内在整体性的真正意义上的通史，今人面对历史悠久的中华文明历史进程中留下的无数艺术作品与艺术现象，是否有可能以一部贯穿古今的史著，将如此众多以及如此纷繁复杂的艺术作品与现象融铸成一个整体，而且使之具有起码的内在完整性。一部通史不应该仅仅是诸多历史现象与事件、艺术家及其作品的堆积，如同李希凡总主编在该书"总序"中特别指出的那样，《中华艺术通史》"不应是艺术现象的简单罗列，更不该是艺术家和艺术作品的历史编目"。因此，寻找与把握中华艺术发展的整体脉络线索，并且通过历史叙述，准确地描述这一发展脉络和线索与艺术史现实的逻辑关系，就是编撰《中华艺术通史》面临的最大的理论挑战。

　　正是在这个意义上，对中华艺术和美学精神的提炼与总结，就成为这部史著最重要的理论收获。全书充分体现了这一力图将中华艺术发展历程与中华民族的审美意识发展史紧密结合、与中华艺术精神与特有的观念体系紧密结合起来的特色，并且从中发掘出"天道、人道，天人之合""情与气偕，气韵生动""境皆自得，意自天成""外师造化，中得心源"四大美学取向，以此作为贯串整部中华艺术史的精神主线。因此，《中华艺术通史》是一部有灵魂的历史，是一部以美学、以审美活动统领的艺术史。尽管对中华艺术精神的归纳见仁见智，但是《中华艺术通史》的理论归纳与美学总结并非止于理论的表述，更重要的是它将这种对中华艺术与美学精神的体认贯穿到中华艺术历史撰写的全过程中。假如没有上述那些从对历史整体的深刻体认基础上总结出来的确实具有普遍性的理论原则，《中华艺术通史》的结构与写作实践就不具备任何的可能性。

　　《中华艺术通史》是中华民族艺术的绚丽长卷，因它的出版，2006年在中国艺术科学研究的学术史上有了非同寻常的重要性。

本文原载于《中国文化报》2007年7月28日

作者系中国戏曲学院教授

中华艺术全景式的历史画卷

孟繁树

中华艺术源远流长博大精深。近年来，对中华艺术的历史和理论的研究不断深入，取得很多重要的成果，可以说几乎各种艺术门类的专史都已经陆续出现，而对中华艺术的审美内涵和美学精髓进行深入探究的论著更是纷至沓来。正是这些史论研究成果的积累为一部贯通古今的《中华艺术通史》的编撰奠定了基础，同时也对这部多门类的艺术百科全书式的通史尽早成书提出了迫切的要求。李希凡先生为总主编的《中华艺术通史》（以下简称《通史》）的编撰是一项巨大的学术工程，它以中国艺术研究院的专家为主体，吸收全国范围内多位卓有成就的艺术史论家参加，历经十载的艰辛努力，终于以一部图文并茂、史论结合、通古贯今的洋洋十四卷的学术巨制呈现在我们面前。这无疑是当今学术史上的一件盛事。随着这部具有填补学术空白意义的《通史》的出现，中华艺术史论的研究也必将跃上一个新的平台并掀开新的一页。

《通史》的价值首先取决于它所涵盖的丰富内容和广博的研究对象。举凡在我国艺术发展史上曾经谱写过辉煌，并广为民众喜闻乐见的各种艺术门类，诸如音乐、舞蹈、戏曲、说唱、杂技、绘画、书法、雕塑、建筑和工艺等，都纳入了这部学术巨制的视野。由于它将各种艺术门类和样式放在上起原始社会，下迄清宣统三年（1911）的漫长历史长河中，对其发展演变的脉络进行了系统的梳理和清晰的勾勒，这就为一般读者提供了一次全方位的、系统的观察和认识中华艺术发展历史的机遇。当我们从书中看到从原始的彩陶艺术发展为精美绝伦的三代（夏商周）的青铜器，又从威武雄壮的秦兵马俑演变为雄伟壮观的汉画石、汉画砖和北朝的石窟佛像时，我们不能不为我们民族的创造精神和丰富的想象力惊叹；而后纷至沓来的晋唐书法、宋元山水画、明清的戏曲和曲艺，以及贯穿历朝历代的精湛绝伦、瑰丽多姿的乐舞和工艺，更是由衷地激发了我们民族的自豪感。毫无疑问，这种对各门类艺术发展轨迹的精细梳理和全方位的展示，也为有志于中华文化艺术的研究者提供了宏观把握中华艺术全貌，进而在各艺术门类之间进行比较研究的契机。

从纵向上看，中华艺术有如源源不断的历史长河流淌了几千年，并从整体上形成了自己的风格特点；从横向的角度看，由于不同时代的政治、经济和文化的影响与制约，历朝历代的艺术又呈现出不同的风貌和特点。《通史》采取断代分卷的形式，既是为了尊重中华艺术自身发展的阶段性特点，又是为了从横向上全面揭示不同时代艺术的共生现象，从而探寻出各种艺术门类之间的竞争、互补和交叉影响的脉络。由于编撰者立足于社会总貌，从艺术发展之间的内在联系出发，力图概括和总结每个时代艺术的共同的发展规律和各自的特点，所以使这部《通史》无论从宏观的总体把握上，还是微观的深入研究上，都体现出自身的学术价值。

《通史》的第二个重要价值在于它通过以史带论、史论结合的方式，令人信服地揭示出中华艺术的美学神韵，及其形成、发展和升华的过程。

相对于西方艺术的重视对审美客体的深入剖析和逼真摹写的特点而言，中华艺术则更看重艺术家主体的心灵感受和生命意兴的捕捉与表达，并以此为核心形成了极具民族特色的美学品格和艺术理论体系。《通史》的作者们在客观地梳理和勾勒各种艺术样式发展演变脉络的同时，还有意识地站在理论的高度，对各种艺术门类所共同遵循和蕴含的艺术规律和美学神韵进行了提炼和概括，从而为读者打开了一扇通往中华艺术心灵的窗户，这显然更有助于人们更深刻地认识和感受这种东方艺术的神韵。众所周知，"道"是中国古代哲学中一个具有核心意义的重要概念，被视为天地万物和宇宙精神的本原。从《通史》中可以清楚地看到中华艺术审美追求的最高境界是人与自然的和谐统一，这种"天人之合"的思想就体现了"道"的哲学观念对中国传统美学基本特征的深远影响。《乐记》说："大乐与天地同和，大礼与天地同节。"甚至认为乐舞的全过程都是按照"天意"（道）在进行创作的。魏晋南北朝时期阮籍的《乐论》将乐与道的关系解释为："昔者圣人之作乐也，将以顺天地之性，体万物之生也。故定天地八方之音，以迎阴阳八风之声，均黄钟中和之律，开群生万物之情气。"这种对艺术创作活动是以"自然"之心合"天然"之道的体认，在魏晋以降的绘画领域表现得更加鲜明，以至于南朝画家宗炳认为，自然山水就是"道"的显现，艺术家应该像圣人那样游览名山大川，在大自然的造化中来体悟"道"（自然）的精神。可以说中华艺术的历史长河中都贯穿着这种"天道"与"人道"互相融合的精神，正是这种对"天人之合"的追求，使中华艺术达到了最高的审美理想境界。

《通史》的第三个学术价值在于，编撰者十分看重在史的叙述过程中进行理论的提炼和概括，有意识地摸索和总结中华艺术的发展规律。这首先表现为对中华艺术所具有的综合性特征的把握。如果说综合性是各民族艺术普遍的现象，那么中华艺术对于综合性表现的热情和执着则是无与伦比的，它不仅成为我们民族艺术的具有本质性的属性之一，也成为推动各种艺术门类和样式赖以生成和发展的动力。以艺术和文学的关系为例，可以说二者的结合从它们各自形成的那一刻便已开始，而且此后从未分离，《诗经》就是最好的证据。更有趣的是，"综合"二字似乎很早便浸透在文学艺术家创作主体的思维之中，成为他们一种自觉的创作追求。从艺术自身来看，可以说任何一种艺术门类和样式都遵从着一条综合化的原则，从而使自身愈加丰富多彩，更具有迷人的魅力。以绘画为例，"诗画本一律"早已成为诗人和画家的共识，王维将诗与画的结合推上一个新的历史高度，苏轼则将这一现象做了理论的总结，即"诗中有画""画中有诗"。此后书法和印章又加入进来，使绘画艺术愈加丰富多彩，进入了一个全新的世界。作为表演艺术代表的戏曲，更是将综合性从深度到广度都推向极致，甚至可以说没有综合就没有戏曲。如果说元人杂剧开了文学和音乐联姻的先河，那么此后明人传奇则将二者有机地融为一体，声情并茂的昆曲从此给世人带来了一种前所未有的视觉和听觉的艺术享受。也正是这种综合化道路的进一步拓展，才带来了清代地方戏曲的空前繁荣，三百多个地方剧种活跃在中华大地的每一个角落，成为人们不可或缺的消闲娱乐的最好方式。而将"唱、念、做、打"融汇到一个全新高度的京剧艺术的崛起，最终完美地完成了文学、音乐、表演、舞蹈、武术、化妆等多种艺术的综合，它也因此成为中华艺术中影响最广和最具生命力的一种艺术形态。

《通史》的作者们既对中华艺术本身及其各种艺术样式的雅与俗的变化轨迹进行了客观的梳理，也对雅俗的辩证关系做了深刻的阐释。从总体上说，中华艺术当然是经历了一个从原始简单到高级复杂的过程；而就各种艺术门类和样式而言，其原始形态基本上都是发轫于民间艺术，然后经过一些艺术家和文人的参与，逐渐积累、提高和升华发展为成熟高级的艺术形态，所以由俗而雅是各种艺术普遍遵从的规律。以清代地方戏曲为例，各个剧种基本上都要经过以"二小（小丑、小旦）"戏到"三小（小丑、小旦、小生）"戏，再到多种角色同时出现在舞台上的大戏的阶段。有趣的是，清代地方戏的生成和发展并不是全盘照搬和继承已经高度成熟的元杂剧和明传奇然后在此基础上加以发展，相反，它们却要走一条从无到有和从小到大的独立道路，它们所继承的只是前代戏剧的精神，亦即综合化的特点和独立的成长道路，它们也因此而获得了自身生命成长的独特体验和价值。这就是说，对于各种艺术形态而言，由俗而雅是普遍的规律；但是，俗与雅不是一种接力式的传承关系，而是一种艺术生命形态必然经历的自身体验的过程。换一个角度看，雅艺术固然创造出很多艺术的精品，但俗艺术同样创造出很多艺术的精华。《诗经》当初是作为采风的民歌而搜集整理的，《三国演义》最初也是长期流传于民间说唱的词话，随着时间的流逝，至今它们也都变成了经典。即使到了封建社会后期，那些几乎变成了文人垄断的绘画领域，其中很多精美绝伦的作品也并非完全出于雅艺术的创造，谁又能否定以杨柳青为代表的民间年画的艺术价值呢？由于作者们着眼于从雅俗分合关系、主从关系、兴衰关系的角度观察中华艺术的发展史，无疑增强了《通史》的认识价值。

为什么在绵延几千年的历史长河中，中华艺术不但能够一直保持着发展壮大态势，而且能够永远保持着旺盛的生命力？《通史》给了我们最好的答案。"江山代有才人出，各领风骚数百年。"这也可视为中华艺术发展规律的写照。一部艺术史就是各种主流艺术门类兴衰的自我更替史，从汉赋到唐宋诗词，再到元曲、明传奇和清代地方戏，几乎每个时代都会有一种新的充满生机和活力的艺术样式勃然兴起，它们既给艺坛注入了新鲜的血液，并且通过与原有艺术的竞争促进了艺术的繁荣。这种艺术的自我更新还贯穿于同一种艺术门类的发展演变史中，它们以不同艺术样式之间的不断兴替的方式来保护这门艺术自身的生命力。这在戏曲艺术的发展史中表现得最为明显。宋金杂剧最早完成了戏曲艺术的自我建构，元杂剧随后便取而代之，将戏曲艺术推向第一个高峰。当北杂剧变得成熟并出现停滞不前的症状时，南曲传奇便接过接力棒，以昆曲为代表的四大声腔将戏曲艺术推向第二个高峰。但当昆曲成为士大夫文人手中的玩偶，沉迷于红氍毹之上后，以梆子腔和皮黄腔为代表的清代地方戏曲便勃然兴起，并且转眼之间就遍地开花，最终演化为三百多个地方剧种，不但使戏曲艺术极大程度地满足了全国民众的审美要求，也将戏曲艺术推上了第三个高峰。可以说，一部中华艺术史既是各种艺术门类的生成、发展、壮大和衰亡的生命史，也是中华艺术自我更新、变异和淘汰的历史。正是遵循着这样一种良性的循环才保持了中华艺术自己旺盛的生命力。

一部艺术史既是中华各民族艺术之间相互影响和融合的历史，也是华夏文化艺术与世界艺术交流的历史。早在春秋战国时期就出现了齐鲁文化、楚文化、吴越文化、秦文化和三晋文化并存的局面，而不同地域文化艺术之间的交流和影响从那时便已开始。秦汉实现大一统后，政治的统一不但带来了中原地区文化艺术的融汇和繁荣，也使中外文化的交流变得畅通无阻。汉代画像石、砖上出现的"跳丸剑""吞刀吐火"便是来自罗马帝国；"都卢寻橦"则是来自缅甸；而"本出自胡中"的箜篌和琵琶等乐器传进中原后，经过不断的改进而成为华乐中最具代表性的乐器。这一时期，汉代的乐舞也通过商道传到中亚及周边地区，汉武帝曾经赐给高句丽"鼓吹伎人"，西域的乌孙公主则派人前来京城学习鼓琴。唐代更是一个高度开放的时期，在唐太宗李世民"尚胡"政策的影响下，以胡服、胡乐、胡舞和胡饭为标志的"胡风"浸润到社会生活的各个领域，以至于唐代宫廷的十部乐中的七部，如《天竺乐》《高丽乐》《龟兹乐》《高昌乐》等都是当时的"胡乐"。时至盛唐时期，以壁画、石刻和雕塑为标志的佛教造像之所以得到空前的发展，很大程度上就是外来文化进一步中原化和民族化的结果。此后由蒙古人入主建立的元朝和由满族入主建立的清朝，不但进一步实现了民族大融合，也将民族之间文化艺术的交融和影响推向一个又一个高峰。

本文原载于《中国艺术报》2007年1月12日

作者系中国艺术研究院研究员

李希凡现当代文艺批评研究

桑　媛

在新中国文艺批评的观念形态中，有周扬权力话语的批评范式，邵荃麟的实用主义文学批评，茅盾的客观写实的批评观念，冯雪峰"政治—艺术"对立统一的批评，胡风主观战斗的批评精神，侯金镜和巴人（鲁迅笔名）以人为本的文学批评，姚文元"政治批判"型批评。李希凡的文艺批评与上述文艺批评不同，具有自己的批评主张，形成了自己的批评风格，他的文艺批评主张与风格将会在下文中重点阐述、展开。

李希凡的文艺批评不是将文学作品冰冷地编码，让作品变成哲学、美学理论的验证工具，而是运用理论工具来服务作品，保留作品的骨血和情感生命，重现文学作品的魅力和时代价值。这样文艺批评就产生双赢的效果：一是维护了文艺作品的主体地位，让中国的文艺作品重新焕发出时代的魅力和价值；二是让文艺批评本体也极具感染力和说服力，无论是专家学者还是当时群众读者，都可以从中有所裨益，用当下的流行语言来说就是非常"接地气儿"的专家批评。冲破了"专家"身份的象牙塔，让群众读者都能接受，真正发挥了文学的教育和美育功能。

换句话说，文艺批评想要达到理想的接受效果，必须要满足"社会需求"[1]。满足社会需求，必须做好以下两个方面，一方面是深入发掘探测读者的深层心理、社会的深层内涵；另一方面是从文学本体着眼，对作品内涵进行深层解读，包括艺术形象、思想内涵、艺术手法等等，真正进入到文学的审美空间，使一般的读者有所裨益，又与专业读者"百家争鸣"，各抒己见，为真理而上下求索。有些评论家根本不讲述书中的内容，直接谈自己的感受，又是打比方，又是形容词，读者云里雾里，不明就里。评论家以自己的权威地位，强迫读者跟着自己的思路走，并不与读者互动，自说自话。相比之下，李希凡的文艺批评，如山泉般清澈，涛涛文海如汩汩清流，带领读者冲破云山雾罩，进入天朗气清的广阔天地。

李希凡具有深厚的文学艺术感受力和理论功底，相比那些片段的、零碎的评论，李希凡的评论语言气势磅礴、视野高远、逻辑清晰。对文章的内容概括准确，运用理论概念分析作品中人物、情节深入浅出，体现了专家批评的高水准。

20 世纪文艺批评的繁荣发展印证了批评家把 20 世纪称为"批评的时代"这句话。在这些批评学派中，可以看到种种不同的"主义"：形式主义、新批评、精神分析学派、结构主义、现象学、接受美学、新马克思主义、女权主义、新历史主义，如此等等。诸多批评学派各自拥有自己的理论武库，批评家是在一整套相应的概念、术语簇拥之下披挂上阵的。相比"印象主义"的感性批评，学术批评力图用严密的理论体系抑制批评家个性的过分膨胀，不从批评家的个人体验出发，而从特定的理论模式出发。李希凡的文艺批评既不是纯粹的感性批评，又不是刻板的学术批评。他满怀对文艺的热爱与勇于实践的使命感，立足马克思主义的学术立场，又对中国现当代文艺作品进行解读，提出批评主张。即使中国的文艺作品焕发新的活力和产生新的价值阐释，又拓展了马克思主义文论的丰富内涵。

一、批评实践中的批评主张

（一）高度重视"典型"的创造

"文学典型论"的运用是李希凡文艺批评中最重视的艺术创作手法，这一批评主张贯穿着其文艺批评的始终，是他在文艺批评实践中的突出成就。"典型人物"和"典型环境"是马克思主义文艺理论中的重要概念。李希凡在文艺评论中非常重视对人物形象的把握，对作品中的"典型人物"和"典型环境"进行深刻分析。

李希凡指出："典型性格的创造，决定于作家认识生活、认识现实的深度。伟大的作家，总是不仅善于透过复杂的现实生活关系，把握社会和时代所给予人的强烈的精神特点，而且善于透过人物性格中的某些特点，追溯到历史传统的影响，使得这个人物成为一个具体的独特的性格，却显示着时代的历史的共性。而这种时代的历史的共性所概括的，不是某一阶级的特点能包容的，但它却不可能超越不同时代的社会基础。"[2]《红旗谱》中的"朱老忠"，《林海雪原》中的"杨子荣"，《青春之歌》中的"林道静"，《红岩》中的"江姐""许云峰"等人物都是当代文学作品中典型人物，李希凡对这些人物形象有着独到的分析。

《红旗谱》的杰出成就，就在于"它丰富地表现了中国民主革命新旧转换期各种各样的农民性格，形象地总结了几个时代农民斗争的活的经验和教训"。李希凡从两个角度阐述了《红旗谱》中朱老忠形象的典型创造。第一角度是关注典型性格的创造过程，首先，作家从生活素材中获得故事的创作灵感和人物形象的创造原型，加工成短篇小说《三个布尔什维克的爸爸》。然后，在这部短篇小说的基础上，作者进一步探索，深化典型人物，注重在情节中发展性格、塑造典型，将"个人遭遇的情节""伸展到历史斗争传统里""形象地连接起革命农民的历史和现实的斗争"，最终实现在典型环境中塑造典型性格。李希凡高度评价了"朱老忠"人物形象，他认为："在我们的革命文学里，描写党所领导的革命农村斗争的作品，数量是很多的，但能够创造出具有如此历史深度的革命农民的英雄典型，朱老忠的形象还是第一个。"[3] 通过创作过程的梳理，清晰地了解了作品中人物形象典型性格的集中、概括、突出和提高。第二角度是认为作品成功的因素是革命浪漫主义与革命现实主义相结合的艺术方法的运用。这种艺术方法运用的基础是作者长期的农村工作经验、对生活的细致观察以及对农民的深厚感情。如李希凡在文中写道："革命理想的熔铸和革命生活的真实概括，富有浪漫主义精神的描写和精确的生活细节的选择，奔放的热情笔触和对于生活严峻的剖析是如此水乳交融、互为一体地表现在朱老忠典型性格的创造过程里。"[4] 这些独到而中肯的见解，成为后人研究《红旗谱》借鉴的经典。

《林海雪原》是一部具有传奇色彩的长篇小说，一问世就引起了巨大的反响，书中的主角少剑波也引起了很大的争议。有人认为这是一个"个人英雄主义"的形象。李希凡针对这些不实事求是的批评，在《北京日报》的讨论中发表《关于〈林海雪原〉的评价问题》，在文中对少剑波的形象做了全面、辩证、中肯的剖析，认为从形象创造来看，少剑波的形象不能说是写得成功的，他没有实现创造一个更完整的人民解放军指挥员形象的意图。但是不能从这里就引申出对其作为一个人民革命战士的全部品质的否定，更不能说他就是一个"个人英雄主义"的形象。要承认，这个贯穿全书的中心人物，在作者的笔下，像威虎山战斗"兵分三路"的奇妙部署，消灭九彪的大胆行动，在大锅盔战斗中的那种和敌人周旋的灵活战术，都写出了这个久经锻炼的青年指挥员的知己知彼的勇敢、智慧、果断的英雄品质，完全否认这一点，也是不公平的。李希凡既以宽厚之心珍惜作家的创造性的劳动和成果，更加以科学精神分析小说人物形象塑造的得失。

林道静是《青春之歌》中的主人公。她是一个正在经历着斗争锻炼的社会主义青年，其性格具有双向性。一方面，读者能从她身上强烈地感受到"小资产阶级革命民主派"的浓厚气息。另一方面，读者也可以从她身上感受到，她的思想感情是不稳定的，起伏变化很大。她正在经历着从一个阶级到另一个阶级的转化，跳动着革命的激动的脉搏。尽管作者在这方面的艺术刻画还不够深切，但是林道静的这种精神面貌的轮廓还是非常清楚的。这本书的作家杨沫表现了林道静明确的阶级观点，通过作品所反映的历史的真实，也恰恰是通过这种性格的变化来表现的。

《红岩》是一部经典的革命文艺长篇小说，这部小说改编自《在烈火中永生》的回忆录。许云峰、江姐是其中重要的革命英雄，意志坚定的共产党员，关心同志的革命战士，信仰坚定的无产阶级代表。这部作品可称为具有艺术冲击力的作品。李希凡认为，这种罕见的艺术冲击力首先来自小说中高大的革命英雄形象。《红岩》里，烈士们的英勇、坚定和高度自我牺牲精神，是通过多种多样的机智而又灵活的斗争策略表现出来的。"[5] 许云峰是小说塑造的最突出的人物形象，他"临危不惧"，在发现甫志高叛乱的紧迫时刻，一方面交代着抢救同志的措施，一方面毅然决然走向特务布置下的罗网，掩护地下党组织的安全。他大义凛然，舍己为人。"他的手指早已磨破，滴着鲜血，但他没有停止挖掘。""洞壁的岩石终于挖通了，而许云峰却安然等待着就义，把这条用自己鲜血滴透了的孔道，留给战友们，留给集体。"[6] 江姐——"丰满地塑造了一个坚贞的共产党员的英雄形象"，面对"城楼上'多少年朝夕相处，患难相共的战友、同志、丈夫'的人头"，江姐强忍住泪水，执行党的任务；面对毒刑和死亡的威胁，"江姐梳好头发，再用手按平旗袍上的折痕，搀扶行动不便的战友，昂然走上刑场"。[7] 还有龙光华、齐晓轩、"老疯子"华子良等英勇坚毅的革命战士非常具有艺术冲击力。李希凡认为：《红岩》从生活概括到作品结构、人物创造，都为革命的现实主义和革命的浪漫主义相结合的艺术方法，提供了创造性运用的新的范例。"[8]

（二）探求历史真实与艺术真实的关系

20 世纪 50 年代末，史学界讨论历史人物曹操的评价问题，有的史学家认为《三国演义》是曹操的"谤书"，罗贯中是"以封建正统思想毒害人民"，罗贯中是"封建正统主义的积极宣传者"，还说《三国演义》把历史写成了滑稽剧，"丑化了曹操，美化了刘、关、张"。面对这些历史学家的文史不分，也不懂得艺术真实的创造并不是历史事实的记录的问题，李希凡当仁不让，反驳历史学界缺乏文学常识的错误观点。他接连写了四篇文章为《三国演义》辩护，包括《〈三国演义〉和为曹操翻案》《历史人物的曹操和文学形象的曹操——再谈〈三国演义〉和为曹操翻案》《〈三国演义〉里关羽的形象》《一个忠贞、智慧的封建政治家的典型——〈三国演义〉里的诸葛亮》。这些文章鲜明地阐述了三方面意见：第一，《三国演义》绝对没有把历史写成滑稽戏，而是真实、深刻地反映了封建统治阶级尖锐的政治斗争；第二，《三国演义》里曹操的艺术形象，正是在这种复杂的政治斗争的现实主义描写里，丰富而突出地塑造了一个封建政治家的典型；第三，所谓"美化了刘、关、张、诸葛亮"，也是历史学家基于将文学作品的《三国演义》当作史书来解读而产生的偏见。在这个问题上，李希凡秉持认真、严谨、科学的学术态度，查阅了大量史料，包括陈寿的《三国志》、胡应麟的《少室山房笔丛》、章学诚的《丙辰剳记》、黄摩西的《小说小话》，运用历史唯物主义观点，全面着眼评价曹操历史上的功过是非。

《林海雪原》是一部传奇性的革命历史小说，在出版后引起了强烈反响和激烈讨论。讨论中，一位名为冯仲云的读者从不符合历史真实的角度全面否定了《林海雪原》的创作，认为"他的传奇性的斗争生活是脱离党的领导，凭着少数人的机智、多谋、英勇、果敢来进行的"，"书中写的地理形势完全不符合当地情况，牡丹江当地的人们会奇怪地问：《林海雪原》的地图是怎么画的？东北的地形也不像书中所说那样险要。本书对地理和地形的描写夸张到脱离了现实，这是不应该的"[9]。李希凡从历史事实和地理事实两个方面，反驳了这位读者的观点。李希凡认为："文艺作品里所反映的生活，是来自现实的生活，但又不等于现实的生活，因为它是作家在丰富的生活基础之上，根据艺术形象反映生活的需要加以概括、创造的结晶品。"[10] 正如毛泽东所说："因为两者都是美，但文艺作品中反映出来的生活却可以而且应该比普通的实际生活更高、更强烈、更有集中性、更典型、更理想，因此就更带普遍性。"[11]

李希凡结合分析作品，探求历史真实与艺术真实的关系，对新中国成立初期产生的对两者关系的混乱认识提出了观点，做出了例证，澄清了事实。这是一个文艺理论的基本问题，这样做对艺术和历史的研究是很有意义的。

（三）影视改编主张：忠实原著、探索创造

改革开放初期，新中国的影视艺术迎来了一次创作高潮，同时中国经典的小说迎来了一次改编高潮。比如小说《高山下的花环》改编成同名电影《高山下的花环》，老舍的小说《骆驼祥子》改编成同名电影《骆驼祥子》，高缨小说《达吉和她的父亲》改编成同名电影《达吉和她的父亲》，中国古典文学四大名著《红楼梦》《三国演义》《水浒传》《西游记》改编成同名电视剧《红楼梦》《三国演义》《水浒传》《西游记》等。在这次改编高潮中，李希凡作为文艺批评家创作了一系列经典的影视批评篇章，提出了影视改编的核心原则：忠实原著、探索创造。这项原则在影视产业发达、影视改编盛行的当下也非常有借鉴意义。

忠实原著，即忠实原著思想，尊重原著情节设置的合理性和统一性，尊重原著中人

物典型的设置，尊重原著的主题思想。在李希凡、陈诏《关于文学名著改编影视的对话》中，李希凡提出改编"首先遵循的原则，当是忠实于原著所提供的内容，而且要包括原著的艺术思想、形象系统以至风格、神韵"，把握原著的精髓。《为有牺牲多壮志——谈电影〈高山下的花环〉的改编》中充分肯定了影片取得的成功"在于它的改编忠实并发扬了原作"。连长梁三喜、副连长靳开来、赵蒙生和军长儿子雷凯华等人物是小说中塑造的一代新人，他们同仇敌忾、百炼成钢。"影片的改编正是沿着小说原作的轨迹，再创造了那战火洗礼中这一代新人的崇高思想、品格和情操，而也正像小说原著一样，影片既没有把他们神化为完美无缺的英雄，也没有净化生活，把他们写成不食人间烟火的圣徒。"[12]

《城南旧事》是台湾作家林海音的自传性小说，以第一人称叙述了小主人公英子的生活经历，渗透着浓重的乡情与乡愁。林海音（林含英）原籍台湾，因受不了日本殖民统治而随父迁京定居，童年在北京生活，中年回到台湾，开始文学创作。李希凡非常欣喜地肯定了电影《城南旧事》的改编。"影片改编的成功，在于忠实原作，再现了作者的这一富有诗情特色的艺术风格。""影片《城南旧事》所把握于小说原作的精神实质并加以抒发的，就正是这种记忆中的旧来的意味留存，使人时时反顾的乡愁，感情诚挚、深沉。"[13] 这部影片不同于《茶馆》《骆驼祥子》的浑厚凝重，而是清新雅丽的格调。幼年的英子善良可爱，在寻找友谊的过程中，发生了三个小故事，这三个小故事组成了影片的骨干情节。

忠实于原著，并不等于亦步亦趋，照猫画虎；改编是艺术的再创造，是两种不同的"语言"和"形象"的转化，总会有适应不同艺术形式的规律、特点的集中和概括，而再创造又必然渗透着再创造者的理解、意图，以至艺术风格。

电影《骆驼祥子》是凌子风导演根据老舍先生的同名小说进行改编并导演的，改编取得了巨大的成功。其中虎妞形象的塑造，突破了原著中虎妞形象的侧面描写，大获好评。"在祥子眼里，设若当个朋友看，她的确不错；当个娘们看，她丑、老、厉害、不要脸。她虽然最终和其父刘四决裂，和祥子出走，但在祥子心目中，虎妞还是个累赘，是使他不自由、气闷的'母老虎'。"[14] 但这只是祥子眼中的虎妞，小说中的虎妞。在影片中，虎妞作为立体的角色呈现出来，做出了新的内涵展示。"它不仅没有把虎妞的复杂性格简单化，相反是力求遵循老舍的现实主义创作的轨迹，忠实地表现生活的全部复杂性和历史的具体性，严格地重视事件和人物的每一个细节的真实性，在生活真实的基础上再创造虎妞的性格。"影片对虎妞的感情世界进行了深入的开掘，将她对祥子主动进攻的爱情展现得动人真挚。"一会儿挑逗，一会儿嗔骂，一会儿撒泼，一会儿'威胁'，一会儿装怀孕，一会儿表露情意，呈现出十分复杂的性格风貌，浓重的小市民习气，车主女儿的剥削意识的烙印，粗犷、直爽而又有男性化的爱打爱闹、骂骂咧咧。在这里，虎妞的感情世界通过演员的表演艺术，融合在一个鲜明的个性生命里，得到了真实而丰富的刻画。"[15]李希凡指出，"文学艺术的最大特点，是用具体的感性形象来反映现实，结合着他的阶级地位、生活、习惯、心理状态，以及同别人的相互关系等等，反映着周围环境给他的多方面影响，反映着马克思所说的社会关系的总和。"[16]

针对《达吉和她的父亲》的改编，李希凡也提出了质疑。《达吉和她的父亲》是四川作家高缨的短篇小说，1961年被改编成了同名电影，引起很大争论。影片把小说中的题材和主题都改变了，把解放战争初期的故事，移至"大跃进"年代；把以此为基础的矛盾冲突性格冲突变成了善意互让的误会。针对影片改变故事发生时空，发生变化的选择，李希凡认为这不是成功的经验。"所谓作品的主题、题材、典型环境中的典型性格、时代精神，都不是抽象的，而应该有它们具体的生活内容，并且恰恰是透过对具体生活活生生的描绘，表现出作者敏锐地发掘问题，揭示真实的思想才能和艺术才能。"[17]如果作家随意改编自己作品的主题、题材、性格和时代精神的"思想基础"和"时代背景"，就很难创造出血肉饱满的艺术形象。形象和思想是不可分割的统一体，为了适应某些抽象的概念要求，把它移植到另一种生活基础上，去改变它的具体的生活矛盾的性质，磨掉它的性格典型环境，就会造成形象与思想的游离状态。

二、批评风格的开拓

文艺批评的风格是批评家按照批评对象的内在要求，运用一定的批评方法和批评标准，进行审美判断、创造以及审美表述，并融合批评家创作个性所形成的基本特色。刘勰在《文心雕龙·风骨》中指出："练于骨者，析辞必精，深乎风者，述情必显。"[18]李希凡的文艺批评从结构上有不拘一格、勇于创新的特点，在语言风格上具有气势磅礴、深刻厚重的特点。文章多为精彩的长篇评论，结构分明，逻辑清晰，语言雄浑，具有风骨。李希凡的文艺批评被读者喜闻乐见与李希凡"平易近人"的批评风格有密切联系。

（一）对文艺批评新样式的开拓

著名的文艺理论家郑恩波在文章中提出："李希凡的文艺批评创造了文艺批评写作的新样式，既是对文艺作品的批评，又是对文艺批评的创作。许多语言新颖、文采斐然、样式鲜活的佳作美文，为文艺批评写作的进步与解放起了很好的模范引领作用。"李希凡接受了大学的教育，为他提供了知识储备，但是在文艺批评创作的形式方面没有严格的培训与限制，因而李希凡在文艺批评中可以从感性出发，以理性分析，创作出许多不拘一格的文艺批评，自由地表达思想。

首先，在篇章结构安排方面，文艺批评的惯常写法是先概述小说的内容，交代作者及创作背景，或者对主人公做一番简介和评述，而李希凡的有些文艺批评突破了惯常写法，有感而发，形成了新颖活泼的批评样式。例如在《英雄的花 革命的花——读冯德英的〈苦菜花〉》一文中，李希凡首先引用小说第七章中的"苦菜"作为象征和出发点，一层层阐发出这部作品史诗性的革命主题。"苦菜"的根虽然是苦的，但开出的花朵却是香的，这是为烘托母亲的形象，给这个富有诗意的书名做的注解。再如《社会主义时代精神的最强者——读〈欧阳海之歌〉》一文，抓住欧阳海在生命最后的四秒钟的"想""看""听""说"，将小说中最精彩、最激动人心的1500字原原本本地摘引出来，放在文章的最前面，作为文章的内核，从容不迫、有理有据地论述，形成了一篇面貌奇特、风格独具的批评。既是一篇层次分明、条理清晰的评论文，又是一篇感情丰盈、诗情画意的抒情散文。"这篇文章的逻辑思维和形象思维结合得如此完美、和谐，表明李希凡为创造文艺评论的新样式，远在半个世纪之前就留下了辛勤的汗水，收获了丰美的果实。"[19] 这种文艺批评的创新是感性与理性的结合，有感而发，带感情地创作，再结合理性思考，落笔成文，成为李希凡文艺批评的一个显著特点。

其次，在拟定标题时，李希凡习惯采用主副两级标题的形式，主标题为关键词，副标题注明作品的名称。其中有一些文章是采用文中的语言作为关键词化作主标题，更加有力、贴切地与文中的批评观点相呼应，达到画龙点睛的效果。比如《巍巍青山在召唤——读〈高山下的花环〉》中，"巍巍青山在召唤"就是李希凡化用了小说结束时的自白："默立在这百花吐芳的烈士墓前，我蓦然觉得，人世间最瑰丽的宝石，最夺目的色彩，都在这巍巍青山下集中了。"以巍巍青山点题，李希凡深入分析了小说中的主人公梁三喜和赵蒙生，通过情节的描述和性格的概括，彰显了主人公以巍巍青山为象征的崇高的牺牲精神。在文章结尾发出"巍巍青山在召唤，召唤着人们净化灵魂中的杂质，'让闪光的记忆永远珍珠般闪光，照耀着我们奔向美好的未来'！"[20] 在《"倘若真有所谓天国"——读张洁〈爱，是不能忘记的〉及其评价所想到的》中，李希凡从小说中女主人公生命结束时对故去的男主人公表白的遗书中摘引了几句话："我是一个信仰唯物主义的人。现在我却希冀着天国，倘若真有所谓天国，我知道，你一定在那里等待着我。我就要到那里去和你相会，我们将永远在一起，再也不会分离。"李希凡通过对比罗密欧与朱丽叶、梁山伯与祝英台、贾宝玉与林黛玉等古代爱情故事，分析《钢铁是怎样炼成的》的中保尔·柯察金与冬妮娅的现代爱情故事——深入分析了无产阶级的爱情观，"纯洁、真挚的爱情与为伟大理想壮烈牺牲的革命精神融合成一股浩然正气，一直铭刻在人们的心目里"。[21] 李希凡以这种崇高、纯洁的爱情观对小说作者所向往的"天国"爱情观提出中肯、善意的批评。这是一篇珍贵的文艺批评，是李希凡唯一一篇分析爱情主题的篇章，对革命时期的爱情做了深刻的分析和概括。

最后，在阅读感受上，李希凡总是非常"贴心"地交代文中的内容、情节和人物形象，使没有读过作品的人也能读懂李希凡的文艺批评。这一点对于沟通作品与读者是非常重要的。批评家不仅是作家和作品之间的"桥梁"，也是作品和读者之间的"桥梁"。李希凡的文艺批评通过报纸发表的居多，而阅读报纸的读者是各种各样的，有的读过他评论的书，有的根本没读过，只是听说过那本书的名字。为了让绝大多数的读者能理解他对书的评价，他总会在行文中寻找机会，对书的内容和人物做出恰当的交代，让读者头脑清晰，而不是云山雾罩。比如："《烈火金刚》是一部描写抗日战争的小说，是一部革命英雄的传奇，他取材于抗日战争中的最艰苦的时间和地区——时间是'五一'反扫荡；地区是抗日战争的最前线，冀中平原敌后抗日根据地。"《烈火金刚》的主题，是企图通过'五一'残酷的反扫荡生活，反映冀中人民在这烈火一样的斗争中百炼成钢。选择这样的题材，而又运用评书的形式，真是找到了反映革命斗争生活的最生动的表现方法。"[22] 通过这样的一段话，读者对《烈火金刚》的取材、主题、表现形式都清晰地掌握了，在读文艺批评的过程中对批评的对象是非常明确的。"郭世富卖麦的情节，可以说是对他的性格的一次全面的揭露——卖麦前的损人利己的安排和打算，卖麦时的公然违反粮食公司牌价明目张胆的投机活动，和粮商的明争暗斗以及对自己经营本领胜利的喜悦，是多么深刻地揭露了这个'厉害不摆在外貌上'的富裕中农的阶级本色！"[23] 把分析人物性格与书中情节结合起来，使读者既了解了情节的发展又掌握了人物的形象塑造和性格分析。这种情况在李希凡的文艺批评中是很常见的，这种"交代"对读者来说是一种有益的介绍和引导。这也是李希凡的文艺批评被读者喜闻乐见的重要原因。

结构优化可以为文章提供更坚实、更美的"骨架"，含风树骨而煽情动人。"画龙点睛"的标题可以突出文章的观点和重点，达到议论文开门见山的效果。恰当地交代情节与人物，保证读者流畅的阅读感受与清晰的信息摄取。文艺批评是一项个性化的创作活动，李希凡在文艺批评中对结构安排、题目设置、交代内容等方面不断尝试新颖活泼的样式，是为了更充分地表达情感和观点，体现了李希凡在写文艺批评时注重形式与内容的统一，通过更贴合的形式更充分地分析作品、表达观点。

（二）批评语言气势磅礴，逻辑清晰

语言风格是指作品中呈现出的突出的语言习惯、语言特点。批评风格是一位批评家成熟的标志，因而，批评风格的研究是不可或缺的领域。本节从风格的角度，对李希凡文艺批评中突出的语言特色和语言习惯进行总结和梳理。

李希凡的批评语言具有气势磅礴、深刻厚重的特点。与其他同时代的批评家不同，李希凡的文艺批评颇有对别林斯基的雄浑的批评语言风格的学习和借鉴。李希凡的多数文艺批评都是洋洋洒洒数万字，才能将思想和观点表达得充分透彻。例如《革命英雄的传奇和革命英雄的形象》一文有一万多字，分为三部分，从文章的内容、形式与艺术形象三方面对比分析了《林海雪原》《野火春风斗古城》《烈火金刚》《敌后武工队》这四部小说的传奇故事和英雄形象。《农村社会主义新人物的颂歌——读康濯的〈春种秋收〉》一文中，李希凡通过一万字的批评，分析了小说的结构、主题、人物形象。《漫谈〈创业史〉的思想和艺术》通过一万四千字的篇幅，分三部分分析了柳青《创业史》的思想与艺术成就。《生活的诗与艺术的诗——评杜鹏程短篇小说集〈年轻的朋友〉》一文有一万两千字，对文中的每位人物形象都展开了详细的分析。李希凡的文艺批评整体上长篇评论居多，颇有"万字文"的风格。在这个流行"微评"的时代，对"长评"的学习和实践也是不能忽视的。"长评"是一种整体思维与宏观思维的体现，是高远的学术站位与宽广的学术视角的体现。

李希凡以历史唯物主义为哲学基础分析作品，从人物塑造、情节设置、主题思想等多个方面对作品进行分析和评价；从时代要求出发，找到时代的精神特质，为文艺作品和艺术发展注入新的观点和见解。例如在论鲁迅的"五种创作"[24] 中，李希凡用将近四年的时间品读完《呐喊》《彷徨》《故事新编》《野草》《朝花夕拾》这五部著作，撰写了 33 篇批评文章。从文章字数上来看，每篇批评长达数万字，短则一两万字，长则三四万字，有理有据，逻辑清晰。从内容体量上来看，李希凡将鲁迅的五部作品放到一起进行对比批评，具有大气磅礴、汪洋恣肆的特征。

其中李希凡从五个方面对鲁迅的自传体回忆录散文集《朝花夕拾》的阅读感受进行了总结——《朝花夕拾》是鲁迅所有作品里充满温情和童真的作品。在《童心的世界 绵长的情谊——〈朝花夕拾〉阅读琐记》中，李希凡开篇交代了这本书的写作背景，交代了这是

一位伟大寻求者的青年、少年时代的往事，渗透着诚挚的感恩与怀念，感情真挚，笔调清新。[25] 全篇概括为五个部分："思乡的蛊惑""多面多彩的童心世界""救救孩子""去寻求别样的亲人""情谊绵长"。在"思乡的蛊惑"中李希凡指出鲁迅作品中的"故乡"主题是一个很重要的内容。《社戏》《故乡》《阿长与〈山海经〉》都提到了故乡，提到了故乡里的人，怀念幼时的玩伴，感恩幼时的乳母，针砭故乡人的愚昧市井，而最根本的是物是人非的故乡，回不去的故乡，破败的故乡。这是非常令人心痛的。相比之下，幼时的故乡记忆就更纯粹美好，弥足珍贵。"童心世界"是《朝花夕拾》的重头内容。其中十篇散文中，有六篇是关于鲁迅童年生活的。丰富多彩的童年生活为鲁迅带来很多乐趣和美好的回忆。鲁迅的第一只宠物是一只隐鼠，他偷偷地救活了一只隐鼠，想养在身边，但是却被长妈妈给偷偷踩死了。鲁迅像很多孩子一样在小时候不听家长的劝告，一定要养一些奇奇怪怪的宠物，和它们一样调皮，一样天真，但最后也拗不过家长，被阴谋诡计的家长偷偷处理掉宠物，自己只能生闷气，默默伤心。鲁迅的童年生活也充满了故事，如老祖母给鲁迅讲"水漫金山"的故事，长妈妈给鲁迅讲美女与蛇的故事，长毛杀人的故事等。迎神赛会，看社戏，是鲁迅幼年最欢乐新奇的儿童记忆。《五猖会》《无常》《女吊》都展现了这些社戏给鲁迅留下的深刻印象。[26] 评论鲁迅的批评家很多，而李希凡具有自己的风格与特征。

李希凡文艺批评具有浑厚的行文风格。长句在李希凡的文章中比重巨大，使用密集的修饰语与并列包含结构，书写句子时使其尽量多地包含大量的信息、准确的引用、详细的阐释及准确的概括等。比如在谈论《创业史》中人物个性的塑造时，他提出"一个人的性格的社会生命，在复杂的阶级斗争中，固然主要是表现在他的行动上，但创造一个现实生活中活生生的性格，无论是他的社会生命还是个性的表现，就并不只是表现在他的表面行动或语言里，也同时表现在他丰富的内心活动中"[27]。在谈论改霞这个人物形象的失败之处时，李希凡分析："这个'刚强的闺女'，这个充满了'新的社会意识'的新女性，自始至终沉醉在她的爱情生活里，所以尽管作者用了大量的漂亮词句，渲染了这个美丽姑娘的容貌和性格，用不少篇幅细腻描绘她的内心生活，但是，毕竟由于她的生活、性格没有扎根在蛤蟆滩的现实生活土壤里，而不能取得像梁生宝那样的感人的效果。相反地，有时还会引起厌烦，使人觉得这个脱离斗争和梁生宝纠缠爱情的女孩子并无多少可爱之处！"[28] 这是李希凡分析改霞这个人物形象中的两句话，占据了一个段落的篇幅，所以信息涵盖量很大。通过这段话的概括，读者对改霞这个形象的失败之处和对李希凡的观点一目了然。"依我看，如果说《野火春风斗古城》这本小说是真正成功的作品，那么，首先在于它真实地反映了斗争生活的现实，描写了斗争生活中的英雄人物，是在斗争生活里，在这些英雄形象的身上真实地体现了党的路线、党的思想的光辉，而被作家从真实生活中发掘出来，加以集中、概括、提炼，创造出深刻的艺术形象。"[29] 这样的长句在李希凡的文艺批评中是常见的，也是李希凡行文的既定风格。在这些长句中，读者可以感受到李希凡表达观点时的语言是深刻的，基调是厚重的，气势是磅礴的。

三、值得倡导的批评精神

美国文学理论家艾布拉姆斯在经典的文艺理论著作《镜与灯》中提出，文学世界四要素是世界、艺术家、艺术品、艺术接受者。艺术批评是艺术创作与艺术批评之间的中间环节，艺术批评家是艺术接受者中的特殊人群，又被称为"专业的读者""理想的读者"和"模范的读者"[30]，因此，艺术批评是很重要的环节，艺术批评家要有责任感、使命感，完成艺术批评环节，实现艺术批评功能，建构艺术批评机制。批评家是双重性质的"桥梁"，既是艺术品和普通艺术接受者之间的"桥梁"，又是理论家和作家之间的"桥梁"。习近平《在文艺工作座谈会上的讲话》中指出："打磨好批评这把'利剑'，提倡有'批评精神'的文艺评论。""有了真正的批评，我们的文艺作品才能越来越好。"[31]

中国文艺批评有着悠久的传统。在先秦时代，将人生与文学相联系的人文精神作为一种优秀的文艺批评传统，在历史的发展中传承和壮大。发展到魏晋南北朝曹丕《典论·论文》与刘勰《文心雕龙》的出现，产生了"艺术自觉"。中国古代的文艺批评强调文品出于人品，追求人生与艺术统一的审美境界。文艺批评不仅是作为纯粹的思辨对象与形式赏玩，而是与忧患意识、文化重建相联系。[32] 中国文艺批评的发展植根于肥沃的文化土壤之上。中国文化在最高境界上是审美与文艺的境界，是生命精神的结晶。这种精神意蕴与人格境界决定了中国文艺批评不仅关注理论范式，更追求形而上的人格精神。[33]

李希凡作为文艺批评家，很好地发挥了这种"桥梁"作用，在文艺批评中充分发挥了"利剑"功能，因而其文艺批评得到了广泛的传播，在艺术家、专家与普通艺术接受者之间产生了公信力与深远的影响。李希凡作为文艺批评家呈现了三种鲜明的精神气质：思辨创新精神、持之以恒精神、坦率真诚精神。正如著名文艺理论家郑恩波所说："李希凡一个很大的特点就是写进了自我，在学术研究中投入了自己全部的爱憎，在自由表达自己的同时，又能与作者和读者一同互动。写文学评论要写进自我，不能高高在上，指手画脚，而要与书的主人公、书的作者一起互动，爆发出共同的感情火花，甚至评论者要与书的作者平等相处，结为心心相印的朋友。有时甚至要说出作者不便讲的话，抒发出作者隐藏的内在的喜怒哀乐。"[34] 这种"写进自我"的内涵解读就是本段中概括的三种批评精神。这三种批评精神是李希凡的文艺批评在历史中产生公信力的内在动力，也是当下文艺批评建设需要改善的方面，非常具有借鉴意义。

（一）思辨创新精神

李希凡的文艺批评呈现出思辨与创新的精神特质，这两种特质对立统一形成思辨创新精神。李希凡文艺批评的思辨创新精神以批判为前提，以勇气为力量，以科学为依据，以思辨为途径，以创新为指导，以求真为目标。李希凡文艺批评的思辨创新精神主要体现在三个方面。

第一方面体现在将新的世界观与方法论运用到文艺批评中产生巨大影响。李希凡将唯物史观自觉运用到文艺批评中，从批评俞平伯唯心主义的倾向开始，他对新中国的现当代文学作品进行新的解读，开启了中国文艺批评观念的转变。李希凡以唯物史观为哲学基础，以毛泽东文艺思想为指导，为新中国马克思主义文艺批评引入了一股活水。

1954 年关于《红楼梦》研究问题的大讨论是红学史上的大事件，也是新中国清理旧学术的开端，更是改变李希凡命运的转折点。当年，李希凡和蓝翎两人发表的《关于〈红楼梦简论〉及其他》《评〈红楼梦研究〉》的两篇文章在《文史哲》发表，引起了毛泽东的关注，毛泽东称其为"这是三十多年以来向所谓《红楼梦》研究权威作家的错误观点的第一次认真的开火"。对这两位初出茅庐的文学"小人物"敢于向权威专家挑战的学术精神给予很高的评价。这是李希凡学术生涯的腾飞，凭借思辨创新的学术精神，为《红楼梦》的多角度解读和当代价值的阐释注入了新的观念，开启了新的实践，形成了新红学派，也为新中国的文艺学术史开启了新的思路和范式。

这种敢于向权威挑战的精神并不是空穴来风，而是因为在李希凡成长和学习的过程中，有一位"学术偶像"对他的影响。这个人就是"左派心学"的李卓吾。在为赵纪彬笔录书稿期间，李希凡"精读"了中国哲学简史，对中国哲学的思想家们具备了基本的了解。李卓吾是明清之际"左派心学"的代表人物，其重要贡献"在于它发挥浪漫主义精神，对中古传统和教条，提出了大胆的批评"[35]。李希凡"为他讲的理学违反人性的普通道理所折服，更钦佩他敢于向'圣人'挑战的豪情与气概"。[36] 之所以李卓吾能够引起李希凡的注意，那是因为李卓吾葬于通州，也就是李希凡的故乡，这段不解之缘激发了李希凡学习这种精神的激情，在心里埋下了传承这种精神的种子。

第二方面是积极主动参加论争，彰显思辨精神。新中国的文艺发展是在激烈、频繁的思想论争、交锋、较量中不断前进的。李希凡参与了新中国文艺发展中的多次论争，曾就阿Q问题、《琵琶记》与封建道德问题、《三国演义》与历史剧的争论、鬼戏问题、杨家将与《四郎探母》问题、戏曲的推陈出新等问题发表过多篇很有见地的探讨文章。

关于现当代作家作品的论争，李希凡参加过四次。第一次是1959年关于《青春之歌》及主人公林道静的评价问题。在《青春之歌》发表后，关于人物形象和文艺创作的原则引起了一场论争。这场论争是由当时在读于人民大学文学研究班的郭开发起的。[37] 郭开在文章中教条地运用"存在决定意识"的马克思主义观点来分析和评价《青春之歌》和其中的主人公林道静的性格形象。郭开把"阶级论"看作"唯成分论"的代名词，对理论进行公式化的解读，对林道静这个主人公提出所谓的"够标准的、堪作革命者模范的光辉的共产党员的典型"要求，是违反历史真实的要求的。换句话说，假如杨沫根据这种要求去创造林道静的形象，完全按照郭开的"阶级论""典型论"，就会使作品失去社会主义新时代的精神面貌，就会消磨林道静这个人物的核心气质。李希凡针对郭开狭隘地理解"存在决定意识"造成的"唯成分论"提出了批评，发表了一篇《阶级论还是"唯成分论"——评〈青春之歌〉讨论中的一个观点》[38]，明确提出："文艺批评在探讨具体艺术形象的真实性的时候，也绝不能用简单的插阶级标签的方法来代替对复杂现象的艺术分析，而应该首先把它作为一个在特定的社会历史条件下的活的人来考察。"关于作品中人物的阶级性，李希凡理解为，它"不是从一个特定的方面研究生活的抽象的规律"，而是结合时代背景来考查的人物社会性格的真实性、合理性与多面性的重要依据。

第二次是关于典型问题中的阿Q形象。李希凡在论争中针对何其芳的"共名说"[39]提出了不同的见解，在《典型新论质疑》《阿Q、典型、共名及其他》等论文中，通过分析鲁迅小说塑造的阿Q、孔乙己、祥林嫂等典型人物形象阐释了对典型问题的深刻思考。李希凡指出："文学典型是否成功，是决定于它对生活概括的深刻性和丰富性，他的性格的突出社会意义，而不决定于他的某些特征是否会作为所谓'共名'在生活中流行。"他还分析了鲁迅小说典型创造所运用的艺术方法和具有的艺术特征。李希凡认为，鲁迅的创作艺术是精练的，鲁迅的创作风格是简洁的。鲁迅是继承和发扬了中国传统艺术的特长，把典型环境的概括凝缩在叙事、写人的情节中加以展现。在《阿Q正传》里并没有单独的环境描写，一切都交融在人物性格相互关系的刻画里，使人深刻地感受到环境和性格是血肉一体的。李希凡的驳论是有理有据的，从作品文本出发，从艺术创作手法出发，科学、理性地提出见解。

第三次是 1961 年关于曲波《林海雪原》的评价问题。当时有一位来自原东北民主联军的某部时任副部长冯仲云在《北京日报》发文，以历史见证人的口吻，以不符合历史真实为缘由全盘否定《林海雪原》的艺术真实，引起很大的反响。这场论争的关键是历史真实与艺术真实的关系问题。李希凡认为，历史真实与艺术真实都真实地反映了生活的本质，但是这两种真实的概念不能混淆。《林海雪原》是一部极富传奇性的革命文学作品，以惊险的情节、夸张的艺术手法塑造了一个个个性鲜明、性格饱满的艺术形象，极富感染力。这是小说采用虚构的手法对生活的素材进行加工、概括、提炼而创作出来的，是艺术的手法，是遵循文学创作规律的。"文艺作品里反映的生活，是来自现实的生活，但不等于现实的生活，因为它是作家在丰富生活基础上，根据艺术形象反映生活的需要加以概括、创造的结晶。"[40] 李希凡认为："《林海雪原》通过这特殊的题材所描绘的这个小分队富有传奇特色的斗争生活，富有传奇特色的各种英雄性格的精神风貌，是反映了时代精神的。它可以启示读者去了解，在伟大的解放战争年代，如果没有这样的大智大勇、英雄无畏的革命战士，是不可能取得胜利，不可能保卫住人民的胜利果实的；没有共产党的教养，也就不可能有这样的战士。这就是它的革命现实主义所表现的内容。人们看了《林海雪原》以后，能够从这个英雄小分队的艰苦卓绝的斗争生活和杨子荣等英雄性格里看到党的光辉形象。"[41]

第四次是关于《达吉和她的父亲》小说和电影的讨论。《达吉和她的父亲》是四川作家高缨的短篇小说，1961 年被改编成了同名电影，引起很大争论。影片把小说中的题材和主题都改变了，把解放战争初期的故事移至"大跃进"年代，并把以此为基础的矛盾冲突性格冲突变成了善意互让的误会。在《文艺报》的专栏讨论中，有人提出这样的改编是主题思想的提高，生活场景的扩大，人物精神品质的跃进，这样的改进完整而充分地塑造了真实的典型环境中的典型性格。[42] 李希凡以这部改编电影为例，阐述了改编中的理论问题，对领导的"瞎指挥"作风"糟蹋"好作品进行了批评。

李希凡认为："没有论争，就没有学术进步。"在历次文艺论争中，他都怀着强烈的社会责任感和追求真理的胆识和勇气，勤于思考，敢于向权威挑战，针对种种文化现象、文艺观点、文艺作品提出了很多在当时一针见血的批评。作为一位文艺批评家，他不是在用笔写作，而是在用心写作，用思想写作。正如李心峰所说的："创新的解释，不断地在批评史突破旧有的批评模式和批评传统，创造出新的解释方式，它能引起批评史的突变，使批评的发展进程发生一种'革命性的飞跃'。"[43] 因而，阅读李希凡的论文、批评，会深深感受到作者思辨的学术精神和综合创新的能力。

第三方面是创新的学术主张。京剧是中国传统艺术的典型代表，是中国艺术发展史上的活化石。中华戏曲源远流长，承载了很多的传统文化基因，发扬和复兴中华戏曲是振兴中华文化的一个重要途径。但是随着社会经济的发展、科学技术的革新、人们生活方式的变迁、生活节奏的加快以及影视艺术的发展等等多种因素的变迁，中华戏曲的观众直线下降，门庭冷落。面对中国戏曲的发展困境，李希凡指出"推陈出新"是唯一出路。"推陈出新"是中国戏曲改革的指导方针，新中国成立以来，人民安居乐业，许多戏曲艺术得到了恢复，但是机制不完善、人才短缺等问题接踵而至。对此，李希凡支持以下两种主张。

第一，李希凡指出要建立符合戏曲规律的导演体制。这一点可以从现代新戏的实践中得到验证。导演的角色在古典戏曲发展中是没有专门设置的，但是"导演职能"却隐含在旧的职能分工中，或由主角兼任，或由编剧兼任，抑或由理论家兼任，而现代社会分工越来越细，中华戏曲可以借鉴话剧艺术、影视艺术的生产机制，尝试建立专门的导演体制，发挥导演的主体作用，对剧目进行发掘、整理和创新，对演员进行指导。

第二，李希凡指出传统剧目的改编，首推思想出新。正所谓"沉舟侧畔千帆过，病树前头万木春"，艺术是生活的反映，古老的戏曲艺术需要适应社会主义时代的需要，突破传统形式的限制，对反映现代生活进行多方面的尝试和探索。昆曲《十五贯》、京剧《杨门女将》、莆仙戏《团圆之后》等传统剧目通过改编，使剧本内容有了新的思想面貌，将社会主义的民主新思想注入旧的传统剧目，从而使其获得了新的艺术生命，在舞台上大放异彩，获得掌声。传统剧目鲜明地宣扬善恶报应的思想，是传统观念的发声；通过注入社会主义思想的改编，发扬积极因素，剔除消极因素，剧目的主题思想得到了升华，"鞭挞了历史的黑暗面，还给人以现实的启示"[44]。

（二）持之以恒精神

李希凡之所以能取得丰硕的学术成果并在广阔的学术领域有所建树，很重要的原因在于李希凡在文艺批评实践中秉持的持之以恒精神。从明清小说研究到当代文学批评，再到鲁迅研究，又至晚年主持"中华艺术通史"的国家级重大课题，丰富的研究内容形成李希凡多线发展的学术轨迹。这些学术轨迹殊途同归，都指向了李希凡的一种学术精神，那就是持之以恒精神。无论顺境，还是逆境，李希凡都"偏安"于艺术作品和传统文化里，享受文艺作品的魅力，领略传统文化的精深，探寻艺术创作的规律，追求文艺批评的理想。李希凡的持之以恒精神主要表现在两个方面。

第一方面是坚守理想，笔耕不辍。李希凡有两位学术偶像，他们是李希凡在山东大学图书馆学习时"遇到"的俄国著名文艺批评家别林斯基与杜勃罗留波夫。李希凡在图书馆阅读了这两位批评家的著作如《别林斯基选集》等，被深深地吸引与折服，为"吾将上下而求索"的年轻的李希凡指明了理想的方向。李希凡回忆说："此后，在文学系以至山大中文系，别林斯基与杜勃罗留波夫成了我梦想成为文艺评论家的崇拜偶像。"[45]山东大学毕业后，李希凡被分配到中国人民大学哲学班继续学习，但是他却"选择""提前毕业"，进入《人民日报》文艺评论部工作，以实现他的文艺批评梦。在那个服从分配的年代，这种"选择"其实也是一种分配。毛泽东从李希凡与蓝翎写的两篇关于《红楼梦》研究的文章中，看到了李希凡的才华与"战斗力"，指定其要"战斗"在更适合他的岗位上，他才得以有机会进入《人民日报》文艺评论部，"摆脱"学习哲学的苦恼。这种"选择"助力了李希凡文艺批评理想的实现，实现了"社会需求"与"个人理想"之间主客观的统一，这也成为李希凡取得成就的前提条件。

当李希凡凭借与蓝翎合著的两篇文章扬名天下后，"小人物"的称号已经名不符实。李希凡开始成为标杆，成为偶像，成为权威，鲜花和褒奖不期而至，但这对于李希凡来说仅仅是一个开始。新中国成立后，"十七年"时期的革命文学作品和新时期的影视作品创作如井喷之势，呈现出创作繁荣之景。李希凡密切关注创作潮流，认真阅读作品，观看戏剧演出，勤奋地、执着地坚守在文艺批评的岗位上，浇筑文艺批评之花。李希凡的现当代文艺批评涉及现当代小说、话剧、历史剧、影视改编等。涉及的小说及作家包括康濯《春种秋收》、冯德英《苦菜花》、杜鹏程《在和平的日子里》、《烈火金刚》、《野火春风斗古城》、《青春之歌》、柳青《创业史》、《林海雪原》、《红旗谱》、《欧阳海之歌》、张洁《爱，是不能忘记的》、《高山下的花环》、胡万春《蛙女》、蒋子龙《燕赵悲歌》、《最后的心愿》、《石宝寨人的叠影》、《京味小说八家》，以及杜鹏程短篇小说集《年轻的朋友》；涉及的话剧作品包括《甲午海战》《神拳》《红岩》《霓虹灯下的哨兵》；涉及的电影包括《达吉和她的父亲》《东方红》《骆驼祥子》《城南旧事》；等等。这些列举是不完全的，但可以看出李希凡从事文艺批评非常勤奋，充满高昂的热情。这些大量的文艺批评创作也是秉持严谨的、认真的态度创作的。

与作品相关的文艺批评的篇目从数量、质量和领域上呈现出李希凡现当代文艺批评成就的主体轮廓和发展轨迹。著名文艺理论家郑恩波称李希凡为"杰出的与时间赛跑的文艺评论家"："毫不夸张地说，在中国当代文论史上，恐怕还没有谁能比李希凡的成就更为卓著，影响更为深远，为人为文更令人敬仰。""他始终都没有搁下手中的笔、停止对当代文学的跟踪和评论，密切地关注、分析、研究作家们的创作状况和取得的成就。该肯定和表扬的，他就怀着无限欣喜和兴奋之情，予以满腔热情的扶持和赞美，他是胸中燃烧烈火般的激情，拥抱美好生活和反映美好生活、讴歌社会主义新人的优秀作品的人。"年轻的评论家热爱、赞美、拥抱瞬息万变、蓬勃发展的社会现实，渴望有更多更好的作品尽早问世的赤子情怀溢于言表。"[46]

第二方面是笑对逆境，醉心学术。"人最宝贵的是生命，生命每一个人只有一次。人的一生应当这样度过：当回忆往事的时候，他不会因为虚度年华而悔恨，也不会因碌碌无为而羞愧！在临死的时候，他能够说：我的整个生命和全部精力，都已献给了世界上最壮丽的事业——为人类的解放而斗争。"[47]这是李希凡生病时阅读《钢铁是怎样炼成的》一书，从书中看到的保尔·柯察金生命最后的独白。保尔·柯察金的革命英雄形象是那样深深地激励着李希凡，以至于这段名言在此后的"文革"中和"文革"后的多次磨难里都指引着李希凡向着理想的方向前进。

鲁迅研究的成果是李希凡在逆境中生发出的学术之花。1976年粉碎"四人帮"后，李希凡因为曾经写信向江青做检讨，再次被下放到小汤山的《人民日报》"五七"干校进行改造。"为了寻求寄托，李希凡响应毛主席的号召：学习鲁迅。"[48]半年的干校生活，李希凡白天劳动，晚上读书写作，利用干校里的宁静时光"两耳不闻窗外事，一心只读圣贤书"。在干校期间，李希凡完成了八篇论文的写作，为"鲁迅研究之旅"开了一个好头。在接下来的两年的时间里，李希凡相继完成了其他的文章，完成了"论鲁迅的'五种创作'"。

李希凡运用毛泽东《新民主主义论》的观点来评价《呐喊》《彷徨》创作的时代意义和文学价值，运用马克思主义文艺观剖析鲁迅小说中塑造的阿Q、孔乙己、魏连殳、子君等典型形象。随着对鲁迅另外三种"创作"（即作品）——《故事新编》《野草》《朝花夕拾》的研究，李希凡深刻地意识到其小说、散文、散文诗、杂文、论文在思想艺术上都是相互交融渗透、血肉一体的。同时，他的研究也愈发深入到了鲁迅独特的精神家园。他认为《野草》是鲁迅思想与创作的精神家园，是鲁迅袒露心灵世界的瑰丽诗篇，感人至深、沁人心脾。正是在感人至深的阅读中，他对《野草》进行了系统的探寻，写了论"野草精神"及其创作艺术的五篇论文。他在三论"野草精神"的论文中，准确概括并深入论析了鲁迅的"野草精神"：求索真理、解剖自己、明辨是非、强烈的爱憎及黑暗中自强不息的探寻。篇目列表如下：

论鲁迅的"五种创作"

1978 年	《深深地培植在被压迫农民的沃土里——〈呐喊〉〈彷徨〉的革命民主主义的一个探索》	1978 年 1 月 5 日初稿 1979 年 4 月 20 日修改
	《辛亥革命与鲁迅的小说创作》	1978 年春节前夕初稿 1979 年 4 月 29 日修改
	《牺牲品与殉葬品——关于孔乙己和陈士成》	1978 年 3 月 6 日初稿 1979 年 7 月 29 日修改
	《灵魂的示众——〈彷徨〉中两个新旧国粹派形象的剖析》	1978 年 3 月 10 日初稿 1979 年 8 月 3 日修改
	《"歧路"与"穷途"中的两个知识分子的剪影》	1978 年 3 月 26 日初稿 1979 年 4 月 20 日修改
	《"惨伤里夹杂着愤怒和悲哀"——论"孤独者"魏连殳》	1978 年 4 月 20 日初稿 1979 年 3 月 2 日修改
	《一个"启蒙主义"的思想课题——读〈示众〉所想到的》	1978 年 4 月 22 日初稿 1979 年 8 月 7 日修改
	《幻想·破灭·求生——论〈伤逝〉的时代意义和子君的悲剧形象》	1978 年 5 月 9 日初稿 1979 年 2 月 5 日修改
	《"爱"的抒情——〈兔与猫〉〈鸭的喜剧〉和爱罗先珂》	1978 年 5 月 16 日初稿 1979 年 3 月 24 日修改
	《"要画出这样沉默的国民的魂灵来"——从鲁迅的启蒙主义思想看〈阿Q正传〉的创作》	1978 年 7 月 13 日初稿 1980 年 2 月 25 日修改
	《关于〈呐喊〉〈彷徨〉的典型概括和典型创造》	1978 年 12 月 1 日初稿 1979 年 9 月 13 日修改
1979 年	《论〈呐喊〉〈彷徨〉的创作艺术》	1979 年春节假日初稿 1979 年 7 月 26 日修改
	《"五四"文学革命的反封建的檄文——从〈狂人日记〉看鲁迅小说"呐喊"的主题》	1979 年 8 月 30 日修改

（续表）

1979 年	《熔古铸今的"故"事"新"编——释〈故事新编〉》	1979 年 12 月 25 日初稿 1980 年 12 月 25 日修改
1980 年	《"真的猛士，将更奋然而前行"——〈奔月〉〈铸剑〉的创作与"鲁迅精神"》	1980 年 1 月 23 日初稿 1981 年 4 月 22 日修改
	《中国的脊梁——〈理水〉的禹和〈非攻〉的墨翟的形象在鲁迅小说中的地位》	1980 年新春假日初稿 1980 年 3 月 2 日修改
	《用历史比照他们现实的丑态——〈采薇〉〈出关〉〈起死〉的创作及其时代意义》	1980 年 3 月 25 日初稿 1980 年 7 月 13 日修改
	《〈故事新编〉的创作艺术与讽刺艺术》	1980 年 6 月 3 日初稿 1980 年 8 月 15 日修改
	《一个伟大寻求者的心声——论"野草精神"之一》	1980 年 8 月 26 日初稿 1980 年 12 月 2 日修改
	《"更多的是更无情面地解剖我自己"——论"野草精神"之二》	1980 年 10 月 18 日初稿 1981 年 3 月 6 日修改
	《爱的大纛 憎的丰碑——论"野草精神"之三》	1980 年 11 月 30 日初稿 1981 年 4 月 24 日修改
1981 年	《形象·色彩·声音——漫话〈野草〉的语言艺术》	1981 年 1 月 16 日初稿 1981 年 2 月 25 日修改
	《童心的世界 绵长的情谊——〈朝花夕拾〉阅读琐记》	1981 年 5 月 1 日于京郊
	《"为了忘却"，是不能忘却——读〈记念刘和珍君〉和〈为了忘却的记念〉》	1981 年 6 月 20 日于丹东鸭绿江畔
1981 年	《论〈朝花夕拾〉的个性与风格》	1981 年 7 月 21 日初稿 1981 年 9 月 2 日修改

（续表）

1981年	《民族魂（代序）——纪念鲁迅诞辰一百周年》	1981 年 8 月 2 日北京盛夏之夜
	《磅礴的热情 汹涌的诗意——〈死火〉剖析》	1981 年 9 月 8 日
	《〈怀旧〉与鲁迅小说的思想和风格》	1981 年 12 月 3 日初稿 1981 年 12 月 10 日修改
	《永不锈损的心灵美——从〈我的兄弟〉到〈风筝〉看鲁迅精神的一个侧面》	1981 年 12 月 18 日于京郊

从列表中的文章可以看出，李希凡对鲁迅五本著作的文艺批评体量之大、篇幅之长，多处运用对比方法，呈现了多角度、多方面的分析态势。与其他鲁迅研究相比，李希凡呈现出自己的主张和风格。

此外，李希凡退休之后，其学术研究并没有中断，在艺术学领域和红学研究领域做出了很多成果，比如主持"九五"国家重大课题《中华艺术通史》以及红学研究新作的出版。其中，主持国家级重大课题《中华艺术通史》是李希凡在艺术学领域做出的重要成就。课题的完成历经十年，经历了庞杂的组织工作、经费短缺、身体疾病等等各种困难，坚持完成了课题的研究。《中华艺术通史》的出版填补了中国艺术史的空白，成为艺术学研究中的重要史料文献。关于红学的研究，2004 年李希凡出版了《〈红楼梦〉选粹与赏析》，2005 年出版了《沉沙集》，2006 年出版了《传神文笔足千秋——〈红楼梦〉人物论》，2007 年出版了《名家图说元迎探惜》。课题的完成和红学新作的出版是李希凡文艺批评事业的延续和拓展，这种学术敬业精神就是持之以恒精神，是李希凡学术研究中一以贯之的精神特质。

（三）坦率真诚精神

"十七年"时期的作家和评论家当中的多数人都是中国革命的亲历者，他们从苦难的旧中国走来，分外珍惜和平的、解放的、自由的、民主的新中国。这些作家、批评家有着丰厚的生活积累和独特的生命体验，对这来之不易的新社会充满诚挚的感恩和热爱。因此，他们的作品和评论文章都充满强烈的真实感和时代感，同时强烈的社会责任感和历史使命感是这一时期的作家、评论家所具有的普遍品质。这些宝贵的品质正是他们从事创作和研究的最大动力。他们以极大的热情和坚定不移的真诚从事文艺事业，为他们心之向往的新世界而创作和歌颂，为社会主义的制度高声呐喊。从个人的角度来说，这不是夸张的表演，更不是虚假的作秀，而是非常真诚的情感表达和流露，对信仰的坚定的表白。

李希凡的坦率真诚精神体现在两个方面：第一方面是对作家作品的长短、得失直言不讳地提出观点和看法。"批评是对一种文学作品的优缺点的评论。批评的使命在于表达优秀读者的意见，促使这种意见在人群中继续传布。"[49] 李心峰提出艺术批评的三种逻辑层面：描述性批评、解释性批评和规范性批评。这三种批评的层面既是批评的功能，又是批评的本质；既是批评的方法，又是批评的分类原则。三者有机统一，不可偏废。但是在具体的批评活动中，批评家往往会有所侧重，形成批评个性，对批评真正有所贡献。[50] 李希凡的批评个性就是侧重规范性批评，即对艺术对象的价值高低、优劣作出评价，继而提出必须遵循的艺术规范。李希凡对作家作品中的情节设置、人物塑造、思想价值等方面直言不讳地提出了问题和不足，这是坦率真诚精神的体现。

李希凡在文艺批评中对小说创作出现的问题进行了客观的分析和阐释。比如对情节发展的问题提出了批评，他评《林海雪原》时认为："从《林海雪原》的整个情节构造来看，它的四个惊险的战斗故事，并不都是非常精彩的，后两个故事的特色不很突出，因而，情节发展也不如前两个故事那样引人入胜。"[51]《烈火金刚》："有些章回由于过多地追求个别情节的惊险、紧张，而忽略了整个故事情节的完整性。因而，个别故事情节虽然富有吸引人的特色，而整个情节却往往由于突出的枝蔓横生，冲淡了它的内在联系，显得缺乏连贯的中心。"最后，李希凡指出《敌后武工队》的作者对故事"没有很好地进行艺术上的概括和剪裁，情节缺乏出奇制胜、动人心弦的魅力，故事布局显得平铺直叙地罗列事件"[52]。

李希凡也对人物塑造方面出现的问题提出了批评，对《烈火金刚》中"史更新大闹桥头镇一节，作者对于孤胆英雄史更新的斗争行为的描绘，就有不少过分渲染的地方，不能完全令人信服"[53]。对《林海雪原》少剑波这个人物，李希凡认为："作者过多地在故事布局上安排人物的位置，缺乏对他独特性格的深入刻画、具体描绘，使他的性格离开了生活的土壤，给人以不够真实的感觉。"[54] 对《红旗谱》中"改霞"这个人物认为："并没有写好，其根本原因就是她并没有像梁生宝那样，把她的新人的品格扎根在现实生活的土壤里。她的性格游离了复杂斗争的现实，没有和这块土地发生过血肉的联系。"总而言之，"如果你企图赋予它的新品质、新理想的特征，不能扎根在现实生活的土壤里，它也同样会枯萎的"[55]。

第二方面是对自己曾经写作的错误性文章真诚的反思和自我批评。熊元义对李希凡的反思求真的品质作了肯定——"在对自己文艺批评的深刻反省中，李希凡表现出一个优秀文艺批评家的无私品格。"[56] 李希凡年轻时在评论王蒙的《组织部来了个年轻人》时，针对作品里展现的首都北京的官僚主义，李希凡作出否定的评价。他认为北京——中国的首善之区不存在官僚主义，这种观点犯了显著的教条主义错误。李希凡对此进行了自我批评，并且接受了另一位文艺评论家陈涌的批评。在那个全民疯狂的时代里，李希凡难免会被洪流带入歧途。他曾作为笔杆子写过一些伤害他人的文章，但李希凡在《李希凡文集（第七卷）：往事回眸》中又对自己的这些文章做出了清晰的解释、深刻的反思和自我批评。在《李希凡文集》的收录中，他剔除了这些伤害他人的文章，满怀诚意，态度恳切。这种自我批评精神成为李希凡文艺批评的一种精神特质，对当下文艺批评建设具有重要的启示意义。

在人类社会发展与学术发展历程中，广博而深厚的精神意蕴应运而生，并凝聚为人类文明与文化的结晶，反过来又激励着社会的发展与学术的发展。创新思辨、持之以恒、坦率求真这三种精神意蕴是三种具有普遍性的精神意蕴，其本身的内涵没有特别之处。那么概括这三种精神的必要性与宝贵性是什么呢？在于以下三个方面。第一方面，这三种精神是李希凡在文艺批评实践中呈现出的旗帜鲜明的精神意蕴，是为其作出文艺批评成就提供巨大支持的精神动力；最难能可贵的是在特殊政治压力之下，李希凡依旧可以保持实事求是的原则。第二方面，这三种精神的缺失是当下文艺批评建设需要面对的残酷现实，正是职业道德与操守的缺失导致当下批评缺位、批评失语、吹捧造势等文艺批评乱象丛生。第三方面，这三种精神为当下文艺批评家提供了"榜样"精神，指明了正能量的方向，汲取了优秀学者为文为人的职业道德与操守，使失职的文艺批评家"增益其所不能"，也使年轻的文艺批评家朝着充满正能量的方向努力。

作者系中国艺术研究院文艺学博士研究生

注释：

[1]张荣翼：《文学批评学论稿》，云南人民出版社1994年版，第293页。

[2]《李希凡文集》（第六卷），东方出版中心2014年版，第113页。

[3][4][5][6][7][8][9][10][20][21][22][23][27][28][29][40][41][51][52][53][54][55]《李希凡文集》（第四卷），东方出版中心2014年版，第258页，第259页，第357页，第355页，第356页，第361页，第310页，第311页，第487页，第373页，第293页，第295页，第303页，第347页，第308页，第311页，第308页，第200页，第203页，第203页，第203页，第204页，第303页。

[11]《毛泽东选集》（第三卷），人民出版社1991年版，第40—61页。

[12][13][14][15][16][17][44]《李希凡文集》（第五卷），东方出版中心2014年版，第442页，第469页，第449页，第451页，第469页，第466页，第155页。

[18][19][34][46]郑恩波：《杰出的与时间赛跑的文艺评论家李希凡——赏读〈李希凡文集〉第四卷"现代文学评论集"的几点感受》，《红楼梦学刊》2014年第4辑。

[24]鲁迅在《自选集·自序》里提到："我可以勉强称为创作的，在我至今只有这五种……那就是《呐喊》《彷徨》《故事新编》《野草》和《朝花夕拾》。"

[25][26]《李希凡文集》（第三卷），东方出版中心2014年版，第581页，第587页。

[30]南帆：《文学批评手册——观念与实践》，北京师范大学出版社2011年版，第12页。

[31]中共中央宣传部编：《习近平总书记在文艺工作座谈会上的重要讲话学习读本》，学习出版社2015年版，第137—138页。

[32][33]袁济喜：《新编中国文学批评发展史（第二版）》，中国人民大学出版社2010年版，第1页，第3页。

[35][36][42][45][47][48]《李希凡文集》（第七卷），东方出版中心2014年版，第90页，第90页，第333页，第133页，第123页，第457页。

[37]关于《青春之歌》的评价问题，郭开先后发表两篇文章，第一篇是《略谈对林道静的描写中的缺点》，发表于1959年第2期《中国青年》，第二篇是《就〈青春之歌〉谈文艺创作和批评中的几个原则问题》，发表于《文艺报》1959年第4期。

[38]李希凡：《阶级论还是"唯成分论"——评〈青春之歌〉讨论中的一个观点》，《文艺报》1959年第5期。

[39]何其芳认为在文学作品的社会效果中，有着"一个虚构的人物，不仅活在书本上，而且流行在生活中，成为人们用来称呼某些人的共名"这样一种现象，阿Q就是这样一种人物。也有专家、学者支持这样一种观点。

[43][50]李心峰：《开放的艺术——走向通律论的艺术学》，中国文联出版社2014年版，第173页，第181页。

[49]《车尔尼雪夫斯基论文学（中卷）》，上海译文出版社1979年版，第164页。

[56]熊元义：《文艺批评要在反省中完善——由李希凡自我批评所想到的》，《中国文化报》2013年5月22日。

毛泽东与《红楼梦》
——访李希凡

吴晓梅　边彦军

1992年4月22日，中国艺术研究院。

研究院坐落在后海附近的清恭王府内。这天，风很大，雅致的客厅里，那场《红楼梦》研究批判运动的当事人之一李希凡同志，爽快地接受了我们的采访。

李希凡，1927年生。祖籍浙江绍兴，久居北京通县。山东大学中文系毕业后，1953—1954年在中国人民大学教师研究班哲学班做研究生。1955年初调《人民日报》文艺部当编辑，后任该报文艺评论组组长、文艺部副主任。1986年任中国艺术研究院常务副院长至今，并兼职《红楼梦学刊》《中国文艺年鉴》主编。主要从事文艺评论和研究工作。著有《红楼梦评论集》(与蓝翎合著)《说"情"——红楼艺境探微》《〈呐喊〉〈彷徨〉的思想与艺术》《李希凡文学评论(当代)选》《文艺漫笔》等16种。

访问人：1954年，您和蓝翎两人写过一篇《关于〈红楼梦简论〉及其他》的文章。这篇文章引起了毛泽东的注意，被称为"三十多年以来向所谓《红楼梦》研究权威作家的错误观点的第一次认真的开火"，从此在全国范围内开始了对俞平伯、对胡适主观唯心主义乃至后来对胡风思想的批判。作为当事人，请您谈一谈这件事的前后经过。

李希凡：1954年这场批判运动涉及我和蓝翎，涉及我们当时写的两篇文章。时事变迁，已经是几十年前的事了。今天来回顾历史，我只能谈谈自己的记忆和想法。这是我要首先说明的。其实当时我们只是两个普通的共青团员，政治上很幼稚，对党内的情况也不了解。至于说到对俞平伯先生以至胡适的红学观点和古典文学见解有不同的看法，在我来说，是从上大学时就开始了。1952年教学改革时，我就写过一张小字报提出意见，认为我们的文学史讲学中不少是胡适观点。应当说我们是新中国第一代大学生，而我自己又早在1947年就开始接触马克思主义。我的姐夫是一位马克思主义哲学家，我曾在他家寄居两年，一面帮助他写作，一面在山东大学旁听。青岛解放后军管会文教部的王哲同志知道我读了不少马克思主义的书，就主动写信介绍我到华东大学（革命干部学校）去学习，在那里进一步接受了革命教育。1951年华东大学和山东大学合并，我又回青岛在山东大学中文系读书，和蓝翎同学。当时，全国解放不久，党的威信很高，很多老师在政治上虽然倾向进步，拥护共产党，但学术思想上恐怕是资产阶级的影响比较多，特别是古典文学的教学中，胡适的影响还不小。课程内容总是讲考证多，用马克思主义观点分析作品内容，引导学生正确理解作品的思想倾向，以及分析作品的艺术成就比较少。可以说，真正能说出《红楼梦》在中国文学史上的伟大成就的，几乎没有。这使我们很不满意。

1953年我们毕业了，我被分配到中国人民大学哲学研究班做研究生，继续学习；蓝翎也分配到北京师大工农速成中学教书。记得是1954年春假中的一天，我和蓝翎在中山公园的报栏里看到了《光明日报》上登的俞平伯先生的一篇文章，联想起前些时候看到的俞先生在《新建设》1954年3月号上发表的文章《红楼梦简论》，我们就商量要对他的那些观点写一篇文章进行商榷和批驳。这样，我们就利用春假的时间写出了那篇《关于〈红楼梦简论〉及其他》，比较系统地提出了对俞先生《红楼梦》研究主要观点的不同意见，也比较扼要地阐述了我们对《红楼梦》思想艺术成就的评价。由于当时我是《文艺报》的通讯员，就先写了一封信询问一下，大意是说我们写了这篇文章长了点，有九千多字，不知能不能用。但等了一段时间，《文艺报》没有回音。我就把文章寄给了我们母校山东大学的《文史哲》杂志执行编辑葛懋春同志，他是一名历史学家。这样，文章就在《文史哲》的1954年第9期上发表了。《文史哲》是新中国成立初期较早创办的社会科学的学术刊物，倡导和创办这个刊物的是当时我们的老校长、中国著名的现代史家鲁迅研究专家华岗。在他主持下的山东大学学术思想很活跃，《文史哲》的办刊宗旨也是不拘一格，不讲论资排辈，而且主张不同学术观点可以进行讨论，很有点百家争鸣的味道。我在大学二年级时就曾有过一篇读书报告被刊用过。写完《关于〈红楼梦简论〉及其他》以后，我们觉得话还没有说完，就在1954年的暑假又写了一篇文章，这就是《评〈红楼梦研究〉》。《红楼梦研究》是俞先生新中国成立后出版的一本著作。文章写出后寄给了《光明日报》的"文学遗产"专刊。

访问人：后来的事情现在也了解一些了。你们发表的《关于〈红楼梦简论〉及其他》

和1954年10月10日《光明日报》"文学遗产"专刊发表的《评〈红楼梦研究〉》两篇文章毛泽东看了，表示赞赏。虽然《文艺报》后来在第18期上转载了《关于〈红楼梦简论〉及其他》，毛泽东在1954年10月16日写的《关于红楼梦研究问题的信》中还是表达了他不满的心情，他认为这不仅仅是看不起青年作者的态度问题，而是甘心同资产阶级作家在唯心论方面讲统一战线，甘做资产阶级俘虏的问题。他表示通过对俞平伯等资产阶级知识分子错误思想的批判，"反对在古典文学领域毒害青年三十余年的胡适派资产阶级唯心论的斗争，也许可以开展起来了"。毛泽东态度一明朗，当时《文艺报》的主编冯雪峰就被要求做检讨，《文艺报》的编辑机构也被改组，对胡适思想的批判也很快展开。这些情况，您和蓝翎当时了解吗？

李希凡：我们写的两篇文章主要是对当时古典文学研究现状不太满意，不同意俞平伯先生关于《红楼梦》评价中的许多看法，试着运用马克思主义的观点去分析古典文学作品，发表一下不同的意见，没有也不可能有什么别的想法。前几年所谓"反毛""非毛"一股思潮起来的时候，红学界对这场批判运动说什么的都有，包括对我个人，也有各种说法。在海外，奇谈就更多了。发表过我们文章的当年《文史哲》的编辑葛懋春80年代初去美国探亲，从美国图书馆收存的台湾出版物中抄录了有关我的小传寄给我，有的写得没边了，说我是江西红小鬼出身，给康生当过通讯员，是康生布置了这项任务给我们。这真荒唐可笑，也太拔高我了。红军时期我只是一个几岁的孩子，而且是生活在开始沦陷于日寇之手的北平郊区。其实，就连我们的文章在全国掀起轩然大波，也不可能是我们能预料到的。我记得当时《关于〈红楼梦简论〉及其他》一文发表后，大概是在国庆节前后吧，《人民日报》总编辑邓拓找到蓝翎和我，了解我们写作的经过，要我们做一些补充和修改，准备在报上转载。但文章改出来拿去排印却没有见报，这其中到底发生了什么曲折，我们当时不了解。隔了些日子，又说要由《文艺报》转载，请冯雪峰找我们谈话。我对雪峰同志是很尊敬的，因为我读过他很多论鲁迅的著作，认为写得很深刻，后来批评《文艺报》，冯雪峰出来做检讨，我也蒙了。我记得他接待我们时非常平易近人，他只说了你们的文章有些地方还粗糙，没写好，有些地方我要给你们改一改，发表时还要加个编者按语这样一些话。我们的文章确实比较粗糙，我自己也没感到这话有什么问题。《文艺报》要登，我们当时很高兴。领我们去见冯雪峰的是《文学遗产》的主编陈翔鹤，是文学界的前辈。他也很和蔼，说《文艺报》是老大哥，等《文艺报》转载了你们的文章以后，我们就登你们的《评〈红楼梦研究〉》。至于当时中央或高层领导的意见，只是邓拓同志向我们透露了一点，说是你们的文章毛主席看了，肯定你们的观点，至于有什么具体批示，他也没给我们说。我们知道毛主席读了我们的文章，就已经兴奋得不得了啦！毛主席《关于〈红楼梦〉研究问题的信》我在"文革"前没看到过。"文革"中，戚本禹的一篇文章公布有这封信，那时我已被造反派打入"牛棚"，进行劳动改造。是因为这封信，我才被放出"牛棚"。毛主席对我们的文章做的批注，我也是在"文革"中从中宣部的一位同志那里看到的。当时我们的两篇文章发表后不久，10月13日《人民日报》发表了钟洛的《应该重视对〈红楼梦〉研究中的错误观点的批判》，称"这两篇文章是三十多年来向古典文学研究工作中胡适派的资产阶级立场、观点方法进行反击的第一枪，可贵的第一枪"。在此前后，邓拓又曾把我们找去，说你们还可以再写些文章，你们的《评〈红楼梦研究〉》不是讲到了胡适的观点吗？这篇文章可从批判胡适的角度写。这样，我们就写了那篇《走什么样的路》，发表在1954年10月24日的《人民日报》上。在这篇文章中我们按照邓拓同志意见，着重提胡适的实用主义和资产阶级唯心论，只不过其中联系到过渡时期总路线问题却不知是谁加上的，那时我们还没有那么高的认识。在《人民日报》发表我们文章的同一天，中国作协古典文学部在东总布胡同的作协所在地召开了关于《红楼梦》研究问题的讨论会。参加的人有研究古典文学的，也有作家、文艺评论家和报刊编辑。我们参加了，俞平伯先生也参加了。就是在这次会上我们第一次看到俞平伯先生，还是周扬同志引见的。其后，很快又在中国青年艺术剧院的楼上召开了文艺界更大规模的会议，名义大概是中国文学艺术界联合会主席团、中国作家协会主席团扩大联席会议，开始进入批判胡适思想的阶段。但可以说，我们的认识当时还没有到自觉的程度，没有感觉到《文艺报》压制我们，至于什么阶级路线斗争问题，更不是我们当时所能认识到的。在《走什么样的路》发表以后，袁水拍发表了一篇批评《文艺报》的文章，当时我还在学校上课，是听了广播才知道的。

访问人：是在1954年10月28日《人民日报》发表的那一篇吧？题目叫《质问〈文艺报〉编者》。毛泽东当时还审阅修改了，其中毛泽东加了这么一段文字："《文艺报》在这里跟资产阶级唯心论和资产阶级的名人有密切联系，跟马克思主义和宣扬马克思主义的新生力量却疏远得很，这难道不是显然的吗？"

李希凡：这篇文章在当时引起很多意见，听说周扬就曾打电话问邓拓：怎么回事？矛头又指向谁了？《文艺报》是文联和作协的机关刊物，周扬同志是文艺界的党的领导的代表，有此一问也是可以理解的。当时《文艺报》的主编是冯雪峰同志，他就在会上做了检讨，检讨也没通过。我们并不知道发生了什么事，记得一位文艺界的领导同志曾问我对冯雪峰的谈话有什么感想，我说：印象很好。他有点像鲁迅，很关心青年人的成长。这位领导同志立刻批评我，说：你真糊涂，这是假象，他惯会这样做。譬如他说党给鲁迅以力量，实际上是标榜他自己给鲁迅以力量。《文学遗产》的主编陈翔鹤同志也做检讨，他检讨中有那么一句话，说：《文艺报》是老大哥，我们跟着老大哥走。说得下面哄堂大笑。看得出会上的人不满意他们的检讨。

访问人：冯雪峰的《检讨我在〈文艺报〉所犯的错误》在1954年11月4日的《人民日报》公开发表了。毛泽东看后也不满意，认为是"陷入资产阶级泥潭里""反马克思主义的问题"，应该以"反马克思列宁主义的错误"为主题去批判冯雪峰。11月10日，《人民日报》又发表了黎之的文章《〈文艺报〉编者应该彻底检查资产阶级作风》，毛泽东看了，也不很满意，认为把问题说轻了，说编辑部不是骄傲的问题，而是被资产阶级思想统治了的问题。到12月上旬，《文艺报》就改组了领导班子。

李希凡：毛主席的这些批示，在当时没听说过。但后来的批判运动的形势大大紧张起来我们也想象得出，党对文艺界工作不满意。到12月8日，三位文学界泰斗出来讲话，讲话都在《人民日报》发表了。一个是郭老的《三点建议》，一个是茅盾同志的《良好的开端》，一个是周扬同志的《我们必须战斗》，很快转向对胡适的批判，对胡风的批判。对胡适、胡风的批判开始还都是批判他们的学术思想，后来对胡风的批判越来越激烈了，在我听来，胡风先生和路翎先生的发言是针对周扬同志的。所谓胡风反革命集团案是以后的事，这里不提了。开始了对胡适思想的批判后我们已经插不上话了，我们还是继续写关于《红楼梦》问题的文章。

访问人：这个时候您到人民日报社工作了吗？

李希凡：我是1955年初到人民日报社的。1954年10月蓝翎已经调到那里去了。调我的时候有些周折。中国人民大学的老校长吴玉章同志，还有聂真副校长，都找我谈了话，希望我留校继续学习。老校长还说，本来学校已准备让我去上俄文先修班，然后到苏联留学。我很感谢老校长和聂真同志对于我的培养和期望，但我实在太爱我的文学专业，不愿转向其他专业。何况那时我已经结婚，有了孩子，经济上也比较困难。我给周扬同志写了信，表示自己想上文学研究所工作，周扬回了信，大意说，已决定你调人民日报社文艺组工作，你们走了很好的第一步，望继续努力，不要有一丝骄傲情绪，因为学问和斗争都是无止境的。后来听报社同志讲，邓拓也向毛主席反映了我对工作调动的想法，毛主席只说了一句："那不是战斗岗位。"就这样我调到了人民日报社。但为了不辜负老校长对我的期望，我问吴老保证，一定继续在夜校把我该读的课程读完，一进《人民日报》大门三十二年没挪窝儿，直到1986年才离开那里来中国艺术研究院。

访问人：您见过毛泽东吗？

李希凡：见过三四次。1954年12月我当选为第二届政协委员，在怀仁堂大厅里第一次同毛主席握手；开幕晚间宴会时曾向毛主席敬酒；当年春节在中南海团拜时又见过一次。1956年二届政协二次会议上也见过一次。每次毛主席都讲过一些不同的话。我写过一篇回忆录《在毛主席身边》，记录了这几次见面。

访问人：对《红楼梦》研究的批判到今天，已经过去三十八年了，您现在对那场运动怎么看？

李希凡：对这场运动做历史的结论，是党中央有关部门的事。林则徐有一句诗，叫作"青史凭谁定是非"，我相信青史终能定是非。"文革"后的一段时间，以及1988年兴起的一股思潮，对这场批判全盘否定，并把它同毛主席的晚年错误扯在一起，我是有不同看法的。最近，我看到中共党史出版社出版的《中国共产党的七十年》对这场批判运动作了这样的评断："1954年，毛泽东从支持两位青年关于《红楼梦》研究问题的批评文章开始，又领导发动了一场对胡适派资产阶级唯心主义的广泛批判。胡适是五四运动以后思想文化领域资产阶级代表人物中影响最大的一位，这次批判提出的问题，不仅是如何评价和研究《红楼梦》这部中国古典文学名著，而且是要从哲学、文学、史学、社会政治思想各个方面，对五四运动以后最有影响的一派资产阶级学术思想，进行一番清理和批评。党发动这两次批判（另一次指批判《武训传》），提出的问题是重大的，进行这样的工作是必要的。结合实际的事例，开展批评和讨论，来学习如何掌握和运用马克思主义，是知识分子自我教育和自我改造的一种方法。这两次批判，对学习和宣传历史唯物主义和辩证唯物主义起了好的作用，有其积极的方面。但是，思想问题和学术问题是属于精神世界的很复杂的问题，采取批判运动的办法来解决，容易流于简单和片面，学术上的不同意见难以展开争论。这两次批判已经把学术文化问题当作政治斗争并加以尖锐化的倾向，因而有其消极的方面。"（《中国共产党的七十年》，第312—313页）我以为，这样从正反两个方面来总结这场批判运动，才是有说服力的。自然，也要承认这场运动对俞平伯先生有伤害，给他心理上造成的压力很大。后来运动升级，批判也升温了，有些文章也就不实事求是了，包括我们后来的一些文章，也有对俞先生不尊重的称谓和说法。

　　访问人：对红学研究的影响呢？

　　李希凡：从红学本身的发展来看，可以说从1954年有了一个运用马克思主义观点来研究《红楼梦》的新的开端，前几年不是发生过一场"红学三十年"的论争么？事实证明，这三十多年间，"红学"确已成为一门专门的学问，不仅《红楼梦》的思想艺术得到了广泛深入的研究，就是那些过去所谓新旧红学的老课题，如作者家世、版本考证等，也有了不少新发现、新结论。特别是1979年《红楼梦学刊》创刊和1980年中国红学会成立以来，有关《红楼梦》的学术活动广及国内外，多次掀起所谓"红学热"，使《红楼梦》出版的印数始终居于四部古典小说之前。而且三十六集电视连续剧和六部八集电影系列片《红楼梦》的问世，在亿万观众中普及了《红楼梦》，使这部杰作产生了空前未有的影响。1954年提出的主要观点基本上已被大家接受了，当然也有这样那样的不同意见。

　　访问人：有不同意见是免不了的，也是正常的。

　　李希凡：有不同意见后来也都展开了公开的争论。总之，通过这件事，在那么大的范围，有那么多的人说《红楼梦》、评《红楼梦》，的确拓宽了《红楼梦》研究的视野，推动了红学在新的历史阶段下的发展。

　　访问人：您能不能就毛泽东对《红楼梦》的评价谈一谈您的看法？

　　李希凡：好的。毛主席对《红楼梦》这部小说的评价很高，从他多次谈话中可以看出，他是十分喜爱这部作品的。他说他读过很多遍，他认为这部小说代表着中国古代文化艺术的最高成就。1956年在《论十大关系》中他就说过：我国"工农业不发达，科学技术水平低，除了地大物博，人口众多，历史悠久，以及在文学上有部《红楼梦》等等以外，很多地方不如人家，骄傲不起来"。这当然不是说中国优秀的文化艺术传统真的只有一部《红楼梦》，而是以《红楼梦》为中国优秀文化艺术的代表。在我国四部古典小说中，《红楼梦》不同于《三国演义》《水浒传》《西游记》，它是篇幅浩瀚，头绪纷繁，描写现实生活的长篇巨制，它不以情节取胜，而以多彩多姿的世俗人情的深刻描写见长。它主要写的是一个贵族之家——荣宁二府，或者扩大一点说，是牵连到四个贵族之家的兴衰破败，但它所显示的艺术视野却十分广阔，封建末世错综复杂的社会生活，从王公贵族到市井小民，以及乡野情趣，反映在它的艺术世界里就像实际生活存在一样，虽然千头万绪、参差交织，却相互联系、浑然天成、不可分割。其中大事件中穿插小故事，小故事中又潜伏着大变故。可谓草蛇灰线，伏脉千里。作者的构思既周密又巧妙，首尾相应，筋脉连贯，丰富多彩地展现在层层涟漪的艺术画面里了。至于所写的人物就有四百多个，上至妃子、王爷公侯、官吏、夫人、少爷、小姐，下至管家、奴仆、小厮、丫鬟、庄头村妪、村女，以至和尚、道士、尼姑、娼妓、无赖，三教九流，一个个生气勃勃，血肉丰满，个性鲜明，无不给人留下深刻的印象。我们当年在《关于〈红楼梦简论〉及其他》一文里写过这样一句话："《红楼梦》是封建社会没落时期的社会生活的百科全书。"毛主席看到后，加了密密的圈点。我想毛主席说他读《红楼梦》是把它当作历史来读，意思就是通过它了解了中国封建社会的状况。1987年第2辑《红楼梦学刊》发表过龚育之、宋贵仑同志的一篇文章，题目是《"红学"一家言》，其中说到毛主席"把《红楼梦》当历史读，这是读小说的一个重要视角，一个高明的视角。马克思主义者读《红楼梦》这样的小说，尤其不能忽视这个视角"。当然，一部反映时代的伟大作品，它也必然具有这样的认识价值。龚育之、宋贵仑同志还列举恩格斯读巴尔扎克的《人间喜剧》，称赞《人间喜剧》"给我们提供了一部法国'社会'特别是巴黎'上流社会'的卓越的现实主义历史"，列宁则把托尔斯泰的作品誉为"俄国革命的镜子"来作说明。这还不都是把巴尔扎克、托尔斯泰的小说当作历史读么？只不过毛主席读《红楼梦》公开说明了他自己的这个视角，难道这就损害了《红楼梦》？相反，只把它说成是一本"爱情小说"倒没有贬低它的价值？我以为，正因为毛主席对《红楼梦》的认识评价是如此之高——可以当作历史读，他才那样不能容忍"新红学派"把《红楼梦》说成是曹雪芹的"自传"，或是什么《红楼梦》的基本观念是"色空"等等的主观唯心主义的呓语。王凤姐跟爱情有什么关系？但作者写她的笔墨一点也不少于宝黛爱情。那么作者是什么意图呢？读过《红楼梦》又有一点生活经验的人，一定会感受到写这么一个大家族，如果它的神经中枢没有王凤姐这样一个人物，那层层阶阶的贵族家庭的生活"体制"会无法转动。凤姐是这个封建大家庭中各种关系的一个集中点，从她身上集中反映了各种矛盾。毛主席在谈《红楼梦》时经常谈到她，引用她的话，称赞作者对这个人物形象的创造。有人抓住毛主席说的"《红楼梦》是政治历史小说"这句话大做文章，其实这也不过个比喻，与把《红楼梦》当作历史读是同一语义。恩格斯不是还说过，他从巴尔扎克的《人间喜剧》学到的东西要比从当时所有职业历史学家、经济学家和统计学家那里学到的全部东西还要多。难道能因为他们是从这方面的"视角"来看待文学作品的，就断定他们忽略审美，不懂艺术？毛主席不但是一位伟大的政治家，而且是一位伟大的思想家和伟大的诗人。不仅他的古体诗词写得那么气魄恢宏，独具一格，就是《毛泽东选集》四卷的文章，也何尝不是说理透彻，文字优美，显示了他广博精深的文学造诣。他能幼稚到连文艺与历史的区别都分不清吗？！

访问人：好像记得胡适说过这样一句话，说：中共里边要数毛泽东的白话文写得最好。

李希凡：胡适的这个评价还是公正的。据说主席很喜爱唐代三李——李白、李贺、李商隐的诗，当然，三李的诗的思想艺术成就并不是在同一水平线上，但他们都工于诗艺，各有独特的风格。好像毛主席不太喜欢杜甫的诗，虽然他也评论过杜甫诗"是政治诗"，做了肯定。还有，对于新诗，主席开过玩笑，说："要让我看新诗，除非给我二百块现大洋。"他虽不喜欢新诗，但在给臧克家同志的信中，还是提倡和鼓励青年人写新诗。可以说，毛主席的艺术修养、艺术情趣都是很高的，但他同时又不以他个人的爱好简单地去看待文艺问题。

访问人：这一点我同意，毛泽东处在政治领袖、革命领袖的地位，所以有时他评价一样东西，哪怕是文艺作品，也自然有他特殊的角度，和一般人不一样。

李希凡：当然不一样。高屋建瓴，视野开阔。仅就《红楼梦》来说，茅盾同志的40年代的回忆录中就称赞，毛主席在和他谈话中"发表了很多精辟的见解"（《延安文艺回忆录》，中国社会科学出版社1992年版，第6页）。可见他对《红楼梦》是早已熟读了的。他曾把《红楼梦》与《金瓶梅》做比较，认为《金瓶梅》只反映黑暗，不尊重妇女，而《红楼梦》写得有点希望，是尊重妇女的。话很简单，却抓住了要害。我曾写过两篇文章涉及

《金瓶梅》：一篇是1957年写的，题目是《〈水浒〉和〈金瓶梅〉在我国古典小说发展史中的地位》，是从《水浒》与《金瓶梅》的比较而言的；另一篇是80年代写的，题目是《极摹人情世态之歧》，是从《红楼梦》与《金瓶梅》比较而言的。《金瓶梅》在中国小说史上虽有一定的地位，但绝不能像目前有些学者那样一味瞎吹。我还是同意清人诸联的这样一段评语："书（指《红楼梦》）本脱胎于《金瓶梅》，而亵嫚之词，淘汰至尽，中间写情写景，无些黠牙后慧。非特青出于蓝，直是蝉蜕于秽。"（《红楼评梦》）再比如，毛主席认为《红楼梦》的第四回《葫芦僧乱判葫芦案》讲四大家族的"护官符"是全书的总纲。过去没有人这样讲过，这也是毛主席高明视角的一个方面。毛主席晚年的确犯了错误，而且很严重，也包括文艺上，"文化大革命"前的两个"批示"就错误地估计了形势，伤害了文艺界。毛主席是人不是神，过去我们把他当成神，也有我们自己的责任。今天，我们也不要用神的标准来要求毛主席。毛主席的伟大历史功绩是无法否定的，毛主席的错误也得到了党中央的批评纠正。我们应该像邓小平同志提出的那样，完整准确地理解毛泽东思想。有些人因为毛主席"文革"中的错误掀起全盘否定的所谓"反毛""非毛"的浪潮，这是我绝对不能苟同的。没有毛泽东思想，能有中国革命的胜利和我们中华民族的新生么？同样，作为毛泽东思想的重要组成部分的毛泽东文艺思想，也应是我们社会主义文艺繁荣发展的理论基础。只不过这是另外的一个话题，可以不涉及了，今天的主题本来就是谈《红楼梦》研究批判问题的。

访问人：那我们今天就谈到这里吧。

本文原载于《红楼梦学刊》1992年第4辑

李希凡访谈录

邢 煦 寰

李希凡先生是我国著名的《红楼梦》研究专家、鲁迅研究专家、明清小说研究专家和戏剧评论家，曾是我的母校山东大学中文系的学长，又曾多年任我所在工作单位中国艺术研究院的常务副院长，现在虽然已从行政领导岗位上退下来了，但又更加精力集中地投入了文学艺术科研工作，更加精神矍铄地活跃在文艺战线上。最近他又担任了艺科类"九五"国家重大课题《中华艺术通史》总主编和蜚声中外的电视连续剧《水浒传》的首席顾问，恰好我也参加了《中华艺术通史·隋唐卷》的主编工作，又在他的直接领导和指导下进行撰写工作。显然是因为我与李希凡先生在工作上接触较多，有这种工作之便，《大舞台》杂志的主编贡淑芬女士最近邀我就当前文艺研究和古典名著改编拍摄电视剧等问题对李希凡先生进行了一次采访，现将采访问题和李希凡先生的回答发表于后，应该说李先生的眼光四射、见解深刻，对当前的文艺研究和创作都有一定的启发或指导意义。

第一个问题：您是我国当代著名的红学家，是向旧红学唯心主义研究方法开了第一枪的著名的两个"小人物"之一，曾经得到毛泽东主席的高度评价。从您与蓝翎的《关于〈红楼梦简论〉及其他》发表至今已四十多年了。您能谈谈《红楼梦》研究的现状、特点和趋向吗？

李先生：关于1954年批评俞平伯先生《红楼梦研究》的事，已经过去四十多年了，功过是非，自有公论。我本不想多说什么。只是最近几年，有人逼到门上来，才详细地谈了两次。一次是应中央文献研究室同志的要求，以访问记的形式回答了一些问题，题名《毛泽东与〈红楼梦〉》；另一次是回答蓝翎的，题目是《岂好辩哉，予不得已也》。这两篇文章都收在我的《红楼梦艺术世界》（文化艺术出版社出版）里，供你参考。

我被人称为"红学家"，实是有点担当不起。因为我接触所谓"红学"的领域很狭窄。虽然也写过几十万字的著作，但只涉及《红楼梦》本身的思想艺术问题，至于什么曹氏家世、作者特点、版本源流、作者为谁，以及什么书籍、画像墓碑之类，我从不发表意见，但也不能说没有看法。在我的思想里，小说终究是小说，《红楼梦》是一座艺术宝库，研究《红楼梦》，主要还须是它本身，其他一些"学问"也应以它为中心，不能离题太远。

当前对小说的研究与过去已无法相比，有不少好文章，好著作，但也有些钻牛角尖的问题，如作者是否是曹雪芹，本是早已解决的问题，近几年又掀起了一重浪。还有一些与作者、作品关系不大的问题，也要占那么大的篇幅去争论，又无多少论据，实在没什么必要。特别是舆论界，我看更没有必要推波助澜，把它们炒热。至于新"续书"，已经又有了几部了。作者们都是有所为而写，或者如鲁迅所说有所"憾"。我相信，作者们都是费了很大工夫，下了很大力气的。但我所看到的，还没有一本能超过所谓高鹗、程伟元的"后四十回"。为什么？还是那个简单的道理：一是生活，二是功力。曹雪芹写《红楼梦》，是"字字看来都是血，十年辛苦不寻常""都云作者痴，谁解其中味"。今天的人没有他那份经历，哪有他那份思想感情？至于艺术修养就更不能与他相比了。

不过，像《红楼梦》这样一部未完成的杰作，每个时代的人研究它出点怪事也不足为奇，只要舆论有正确的引导，还是能有更多成就的。

第二个问题：您也是当代著名的文艺理论家，在鲁迅研究方面也有许多重要成果。也请您谈谈当前鲁迅研究的现状、问题和未来趋向。

李先生：鲁迅是我最喜爱也最推崇的中国最伟大的文学家之一。其实我从1948年以来读了三遍《鲁迅全集》，要讲进行研究，只是陆续地阅读了一些有关资料。因为长期做新闻工作，又负责编副刊，实在没有空余时间，"文化大革命"期间与之后的三年挨整靠边站，连"牛马"也做不成，只好从鲁迅著作中寻找力量，又用三年多的时间完成了"论鲁迅的五种创作"，30篇论文基本上是一气呵成。分两部书《〈呐喊〉〈彷徨〉的思想与艺术》《一个伟大寻求者的心声》出版，均收入上海文艺出版社"中国现代文学研究丛书"。那段时间可以说是我一生潜心读书最好的时间。本还想写一本鲁迅论古典文学和一本论鲁迅杂文的著作，可惜后来又缠上行政事务，难得再有那样的好机缘了。

鲁迅在中国文化史的地位以及他的伟大成就，我们以为毛泽东的评价最为正确。目前文艺界有些七嘴八舌，成不了多大气候，在中国，文艺家的地位仍以和人民的关系最为重要。我相信，世世代代的中国人、中国青年，仍将从鲁迅精神中汲取前进的力量。现在鲁迅研究处于"冷淡"的季节，和一定的社会思潮有关，至于有些人在抬高胡适或者张爱玲，以贬低鲁迅，或者把鲁迅杂文说得一钱不值，这无非都是在"改写"（实际上是歪曲）现代文学史，但中国多少年才能出现一个鲁迅呵！

老人已渐渐离开文坛了，但我也不相信中国有为的青年、热爱祖国和热爱人民的青年一代不会发现鲁迅、研究鲁迅，所以还是鲁迅那句话，文坛无须悲观。

第三个问题：您已从艺术研究院的行政领导岗位上退下来，现在集中领导和主编国家社科重大科研项目《中华艺术通史》的工作，您能谈谈编著这部巨著的意义、价值、现在进展的情况和问题吗？

李先生回答：《中华艺术通史》是我牵头承担的艺术学科的国家重大项目。全书共分14卷，700余万字，并附有3000张图片，这是一项艰难的大工程。我国艺术源远流长，各个时代都有其辉煌的创造，对人类文明发展做出了重大贡献。自"五四"以来，各门类艺术史已开始引起重视，先是戏曲、音乐方面，五六十年代美术、舞蹈也有了史著出现，而大量学科史的问世还是在改革开放的新时期以来，仅仅中国艺术研究院，80年代以来就有张庚、郭汉城主编的《中国戏曲通史》、田本相主编的《中国现代比较戏剧史》、沈彭年主编的《说唱艺术简史》陆续出版，王朝闻主编的《中国艺术史》也已在出版中。

但至今还没有一部综合的艺术史问世，包括世界上，似乎也还没有。我们所看到的，外国的艺术史、文学美术史，都还没有一部综合的艺术史。而艺术，不管分工多细，它在每一个时代总是综合发展，有其整体发展脉络，有着共同的审美理想、艺术审美形态的新创造，认识一个时代艺术的整体风貌，对总结过去、发展未来都有巨大的现实意义。特别是在两个世纪之交，我国已有不少艺术总汇的辞书问世，如《中国民族民间十部文艺集成志书》以及各门类艺术史的出版，已为写一部专而全的艺术史打下了基础。而中国艺术研究院又集中了各艺术学科的史论专家，我院应当有责任承担这个项目，填补这个空白。自然，我们也要感谢北京师范大学出版社为这个项目投资，他们有远见，敢担风险。《中华艺术通史》已列入中国艺术学科"九五"国家重大项目，编撰已经开始，本世纪末交稿，下世纪初出版。

第四个问题：您也是著名的明清小说研究专家和戏剧评论家。中央电视台播放的根据我国著名古典小说《水浒传》改编摄制的电视连续剧《水浒传》，您任主席顾问。您能谈谈这部电视剧的主要成功之处吗？它与已经先此拍成的《红楼梦》《三国演义》《西游记》等连续剧相比有哪些突出的成就和特点？

李先生：明清小说，特别是四部名著，中华人民共和国成立以来都有过不少争论。那时我还很年轻，几乎关于这方面的争论都介入了，写过一些文章，60 年代初辑成了一本书，题名是《论中国古典小说的艺术形象》，似乎还比较受欢迎，从 60 年代到 80 年代陆续印了 6 次，85000 册。其实，也就到此为止了，后来也没有再写过什么。由于这点渊源，这几部名著近年来拍电视剧，我被聘为顾问，参与了审剧本看样片的工作，主要是《三国演义》《水浒传》参与得多一点。

在电视剧刚刚起步发展的时候，中央电视台就采取了攻坚战，把目光集中在名著改编上，这是中国电视艺术发展的一大特色。从《西游记》开始到《水浒传》，从尝试到经验积累，也算有了十几年的历史。就我的观感，应当说一部比一部好。这次《水浒传》的改编是很具特色的。

一曲《好汉歌》，把现众带进了那古老的英雄主义时代。作为一部农民起义运动的史诗，《水浒传》的故事首先兴起于民间，流传了近八百年，早在南宋罗烨的《醉翁谈录》中就有了平话中水浒英雄人物姓名和绰号的记录，如石头孙立，青面兽、花和尚、武行者等。当然，在历史记载中，宋江起义记载得很简单，张叔夜最长的也不过几百字，那时是"来时三十六，去时十八双，若还少一个，定是不还乡"。但是，能够"转掠十郡，官军莫敢撄其锋"，也就不会只是 36 人，否则张叔夜也不会募壮卒千人来消灭它了。后来是口头文艺里逐渐演化成 36 大伙，72 小伙，以至水浒的十万大军了。六百年前印成书，同两个作者罗贯中、施耐庵联系在一起，这恐怕是整理宋元以来的"讲史"进行再创造的。有人说《水浒传》写的不是农民起义，是"流民"起义，这种观点很新鲜。宋史上说，这段历史有"饥民群起为盗"。其实连李自成历史上不也说他是流寇么，十几万人的"流民"似无可能。历史上纯粹的农民起义恐怕也很少，特别是他们的头领，不大会是纯粹的农民，能"风风火火闯九州"的人总得有点社会经验。第七十一回那篇"单道梁山泊好处"的四六"言语"里的确说过："其侧有帝子龙孙，富豪将史。并三教九流，乃至猎户、渔人、屠儿、刽子手……"但是，第七回林冲误入白虎节堂回末的那个有分教，也分明说了："有分教：大闹中原，纵横海内，直教农夫背上添心号，渔父舟中插认旗。"（均见百回本、百二十回本）在当时，社会基础主体还是农民，十几万人的起义，农民不是主体，不可想象。

中央电视台的这次改编《水浒传》，我认为基本上是成功的，忠实于原著而又有所创造。大的情节，去破辽、征田虎、王庆，而以"受招安"直接征方腊，这符合最早《宣和遗事》的发展脉络，如鲁迅所说："于事理始为密合。"至于急管繁弦般的快节奏实际上又集中在两集，迅速结束了"受招安"后的大失败结局。场面的确惨烈了些，但这是尖锐的控诉，控诉了宋江的投降路线只能导致这样的恶果。那样一个轰轰烈烈的起义运动，那样一群疾恶如仇的好汉，却这样悲惨地失败了，这昭示了一个历史真理，投降是没有出路的。

主要的人物都塑造得不错，武松、李逵、林冲、杨志。演员在刻画性格上都很努力，即使宋江，编导也没有歪曲他、丑化他，把他当作叛徒进行谴责，而是真实地描绘了他思想性格中根深蒂固的忠义观念，终于使他走上争取招安的道路。直到被鸩死，还要表示宁肯朝廷负我，我不负朝廷，就人物来说，这样的概括既符合原作精神，也符合宋江的性格发展逻辑，这无关乎什么接受美学问题，也不能说，因为书写了招安，就会损害了水浒的英雄主义，只能说"水浒的英雄主义"被悲惨地牺牲了。这是妥协投降的领导路线的恶果，是历史的教训。如果想在水浒大失败的结局里还要留一点廉价的乐观主义，那么这种接受美学也是没有什么价值的。

自然，《水浒传》的改编应该说比前几部名著改进又前进了一步，即是在不拘泥于原著方面，还是接受了前几部的教训有所突破，譬如集中了一些情节，但因节略了一部分原作中重要的故事使得有些英雄人物眉目不清；三个荡妇人物阎婆惜、潘金莲、潘巧云，都做了性格的改变，引起了争论。还有不少历史的、知识性的细节失真甚至错谬的地方，给本来较成功的改编留下了一些遗憾。

李希凡先生在十分繁忙的情况下对以上问题做了如此认真详细的回答，作为一个采访者我深受感动。我代表编者和读者对他表示了衷心感谢。

本文原载于《大舞台》1998年第3期

作者系中国艺术研究院研究员

关于建国初期两场文化问题大讨论的是与非

——访李希凡

《文艺理论与批评》编辑部

记者：希凡同志，今年是中华人民共和国五十周年大庆，各条战线都在回顾总结这五十年。作为思想文化战线，在回顾总结这五十年历史时，如何正确评价50年代初期毛泽东同志亲自发动的两场关于文化问题的大讨论，无疑也是一个重要的、不可或缺的方面。您作为这段历史的亲历者和其中关于《红楼梦》研究问题的直接参与者之一，首先想请您谈谈当时的有关情况。

李希凡：这五十年确实是辉煌的五十年，它不仅实现了中国近现代志士仁人浴血奋斗创建"人国"的伟大理想；也充分显示了中华民族奋发图强并取得空前繁荣昌盛的进步和发展。因而，总结历史，瞩目未来，将会给我们建设有中国特色的社会主义，实现跨世纪的腾飞奠定一个坚实的基础。我们思想文化战线的事，也不该是例外。

五十年的历史成就辉煌，但也有过不少挫折和失误。因为无产阶级推翻资产阶级和一切剥削阶级的统治，建设社会主义，始终在探索中前进。十月革命在俄国取得了胜利，它也昭示了中国要"走俄国人的路"，但中国革命却是在马克思列宁主义与中国实际相结合形成毛泽东思想的指导下，走自己的路才取得胜利的。在斯大林领导下，苏联的社会主义建设也取得过巨大的成就，但由于他晚年脱离人民思想僵化，以及苏联党政机关官僚制度的形成和腐败，终于为赫鲁晓夫、勃列日涅夫以至戈尔巴乔夫等机会主义者所乘，把苏联社会主义引向解体，造成了严重的挫折和失败。而社会主义中国所以能在国际共产主义运动面临严重危机中走出困谷继续前进，却是由于邓小平理论能正确地总结历史的正反两面的经验和教训，对历史有正确的认识和评价，又开拓出一条适合自己的有中国特色的社会主义建设之路。

所谓建国初期，也就是1949年至1954年——第一届人民政协至第一届全国人民代表大会召开之际。

1949年10月1日，中华人民共和国正式成立。毛泽东主席向全世界庄严宣告："中国人民从此站起来了！"由中国共产党领导，有各民主党派参加的中央人民政府，已开始在国民党留下的千疮百孔的烂摊子上，着手进行全面的经济恢复工作，并为争取极端困难的财政经济状况的基本好转而斗争。但此时全国尚未完全解放，人民解放战争在西北、西南、东南各地区仍在如火如荼地进行。社会上公开的和隐蔽的反革命分子还在继续捣乱、破坏，所以，镇压反革命及土地改革等未完成的民主革命任务也必须开展。与此同时，美帝国主义又于1950年大举进攻朝鲜，并很快打到了鸭绿江畔，犯我国境，伤我边民，新生的共和国岂能再容忍帝国主义的挑衅！于是，中国人民又被迫进行一场艰苦卓绝的抗美援朝保家卫国的战争。

思想政治战线则更是面对着尖锐复杂的斗争局面。毛泽东同志早在建国前夕，就连续发表过《丢掉幻想，准备斗争》《别了，司徒雷登》《为什么要讨论白皮书？》《"友谊"，还是侵略？》《唯心历史观的破产》，既深刻地揭露了美帝国主义在中国的罪恶历史及其反动本质，又再一次总结了中国民主革命的经验教训，向政治上的自由主义和民主个人主义者提出了忠告。我以为，这几篇著名的文章，至今闪耀着真理的光芒，并作为历史的明鉴给我们以深切的启示和教益。

"站立起来"的中国人民，在当时需要自觉地认识、建立、发挥自己作为创造历史的真正动力和新中国历史主人翁的地位，但这对于一切来自旧中国的人们，又不是一件很容易的事。如周恩来同志所指出的："因为中国是一个百年来受帝国主义侵略的半殖民地国家，所以容易使我们产生爱国的民族观念。"（《周恩来选集》下卷，人民出版社1984年版，第62页）但是，有了民族思想、爱国思想，还不等于"就站稳了人民的立场"，也不等于"进了共产党以后一下子"就站稳了人民的立场，而"由人民的立场再进一步站到工人阶级的立场，那是更难的一件事"。（《周恩来选集》下卷，人民出版社1984年版，第64—65页）

共产主义是人类社会发展的伟大历史新阶段。无产阶级要消灭一切阶级，无产阶级革命在消灭剥削阶级的同时，也要最终消灭无产阶级自己。所以，无产阶级在改造客观世界的同时，也必须改造自己的主观世界。那么，一切非工人阶级立场的人，要在工人阶级的领导下改造自己的世界观，把立足点移到工人阶级立场上来，也是应当而且必然的了。而在建国初期，这确实是思想政治战线上的一场严重的争夺战。艾奇逊的《白皮书》，之所以把卷土重来的希望寄托在自由主义与民主个人主义者的"再显身手"，也正是因为他看到了那破了产的唯心史观在这部分人中间有着一定的思想基础。而揭露和批驳《白皮书》的明确目的之一，也在于忠告那些"有糊涂思想"的人，应以史为鉴，丢掉幻想准备斗争"。究其实质，也可以说这是建国初期历史唯物主义和历史唯心主义在思想政治战线上第一次的激烈较量。因此，我以为要认识和评价随后发生的《武训传》与《红楼梦》研究问题的大讨论，或称之为"批判运动"，就必须实事求是地联系开国前后这段历史时期错综复杂的思想政治和历史文化的环境和背景，才能做出准确的判断。

"领导我们事业的核心力量是中国共产党，指导我们思想的理论基础是马克思列宁主义。"这是毛泽东主席在第一届全国人民代表大会第一次会议上的开幕词中宣布的建设"伟大的社会主义共和国"的根本原则，离开这样的原则立场，就不可能对那时出现的问题分清是非，总结教训，做出公正的评价。

记者：依您看来，发生在1951年那场批判电影《武训传》的思想斗争是否必要？不久以前，一位著名的影评家在一篇"回眸"中国电影50周年的文章里认为："1951年以《人民日报》社论形式发表的《应当重视电影〈武训传〉的讨论》，对《武训传》做出了极其严厉的政治判决，肇以简单粗暴的政治批判代替学术讨论之先河。"不知您对这样的评价有什么看法？

李希凡：我当然不能苟同于这样的结论，这也未免有点简单、粗暴，而且不分是非。我们是马克思主义者，在马克思主义学说中，文化艺术是社会上层建筑的一部分，是一种观念性的意识形态。就文艺作品来说，不管文艺家的主观意图如何，作品的客观效果总反映着一定的社会倾向。

上面我们已经回顾了共和国建立前后面临的国内外险恶而严峻的政治经济形势。最近为纪念50周年大庆，正在全国上演的电视剧《中国命运的决战》《开国领袖毛泽东》，也将我们不曾了解的一些历史事实再现于荧屏。帝国主义的战争挑衅，国民党反动派的捣乱破坏，固不必说；就是经济上的生产萎缩，交通梗塞，民生困苦，失业众多，也使新生的共和国稳定经济，恢复生产，举步维艰。更不能忘记的是，占全国人口一多半的新解放区的广大农村，还经受着几千年来封建土地所有制的盘剥，喘息在地主阶级的残酷压迫之下。1950—1953年，在中国共产党领导下，有计划有步骤地进行着从清匪反霸、减租退押到完全废除封建所有制的土地改革运动，这是千百年来几亿中国农民站立起来，当家作主解放自己的伟大的斗争。如何看待这样一场关系到中国历史命运的改革运动，不仅对出身于地主阶级的人是一次严峻的考验，对一切与封建文化有着千丝万缕的人也是严峻的考验（在《开国领袖毛泽东》的情节中，就透露了几位著名民主人士的某些看法和态度）。而电影《武训传》则正是在此时——1951年上演了，并且与影片相呼应，还出版了一批赞颂武训其人的各类出版物，也包括向孩子们普及的连环画。

武训是什么人，他一生做了一些什么事？他虽然活动在清代末年，却在近现代颇有名声。简要地说，他的出名是因为所谓"行乞兴学"，即用行乞来的钱物办所谓"义学"，使穷孩子有学上。他这种举动被封建统治者称为"义行"，也受到某些在现代兴办教育的人所称颂；近来有些做翻案文章的人，甚至把他这种"举动"誉为"中华民族艰苦奋斗精神的体现"。

对于武训其人其事，鲁迅在1936年就写过有感而发的幽默杂文《难答的问题》（《且介亭杂文末编》），文章是由当时《申报》的一篇题名《武训先生》的介绍引发的。这篇"介绍"说，武训"是一个乞丐，自己吃臭饭，喝肮水，给人家做苦工，做得了钱，却把它储起来，只要有人给他钱，甚至他可以跪下来的"。于是，这篇《武训先生》的作者提出一个问题来："小朋友，你念了上面的故事，有什么感想？"

就作者提出的这个问题，鲁迅发表了如下的意见：

> 我也极愿意知道小朋友将有怎样的感想。假如念了上面故事的人，是一个乞丐，或者比乞丐景况还要好，那么他大约要自愧弗如，或者愤慨于中国少有这样的乞丐，然而小朋友会怎样感想呢，他们恐怕只好圆睁了眼睛回问作者道："大朋友，你讲了上面的故事，是什么意思？"

这就是说，在旧中国进步的人们对武训其人其事，也要问个赞扬他干什么？他的行为有什么值得赞扬的？那么，到了人民已经翻身作主的新中国，特别是站立起来的中国农民正以主人公的姿态积极投入土地改革运动的时刻，我们的艺术工作者却运用现代化的电影艺术手段，而且由著名的电影艺术家扮演武训，极其夸张地表现武训为了让农村穷孩子上学，吃臭饭，喝肮水，向地主老财卑躬屈膝忍辱挨骂乞讨一文钱的行为……这样一个由编导演精心塑造出来的以丑为美的人物，究竟给人们做的什么榜样？即便当时正在进行土地改革运动的几亿农民还对这高雅的电影艺术"一窍不通"，那么，几十年以农村为革命根据地，依靠农民的血汗支援才领导全国人民取得民主革命胜利的中国共产党，又怎能在这样的历史关头，漠视这样的艺术现象而置之不理！我们的确不再提"文艺从属于政治"，因为这不够科学，也起过副作用，但"文艺是不可能脱离政治的"（邓小平），而且在一定条件下，它们相互间还产生直接的影响和作用。因而，在1951年那样国内外思想政治战线尖锐复杂的斗争环境里，出现《武训传》并被一片颂扬的文化现象，作为党和国家舆论喉舌的《人民日报》发表一篇社论，号召人民重视关于《武训传》问题的讨论，那是当时政治文化形势的必然，无可责备。这位电影理论家所以指名道姓地批评这篇社论，自然是因为发动这场讨论，并深刻地揭示了这场论争性质的，是毛泽东同志。在《毛泽东论文艺》中，通常是收这篇社论中的一节节录的文字，是这篇社论的核心点所在。因全文太长不便引述，好在读者都很熟悉，现只根据我的理解做些简要说明。

这节文字大致有三层意思：

> 第一层意思开门见山，尖锐地指出，像武训这样的人，处在清朝末年那样的时代，根本不去触动封建经济基础及其上层建筑的一根毫毛，反而狂热地宣传封建主义文化，并为了取得自己所没有的宣传封建文化的地位，就对反动的封建统治者竭尽奴颜婢膝的能事，这种丑恶的行为，难道是我们所应当歌颂的吗？向着人民群众歌颂这种丑恶的行为，甚至打出"为人民服务"的革命旗号来歌颂，甚至用革命的农民斗争的失败作为反衬来歌颂这难道是我们所能容忍的吗？

这里的确蕴含着感情上的"愤怒"，但这却是代表了中国人民和中国共产党的"神圣的愤怒"。我想，电影《武训传》的拷贝在电影资料馆还会有保存，不妨再拿出来演一演，请今天的年轻的共和国公民看一看，他们是否会容忍这种歌颂！也可以联系当时的时代背景想一想，如果还说这样的作品与当时的思想政治斗争完全无关，那岂不是对人民的欺骗。如果按照今天某些人的说法，武训的"丑恶行为"就是表现了中华民族的艰苦奋斗的精神，岂非"污蔑中国历史、污蔑中华民族"的宣传！

第二层意思，就不单单针对电影《武训传》，而是针对文化界的思想混乱，是广大的知识阶层的思想改造问题。我以为，这场斗争的深层内蕴，是继《白皮书》之后的历史唯物主义与历史唯心主义又一次激烈的较量。对于《武训传》这种文化现象，《人民日报》社论，也就是毛泽东同志，做出了至今看来仍然是十分精辟的历史唯物主义的分析：

> 在许多作者看来，历史的发展不是以新事物代替旧事物，而是以种种努力去保持旧事物使它得免于死亡，不是以阶级斗争去推翻应当推翻的反动封建统治者，而

是像武训那样否定被压迫人民的阶级斗争，向反动的封建统治者投降。我们的作者们不去研究过去历史中压迫中国人民的敌人是些什么人，向这些敌人投降并为他们服务的人是否有值得称赞的地方。我们的作者们也不去研究自从1840年鸦片战争以来的一百多年中，中国发生了一些什么向着旧的社会经济形态及其上层建筑（政治、文化等等）作斗争的新的社会经济形态，新的阶级力量，新的人物和新的思想，而去决定什么东西是应当称赞或歌颂的，什么东西是不应当称赞或歌颂的，什么东西是应当反对的。

就是今天看来，这里的批评也是完全正确，无可指摘。文化界这样歌颂武训向地主阶级卑躬屈膝的行径，是要浴血奋战取得胜利已经站立起来充满自豪感的中国人民仿效什么？应当怎样看待历史进步？为了澄清是非，为了揭露历史唯心主义的反动本质，为了对广大人民进行历史唯物主义教育，对影片《武训传》应当批评，也可以讨论。

第三层意思，则是社论尖锐批评的主要对象，是"丧失了批评能力的一些号称学得了马克思主义的共产党员"。社论严正指出：这是"资产阶级的反动思想侵入了战斗的共产党"。文化艺术界是在党的领导之下，文化部门的领导人也是共产党员，他们居然容忍如此美化武训的奴才哲学，容忍这类历史唯心主义的狂热宣传在文化阵地上大肆泛滥，难道还不应当提高警觉，难道还不应当接受严厉的批评？

记者：同《武训传》问题相联系，1954年，毛泽东同志又发动和领导了关于《红楼梦》研究问题的大讨论，您还是当事人之一。现在完全否定这场所谓"批判运动"的议论也不少，不知您的看法如何？

李希凡：你所说的"当事人"，大概是指我和蓝翎当时合写的两篇文章，一篇是发表在1954年第9期《文史哲》上的《关于〈红楼梦〉简论及其他》，后为《文艺报》同年第18期转载；另一篇是《评〈红楼梦研究〉》，发表在《光明日报》1954年10月10日的《文学遗产》专刊上。

对这两篇文章，我已多次谈过自己的看法（不代表任何人），特别是在回答中共中央文献研究室两位同志提问的那篇《毛泽东与〈红楼梦〉》的访谈录里，讲得比较详尽（见《红楼梦艺术世界》，文化艺术出版社1997年版，第385—399页）。至今我还是那个看法，这两篇文章只不过是两个文学青年试图运用马克思主义观点分析评价《红楼梦》这部伟大杰作的一种努力。他们对历来的所谓"红学"总是纠缠于烦琐的考证与索隐，而不去探究它的时代意义、思想艺术成就、文学史上的贡献，有时甚至有意地贬低它，如说它是"作者的自传"，表现的是"色空观念""不脱东方思想的窠臼"（俞平伯）；说它"只是老老实实的描写这一个坐吃山空，'树倒猢狲散'的自然趋势"，说《红楼梦》的真正价值正在这平淡无奇的自然主义上面"；《红楼梦》是一部隐去真事的自叙：里面的真假两宝玉即是曹雪芹自己的化身，甄、贾两府即是当日曹家的影子"（胡适）等等感到不满意，认为这是对现实主义文学做唯心主义的图解，而这时俞平伯先生又恰恰在《新建设》（1954年3月号）发表了他的《红楼梦简论》，我们的两篇文章，也是从俞先生的《红楼梦简论》开始，进而对他的《红楼梦辨》《红楼梦研究》，以至胡适的《红楼梦考证》的诸多观点进行了商讨和批评。同时，也试图运用马克思主义文艺观对《红楼梦》的时代历史意义及其伟大成就，做出我们的理解和评价。

我也说过：那是"儿童团时代的文章"（见《红楼梦艺术世界》，文化艺术出版社1997年版，第408页），在《文艺报》当时要转载《关于〈红楼梦简论〉及其他》一文时，冯雪峰同志曾找我和蓝翎谈话，他曾说过："你们的文章有些地方还粗糙，没写好，有些地方我要替你们改一改，发表时还要加个编者按语……""我们的文章确实比较粗糙，我自己也没感到这话有什么问题，《文艺报》要登，我们当时很高兴。"（同上书，第389页）因此，从当时我自己的思想来讲，只是对于自称为"新红学"的胡适和俞平伯先生研究《红楼梦》的观点和方法有不同的看法，最多也只是受鲁迅先生影响，鄙薄胡适的"特种文人"的"身份"，而不满意当时胡适在大学文学教学中的影响，却并未意识到这在思想文化战线上有什么现实意义。

胡适其人，在五四运动以至中国现代文学史上都有过一定的贡献，这是不应抹杀的。但也从"五四"开始，他却一贯以资产阶级唯心主义同马克思主义与革命文学运动相对抗。早在1919年7月（也就是"五四"运动爆发后），他就抛出了《多研究些问题，少谈些主义》，为反动统治阶级的反对所谓"赤化"张目，公开地充当攻击马克思列宁主义在中国传播的急先锋，并挑起论争。在遭到李大钊的反驳后，又继续发表《三论问题与主义》《四论问题与主义》，指责马克思主义"太偏向申明阶级的自觉性"，无形中形成的一种阶级的仇恨心，使历史上演成本不须有的惨剧"，直到出版《胡适文存》时，还不忘与马克思主义争夺青年的野心叫嚷说：

　　我这里千言万语，也只是要教人一个不受人惑的方法。被孔丘朱熹牵着鼻子走，固然不算高明，被马克思、列宁、斯大林牵着鼻子走，也算不得好汉。我自己决不想牵着谁的鼻子走，我只是希望尽我的微薄的能力，教我们的少年朋友们学点防身的本领，努力做一个不受人惑的人。

——《胡适文存·自序》

自然，在中国民族解放与民主运动中，胡适教的这套所谓"本领"，并未为广大中国志士与革命青年所接受，而他所谴责的指导中国革命，并在与实际斗争相结合的过程中得到不断发展的马克思主义，却日益获得广大人民群众的认同，终于造成了民主与解放运动的燎原之势。而胡适在1931年"九一八"事变后，却居然在他创办的《独立评论》上支持蒋介石的"攘外必先安内"的反动政策，后来还曾担任蒋家王朝的驻美大使，为它的垂死的统治效力，可以称之为十足的反共的"买办文人"。更值得注意的是，在那些自由主义者和民主个人主义者中间，胡适更被尊为一种"榜样"，特别是他的那套反马克思主义的学术观点，长期以来在中国知识界还是有一定的市场的。在1954年那样的思想文化环境里，清理他的学术观点，不仅是必要的，而且具有重大的现实意义。

今天再联系当时思想文化战线的情况，对毛泽东同志关注这场争论，甚至借两个"小人物"的两篇文章的由头，发动了一场对胡适派资产阶级唯心主义学术思想的批判，自然是可以理解，也并非偶然，这是毛泽东同志在开国前后就十分重视反对历史唯心主义斗争的继续。从批驳艾奇逊的《白皮书》，宣告帝国主义者的唯心史观的破产，到批判《武训传》的美化奴才哲学、"诬蔑中国历史"，又从《红楼梦》研究问题的讨论，扩展到整个学术文化领域反对胡适派的唯心主义的斗争。应当承认，这一切都关系到当时正在深入的知识分子思想改造的问题，特别是关联到马克思主义必须占领思想文化阵地的问题。

现在一提到"批判"，就使人想到"文化大革命"，其实那是整人，已经离开了马克思主义语义中的"批判"。而在共产主义运动中，可以说马克思列宁主义学说的创建，从来没有离开过政治、思想、文化各个领域的论战与批判。如马克思、恩格斯之与各种机会主义，列宁之与第二国际考茨基、孟什维克以至普列汉诺夫，包括马克思主义的三个来源三个组成部分，也无一不是在批判中继承发展和形成的，甚至马克思、恩格斯、列宁的不少经典名著，如马克思、恩格斯《共产党宣言》《德意志意识形态》；马克思的《政治经济学批判》《哥达纲领批判》《黑格尔法哲学批判》《费尔巴哈论纲》；恩格斯最著名的《反杜林论》；列宁十月革命前多数论著如《什么是"人民之友"以及他们如何攻击社会民主主义者？》《我们究竟拒绝什么遗产？》《帝国主义论》《唯物主义与经验批判主义》等，都无一不是在进行激烈的论战与批判。何况，我们在新中国成立初期，马克思主义在思想文化阵地上绝不占优势，特别是在学术研究与高等学府的文史哲等学科中，仍是唯心主义十分活跃的领地。而"抵制和消除一切落后的腐朽的思想文化的影响"，涤荡"污泥浊水"（江泽民），使马克思主义能更广泛地占领阵地，正是新中国意识形态领域的一项重大任务。不过，所谓《红楼梦》研究问题的批判，还是注意到了它的学术性。记得曾有一篇文章批评俞平伯先生垄断北京图书馆的《红楼梦》版本，领导机关立即敦促报纸发表文章给予纠正；而且让文学界的三位泰斗出来讲话（1954年12月4日在中国文联与作协主席团扩大会议上），三篇讲话都在《人民日报》发表，一篇是郭沫若的《三点建议》，一篇是茅盾的《良好的开端》，一篇是周扬的《我们必须战斗》，虽然也提到俞平伯先生的《红楼梦》研究思想，但重心却转向了胡适学术思想批判。所以，这次讨论与批判曾激发了知识界深入学习马克思主义的热潮。至于在《红楼梦》研究方面，也应当承认，这部杰作深刻的社会内容、伟大的时代意义、高度的思想艺术成就，可以说都是从此时起，才得到了广泛而深入的探讨。而且正是由于毛泽东同志对《红楼梦》有很高的评价，在他后半生中多次谈论《红楼梦》的政治历史价值，思想艺术成就，才引起了广大群众的阅读兴趣，造成了《红楼梦》研究历久不衰的所谓"显学"地位。而当时发动这场运动的那封《关于〈红楼梦〉研究问题的信》，却长时间少为人知，包括我在内，也还是在"文革"期间才得以见到全文的真貌。

记者：在新中国成立后的五十年里，思想文化战线在前进的道路上也的确有过不少曲折，冷静、客观地回顾、研究这段历史，总结经验和教训，是十分必要的。就说这两次批判运动，今天看来，思想文化问题采取这种搞群众运动的方式是否也有明显的不足和失误呢？从中可以总结出什么样的教训呢？

李希凡：经验应当总结，教训必须吸取。中国革命文学像中国革命一样，始终是在血与火中萌生和发展，如鲁迅所说："中国的无产阶级革命文学在今天和明天之交发生，在诬蔑和压迫之中滋长。"（《中国无产阶级革命和文学前驱的血》）而且在反动统治下只能采取杀出一条血路的运动的形式——"现在，在中国，无产阶级的革命的文艺运动，其实就是唯一的文艺运动。"（鲁迅：《黑暗中国的文艺界的现状》）从20年代到30年代，革命文艺战线一直是在激烈论争中发展，如文学研究会与创造社的"为人生"还是"为艺术"的论战；关于无产阶级革命文学的倡导与论争；对反动的民族主义文学的批判；大众化与大众语问题的讨论；民族革命战争的大众文学与国防文学的两个口号之争；以至抗战期间的民族形式的论战，都表现为一定的"运动"的形式。实际上，开展群众运动，也正是中国共产党领导中国革命深入人心取得胜利的成功经验之一。

不过，这一切都是发生在旧社会，为反动统治所迫。在人民取得政权后，中国共产党已经成为执政党，对各项事业和各条战线，特别是文化战线、学术思想领域里的矛盾和问题，是否还适宜于采取群众运动的形式加以解决，现在看来，确实值得总结。在十七年中，即使从工农业生产来讲，大跃进、公社化以至大炼钢铁，都给经济发展带来过严重的挫折。而思想文化战线上的问题，就算是对立面的斗争，虽然同政治也有必然的联系，却不能等同于政治，并且不管怎么说，它们也是精神世界里真理与谬误的矛盾，靠运动的形式是不可能得到很好的解决的。毛泽东同志在《关于正确处理人民内部矛盾的问题》一文中对此有过科学的探索和阐释。他说："我国社会主义和资本主义之间在意识形态方面的谁胜谁负的问题，还需要一个相当长的时间才能解决。这是因为资产阶级和从旧社会来的知识分子的影响还要在我国长期存在，作为阶级的意识形态，还要在我国长期存在。如果对于这种形势认识不足，或者根本不认识，那就要犯绝大的错误，就会忽视必要的思想斗争。思想斗争同其他的斗争不同，它不能采取粗暴的强制的方法，只能用细致的讲理的方法。""对于科学上、艺术上的是非，应当保持慎重的态度，提倡自由讨论，不要轻率地作结论。我们认为，采取这种态度可以帮助科学和艺术得到比较顺利的发展。"可惜的是，在其后学术文化领域的斗争中并未得到真正的实行。而此前，《武训传》批判虽正确地揭露了论争的性质，但运动的形式却未免带有粗暴强制的色彩；《红楼梦》研究问题的批判尽管很快就转向对胡适思想的全面清理，广泛动员了学术界知识分子的参与，也有不少文章确实采用了"细致的讲理的方法"，但也毕竟由于是一种运动的方式，不免有把学术思想问题简单化的倾向，包括我们后来写的文章，也提高了调门，对俞平伯先生不够尊重，这些都是无益于学术争论的。《武训传》客观上确有反动的思想倾向，但编导，特别是表演艺术家，都曾献身于中国进步的电影事业，做出过自己的贡献，错误出在世界观上，而非敌我政治思想上的对立，如果当时能有区别地细致的说理性批评，并给予热情帮助，效果则会好得多。

至于如何从正反两个方面对这两次思想批判总结经验教训，我以为中共中央党史研究室著的《中国共产党的七十年》的评价，还是较为科学和公允的。原文（见中共党史出版社1991年版，第312—313页）如下：

　　　　1951年在报刊上展开了一场对电影《武训传》的批判，这部新放映的电影所歌颂的武训，是清末以"行乞求学"而著名并受到封建统治者表彰的"千古奇丐"。讨论和批判这个电影，提出的不仅是如何评价武训这一个历史人物的问题，而且引伸到如何看待中国近代的历史和中国革命的道路。这次批判，实际上成为知识分子思想改造运动的一个部分。1954年，毛泽东从支持两位青年关于《红楼梦》研究问题的批评文章开始，又领导发动了一场对胡适派资产阶级唯心主义的广泛批判。胡适是五四运动以后思想文化领域资产阶级代表人物中影响最大的一位。这次批判提出的问题，不仅是如何评价和研究《红楼梦》这部中国古典文学名著，而且是要从哲学、文学、史学、社会政治思想各个方面，对五四运动以后最有影响的一派资产阶级学术思想，进行一番清理和批评。党发动这两次批判，提出的问题是重大的，进行这样的工作是必要的。结合实际的事例，开展批评和讨论，来学习如何掌握和运用马克思主义，是知识分子自我教育和自我改造的一种方法。这两次批判，对学习和宣传历史唯物主义和辩证唯物主义起了好的作用，有其积极的方面。但是，思想问题和学术问题是属于精神世界的很复杂的问题，采取批判运动的方法来解决，容易流于简单和片面，学术上的不同意见难以展开争论。这两次批判已经有把学术文化问题当作政治斗争并加以尖锐化的倾向，因而有其消极的方面。

在社会主义建设时期，如何解决意识形态领域较为复杂的问题，总结历史上的正反两方面的经验教训，是完全必要的。它对于党在领导社会主义精神文明建设中如何广泛团结各阶层，学习马克思主义、毛泽东思想、邓小平理论，统一思想，共同建设有中国特色的社会主义，有着重大的现实意义。

总结历史正反两方面的经验教训，运用马克思列宁主义、毛泽东思想，从"文革"后的实际出发，实事求是，开拓新路，这正是邓小平理论的精髓。不能正确地总结历史教训，因循守旧，就会使我们在当今复杂的国际形势下失去机遇，裹足不前。同样，全盘否定历史，不分是非，用"消极面"抹杀"积极面"，也并非对历史经验的正确总结，它必然导致思想混乱，沉渣泛起。近年来，李洪志及其"法轮大法"，所以养成如此嚣张气焰，以致不少国家干部知识分子、共产党员都深陷其中，并非偶然！可以说，它是一个时期以来历史唯心主义、在思想文化领域大肆泛滥的一种恶果。在思想文化阵地上，马克思主义不去占领，非马克思主义、反马克思主义思想必然要去占领。这是不破的真理。不要说别的，就说最为普及的电视剧创作，那些充斥荧屏的皇帝太后格格之类，它们称赞什么，歌颂什么？究竟多大程度上表现了正确的历史观？！我以为，人们重温一下毛泽东同志当年的批评："一些号称学得了马克思主义的共产党员，他们学得了社会发展史——历史唯物论，但是一遇到具体的历史事件，具体的历史人物，具体的历史思想，就丧失了批判的能力。"并不为过。至于在现代文学史上贬低鲁迅、郭沫若、茅盾，高抬胡适以至周作人的所谓"学术著作"，更是近年来的一种时髦的趋向，这种颠倒历史的现象，却也恰恰说明了艾奇逊当年寄希望于自由主义和民主个人主义者的"再显身手"并未完全落空！

　　坚持历史唯物主义，反对历史唯心主义，应当不尚空谈，做踏实的工作，认真总结正反两方面的经验教训，既不能讳言过失，也不应混淆是非。以史为鉴，才能有益于今天的发展。

本文原载于《文艺理论与批评》1996年第6期

冯其庸、李希凡、张庆善访谈录

——关于刘心武"秦学"的谈话

胡　晴

编者按：近期，刘心武的"秦学"和他在中央电视台的系列讲座在社会上引起了较大的反响，很多读者写信打电话询问红学专家的意见，要求红学家们出来说话，为了满足广大读者的要求，记者走访了在红学界德高望重的著名红学家冯其庸先生、李希凡先生以及中国红楼梦学会会长张庆善先生。

做学问要有学问的品格——冯其庸访谈录

《红楼梦》的研究已经有百年的历史了，这百年的历史有它的时代约束。从早期的红学到后来的新红学派一直到今天的《红楼梦》研究，都跟时代本身有着不可分割的关系。最早期的红学，那个时代《红楼梦》的传播范围很窄，根本还没流传出去，只在亲朋好友之间传看，曹雪芹时代的脂砚斋也好，写过咏《红楼梦》诗的明义也好，从他们的作品中可以看到他们对《红楼梦》的评价已经很高了。稍晚的裕瑞就开始打听《红楼梦》的作者是什么样的人，相貌如何，谈吐如何，这是非常符合实际的，因为读者读了作品都想了解了解作者是怎样的为人。早期的《红楼梦》研究都停留在这样一种没有太多的文献资料，只能听传闻，阅读自己手中早期抄本的状态中。有清一代的红学主要是评点，主要是根据文本的欣赏阅读，然后写出自己的感受，很多看法讲得都很有见解，现在看来都还是很有深度的，当然也有讲得不正确的。同时，也有一些笔记性的记载，记载了曹雪芹是什么样的人，到什么年代社会上已经有抄本流传等。人们猜测曹雪芹是什么样的人也是符合读者的心理状态的，现代的青年读者读了别人的书还都想见见作者，这种心理是完全可以理解的，这里没有索隐的问题。评点派有它的功劳，我有一篇文章《重议评点派》，说到评点派的问题，其实后世讨论的红学问题，很多在评点派的讨论中都已经出现了，包括版本、家世，等等，所以不能一概抹杀评点派的功劳，更不能说清代的红学是一场闹剧。

到了新红学的时候为什么出现了曹雪芹家世的研究和《红楼梦》版本的研究呢？这是因为在阅读《红楼梦》的过程中产生了新的发展。胡适买到了甲戌本，上面的批语明确写着《红楼梦》的作者是曹雪芹，因此人们从曹雪芹寻找到曹寅，考证他的家世，同时也要研究这个作家的家世经历跟《红楼梦》的写作有什么关系。研究一部作品要研究作家的身世，要了解作家的处境，了解作家所处的社会，这是我们传统的研究文学的基本规律，叫作"知人论世"，这些方法都是科学的。可见，家世研究的产生是跟随着《红楼梦》研究的发展而产生的，是《红楼梦》研究的深入发展，对了解《红楼梦》产生的历史背景和了解《红楼梦》所包含的社会内容具有很重要的作用，所以这一门学问到现在也没有被抛弃。当然，无限制地延伸也是没必要的，延伸到说曹雪芹是曹操的后代就已经毫无意义了，这种胡乱延伸只能由延伸的人自己负责，不能怪胡适。《红楼梦》的脂砚斋本出现后，这些脂本的底本都是曹雪芹活着时候的本子，我们为了研究《红楼梦》的思想和文字的准确性，就产生了研究这些本子的版本学，这对我们认识《红楼梦》的原貌起了很大作用，这在学术研究上也是正常的合乎规律的发展。

总之，清代《红楼梦》的研究是以评点为主，他们有贡献，当然也有失误，应该重视他们的贡献，也应该继承他们的贡献。到了胡适的时代，了解了《红楼梦》的作者，进一步研究曹雪芹的家世，这在学术上是非常自然的，从这里引申出来的过多的追求，过多的妄猜，这是后来人的责任，跟胡适没有关系。胡适发现了脂本，由此延伸出脂本的研究，这对《红楼梦》研究也是非常有用处的。

有一个时期一些年轻人觉得考证太多了，为什么不去研究文本？这是不知道研究的历史，因为《红楼梦》研究到了20世纪二三十年代已经研究不下去了，作者的问题出来了，脂本的问题出来了，不把这些问题弄清楚，对《红楼梦》思想艺术的研究就不能深入进去，于是就形成了家世研究、版本研究和《红楼梦》研究同时并进的局面，这是很正常的情况。新中国成立后发现的抄本越来越多，发现的曹家的史料越来越多，这对我们的研究有很大好处。我觉得红学的整个研究从大局来讲一直在正常地健康发展，后来出了个"丰润说"，那是丰润要搞"曹雪芹家酒"的需要，是商业的炒作。再后来，为了哗众取宠又闹出来了霍国玲的《红楼解梦》，闹了一阵，现在也都拆穿了，紧跟着又来了刘心武的"秦学"。有人问我，"秦学"能不能成立？我就问他假定有人研究贾宝玉，能说就是"贾学"吗？研究林黛玉，能说就是"林学"吗？那么一部《红楼梦》得产生不知多少学问了。一门学问总要有一门学问的根基，研究秦可卿就叫作"秦学"，"学"在哪里？随便编造就变成了学问，那做学问也未免太容易了，天下做学问的人也就太多了。所以不客气地讲，刘心武的所谓的《红楼梦》的讲解，不是"红学"，也算不上"红外学"。"红外"当然是"红外"，因为它与《红楼梦》没有什么关系，但是"学"在哪里呢？信口乱说就能算"学"吗？我认为他自称的所谓"秦学"，或者别人说的"红外学"，充其量只能说是"红外乱谈"。《红楼梦》以外当然有很多学问，但是学问要有学问的品格，学问要有学问的规范，信口乱说怎么能称为学问呢？我觉得中央电视台播放这样的节目会造成社会文化的混乱。刘心武的"秦学"现在之所以能达到这样的状况，成为一种社会问题，跟中央电视台推波助澜有很大关系，这造成了学术界至少是红学界的混乱。希望中央电视台重视这件事，希望他们对社会的文化建设要起积极作用，不要起混乱作用。我提醒中央电视台的领导，要认真考虑注意这个问题，如果都这样乱来，文化界就不成其为文化界了。我作为学术界的一员，作为一个有良知的公民，不能看着他们这样胡闹下去。

我看过《文汇报》的一篇文章，刘心武他们讲到秦可卿做棺材用的樯木，他们说得天花乱坠，可是我查了很多资料，没有一种木头叫樯木，樯就是船上的桅杆，不是什么木头。不能把《红楼梦》中任何一些夸张的东西当作事实，甚至还一本正经地当作学问研究，这是非常可笑的。《红楼梦》不是谜语大全，找《红楼梦》猜谜就找错了。他们把红学搞成了一种无稽之谈，搞成了一种信口开河的东西，但这不能怪罪整个红学界，中国红楼梦学会不提倡这个，《红楼梦学刊》更是一直反对这样的学风。这样的歪风只能由他们个人负责，不能怪罪红学界。还有与此同类的学风，都只能是个人的问题，不能怪罪学术界。

刘心武同志以前是中学教师，我以前是小学教师，他还比我高。教师对学生对社会有道德上的责任，知识上的责任，要教给学生好的学风和品德。现在他又是作家，是人类灵魂的工程师，那么去让人家把乱想、胡想当作学问，是在塑造人类的灵魂吗？我希望他能思考一下这个问题，作为一个老师，一位作家，对社会负有什么样的责任，是不是可以随便乱说，甚至说一些非常不妥的话，说什么"只要有真情就可以超越伦理"，这不是"班主任"应该说的话。

红学今后的研究依然任重而道远，我们刚刚把现在能发掘的资料发掘整理出来。北京图书馆出版社准备把所有的脂本出成一套丛书，另外以前的评点本，北京图书馆出版社也选了一大批都在陆续出，还有有关的清代笔记，希望也能陆续整理出来。当然，还需要一些社会资料，从康雍乾，甚至明代后期以来的思想经济、政治方面的资料也应该汇集起来。这样真正深入地研究《红楼梦》就可以进一步地开始了。当然，这样做是认真把《红楼梦》作为一部具有丰富的思想内涵和社会内涵的文学作品、小说来研究，而绝不是把它当作"清宫秘史"或者"谜语大全"。文学就是文学，文学的社会内涵、思想内涵绝不是"秘史"，这两者不能有丝毫混淆！讲到《红楼梦》的研究过程、研究成绩，我还是觉得很乐观的，我们有一批中坚力量，他们都是正经研究学问的人。只要真正对学术下过功夫的人，都不会把刘心武的所谓"学问"当作真正的"学问"。现在他的市场其实在"红学"以外，也在学术以外，真的做学问的人会相信他的一套么？实际上他不过是满足了某些人的猎奇心理而已。我坚信正经的学问总会被人认识的，走邪门歪道、哗众取宠不会有真正的出路。

《红楼梦》是小说——李希凡访谈录

我先谈谈秦可卿的问题。现在发展出一种"秦学"来，我不知道"秦学"是怎么建立起来的。曹雪芹在写秦可卿这个人物时听了别人的劝，把这个人物改写了，现在小说中的秦可卿是个很完美的贤德的孙子媳妇。我就这个问题写过一篇文章叫《丢了魂的秦可卿》。我相信在曹雪芹的原作中秦可卿是个有非常复杂性格的人物，不过现在她已经完全改变了，变成了一个完全的贤德媳妇，一家上下老小，包括老祖宗都说她是十全十美的。就连她的死也从"淫丧天香楼"变成了病死，而且她得病治病的过程也都写得很细致。我个人感觉这是曹雪芹《红楼梦》创作艺术上的一大失败，他不应该听别人的意见，把秦可卿改成现在这样。鲁迅称赞《红楼梦》，说它写了真的人，也就是说人物性格比较全面，并非好人都是好，坏人都是坏，但是秦可卿却恰恰变成了一个完整的好人。而现在我们的红学中还有人把某些创作修改秦可卿人物形象时遗留下的痕迹，就是畸笏叟所说的没有改掉的东西拿来做猜测，甚至说秦可卿是藏在曹家的一位公主，这就离开艺术形象太远了。

我一直有一个观点，《红楼梦》是小说，不能把它作为事实考证的对象、曹家家世考证的对象。曹家人只是内务府的官员，地位不高，虽然跟皇家很亲近，而且得到康熙的信任，但终究只是个江宁织造，跟小说中开国元勋式的荣宁二公没法做类比，更不能以曹家家世的考证来评价小说中的艺术形象。以前的胡适还比现在的人要好很多，他虽然也说了自叙传，但是他总还是把《红楼梦》当成小说的，现在这样的所谓考证与胡适的研究距离其实也比较远，倒是更接近于以前的索隐派。而且那些猜测实在太离谱了。就算曹家有个公主藏在那里，小说里写的秦可卿是一个育婴堂出来的孤女，怎么考证出她是个公主的？况且这个人物在作品中很早就死了，涉及她的篇幅非常有限，这样猜谜猜得太远了，应该说《红楼梦》研究里这样的学风还是少一点的好。

红学发展到现在，我们更应该走向科学，科学地分析小说的艺术形象。从艺术形象的真实来看待秦可卿这个人物，她很概念化，我认为是写得失败的。其实在十二金钗里面，秦可卿的个性是最不鲜明的一个，我们仅是从脂评里面提供的一些线索，就能知道以前秦可卿的形象是另一种样子，但是现在作者已经把这个形象改变了，现在的秦可卿没有缺点，也绝对不是个淫荡的人物，而是个很正派的孙子媳妇，我主张艺术形象的研究还是应该回到文学研究的道路上来，不要搞艺术形象外的索隐。

大家总是说《红楼梦》是一部特殊的作品，我就不觉得，我把它看成是中国文化、文学达到的一个高峰。它就是一部小说，尽管可能历史背景比较复杂，但是再复杂也不过是清代的文字狱或者宫廷斗争等影响下的社会生活的一个方面，我们只能从大的方面来观察解读，不能穷究一些小说并没写到的具体历史事件。《红楼梦》反映的不是具体的某一个家族破败的历史，而是整个社会的发展趋势，它的深远意义就在于从某个家族的破败甚至于可以看出封建末世，所以我们叫它封建末世的百科全书。像这样一部内容丰富的作品，艺术上成就那么高，写了那么多人物，我们应该把它当作文学乃至文化的高度结晶去研究。考证作者家世是应该的，因为留下的历史资料实在太少了，而且作者的家世的确对他写这部作品是有影响的。版本研究也有它的必要性，这些都是《红楼梦》研究比较特殊的地方。但不管怎样特殊，《红楼梦》也是艺术形象的创造，艺术典型的创造，不是在写史实。把《红楼梦》与史实比附，比如现在比较流行的"秦学"这种提法不是对《红楼梦》的正确评价，而是贬低了它。我们要考证，是考证作者，不是考证小说里的人物的史实背景。小说是经过艺术概括的，我们评价小说是评价它的艺术形象，评价它的艺术创造。类似于"秦学"的道路前人早已经走过了，一百多年前《红楼梦》刚一出现就有人猜测这是写的哪一家的事情，到现在又说是什么废太子、公主，这些都离开《红楼梦》太远了。我希望我们的《红楼梦》研究要靠近《红楼梦》，靠近曹雪芹真正的家世，而不是靠近作品里的人物所谓的家世。我认为如果我们将作者家世靠近作品里的人物去研究，这样做终将失败，因为什么证据也找不到，还会把大家弄得思想混乱。

回归文本还是应该回归到《红楼梦》在中国文学和文化中的地位的研究，回归作品的艺术分析。对于作者的家世我们弄不清楚就说弄不清楚，如果有新的材料，当然对我们有好处，但不要靠猜测，不要出来一件什么东西就相信。现在的这些流行观点把《红楼梦》背景解说得如此之"丰富多彩",但那已经不是《红楼梦》,而是现代人创作的《红楼梦》了。这个东西如果广大读者都接受,只能说我们的文化品位有问题,整体水平还有待提高。尽管这种提法现在拥有听众,甚至听众还听得津津有味,但是如果离开了《红楼梦》,离开了对《红楼梦》的分析和科学研究,它终究不能变成事实,不能说我们以后就会相信刘心武的这些提法而按照这些提法去看待《红楼梦》。我相信真正懂得《红楼梦》创作艺术的人绝不会相信那样的观点。而且我还要强调,没有单纯的娱乐性,不管怎么说,还是要寓乐于教,低级趣味娱乐品只能培养低级趣味的观众,要引导观众向高的文学品位、文化品位发展。现在这些提法都是以前索隐的东西的翻版,只不过影射得更具体,更没有根据。以前的观点还有些大的政治背景,现在完全是没有关系的东西。我不赞成这种研究,不赞成向读者宣传这些没有根据的东西、这么大范围这么广泛地去宣传这些东西,不只贬低了《红楼梦》,也扰乱了文学艺术的研究方向。我们没办法改变这些状况,只能做好我们的工作,做好我们的研究,按照正确的研究方向去继续。

《红楼梦》研究中有一些作家参加是很好的事情,因为作家对创作有自己的体验,应该说有作家参加进来,从创作思维、艺术思维来解说《红楼梦》是一件好事。但是不能把没有的事情描写得非常生动,这样容易把读者引向歧途。《红楼梦》里面并没有这些东西,《红楼梦》写的也不是这些东西,即使描绘得再生动也只能说是作家的"再创造",而并非曹雪芹的原意。现在这种风气盛行,可能是因为很多人都不了解《红楼梦》,不读《红楼梦》,由这样的风气倒是引发了一股读《红楼梦》的热潮,但是如果按照这种方法去读《红楼梦》的话,那就一定会走入歧途,所以应该就这个问题开展讨论。我感觉中央电视台《百家讲坛》这样重要的舆论导向的阵地,应该把学术研究,把继承和发扬中国文化遗产的研究引向正确的方向,不能什么说法都引入。学术讲坛不是娱乐台,不能像现在电视上某些改编名著的作品那样,那纯粹是败坏古典名著,我希望中央电视台少做这种事,否则贻害无穷。

我劝刘心武先生去从《红楼梦》小说的创作艺术方面多做研究,他应该有这种能力,因为他是一个作家,而且写出过很好的作品。但不要引导大家去猜谜,这些东西过去老祖宗就猜过了,猜了那么多年都猜不对,他也不可能猜对。"秦学"完全是他自己猜的,《红楼梦》那个有限的篇幅提供出来的人物,就是个很干巴的人物,是完美的媳妇,你发展出什么来,不是原来那个干巴的秦可卿。

"秦学"是新索隐——张庆善访谈录

最近刘心武先生在中央电视台第十频道《百家讲坛》栏目中讲《红楼梦》，几乎与此同时也出了好几种刘心武的关于《红楼梦》的书，如《红楼望月——从秦可卿解读红楼梦》《刘心武揭秘〈红楼梦〉》等，一时间刘心武先生成为当前最有名的"红学家"了。据说刘心武先生谦虚地称自己是"平民红学家"，我不太懂得这种称号的含义。我只知道从事学术研究的人有工作的不同，有职称的不同，在学术研究中又有科学与非科学、正确与错误、是与非的不同，但不知道搞学术研究还有什么"平民"与"贵族"之分。搞学术研究似乎与什么身份没有关系。不管你是什么身份，既然是在搞学术研究，都应该遵守学术规范，都应该坚持严谨的治学态度，都应该实事求是。不能说我有了"平民红学家"封号，就可以随心所欲地胡乱说。

刘心武先生的"秦学"早就提出了。研究《红楼梦》中的一个人物，还不是《红楼梦》中最重要的人物，就能建立一种"学"，这是不是有点开玩笑，建立一种"学"是不是太容易了。当时许多研究者并不在意，据我所知，红学界绝大多数的专家学者并没有发表文章批评所谓的"秦学"，大家认为去讨论这种问题，对学术研究没有多大的意义。不想，刘心武先生是越讲越敢讲，越讲越悬乎，再加上中央电视台《百家讲坛》的推波助澜，在全国都造成了很大的影响，对"秦学"我们真是要刮目相看了。

其实刘心武先生的观点和研究方法都不新鲜，他研究的方法在红学史上早被学术实践证明是错误的方法，也就是索隐的方法。但是刘心武的索隐方法和历史上以蔡元培先生为代表的索隐派的方法还有些不同。蔡元培先生他们提出的一些观点虽然不正确，但他们所索隐的东西在历史上都确有其事其人，只不过和《红楼梦》毫无关系。比如说索隐派认为《红楼梦》讲的是顺治皇帝和董小宛的爱情故事，那么历史上确实有顺治皇帝，确实有个董小宛。刘心武以及最近一段时间一些搞《红楼梦》索隐的人，他们和蔡元培先生为代表的索隐派最大的不同，就是他们完全不顾历史事实，全凭主观臆测。比如刘心武的"秦学"中一个最基本的观点是秦可卿这个人物的生活原型是康熙朝的废太子胤礽的一个女儿。但如果人们要问刘心武先生，这方面有什么文献记载证明吗？完全没有。那刘心武先生怎么知道的？原来是刘心武先生自己分析和猜想出来的。事实是，就目前的史料而言，废太子根本就没有这么一个送给了别人的女儿，没有任何哪怕是一点点的史料记载，这完全是刘心武的杜撰。从这么一个虚构的故事引发出的那么多"秦学"的内容，他所创建的"秦学"能靠得住吗？从历史常识来讲，刘心武先生编的故事也讲不通。不要说废太子没有这样一个女儿，就是退一万步讲废太子真的有这样的一个女儿，也不可能送给曹家这样的家庭去做媳妇。因为曹家虽然在清代是很有名的家庭，但是他们出身包衣，是皇帝的奴仆。清代满族贵族中规矩是非常严格的，公主与包衣他们之间的身份差距太大了，这种事情是根本不可能发生的。一个被圈禁的废太子他能把女儿偷运出府吗？康熙在废黜皇太子的同时，也严厉地打击太子党，在这种形势下废太子就是能把女儿偷运出府，曹家敢把废太子的女儿藏在家里吗？当时曹家都生活在江南，他们又怎么来藏这么一位"公主"呢？更何况没有任何记载能证明曹家是什么太子党，倒是有大量的文献记载证明曹家与康熙皇帝关系密切，对康熙忠心耿耿。这样一个忠于康熙皇帝的曹家，他们怎么会在康熙第二次废掉太子以后，还敢私藏废太子的女儿，对皇帝图谋不轨呢？这是毫无道理的。在《红楼梦》中秦可卿的出身交代得很清楚，是养生堂抱来的，这在小说中是一种很正常的艺术的虚构，我觉得对于《红楼梦》中的文学人物形象采用所谓"考证"的办法、"索隐"的办法是非常不可取的。刘心武有个观点认为秦可卿如果出身寒微就不可能嫁到贾府，不可能嫁给贾蓉，成为贾家长门长孙媳妇，从而怀疑秦可卿的出身。可是在《红楼梦》中贾家的很多媳妇出身并不高贵，包括贾赦的妻子邢夫人，贾珍的妻子尤氏等等。《红楼梦》第二十九回，贾母等到清虚观打醮，张道士向贾母提到贾宝玉的亲事，贾母说："你可如今打听着，不管他根基富贵，只要模样配得上就好，来告诉我。便是那家子穷，不过给他几两银子罢了。只是模样性格儿难得好的。"贾宝玉的亲事标准尚且如此，何况贾蓉呢。小说中说秦可卿是从养生堂抱来的就是养生堂抱来的，没有什么可怀疑的。这原本是文学创作的需要，是艺术虚构允许的。

刘心武先生自称他的研究是"探佚学中考证派"，但不管是探佚还是考证，都要占有资料和证据，而我们看到刘心武先生的"探佚""考证"则什么历史记载和文献资料都不需要，有的只是猜测和想象。比如，《红楼梦》第三回写到林黛玉进府，看到荣禧堂一副对联："坐上珠玑昭日月，堂前黼黻焕烟霞"。刘心武先生说："现在我告诉你，这个胤礽，做太子的时候他有一副对联备受他的皇父康熙表扬，而且他到处把它写出来送人。史书上只是没有具体记载，他也写了送给了曹寅而已。"是怎样的对联呢，叫作"楼中饮兴因明月，江上诗情为晚霞"。刘先生接着告诉我们："我现在让你把林黛玉在荣国府所看到的那副楹联，和真实生活当中胤礽在做太子的时候写的对联加以对比，就会发现这两副对联是有血缘关系的。"这也成了秦可卿生活原型是废太子女儿的史料证据。尽管刘先生说得这样肯定，可问题来了，第一，既然连刘心武本人都不得不承认所谓的"太子对"送给曹寅没有史书记载，那你根据什么说废太子曾把这副对联写了送给了曹寅呢？第二，这副对子明明是唐朝诗人刘禹锡的诗句，怎么能说成是废太子胤礽的对子呢！既然没有记载证明废太子将此对子曾写给曹雪芹的祖父曹寅，而对子又不是废太子的而是唐人刘禹锡的，那它跟《红楼梦》有什么关系，它怎么能成为秦可卿的生活原型是废太子胤礽之女的证明呢？但令人遗憾的是，在刘心武先生知道了对子是刘禹锡的诗句后，还强辩说："胤礽这副对联的事儿，最早记载在康熙朝一个大官王士祯所写的一本书《居易录》里面……经查，这确实是刘禹锡老早写下的诗句，那么王士祯的所谓'太子名对'的记载，该怎么看待呢？王士祯行文比较简约，我想，他所说的情况，可能是当年太子还小，他的老师说了刘禹锡诗里的前半句，作为上联，让他对个下联，他当时并没有读过刘禹锡的这首诗，却敏捷地对出了下联，与刘禹锡的诗句不谋而合……没想到，这'太子名对'后来又演化为《红楼梦》贾府里，与皇帝御笔金匾额相对应的一副银的对联。"看了这样的解释你还能说什么呢，这位太子真是了不得，没看过刘禹锡的诗，竟能说出和刘禹锡一样的诗句，作诗的水平够高的了。但这是学术考证么！这是实事求是的治学态度吗？这是在编故事。遗憾的是刘先生在这里只顾补漏洞，却没顾上把两副对子的内容搞搞清楚。刘先生想出了那么具体的故事细节，却没想到这两副对子的内容是毫不相干的。著名红学家蔡义江先生在接受《艺术评论》记者采访时曾分析了这两副对子的内容，蔡先生说："王渔洋将唐诗当成本朝诗说得有鼻子有眼的，闹出了笑话……现在，我们退一步讲，假设'楼中饮兴'一联不出自刘禹锡而真是胤礽所拟，那么，它有没有可能是小说中荣禧堂对联的原型呢？也绝不可能。因为既是'原型'，总得在诗意构思上有某些相似。可是，误归太子一联说的是江上楼头风景极佳，能助酒兴，添诗情。小说中的一联说的是来荣国府者，尽是达官贵人，其佩饰袍服珠光炫耀，五色映辉。前者'明月晚霞'是实景，后者'明月''晚霞'是虚喻，两联风马牛不相涉，怎么能是'原型'呢？"蔡先生说得够清楚了，刘心武先生的所谓证据完全站不住脚。值得指出的是，这种想当然、主观臆测在刘心武先生的讲座和书中比比皆是，他用得最多的词之一就是"可能"，而不需要任何可靠的记载和材料来证明为什么是"可能"的。

在我看来刘心武先生的所谓"秦学"根本不是什么学术研究，而是新索隐，是在搞创作，是编故事，只是这些故事编得不如他以前的小说故事编得好，可以说是矛盾百出。比如说秦可卿"淫丧天香楼"后，她的两个丫鬟瑞珠、宝珠，一个触柱而死，一个甘做义女。刘先生为了把这两个丫鬟的命运与所谓的秦可卿真实身份的政治秘密联系起来，就演绎说，两个丫鬟如果只是在天香楼看见贾珍与秦可卿淫乱，何至于触柱而亡啊，一定是听见了绝对不应该听见的话，是什么话呢，"就应该是秦可卿真实出身的泄露，就应该是政治性的消息，也就是义忠亲王老千岁那一派，义字派的绝密消息"，所以瑞珠只有一死了。那宝珠不死却做了义女，又怎么解释？刘先生告诉我们宝珠甘做义女是表示她在铁槛寺再也不回来了，"打算永远闭嘴"，这样令贾珍很放心。问题是瑞珠死了可以说"永远闭嘴"，可宝珠还活着，谁能保证她"永远闭嘴"，贾珍能放心吗！看来这个故事编得不能令人信服。再比如，刘心武先生把秦可卿和贾珍的关系说成是爱情，也令人感到十分荒唐。刘心武先生说秦可卿与贾珍是一辈人，虽然他们之间有了爱情，因为贾珍有了夫人，所以只好让她做了儿媳妇，但秦可卿与贾蓉没什么事，只是名义上的夫妇，倒是成了贾珍的情人。如真是这样，贾珍为什么不把秦可卿收为姨娘，这总比当他的儿媳妇冒着乱伦的丑闻要好说呀。至于说到秦可卿真实出身的败露是由于元春告密，说元春这样做是为了保护贾家的利益，更是无稽之谈。如果贾家真有这样的事情，元春敢告密吗？她告密就真的能保护贾家的利益吗？如果保护不了贾家的利益弄个满门抄斩怎么办？更为荒唐的是刘心武又杜撰出贾元春的生活原型，说贾元春的原型"应该"是曹家的一个女性，最早"应该"是送到胤礽身边，跟胤礽在一起生活过一段时间，又与胤礽的儿子弘皙生活过，后来又有了"二次分配"，这位曹家女子幸运地"从弘皙那边，拨到了弘历的身边"，而且"她到了弘历身边以后，很可能在弘历还没有当皇帝的时候，就已经得到了宠幸，成为了一个王妃"。这些宫廷秘史不见任何记载，不知刘心武先生怎么知道的这么清楚，我看这是看武则天的故事看多了。这些荒唐可笑的说法完全经不起推敲，不要说历史上没有这样的事情，曹雪芹家根本就没有这样的女子，即使就编故事来看也是蹩脚的故事，不知刘心武先生怎么想得出来。

在刘心武先生的讲座和书中牵强附会的东西非常多，比如他对"三春"的解释就是典型的例子。《红楼梦》第十三回秦可卿托梦给王熙凤有一赠言："三春去后诸芳尽，各自须寻各自门。"这本来的意思是春光逝去后，众花都要落尽。隐寓贾家三位小姐元春、迎春、探春或死或远嫁后，大观园众多的姊妹也都要死的死，散的散，预示贾府最后衰落的结局（见蔡义江先生《红楼梦诗词曲赋鉴赏》）。刘心武的解释却是"三春"不是指元春、迎春、探春，而是指三个春天。哪三个春天呢？就是乾隆元年的春天、二年的春天、三年的春天。"三春去后"就是"三度春天过去"。还说："乾隆元年、二年、三年，这三个美好的春天过去之后，在第四春的时候，就发生了重大的变化。"可《红楼梦》中写"三春"有好几处，如第五回惜春的判词"勘破三春景不长，缁衣顿改昔年装"，第五回《红楼梦曲虚花悟》中的"将那三春看破"，这都能解释为三个春天么？特别是元春判词中的"三春争及初春景"，照刘心武的解释，"三春"就是乾隆元年、二年、三年三个春天，那这里的

"初春"又做何解释？这又怎么讲？刘心武先生说："贾元春她最美好的日子就是封为贤德妃的第一年，就是乾隆元年，就是初春。"如果可以这样讲，那么"三春争及初春景"这句话就成了"乾隆元年、二年、三年三个春天啊怎及乾隆元年的春天"，这通么？刘心武先生为了与政治事件、重大变化挂钩，胡乱解释，牵强附会，顾此失彼，矛盾百出。这种解释都是很可笑的。

刘心武最大的问题在于他混淆了文学和历史的关系，混淆了生活素材、生活原型与文学创作、文学形象的关系。他不是用文学的眼光去看《红楼梦》，而是搞索隐，可以说他是把索隐和自传说结合起来，并发展到极端。刘心武先生一再强调《红楼梦》中的主要人物都能找到生活原型，他说："我越细读，就越相信书中的主要人物都能找到生活原型。"而他认为秦可卿的生活原型就是"破解《红楼梦》的总钥匙，在她的身上，隐藏着《红楼梦》的巨大秘密"。且不说《红楼梦》中的主要人物是不是像刘心武所说都有生活原型，即便是有生活原型，当生活原型进入文学作品，成为文学形象，那么生活原型与文学形象能完全是一回事么？记得鲁迅先生说过作家创作"取人模特儿"一般用两种方法，一是专用一人，二是杂取种种人，而他向来是取后一种方法，"往往嘴在浙江，脸在北京，衣服在山西，是一个拼凑起来的角色"。他说："……世间进不了小说的人们倒多得很。然而纵使谁整个地进了小说，如果作者手段高妙，作品久传的话，读者所见的就只有书中人，和这曾经实有的人倒不相干了。例如《红楼梦》里的贾宝玉的模特儿是作者自己曹霑，《儒林外史》里的马二先生的模特儿是冯执中，现在我们所觉得的却只是贾宝玉和马二先生，只有特种学者如胡适之先生之流，这才把曹霑和冯执中念念不忘地记在心儿里：这就是所谓人生有限，而艺术却较为永久的话罢。"鲁迅先生的精辟论述阐明了文学艺术创作的规律，《红楼梦》不是作者曹雪芹的自传，也不是清史实录，它是一部伟大的文学作品。我们只能用文学和艺术的眼光看《红楼梦》，研究《红楼梦》。用刘心武的方法是不可能找到解读《红楼梦》的钥匙的。

刘心武先生说，他也不认为《红楼梦》就是一部政治小说，可他的探佚、考证、索隐都是在强调《红楼梦》中充满了政治斗争，充满了阴谋、夺权等。比如，《红楼梦》第四十回"金鸳鸯三宣牙牌令"，贾母行酒令时说了一句"头上有青天"，不过是一句俗话，有所谓"做人要凭良心"的意思，可在刘心武那里就成了什么雍正死了，乾隆继位，给曹家带来了新的生机，所以贾母用"头上有青天"称颂乾隆；还有史湘云说了一句酒令"双悬日月照乾坤"，这本是李白的诗句，刘心武则解释为日月双悬，是宣示在曹家"他们的头顶上，有两个司令部"云云；甚至连贾雨村的咏中秋诗"天上一轮才捧出，人间万姓仰头看"也成了"隐伏着一种政治形势,就是在'双悬日月照乾坤'的情况下,月亮已经非常地膨胀了"。更可笑的是张友士给秦可卿开的药方,诸如人参、白术、云苓、熟地、归身等中药也都是"进行秘密联络,亮出的一个密语单子"。《红楼梦》哪是什么文学作品,简直是一本密电码。在刘心武的解读下,《红楼梦》岂止是政治小说,简直是一部《清宫秘史》。我感到很奇怪的是刘心武本身是一位作家,他完全懂得文学创作,那么他把《红楼梦》这样一部伟大的文学作品说成类似"清宫秘史"一样的东西,你说这合适么!而且我认为把《红楼梦》这样一部书说成"清宫秘史"也丝毫没有提高《红楼梦》的思想艺术价值,甚至在某种意义上缩小了或者歪曲了《红楼梦》的价值。我很喜欢刘心武先生的小说《班主任》和《钟鼓楼》,我不知道刘先生能不能用他的方法去解读自己的这两部作品,去探寻一下《班主任》中的女主角的出身。如果他能用自己的方法去解读自己的小说,那么或许能有些说服力,否则他的所谓"秦学"只能是歪解《红楼梦》、误解《红楼梦》,对《红楼梦》研究没有任何好处。

我认为这样讲《红楼梦》,不管是刘心武本人还是中央电视台都是一种很不负责任、很不严肃的行为。这种所谓的研究解读,不仅对《红楼梦》研究产生了很不好的影响,而且对中国的学术氛围、学术环境也产生了非常不好的影响,好像任何一个人都可以随心所欲地解读《红楼梦》。像刘心武这样去解读《红楼梦》不仅给学术研究造成了负面的影响,还会给很多年轻人造成思想的混乱,把一门严肃学问搞成了滑稽,搞成了粗俗,这是不值得提倡的。学术研究应该倡导科学的态度,不鼓励这种非学术性的、随心所欲的乱讲。我认为对于《红楼梦》这样一部伟大的作品,我们所有中国人都应该引之为骄傲,要珍惜,要敬重,不要随便去歪曲它、误读它。我对刘心武的研究方法和观点完全不赞同,我对中央电视台《百家讲坛》做这样的节目感到非常遗憾。

不论是《红楼梦》还是研究《红楼梦》的学问——红学在近百年的历史中,常常会产生一些轰动效应,引起人们的广泛关注,这是一种值得研究的文化和学术现象。可以说,在世界文学史上也很少有这样一部作品,在几百年的时间里保持着对广大读者的这么大吸引力。我认为,这种现象包含着诸多因素,但首先是因为《红楼梦》确实是一部伟大的作品,它本身的魅力是最根本的原因。正因为《红楼梦》具有这么大的魅力,《红楼梦》的创作又具有自身一些特殊的情况,比如《红楼梦》的创作与作者的亲身经历和家世有着非常密切的联系,这与《三国演义》《水浒传》《西游记》等小说都有所不同,这样的话就给《红楼梦》研究带来很多难题,很多谜。因此人们的兴趣都很大,但人们往往把兴趣都放在了解读这些谜上,也引起了很多人的想入非非,很多人寻根问底,一定要找出《红楼梦》到底讲的是什么事情。在《红楼梦》最初产生的时候有过一个"本事说"，后来又发展到了索隐派，他们抱着一种好奇心，一定要从《红楼梦》中找出《红楼梦》本来不存在的东西。刘心武的索隐也是这种方法和兴趣的结果，当然他走得更远。

现在有一种不负责任的说法，认为这样的现象出现是"百花齐放，百家争鸣"。以为任何一种说法都可以作为一家之言，我认为这是一种误解。作为学术上的一家之言，它应该有学术的严肃性、系统性，必须建立在严肃治学的基础之上，不能随心所欲，随便讲一句话便称为一家之言。先秦诸子百家那才叫作"百家争鸣"，我们今天这些包括刘心武先生在内的索隐、误读根本算不上一家。这几年红学当中确实产生了一些令人很担忧、很顾虑的现象，刘心武算是其中一例。

刘心武的"秦学"也不是偶然产生的，之前也有过类似的东西，比如产生过一定影响的《红楼解梦》，这种现象的产生确实要认真对待，严肃对待，认真研究。为什么索隐的东西早在几十年前就被胡适之先生批评过，但是在今天还有人在认真地搞，而且很多读者非常相信，觉得他讲得有道理有意思。搞索隐的人都有令人非常佩服的丰富想象力，可以像讲故事一样，非常吸引读者。我认为这里有两个问题，一是现在学术界确实有一种浮躁、不严肃和不严谨的状况，这种状况不仅红学界，其他领域也存在，只不过在《红楼梦》研究中显得突出一些。这和当前的市场经济有密切的关系，人们很难坐下来认真做学问，甘心坐冷板凳，下苦功夫，总喜欢像吃快餐一样，今天发明一个观点，明天又发明另一个观点。但我认为，它能引起很多读者的兴趣和关注，并不能说明它的观点正确。二是我们注意到红学研究确实要注意普及，我们的专家学者要注意在广大的读者当中宣传倡导正确的方法，引导广大读者正确地去认识《红楼梦》，不被错误的东西所误导。

刘心武的观点之所以能产生这样大的影响，与中央电视台《百家讲坛》有直接关系。正是因为他借助中央电视台这样的平台，使他的很多观点造成了广泛的影响，这一点恐怕值得我们特别注意。今天的生活方式与十年、二十年之前发生了很大变化，人们在接受信息的时候更多地借助现代化手段，我认为大众传媒应该有一种历史责任感，对民族、对观众要负责任。中央电视台《百家讲坛》曾经做过不少好的节目，采访了很多著名的学者专家，开了很多很好的课，受到广大观众的欢迎。但是近期，特别是刘心武在中央电视台讲《红楼梦》，其所产生的影响我认为是负面的。大众媒体不要想怎么搞就怎么搞，只顾追求收视率。要知道，积极宣传正面的东西可以影响观众，宣传错误的低俗的东西同样也能影响观众，但效果是完全相反的，因此在追求收视率的同时还要考虑到社会效应。我认为现在的新闻媒体，特别是电视台，低俗化粗俗化的倾向是很值得注意的，它造成的影响是不容低估的。

现代红学有一百多年的历史，风风雨雨，坎坎坷坷，和政治有过这样那样的关系，和社会经济有过这样那样的关系，都需要认真对待认真研究，重要的是我们要坚持正确的导向，坚持正确的方法。当前的学术研究要大力倡导科学的态度。作为一个学者也好，作为有文化有良知的知识分子也好，都应该坚持自己的学术品格，坚持科学的学术方法，现在这一点显得尤为重要。《红楼梦》是中国一部伟大的文学作品，在中国任何一个有阅读能力的读者都可能对它产生兴趣，都可能去研究它，我觉得这是很正常的。我注意到这些年来有一些著名的作家研究《红楼梦》，这也是一种好的现象。作家研究《红楼梦》有独特的优势，他们对创作的过程有更深更细的体悟，他们研究《红楼梦》的创作、研究《红楼梦》艺术成就可能会有一些一般的研究者所没有的见解与体悟。比如，王蒙先生的《红楼启示录》就给我很多启发，我认为王蒙先生是一位非常了不起的作家，也是一个非常有成就的红学专家。但是像刘心武这样的研究则不能提倡，一个著名的作家连文学创作的基本规律都不顾，这是非常遗憾的。

我认为不管专家还是一般读者，要研究《红楼梦》至少应该坚持两条，一条是，对红学研究的发展历程有个基本的了解。红学史上有过评点派、索隐派、考据派，在百年的红学历史上，事实已经证明哪些是正确的哪些是错误的。比如考据派，以胡适之为代表的新红学，在考据上有很大的成就，考据作家的家世、版本，这是非常有效的科学方法，但是如果用这种方法去研究《红楼梦》当中一些人物却未必可取。另一条是，不管怎么评价《红楼梦》，它都是一部文学作品，一部伟大的小说，这个基本定位不能变。因此我们在阅读、研究《红楼梦》的时候，要把《红楼梦》当作文学作品，这样我们才可能在《红楼梦》的具体描写当中体悟它的深厚的文化底蕴、深邃的思想精华和精湛的艺术成就。现在有些人总是不满足，好像把《红楼梦》说成一部文学作品就显得《红楼梦》不伟大了，这是错误的观点。像刘心武那样把《红楼梦》说成"清宫秘史"，并不能提高《红楼梦》的价值和成就。《红楼梦》就是《红楼梦》，《红楼梦》是一部反映清代社会的书，反映贵族家庭兴衰的书，反映青年男女爱情和人生悲剧的书，它是一部伟大的文学作品。它不是清史实录，更不是清宫秘史。

这段时间由于刘心武讲《红楼梦》，引起了很多观众、读者广泛的关注和兴趣，又引起一股红楼热，但我觉得热未必就是好事。"文革"期间的评红热，热度比现在高得多，热的结果是歪解了《红楼梦》，误读了《红楼梦》，这对于学术发展，对中国文化的发展实际上没有任何好处。现在我们要摆正一个关系，就是我们研究《红楼梦》的目的还是要认识《红楼梦》，认识它的伟大思想价值、艺术价值和文化价值，并通过我们的研究、通过我们对《红楼梦》的认知增强我们的民族自豪感，提高我们对历史对今天的认识，增加我们的民族文化沉淀。包括我们研究作者的家世、研究版本，目的都是要认识《红楼梦》的价值，这个关系一定要搞正确。也许有些学者一辈子只能侧重一个方面来研究，但是从红学的整体上来讲，我们研究的着重点还是要放在《红楼梦》的思想艺术价值和它的文化价值上，这一点也是今后红学发展一个重要的方向。对于现在的红学人们有一些意见，认为《红楼梦》研究好像都是在挖故纸堆，都是在抠一些钻牛角尖的问题，其实情况完全不是这样，我个人对红学的状况有一些自己的看法，我认为整体来讲红学发展还是很好的，绝大多数的研究者都是坚持用科学的方法来研究《红楼梦》。像刘心武先生这样的索隐毕竟是少数。记得上个世纪末期，有一个很热的话题叫作"红学的展望"，包含了两层意思：一层意思是说，人们对红学发展有不满意的地方，期待做总结；一层意思是说，人们期待红学有些新的突破，有更大的发展。这个突破和发展不仅仅在于发现一个新的版本或者发现一条曹雪芹新的史料，更多的在于对《红楼梦》思想艺术价值和文化价值的认知。我们提倡"百花齐放，百家争鸣"，提倡多元化的研究，但不提倡不顾学术规范的胡乱说。不管是从文献的角度、文化的角度，还是艺术的角度去研究《红楼梦》，都可以对红学事业有所推动，增加我们对《红楼梦》认知的程度，重要的一点还是要采取科学的方法。我非常寄希望于广大的研究者、广大的读者，特别是年轻的读者，应该了解红学的历史，应该对我们的伟大作品《红楼梦》有一个更正确的认识，而且掌握正确的研究方法，用严谨的态度来研究来阅读。我相信红学的未来会更好。

本文原载于《红楼梦学刊》2005 年第 6 辑

作者系中国艺术研究院副研究员

冯其庸、李希凡、王蒙谈《红楼梦》的思想

薛海燕

编者按：2004年10月，中国海洋大学文学院邀请了冯其庸、李希凡、王蒙等著名红学家来校讲学，举办了"《红楼梦》活动周"。李希凡先生50年前就曾提出《红楼梦》中有"初步的资产阶级民主思想"，王蒙先生著名的《红楼启示录》等论著也曾深入探讨《红楼梦》思想艺术的启示意义，而冯其庸先生也很重视对《红楼梦》思想的研究，他的近作《论〈红楼梦〉思想》也已产生强烈反响。共同的兴趣和不尽相同的观点，促使三位名家就如何评价《红楼梦》的思想进行了对话。

《红楼梦》中是否有"超前"思想

主持人：冯先生，您两年前出版了一本专著《论〈红楼梦〉思想》，提出"曹雪芹是一个超前的思想家"，能不能告诉我们，什么叫作"超前"？

冯其庸：这个问题不是近几年才提出来的。90年代我在香港中文大学提出过这个问题。曾有个同学问，"超前"了多少年、多长时间？我无法回答。至少曹雪芹在《红楼梦》中提出的很多目标，到现在还没有实现，这就说明他不仅"超前"于他那个时代，而且到现在也还有进步性。最明显的表现，《红楼梦》中的爱情描写就非常深刻。宝黛两个人之间的爱情跟以前文学作品中爱情最不一样的地方，就在于他们是思想上的知己。黛玉从不劝宝玉亲近仕途经济，宝玉也说如果林妹妹也说这种混账话，我早和她生分了。两个人之间有非常深刻的相互理解。这就给我们一个思考，什么样的感情才算爱情？这样的感情才是爱情。在那个时期曹雪芹能这样写，很了不起。《红楼梦》中也有不是爱情的感情，有些很有趣的描写，比如宝玉看到薛宝钗的膀子也会动心。这些外貌方面的吸引，

在过去的文学作品中是常见的。

主持人：您能不能具体谈一下，判断是否"超前"该使用什么尺度？比如说，我们都能看出《红楼梦》中有一些民主思想，到底是封建社会的民主，还是资产阶级的民主？您提出《红楼梦》中的思想是资产阶级民主思想，是吗？是否在这一点上表现出了"超前"？

冯其庸："封建民主思想"有些说不通，既然是封建的，就不存在民主。硬说民主也要加一个引号。

主持人：希凡先生，您在20世纪50年代就曾经提出，《红楼梦》有"初步的资产阶级民主思想"。您能不能告诉我们，两种民主之间有什么根本的差别？有没有客观的尺度？

李希凡：我没提出过"超前"这个说法。在我们的划分里头，《红楼梦》是反封建的。这是曹雪芹的思想，也是宝玉的思想。宝玉对女性、对姐妹、对丫头、对下人都尽量摆脱等级思想。宝黛爱情更是平等和自由的。至于这个爱情观是不是"超前"，我不提"超前"这个词。

《红楼梦》中的爱情描写，思想含量很高，老百姓中有多少能达到这种爱情层次？当然这种爱情描写也不是《红楼梦》独有的。那是整个时代对男女爱情的态度。像"三言""二拍"等许多作品中都既有封建思想，也有民主的思想。清代蒲松龄的《聊斋志异》中也表现出对个性的尊重。我们说《聊斋志异》"花妖狐魅，皆有人情"，尊重所有人的情感和个性，这就是初步的民主思想。

《红楼梦》的思想成就与当时的文化思潮有关系。明清有李贽讲学，有群星灿烂的现象，出现了黄宗羲、顾炎武、王夫之、戴震，这些人的思想都是一脉相承的。这说明曹雪芹的思想不是孤立的，而是有其思想背景的。这个时代的思想在整体上超过了前代。

我当然也很理解冯先生说《红楼梦》的思想"超前"这个说法，他是在强调《红楼梦》的思想所给予读者的那种新鲜感，他是唯恐大家看低了《红楼梦》的思想，唯恐大家把《红楼梦》的思想与传统封建文化思想的"脏水"一起泼掉。为了解除类似冯先生这样的顾虑，我觉得应该慎用"传统思想"这个词，好像两千年来中国思想铁板一块，老早就有一个固定的思想流传下来，直到《红楼梦》中还是这样，这不可能。我坚持社会进化论，社会是进化的，历史是进化的。不仅有进化，而且还有变革。《红楼梦》的思想就更多地表现了变革的因素，这种因素就是新生的资产阶级民主思想的萌芽。

"超前"的也经常是"本原"的

主持人：好像王蒙先生在这点上与两位不同。王蒙先生更强调《红楼梦》思想的生活化、人性化，王先生常说一句话："人同此心，心同此理，不必等待资本主义萌芽。"是不是这样？

王蒙：好的文学作品往往给思想者以感动，包括两千年后的思想者。比如《诗经》说"窈窕淑女，君子好逑"，这就是爱情自由；《尚书》说"时日曷丧，予及汝皆亡"，这就表示仇恨，我看现在恐怖主义分子常使用"人体炸弹"，就有这种劲头。当然我并不鼓励恐怖主义，但其中有仇恨的共性。这都是原生态的人性，有欲望、有要求、有愤慨。思想认知能力高的人会从中得到非常好的思想材料，会从中受到启发。我更看重优秀作品的"启示"作用。

冯其庸：我对王蒙先生刚才的说法很感兴趣。我也举个例子，孙中山的民主思想提出"天下为公"，这个思想不是他提出的，这出自《礼运大同篇》。但二者之间是否是一样的，这不好说。今天看到的思想，今天解释出来的思想，不能同当时表达的思想本身等同。《红楼梦》中宝玉说，如果黛玉也说仕途经济的话，"我早和她生分了"。这就同《西厢记》《牡丹亭》不一样。这些作品都讲到爱情，讲到女孩子漂亮，讲到男女之间有真情，而且真情发挥到至情，发挥到淋漓尽致的阶段，但没有上升到社会意义的阶段。《红楼梦》就加上了社会思想内容，说爱情不只是外貌、身体的事情，不只是两个人之间的事情。这就是有意地表达了不一样的思想。这样的思想明显超过了以往时代。刚才希凡讲到《红楼梦》那个时代整体上超过了以往，这我同意。从根本来讲，我们的观点之间没有根本对立。

王蒙：我再说两句带点小捣蛋性质的话。冯先生提到，《红楼梦》中宝玉曾说，如果林妹妹也说仕途经济的话，"我早和她生分了"。这其实也与历史传说中许由洗耳、嵇康与山巨源绝交，都很近似。像冯老刚才还举了一个非常好的例子，说大同思想与三民主义也有相通之处。这就使我们发现一个历史规律，超前的常常也是本初的，是原初的。"超前"和"原初"的相通，符合社会历史实践"螺旋式上升"的辩证法原理。

《红楼梦》有强大的唤起思想共鸣的魅力

主持人：能否请各位谈一下，为什么喜欢谈《红楼梦》的思想？

李希凡：那当然是因为《红楼梦》的思想艺术很有感染力。

我想举个例子。比如《红楼梦》中有很多小厮，像兴儿、茗烟，都写得很活灵活现。还有小丫鬟，比如雪雁，从第二回出场一直没有表现。我们开始的时候会不满意，会纳闷，说林黛玉这么样一个有灵气的人物，身边的小姑娘怎么一点灵气也没有？后来在第五十七回"慧紫鹃情辞试忙玉"中，她就表现出了机灵劲儿。赵姨娘的小丫鬟要借她的衣服，她说我的衣服都交给姑娘，由紫鹃姐姐收着呢。紫鹃就笑说你这个小丫头子倒也巧。这样一个细节，就点染了人物的灵秀。看到这些细节，会感觉我们对这部作品的成就的认识还很不够。

对这些小人物的描写能显出个性，这也说明《红楼梦》尊重个性，这不就是民主思想吗？

王蒙：我觉得看《红楼梦》很难没有认同感，看的时候似乎置身于其中。有人说《金瓶梅》好，我读《金瓶梅》就没有认同感。我佩服作者冷冰冰的笔触，但我感觉与他距离很大。但面对《红楼梦》的人物我能与他对话，这也是我们几位最一致的地方，我们都爱《红楼梦》，都对这个作品有共鸣。冯先生这样一位严谨的学者，一提起《红楼梦》也是充满激情，他说："大哉《红楼梦》，再论一千年！"

冯其庸："文革"时候我的《红楼梦》被抄走了，抄走还展览，说是黄色书，这样搞下去不就完蛋了吗？我非常伤心，每天晚上抄写《红楼梦》，抄的时候很激动。人经历的东西越多，对《红楼梦》的感触会越深，越个性化。我们这个时代的人对《红楼梦》有一些不一样的体会，现在的人想体会也体会不到了。

《红楼梦》思想研究有其独立的学术价值

主持人：请问各位先生，思想研究相对于家世、版本等方面的研究有没有自己的独特价值？

李先生，您在20世纪50年代提出，《红楼梦》不应局限于历史研究，也应重视文学研究，重视《红楼梦》作为一部小说、一部文学作品的特征。您一开始就高度评价了《红楼梦》的思想艺术成就。请您先谈一下您的看法。

李希凡：我当时主要是对胡适他们的"自传说"不满意。我其实很尊重胡适、俞平伯，他们都是大学问家。我看重《红楼梦》的思想，即使现在看起来，《红楼梦》在文化思想方面的成就也都很高。所谓文本研究不只是思想艺术研究，那是我过去比较狭隘的看法。老实说，仅仅从一部著作来看，世界上没有一本著作比得上《红楼梦》。《红楼梦》是一部高度个性化的作品，它具有整体的文本魅力，这是形成红学的基础。大家喜欢《红楼梦》是因为它写得好，不是因为曹雪芹。所以分析研究这本书写得怎样好，为什么可以写得这样好，都是红学的题中应有之义。刚才我举例讲了《红楼梦》写小人物的思想艺术高度，这样的细节小说中还有很多。我们现在的文本研究不是过多了，而是还很不足。

冯其庸：任何作品都有自己的思想，都可以评判其性质。使用历史方法，根据一个时代的实际思想情况来判断一部作品的思想是什么性质，这本身就是学者的一个重要使命。所以思想研究在学术研究中当然有它的独立价值。

我对如何认识、评价《红楼梦》的思想这个问题一直抱有浓厚的兴趣。我认为《红楼梦》是一部了不起的作品，它的思想艺术成就几乎达到了完美的不可企及的高度。几十年来，我对《红楼梦》的研究很多地方都有改变。比如我最早主张"癸未"说，但后来放弃了，因为"壬午"说有更多的历史根据，一旦我认识到这一点，我就正式声明自己改变了看法（当然以前的文章我也不否认、不逃避）。唯有对《红楼梦》的思想的看法，我的观点态度从未改变过。

"偏爱"不会影响《红楼梦》思想研究的客观性

主持人：刚才各位先生谈到《红楼梦》的魅力，都用到了"近乎完美""不可企及"这样的字眼，看得出对《红楼梦》的"偏爱"。请问，这种"偏爱"有没有影响到研究的客观性？

李希凡：我不觉得会影响到客观性。《红楼梦》思想艺术成就很高，这是事实。毛泽东就说中国有长城，有《红楼梦》，把它看作中华文化的代表。这是共识。

冯其庸：我爱听老家的《二泉映月》，不是用耳朵去听，而是用心去听。对《红楼梦》也是一样，我用心去感受它。我最早喜欢《三国》《水浒》，应该更偏爱这些。现在虽然没有不喜欢这些，但在我心里无论如何比不过《红楼梦》。

现在有些人提出《红楼梦》是几部书连缀起来的，一部呕心沥血的作品被人这样看，是最大的悲哀。王蒙先生是个大作家，我不知道他有没有本事把别人的作品连缀起来，成为一本杰作。连缀有可能完成这样完美的艺术品吗？

王蒙：我也说说"偏爱"的问题。我"偏爱"的多了。唐诗、宋词，我都爱。狄更斯，也看得让人发疯。但是确实没有一部书像《红楼梦》这样会左右我们的思维。我如果有那么一段时间连续看《红楼梦》，说话可能都会受影响。平时你说"等会"，你看多了《红楼梦》就会说成"等会子"了。但我对《红楼梦》也很苛求，我觉得曹雪芹也有封建思想，像对袭人再嫁的态度，对鸳鸯殉主的写法。我谈的时候自认为很冷静，没有让"偏爱"影响到客观性。

李希凡先生的《关于〈红楼梦简论〉及其他》有着重要的学术史价值

主持人：李先生，您现在怎样看待您当年的两个"小人物"的文章（即发表于1954年的《关于〈红楼梦简论〉及其他》）？

李希凡：我那时大学刚毕业，还不像你们现在这样视野开阔，能写出怎样深刻的文章？只不过想说出自己的想法而已。我上大学时是冯沅君先生的学生，对当时明清小说的研究有不少不同看法，陆续写出了一些文章，有关《红楼梦》的文章只是其中之一。我们当时对胡适的"自传说"有一些想法，觉得"自传说"是唯心主义的，而我们应该站在辩证唯物主义的立场去纠正它。这才有了当年那篇文章。

至于这篇文章能引起毛泽东同志的兴趣，那是我们不可能想到的。我们的文章现在看起来可能很浅薄，但那是因为当时我们并没有深刻地理解马克思主义。

冯其庸：我说几句。50年代我们国家解放了，要求以马克思主义为主导，当时唯心主义统治着整个思想界、学术界，这就需要清除唯心主义的影响。唯心主义的代表人物就是胡适，所以要开展一个运动反胡适，提倡唯物主义和辩证法。从这一点来讲，希凡他们写文章的时候适逢其时，但他们本人并不知道。我们当时也都不明白。这个运动以后，大家才开始重视用唯物主义辩证法来研究《红楼梦》和古典文化。用唯物主义的研究取代唯心主义的研究，这是方法论的变革。应该说，《红楼梦》研究改变成为新的面貌，就是从希凡他们的文章开始的。

我不仅当着他的面讲，其他地方我也这样讲，我认为做人最重要的就是要一致，要表里如一。其实一个人能起到什么样的作用不是他个人能讲的，也不是某些人能讲的。要说完全公正的评价，我认为只有当事人不在了，有关联的人也都不在了，才能有真正公正的评价。好在任何正确的东西都经得起历史的评判。

王蒙：我也认为希凡先生他们的文章代表了方法论的转型，这个转型还不局限于《红楼梦》研究领域，还辐射到整个社会科学研究领域。

王蒙先生对《红楼梦》的思想研究关注"人生"问题

主持人：记得冯先生多次说，王蒙先生作为一个作家，他研究《红楼梦》的思想能经常提出我们发现不了的问题。你能不能举个例子，谈谈王蒙先生的哪些见解是与我们不同的？

冯其庸：我为什么看重王蒙对《红楼梦》思想的评价，就因为他曾独到地指出，《红楼梦》深刻地探讨了人生问题。人与人之间是应该真情相待，还是互相倾轧。人究竟该怎么生活？重视《红楼梦》思想的"人本"内涵，这从根本上来讲，还是王蒙首先提出的，他认为《红楼梦》的精髓是写人。这是他作为一位杰出作家的感悟，给我很大的启示。

《红楼梦》有很多方面表现出新锐的思想，但都围绕着"人该怎样生活"这个主题，因此很博大，很整体，也很深刻。像《红楼梦》中强调"博爱""真"，这些王蒙先生都特别提出来过。我在这些方面还没有自觉地涉及，或者谈得很浅。我以后会在这些方面努力弥补。这些话我以前没说过，我借这个机会补充一下。

怎样评价当前的《红楼梦》研究

主持人：三位先生都是成名已久的《红楼梦》研究者，怎样看待现在红学界的情况？

　　李希凡：总的情况很好。不好的现象是现在荒诞的说法很多。曹雪芹后半生穷困潦倒，到现在还这么倒霉，被大家说什么都行，怎样说都行。仿照毛泽东的说法，我们就这么一本《红楼梦》，有些人还非得把它贬到泥坑里去不可。有些人总爱说《金瓶梅》比《红楼梦》强，清朝人早已说过，《红楼梦》对《金瓶梅》不仅是"青出于蓝"，而且是"蝉蜕于秽"。我们今天有些评论家还不如清朝人。

　　王蒙：《红楼梦》最大的特点是"耐方法论"，经得起折腾。现在的红学界比较多元化，这是好现象。

　　冯其庸：方法论方面也有两点需要注意，其一，要求真务实，要重事实、重证据；其二，要有效，只有对理解认识《红楼梦》有益，研究才有价值。

本文原载于《河南教育学院学报》2006年第1期

本文作者系中国海洋大学文学院教授

中国人的艺术　中国人的精神

——《中华艺术通史》总主编李希凡访谈录

王　玮

　　编者说明：国家级重大研究课题《中华艺术通史》近日由北京师范大学出版社出版。国内 30 余位专家学者参加此书的编写工作，从筹备、论证、立项到编撰、编审、校勘，历时十年。《中华艺术通史》全书文字 700 余万，图片 3000 余幅，按照中国历史发展顺序列卷，上起原始社会，下迄清宣统三年（1911），具体卷次为：原始卷、夏商周卷、秦汉卷、三国两晋南北朝卷、隋唐卷（上、下编）、五代两宋辽西夏金卷（上、下编）、元代卷、明代卷（上、下编）、清代卷（上、下编），加上年表索引卷共 14 卷，宛如徐徐展开的一幅壮丽、流动的巨型画卷，把中华艺术的博大与精深显见于世人。

　　记者：李先生，我们注意到，您主编的这部《中华艺术通史》（以下简称《通史》）将我国音乐、舞蹈、杂技、说唱、戏曲、绘画、书法、雕塑、建筑、工艺等各门类艺术全部网罗其中。这样的通史体例以前是否有过？

　　李希凡：我们这部艺术通史的编撰体例以前从未有过。不仅中国没有，世界上也没有过这样综合体例的艺术史典。我所接触到的西方艺术史，如《剑桥艺术史》等，实际上只是美术史及造型艺术史。

　　早在20世纪 90 年代初，我和中国艺术研究院的同人们就有着一种共识：中华民族的艺术传统源远流长，博大精深，多姿多彩，是各门类艺术的集合。某一历史时代各门类艺术的品性、发展都不是孤立的艺术现象，从起源到分类变化，再到更高层次的综合发展，都各自有其民族艺术的神韵；而各门类艺术在不同历史时期又都有其独特的发展轨迹，这是我们民族艺术的一个总体特征。我们认为，已有的各门类艺术史无法概括中华艺术史的整体发展，应当有一部综合的艺术通史。我们所编撰的这部《中华艺术通史》，就是立足于对各时代社会总貌和艺术发展的整体把握和宏观研究，着眼于概括和总结每个时代共同的发展规律。

记者：您刚才说，中国各门类艺术都具有民族艺术的神韵，那么这种共同的神韵是什么？

李希凡：应该说，参与《通史》编撰的全体专家、学者对此曾进行过相当深入的探讨并达成了共识。我们认为，中国艺术的特点不在于再现，而是将对客体的感受、认识，化为主体的精神、生命意兴并融入艺术创造中去，重表现、重传神、重写意，强调艺术家心灵感受和意兴的表达。这与西方艺术传统中以描摹、再现客体、重视物化形态为主要特征的艺术思想是很不同的。

记者：西方的造型艺术也有很多名垂史册的精品，其中也应该包含有艺术家的情感、灵性。

李希凡：每个民族都有自己的艺术传统，自己的富于民族特色的艺术精品，而任何艺术精品都反映着艺术家的主体精神。西方的造型艺术，当然也是他们各自艺术精神的表现。如达·芬奇和米开朗琪罗的作品，一直以其自由开放的人文精神感召着各个时代的观众，但其表现形态与我们东方艺术有着显著的不同。总体而言，西方传统艺术更重视剖析和摹写客体的真实，而中华艺术传统则强调神似，强调以形写神的客体的表现，但不是客体的再现。意境是中国艺术审美的最高境界。在中国艺术的审美理念中，太形似的东西总是不大能感动人的。即使两千多年前青铜器上的那些动物也是被寄寓着"意味"在其中的。中华的绘画就特别强调境界，意境的追求还广泛运用于书法、音乐、舞蹈、园林等传统艺术门类。即使在叙事艺术上，比如小说，也有很丰富的表现。《红楼梦》的意境创造就是最杰出的代表。

记者：《中华艺术通史》的内容上起原始社会，下迄清宣统三年。为什么写到清朝为止了呢？

李希凡:《中华艺术通史》本应有中国现代艺术史的内容，但现代艺术史非常复杂，变化很大，而我们的学术积累还不够，所以只好留待后人去完成了。

记者：中国现代艺术的发生、发展有着"西学东渐"这样一个时代背景。应该说，西学的进入对于中国现代社会产生了深刻的影响，艺术自然也不例外。您在《中华艺术通史》总序中也提到了中国艺术在汉、唐之时对于异域艺术的融合、吸收。您认为，中国现代艺术所遇到的西方思想的影响，与历史上的几次对异域艺术的融合是一回事吗？

李希凡：从中国艺术发展的总体规律来看，我认为应该是一回事。我国历史的特点，在比较开放的时期也是融合各民族文化的充满活力的时期，如汉代艺术的有容乃大、气吞八荒在汉代画像石、砖中随处可见。汉竖箜篌（竖琴）与琵琶"本出自胡中"，特别是琵琶，经过不断的改进、提高，成为中原最有代表性的民族乐器。所谓盛唐之音，虽以汉文化为主体，却又"胡气氤氲"。唐代的"胡风"——胡服、胡乐、胡舞，以至胡食、胡酒席卷大唐的社会生活。唐代文化的繁荣昌盛有赖于多民族艺术空前融合、交流，它广泛吸收了世界艺术的精华，而它本身也被介绍到周边各民族和世界各地，产生了巨大而深远的影响。

新时代的中国艺术自会有更新的创造和发展，也同样会有同世界各民族优秀艺术的深入交流与融合，但中华艺术发展的生机却绝不应抛弃自己的优秀传统。何况，中华传统艺术至今仍以其灿烂的遗存，活色生香地渗透在现实艺术的实践中。

记者：今天，中国的各项文化事业正以开放的姿态向前发展，在我们的生活中，许多国家级的建筑、许多城市的标志性建筑都向全球进行设计招标。小到我们的家居住宅，也有不少是异域的建筑风格。那么，您觉得在多大的程度上才算保持了中华特色，或者说，怎样才算是中华艺术精神与外来艺术风格的完美融合呢？

李希凡：我们民族的建筑风格是独树一帜的，它与中华民族的古老文明、悠久文化相关联，既有故宫那样雄浑伟岸的皇家气派的园林建筑风格，又有北方拙朴、实用的民居四合院，南方则有被称为写意山水造园艺术的苏州园林的典雅建筑风格；江浙一带风格清秀淡雅的江南水乡，以及徽派建筑风格的古村落等等，都是我国建筑艺术的瑰宝。我不大懂建筑艺术，对现在北京鳞次栉比的高楼大厦的建筑风格不敢妄加评论，这些现代化高楼的建筑风格本就是从西方传入的，但我以为最起码要让人感到和谐，要看着顺眼。我认为，从艺术传统上来讲，吸收是有条件的，必须融合在中国自己的艺术特色里。

中国现代艺术与历史相比已经有很多不一样了。就中国画来说，过去明暗很不讲究，现在吸收西洋画法很多，但又体现出中国画法的精髓。例如，徐悲鸿、林风眠、吴冠中等现代绘画大家，他们融合西洋画法，丰富了中国画的表现技法。在音乐领域，《黄河大合唱》可算是中西音乐形式的合璧，但它无疑是表现了中华民族同仇敌忾的英雄乐章，回荡着鲜明的民族气派的旋律。另外，京剧《智取威虎山》中"打虎上山"的音乐融入了交响乐的演奏，那雄浑的气势是一般民族乐器难以达到的艺术效果，但是其主旋律还是京剧的。而话剧则纯粹是西方的舶来品，在我国经过百年融合和民族化，现在已成为群众喜闻乐见的民族戏剧的一支了。

记者：在当代中国人的生活中，已经出现了许多体现西方艺术理念的作品，那么，如果抛开华人聚居区这个因素的话，西方有体现中华文化理念的作品吗？

李希凡：我觉得应该是有的，据说贝聿铭的建筑设计里就有所体现；在韩国、日本等历史题材的文艺作品中也有所体现，不过这个问题很复杂。一个民族的艺术为世界所欣赏，这并不难；但一个民族具有深远文化底蕴的精品能为世界所透彻了解，却非短时间能达到的。中华文化至今还不能对除亚洲以外的世界各国产生较为广泛的影响，恐怕与中国这两百年的落后有关。这有赖于国家整体的进步、富强。现在看，这需要很长时间。

比如中国四部古典小说在世界各国都早有翻译，《水浒传》《西游记》都为外国读者所喜爱，甚至《三国演义》中的谋略还被运用于政治、外交以及商战上去了，但《红楼梦》就不行。

《红楼梦》被誉为"封建末世的百科全书"，它所反映的复杂的人际关系、思想观念、情感世界，都具有深邃的文化蕴含，正如毛泽东同志所说的那样，即使中国人，不读五遍也难于了解小说中人物的关系，西方人则更难体味其中的奥妙了。

吴组缃先生曾说，他带过一个瑞典留学生，对《红楼梦》很感兴趣，听课也认真，吴先生很高兴。留学生回国时，吴先生请他吃饭，这位学生说他看了很多遍《红楼梦》，非常喜欢，但有一个问题一直搞不明白："贾宝玉和林黛玉那么相爱为什么不私奔呢？"吴先生一听大失所望，才知道他根本没读懂《红楼梦》。

我是不太相信《红楼梦》在国外如何大受欢迎的说法，我觉得那恐怕是宣传的成分居多。西方人真能了解《红楼梦》，那得有待于深入、系统、透彻地了解中国的传统文化之后。即使对外国的汉学家而言，也是件并不轻松的事情。

记者：一种艺术、一种文明只有当它自身还充满生机勃勃的活力时才能在人类进步的过程中表达自己的意愿、参与文明的进程。从古至今，中华的艺术作品受到了世界的高度评价，这一点毋庸置疑，那么，西方的这种积极评价是因为博物的价值，还是中华艺术所表现出来的生命活力？

李希凡：中华艺术具有自身数千年连绵不绝的生命活力，有其自立于世界艺术之林的不断革新与创造。我们的民族艺术瑰宝在西方的展览、演出几乎全部引起轰动。我相信这种轰动不只是博物的价值，而是有其独特的艺术感染力和审美艺术欣赏在里面。无论从历史还是从现实看，中华艺术都具有走向世界的强大的生命力。我们的《中华艺术通史》评述的只是中华艺术古老而璀璨的历史风貌，而我们确信，中华艺术将会有更加美好灿烂的未来。

本文原载于《光明日报》2006 年 10 月 17 日

博观而约取　厚积而薄发

——李希凡先生访谈录

李荣启

　　李希凡先生，1927年12月生于北京通州，祖籍浙江绍兴。1953年8月毕业于山东大学中文系。1954年12月毕业于中国人民大学哲学研究班。曾任中国艺术研究院常务副院长、研究员，《红楼梦学刊》主编。历任《人民日报》文艺部副主任、全国艺术科学规划领导小组常务副组长、中国作家协会理事、中国红楼梦学会副会长等职。全国政协第二、八届委员，全国人大四届代表和中国共产党第十三、十四次全国代表大会代表。李希凡先生五十余年的学术研究涉及中国古典文学、红学研究、鲁迅研究、现代文艺评论等多个领域，主要著述有《红楼梦评论集》（与蓝翎合著）、《论中国古典小说艺术形象》、《〈呐喊〉〈彷徨〉的思想与艺术》、《李希凡文学评论（当代）选》、《红楼梦艺术世界》、《传神文笔足千秋——〈红楼梦〉人物论》等，参与主编《红楼梦大辞典》《中华艺术通史》等。本刊特委托中国艺术研究院李荣启研究员就相关问题采访李希凡先生，并整理出这篇访谈录，以飨读者。

李荣启：李先生，您不仅是著名的文艺理论家、文学评论家、红学家，而且有着奇特的人生际遇和坎坷的经历。1954年，您和蓝翎撰写的《关于〈红楼梦简论〉及其他》的文章，引起毛泽东的注意和重视。毛泽东由此发动和领导了一场对胡适资产阶级唯心主义的广泛批判。对这场运动，至今文坛上众说纷纭、褒贬不一。而被毛泽东赋予"小人物"之称的您，其后的命运沉浮、学术思想也一直受到众人的关注。况且您又是新中国成立以后历次文艺运动、文艺论争的亲历者。我受《文艺研究》编辑部委托，想就您的治学经历和体会做一些访谈。

李希凡：对这次访谈我很重视，促使我认真地回顾了自己的人生和治学之旅，梳理了一下个人的学术研究情况，虽说不够系统，却也能反映出我的一些真实想法，说出心里话。

一、成如容易却艰辛——独特的求学成才之路

李荣启：您一生从事文艺理论研究，在中国古典小说和红学研究上成就卓著、著述颇丰，这和您幼年时积累的文学修养及打下的文史功底分不开，您自小是怎样培养起对中国古典小说的兴趣和爱好的呢？

李希凡：说起写作生涯来，我倒可以说我出了二十几本书，写了几百万字。至于说起文艺理论和古典小说，我都不敢说我下过多么深的功夫，有过什么系统的研究。特别是幼年的教育，更少于我同辈好友们。因为我连完整的小学经历都没有，上过父亲的私塾，却又未背诵过《三字经》《百家姓》《千字文》。我在拙著《京门剧谈》的序言里曾说过，自己在故乡万寿宫的评书场上，"受了古典小说的'启蒙'教育"。大概是在我六七岁时，每逢盛夏，家乡的左邻右舍有聚集在一起消夏纳凉之俗。巷子里的刘大爷喜欢给孩子们说书，孩子们总喜欢围着他坐上一圈，聚精会神地听他说书。我就是在他那里开始听了《说岳》和明《英烈传》的片段。他不仅善于说故事，而且把人物的神情状貌也描摹得栩栩如生。至今留在我脑子里的少年岳飞、王贵、汤怀、牛皋等的影像，还有着刘大爷"说书"的清晰的印迹。当然，在这方面给我以深刻影响的还有我的父亲和他的特殊的教学方法。

李荣启：我猜想您的父亲一定是一位学养深厚的先贤。那么，父亲在对您进行古典小说启蒙教育时采取了什么特殊的教育方法呢？

李希凡：我的父亲本是饱学之士，很受邻里尊敬。他出身于"绍兴师爷"世家，先祖李应彪随州府老爷（任首府师爷）北上，落户通州。他多才多艺，尤擅书法，能在马上疾书，只不过到我爷爷这一代就已改换门庭，"师爷"一职由长门继承。爷爷只靠开个小杂货店，抚养独子。父亲的老师唐夫子是通州的老儒，有两个得意门生，一个是前清通州末榜的秀才公施味匏，一个就是我父亲。可惜父亲晚生了几年，没有赶上末榜，这是他一生的遗憾。他只能靠自学谋生。他30岁才结婚，大母亲13岁，我又是他的小儿子，对他的生平都是从二姐那里听来的。只知道他考上过京师大学堂，但需养家糊口，只得弃

而求职。先是做过天津北洋大学校长的英文秘书，又做过北京甘石桥邮政分局的局长，工薪很高，后来因参加全国邮电工人大罢工，被英国老板调来调去，故意折腾他，他一怒之下告老还乡，其实他当时只有36岁，我还没有出生。我出生时，小康之家已走下坡路，靠父亲的"养老金"坐吃山空，父母因经济而吵闹，每天贯满耳朵。

我幼时很受父亲宠爱，两三岁时他就教我识字背诗了。我的启蒙教材是《论语》，也读过二十几篇古文，百多篇唐诗。父亲为了叫我记住那些字，七八岁又叫我夜读《三国演义》给母亲听。母亲喜欢听评书，年纪大了虽不进书场，却仍对"听书"有浓厚兴趣。每晚，母亲在灯下做针线活时，我就给她读一回《三国演义》。最初当然错字连篇，引起东房做功课的两位哥哥的讪笑。我既爱面子，又好强，虽然还没上学也不受这个气，我不想再"夜读"了，父亲不同意，说我没出息。我急得想哭，二姐安慰我说："没关系，锡纯（二哥）再笑你，你就说他，没上学时，还没你识字多呢。还有，反正一晚上你就读一回，不就是那破'三国'么，你先看一遍，不认识的字就画个圈儿，我教给你。"于是，以后的夜读"三国"，错字越来越少了，二哥不敢再笑我，父亲还夸我认字更多了。这是我儿时最温馨的回忆！

父亲生病的前一年，他忽然倾倒于蒲松龄老人的妙笔生花，选了《聊斋志异》十几篇，他用白话说出，让我们译成古文，写在漆板上给他看，以能答出原文为止。我记得有《宫梦弼》《青凤》《陆判》《婴宁》等篇，三天一篇，个人答个人的。然后，不管大家答完与否，只要有一两个人答完，他都停止，把全篇原文念一遍，逐句翻译给我们听，并逐句逐字讲解，讲得很细。这样学一篇，就要求我们默写一篇，使我们印象深刻，逐渐熟悉了蒲松龄老人的文字风格。或许是这种奇特的教学方法结出的果实，当时学过的《聊斋志异》中的名篇，至今我都能对其中的某些段落倒背如流。

李荣启：我注意到您最早读的古典小说是《三国演义》《水浒传》《西游记》，而当时《红楼梦》在您家被视为"禁书"，为什么？

李希凡：四部古典小说，在我家却有两本是被禁看的，一部是《水浒传》，一部是《红楼梦》。前者自然是禁男孩子看。理由很简单，《水浒传》是造反的书，男孩子看了会不学好，不走正路。《红楼梦》是不准女孩子看。父亲认为，女孩子看了《红楼梦》就入魔，对身心都没好处。这当然是封建观念在作祟，可在当时的封建家长中这是很普遍的现象。不过，毕竟是民国了，况且经过了五四运动，说是说，做是做，父亲的"禁令"即使在我身上也并没起作用，大哥在我夜读《三国演义》时就在看《水浒传》和《西游记》，而我看的第二本小说就是《水浒传》。至于《红楼梦》，我是玩球时从"女厕所"里发现的，可见姐姐们也在看《红楼梦》。

确实可以说，在儿时《三国演义》《水浒传》《西游记》我已烂熟于心，而且有了崇拜的偶像——关羽、武松、孙悟空等，但对这些作品的思想意义和创作价值的认识，以及它们对中国文学的影响，那却是20岁以后的事了。关于《红楼梦》，就更是上了大学以后才读懂了。

李荣启：您幼年时期经历坎坷，14岁就出外当学徒、做童工。在"求生苦旅"中，您是怎样开始接触"学术"的？是谁引导您进入"学术殿堂"的？

李希凡：我十几岁的好岁月，是生活在饥饿与失学之中，也就是你所说的幼时坎坷。当过学徒，做过童工，我想经过这样的艰难岁月的也绝不是少数人，这不过只是我苦乐人生的一部分。所以我的少年时代不可能有文史知识的积累，我接触"学术"纯属是"求生苦旅"中的偶然。1945年抗战胜利，我已18岁，石家庄教育馆关门，我又失业了。我这种既无学历又无门路的青年只有回家挨饿。好在这时我的大姐、大哥都已找到工作，我写信给他们，提出想上学的难题。大姐回信说，你现在的情况上学很难，你可先到我这里来，帮助姐夫写作。我正在彷徨中间，已知上学只是渺茫的希望，十八九岁，本该是读大学的年龄，我虽补习了初中课程，高中课却是大门槛，靠补是补不上去的。姐夫赵纪彬是哲学家、中国思想史家，多年执教于复旦、东北、东吴各大学，1947年应聘去青岛山东大学文史系。1947年6月末，我就带着前途未卜的心情，乘海船去了青岛投奔大姐。大姐是四口之家，一儿一女，我的加入就多了一张嘴。姐夫虽是二级教授，抗战前的底薪是560元，可在我的心目中，这教授之家也是一点也不富裕。他应聘来青岛的路费是预支《中国思想通史》稿费，在青岛安家也是两位中共地下党员赞助了大米和煤炭。

在山东姐姐家，我负责早晚接送外甥上下学，晚上给姐夫赵纪彬做笔录。姐夫因曾两次被捕入狱，落下个右手抖的毛病。过去是大姐做他的笔录，不管怎么说，大姐是高师毕业，又上过北师大先修班，文史功底我哪里能和她比。我笔录赵纪彬的著作，开端自是非常痛苦，因为他口述的我都写不出来。好在第一篇是给《中国思想通史》写的一节文字，范缜的《神灭论》，赵先给我看了《神灭论》本文。这是中国哲学史上最富战斗性的无神论者反佛的檄文，它以"形神相即"和"形存则神存，形谢则神灭"为根本命题，痛斥佛家的"神不灭论",立场鲜明,文笔犀利,是唯物主义的光辉篇章,对当时和后世的反对唯心主义的论争都有深远的影响。虽然我事先看了《神灭论》,不认识的字也查过老《辞源》,难解处也问过赵,即使这样,也还是写了二三十个错别字。赵似乎觉得还可以,我却很难受。为了做好笔录,我阅读了他的《哲学要论》,逐渐熟悉他的哲学用语和他特有的半文半白的文体。后来我笔录他的《中国哲学思想》等著作就顺畅多了。笔录赵的著作,给我增加文史知识的是他的成名作《中国古代儒家思想》,后更名《论语新探》,20世纪60年代同任继愈先生的《中国佛教史》一起,作为学术思想有贡献的论著受到毛主席的表扬。我不是孔夫子的崇拜者,却熟读过《论语》,甚至先秦诸子的著作我都有所涉及,哪怕根本读不懂,我也要查对原文,改正错字。赵纪彬口述引文,尤其是孔孟老庄,从不查书,随口说出,绝少错处,有错也多是我的别字。这也使我不得不翻看《诸子集成》。不认识的或不识其意的字,就再查查老《辞源》。

李荣启: 您曾说过:"我进入'学术殿堂'受的启蒙教育,就是马克思主义唯物史观,而且有过一个沉迷于政治经济学的狂热期。"当时的情况是怎样?

李希凡: 早在1947年我就开始接触马克思主义。我的姐夫赵纪彬是一位马克思主义哲学家,我从他给我的《简明哲学辞典》中知道了一些理论概念、范畴、意识形态、哲学思潮,熟悉了马克思、恩格斯、列宁、斯大林、普列汉诺夫、布哈林、托洛茨基的名字。对马克思主义的学说我也逐渐有了些理解,还唤起了我的不少联想。因为我毕竟自幼就有社会底层的生活经历,有过一点受奴役的生活体验。当时我曾到山东大学图书馆借阅过一些马克思主义经济学的普及读本,及王亚南等学者分析中国经济的文集。这样,就算在字面上熟悉了马克思主义基本原理和基本概念与范畴。于是在1949年春,青岛最黑暗时期,我读了《资本论》,特别是经济学家认为最深奥、最精彩的"商品生产"那一章,我读了三遍。马克思用大量工人生产事例论证了现代工业产品中资本家掠取的"剩余价值",是工人血汗劳动成果。我也读了《剩余价值学说史》,以及时代出版社的两本《马克思恩格斯选集》,实话实说,革命导师讲的不少复杂的理论问题,我并没有搞清楚,也包括《共产党宣言》后面讲的那些冒牌与杂牌的社会主义学派。我很欣赏斯大林的讲话和文章,简洁明了、幽默果断,令人振奋。当时我并不具备研究马克思主义的任何条件,但我自幼也有股拗劲儿,你越说我看不懂,我越要看。在那两年多,我确实读过一些马恩列斯的原著,并确信它们论述的真理性。青岛解放后,军管会文教部的王哲同志知道我读了不少马克思主义的书，就主动写信介绍我到华东大学（革命干部学校）去学习，在那里进一步接受了革命教育。现在回想起来，不管我这一生写的四五百万字有多么浅薄，又有多少"误读"和缺失，我却始终坚信，只有马克思主义才能最终引导人类走向光明前途。

李荣启： 据我所知，您是在1947年参加革命后才开始接受系统的培训、教育，曾在山东大学文史系当过旁听生，后来进入山东大学中文系读书，您是新中国成立后的第一批大学生。在大学读书期间您受到过哪些恩师的影响？

李希凡： 我到青岛不久，便经姐夫赵纪彬（时任山东大学文史系教授、校委会委员）的引荐，来到山大文史系做旁听生。这期间我亲身接受到许多专家、学者的教诲，如杨向奎先生的"通史"，王仲荦先生的"魏晋南北朝史"，萧涤非先生的"魏晋南北朝乐府诗歌"，冯沅君先生、陆侃如先生的"文学史"，以及年轻教师孙昌熙、刘泮溪先生讲授的"现代文学"等课程，都使我受益匪浅。

李荣启： 在有关《红楼梦》的文章发表之前，在大学读书期间您就发表了《略谈水浒评价问题——评〈宋江考〉》，反对用考证的方法来评价小说，发表了与一些大历史学家的学术观点相左的见解。作为一个青年学子向学术权威挑战，您没有顾虑吗？

李希凡： 我在上大学时就已读过四部古典小说的研究著作，我那时的确"狂妄"，不喜欢那种漫无边际的考证，也反对把小说戏剧中的情节和人物的艺术形象当成真实的历史事件和人物来考证，因为那不符合文学艺术的规律，而且按照历史事实的要求，细数中国浩瀚的历史题材的小说戏曲，无一可以入选。我对于那些不是用马克思主义来研究文学现象，不准确或错误的观点写文章加以匡正。用今天的说法，也就是所谓要"向权威挑战"。从毕业前夕我就已开始实行自己的计划，我先拟定了关于《水浒传》的几个论争的题目，已写出三篇：《〈水浒〉的作者与〈水浒〉的长篇结构》《略谈〈水浒〉评价问题——评〈宋江考〉》《谈豹子头林冲》。都是1953年毕业前夕写的，均发表于1954年。

我在大学期间写的《略谈〈水浒〉评价问题——评〈宋江考〉》和张政烺先生进行商榷，得到了恩师杨向奎先生的支持。杨向奎先生毕业于北京大学历史系，是傅斯年、顾颉刚先生的学生，可他1935年毕业后发表的《夏本纪——越王勾践世家地理考释》，1936年由禹贡学会出版的专著《夏民族起源于东方考》，以及多篇论文，却都是同他这两位老师进行不同意见讨论的。因此，50年代初他主编的山东大学的《文史哲》杂志总是发表不同意见的争论，鼓励年轻人敢于独立思考，挑战权威。张政烺先生还是杨先生的好友，但他主编的《文史哲》仍然发表了我的与张先生商榷《略谈〈水浒〉评价问题——评〈宋江考〉》的文章，并在来京后介绍我与张先生相识。或许正是因为华岗校长和向奎先生这种百家争鸣的学术作风，为《文史哲》赢得社科报刊中很高的荣誉！何况我和蓝翎批评俞平伯先生观点的《关于〈红楼梦简论〉及其他》，也是发表在1954年的《文史哲》上。我对"权威"有自己的理解，如果权威的研究讲出了真理，譬如鲁迅对《红楼梦》的评价，既深刻又独到，那只能使我认真学习和体会。有些"权威"，虽是大专家，却有片面性，还要用这种片面性"规范"他不很懂的学科，如《三国演义》和历史剧讨论中的某些历史学家，用"权威"压人，那我的反击就会无所顾忌，而且可能更尖锐。

二、青史终能定是非——红学研究的回忆与理路

李荣启：众所周知，1954年您和蓝翎两人发表过一篇《关于〈红楼梦简论〉及其他》的文章。这篇文章引起了毛泽东的关注，被称为"这是三十多年以来向所谓《红楼梦》研究权威作家的错误观点的第一次认真的开火"，从此在全国范围内开始了对俞平伯、对胡适主观唯心主义乃至后来对胡风思想的批判，作为这场风波的当事人和亲历者，请您再谈谈当时的有关情况。

李希凡：1954年，批评俞平伯先生的红学观点以及引发的那场批判运动，我大概已经回答过几十次记者的提问。最系统的一次是1999年答《文艺理论与批评》记者问，题为《关于建国初期两场文化问题大讨论的是与非》（载于《文艺理论与批评》1999年第6期）。当年我和蓝翎合写的两篇文章，一篇是发表在1954年第9期《文史哲》上的《关于〈红楼梦简论〉及其他》，后为《文艺报》同年第18期转载；另一篇是《评〈红楼梦研究〉》，发表在《光明日报》1954年10月10日《文学遗产》专刊上。对这两篇文章我已多次谈过自己的看法。那不代表别人的观点，只是表述我的认识，今天也并无改变。这两篇文章主要是对当时古典文学研究现状不太满意，不同意俞平伯先生关于《红楼梦》评价中的许多看法，尝试着用马克思主义文艺观对《红楼梦》的时代历史意义及其伟大成就，作出我们的理解和评价，发表一下不同意见，没有也不可能有什么别的想法。总之，这是两个年轻人对"红学"研究中我们认为的错误观点进行了批评。至于我们的文章在全国掀起的轩然大波，也不可能是我们能预料到的。

不过，我现在仍然认为，在1954年那样的思想文化环境里，清理和批判胡适派资产阶级唯心主义学术思想是必要的，这也是毛泽东同志从新中国成立前后就十分重视的反对历史唯心主义斗争的继续。

李荣启：对《红楼梦》研究的批判与随后发生的"胡风事件"有没有直接的联系呢？

李希凡：对于"胡风事件"，我听到的是胡风先生在文联作协主席团扩大会议上的发言，借批评俞平伯先生的机会批评《人民日报》和《文艺报》对稿件处理不公。30年代的中国文坛留下了不少文学"旧案"，鲁迅逝世前后又添了一些新的矛盾，胡风先生和部分党员作家的不同意见也是这时开始的。我总以为这是左翼文学的内部矛盾，那些论战文章虽未完全看过，却早在1948年就读过李何林先生的《近二十年中国文艺思潮论》。我当时是鲁迅的坚决拥护者，特别是两个口号之争，因为胡风写过民族革命战争的大众文学的文章，我很有好感。再加上他是赵纪彬民族形式论战中的对手和私人交往中的好友，胡风先生出版的每一本书都送给纪彬，他主编的《七月》也常寄给纪彬，给我影响最大的是我的老师吕荧先生第一本文艺评论集《人的花朵》，也是七月出版社出的。鲁迅先生曾说过，胡风先生在理论上有些拘泥的倾向，文字不肯大众化。的确，胡风的文章不好读，文字晦涩，句子也长，不似吕荧先生的文字优美，但他的书名又很有时代的精神内蕴，如《在逆流的日子里》等，我很喜欢。总之，他的书，也是我在国民党反动派黑暗统治下的精神食粮之一。我不认为所谓"胡风事件"与《红楼梦研究》批判有什么直接联系。如果谈我当时的认识，我们也曾奉命写过一篇批评胡风先生对待民族文学遗产的虚无主义观点，那时还是学术讨论，毫不涉及政治。只不过，舒芜信件刊出之后，坦率地说，我对胡风先生信中涉及很多同志的尖刻的讥评却开始有了反感，何况即使在当时，也是两种性质的问题。

李荣启：发生在1954年的那这场大讨论如今已经过去了55年，但对这场"批判运动"的议论还是不少，其中不乏否定之说。这场大讨论对红学研究产生了哪些影响？作为红学研究者从中又能总结出什么经验教训？

李希凡：1954年的红学论争自然是红学史上的大事件，同时也是党史上的大事件。我认为由胡绳主编、中共中央党史研究室著的《中国共产党的七十年》中对这场"批判运动"

的评价是比较公允的。书中是这样说的：

> 1954年，毛泽东从支持两位青年关于《红楼梦》研究问题的批评文章开始，又领导发动了一场对胡适派唯心主义的广泛批判。胡适是五四运动以后资产阶级代表人物中影响最大的一位。这次批判提出的问题，不仅是如何评价和研究《红楼梦》这部中国古典小说名著，而且是要从哲学、文学、史学、社会政治思想各个方面，对五四运动以后最有影响的一派资产阶级学术思想，进行一番清理和批评。党发动这两次批判（另一次是对电影《武训传》的批判），提出的问题是重大的，进行这样的工作是必要的。结合实际的事例，开展批评和讨论，来学习如何掌握和运用马克思主义，是知识分子自我教育和自我改造的一种方法。这两次批判，对学习和宣传历史唯物主义和辩证唯物主义起了好的作用，有其积极的方面。但是，思想问题和学术问题是属于精神世界的很复杂的问题，采取批判运动的方法来解决，容易流于简单和片面，学术上和不同意见难以展开争论。这两次批判已经有把学术文化问题当作政治斗争并加以尖锐化的倾向，因而有其消极的方面。（见该书第312—313页）

我后来又看到2003年中央文献出版社出版的《毛泽东传（1949 — 1976）》，书中在描述这场运动时，有十几页的篇幅大量引用了毛主席当时的批语、言谈和信件，资料很丰富，一些资料是我这"当事人"现在才看到的。譬如：毛主席曾细读过俞先生的《红楼梦辨》，并如该书第292页第5个注释所说："毛泽东在他仔细阅读过的俞平伯所著《红楼梦辨》一书中，差不多从头到尾都有他画的杠杠和圈点的笔迹，还打了许多问号，共50多处。显然，这些观点，毛泽东都是不赞成的。"《毛泽东传（1949 — 1976）》的作者在长长的叙述之后，有如下一段结论：

> 应当说，在思想文化领域，以马克思主义为指导清理和批判唯心主义等非马克思主义观点，特别是影响很大的代表人物胡适的思想观点，是必要的，有着积极的意义。对党内出现压制"小人物"批评学术权威的现象进行批评，以推动学术问题的深入讨论，也是必要的。但在批判过程中，出现了偏差和过火现象，把一些复杂的思想认识问题和学术问题简单化了，出现了上纲越高越好，调门越高越好的不正常现象，伤害了一批虽然不赞成或不完全赞成马克思主义，但拥护中国共产党、热爱新中国的知识分子，给党对思想文化工作的领导造成相当程度的损害。同时，也不

利于学术的繁荣和健康发展。

　　毛泽东读了一些批判文章，也发现了批判中的一些偏差。其实，毛泽东对胡适也并不是全盘否定，对他在新文化运动中的作用，在考据方面的建树，还是肯定的。后来，他曾经说过："我们开始批判胡适的时候很好，但后来就有点片面性了，把胡适的一切全部抹煞了，以后要写一两篇文章补救一下。"（见该书第298—299页）

　　我们虽是"当事人"，但是并不了解背后还有如此丰富的"文献"资料。的确，学术问题，意识形态问题，是不能采取群众运动的方式解决的。这是一个很大的教训。不过，批评俞先生，特别是批判胡适，主要是名家（我可以列出一长串名单）写的。我看到不少好文章，都是说理性很强的。因为胡适是从20年代就公开反对马克思主义，终其一生，虽是学者，却又是一个反动政客，在进步的知识分子中间一向是被蔑视的对象。至于他"桃李满天下"，有些人思想上受到一点冲击，也不是什么大不了的事，就是批评俞先生的"过火现象"（包括我们的文章在内），也不能把过错完全归咎于毛主席，文责自负，文章是你自己写的。我以为，与其说"批俞""伤害"了一批知识分子，不如说"一批知识分子""伤害"了俞先生，这也不是指对他的观点的批评，而是指的"上纲越高越好，调门越高越好"的现象，因为我们当时并不完全知道毛主席说了什么，毛主席也不能替你的文章负责，这是我"文革"后看到某些经历过这场运动的红学家们的新言论的感受。

　　李荣启：红学成为一门专门的学问已经有一百多年的历史了，但在相当一段时期，红学研究并没有踏上正确的轨道，"五四"前的旧红学以"索隐派"最盛行；肇始于胡适的"考证派"标榜为"新红学"，又把《红楼梦》完全看成曹雪芹的"自叙体"。您认为以胡适和俞平伯先生为代表的"新红学"对《红楼梦》的研究，其主要的偏颇和错误在何处？您对《红楼梦》的研究是遵循怎样的理路？

　　李希凡：关于你提出的问题，我想了一下，似也是和这文艺与历史的混淆有关。文学艺术是不能用历史事实的真实来考证的。对于《红楼梦》的评价与研究，七八十年前鲁迅就曾有过十分精确的论断，鲁迅说：读《红楼梦》"单是命意，就因读者的眼光而有种种：经学家看见《易》，道学家看见淫，才子看见缠绵，革命家看见排满，流言家看见宫闱秘事……"（《花边文学·看书琐记》）鲁迅所说的　"眼光种种"，足以概括"红学"的百年"奇景"，从"索隐派"到"自传"说，直至当代看到宫闱秘事的"流言家"。所谓"百年红学"，这种"红外线"的现象，始终不断。现在已是新索隐与自传说的合流。说实在的，把伟大的现实主义创作与历史事实的混淆，它就会生产这样的"怪胎"。当年俞先生的基本观点，认为《红楼梦》是感叹自己身世的""是为十二钗作本传的"，是写"闺友闺情"的，甚至说"《红楼梦》底篇章结构，因拘束于事实，所以不能称心为好"等等，也包括他在《红楼梦研究》那些琐琐碎碎、个人趣味性的推测和论述，都说明在他的心目中《红楼梦》的地位确实不高。他说："平心看来，《红楼梦》在世界文学中底地位不是很高的……至多不过是个人身世性格底反映。"还说它"不脱东方思想的窠臼"。这些观点正是集中反映了新红学派的看法。直到60年代，胡适在他的《与高阳书》里，还是说了和这差不多的评语：

> ……我写了几万字的考证，差不多没说一句称颂《红楼梦》的话；我只说了一句，《红楼梦》只是老老实实描写这一个坐吃山空，树倒猢狲散的自然趋势，因为如此，《红楼梦》是一部自然主义杰作（"自然主义"就是"自传说"的同义语，并非左拉式的自然主义——李希凡注）。此外，我平心静气的看法是，雪芹是个有天才而没有机会得着修养训练的文人，他的家庭环境、社会环境、往来朋友，中国文学的背景等等，都没有能够给他一个可以得着给他文学修养训练的机会，更没有给他一点思考或思想发展的机会（前面讥评的"破落户归王孙"的诗，正是曹雪芹的社会背景和文学背景）。在那个贫乏的思想背景里，《红楼梦》的见解当然不会高明到哪儿去，《红楼梦》的文学的造诣当然也不会高明到哪儿去。（《胡适红楼梦研究论述全编》，上海古籍出版社2012年版，第289页）

这样看待中国文学的一位最伟大的作家和这样一部反映社会生活深刻、文化底蕴丰厚、艺术成就很高的最伟大的作品，似是"新红学派"的共识。

对于《红楼梦》，我国大戏剧家曹禺同志在87版电视剧一次座谈会上讲过一句话，叫"说不尽的《红楼梦》"。这句话的确概括了《红楼梦》问世两百多年来，特别是1954年以后在我国人民群众中产生的巨大影响，是其他古典文学作品无可比拟的。这不仅由于它的艺术上的魅力无垠、感人至深，而且因为它的内蕴丰富、常读常新，不断地引发人深入地思考，哪怕是它的未完成的"遗憾"美，也引发了研究者"探佚学"的兴趣。不过，对我来说，所谓"红学"的各个方面，都给我以知识，但使我感动和引起思考的，和胡适恰恰相反，是小说对封建社会的真实、深刻地反映，是小说思想文化的丰厚积淀，是小说非凡的艺术创造力，是小说个性化典型性格的感人魅力。我是把《红楼梦》置于明清之际资本主义萌芽期及其启蒙思潮中分析论述曹雪芹和这部伟大作品的历史背景、思想倾向和文学艺术成就的。我对《红楼梦》评价的基本观点从未改变过。《红楼梦》的伟大绝不在于它只是一本"写爱情"的书——尽管它写"儿女真情"写得好极了，而在于它真实、深刻地反映了封建末世的现实，并揭露、批判了封建统治及其上层建筑的种种衰败和腐朽，而且描绘了真、善、美，歌颂了新生者找不到出路的悲剧。它是中国古典文学的巅峰之作。

李荣启：当年毛泽东支持您和蓝翎对《红楼梦》研究的理路和学术观点，甚至有红学史家把你们归入"毛派红学"，认为代表人物是毛泽东。毛泽东对《红楼梦》有浓厚的兴趣和独特的视角，您曾说过："迄今为止，我仍没有看到，给《红楼梦》以崇高、正确而深刻的评价，有谁超过鲁迅和毛泽东。"请您给我们介绍一下，您认为毛泽东对《红楼梦》是如何评价的。

李希凡：毛主席对《红楼梦》的评价，着眼于它对封建社会生活的真实地反映与描写，高度评价"它具有极丰富的社会史料""写的是很精细的社会历史""这部书写得很好，它是写阶级斗争的"。《毛泽东传》作者说："毛泽东历来把《红楼梦》看作是社会历史乃至阶级斗争的典型反映。"应当说，这是准确的概括，也是马克思主义者对红学研究的一家言。换成文学语言，即《红楼梦》首先是一部伟大的现实主义文学杰作。从这样的视角评价作品并不始于毛主席，马克思、恩格斯之对法国伟大作家巴尔扎克的作品，列宁之对列夫·托尔斯泰的作品，都有过这样的评价。当然，这并不是说马克思主义导师们径直把文学当作社会历史。恰恰相反，他们是从伟大作家所创作的真实的艺术形象中深切感受到的。我们在《关于〈红楼梦简论〉及其他》一文中曾称《红楼梦》是"封建社会的百科全书"，这也是我们读《红楼梦》的深切感受，而且坚信每一个用马克思主义社会观、文学观阅读《红楼梦》的人，都会做出这种评价。因为在中国古典小说中能达到这样现实主义艺术成就的，《红楼梦》是唯一，而且在世界小说史上也称得上是巅峰之作。某些红学家把我归属于"毛派红学"，我不以为忤，反以为荣。因为马克思主义本就重视文学反映社会现实、社会矛盾。伟大的作家必然能敏锐地感受现实、洞察现实，才能写出深刻反映现实的伟大作品，何况曹雪芹又是一位绝世的艺术天才，他的典型环境中的典型性格的个性化的创造，足以和世界任何一部伟大作品相媲美。

关于《红楼梦》，我自己写了三本书：《说"情"——红楼艺境探微》《红楼梦艺术世界》

《〈红楼梦〉人物论》，特别是最后一本，可说是集中了我对《红楼梦》多层次的解读，请朋友们不要误会，虽然讲得比较平和、委婉一些，也有某些观点的完善和修正，但它仍是所谓"社会评论派"——地道的"毛派红学"，一以贯之，我从不掩饰自己的观点，一个马克思主义信徒不敢承认自己是阶级论者，岂非懦夫！香港某电视台一位记者采访我时，最后曾这样问我："李先生，现在已没有几个人相信马克思主义了，您怎么还没有改变观点？"我回答他说："你接触的人太少，我相信，中国人民的大多数都是信仰马克思主义的，'反毛''非毛'的只是一小撮，终将烟消火灭。瑕不掩瑜，请看六十年的影视屏幕，屹立在中央的，仍然是共和国缔造者艰苦卓绝的奋斗的一生！"

李荣启：自从《红楼梦》问世至今已有两百多年了，"红学"成为一门专门的学问也已经有很长的历史了，并成为20世纪以来的显学。在两百多年后的新世纪，特别是在今天的语境下，如何解读《红楼梦》的艺术世界，解读和阐释《红楼梦》这一古典名著究竟有什么意义？

李希凡：《红楼梦》是一部具有伟大社会意义和历史价值的作品。《红楼梦》的伟大，在于它用悲痛的笔调讴歌了美好的人性，用诗化的语言塑造出了众多的魅力永恒的文学典型。《红楼梦》写了几百个人物，真是纷繁多姿，血肉丰满，个性鲜明，哪怕丫头们的斗嘴，小厮们的淘气，语言也各不相同。使人看出，这些人物不仅生存在这大家族内部复杂的生活矛盾里，而且活跃在特定的社会环境中，表现出作家的艺术视野十分广阔，并不局限于大观园"女儿国"。为了表现人物之间的关系，人物与环境的联系，并展示它们在日常生活形态中的矛盾冲突，曹雪芹进行了缜密构思。甚至可以说，《红楼梦》的前五回都是在做小说"全境界"的艺术安排，扩及封建末世的各个领域，既有贵族社会上层的生活种种，也有茅椽蓬牖的村野情趣，在情节安排或事件变换中，作者都做了生气贯注的结构，就是如何开头，如何伏脉照应，如何接桦收梢，作者在前五回也都有纲领性的概括和阐明。但是，实现作者构思的，却是作者匠心独运、巧妙编织了纵横交错的"生活经纬"。忽而是豪华的元妃归省，忽而是寒酸的袭人探家，高雅的有众姊妹争联即景诗，粗俗的有薛蟠曲唱哼哼韵。就是在王熙凤的独角戏里，不也经常变换着不同的艺术境界么！自然，《红楼梦》的艺术世界充溢着诗情美，也不缺乏浓郁的浪漫气息，但它并不违拗"事体情理"，更无人工穿凿，失其真传的缺陷。它所展开的生活场面，正像生活本身那样，具有五光十色、万象纷呈的神韵。它们相互联结、相互渗透，集结多方面的矛盾纠葛，像无数涓涓细水，蜿蜒曲折，汇成了巨大的河流，虽令人眼花缭乱，却浑然天成，内含着能激发人丰富想象的大千世界的生活底蕴。所以，即使我们也借用现实主义来称颂《红楼梦》的创作艺术，它也不同于西方艺术的剖析与摹写实体的忠实，而是渗透着寓意、传神、象征的民族传统艺术的特征。《红楼梦》的博大精深，被誉为中华文化的"精神家园"，可至今在荧屏论坛中，还大兴"流言家看到宫闱秘事"的奇谈怪论，又有那么多读者迷醉其中，这可真是"都云作者痴，谁解其中味"！一部伟大的文学作品，至今还被当作低俗趣味的"索隐"来解读，夫复何言！

三、学海无涯"勤"做舟——现当代文艺研究的方法与建树

李荣启：您的研究视域非常宽广，不仅在中国古典文学研究领域成就卓著，而且在现当代文艺评论方面也是硕果累累。从1955年全1986年，您在《人民日报》文艺部工作的三十二年中，发表了大量的文艺评论，对"文革"前十七年的优秀长篇小说，如《红旗谱》《青春之歌》《林海雪原》《创业史》《在和平的日子里》《红岩》《苦菜花》《欧阳海之歌》等均发表过有影响的评论文章。取得如此丰硕的成果，我很想知道，在非常繁忙的编辑和行政工作中，您是怎样进行科研工作和文艺评论的？科研和文艺评论中您所秉承的学术理念和方法是什么？

李希凡：我在《人民日报》文艺部工作期间，曾担任过文艺评论组组长。《人民日报》评论版虽然对各艺术门类的重点作品都需要发表评论，但优秀的文学创作，《人民日报》也要介绍和评论，这便需要约稿和参加座谈会，了解读者的反应，当然也要阅读大量文学作品，这是我的本职工作。我又是从上学时就喜欢读中国和苏联反映革命战争的作品，那些优秀的新文学作品一出版，就会在广大读者群中产生轰动效应。我记得，新中国成立后第一部引起轰动效应的长篇小说，是杜鹏程同志的《保卫延安》，那时我还在上学。随后是《红日》《红旗谱》《青春之歌》《林海雪原》《在和平的日子里》《创业史》《苦菜花》《红岩》《野火春风斗古城》《欧阳海之歌》……它们的思想艺术成就虽然不在同一水平上，但它们多数反映的是中国革命斗争的艰辛，中国人民深受帝国主义、封建主义、国民党反动派压迫的苦难生活，特别是它们所塑造的那些面对凶恶敌人、高扬革命英雄主义的志士仁人，奋勇杀敌的战斗英雄……深深感动着我。那时我还年轻，热血沸腾，热爱党热爱祖国，在我的心目中，一切都是美好。

十七年中间，我不只写了不少文学评论，也写过戏剧电影评论。不仅要为自己主编的评论版赶任务，有时也为兄弟报刊写稿。有些现代文学评论的文章，属应约而写或是赶任务的急就章，像狗熊掰棒子，写一篇扔一篇，但我从写第一篇评论康濯的《春种秋收》开始，就养成一个习惯，写某个作家作品的评论，也一定要把他别的作品找来读一读。

有的评论还是论争中的产物，譬如《林海雪原》《青春之歌》《达吉和她的父亲》，我都各写过一篇评论。《关于〈林海雪原〉评价问题》，是应《北京日报》约稿。当时报纸上开展《林海雪原》的讨论，有一位部长写文章批评《林海雪原》所写的那段生活不符合当地革命历史的真实。对此，文学界反应强烈，都觉得这样要求作家是不合乎创作规律的。我们的前辈中国作协的党组书记邵荃麟同志打电话给我，让我出面写篇文章，比较公正地评论一下《林海雪原》，同时，《北京日报》也向我约了稿。《林海雪原》的确有些缺点，那只能按照小说思想艺术的尺度来评价，不能用那时那地有没有发生过这样的事实，是哪一部分革命军在这地方战斗来批评作品的虚构，要求作品的艺术真实。《林海雪原》是一部极富革命传奇性的作品，一出版就受到广大读者的欢迎。特别是杨子荣的不怕牺牲、深入虎穴、机智勇敢的英雄形象，塑造得相当成功。先后改编为话剧、戏曲（所谓样板戏）活跃在艺术舞台上。作品是靠艺术真实的魅力来感动人的。部长也是读者，也可以写批评文章，但无权命令作者写什么，怎样写！不过，我并没想我的文章就是"结论"。

四川作家高缨的《达吉和她的父亲》，1998年改编成电影时，把历史背景推移到了50年代末期，各族人民团结建设的时代，失去了民族"矛盾"的背景，作者只得把矛盾变成"误会"，情节就不尽合理，误会也显得不够真实，读者和观众对原作和改变后的作品评价不一。《文艺报》就开辟了专栏进行讨论。我当时本是个"好战分子"，什么讨论都想插一嘴。我不赞成这样改编，认为电影改编是个失败，就写了一篇文章论及两部作品的得失。不知为什么，我的文章发表后，《文艺报》就不再讨论了，这又惹恼了四川文学界，《四川文学》上发表了长篇反驳文章，还特辟专栏发表了该省宣传部部长（化名）的讽刺诗！这本是讨论，却是我一个人成了靶子。

关于《青春之歌》的争论，可是个根本原则问题。"五四"以来的学生运动是中国民主革命的一翼。杨沫的《青春之歌》是新中国成立后第一部反映党领导的学生运动的长篇。林道静这位女主人公，作家描写她作为青年知识分子的成长过程，还是写出了它的历史特点和时代意义。可有一位郭升同志，硬是把林道静说成既是地主的女儿，就必然有地主阶级的思想感情，而在杨沫笔下却没有写出她的脱胎换骨的改造过程。我认为，他的这种观点并不是马克思主义的阶级论，而是庸俗机械的唯成分论，这既不符合林道静的性格真实，也违背了中国革命的现实。我写了《阶级论还是"唯成分论"》的文章，批评了他这个观点。

在当代文学评论中，我算不上研究者，却是革命文学的歌者。写文章往往是读了作品有所感受，激情满怀，连夜写出，如评《苦菜花》、评杜鹏程的短篇小说集《年轻的朋友》、评《欧阳海之歌》、评《高山下的花环》，都是情不能已于言，一气写出的。同时，正像我经常声明自己不是"红学家"一样，我也不是理论家，我从未写过有系统理论的书。如果不自谦地说，我只是一个文艺评论家。

李荣启： 在多次文艺论争中，先生作为一方论点的主要代表参与其间，并就阿Q问题、《琵琶记》与封建道德问题、历史剧问题、鬼戏问题、杨家将与《四郎探母》问题、戏曲的推陈出新等问题，都发表过颇有见地的探讨文章。当时您又是怎样不惧怕"权威"积极参与论争的？能给我们说一两个事例吗？

李希凡： 在新中国成立后的十七年中，我的确参与了多次文艺论争。这些论争，现在似乎都有了一些史的结论，我的一家之言往往被认为是偏激的、片面的，但他们的"正确"的结论我也未必同意。学术问题也往往带着"时势"的色彩，譬如戏曲的推陈出新问题，本是党的好政策，"十七年"也出现了很多好剧目，取其精华、去其糟粕是历史的必然，为什么非把那些封建观念说教都保留在社会主义文艺舞台上才是合理的继承？历史上备受周边民族欺凌的弱宋已变成儿皇帝，每年要向辽金缴纳"贡银"上千万，这使得中原人民渴望能有勇士和良将镇守边关，保家卫国。宋元以来，在民间地方戏曲中，借宋将杨业英勇抗敌、被奸臣陷害、被俘不屈的历史事件，演绎成一出出杨家将英勇抗敌的剧目，老令公杨业、佘太君、六郎杨延昭、杨宗保、杨文广，以至烧火丫头杨排风，直到十二寡妇征西，编织出多少英雄传奇，以警示软弱屈辱的"宋廷"，热情地歌赞那戍边名将忠勇杀敌的"世家"。可是，在清代京剧兴起以后，却出现了一出《四郎探母》不断加工打造成一出唱念做均佳的完美剧目，京、津、沪著名老生不能演《四郎探母》，就不能叫座。杨四郎的思母情结，表现得何等深切！坐宫、探母、回令，对承诺公主的誓言又是何等的守义，真是充满了人情味儿！

在杨家将的故事情节里，此事发生在穆桂英大破天门阵前夕，杨家将正准备浴血奋战，打败敌国的入侵，"大营"里忽然跑来了这样一个"不速之客"，使得杨家一家"为亲情"哭成一团，身为主帅的杨六郎居然蛮横地威胁全军："晓谕大小众三军，哪一个交头接耳论，插箭游营不徇情。"不过，这出戏的久唱不衰，的确也由于它艺术上的成熟与精致，只是在鉴赏之余，这杨四郎的形象总使我看着不顺眼。很感谢当时的中国戏曲研究院（中国艺术研究院前身）给我查阅杨家将小说戏曲的全部资料，写成了《〈四郎探母〉的由来及其思想倾向》，对这出戏的渊源、演变及其背景的研究，我是做得比较踏实的。有的戏剧史现在为《四郎探母》辩护，在我看来那理由既牵强，也可笑。

　　1959年，在关于历史剧以及《三国演义》与为曹操翻案的论争中，的确是我主动出击，挑战了几位著名历史学家的观点。历史剧问题，是针对吴晗同志的"无一句无来历，无一事无出处"的创作主张。我认为，这是吴先生强加给历史剧创作不可能做到的事情。历史剧虽然取材于真实的历史事件和历史人物，但历史剧不是历史教科书，剧作家的艺术思维也不同于历史学家的科学思维，按照吴晗同志的这种要求，剧作家根本写不出这样的历史剧，或者只能写出基本没有戏的《海瑞罢官》。但是，我的不同意见虽然批评的是吴晗同志的观点，却惹恼了翦伯赞先生，他让他的助手在《光明日报》写了一篇教训"无知小子"的短文，那可真是意气用事，蛮不讲理。不过，我的看法或许有些偏激，而且血气方刚，笔下也很尖刻，难免惹得老人家们生气。但是，我并不以为谁是所谓"权威"，我就相信他讲的都是真理。"五四"以来有一个好的传统，即绝不是无条件地"尊师重道"，而是"吾爱吾师，吾尤爱真理"。当时，翦伯赞先生等把翻案文章做在《三国演义》及其作者罗贯中身上。翦先生认为《三国演义》是曹操的"谤书"，罗贯中是"以封建正统思想毒害人民"，罗贯中是"封建正统主义的积极宣传者"，还说《三国演义》把历史写成了滑稽剧""丑化了曹操，美化了刘、关、张"。在所有为曹操翻案的文章里，除郭沫若先生肯定了《三国演义》是一本好书外，全部是把批判的矛头指向《三国演义》，既不区分文学与历史的不同，也不懂得艺术真实的创造并不是历史事实的记录。我当时并未听说讨论这个问题的背景，也没顾及作者们多数是历史界的权威，挺身而出，反驳历史学界缺乏文学常识的错误观点。我连续写了四篇文章，论述了《三国演义》的丰富内蕴是否定不了的。这场争论的是非不必多说，因为《三国演义》至今仍然为读者所喜读，而且已改编为影视与戏曲，仍受到中外读者和观众的欢迎。

　　"十七年"我也写过"过火"批评的文章，在"运动"中错误地批评过一些好同志，文责自负，我公开承认错误，公开道歉。至于我没想通的，我仍然坚持，那也是任何人改变不了的。

　　李荣启：在阅读资料中，我了解到您的人生经历很坎坷，"文革"中曾受到过不公正的对待，尤其是在"四人帮"垮台后，在绝大部分"五七"干校都已停办的时候，您又被指派到京郊小汤山《人民日报》"五七"干校去劳动。在艰苦的环境中，您日战夜耕，写出了两部研究鲁迅的专著。当时您为什么又把所有精力集中于研究鲁迅上？能介绍一下您撰写这两部专著的情况吗？

李希凡：我写的两本论鲁迅五种创作的专著——《〈呐喊〉〈彷徨〉的思想与艺术》《一个伟大寻求者的心声》，是我从1948年至1978年三次读鲁迅的成果，而且写于"文革"后再次挨整时期。那个环境并不像你所说的那么艰苦，只不过是白天劳动，晚上写作。劳动在我不算个事，从小练就了一膀子力气，粗农活儿难不住我，晚上是休息时间，我不看电视，资料是早积累的，题目是早拟好的，每周一篇，半年完成了二十个论题。我并没"日战夜耕"，而是激情满怀地生活在"鲁迅世界"里，不问世事，别有一番情趣。并且写出一篇，二女儿就抄写一篇，边写边润饰。和我一起校订《红楼梦》的小友周雷正在筹备《社会科学战线》，知道我在"文革"中的受难，找我要稿子，也不问我的上级什么态度，就发表了我的论《伤逝》的长文《幻想·破灭·求生——论〈伤逝〉的时代意义与子君的悲剧形象》，紧接着哈尔滨师范大学校刊又发表了另一篇长文《"歧路"与"穷途"中的知识分子的剪影》。这时，《人民日报》文艺部也创刊了副刊《大地》，主编姜德明同志向我要了一篇《"爱"的抒情——〈兔与猫〉〈鸭的喜剧〉和爱罗先珂》，等到鲁迅诞辰百年前夕，我的《〈呐喊〉〈彷徨〉的思想与艺术》十四篇专题论著已在全国刊物上发表，我也当选了鲁迅研究会的理事。临近鲁迅百年诞辰时，《〈呐喊〉〈彷徨〉的思想与艺术》已由上海文艺出版社出版。我的《人民日报》上级还"指示"我给报纸写了一篇纪念文章，题名为《一个伟大爱国者的一生——纪念鲁迅百周年诞辰》，这可能是要我"露面"吧！而这时我的论《野草》、论《故事新编》的几篇文章也在发表，《文艺研究》这时已创刊一两年，三位老友王波云、杨志一、闻山都在那里任编委和编辑，不知哪位向我约稿，我把自己最满意的一篇论《野草》创作艺术的文章《诗情·哲理·意境——略论〈野草〉艺术创作的特色》给他们发表了。

四、桑榆虽晚霞满天——学术研究的新探索与见解

李荣启：您一生都辛勤地耕耘在古典文学和文艺理论领域，耄耋之年仍笔耕不辍。2006年出版了50多万字的《传神文笔足千秋——〈红楼梦〉人物论》，可谓是您红学研究

的带有总结性的集大成之作。这本专著对《红楼梦》中的60多个人物形象进行了细致透彻的分析，为一些重要的典型人物成功地建立起了形象档案和性格图谱。本书应该说是您实践"文学典型论"的有益尝试。请您谈谈这部书的写作过程和您研究《红楼梦》"人物论"的主要观点。

李希凡：这部书是我在《中华艺术通史》交稿后写的，还是女儿帮助写的，我当时目力已不及，也不会电脑，可《红楼梦》确实不止看了五遍，虽然背不出原文，但哪个人物在哪一回，写的什么，怎样写的，在我的记忆中早已有了你所说的"形象档案"和"性格图谱"。

我是马克思主义典型论的信奉者，而且以为《红楼梦》是个性化典型创造的最杰出的代表。小说中有名有姓的出场人物的描写，都有个性化的语言和行为，给读者留下新鲜别致的印象，这在世界文学中也是少见的。曹雪芹不只塑造了主要人物生动的艺术形象，还深入她（他）们意象与意蕴内含丰富的精神世界，写出他们不可重复的鲜明性格。在几十年阅读中，在审美意义上我有了逐渐深化的感受、体验和认识。直到晚年，《红楼梦艺术世界》终未完稿，又受到千奇百怪的舶来理论的骚扰，且伤于目疾，增加了阅读困难。思忖很久，觉得不如写本人物论，还能较清晰地了结我的"红缘"。的确，如你所说，我是按照马克思主义的"典型环境中的典型性格"的理论原则研究、分析"红楼梦中人"的艺术形象的。时值"SARS"肆虐，远居郊区，四周静寂，空气清新，外务不扰，我开始了写作。对我来说，这是我一生经历中少有的写作环境。我神游在大观园里，"思维的大脑"中忽而是豪华的元妃归省，忽而是寒酸的袭人探家，高雅的有众姊妹争联即景诗，村野的有刘姥姥逛大观园，粗俗的有薛蟠曲唱哼哼韵，嬉笑喧闹，是怡红院丫头们享有"自由"的权利，潇湘馆永远是那样"凤尾森森，龙吟细细""湘帘垂地，悄无人声"。《红楼梦》的艺术境界充溢着诗情美，也不缺乏浓郁的浪漫气息，但它并不违拗"事体情理"，更无"人工穿凿，失其真传"的痕迹，它所展开的生活场面确实比生活更集中，具有五光十色、万象纷呈的神韵。它们相互联结、相互渗透，集聚着多方面的矛盾纠葛，凸显出活跃其中个性迥异的各种人物的艺术形象，栩栩如生。对我来说，用不着重看《红楼梦》及所谓"形象档案""性格图谱"，也并没有提纲构思，而是自然从笔下流出的。

我自觉，写这本书像1978年至1981年写论鲁迅的五种创作一样，很顺手，很流畅，再加上外孙女慧可快速电脑打印，女儿梳理修改，一篇接一篇写下去，它不只写的是人物论，也融合着我五十多年来积累的对《红楼梦》的理解和认识。自是比之我们（指我和蓝翎）写的批评俞平伯先生的文章《关于〈红楼梦简论〉及其他》更准确、全面一些，说理性也会强一些。关于对薛宝钗的评价，因为"钗黛合一"说，再加上主观因素，同情林黛玉的遭遇，就片面地否定了薛宝钗形象、性格的典型意义。其实，薛宝钗也是曹雪芹塑造的非常成功的血肉丰满、性格复杂的文学典型。在此次"人物论"中，我纠正了片面的看法，对她形象性格的多面复杂性及其典型意义进行了细致地研究和分析。只不过"钗黛合一论"所谓的曹雪芹心目中所爱的两个人的合一，既不符合艺术创作的规律，也不符合《红楼梦》两位主人公的个性化典型性格的真实，而曹雪芹杰出的艺术才能以及《红楼梦》创作艺术的最大成就之一，恰恰在于《红楼梦》中人"如过江之鲫"的个性鲜明的艺术创造。

李荣启：自从刘心武在《百家讲坛》上开讲《红楼梦》之后，红学就在民间掀起了一股前所未有的热潮，您认为应该怎样看待刘心武的"秦学"和"揭秘"。

李希凡：你说到的"自从刘心武在《百家讲坛》开讲《红楼梦》以后，红学就在民间掀起了一股前所未有的热潮"，因为我不会电脑，也不能上网，没看到那热潮是什么样子，如果这热潮是跟着什么"秦学""揭秘"热起来的，恕我直言，那绝不是"红学研究"，不管它"大众化"到什么程度，都只能是鲁迅所批评的"流言家看见宫闱秘事"的低级趣味，也不可能在阅读《红楼梦》中对作品的丰富、深邃的意蕴和魅力，以及曹雪芹稀世的文学天才有真实的认识和感受。

的确，有一段时间，所谓"秦学""揭秘"的奇谈怪论在一个论坛上很火爆，忘了是哪家报刊电话访问，非让我说几句。我说《红楼梦》是伟大的文学作品，刘心武是作家，如果他能从小说创作艺术方面分析《红楼梦》，一定会对读者有所启发。现在他所搞"秦学"揭秘，不过是重复老索隐加上自传说的老路。"红学"，也要有科学的论证，靠猜谜、编故事说明不了作家和作品的伟大，是对读者的错误引导。于是，我的意见也成了"围攻"刘心武的证据。他不只在国内讲，也在美国讲。《红楼梦学刊》不过是只印几千册的学术刊物，发表过红学家们几篇批评他的观点的文章，却真正遭到网上的围攻，即使上百本红学研究著作，又怎比得上新华书店大字标明几十万册的刘氏畅销书以及荧屏上的反复播讲。最近所谓"秦学"、所谓"揭秘"，都似乎不大时兴了，几次红学研讨会上也没人再把它当事说，也没见到哪位真正研究《红楼梦》的学者采纳"秦可卿乃废太子胤礽的公主隐藏在贾府的'政治犯'"的推断。因为即使鲁迅在七十多年前列举的"单是命意，就因读者的眼光而有种种"，刘的这种眼光——"流言家看见宫闱秘事"也排在末位！

李荣启：红楼梦研究构成了中国文学研究中一道历久弥新的风景线。对《红楼梦》的认识和理解，也确是一个随着社会文化发展和学术积累不断深化的过程。在步入新世纪后，一些研究者提出了"文献、文本、文化相融通"的主张和模式，对此您是怎么看的？

李希凡：确如你所说，红学"在中国文学研究中是一道历久弥新的风景线"，对《红楼梦》的"认识和理解"也会不断深化，甚至可以说没有穷尽之时。这是因为它反映了一个时代的社会生活之广阔——"封建末世的百科全书"，还因为它是"文学是人学"最杰出的代表作。在作者的笔下，创造了一个景色优美、充满诗情画意和渗透着种种复杂矛盾的典型环境——荣国府和大观园，并创造了具有深刻概括性的个性鲜明的文学典型，可以毫不夸张地说，即使次要人物或者偶尔出现的小丫头，作者也能点染出她的个性化的行为和语言，给读者留下生动的印象。小说的多样化表现手段所造成的内涵丰富的艺术"意象"，令人咀嚼、耐人寻味。《红楼梦》诞生以来，成百上千的爱好者、研究者，浩如烟海的索隐、考证、论述，有多少道出了"其中味"，我们自己都是很难说清的。

你所说的步入新世纪后，一些红学研究者提出了"文献、文本、文化相融通"的研究方向，实际上是20世纪末，1999年11月在浙江金华举行的"'99全国中青年《红楼梦》学术研讨会"提出的研讨命题，原题很长——"面对21世纪，《红楼梦》研究的文献、文本、文化的融通与创新"，我和冯其庸、蔡义江、杜春耕等几位先生是乘车从杭州去金华的，一路上谈及《红楼梦》研究现状未免有些感慨。我很赞成这次会提出的主题，认为这是中青年提出的21世纪红学研究努力的方向。文献、文本、文化，只有在融通中才不致偏废而有创新。我写了一个发言稿，历数了百年红学研究中的得失，希望中青年在21世纪的"融通"中有所突破，有所创新。后来又整理、补充成一篇短文发表在《红楼梦学刊》上，并收辑在我的随笔文集《艺文絮语》里。

李荣启：87年央视版电视剧《红楼梦》早已深入民心，但现在又在紧锣密鼓地拍摄新版《红楼梦》，不仅如此，对于《三国演义》《水浒传》《西游记》也在重拍，您认为对古典名著的重拍有必要吗？就您所知，即将问世的新版《红楼梦》会有哪些变化和创新呢？

李希凡：关于87版《红楼梦》电视剧和系列电影的改编，我都有过或多或少的参与。有的是给演员讲过课，有的是做了文学顾问，有不少红学家参加了剧本的创作。87版的影响较大，除了后四十回的"另起炉灶"，那是我们"红学家"的文笔，或可称为"探佚学"的主张，大部分艺术情节还是忠于原作的。我最初不抱希望，认为《红楼梦》是任谁也编不好、演不好的，结果有几个"孩子"塑造的艺术形象却真在荧屏上立住了。尽管电视剧布景很简陋，难见荣宁二府的奢侈和豪华，演员们的演技也并不怎么齐整，但她（他）们却是年轻的一群，朝气勃发。有一位大导演跟我说，87版只留下一个邓婕的王凤姐，可在当时，刘晓庆却发誓要超过邓婕。的确，87版大观园"群艳"中，邓婕的王凤姐，从气质上就压倒了刘晓庆。同时，我还觉得，就是那一脸天真憨气的贾宝玉的形象，现今似也不易找到。陈晓旭的林黛玉虽小气了点，文采风流不足，但形神却都有点黛玉的"韵味"。当这位演员"林妹妹"不幸早夭时，不也曾引起广大观众的唏嘘哀叹么！87版《红楼梦》已成为初创的"经典"。

我记得我的老朋友谢铁骊同志拍《红楼梦》电影时，曾经这样回答过记者的提问："艺术家是永远不怕撞车的，因为艺术家永远是独创的，十个艺术家拍片，就会有十种《红楼梦》的诞生，而没有一部是多余的。"这当然是人艺术家的自信心。电影《红楼梦》也确有不少独创的艺术处理，只可惜，那时正是电视机普及的时代，电影院已无法和它竞争！

至于新版《红楼梦》也和我们有些瓜葛，冯其庸同志、张庆善同志和我，包括好几位电影艺术家，如谢铁骊、于洋、王晓棠以及邓婕等，都应邀参加了第一次顾问会，并受聘为顾问，准备执导新版的胡玫同志也在场，大家都谈了些希望和意见，因为那位董事长也在那里。被视为"红学家"的人发言，大概都强调要忠实于《红楼梦》原作。那时刚刚看到艺术创作中加上个倡导"娱乐性"，因脱离现实，生怕《红楼梦》也被"娱乐"起来。我的发言未免有点刺耳，表示不希望新版《红楼梦》用拍"大片"的办法，去追求低俗的效应。后来又看到北京电视台的"海选"，仿佛剧组有了分歧，真是"红"遍全国，又一次《红楼梦》的大普及。不过，那段时间，我们既没有顾，也没有问。直到最后决赛时，又通知我去参加，我坦言我的意见，我说"海选"的活动有益于参加者增加红学知识，深入理解《红楼梦》，但谁来演剧中哪个人物，还是要由导演来决定，不能由群众选举，那不符合艺术规律。我支持胡玫。通知我的那位小姐告诉我，胡导也来看决赛。结果是换了导演，我们就更没有顾没有问了。新版《红楼梦》究竟有什么创新，不得而知。还是那句老话，我只希望它是《红楼梦》，而不是别的什么"梦"！

我觉得，无论科技、传媒发展到何等的高度，红学研究还是红学研究，《红楼梦》永远是我们宝贵的遗产，不管专业研究和非专业研究，都应当尊重这位伟大作家，正确理解他的伟大的杰作，不要歪曲它，不要搞低俗化，我相信真正爱好《红楼梦》的"大众"，都是祖国优秀遗产的继承者和发扬者。

李荣启：您在1986年至1996年担任中国艺术研究院常务副院长期间，虽然行政事务缠身，但一直努力致力于艺术理论的学科建设，主编出版了《红楼梦大辞典》《〈红楼梦〉选粹与赏析》《图说中国艺术史丛书》《中华艺术通史》等多部学术成果，其中您担任总主编的全国艺术科学"九五"规划重大课题《中华艺术通史》，2006年出版后在学界引起了极大的反响。"十年磨一剑"，您主编这部总计700余万字、共14卷的鸿篇巨制一定非常不容易吧？

李希凡：是的，这是一项浩繁的学术工程。《中国艺术学》与《中华艺术通史》都是艺术科研迫切需要填补的空白。早在全国艺术科学"八五"规划中，我就提出希望中国艺术研究院能承担，结果是北京大学艺术系彭吉象教授承担了艺术学，通史却无人问津。"九五"规划时，我只好在同志们的"鼓励"下出面承担。同时，我也想尝试运用历史唯物主义观点阐释中华传统艺术的个性特征及其特有的观念体系。

　　1996年七八月间，《中华艺术通史》酝酿成熟，经过多方面征求意见与所长推荐，并求得本人同意，编委会成立了。由我做总主编，聘请了几位副总主编，苏国荣同志任常务副总主编，同年8月20日召开了第一次编委会，我做了一个题名"高标准要求把这部综合的艺术通史写好"的发言。国庆节前夕，北师大出版社也已同意给予先期投入二百万元，社长常汝吉同志前来签约，这无疑是及时雨。有了前期经费，编委会很快投入工作，分卷主编也都行动起来。编委会就有关理论问题多次召开理论务虚会，大家是在史论结合的不断讨论中写出各卷样章。1998年，各卷主编均写出了导言，基本掌握了各朝代各门类艺术和艺术整体发展的规律和特点。从1998年4月到1998年8月，经过两个周期的讨论修改，导言定稿，各卷各章节也陆续写出，进入"各级"审稿；我的"总序"也写了第三稿，在1999年《文艺研究》第3期发表了（因篇幅太长，拿掉了第三节）。《中华艺术通史》的真正撰稿时间大概只有四年，中间还穿插着样章、体例、导言等的专题讨论，四年间，我阅读了二百多万字的重点稿件。1999年，在紧张的统稿即将交稿时，我的两眼突然出现双影，检查出糖尿病并发症眼底出血，而且有一只眼已至三期，急需激光治疗，否则有失明危险，需要半年两个疗程，不得看书写字。总编辑部开会决定，由副主编孟繁树、陈绶祥、秦序以执行副总主编的名义主持与分卷主编统稿工作。此后几年，就是出版社邀请专家审稿、校对引文，直到齐、清、定付印出版。总之，《中华艺术通史》是一项国家艺术科研的集体课题，又是一项填补空白的重大项目，它的成功出版，是课题组集体攻关的结果。

李荣启：您刚才说到在主编《中华艺术通史》期间，曾尝试运用历史唯物主义观点阐释中华传统艺术的个性特征及其特有的观念体系。所以最后还想问您一个问题，您为《中华艺术通史》写的长篇"总序"，可谓系统地体现了您的学术探索，如果概括一下，您认为中华传统艺术的主要个性特征是什么？

李希凡：首先，中华传统艺术体现着"综合美"的创造。中国艺术家往往文人出身，有着多方面的修养，即使来自民间"百戏"的艺人也掌握着多方面的技艺。因而，中华艺术史的发展虽也有从"混生"到分门别类发展的过程，却总是或多或少地带有"综合美"的创造，如苏轼所说："味摩诘（王维）之诗，诗中有画；观摩诘之画，画中有诗。"这种综合美的创造，有时也会融合在艺术家的创作思维里。据说唐代大书法家张旭的"狂草"，曾从唐代大舞蹈家公孙大娘的剑舞中得到艺术新境的启示。剑舞，我们自然没有看到，但人们却可以从大诗人杜甫赞歌般的诗的描绘中领略其"神韵"。在封建末期俗文艺创作中，这种"综合美"的创造更富情采，更为精绝。譬如戏曲，发展到清代的京剧和各种地方戏，可以说均是多种传统艺术形态——音乐、舞蹈、杂技，以至绘画、雕塑等有机地融合在戏曲舞台艺术上的创造，并使它们自身的独立性向戏曲艺术倾斜，成为戏曲新形态的组成部分，按照戏曲艺术规律融汇成一个整体，唱、念、做、舞（打），具有多姿多彩的综合美的个性特征，从而形成了叙事与抒情兼容并茂的艺术境界，戏曲史家张庚同志名之为"剧诗"。我认为，这一切显示出中华艺术的发展富有独创的民族特征。

其次，中华传统艺术讲究神似和气韵。譬如中外艺术反映生活、表现生活的方法就大不相同。我们看到的欧洲与俄国的油画名作，都有着忠实地摹写现实的特点，它们虽也形神兼备，但强调的是现实的真实感。中国绘画虽也不乏形神兼备的珍品，却更强调以形写神、强调神似和气韵、强调反映生活融合主体的创造，而且这种创作方法不只表现在绘画中，而是渗透在各门类艺术之中。我想，这是中华艺术民族独创的特点，也是民族审美意识的独特的表现、对世界艺术宝库的独特的贡献，这是一部艺术通史要加以阐释的内容。我的"总序"没有什么创新的观点，却是从这样的视角来论述中华艺术对世界文化的贡献的，而且是第一次对中华艺术进行整合和概括。

李荣启：感谢您的畅所欲言，您的人文情怀、率真人格及治学精神、理论探索，将会给后代学人有益的启示。

本文原载于《文艺研究》2010年第7期

作者系中国艺术研究院研究员

没有争论就没有学术进步

——文艺批评家李希凡访谈

孙伟科

  李希凡一以贯之地坚持着自己的批评方法，对于20世纪历次参加的批评活动，依然保持着自己角度的理解和个性的锋芒，在回忆中也有严格的自我批评。他指出，回顾20世纪我国文学批评的历史风云，不要过多地去揣测背后的所谓"个人恩怨"和不可告人的"历史秘密"，特别是对人物做评价时，有些人刻意去拨弄是非，夸大宗派情绪，从细节上去捕风捉影，没有大历史的观念，导致了严重的历史失实和扭曲。其实，真正值得关注的是不同观点之间的理论立场和对现实的不同态度。

  孙伟科：您被誉为20世纪新中国成立后我国最重要的文学批评家之一，您如何评价自己在历次重大文学批评中所扮演的角色？

  李希凡：谈不上什么"重要"，只是在那个时代搞文艺理论批评的人中间，我写得比较多而已，特别是从声名鹊起的"两个小人物"开始，约我写稿的报刊也多，虽然也有"遵命文学"，但观点都是我自己的，错了也怨不得别人。不过，从1954年到"文革"前，我有些文章和观点暗合了当时的政治要求，所以得到了推荐，引起了反响，那也是历史的产物，并非我的自觉。比如1954年我和蓝翎合作写批评俞平伯先生的文章，因为受到毛泽东同志的肯定，从此"一夜闻名天下知"。而有些文章则未必那么合时宜。比如对《三国演义》中曹操形象的评价，1959年4月到9月我写了四篇为《三国演义》辩护的文章，有三篇是发表在《文艺报》上。我认为小说中对曹操这一人物艺术形象的塑造是成功的，也是符合历史真实的，也有大量的文献资料可以证明。但是，要在历史学上为曹操翻案的学者则认为《三国演义》歪曲了曹操形象，这是将历史与小说混为一谈的说法。把正确评价历史人物曹操的翻案文章做在打倒《三国演义》上，显然是不正确的。像《三国演义》

里的曹操这样一个内蕴丰富、复杂而生动、深刻而又个性鲜明、突出的封建政治家的艺术形象，他是千百年来封建阶级政治斗争中有深广概括意义的典型人物，绝不像历史学家们所指责的那样，罗贯中只是用"画白脸""丑化"出来的，只是在写曹操的"谤书"。它虽然有"艺术夸张"，但也概括了这位"超世之杰"的全部经历。至于所谓"尊刘抑曹"的思想倾向也不始于《三国演义》，早在魏晋唐宋时期就广泛流传于民间。历史学家可以为历史人物的曹操做出正确的评价，却不该也绝难做到为小说戏曲的艺术典型的曹操"翻案"。虽然那时我是单打独斗，今天我依然坚持这样的观点，和吴晗同志的关于历史剧的争论，关键也在这里。

和著名理论家何其芳同志在典型论上的分歧虽然尖锐，但也还是学术上的争论。何其芳认为阿Q精神是"人类普通弱点之一种"（虽然是借用别人的话），还说什么爱哭的女孩子就是林黛玉的"典型共名"，一个男孩子喜欢很多女孩子，又被许多女孩子喜欢，就会被称为"贾宝玉"，这"突出的性格特点"，就是贾宝玉的"典型共名"，我认为这就是抽象的人性论。没有阶级社会的阶级压迫和剥削以及它们统治下的文治武功、上层建筑、意识形态，人类哪来的这样屈辱的"精神胜利法"。现在老庄的学说很受关注，但如果人类只停留在"鸡犬相闻老死不相往来"，那倒绝不会产生阿Q的"人类普通弱点"，可人类也不可能取得今天的发展。如果这种所谓"共名"现象就是这些伟大文学经典的意义和价值，它有什么思想意义？这是违背马克思主义文艺典型论的，这是基础观点之争。钱谷融先生最近又老调重弹他的《论文学是人学》批评我的观点，在1957年我曾写《论"人"和"现实"》做过答辩，马克思主义讲的是"人是社会关系的总和"，人类也从不存在脱离社会关系的抽象的人性，高尔基所谓"文学是人学"，也是马克思主义文学观的"人学"。

当时有领导劝我不要使用"抽象人性论"来题名、定位这种观点，我没有同意。我说这不能改，因为这是论争的核心命题。在"文革"评红热时期，人民文学出版社出版了我们的《红楼梦评论集》第三版，其中的后记和附记是我写的，序言是蓝翎起草的，我也做过修改，签了名，对俞平伯先生又一次进行了"批判"，对何其芳同志的反批评更带有个人情绪。我和其芳同志的分歧始于1956年春季，中国社会科学院文学研究所召开一次学术讨论会时就有了，那次会由何其芳同志领衔，已写成一批文章，对《红楼梦》讨论中诸如历史背景、思想倾向、宝黛典型意义问题发表了"总结性"的意见，自然主要是批评我们的观点。总之，在他们的研究中，《红楼梦》的思想以至贾宝玉的性格都是"古已有之"，何其芳同志的《论〈红楼梦〉》和其他文章把所谓"市民说""资本主义萌芽说"，评价为"教条主义加牵强附会"——你说我是"教条主义加牵强附会"，我就说你的"典型共名"说是"修正主义加人性论"。我的《红楼梦评论集》后记和附记对何其芳同志的反批评有报复情绪，粗暴之处，我也不喜欢他批评的刻薄、拐弯抹角的骂人文风。这是历史旧账，没有任何人授意，与毛主席无关。

圣人说出的很多哲理似乎都有"普世"价值，譬如孔夫子、孟夫子的教育思想，至今都很令人信服和受到推崇，但当我们还原历史真实时，也不能忘记他们曾明确地讲道："民可使由之，不可使知之""劳心者治人，劳力者治于人"。这也就是说，在他们心目中，民，是氓，是奴隶，不是应该受教育的对象，我认为对圣人的思想，也不能"抽象"地歌颂。我和何其芳同志关于典型问题争论持续了近二十年，是我主动挑起的。我记得，20世纪80年代陈涌同志有过一篇对双方的片面性都有批评的文章。

孙伟科：吕荧是我国新中国成立早期很重要的美学家，他有独立的识见与人格，他特色鲜明的理论实践对您的文学批评有何影响？

李希凡：吕先生是我学生时期在文艺理论家中崇拜的偶像，我在1948年就读过他的《人的花朵》，那真是美文学的评论。后来在山东大学读书时，吕荧先生是我们的文艺学课的老师。他讲授的文艺学在当时就已有系统的理论体系，贯穿着鲜明的马克思主义观点，例证、分析都出自他自己的研究心得和体会，这些都是我们当时已有的文艺理论教材中难以见到的。我那时是文艺学课代表，与吕荧老师还是接近的。我的第一篇文章《典型人物的创造》，本是一篇学习笔记，吕荧老师布置的作业，是被吕荧老师推荐到《文史哲》上发表了，这也是《文史哲》第一次发表学生的文章，自然是一件新鲜事。1951年11月发生了《文艺报》借读者来信批评吕荧老师教学的事件，说吕荧老师的教学是教条主义的，违反了毛泽东文艺思想，题目叫《离开毛泽东思想是无法进行文艺学教学的》，《文艺报》始终没有去山东大学调查核实，实际上文章作者并没有听过吕先生的课，此文的内容举例都不符合吕先生讲学的实际，不能服人。而《文艺报》是文联作协的机关报威信很高，这在山东大学就造成了一场批判运动，使吕荧老师蒙受打击。吕荧老师坚持自己观点，没有听校领导的劝阻，严词拒绝做违心的检查，以辞职愤然告退，终其一生再也没去大学执教。（1953年，吕先生曾应雪峰同志邀请，做了人民文学出版社的顾问，月薪200元，不知这是否是为了挽回《文艺报》的影响）吕荧老师的耿直脾气和个性预示了他后来的命运。由于吕荧老师受到冲击，我又在后来校方组织的批判中违心地批评了我的老师，所以使我当时不得不调整了方向，更多地关注古典文学领域的文学研究和批评。直到上世纪80年代，上海文艺出版社大量出版美学著作时，他们接受了我的建议，由我编辑一本《吕荧文艺与美学论集》，出版时，我写了一篇《回忆与哀思》作为编后记，以弥补我的错误和缺憾。其实，那时高校的文科教学中，旧的意识形态的遗存还相当严重，老师们的马克思主义的学习也刚刚起步，如果真有点教条主义的缺点，倒还是正常现象。假如连马克思主义的词句都没有了，或者看见马克思主义的词句就认为是生硬套用和教条主义，那么还怎么学习和坚持马克思主义呢？

孙伟科：因为批评胡适、俞平伯等人的红学观点，您也成为大家眼中的红学家，不再是一个小人物了。

李希凡：关于红学家，我实在不敢当，尽管我写过（包括和蓝翎合作）关于《红楼梦》的三本书，一百多万字，但都是文艺评论，没有一篇是做考证的，我也反感对小说情节、人物做索隐和考证，因为《红楼梦》的感人的艺术魅力，主要是它的艺术形象、艺术境界、文学典型的创造，绝不只是俞平伯先生讲的那些"小趣味儿和小零碎儿"，更不是胡适所谓的"平淡无奇的自然主义"，而是伟大的现实主义对封建社会的真实反映和艺术形象的深刻概括和创造。显然，小说的价值在其深刻的思想内容和完美的艺术表现上，所以我将自己的主要精力用在了思想艺术和人物形象的分析研究上。当然，我过去轻视考证工作也是错误的，而且曹雪芹的身世经历，特别是《红楼梦》只是一部未完成的杰作，确实也需要科学的考证工作。

某些"红学史家"认为，毛泽东同志所领导的那次思想批判运动，也包括所有的批评文章都是对"红学才子"俞平伯先生著作的"误读"。这并不实事求是，因为有许多文章都是出自名家，有的还相当精彩，说理性很强，而且切中了新红学的要害。在真正的文学评价上，"新红学派"虽在考证作者曹雪芹的家世上有他们的贡献，但他们认定小说是作者自传，并斤斤计较于小说的琐细，对于《红楼梦》博大精深的思想艺术却始终真的在"误读"或完全没有读懂。"新红学派"的研究是趣味研究是为了"消夏"，为了他们"琐屑"考证的爱好，他们是按照"洋文学"的标准，哪能瞧得起东方文学，更不会读懂《红楼梦》的博大精深。无论是在胡适还是俞平伯先生的心里，《红楼梦》就是闲书一部，不入近代文学之林。如果没有1954年的"评俞批胡"运动，《红楼梦》深广的思想艺术价值是不会得到重视的，"红学"也不能有今天这样的繁荣和发展，持续地具有"显学"地位。

在文艺批评中，我从来也不是什么大人物，我也没有把论敌当作大人物，那样的话，可能我就不会喜欢论争与论辩了。同时我还坚信，没有论争就没有学术进步。不怕稚嫩，不怕匆促，展开批评是对著者的最大尊重。即使扭曲的批评也需要在新的批评实践中纠正，直面的批评有助于双方提高。是的，论争是学术争鸣的重要方式。

我参加的论争很多，大多数是向不同观点的挑战。1980年黄秋耘（他也是我国当代著名文学评论家，已于2001年不幸去世）同志在《文艺报》第1期上发表了评价当时"新人"佼佼者张洁小说《爱，是不能忘记的》的评论文章《关于张洁同志作品的（评论）断想》。张洁的小说描写了两位革命者在现实中"错过"了不能实现的铭心刻骨的爱，假想成能在天国实现……而黄秋耘同志则把这种病痛的爱上升到社会学的高度，试图使这种超现实的爱情完全摆脱社会道德和革命情谊的"精神枷锁"连在一起，实现绝对自由，不受良知的谴责。这是我很以为怪的，记得列宁曾引过一位诗人的诗："爱情诚可贵，自由价更高，为了革命故，两者都可抛。"而秋耘同志是老共产党员，怎么会有这样廉价的"人道主义"感情。我想到了苏联小说《钢铁是怎样炼成的》，想到了小说主人公保尔·柯察金和冬妮娅，于是我不识"时务"地在当年的《文艺报》第5期发表了《假如真有所谓天国……》，引来了某些新兴作家的不满。幸亏主编冯牧同志说了作家和批评家都要保护……我向来不怕挑战，这篇文章仍收编在冯牧、阎纲、刘锡诚同志主编的中国当代文学评论丛书——《李希凡文学评论选》一书里。自认为我与黄秋耘同志的商榷是充分说理的。

孙伟科：新红学的"自叙传说"为击毁传统的索隐红学立下了汗马功劳，但"自叙传说"的道路越走越狭窄，为什么说红学中的"自叙传说"违背了文学的创作规律？

李希凡：1954年红学运动中的大批判有其消极面，即把学术方面的意识形态问题搞成群众性的批判运动；却也有积极面，即开启了马克思主义红学研究的新起点。1954年最集中批判的观点就是唯心主义和自传说。胡适的《红楼梦考证》对作者是曹雪芹及其家世的考证，解开了作家之谜，但把《红楼梦》和作者曹雪芹联系起来已早有确证，并不始于他。而他的考证却混淆了素材与创作的关系，认定《红楼梦》是写曹家家事的——"贾政即曹頫""贾宝玉即曹雪芹"，把这部伟大的文学作品完全归结为平淡无奇的自然主义。如果《红楼梦》真是平淡无奇地记述家事，曹雪芹如何能创造那么多个性化的典型人物和优美的艺术意境，感人至深、动人心魄？自然《红楼梦》问世以来，很长时间都停留在抉隐索微的泥潭里，这是旧红学的误读。新红学反对捕风捉影的索隐，可事实上他们的考证不过是改变了索隐对象罢了！新红学有许多观点，根基都是自传说，研究《红楼梦》似乎是为了编一本曹雪芹的传记。这是对曹雪芹卓越创作才华的贬低，是对《红楼梦》艺术画卷反映的广阔生活内容的漠视。将《红楼梦》说成是作者的"写实自传""感叹身世"或为"十二钗作传""怀念闺友闺情"，甚至说曹贾两家的历史"可以互证""二者符合的程度是惊人的"，是"作者精裁细剪的生活实录"，等等，还说这是研究《红楼梦》"最有意义的收获"，这些观点岂非都是唯心主义的主观臆断和穿凿附会的产物？完全不符合文学创作的规律。如此红学之路，必然越走路越窄。对此鲁迅早在30年代就有过尖锐的批评："……现在我们所觉得的却只是贾宝玉和马二先生，只有特种学者胡适之先生之流，这才把曹霑和冯执中念念不忘记在心里，这就是所谓人生有限，而艺术却较为永久的话罢。"（《〈出关〉的关》）实际上鲁迅先生早在20年代小说史的讲课中，就给《红楼梦》以崇高的评价。"至于说到《红楼梦》的价值，可是在中国底小说中实在是不可多得的。其要点在敢于如实描写，并无讳饰。和从前的小说叙好人完全是好的，坏人完全是坏的，大不相同，所以其中所叙的人物，都是真的人物。总之自有《红楼梦》出来以后，传统的思想和写法都被打破了。"（《中国小说史略》）我只能跟着说，因为我永远说不出鲁迅对《红楼梦》这种真知灼见的评论语言的，也因为我没有伟大作家深入作品的敏感和体验，鲁迅是无可逾越地表述了《红楼梦》在中国文学史上的独有的价值。而所谓"如实描写，并无讳饰"，所谓"都是真的人物"，用现代文学术语来说，就是"现实主义"。所以，尽管《红楼梦》有多姿多彩的艺术创造，鲁迅还是肯定地说："它那文章的旖旎和缠绵，倒是还在其次的事！"时隔七八十年之后，我们有些红学家却偏偏要用这"倒是还在其次"，去否定那首要的"如实描写，并无讳饰"，这可能也是迎合时代思潮的需要吧！

孙伟科：当前"揭秘文化"借强势媒体大肆流行，其中有些揭秘完全是主观臆造的"谜案"，实际上是在"炒冷饭"，是在"博眼球"，对于商业文化严重侵蚀的"揭秘讲座"，您和几位红学家多次发表过批评意见，这些"揭秘文化"的实质是什么？

李希凡：我认为，揭秘红学虽喧闹一时，却此路不通。"秦学"在揭秘，1954年红学批判运动也在揭秘"缘起"，这些揭秘颇有绑架红学的意味。是的，直到今天，红学依然是显学，红学中的许多问题至今还是热门话题，比如，作者是不是曹雪芹，《红楼梦》后四十回作者是不是高鹗问题。回顾历史，从新红学的自传说谬误，就已经发展到了"宫闱揭秘"，《红楼梦》简直不再是文学杰作，而成了"索隐大全"。我们看到，作为今天主流媒体的一个讲坛的讲座，竟自称是继承周汝昌先生的衣钵，把"老索隐"和"自传说"结合起来，把曹雪芹家事和鲁迅曾经批评过的"流言家"看见"宫闱秘事"混在一起，当作"研究新成果"广为宣传，完全否定了《红楼梦》作为一部伟大的文学杰作的深广的社会意义和光辉的时代精神。

红学研究，近几十年无论作品思想艺术的深入探讨，作家身世和版本研究的发掘和考证都取得了很大的成就，但也同样有回潮和灾害，如某些强势媒体和背后商业利润所驱使的"揭秘"文化流行，使红学这一显学成为大俗学。近些年来，各种不负责任的观点，各种没有根据胡编乱猜的观点，借助于炒作需要，制造了一个又一个所谓的文化热点，这实际上是红学发展中的透支。针对这些乱象，有几位红学家进行了负责任的批评，但却被说成是"围殴""群殴"某人。这是很多人还没有看到这种透支的危害，这种危害不仅是学术上的，更是对民族优秀精神文化遗产的。

孙伟科：20世纪中国文学批评的重要历史成绩和经验是什么？特别是马克思主义文学批评在新中国的实践所取得成绩和经验，请您试谈一二。您批评的方法是什么？

李希凡：有些人认为，新中国成立后几十年的文学实践，似乎不言自明地证明马克思主义错了。把马克思主义污蔑为庸俗社会学和单线思维、机械决定论。去年纪念毛泽东《在延安文艺座谈会上的讲话》所引起的风波就是其反映之一。据说有些作家因为抄写了《讲话》片段，即成为受到攻击的口实，大兴问师之罪。我也是抄写者之一，大概早已进入"老左"另册，知道骂也没有用。但这在以马克思主义为指导思想的政党执政的国家无疑是奇怪的！因为至今我们党的文艺政策仍然是"二为"方向和"双百"方针，这都是毛泽东文艺思想的精髓，不少作家还在努力实践。当然，如何将马克思主义理论与实践的辩证关系处理好，也是当前重要的理论任务之一。

的确，在"十七年"文艺思想领域，毛主席和文艺界党的领导以至我们这些党员文艺工作者，都犯有或大或小的错误。但是，意识形态学说是马克思主义的重要组成部分，是社会上层建筑的一部分，正如邓小平同志所说："文艺是不可能脱离政治的。"这也是不以人们的意志为转移的，只不过意识形态里的矛盾和斗争是复杂的，又是深层次的，而且大量属于人民内部矛盾，精神世界里的问题，既不能用阶级斗争的大批判方式解决，也不能整齐划一地归属于政治上的左右派。可完全否定上层建筑包括文艺的意识形态性恐怕也是个人的主观好恶，譬如关于《红楼梦》，过去由于毛主席讲过它是一本反映阶级斗争的书，后又为"四人帮"在"文革"中的"评红"加以夸大利用，有过消极的影响。但不能因此而否定马克思主义的阶级观点，甚至《红楼梦》中反映出来的阶级矛盾的存在，红楼人物的封建观念的存在和影响。不然怎么理解鸳鸯的反抗，金钏儿、晴雯被逐惨死，荣宁二府几十个贵族主子役使二三百家奴，有不少生活的纠葛，那不是阶级矛盾是什么？连年轻女奴间都有着鲜明的等级差别，曹雪芹本想构建一个大观园"理想国"，但无情的贵族社会现实的种种矛盾冲突，逼迫他只能写出女主人公们的"勘破三春景不长"的悲剧。我是一个阶级论者，从一开始，我们就是从社会意义上分析《红楼梦》的，可能很幼稚，很浅薄。而且《红楼梦》并不只是写了社会矛盾和阶级斗争，曹雪芹也不可能有明确的阶级观点，他是在深刻描绘封建贵族生活和人物的复杂矛盾关系中写出社会真貌和它深邃的文化底蕴的。即使毛主席多次讲到《红楼梦》，也不只是讲了它对阶级斗争的反映，他是看到曹雪芹笔下的"真的人物"——"大写的人""人是社会关系的总和"的深刻表现。而且他对《红楼梦》创作艺术也有许多独到的理解，是自成一家的，却没有受到重视。不是有人称之为"毛派红学"么，我承认我是"毛派红学"的鼓吹者，你骂你的，我写我的，所谓"红学"有各种观点的流派，何惧多一个"毛派"红学？马克思主义的文艺批评就是重点关注作品的社会意义和思想意义。

前些年有一种论调，叫"五四"以后一部分知识分子背离了"五四"精神，脱下了皮鞋，穿上了草鞋，走上了一条救亡压倒启蒙的路，其实他们所要的不过是资产阶级民主自由、资产阶级个性解放的"启蒙"。至于广大苦难人民如何从阶级压迫、阶级剥削下解放出来，获得生存权、温饱权，自己成为社会和国家的主人，这已经是辉煌近一个世纪的马克思主义的革命启蒙，却被说成"救亡压倒了启蒙"。在半封建半殖民地的中国，如果没有脱下皮鞋，穿上草鞋，深入中国最广大的农民群众，用工人阶级思想启发他们的阶级觉悟，依靠他们组织武装力量，用这些"启蒙"论者的话说，发动一场农村大变动，哪来人民共和国的今天！在中国，启蒙本该是就是救亡的启蒙，没有广大人民的觉悟，哪有钢铁般坚强无畏的人民解放军！没有人民群众"个性解放"的启蒙即反抗压迫的自由，怎能推翻国民党反动派的统治，并把它的主子美帝国主义赶出中国！今天的所谓新启蒙，哪会理解救亡与启蒙的这种辩证关系！

"非毛""反毛"的思潮当然不始于90年代，那暗流在80年代就开始了，《在延安文艺座谈会上的讲话》自然引起了他们的谩骂。从1987年应《红旗》杂志约稿写的纪念《讲话》发表五十四周年的《偏离方向不会有社会主义文艺》开始，到1999年12月答《文艺理论与批评》记者问的《关于建国初期两场文化问题大讨论的是与非》，二十二年间，我写过三十几篇从各种角度阐述毛泽东文艺思想和我们党新时期文艺指导思想的文章，反击了"救亡压倒启蒙""新启蒙"，以及种种污蔑、攻击毛泽东文艺思想的奇谈怪论。共产党员不宣传党的思想，却用资产自由化来标榜自己的异端，那你还留在党内干什么？

孙伟科：1954年和1963年都是红学的特殊年份，今年恰值曹雪芹逝世250周年，您有些什么宝贵的回忆值得与大家分享？

李希凡：1954年的回忆文字已经很多了，这里就不赘言了。1963年文学界酝酿纪念伟大作家曹雪芹逝世200周年，要举行一次较大规模的纪念活动，这可能是作家协会提出的，由社科院文学所承办。这次活动得到了周恩来总理和陈毅副总理的关怀，开纪念会、办展览，发表纪念文章，据说中央有关领导胡乔木、周扬、邵荃麟同志还参观过预展，谈过不少意见。但是，由于曹雪芹逝世究竟是壬午还是癸未，曾发表不少文章展开争论，并无定见，因此就把这个活动放在了壬午和癸未之间，又曾在读者中掀起一次阅读《红楼梦》的热潮。当时，我的上级、文艺部主任陈笑雨同志向我传达，要我写一篇纪念文章在《人民日报》上发表。尽管自《红楼梦评论集》结集出版，蓝翎被错划为"右派"后，我从没有单独写过"评红"文章，也未再读《红楼梦》，但往事非烟，终难忘却，这时我的小女儿出生，我记起旧谊，也并不知道蓝翎对我有很深的"忌恨"，女儿起名为"蓝"。纪念文章《悲剧与挽歌——纪念曹雪芹逝世二百周年》写出后，文字虽然是新写，但观点仍然是我们原来的基本观点，写完后就先寄给蓝翎一份小样，请他看，无非是表示我仍然坚持1954年的基本观点并无改变，没想到他并不喜欢。这篇文章经过林默涵同志审稿，吴冷西同志签字付印，他们都没有做任何改动，刊登在1963年10月7日的《人民日报》文艺评论版上。文章并无新意，却影响很大，可能因为是发表在《人民日报》上，我接到很多青年朋友的来信。对于曹雪芹这样一位伟大的作家，我真诚地希望今年也会有一个与逝世200周年同样隆重的纪念，以表明我们对优秀文学遗产及作家的珍视和尊重。

孙伟科：在评价20世纪中国文学批评时，特别是对人物做评价时，有些人刻意去撩拨人间恩怨，拨弄是非，夸大宗派情绪，从细节上去捕风捉影，没有大历史的观念，导致了严重的历史失实和扭曲。其实，真正值得关注的是不同观点之间理论立场和对现实的不同态度。坚持历史主义的态度，您有什么要说的呢？

　　李希凡：20世纪的中国文艺界是风云变幻的，但革命文艺也有很大的发展，涌现出一大批优秀作品，不过，道路也不是平坦的。那个时代我只是作为一个普通编辑业余写作发表意见的。在"反右"斗争中，的确有30年代的恩怨是非在作祟，但不能说都是宗派之争，只能说党的领导有责任，因为全国"反右"都扩大化了。我是革命文艺的热情的歌者，写过近百万字的文艺作品的评论，大都发表在《人民日报》《文艺报》《光明日报》《戏剧报》上，虽然有些人咒骂那个时代，全盘否定那个时代的文艺，可当时的那些优秀作品在群众中已经成为"红色经典"，至今还是影视屏幕上改编再现的对象。

　　由于我喜欢直来直去的论争，所以在年轻气盛的时候也犯过幼稚病和粗暴的错误。我信奉马克思主义，也试图运用马克思主义去分析文艺作品和创作现象，在这个过程中有得有失。我自认为自己是一个马克思主义者，其实有时候是一些教条主义观点在作怪。比如我在《文汇报》对王蒙小说《组织部新来的年轻人》的批评，我不认为首善之区的北京存在官僚主义，而作家对现实生活矛盾的敏感正是这篇小说的可贵之处。可我就是用这种条条框框评论了这部作品，还给作者扣上了一顶"大帽子"，叫作企图用小资产阶级思想改造党。众所周知，此文受到毛主席的批评。这次批评对我的触动很大。后来也还犯过这样那样的错误，有些虽然是党发动的"运动"，但文章是我写的，观点是我自己的，责任仍然在我。

　　回顾历史，我的成长有许多曲折，但我从来不后悔自己的选择。现在有一种倾向是，在反思历史还原真相的时候，有些人故意神秘化那段历史，似乎背后还有什么见不得人东西。流言是杀不死人的，只要生活在群众中间，慢慢地让群众认识你，流言也好，谣言也好，不攻自破。我在最近刚刚出版的《李希凡自述——往事回眸》中，回顾了我历次参加文艺论争的情况以及我所坚持的观点和反对的观点，包括我和一些同志在理论上的分歧和争论等，我没有什么要隐晦和隐瞒的，也用不着用"揭秘"去分析什么不可告人的动机。如果坚持历史主义的态度，从大环境和小环境的结合看，不难理解尽管是因素复杂，但并非不可知的历史真相。

本文原载于《文艺报》2013年5月15日

作者系中国艺术研究院研究员

国家社科基金艺术学项目辉煌发展30年

——李希凡先生访谈

李若飞

艺海无涯苦求索　勠力同心治科学
——告别编辑生涯，担任全国艺术科学规划领导小组常务副组长

李若飞：李院长好，您大概是在1986年9月开始担任全国艺术科学规划领导小组常务副组长的，主持了全国艺术科学"八五""九五"规划的制定和实施，这段时间也是我国新时期艺术学发展的重要阶段，您作为国家社科基金艺术学项目的管理者和重大项目的主持者，见证了国家社科基金艺术学的奠基和发展，今天，我想针对您主持国家社科基金艺术学项目这段时间的工作做一次访谈。

李希凡：我是1986年调入中国艺术研究院工作的，当时中国艺术研究院代管全国艺术科学规划领导小组办公室工作，原来负责这项工作的是文化部老部长周巍峙同志，我去艺研院时，他已退休了。当时，领导小组的副组长都是文化部的老部长如林默涵、陈荒煤和文艺界的老领导如张庚同志等。办公室还有一个工作班子，由艺研院代管，我做常务副组长，组长还是请老部长周巍峙同志来担任。因为他在职时一直领导这项工作，既熟悉又工作很细致、很周到，他在文化部时也一直大力推动这项工作，仍做组长，有很多便利，各部门的沟通也容易，方便到各地去挑选人，有利于吁请各省领导人关心这项工作，我们也陪他去过新疆，后来海南和广东分开了，海南成为一个省了，集成志书的工作也要独立出来，起步比较晚，因为我和当时的省委书记阮崇武同志比较熟悉，去过一次，促他们尽快启动。我主持全国艺术科学规划领导小组的常务工作，办公室主任是艺研院副院长薛若琳兼任，也是小组成员。那段时间的项目经费也是由艺研院代管。当时，我在艺研院虽主持院务工作，但分工只管科研与外事。行政、财务由党委书记兼

副院长刘颖南分管。到了20世纪90年代，项目经费出现了亏空，我只负责签付每一卷付印的经费，我不懂财务，院里过的也是穷日子。艺研院经费是国家科委直接拨款，"十部文艺集成志书"是财政部全额拨款，最后经费缺口太大，弥补不上，后来查出因为两笔经费都是艺研院财务处管理把集成的经费作奖金发了。经费虽然不属我管，我却是艺研院和规划办的常务负责人，我只得向周巍峙同志检讨，文化部后来就收回了艺研院的代管权，规划办公室也独立出去调到文化部去了。

"十部文艺集成志书"本是一项抢救民族民间艺术遗产的规划，应该说是老一代文艺家，特别是延安的老一代文艺家们提出的，他们十分珍视这些民间的、民族的"无形文化财"，也就是非物质文化遗产的抢救工作。最初发起时，在民族民间以及老艺人间进行了广泛的动员，从县里到省里选辑成卷。其实，我们音乐研究所的杨荫浏先生当年给盲人阿炳《二泉映月》录音也就是一种抢救，因为录音后不久阿炳就去世了，现在原始录音还在，但是，那时候由于条件的限制，录音非常粗糙，用杨先生自己的话说："头一段，短一块。"如果当时没有留下这个原始资料，《二泉映月》也会成了今天听不到的阿炳的"绝唱"了。因为那是在解放初期，这是一段逸话，一段佳话。这些老音乐家们都是音乐家协会的领导，他们大多是关于音乐集成方面的总主编，年纪都已经很大了，但是最初都是直接参加这项工作的。我来的时候他们都还健在，还在工作。

李若飞："十部文艺集成志书"历时三十年，凝聚了全国数万文化工作者的智慧和心血，4.5亿字、298部省卷、450册，2009年已经全部出版，为我国艺术事业做出了巨大的贡献。

李希凡："十部文艺集成志书"是真正的非物质文化遗产。早在1979年还没有国家社科基金艺术学项目，到了1983年才确定设立。1986年我去任职时，只有两项国家课题在进行中：一个是重大项目"十部文艺集成志书"；一个是王朝闻同志主编的《中国美术史》，是重点项目。这两项都有经费支出，但是全国尚未开展艺术科研规划项目的评审工作。张庚、郭汉城同志主编的《中国戏曲通史》《中国戏曲通论》都没有赶上规划立项，这两项课题都是院里临时立项，由艺研院科研经费支付，艺研院当时一年仅有40万元的科研经费。

李若飞：现在很多人申报国家社科基金艺术学项目，带有职称、学术荣誉等方面的功利性，那时有没有这个现象？20世纪80年代的项目也不多，类型也很单一，项目资助经费是怎么处理的？项目立项是怎样进行评审的？艺术学科后来为什么改成了艺术科学？

李希凡：那时没有那样的功利考虑，靠的是权威性。像"十部文艺集成志书"各个艺术种类的总主编是各自学术圈子里面的权威，也是学问做得最扎实的学者，是无私的奉献，并无报酬。

"十部文艺集成志书""中国美术史"，这两个项目由中国艺术研究院代管，经费也在中国艺术研究院，每年申请经费都拨，最初拨多少没有规定拨款上限，依据上报的数目酌情拨款。到20世纪90年代，"中国美术史"已无国家拨款，只能由院经费支出，中国艺术研究院自己的科研经费就是那40万元，都要向社科规划领导小组申报，20世纪80年代社科规划领导小组由中国社科院代管，也在这里申请立项，那时项目很少，每个项目也就1万元到2万元。

"十部文艺集成志书"具体工作要向各省各门类艺术编辑小组分拨经费，并组织审稿，有一套完整的程序和管理方法，国家领导人很关注这项工作。全国艺术科学规划领导小组要与各省签订《议定书》，责任分工很细，这些工作都做了录音。艺研院是代管的，大概是1991年或1992年，文化部收回规划办由科技司自己做办公室工作。后来，我常务副组长卸任，只是名义上还算个副组长，"中国美术史"也由艺研院自己负担了，进展不是很顺利，经历过一些波折，刚刚起步的时候我们还没有做科研的经验。王朝闻同志是美学家，也是大权威了，但是由他做史也有闲言碎语，其实他的想法很好，现在还有谁肯下这种苦功？那时"文革"刚刚结束，参与项目的多数是艺研院刚毕业的硕士和博士，现在也是美术界的专家学者了。

那段时间，在一些地方的文化厅局下面成立了艺术或戏曲科研室、所，负责人大都是中国艺术研究院研究生部毕业的硕士或进修生。应该说，我们上一届的老院长是做了很大贡献的，他们成立了研究生部，为后来艺术科学的发展培养了后备人才。在"文革"以后，人才流失很大，特别是艺术科学的研究人才，那时还不叫艺术科学，叫艺术学科。为什么改名字呢，因为艺术研究也是一种科学，艺术界的前辈学者也力争促成艺术科学体系的建立，这样艺术科学的独立性就为学界所认同。

那时艺术理论研究刚刚起步，中国艺术研究院只有一个马克思主义文艺理论研究所在做基础理论的研究。在研究体制上也没有把艺术学单列出来，在大学课程上也叫"文艺学"。中间有艺术单列的想法了，有这个项目出来了，这才争取在高教部建立艺术学科。

当时包括王朝闻同志等，提出改艺术学科为艺术科学，改中国艺术研究院为中国艺术科学院，国家设院士。艺术学科改为艺术科学获得批准，其他两项没有下文。因为当时正赶上国务院缩编，周巍峙部长就没有上报，但中国艺术研究院院长一向由文化部部长或副部长兼任，而负责工作的是常务副院长。我们知道，在西方国家，艺术科学大多是单列的，把它与社会科学区别开来。但是，在我国它还是附属于社会科学。实际上，自然科学、社会科学、艺术科学这三者应该是并列的，从马克思主义人类思维的分类来说，艺术思维和其他科学的思维方式是截然不同的。改革开放以来，人们又对艺术科学、社会科学比较轻视，至今艺术科学这种独立性也没有被人们所认识。

艺术学科在20世纪80年代初期成为单列学科，项目在全国哲学社会科学规划办是独立的评审，最初确定立项的重要标准就是"为艺术科学奠定基础的研究"，所以重视"史"的研究，也是艺研院各门类艺术所、室的第一任务。而对艺术全面、综合的史论研究也必然是中国艺术研究院的课题，因为各门类史论的研究从"五四"前后就已开始，也有不少成果。新中国成立后有了更大的发展，艺研院成立后，美术所、戏曲所、话剧所、舞蹈所、曲艺所都已先后有史论专著问世，理论和现实都提出对中华悠久的艺术发展要有综合的整体的史论研究，才能认清它的发展规律，继承它的遗产，吸取它的营养。

李若飞：1992年国家社科基金艺术学项目开始设立青年项目类型，到2000年共有13项青年项目立项，像"艺术类型学""艺术文化学"都是当时的青年项目，取得了很多突破性科研成果。当时设立青年项目的初衷是什么？

李希凡：我到艺研院时，院科研经费40万元，最初除用来作为"中国美术史""中国戏曲通史""中国戏曲通论"几个集体大项目的支出，还要补贴老专家们个人多年来研究成果的出版。在全国艺术科学规划中，"八五"开始才关注到青年项目，目的当然是激励青年一代人才的成长，引导青年学者积极主动地进行艺术科研工作。那时，艺术学已经起步，但集体项目多，青年人缺少独立发挥的机会，艺术科研要长期的发展，需要培养大量的人才，培养接班人。中国艺术研究院研究生部的成立，老院长们也是这样考虑的。"艺术类型学"的立项为青年学者从事艺术科研工作开了一个好的头，是艺术学理论研究的一个突破，填补了我国这个领域研究的空白。"艺术文化学"的立项和国外文化研究的热潮几乎同步，也显示了我国青年学者开阔的国际视野，这是一个很大的进步。

李若飞：国家社科基金艺术学项目设立初期，项目很少。最初只有"十部文艺集成志书"项目，1979年由文化部、国家民委、中国文联有关协会开始启动这个项目，1983年又把这个项目纳入国家社科基金体系，作为第一个项目，也是第一个重大项目。1987年和1988年总共才6项，1992年申报才多起来。"中华艺术通史"这样的艺术科学重大项目，国家社科基金设立以来到20世纪末总共有两个，当时在项目申报上是否有数量上的限制？

李希凡：那时候没有数量限制，申报的项目比较少，主要是当时参加集体大项目旷日持久，自己有研究课题，很多人不愿意做这些项目。第一次国家社科基金艺术科学评奖，目的也是鼓励更多的学者主动参与科研。全国艺术科学真正走上正轨是在1989年以后。

"十部文艺集成志书"是国家社科基金艺术科学最早和最重要的项目，为我国艺术研究做出了巨大的贡献，功在当代，利在千秋。"九五"期间，"中华艺术通史"才正式立项，这时"十部文艺集成志书"项目已经开始走向成熟，各项工作有序开展。

李若飞：20世纪80年代、90年代是我国新时期艺术科学发展的起步阶段和重要奠基时期，有很多我们今天要借鉴的经验，您能谈一下吗？

李希凡：那段时间，全国艺术科学工作刚起步，国家社科基金艺术学项目资助有很大的推动作用，但比起今天来，经费仍有很大差距。我们梳理一下经验，有几个方面需要认真的思考：一是需要加大经费上的支持力度，很多重点项目没有大资金的投入是无法开展的，这个问题现在似已解决；二是基础理论研究太少，尤其是对传统中国美学和艺术理论的研究太欠缺，这很不利于艺术学学科的发展，因为它是中国理论体系，是中华艺术；三是要加快人才培养的步伐和加大人才培养的力度。改革开放初期，艺术科研人员很紧缺，十年"文革"又散失了不少人才，都还是老同志、老专家在奋斗，缺少后备力量，这是那一时期的主要困难。就拿中国艺术研究院来说吧，我刚去的时候，各所人数虽多，譬如音研所就有90余位，但大部分同志都年事已高，有的已面临退休，都还留在岗位上负责"十部文艺集成志书"的全国编纂工作。中年学者有的已经有研究成果，但是没有经费出版，其实只要补贴几千元就可以出版，艺研院在90年代初的40万元经费，有一部分就做了这项工作。年轻学者还没有跟上来，这些因素制约了艺术科学的发展。

十年甘苦磨一剑 铸就中华不朽文
——敢于担当 主持"中华艺术通史"国家重大项目

李若飞：2006年"中华艺术通史"结项，成为我国艺术史研究的一个里程碑。课题1996年正式启动，超过150位卓有成就的学者专家参与，被学界称为"中国艺术史研究奠基之作"。您能给谈谈这个项目立项的一些情况吗？

李希凡：这个课题是我在"八五"全国社会科学规划大会上提出的，我提出的还有其他两个项目，即"中国艺术学"和"当代文艺思潮评析"。当时我很希望艺研院能主动承担这几个项目，艺研院马克思主义文艺理论研究所副所长程代熙同志承担了"当代文艺思潮评析"这个项目。北京大学艺术系的彭吉象教授则承担了"中国艺术学"项目，并且请我和主管艺术科研的陈昌本副部长做顾问。他制订了详细的计划，很认真地完成了课题，这部论著20世纪90年代曾连续获得两项奖。"中华艺术通史"项目仍无人问津，老实说，我当时有点失望。

在"九五"规划前夕，全国社会科学规划领导小组召开预备会议，确立了社科专业可申报国家重大课题。在会上还决定，经批准、完成、评定后，可获得国家新闻出版署的出版补贴，这使我又想到了"中华艺术通史"课题，我仍希望艺研院能有人出面承担，就请院科研办连续召开三次中青专家学者研讨会，研讨课题的必要性和可能性，综合大家的意见，认为也理应由艺研院承担，但是需要动员全院有志者参与，可以在门类艺术史丰富积累的基础上集体攻关。这时候，全国社会科学规划领导小组已把"中华艺术通史"列为国家重大课题之一，并向全国公布。但是仍然没有人承担这个项目的组织工作。我是常务副组长，又是艺研院的常务副院长，分管科研，于是院里热心参与"中华艺术通史"编撰的志愿者跑来建议由我来牵头组织，因为有行政领导之便，有利于协调解决问题。在当时情况下，我要是不同意，这个项目就要做不起来了，何况项目是我提出的，已经延误了五年，我也的确有些想法。

接了项目以后，首先是经费问题，我虽然分管全国艺术科学规划课题的上项，但是我不能占用全国规划课题的有限经费，并且"九五"课题经费已经发放完毕。这个项目刚开始，全国社会科学规划领导小组会议上曾有过许诺，由出版署审定出版，后来他们就反悔不再提起。我公开承诺不能占艺研院的科研经费，又不知天高地厚地声明这个项目我们要自筹经费，可谁来投资这个尚无眉目的课题呢？现在想起来还有些后怕。

不料，"中华艺术通史"项目消息传出去以后，中国青年出版社主动来找我们，他们的老社长带着整个工作班子，包括责任编辑、校对、美工、策划登门访问，要承担这个项目，我们就讲了经费出版社得有先期投入，他们虽然没有当面拒绝，但是觉得数目太大，有些为难。中国青年出版社对我们的信任是有原因的，他们编辑过一套《中华文化集粹丛书》，其中有一本评介中华艺术的《艺苑篇》，不料承担这本书编辑的人去了国外。这套丛书基本上都已完稿付印，唯独《艺苑篇》没有了作者，他们很焦急，就找到文化部高占祥副部长求援，占祥同志给我打电话，询问艺研院能否承担，让我救一下急。我召开各专业所所长会议，接下了这份工作。他们担心一年是完不成的，结果我们三个月就完成了。这次合作给中国青年出版社留下了深刻印象。

经费终于有了着落，我们要感谢北京师范大学出版社的老社长常汝吉同志，他很有见识、有魄力，他看好这个课题，主动派人来洽谈，愿意先期投入200万元，最终促成了《中华艺术通史》的签约，这在当时的出版部门是从来没有过的事。上世纪末陆续交稿，又经过了一次出版社邀请专家审稿，并查对引文，于2006年出版，共14卷，700余万字。《中华艺术通史》现已获得中国出版政府奖和中华优秀出版物两项大奖，2009年、2010年入选国家"经典中国国际出版工程"，北京师范大学出版社的三层楼，挂有很多《中华艺术通史》的宣传窗。现在已经是他们的一项荣誉产品了。

《中华艺术通史》虽有了启动经费，但过的是穷日子，各卷主编在编辑期间每月只补贴300元，大家穷惯了，实际上补助的300元钱全买了书。统稿的时候在北京市政协，那间房子还没有我的书房大，只有八平方米，就在那里统稿。开始我们请国内几位大专家来给我们开了讲座，如钱学森先生，讲了科学与艺术；请李学勤同志讲三代历史分期问题，他是夏商周三代断代分期问题国家重大课题组的组长；本来请任继愈先生主讲宗教与艺术，他临时生病，没有讲，但他给原始卷、魏晋南北朝卷审过稿。老人是很负责任的，不仅提意见，还请分卷主编到他家去谈。《中华艺术通史》编撰细则规定的是专家审稿、内部审稿、总编辑部和分卷主编统稿等，做得很细，编撰章程人手一册。

编撰工作后期已经五六年过去了，经费已经没了底气。图片是有版权的，刚开始图片是按照当时市价准备的，是很充裕的，一般的照片给多少，珍贵的给多少，都有标准。可是若干年过去了，标准当然已大不一样了。我们聘请了文物摄影专家王露同志做美术图片的总顾问，她不只替《中华艺术通史》挑选了不少珍贵的文物图片，而且提供了一些她自己搜集和拍摄的精美图片。

为了最后的经费缺口，我不得不找财政部部长项怀诚和文化部部长孙家正，向他们申请经费补贴，还是第一次厚着脸皮要钱。我没有要钱的胆子，只可怜巴巴地申请了50万元。后来我才知道，他们很重视《中华艺术通史》的完成，就是申请100万他们也会批的。财政部批下来的时候，文化部计财司转发拨款时通知，按规定还要给研究院扣下7万。后来知道，艺研院管财务的高院长知道了我们当时的困难，一直很后悔听了计财司的话，扣了我们这笔经费。据我估算，北师大出版社到现在也未必收回来成本，因为《中华艺术通史》定价很便宜，只3000多元，总共14卷，700多万字，3000余幅很精美的插图。

《中华艺术通史》先后有100多位专家学者参加工作，撰稿、审稿有几十位专家，2011年应出版社要求又进行了一次简编，以供译成外文版，共6卷，200余万字，已于2013年8月出版。

李若飞：《中华艺术通史》虽然采取断代分卷的形式，但是从横向来看，包括各种艺术史，音乐史、戏曲史、美术史、舞蹈史、书法史，涵盖说唱、杂技、雕塑、建筑和工艺等艺术种类，整合了各种门类的艺术，填补了综合艺术史在当时国内艺术科研领域的空白，对我国艺术学研究有着重要的意义。

李希凡：《中华艺术通史》是我国艺术史研究的第一次大整合，以对各门类艺术史的深入研究和总结为坚实的基础。同时，它具有时代性，无论哪个种类，研究的时候必然要考虑所处时代的整个发展背景，研究者必然要掌握这个时期的整个文化艺术的发展情况。从百戏开始，本来就是综合体中逐渐分门类发展的分而又合的新艺术形式，或者正是百戏的长时期在综合体中的发展和相互影响终于有了戏曲艺术，是审美形态的一个升华，俗称之为唱、念、做、打（舞）的综合创造，有舞蹈的，也有武打的因素，武打是艺术的武打，现在武打也是一门艺术，表演的艺术，它是各门类艺术的相互融合的虚拟性与程式美的独特创造，也富有写意、传神的特点。

《中华艺术通史》以中国历史的朝代分卷，从艺术种类上很难分出来，上下卷衔接都需要主编们交流确定。《中华艺术通史》对传统艺术史的研究也只是初步的，大家在磨合期间还没完全吃透，所以有几卷完成得并不理想。但我们尽了力了。

这部《中华艺术通史》的编撰自然具有开创意义，对当代以及今后的艺术科学研究也会有一定的借鉴价值。《中华艺术通史》是一部囊括中国传统主要艺术门类的综合的大型艺术史，它不但注重中华传统艺术"史"的发展脉络的研究和审美特征的研究，而且注重对艺术内在发展规律的探讨，努力把民族传统推上了一个新的高度。力图展现自远古以来随着社会生活与政治经济文化的发展中，概括中华艺术生成演变的全过程。它不是各艺术种类的重复和拼装，而是还历史以本来的面目，立足于社会总貌和艺术发展的总体把握，从整体的、宏观的视角，概括和总结每个时代艺术共同的和持久的发展规律，将共生于同一社会环境或文化氛围内的各门类艺术的成就科学地反映出来，发掘其数千年连绵不绝的生命活力所在，探索其不断革新与创造的动力根源，最大程度上展示多姿多彩极富民族特征的中华艺术成就。

桑榆虽晚霞满天 真挚情怀寄后人
——谈中华传统艺术的传承与创新

李若飞：进入新世纪，尤其是最近几年，艺术研究蓬勃发展，我国文化艺术事业呈现出了大发展大繁荣的局面，国家社科基金艺术学年立项数均超过历史水平，数量庞大，种类繁多，高校和科研机构都广泛地参与进来。面对这种情况，您对我国艺术科学未来的走向有哪些思考和建议？

李希凡：的确，从文化繁荣的大环境所讲，现在与《中华艺术通史》立项时简直无法相比。年青一代也成长得很快，但在繁荣发展中也有杂音。据我个人的接触和感受来说，学术空气比较浮躁，对马克思主义无知，还要进行批判，对西方优秀文化传统毫厘不取，赶现代派的时髦却奉为圣典，对我国艺术观念、艺术基础理论则很少研究。近年来，虽然我们非常重视我们的非物质文化遗产的发掘，但是界定有些宽泛，几十大名酒也成了非物质文化遗产。

艺术研究和实践不能脱离群众基础，只有和群众紧密联系在一起，艺术才能释放出强大的生命力和活力。对传统艺术、非物质文化遗产也仍然有个精华与糟粕的问题，取其精华、弃其糟粕仍然应当是我们坚持的方针。同时，也不能只停留在发掘上，要让它们生活在群众当中，只在北京亮亮相还不行，应该深入到生活在全国各地的人民群众中间，要接地气。对于非物质文化遗产，已经给予了充足的经费投入，国家接下来做的该是加强用正确的舆论和科学研究加以引导。

李若飞：用您的话说，"无论从历史还是从现实看，中华艺术都具有走向世界的强大的生命力。我们的《中华艺术通史》，评述的只是中华艺术古老而璀璨的历史风貌，而我们确信，中华艺术将会有更加美好灿烂的未来"。中国改革开放三十多年来，文化艺术事业繁荣发展，中华民族正在走向伟大复兴，您认为当代青年学者应该如何继承和发扬我们优秀的文化艺术传统？

李希凡：中华民族悠久的历史文化是在源远流长、雄厚坚实的根基上，不断地开拓、积累、丰富、发展中形成的。它凝聚着中华民族世代劳动的血汗，也闪烁着中华民族智慧的光芒。同时，它又没有僵化，并不停滞，而是在艺术实践里汲取传统的、世界各民族的丰富营养，不断地革新、创造。就拿我们的文学发展过程来说，出现在清代的长篇小说《红楼梦》可说是到了传统文学的顶峰，用鲁迅的话说，就是打破了传统的思想和写法。从人物的形象创造来看，清代人就称赞他笔下的人物"如过江之鲫"，形象丰满、个性鲜明的所谓文学典型，不下几十个，而且哪怕是着笔不多的小丫头，都能给人生动深刻的印象，都有个性化的语言和行动，绝不重复。那是世界文学的杰作，但现在外国人还不能读懂它，那是因为我们民族文化还没被他们理解。托尔斯泰也好，巴尔扎克也好，都是现实主义文学大师，但就一部作品而言，《红楼梦》毫不逊色于他们的名作。《红楼梦》是中华民族的艺术珍品，处处显示着中华艺术的深沉、委婉、含蓄和情韵。我看不懂现代所谓的大片，像电影《夜宴》，有些浅薄的东西，怎么能从观众兜里掏去几个亿，这种所谓的娱乐性不是社会主义文艺的理想追求。我们不要忘记，文学艺术毕竟是意识形态的一种，它绝对不可能是白纸一张的意识形态，它一定是社会形态的一种反映，现在否定和忽视意识形态是自欺欺人，否定和忽视其实也是一种意识形态。口口声声说我们要继承文化传统要发扬传统，可优秀的传统又被不断地任意糟蹋。譬如《红楼梦》本来是一部伟大的文学杰作，研究它，继承和发掘它的思想艺术成就是第一要义，若干年来，总是在那里热炒作者写的是自己的家事，作品里的那些人物是谁的真人真事，误导读者。

培养年轻人尊重传统，需要一个长期的过程。我国的艺术精髓也好，外国的艺术精髓也好，我们需要的是传承真正的反映人类进步的文化、世界各民族文化的精华。我们阐释古人的思想，但是不能曲解，不能过度的夸张和演绎，要把他们放到它们所处的时代来理解，而不是当代语境里的搞笑和庸俗化。科研工作是长期的为人民服务的工作，现代社会的结构和生活方式并不排斥西方思想和观念对年轻人的影响，但是我们不能本末倒置。

近现代以来的历史发展，特别是艺术的发展证明，我们需要学习、借鉴外来的优秀艺术，但不能生吞活剥，中华民族鲜明特色的艺术精品绝不是那些照抄别人而又自以为是创新的怪胎。新世纪，中华艺术会有更大的创造和发展，也同样会有同世界各民族优秀艺术的深入交流和融合，但是中华艺术创新和发展需要根植于我们优秀的文化传统，只有继承和发扬我们优秀的民族文化，我们的艺术才能长久地自立于世界艺术之林。

李若飞：非常感谢您能接受我们的专访，您深沉的人文情怀和严谨的治学精神将会给当代学者很多有益的启示，您对我国文化艺术事业的贡献也将会被历史铭记。

本文原载于《艺术百家》2014年第1期

作者系广东省惠州学院副教授

在文艺批评道路上不断跋涉

——访批评家李希凡

丛子钰

把全部身心都投入到文学批评事业中的人，在任何一个时代都不算多，而最困难的事莫过于一生坚持做好一件事。李希凡无疑是这种笨拙而可敬的精神的继承者，他从一个平凡的文学青年成长为一位成熟的文学批评家，其间经历了数十年的波折，不断地进行批评和自我批评。日前，记者对李希凡先生进行采访，他谈论了自己的批评生涯和批评经验，也对当下的批评现状提出了自己的看法。

一步步走向批评道路

李希凡第一篇文学批评文章是《高尔基与〈童话〉》，发表在1949年秋季的《大众日报》。之后他又写了篇文章，谈典型人物的创造。这是一个学习报告。那时候，他的老师、文艺评论家吕荧正好讲关于文学典型的问题，于是让李希凡多看一些资料，写一篇报告算作这个学期内容的总结。李希凡是课代表，所以自己首先得完成作业，就写了这么一篇报告递交给老师。老师看了之后很高兴，认为他对典型问题的理解已经相当到位了，愿意把文章推荐给《文史哲》。于是，李希凡的这篇文章在该刊第二期上发表，在学生中引起不小的轰动。

从那以后，李希凡就决定要走文艺评论的道路。这时候，他已经进行《鲁迅全集》第二遍的阅读，很喜欢鲁迅的写作风格和深刻见解，每一次读都有一些新的体会。他还通读了俄罗斯几位重要作家的几乎全部翻译作品。后来因为当外国文学课代表，他又读了拜伦、巴尔扎克等英、法作家的作品。李希凡说，当时很多作品根本看不大懂，比如《约翰·克利斯朵夫》，很勉强地读下来。在这些作家中，印象最深刻的还是巴尔扎克。

书越看越多，李希凡也就有了很多看法，有时候要发表点意见。当时《文艺报》的通讯组组长约他暑期结束后从青岛回来见一面，还发展他当了通讯员，后来就在《文艺报》上发表评论文章。在学校写作课上，李希凡也经常爱发表观点。当时写作老师是历史学家黄云眉，他常常语重心长地对学生们说："别小看自己，以后在你们同学中间可能就会产生大批评家。"

李希凡的批评实践与其对哲学的阅读和思考密切相关。他在1947年到1949年间第一次大量阅读哲学作品，那时他借住在姐姐家里，他的姐夫赵纪彬是研究先秦诸子的专家，曾写过《中国哲学思想》等书。姐夫因为两次蹲监狱留下了后遗症，双手颤抖无法写字，李希凡就在他身边帮着做记录，但因为不大了解孔子、墨子等人的学说，工作起来很费劲。幸好家里有《辞源》和《辞海》，李希凡就借助这些资料来读先秦诸子，特别是《论语》，读得烂熟，渐渐地就能有所理解，不再因为不懂而记录得那么辛苦。此外，还读了《哲学辞典》等书，里面对马克思主义的很多重要概念进行了详细解释。

评论和编辑两不误

后来，李希凡到济南，进入华东大学，毕业后继续去中国人民大学读哲学系。他内心觉得有些苦恼了，因为虽然他接触了哲学，但是抽象思维不够好，读哲学著作总是觉得太枯燥。这时候，一位山东大学学兄给他来信，打听其学习情况，并鼓励他业余写作。于是，李希凡写好了三篇关于《水浒传》社会评价问题的文章。之前北京大学的张政烺教授对《水浒传》评价不高，所以李希凡写了关于《水浒传》的文章，提出了不一样的看法，并再次投给了《文史哲》。张政烺教授是杨向奎主编的好朋友，他没有因此而回避，两人都同意把文章发表出来。

紧接着，在学校放春假期间，李希凡跟蓝翎在中山公园读到了一篇关于曹雪芹生卒年的文章。李希凡觉得，《红楼梦》是多么伟大的现实主义作品啊！学者们怎么总是在这些问题上钻牛角尖呢？于是，就有了第一篇关于《红楼梦》的批评文章，在文学界引起了很大争端。

这篇文章很快造成了全国性的讨论，两位青年学者也因此被借调到《人民日报》写批评文章，在那里完成了第一本书《红楼梦评论集》的写作。李希凡说："现在看来有点粗暴，就文章内涵来说，也还是粗浅了一些。"但因为这个机缘，后来李希凡到《人民日报》评论组工作，写了很多文艺评论。后来结集为《管见集》《论"人"和"现实"》等书，李希凡说："里面的错误不少，我在文集里做了反思。"

后来，李希凡到中国艺术研究院工作，主编《中华艺术通史》一书。这套书做了十年，共700多万字，后来又压缩成一部200多万字的简史。李希凡说："我一辈子基本上就是写评论过来的，做文艺编辑工作我还行，做行政工作，我不擅长。只能带领大家一起编《中华艺术通史》，因为我对先秦还比较熟悉，也喜欢明清小说。既然在行政工作方面我没有领导能力，编纂这么一部艺术史也算是我对艺术研究院的贡献吧。"

批评家要保持专注精神

在李希凡看来，批评家还是应当专注于批评事业，根据自己的生活体验来审视作品里所表现的社会生活。他以自己从事批评的经历为例说："我自己不懂得怎样恭维别人，不管你是多大的作家，我觉得作品有缺点就会提出来。"比如一些红色经典中所塑造的农村女性形象，有些地方写得不大像农村妇女，反而有点城市知识女性的韵味。后来他就和作家们就此争论了一番。还有关于《林海雪原》的评价问题，面对一些读者的批判性观点，他也真实地提出自己的看法。

李希凡还谈到如何看待批评家与作家之间关系的问题。他认为，批评家要有独立的见解，不应该强调批评家非得有创作实践才能对作品的质量发言。任何文学艺术作品只要出版就是社会存在，社会存在有自己的规律，违反了规律，他人就可以提出批评。

"作家常常看不起评论家，这是有问题的，但反过来批评家有时也会犯错误。"李希凡说，他在改革开放初期就犯过这样的错误，对新兴作家的有些作品看不惯。对于同一部作品，不同的批评家会有不同的介入视角，从而产生不同的评价。只要言之有理，都可以相互讨论。即使无法说服对方或者说服自己，也可以在讨论的过程中获得新的认知。

本文原载于《文艺报》2018年3月30日

从《红楼梦人物论》说起

——李希凡先生访谈漫记

李 晶

访谈者按：去年夏天，李希凡先生与爱女李萌老师合著的《红楼梦人物论》出了修订版，嘱咐我去拿书。7月16日是个礼拜天，那天上午我遵嘱登门，陪着李先生聊了一两个小时，到他该吃午饭才告辞出门。李先生一身布衣，上身半旧白色圆领棉衫，下身是褪色的深蓝系带粗布裤，精神奕奕。那天拜受先生赠书两册，一是新版《红楼梦人物论》，二是中国艺术研究院为研究员出版的个人自选集。去之前未做准备，聊得很散漫，基本由我这个晚辈的好奇心主导，也未录音，回家后印象深刻，于是凭记忆汗漫写了一笔。今天一早惊闻先生已于凌晨驾鹤西去，匆匆陪同导师张庆善先生赶到李先生家里，看他当时签名赠书的书房里一切宛如平素，小小的书桌上纸笔书报静陈，仿佛主人仍在，随时会踱步进来伏案，不禁落泪。

李先生虽是名人，也曾担任院领导多年，但为人和善热情，在年轻人面前从不摆架子，聊天时很随和，颇有兴致。当时谈话虽短，却不乏《红楼梦人物论》先后几版的修订过程、他和李萌老师的具体合作情形，他对《红楼梦》人物描写成就的理解与分析，以及为什么他到晚年始终坚持艺术分析中的"阶级论"，包括对87版《红楼梦》电视剧的点滴评价等。匆匆整理出这份非正式的访谈，聊作纪念。

问：李先生，这部新版和旧版有什么不同吗？有多少修订？

答：百分之八十的内容是修订过的。前些年出版那套文集时，人物论就有修订，这一版比文集版又有修订。

问：哪些地方修订得比较多呢？

答：很多都有，宝钗和袭人的部分改得多。过去我对宝钗不够客观，对袭人的评价也不够公正。

问：这部书署名是两位作者，你们是怎么合作的呢？是不是您口述，李萌老师代您写下来或者打字记录下来？

答：不是那样。我一辈子不要人代我记录，文章都是我自己写，手写。不会用电脑，学半天没学会。人家送来一台电脑，烂在桌上。我女儿李萌是学电脑的，她帮我把手写稿录到电脑里，一边打字一边修改，加进去她的看法。我们是合作，她有她的看法，和我的看法很多都不一样，我认为她有道理的地方会认可她。

问：那如果你们有的意见不能妥协呢？两个人观点确实不一样，怎么办？

答：那她必须服从我。这是原则。（笑）

问：你们当初是怎么开始合作的，李萌老师也是喜欢文学吗？

答：她喜欢文学，也喜欢《红楼梦》。开始她帮我整理一些文章，我是考察过的。我说《红楼梦》你通读过没有？能不能读下来？她说，就你会背"葬花吟"啊？她马上背诵一遍给我听，流利极了，一字不错。我看她确实是细读过原著，下过功夫，就这样我们开始合作。三个女儿里面她最聪明，喜欢文，但是那时候看到很多学文的人的情况，决定学理科。她学了电脑，但还是喜欢文。

问：你们的分歧主要是在哪些地方呢？比如说？

答：比如说袭人，她认为我对袭人的评价太差，有偏见；她认为袭人对宝玉是有真情的，这个人物要客观看待。后来我也认可，新版书里是照她的意见改的。

问：那您自己最喜欢书里哪个人物？不论男女身份年龄？说说嘛！

（李先生笑，沉默片刻。）

答：那当然是黛玉。

（两个坚定不移黛玉党热烈握手。）

答：您讲讲为什么喜欢黛玉吧？

答：谁不喜欢林妹妹？那么美，又聪明，坦诚，真。林妹妹最好的一点就是真，真实，真情，不掩饰自己。她是敞开的，这一点胜过书里所有人。我是反对"钗黛合一"说的。两个人完全不一样，合一怎么可能嘛。

问："钗黛合一"最早是怎么提出来的呢？

答：最早是脂批嘛，说钗黛虽为两人实则为一，后来就有很多人附和。我是不赞成的。宝钗和黛玉是两种典型人物，合一不可能。

问：李萌老师最喜欢谁？

答：史湘云。她也喜欢黛玉，但她最欣赏湘云的性格，认为湘云那样的生活环境，父母双亡，她还能有那么天真坦率的性格，很难得。

问：当年你们研究《红楼梦》的学者在一起聊天的时候，聊《红楼梦》吗？聊得多吗？大家是喜欢黛玉还是喜欢宝钗的多？

答：我们不聊，不聊《红楼梦》。当时大家在一起就是工作，校注本，很少聊。我和冯先生很多基本观点是一样的。那时候大家都喜欢黛玉，很少有人喜欢宝钗。黛玉多可爱啊。谁喜欢宝钗。

问：您现在写人物论还坚持阶级论吗？还是认为书里的阶级性是很强的？

答：那当然。阶级是明显存在的，这是客观描写。曹雪芹写的很多细节都能看出阶级的烙印，他就是用细节体现出来。这是艺术上很了不起的成就。

问：比如说呢？您举个例子吧。

答：比如宝玉踢丫鬟一脚。

问：啊，偏偏是他踢的，全书里最爱重女孩子最保护女孩子的一个男人。

答：是。所以曹雪芹了不起。看细节，读《红楼梦》要看细节。

问：人民文学出版的《红楼梦》，有一些版本是您写的序言吧？那时候是谁跟您约稿的？

答：严文井。他那时候是社长。

问：那时候怎么还要印《红楼梦》呢？出版社还要出？

答：没书看了呀，都禁了。总得给人看书，就印"四大名著"。周总理让印的。

问：您认为《红楼梦》好在什么地方儿啊？您为什么喜欢它？

答：全世界所有作家的所有作品，都不如《红楼梦》。曹雪芹真是天才。《红楼梦》的好处说不完，太好了。写人写得尤其好。一个小丫头一出场，说出来的话就是她自己的话。谁和谁都不会犯重，读者也不会闹混。人物的复杂也写得非常成功。

问：比如宝钗？

答：比如宝钗。这个人物过去我是有偏见的，现在看法有变化。她是主动遵守儒家那一套的，认同女子无才便是德；但她又是很真实的一个少女，也美，也大方，很会照顾人，照顾黛玉也照顾湘云，但又有心计，不简单。

问：宝钗性格中不是有很冷的一面吗？比如她听说柳湘莲的事情之后并不在意，只关心自己家的货物和伙计，另外金钏跳井之后她的反应，太冷酷了，不是吗？

答：所以说曹雪芹写得好啊。这都是这个人物真实的一面，优点缺点都有。曹雪芹写人物是复杂的，他写出了真实的矛盾的各个方面。87版《红楼梦》当年我们也提过很多意见，但是那一版有些人物演得好，成了经典。一个是宝玉，一个是凤姐。这两个人物谁也演不过他们了。你看看那个宝玉的形象，他的各种表情，太传神了。以后的演员演不出那种精神。凤姐也是，晓庆演得过火，不可爱了。原著里是很复杂的一个人物，邓婕演得就好。

问：原著里凤姐是有很可爱的一面的，又是很气派的一位当家少奶奶。

答：是啊，凤姐不简单，没那么好演。

问：您对演员的这些评价，跟他们当面说过吗？

答：没有。我和扶林去成都的时候欧阳还请我们吃过饭。我没说过这个。当面奉承算怎么回事嘛。

本文原载于《红楼梦学刊》2019年第1辑

作者系中国国家图书馆副研究馆员